谨以此书
献给我国的城市轨道交通建设者!

明道优术 城市轨道交通建设管理理念与方法

CHENGSHI GUIDAO JIAOTONG
JIANSHE XIANGMU GUANLI ZHINAN

城市轨道交通建设项目管理指南

乐贵平　江　华　汪国锋　主编

江玉生　主审

人民交通出版社股份有限公司
北京

内 容 提 要

基于作者及其团队在城市轨道交通建设项目管理方面的研究与实践,本书系统介绍了城市轨道交通项目规划、建设、运营等各阶段的全过程管理,涉及项目管理的内容、流程、措施及典型案例等,致力于为城市轨道交通建设的决策者、管理者以及实施者提供全面系统的指导与借鉴,从而推动我国城市轨道交通建设的健康、有序、高效发展。

全书共23章,内容包括:第1章绪论;第2章项目管理概述;第3章线网规划管理;第4章建设规划管理;第5章可行性研究管理;第6章投融资管理;第7章勘察管理;第8章设计管理;第9章前期专项工作管理;第10章土建施工管理;第11章装饰装修管理;第12章轨道工程管理;第13章机电设备安装管理;第14章系统设备安装管理;第15章系统联调与试运行阶段的管理;第16章验收管理;第17章档案管理;第18章试运营筹备及试运营期间的管理;第19章计划调度管理;第20章招投标采购与合同投资管理;第21章质量管理;第22章安全风险管理;第23章环保与文明施工标准化管理。

本书主要供城市轨道交通领域从事建设管理的专业人员参考,也可作为城市轨道交通规划设计、施工单位相关人员的参考用书。

图书在版编目(CIP)数据

城市轨道交通建设项目管理指南／乐贵平,江华,汪国锋主编. — 北京:人民交通出版社股份有限公司,2021.6
 ISBN 978-7-114-17163-5

Ⅰ.①城… Ⅱ.①乐… ②江… ③汪… Ⅲ.①城市铁路—铁路工程—工程项目管理—指南 Ⅳ.①U239.5-62

中国版本图书馆 CIP 数据核字(2021)第 047756 号

明道优术——城市轨道交通建设管理理念与方法

书　名：	城市轨道交通建设项目管理指南
著 作 者：	乐贵平　江 华　汪国锋
责任编辑：	谢海龙
责任校对：	孙国靖　魏佳宁　龙 雪
责任印制：	张 凯
出版发行：	人民交通出版社股份有限公司
地　　址：	(100011)北京市朝阳区安定门外外馆斜街3号
网　　址：	http://www.ccpcl.com.cn
销售电话：	(010)59757973
总 经 销：	人民交通出版社股份有限公司发行部
经　　销：	各地新华书店
印　　刷：	北京市密东印刷有限公司
开　　本：	880×1230　1/16
印　　张：	32
字　　数：	946千
版　　次：	2021年6月　第1版
印　　次：	2021年6月　第1次印刷
书　　号：	ISBN 978-7-114-17163-5
定　　价：	168.00元

(有印刷、装订质量问题的图书由本公司负责调换)

编审委员会

主　　编：乐贵平　江　华　汪国锋
主　　审：江玉生
编　　委：杨志勇　稽长民　赵树林　王　勇　陈　高
　　　　　贾英男　常龙飞　徐　平　李仲华　张　壮
　　　　　代军峰　吕高峰　陈　浩　李　波　李培军
　　　　　徐俊峰　杨海东　尹建强　富　涛　管　禹
　　　　　高建廷　柴江明　宋　行　殷小桃　何佳怡
　　　　　马　慧　俞　欢　王　伟　芮广丰　程秀峰
　　　　　瓦尔斯·吾甫　崔　媛　赵浩然　程　建
　　　　　靳薇薇　刘　璟　祁洪实　孟宪国　乔　洁
　　　　　马　佳　曹　锐　杨云涛　刘崔安　杨勇强
　　　　　徐玲娜

序
Preface

21世纪是隧道及地下空间大发展的时代,城市轨道交通具有可以改善城市运营环境、缓解交通拥挤,提升市民出行乘坐舒适度、出行效率,促进城市结构升级等优点。鉴于此,我国的城市轨道交通呈现出前所未有的建设高潮。

北京是我国第一个建设和拥有轨道交通的城市,是第一个开通运营里程超过300km并进入网络化运营的城市,更是第一个同期大规模组织轨道交通建设、实现超过100km多条线路同时开通运营的城市,因而北京市轨道交通建设管理的经验尤为可贵。我公司自成立以来一直承担北京市轨道交通建设管理的任务,经过公司各级领导和广大员工的艰辛努力,截至2020年底,北京市已建成轨道交通运营线路接近800km,积累了丰富的轨道交通建设管理经验。

在繁重的轨道交通建设管理过程中,公司一批技术人员结合自己的管理经验,系统总结了北京市轨道交通工程建设各阶段的管理内容、特点、措施及流程,编撰形成《城市轨道交通建设项目管理指南》,呈现给国内从事轨道交通建设的工程管理技术人员,旨在推动我国城市轨道交通建设管理向规范化、程序化和标准化发展。我和这些技术人员共同奋斗,深知他们的不易和艰辛,为他们感到自豪,感谢他们为我国轨道交通建设做出的无私贡献。

本书作为一本指导性工具书,从我国城市轨道交通建设的特点及国内相关政策出发,参考了大量相关规范和国内众多城市轨道交通建设中的项目管理经验,并结合北京市轨道交通工程建设的实际,在轨道交通建设的规划设计、建设组织、竣工验收及试运行等方面给出了诸多参考。

本书凝聚了作者团队创新发展的心血和智慧,衷心地希望本书能够切实为推动城市轨道交通行业的高质量发挥积极作用。谨以为序。

原北京市轨道交通建设管理有限公司董事长

2021年1月

前言
Foreword

　　进入21世纪以来,随着我国大中城市交通问题的日益突出,优先发展公共交通,大力发展城市轨道交通已成为城市发展的必然选择。目前我国已成为世界上城市轨道交通发展最迅速的国家,回顾1953—2019年,我国从第一次提出修建地铁设想,到2020年底,我国内地已有45个城市开通轨道交通,运营线路总长度7978km,再到近10年二、三线城市运营里程速增,共有60余个城市轨道交通建设规划获得国家批复,建设规划线路总长近8000km,未来若干年,城市轨道交通建设将进一步得到蓬勃快速发展。

　　面对如此大规模、高速度的轨道交通建设形势,如何把控工程项目的安全、质量、工期、投资和造价,在工程安全和造价合理的前提下,如何高标准、高质量、高效率地建设安全可靠的城市轨道交通,这是实现城市轨道交通可持续发展的主要研究内容之一,也是广大城市轨道交通建设者共同的目标。由于城市轨道交通工程处于城市繁华市区、周边环境复杂、涉及专业多、技术要求高、管理难度大,实现这一目标的关键是城市轨道交通工程的建设管理及施工技术人员要具备较高的管理、技术理论水平、丰富的实践经验及熟练的操作技能,而理论、经验和技能的获得需要不断地学习和实践。

　　近20年来,北京市轨道交通由1969年10月1日建成通车的地铁1号线23.6km发展到2020年底建成通车轨道交通运营线路总长799.4km,其中地铁23条线653.3km,车站数量达到423座。北京市轨道交通建设管理有限公司作为轨道交通建设的先行者和主要推动者,在大规模的城市轨道交通工程建设中,狠抓基础管理,在城市轨道交通工程建设领域进行了一系列创新探索,形成了一套工程管理的理论和思路并付诸实践。通过建立健全规范化、系统化、信息化和可操作化的城市轨道交通建设管理体系、安全风险控制技术和信息化管理系统,充分发挥各级管理部门和参建单位的作用,整体提高了北京市城市轨道交通工程建设的管理水平,最大限度地降低了安全事故的发生,成效显著。2019年9月25日,习近平总书记在考察北京市轨道交通建设时,提出"城市轨道交通是现代大城市交通的发展方向,发展轨道交通是解决大城市病的有效途径,也是建设绿色城市、智能城市的有效途径",发出了"城市现代化要交通先行,要树立先进管理理念,运用现代信息技术,提高建设运营管理智能化、便利化水平"的伟大号召。习近平总书记的重要讲话,为我们"建设什么样的轨道交通,怎样建设轨道交通"指明了方向,提供了根本遵循。

为了更好更快地建设城市轨道交通工程,充分发挥政府主管部门、建设单位及勘察、设计、监理、施工、第三方监测、检测等各参建单位的优势,基于城市轨道交通工程建设的特点,本书作者团队以城市轨道交通工程建设者的身份,在相关专业理论知识的基础上,按照城市轨道交通工程建设阶段、过程工序、专项管理等特点,把多年积累的城市轨道交通工程建设管理经验及解决实际问题的方法,经过全面总结、系统提升,形成居于国内领先水平的城市轨道交通工程建设管理指南。鉴于城市轨道交通工程建设的阶段性、复杂性和系统性决定了其建设全过程管理的重要性,本书共23章,分别从规划可研阶段管理、勘察设计阶段管理、土建施工阶段管理、设备安装及调试阶段管理、验收移交及试运营阶段管理,到通用项目专项管理,集专业性、系统性、针对性和实用性于一体,对城市轨道交通工程进行了全过程、全方位的梳理阐述。全书结构合理、内容翔实、重点突出、实用性强,将有助于促进我国城市轨道工程建设技术和管理水平的不断提高。

本书由北京市轨道交通建设管理有限公司乐贵平、汪国锋,中国矿业大学(北京)江华策划并组织编写,中国矿业大学(北京)江玉生教授担任本书主审。北京市轨道交通建设管理有限公司赵树林、代军峰、吕高峰、陈浩、徐俊峰、李波、李仲华、李培军、尹建强、富涛、杨海东、高建廷、管禹、何佳怡、芮广丰、程秀峰,中国矿业大学(北京)江华、杨志勇、稽长民,新疆乌京基础设施建设管理有限公司张壮、宋行、柴江明、殷小桃、崔媛、俞欢、孟宪国、马佳、瓦尔斯·吾甫、赵浩然、靳薇薇、刘璟、曹锐、杨云涛、刘崔安,乌鲁木齐城市轨道交通集团有限公司徐平、马慧、程建、王伟、祁洪实,青岛地铁集团有限公司乔洁参加了本书编写,上述各参编单位在图书编写过程中都给予了大力支持,提供了许多宝贵资料。此外,北京市轨道交通建设管理有限公司吴铀铀、天津理工大学陈伟珂教授参与了书稿的内容审查,并从内容框架编写角度等方面提出了具体的修改意见。在此向所有编审人员的辛勤付出和支持单位表示衷心感谢和崇高敬意!

本书梳理基本知识体系和管理思路,帮助城市轨道交通工程建设管理的从业人员了解、学习、掌握建设管理的基本思路,指导进行分管事务的具体工作,掌握全过程、全周期的管理流程,提升综合处置能力,特别为各城市正在和将要实施的城市轨道交通工程建设管理者提供帮助,具备较强的参照、借鉴价值;为实现城市轨道交通工程建设项目科学、高效的管理,促进城市轨道交通工程建设技术和管理方法的创新发展提供理论和实践经验;也可作为大专院校相关专业的辅导用书。

由于作者水平有限和时间仓促,书中纰漏和不足之处在所难免,敬请广大读者批评指正。

本书编审委员会
2021 年 1 月

目录
Contents

第1章 绪论 ... 1
1.1 城市轨道交通建设运营阶段划分及主要工作 ... 1
1.2 城市轨道交通发展特点 ... 2
1.3 我国城市轨道交通政策环境 ... 4
1.4 我国主要城市轨道交通政策分析 ... 9
1.5 我国城市轨道交通政策发展趋势 ... 13

第2章 项目管理概述 ... 16
2.1 项目管理的总体要求及职能界定 ... 16
2.2 项目管理内容 ... 18
2.3 项目管理流程 ... 21

第3章 线网规划管理 ... 23
3.1 概述 ... 23
3.2 线网规划编制内容 ... 24
3.3 线网规划管理审批流程 ... 29

第4章 建设规划管理 ... 31
4.1 概述 ... 31
4.2 建设规划编制内容 ... 32
4.3 建设规划审批管理 ... 42

第5章 可行性研究管理 … 46

5.1 概述 … 46
5.2 可行性研究报告编制内容 … 46
5.3 可行性研究报告管理流程 … 55
5.4 可行性研究报告编制、审批的重点环节 … 55

第6章 投融资管理 … 57

6.1 概述 … 57
6.2 城市轨道交通的投融资特点 … 59
6.3 典型投融资模式的分析 … 60
6.4 国内外城市轨道交通投融资模式 … 60
6.5 城市轨道交通建设常见投融资模式 … 65

第7章 勘察管理 … 77

7.1 概述 … 77
7.2 勘察管理内容 … 78
7.3 环境调查管理内容 … 80
7.4 勘察分类及勘察管理流程 … 82
7.5 环境调查管理的流程 … 84
7.6 典型案例 … 85

第8章 设计管理 … 86

8.1 概述 … 86
8.2 设计管理的目标及主要内容 … 89
8.3 设计阶段划分及其主要任务 … 101
8.4 各设计阶段管理流程及内容 … 102
8.5 设计管理成果文件及审查程序 … 118
8.6 接口管理 … 122
8.7 专项研究及专项设计管理 … 125
8.8 典型案例 … 132

第9章 前期专项工作管理 … 133

9.1 概述 … 133
9.2 管理内容 … 133
9.3 管理流程 … 134
9.4 管理成果 … 146
9.5 接口管理 … 146

第 10 章　土建施工管理 ················· 147
- 10.1　概述 ················· 147
- 10.2　管理内容 ················· 147
- 10.3　开工前准备阶段管理 ················· 148
- 10.4　施工阶段管理 ················· 152
- 10.5　工程竣工验收与移交管理 ················· 168
- 10.6　接口管理 ················· 169

第 11 章　装饰装修管理 ················· 174
- 11.1　概述 ················· 174
- 11.2　工程范围及其特点 ················· 175
- 11.3　装饰装修工程管理内容 ················· 176
- 11.4　管理程序及其工艺流程 ················· 179
- 11.5　管理成果 ················· 182
- 11.6　接口管理 ················· 184
- 11.7　典型案例 ················· 188

第 12 章　轨道工程管理 ················· 189
- 12.1　概述 ················· 189
- 12.2　管理内容 ················· 189
- 12.3　管理流程 ················· 190
- 12.4　接口管理 ················· 192
- 12.5　典型案例 ················· 199

第 13 章　机电设备安装管理 ················· 200
- 13.1　概述 ················· 200
- 13.2　管理内容 ················· 201
- 13.3　管理流程 ················· 206
- 13.4　管理成果 ················· 212
- 13.5　接口管理 ················· 214
- 13.6　典型案例 ················· 219

第 14 章　系统设备安装管理 ················· 220
- 14.1　概述 ················· 220
- 14.2　管理内容 ················· 222
- 14.3　管理流程 ················· 230
- 14.4　管理成果 ················· 233
- 14.5　接口管理 ················· 238
- 14.6　典型案例 ················· 242

第 15 章　系统联调与试运行阶段的管理 ········· 243

- 15.1　系统联调的意义及作用 ········· 243
- 15.2　系统联调管理内容 ········· 244
- 15.3　系统联调管理流程 ········· 250
- 15.4　系统联调管理成果 ········· 261
- 15.5　试运行阶段的管理 ········· 270
- 15.6　典型案例 ········· 275

第 16 章　验收管理 ········· 276

- 16.1　概述 ········· 276
- 16.2　验收内容和程序 ········· 277
- 16.3　接口管理 ········· 280
- 16.4　专项验收 ········· 281
- 16.5　工程移交 ········· 290
- 16.6　工程案例 ········· 293

第 17 章　档案管理 ········· 294

- 17.1　概述 ········· 294
- 17.2　管理内容 ········· 295
- 17.3　管理流程 ········· 305
- 17.4　接口管理 ········· 307
- 17.5　档案验收 ········· 310
- 17.6　档案移交 ········· 312

第 18 章　试运营筹备及试运营期间的管理 ········· 316

- 18.1　概述 ········· 316
- 18.2　试运营筹备阶段的管理 ········· 316
- 18.3　试运营期间的管理 ········· 323

第 19 章　计划调度管理 ········· 344

- 19.1　概述 ········· 344
- 19.2　计划编制的原则及分类 ········· 345
- 19.3　计划管理的架构及体系 ········· 346
- 19.4　管理流程 ········· 348
- 19.5　典型案例 ········· 354

第 20 章 招投标采购与合同投资管理 ········· 355

- 20.1 概述 ········· 355
- 20.2 管理内容 ········· 355
- 20.3 勘察总包合同管理 ········· 381
- 20.4 设计总包合同管理 ········· 387
- 20.5 施工合同管理 ········· 394
- 20.6 监理合同的管理 ········· 399
- 20.7 物资、设备采购合同管理 ········· 403
- 20.8 技术合同的管理 ········· 406
- 20.9 工程合同索赔管理 ········· 412

第 21 章 质量管理 ········· 416

- 21.1 概述 ········· 416
- 21.2 工程质量管理内容 ········· 416
- 21.3 质量事故的报告与处理 ········· 432
- 21.4 第三方检测质量管理 ········· 434
- 21.5 监理质量管理 ········· 435

第 22 章 安全风险管理 ········· 442

- 22.1 概述 ········· 442
- 22.2 安全管理 ········· 442
- 22.3 风险管理 ········· 462
- 22.4 应急管理 ········· 477

第 23 章 环保与文明施工标准化管理 ········· 484

- 23.1 环境影响 ········· 484
- 23.2 环境保护措施 ········· 485
- 23.3 文明施工标准化管理 ········· 488
- 23.4 典型案例 ········· 494

参考文献 ········· 495

第1章 绪论

城市轨道交通发展政策的制订不能只着眼于解决城市交通问题,要统筹兼顾,把解决城市交通问题、促进城市合理布局、强化城市(区域)间协调发展、实现轨道交通的可持续发展作为制订轨道交通发展政策的首要选择,并制订合理的轨道交通扶持政策,为其提供良好的环境。

本章首先介绍了城市轨道交通建设运营阶段划分,通过对我国城市轨道交通发展特点、政策环境以及主要城市轨道交通政策分析,总结了我国城市轨道交通在管理模式、土地政策、投融资模式、票价政策等方面的特点,同时对我国城市轨道交通政策发展趋势进行了分析。

1.1 城市轨道交通建设运营阶段划分及主要工作

我国城市轨道交通建设运营阶段可划分规划阶段、建设阶段以及运营阶段。具体阶段划分如图1-1所示。

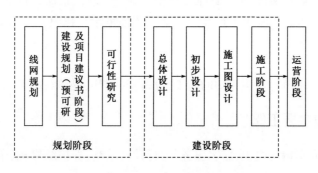

图1-1 我国城市轨道交通建设运营阶段划分

1.1.1 规划阶段主要工作

1)线网规划

主要研究城市轨道交通的模式、战略定位、线网规模、网络构架、建设顺序等内容;针对城市轨道交通线路而言,需明确线路在网络中的功能定位、线路的运能规模、关键节点的功能定位、车场用地规划等重点内容。

线网规划由市政府及市规划部门审查,获得市政府的批复,并纳入城市总体规划执行。

2)建设规划

重点完成近期建设城市轨道交通的必要性和紧迫性、近期建设方案的论证、近期方案工程实施研究、用地控制条件、资金安排等内容;对线路来说,需要明确线路的运能规模、制式选择、起讫点、敷设方式、车站布设及数量、车场用地落实等内容。

建设规划由国家发展和改革委员会(简称"发改委")进行技术审查,由生态环境部进行环境影响评价报告审查,并由住房和城乡建设部(简称"住建部")会签,之后上报国务院进行批复。

3)可行性研究

主要完成单条线路项目前期研究。可行性研究(简称"可研")主要论证项目的可行性,在上位规划和客流预测专题报告的基础上,对线路方案、线路规模和标准、建筑工程方案、机电设备工程方案、运营方案、环境影响评价、工程筹划、投资估算及经济分析等内容进行详细研究论证。

除编制可研主体报告外,还需要完成客流预测、环境影响评价等专题报告。可行性研究报告由省(自治区、直辖市)级行政部门(发改委)组织审批。

1.1.2 建设阶段主要工作

1)总体设计

城市轨道交通线路总体设计阶段除完成必备的总体设计文件外,还需完成全线征地商业规划、沿线征地拆迁调查报告、建(构)筑物调查报告、管线详查报告、标准化设计、人防设计、交通导改方案、文物保护方案、园林绿地占用方案、市政桥梁保护方案、运营管理模式研究、交通衔接设计报告等。

总体设计需市属行政部门(市住建委)组织专家评审并批准。

2)初步设计

城市轨道交通线路初步设计阶段需完成初步设计文件外,还需得到各行业部门审核批复,并完成全线施工临时用电(简称"临电")方案、全线征地拆迁安置计划、全线风险源分析及安全评估、全线施工运输及弃土安置计划、市政管线综合设计方案、降水设计方案。

初步设计需省(自治区、直辖市)属行政部门(规划建设和发改委)组织专家评审并批准。

3)施工图设计

本阶段需完成施工图设计文件、地质详细勘察报告、装修设计、地面建筑设计等内容。

施工图设计需建设单位组织专家评审并经过施工图强审单位出具强制性条文审查(简称"强审")合格意见后批准实施。

4)施工阶段

主要完成线路、车站、轨道等建构筑物的施工,设备安装调试、装修、竣工验收等。

1.1.3 运营阶段主要工作

运营阶段主要完成列车运行组织、旅客服务、运行计划编制、养护维修、安全保障等,详见第18章。

1.2 城市轨道交通发展特点

1.2.1 类型的多样性

城市轨道交通在世界范围内发展较快,由于地区、国家、城市及服务对象存在差异,使得目前城市轨道交通发展形成了功能不同的多种类型。按运能范围、车辆类型及主要技术特征可分为有轨电车、地下铁道、轻轨、市郊铁路、单轨、新交通系统、磁悬浮交通等制式(表1-1)。在轨道交通里程占世界前十名的城市,大多采用多层次多类型的轨道交通模式。

城市轨道交通制式　　　　表1-1

类　型	特　点	应　用
有轨电车	电车牵引、轻轨导向、1～3辆编组运行在城市路面线路上的低运量轨道交通系统	法国斯特拉斯堡、瑞士日内瓦、西班牙巴塞罗那,以及中国大连、天津、上海等

续上表

类　型	特　点	应　用
地下铁道	电力牵引、轮轨导向、轴重相对较重、具有一定规模运量、按运行图行车、车辆编组运行在地下隧道内，或地面或高架线路上的快速轨道交通系统	美国纽约、英国伦敦、日本东京，以及中国上海、北京等
轻轨	电力牵引，反映在轨道上的荷载相对于铁路和地铁的荷载较轻	美国旧金山 L 塔拉瓦尔路线，以及中国上海轨道交通 5 号线、武汉轨道交通 1 号线一期
市郊铁路	建在城市内部或内外结合部，线路设施与干线铁路基本相同，服务对象以城市公共交通客流，即短途、通勤旅客为主	日本 JR 线，中国北京轨道交通 S2 线
单轨	通过单一轨道梁支撑车厢并提供导引作用	日本东京羽田线，中国重庆轨道交通 2 号线
新交通系统（AGT）	由电气牵引，具有特殊导向、操作和转向方式胶轮车辆，单车或数辆编组运行在专用轨道梁上的中小运量轨道运输系统	美国空中巴士，中国天津滨海新区胶轮导轨线路、北京首都国际机场旅客捷运系统（APM）
磁悬浮交通	利用电磁系统产生的排斥力将车辆托起，使整个列车悬浮在导轨上，利用电磁力进行导向，利用直线电机将电能直接转换成推动列车前进	日本宫崎实验线，中国上海磁悬浮列车示范线

1.2.2　规划的科学性

大城市在修建或调整轨道交通线路之前，首先对地区客流量和乘客需求等要素进行全面调查和科学分析，需根据新出现的交通问题筹划建设新的线路，并广泛征求意见。

轨道交通线网规划不仅与城市地面交通配合，还要与公路、铁路、民航等大交通协调。因此，世界大城市交通系统一般以建设和发展轨道交通为主，再综合布置高速公路和其他交通方式。

此外，线路类别不同，其造价差别明显不同，一般来说，地下线造价最高，高架线次之，地面线造价最低。因此，世界大城市在规划设计轨道交通时，均因地制宜，选择适宜的线路类别。

1.2.3　布局的网络化

轨道交通较为发达的城市，如纽约、伦敦、巴黎、莫斯科、东京、北京、上海等，基本已形成一定的轨道交通规模和网络，可以延伸到城市的各个方向。呈辐射状分布的城市轨道交通系统已成为这些现代化大都市的重要干线交通，不仅缓解了城市交通的拥挤状况，而且绿色环保，在城市的社会活动、经济活动中发挥着不可替代的重要作用。

1.2.4　建设的环保化

轨道交通必须与城市环境融为一体，相互协调，并提升环境的品质，以促进城市可持续发展。为了减少对城市的干扰，达到环保的要求，有的城市即使造价较低的轻轨也要进入地下，如德国的汉诺威、斯图加特等城市。而且，这些城市的轨道交通具有低噪声的新材料车体，减振的轨道结构等措施；在气候炎热的城市，轨道交通普遍采用了站台屏蔽门，这虽然增加了造价和管理上的费用，但大幅度降低了站台空调的能耗，缓解了能源紧张。

1.2.5　资金来源的多元化

目前，多数国家由中央政府、地方政府和轨道交通受益部门共同投资建设城市轨道交通系统。日本采用补助金制度，对于市郊铁路，由国家和地方政府负担 36% 的补贴，而对单轨等新交通方式，国家的补贴占比达 2/3；德国交通财政资助法规定，每年向购油者加收 10% 的税收作为城市交通建设资金，联邦政府负担60%,州政府负担40%;法国巴黎相关法规规定,城市交通设施基本建设由中央政府投资40.5%,其余的由地方政府和有关部门投资。目前我国轨道交通主要以政府投资为主,近年来随着轨道交通建设规模的不断加大,逐步引入社会资本用于轨道交通的建设及运营。

1.2.6 服务的人性化

各大城市轨道交通经营者非常重视以优质的服务满足不同乘客的需求,吸引乘客,具体表现在以下几个方面。

一是快捷。列车严格按照时间表运行,并设置指示标志和广播指引,通常情况下,轨道交通的运营速度要比常规公交高出1~3倍。

二是方便。包括线网布设合理、线网密度高、换乘方便、发车频率高、站点布置合理以及先进的售票系统。另外,城市轨道交通也是提升城市生活品质的一个窗口,如地铁隧道中、电梯旁及客车内等地张贴着各种广告招贴画,传递着日常生活的重要信息。而且,在城市轨道交通站附近大多有大型的购物商场、电影院、餐饮中心、住宅区和夜市摊贩等,非常方便。

三是舒适。轨道车辆加速与减速设计适当,所以行车比较平稳,舒适性一般要好于常规的公共交通方式。车站的环境设计也相当精心,旨在为乘客提供一流的服务设施,更重视为残疾人服务。

1.2.7 政策的保障性

从世界城市交通政策的发展变化来看,至20世纪60年代大部分国家都是采取以发展机动车为优先的政策。但由于机动车交通在对应城市交通需求上有其局限性,加上环境问题的出现,以及为了适应高质量的交通需求(高速大运量、准时性、安全性、舒适性),于是逐渐转向包括轨道交通在内的以公共交通为主体(TOD)的城市交通政策。

1.3 我国城市轨道交通政策环境

1.3.1 政策基础

近20多年来,国家有关部门围绕城市轨道交通建设和发展,相继颁布了一系列相关的支持性政策,具体内容如下。

1985年颁布了公交发展政策,提出"大力发展公共交通,以公共汽车、无轨电车为主,发展出租汽车,特大城市应逐步发展快速有轨电车、高架地下铁道"。

国家"七五"计划期间发布了城市轨道交通建设技术标准,规定了建设前期工作的程序和方法,提出了具有使用性的综合技术标准的基本准则,拟定了规范化的指导性意见。

20世纪90年代国家提出了轨道交通建设政策,规定轨道交通线路近期高峰小时单向客流量达到1万人次时,可建设轻轨交通,百万人口以上的大城市在主要客运通道上单方高峰小时达3.5万人以上允许建设地下铁道,远期单方向高峰小时要达5万人以上。

1995—2003年又相继出台了城市轨道交通建设的宏观调控政策、发展政策及国产化政策。

2018年7月国务院为加强城市轨道交通规划建设管理新政,严格建设申报条件,出台了《国务院办公厅关于进一步加强城市轨道交通规划建设管理的意见》(国办发〔2018〕52号),继续坚持"量力而行、有序发展"的方针,并在总结行业发展经验的基础上,按照"城市有需求、政府有能力、线路有客流、数据易统计"的思路调整了城市轨道交通准入条件。严格建设申报条件和建设规划报批和审核程序,具体要求可扫码查看。

这些政策对指导我国城市轨道交通建设、规范建设程序、立项条件、建设的技术标准、推行国产化政策具有重要意义,指导了我国城市轨道交通的建设工作。随着轨道交通的政策发展在经历上述摸索阶段后,现在已经进入逐步成熟的阶段,目前又相继出台了许多城市轨道交通政策,这些政策的颁布和实施对轨道交通行业的健康发展起到了有益的推动作用。

1) 提出优先发展公共交通的指导意见

2012年12月29日,国务院发布《国务院关于城市优先发展公共交通的指导意见》(国发〔2012〕64号),指导意见要求:城市人民政府要将公共交通发展资金纳入公共财政体系,重点增加大容量公共交通、综合交通枢纽、场站建设以及车辆设备购置和更新的投入,并首次明确提出"对城市轨道交通运营企业实施电价优惠"。

此后,交通运输部印发了《交通运输部关于贯彻落实〈国务院关于城市优先发展公共交通的指导意见〉的实施意见》(交运发〔2013〕368号)(简称《实施意见》),进一步明确城市公共交通发展总体目标,提出九大任务五项保障措施。《实施意见》要求如下。

在规划调控方面:要提升规划调控能力,推进城市综合交通规划和城市公共交通规划编制工作,经城市人民政府批准后纳入城市控制性详细规划。倡导公共交通支撑和引导城市发展的规划模式,统筹城市空间布局、功能分区、土地利用和交通需求,科学谋划公共交通发展与城市功能布局。

在财税支持方面:要推动城市公共交通发展资金纳入城市公共财政体系,并逐步提高城市公共交通投入资金占地方公共财政收入的比例。积极推动出台城市轨道交通运营企业电价优惠政策。

在土地综合开发方面:落实公共交通用地综合开发政策。对现有城市公共交通设施用地,在保障城市公共交通需求的前提下,支持原土地使用者通过依法申请调整土地利用规划,提高容积率,进行立体开发。城市公共交通用地综合开发的收益应专项用于城市公共交通基础设施建设和弥补城市公共交通企业运营亏损。

在票价方面:完善公共交通定价和调价机制,建立城市公共交通企业成本评估制度、城市公共交通补贴补偿制度,合理界定公共财政补贴补偿范围。

2013年9月,国务院印发《关于加强城市基础设施建设的意见》(国发〔2013〕36号),明确了当前加快城市基础设施升级改造的六项重点任务,其中第四项是加强城市道路交通基础设施建设,发挥地铁等的公共交通骨干作用。

2) 下放城市轨道交通项目审批权

2004年,《关于印发国家发展改革委核报国务院核准或审批的固定资产投资项目目录(试行)的通知》(发改投资〔2004〕1927号)规定,城市快速轨道交通项目由国家发改委核报国务院审批;2013年,《国务院关于取消和下放一批行政审批项目等事项的决定》(国发〔2013〕19号)规定,明确城市轨道交通项目由省(自治区、直辖市)级投资主管部门按照国家批准的规划核准;2015年,《国家发改委 住房城乡建设部关于优化完善城市轨道交通建设规划审批程序的通知》(发改基础〔2015〕2506号),再次下放轨道交通审批权限,提出除了初次申报的城市首轮建设规划仍需由国务院审批,已实施首轮建设规划的城市,其后续建设规划的审批下放到国家发改委会同住建部审批。城市轨道交通项目审批权的两次下放,加快了其快速发展的进程。

按照转变政府职能的总体要求,列入国家批准规划的城市轨道交通项目的核准,将下放到省(自治区、直辖市)级投资主管部门,并实行审批权力与责任同步下放,调控与监管同步强化,项目核准权限下放,可以减少审批的流程提高工作效率,加快前期工作进度,发挥地方政府更加贴近实际的优势,有利于轨道交通的整体发展。

3) 不断创新投融资机制

《国家发展改革委办公厅关于进一步规范地方政府投融资平台公司发行债券行为有关问题的通知》(发改办财金〔2010〕2881号)中指出,投融资平台公司发行企业债券所募资金,应主要用于对经济社会发展和改善人民群众生活具有重要作用的基础设施和市政公用事业领域。对于发债资金主要用于城市轨道交通等国家产业政策鼓励发展领域项目建设的,可在同等条件下优先获得核准。

2014年9月,《国务院关于加强地方政府性债务管理的意见》(国发〔2014〕43号)明确提出了"建立借、用、还相统一的地方政府性债务管理机制",赋予了地方政府依法适度举债权限。相应的地方政府性债券必将用于包括城市轨道交通在内的市政基础设施建设,为其提供稳定可持续的资金来源,解决地方政府因土地出让金减少带来的资本金缺口。

2014年11月,《国务院关于创新重点领域投融资机制鼓励社会投资的指导意见》(国发〔2014〕60号)明确提出要改革完善交通投融资体制,鼓励按照"多式衔接、立体开发、功能融合、节约集约"的原则,对城市轨道交通站点周边、车辆段上盖进行土地综合开发,吸引社会资本参与城市轨道交通建设。

为鼓励和引导社会投资,增强公共产品供给能力,国家发改委于2014年11月发布《关于开展政府和社会资本合作的指导意见》(发改投资〔2014〕2724号),从政府和社会资本合作(PPP)模式的主要原则、项目范围、操作模式选择、工作机制、规范管理、政策保障等方面,对开展政府和社会资本合作提出具体要求。

《关于开展政府和社会资本合作的指导意见》指出,PPP模式是创新投融资机制的重要举措,对拓宽社会资本投资渠道、促进投资主体多元化、发展混合所有制经济、加快政府职能转变具有重要意义。各地要建立部门联动、分工明确、协同推进的工作机制,积极探索、大胆创新,建立合理投资回报机制,保障政府和社会资本合作积极稳妥推进;要求各地可根据当地实际及项目特点,通过授予特许经营权、政府补贴或购买服务等措施,灵活运用建设—经营—转让(Build-Operate-Transfer,BOT)、建设—拥有—经营(Build-Own-Operate,BOO)、建设—拥有—经营—转让(Build-Own-Operate-Transfer,BOOT)等多种模式,切实提高项目运作效率。各省(自治区、直辖市)发改委要认真做好PPP项目的统筹规划、综合协调等工作,及时建立PPP项目库,按月对项目进展情况进行调度汇总,积极推动PPP项目顺利实施。

国家发改委随同《关于开展政府和社会资本合作的指导意见》一并印发了《政府和社会资本合作项目通用合同指南》,按照平等合作、互惠互利、依法合规等原则,针对不同模式合作项目的投融资、建设、运营、移交等阶段,从合同各方的权责配置、风险分担、违约处理、政府监管、履约保证等方面,提出合同编制的注意事项及有关要求,供PPP项目参与各方参考借鉴。

2015年上半年,国家发改委联合财政部等部门又连续发布《关于推进开发性金融支持政府和社会资本合作有关工作的通知》(发改投资〔2015〕445号)、《关于进一步做好政府和社会资本合作项目示范工作的通知》(财金〔2015〕57号)、《基础设施和公用事业特许经营管理办法》等,并推出PPP项目工程包,其中包括较多城市轨道交通项目。在城市轨道交通建设领域推行PPP模式,既可吸引社会资本、解决城市轨道交通建设庞大的投资需求与资金短缺的矛盾,也可有效避免政府主导投资经营的低效率。

4)节约集约利用土地的政策

2014年5月和9月,国土资源部先后发布《节约集约利用土地规定》(国土资源部令第61号)及《国土资源部关于推进土地节约集约利用的指导意见》(国土资发〔2014〕119号)文件,提出要提高建设用地利用效率,制订地上地下空间开发利用管理规范,统筹地上地下空间开发,推进建设用地的多功能立体开发和复合利用,提高空间利用效率。完善城市、基础设施、公共服务设施、交通枢纽等公共空间土地综合开发利用模式和供地方式,提高土地利用强度。

2015年6月,为了促进城市轨道交通资源开发与工程项目规划建设一体化工作,中国城市轨道交通协会发布了《城市轨道交通资源开发与工程项目规划建设一体化工作指南》,为城市轨道交通资源开发提供了指导。

5)规划建设管理指导

《国务院办公厅关于加强城市快速轨道交通建设管理的通知》(国办发〔2003〕81号),规范了城市轨道交通发展的条件、资金筹集与服务运行的方式。

2014年11月,为了有序推进地铁、轻轨等城市轨道交通的建设,住建部颁布了《住房城乡建设部关于加强城市轨道交通线网规划编制的通知》(建城〔2014〕169号),提出线网规划编制的基本原则、科学编制线网规划、加强线网规划管理等,为合理、规范地编制线网规划提供政策依据。

《国家发展改革委关于加强城市轨道交通规划建设管理的通知》(发改基础〔2015〕49号),提出坚持"量力而行、有序发展"的方针,按照统筹衔接、经济适用、便捷高效和安全可靠的原则,科学编制规划,有序发展地铁,鼓励发展轻轨、有轨电车等高架或地面敷设的轨道交通制式。内容主要有:加强规划管理(包括超前编制线网规划、科学编制建设规划、明确规划审核要点、规范规划调整程序),加强规划实施监管,加强建设管理(包括完善项目监管制度、科学组织项目实施、发挥监督服务作用),加强安全管理(包括落实主体责任、强化监管责任、完善应急体系)。

为引导城市轨道沿线地区的规划与建设,充分发挥城市轨道交通对城市空间的引导作用,以轨道站点为核心,构建集约高效、人性化的城市环境和活动空间,2015年11月,住建部颁布了《城市轨道沿线地区规划设计导则》,针对城市总体规划、控制性详细规划及修建性详细规划三个层次,提出有针对性的规划原则、控制重点与设计方法。《城市轨道沿线地区规划设计导则》对轨道沿线地区的引导主要包括功能结构、土地使用与建设强度、道路网络、换乘设施、轨道站点出入口及步行系统等。

6)运营管理指导

2005年6月28日,住建部公布了《城市轨道交通运营管理办法》,从运营管理、安全管理、应急管理等方面为全国各地修建地铁的城市提供了指导方向,之后许多城市根据《城市轨道交通运营管理办法》结合地方实际制定了当地的轨道交通运营管理办法或条例。

2018年5月24日,交通运输部公布了《城市轨道交通运营管理规定》,并于2018年7月1日实施。《城市轨道交通运营管理规定》立足于交通运输部指导全国城市轨道交通运营管理职责,从运营基础要求、运营服务、安全支持保障、应急处置等方面,明确了城市轨道交通运营管理的政策措施。

1.3.2 存在问题

从总体上看,伴随城市轨道交通的快速发展,各种关于轨道交通的政策也逐步得到了发展与完善。上述的相关政策为轨道交通在规划、投资、建设、运营甚至制造过程创造了良好的条件,但由于轨道交通自身多环节、多部门的复杂生产和服务的部门特点,以及公共服务的特征,决定了其轨道交通政策的复杂性、系统性与阶段性,因此,目前我国城市轨道交通政策还存在以下问题。

(1)从目的与对象来看,受众主体较为单一,缺乏面向不同主体、不同环节系统化的政策。已有的城市轨道交通政策可以将其视为总则性的和框架性的,其主要的利益出发点仍以部门利益为主,由于轨道交通涉及消费者、运营商和投资商不同的活动主体,从产业环节来看,它包括制造、建设和运营等不同部门,因此从相关政策的内容来看,不能用产业或者部门利益替代公共利益,应该存在面向不同主体的政策及其实施机构。

(2)从阶段性来看,缺乏关于不同时期城市轨道交通政策的调整与思路。目前的政策缺乏对时期的把握,将建设与运营捆在一起,尤其对建设期和运营期的工作重点缺乏阶段性的认识。

以北京市为例,从1969年拥有第一条地铁以来,轨道交通一直是北京市公共交通发展的主题之一,2005年,北京市正式将轨道交通作为发展公共交通的关键性工具,到2020年底,北京市轨道交通线路接近800km,跻身世界规模最大的轨道交通城市之一。在未来几年,北京市轨道交通建设需要把握和调整北京市轨道交通政策,在推动与保障建设任务的前提下,规范运营环节的管理是保持政策连续性的重要任务与内容。

北京市之前的轨道交通政策是以建设为主,其主要特点是强调投融资政策,以投融资为主体,兼顾经营。2015年《北京市轨道交通运营安全条例》的制定和实施,为保障轨道交通运营安全,维护轨道交通各方主体的合法权益提供了政策依据。随着路网逐渐形成规模,大规模建设进入尾声,轨道交通的运营效率以及经济推动效应作为轨道交通政策以及公共战略的重点。因此,在不同的发展阶段中,需要针对不同的战略目标,制订不同的政策框架。但也应该注意两个不同阶段战略目标的相互衔接,推动城市轨道交通政策的持续性与权威性。

(3)从城市轨道交通政策构成内容来看,政府与运营环节的关系并不十分明确。已有的政策尽管对运营环节制定了相关的政策框架,要求建立以特许经营为导向的管理体制,但就目前执行的情况来看,这种特许经营合同并不十分完善。

首先,特许合同只有单纯的责任,缺乏明确的利益分享与成本分摊机制。特许合同是运营环节中公司的根本,它决定了公司的发展空间和持续增长能力。对于轨道交通运营企业来说,公司需要承担轨道交通的公共服务,与此同时公司也需要自身的发展。因此,政府与公司之间的特许合同实际上包括了两个方面:一方面是政府要确定运营公司作为轨道交通唯一运营商;另一方面以此为基础,政府需要运营公司提供轨道交通的服务,这是一种公共服务的购买。目前政府仅仅将运营公司单纯地作为公共交通的服务代理机构,由此就限制了轨道交通运营组织的发展,也限制了轨道交通在城市经济中的最大效能的发挥。

其次,以财政补贴代替购买服务不能提高轨道交通运营公司的效率。目前绝大多数城市在运营阶段,在轨道交通的价格采取普惠制的条件下,运营公司很难补偿其运营成本,需要政府对其补贴。目前绝大多数城市采取的财政补贴方式可以视为隐合同关系,这种关系缺乏长期性,只具有很低的激励效能,不利于提高运营公司的效率。因此,在公共购买服务条件下,给定轨道交通的公共服务特征,明确政府与企业的合同关系,合理地确定补贴方式,既能激励企业保证完成公共服务活动,又能够促进公司快速发展,这将是未来轨道交通政策的关键内容之一。

(4)从项目管理来看,企业组织关系尚处于不断变动之中。从目前投资、建设和运营环节来看,城市轨道交通作为项目运营有两种基本的形式:一种是一体化管理。以上海为例,上海将投资、建设和运营整合到一个公司集团,由一个公司来管理运营轨道交通全部过程。另一种是专业化管理。以北京为例,北京将轨道交通项目分解为京投公司、建设管理公司以及轨道交通运营公司,分别承担轨道交通投资、建设和运营。事实上,从目前的情况来看,各城市的项目管理模式仍然处于不断变动之中,上海以前是专业化分工,最近转向一体化组织,北京以前是一体化管理,目前是专业化管理模式。应该看到,不论是总和的形式还是分离的形式都是一种组织安排类型,这种分离式的组织形式能否满足轨道交通实际运行的效率,并不取决于这种组织形式本身的好与坏、优与劣。

(5)从实施机构来看,机构关系有待于进一步协调。管理体制是否有效率取决于它与实际事务是否能够实现责权利相一致(权责明确)、各环节是否能够有效协调(分工协调)等因素。从目前的管理体制来看,负责对轨道交通的建设、投资、规划与运营等环节的管理体制实行的是专业化分工管理。也就是说,从最终的管理决策来看,发改委负责投资,城市规划委员会(简称"规委会")负责规划设计,交通管理局负责运营事务,建设局负责建设环节,其他部门分别负责其中的某项事务。这种专业化的管理模式是否合理也不取决于管理模式本身的好坏,但这种模式是否能发挥作用取决于以下因素。

①权责关系是否明确。

每一个部门的权责是否能够明确或者到位是这个部门是否具有管理效率的关键。以北京市轨道交通内部的管理体制为例,交叉管理仍然存在。由于轨道交通各环节之间联系紧密,从规划、融资到建设、运营,专业化特征明显,但环节之间相互交叉,不可避免导致管理职能交叉。例如,轨道交通管理处与轨道交通运行指挥中心之间的责权关系就不甚明确。轨道交通管理处负责安全事务与行为规范,类似于制订与管理行业法律、法规的监管机构。轨道交通运行指挥中心承担轨道交通运营过程中各种业务审核与管理。从权责内容来看,无法判断两者谁是管理运营部门的最终行政管理部门。

②部门之间的分工与协调。

部门之间的相互协调,尤其是涉及经济利益的相互协调的程度在某些方面是决定这种管理体制是否有效的另一个重要因素之一。涉及轨道交通各环节的管理机构很多,包括了发改委、规委会、建设管理委员会(简称"建委")、交通委员会(简称"交委")、自然资源部门以及其他各相关职能机构,但最关键的部门包括了发改委、规委会、交委(以前归建委)与自然资源部门四个部门。四大部门的矛盾主要集中于资金和土地的使用,尤其是涉及轨道交通用地、线路设置(站点)以及周边土地等政策问题。目前由于部门之间以部门利益为主调的相互扯皮、推诿所形成的矛盾是阻碍专业化管理有效运行的关键因素之一。

(6)从城市交通政策来看,轨道交通与其他交通方式缺乏一体化思考。轨道交通的交通服务功能伴随着轨道交通的网络形成,其重要作用日益体现出来。以北京为例,随着轨道交通初步成网,轨道交通的网络经济所体现出来的交通运输优势将大大缓解北京市交通拥堵状况。目前由于公共交通的规划设计还缺乏有效的宏观整体指导原则,轨道交通的干线作用受到了一定的抑制。

①连接性与分工协作。

现有的公共交通规划体系并不是以轨道交通为轴心来建设的。从不同公共交通的优缺点来看,轨道交通适合大运量、轴线运输。从集聚点到集聚点区域的运输是轨道交通的长处,但它并不能实现交通运输的点对点的最终完成环节,需要其他交通工具进行补充。从现有的北京市公交线路与轨道交通的结合来看,实现这种无缝连接、一体化运输的问题重重。公交站点距轨道交通站点的连接不畅,轨道交通站点之间的换乘也连接不畅,公交线路与轨道交通线路无法形成有效的分工协作关系,限制了轨道交通进一步发挥轴心的作用。我们也看到重庆等地进行了有益的尝试,他们从运营角度,将轨道交通与公共交通整合在一起形成城市公共交通的运输集团,以此来解决地面交通与地下交通的连接性问题。

②集聚性与站点的区位。

轨道交通站点具有较为典型的区位特点。人流量大,交通密集,便于开发商业、地产等服务业。因此,将轨道交通大型枢纽站发展建设成为城市经济集聚中心就是轨道交通发挥服务平台中心作用的关键,这也是以"TOD"为导向的城市开发的中心观点。以目前北京市轨道交通枢纽点的建设来看,几乎看不到这种区位优势的开发。无论是西直门、国展中心等重要的枢纽点,还是比较小的站点建设,尚未形成推动这一区位集聚的有效机制。

1.4 我国主要城市轨道交通政策分析

按照我国城市轨道交通发展的不同层次,选择了8个国内城市展开轨道交通政策的调研,分别是:轨道交通发展比较成熟的北京、广州以及香港特别行政区,发展比较迅猛的南京和武汉,发展处于起步阶段的西安、昆明和青岛。上述城市轨道交通管理模式见表1-2。

北京等城市轨道交通管理模式概况　　　　表1-2

城市	投资—建设—运营关系	领导机构	领导机构办事处
北京	分离	北京市重大项目建设指挥部办公室	北京市重大项目建设指挥部办公室轨道处
上海	由分离转向一体化	上海市轨道交通建设指挥部	上海市轨道交通建设指挥部
广州	一体化	广州市地铁工程建设指挥部	广州市地铁工程建设指挥部办公室
香港	一体化	香港铁路公司	—
南京	一体化	南京市地铁工程建设协调领导小组	南京市地下铁道工程建设指挥部
武汉	一体化	武汉市轨道交通建设指挥部	武汉市轨道交通建设管理办公室
西安	一体化	西安市地铁建设指挥部	西安市地铁建设指挥部办公室
青岛	一体化	青岛市地铁工程建设指挥部	青岛市地铁工程建设指挥部办公室

通过对以上城市轨道交通政策的研究和分析,可以总结出我国城市轨道交通在管理模式、土地政策、投融资模式、票价政策等方面的特点。

1)管理模式

国内城市轨道交通的管理模式大体可以分为一体化和专业化两种管理方式。一体化的管理方式是集地铁投融资、建设、运营、沿线商业开发统一运作的公司制模式,如广州、香港、南京、武汉、西安、青岛地铁;专业化的管理方式是把地铁的投融资、建设、运营、沿线商业开发分别由专业化公司来承担,各公司之间可以是以资产为纽带的企业集团形式,也可以是完全相互独立的市场化契约关系形式,如北京地铁。目前,国内地铁管理方式以一体化或企业集团形式下的专业化管理为主。

另外,国内地铁大部分采用市长或主管副市长负责制的指挥体系,在地铁建设的前期成立轨道交通建设指挥部门,组织开展轨道交通建设,并协调解决建设中的问题。地铁单位除了接受指挥部门的领导外,同时还要与相关的发展改革、规划、土地、财政、交通、环保、市政等部门联系,接受相关部门的监督。

一体化管理模式下,地铁各种资源高度集中,有利于各方面资源共享,资源配置成本低;投融资、建设、运营作为公司内部的几项工作,便于协调分工;同时客运主营业务与商业等辅助业务可以合并收入,实现合理避税。但该种模式下地铁公司承担职能太多,机构庞大,企业管理成本不断增加,对企业管理水平有极高的要求,不利于大规模的地铁投资、建设、运营;同时资源、权力过于集中,不利于地铁建设、运营的投资主体多元化运作,以及市场化竞争格局的形成。

专业化管理模式下,能够发挥出专业化、职能化的优势,从规划、建设直至运营的全过程均按照国家规定的建设程序展开,保障了重大基础设施建设项目的顺利实施,经常采用"网运分开"模式,即线路资产的所有权与经营权相分离,一般将投融资、建设、运营分别成立专业化公司,结构清晰,有利于集中精力完成大规模的建设、运营任务,有利于地铁建设、运营主体多元化的市场良性竞争格局的形成。缺点是虽然能合并报表,但各自公司要单独纳税,不利于避税。

国内城市轨道交通建设的初期,由于投资需求不是特别大、线路网络规模较小,首次建设经验和人才不足等原因,其建设一般采用政府统一监管,投资、建设与运营管理一体化的管理模式。

2)土地政策

根据整理分析,我们总结出8个城市土地开发的基本情况,见表1-3。

北京等城市土地开发基本情况　　　　表1-3

城市	土地开发部门	土地开发方式	相关政策	实施
北京	京投公司土地开发事业部	上盖一级半开发、地下空间开发、站点与沿线的一体化开发等	《建立完善轨道交通新线站点周边同步规划开发建设协调工作机制的意见》	地铁4号线、9号线等
广州	规划土地储备中心房地产开发事业总部	地下空间开发、上盖物业开发、结合车站出入口的开发利用	《广州市地下空间开发利用管理办法》	地铁公园前站、6号线沙河站等
香港	港铁公司	轨道+物业发展模式	《香港规划标准与准则》	将军澳车辆段上盖、青衣站上盖等
南京	南京地铁土地储备分中心	地下空间开发	《南京市轨道交通条例》	地铁1号线南延停车场项目新街口站等
武汉	武汉地铁集团公司土地开发事业总部	武汉地铁站周边500m范围内的土地都可以作为地铁土地储备的"首选"	《关于支持地铁建设土地筹集意见和方案》	常青园车辆段、光谷广场地下空间等
西安	西安地铁土地储备中心	城市轨道交通建设、经营单位可利用建设用地的地下、地表、地上空间可进行综合开发	《西安市地铁线网站点周边土地利用规划》	
昆明	昆明道恒房地产开发有限公司、昆明地铁资源经营管理有限公司	土地使用权分层登记	《昆明市城市轨道交通管理条例》	
青岛	资源开发公司	轨道交通建设用地使用权可以在土地的地表、地上或者地下分别设立,自然资源部门按照土地使用情况依法办理用地手续和权属登记。城市轨道交通建设使用地面以下的空间,不受其上方土地使用权的限制	《青岛城市地下空间资源综合利用总体规划》《青岛市轨道交通用地控制管理办法》等	

近年来，国内城市开始研究借鉴香港的"轨道+物业"发展模式，促进轨道交通的良性发展，沿线土地利用方式主要有三种：地下空间、上盖物业以及车站出入口周边的开发利用方式。

在地下空间的开发利用中，旧城区的轨道交通站点涉及的土地已经基本建设完成，地面产权情况比较复杂，地下空间开发需协调多方利益，往往导致开发难以实施。因此，旧城区的地下空间开发可选择在位于公共开敞空间下面的站点实施，如公园或广场，这类地区的产权明确单一，协调难度较小，具有一定的可操作性。例如，广州地铁公园前站就是结合城市广场进行地下空间开发利用的典型例子。对设在新区的站点而言，由于沿线土地大多没有进行开发建设，地下空间综合开发利用可先行编制地下空间综合利用规划，协调好地下空间与周边开发用地的空间关系，理顺地上地下的交通联系，将地下空间开发建设纳入轨道交通建设的范畴，在规划上予以控制。

由于开发成本相对较低、产权明晰、建设简单、实际可操作较强，对轨道站点上盖物业进行开发利用成为轨道站点综合开发最常见的方式之一。上盖物业的开发不仅局限于地下站点，高架站点同样可以发展其自身的上盖物业。位于新区、旧区轨道交通站点上盖物业的开发利用应有所区别：位于旧城区的站点可跟旧城改造结合起来综合考虑，即在符合规划的前提条件下，应以轨道交通建设为契机，对原用地进行功能置换或者升级改造，在提高土地利用效率的同时改善站点周边的城市环境；对于新区的轨道交通站点，上盖物业可以发展成多种功能高度融合的区域服务中心、区域交通枢纽等。整合的功能包括办公、购物、餐饮、居住、交通换乘、教育等。例如，广州地铁6号线沙河站在规划控制上要求进行复合功能的上盖物业开发。

特别指出的是，位于城市建成区的轨道交通站点大多不具备进行上盖物业和地下空间开发的条件，对于此类站点，可以将站点出入口设置在周边的大型商业设施、写字楼等建筑内部或者提供通道与之直接相连。这种做法有两个好处：一方面，轨道交通能为周边的商业建筑带来大量人流；另一方面，商业建筑和写字楼与轨道交通相连能增加轨道交通自身的客流量。例如，北京地铁2号线的东直门、西直门站都将站点出入口与周边商业楼连通，为轨道交通及周边商业都提供了大量客流。

香港模式虽然先进，但其核心是"地铁+物业"，这种"以地养铁"模式的基础是政府协议出让土地给地铁公司，而在内地现有的土地政策下，国内地铁公司不能像港铁公司在香港获得政府的划拨用地，我国对于划拨用地的范围和用途均做出了严格限制，划拨用地不可能用于经营性开发，地铁公司要获得土地，也仍需走"招拍挂"的途径，因此往往无法拿到沿线土地的开发权；另外按照2001年10月发布的《划拨用地目录》（国土资源部令第9号）的规定，城市轨道交通项目中有关线路、站点、调度中心、车辆保养场等用地可以按照国家规定采用行政划拨方式供地，除此之外，其他非基础设施、非公益事业建设用地均无法享受划拨供地待遇。在我国，协议出让土地的范围已经得到明确限定，协议供地的范围正在缩小；地方政府自主决策的空间较小，种种原因导致国内复制香港模式存在政策法律上的障碍，香港模式在内地难以复制。

3）投融资模式

城市轨道交通作为城市基础设施，具有正外部性、规模经济、准经营产品及准公共产品的四大特征，因此盈利能力有限，除了香港地铁以外，国内大部分城市轨道交通采用了政府主导的负债型投融资模式，基本上运营都是亏损的，需要巨额的财政补贴。

我国现阶段城市轨道交通投融资方式有如下特点：

(1)政府前期投资。城市轨道交通项目大部分以政府投资为主，投资方式有前期建设资金的投入，有运营期的财政补贴或资源补偿，也有赋予地铁单位沿线的土地开发权，以土地收入弥补运营亏损甚至产生盈利，即实现"以地养铁"。

(2)由于政府财政体系、当地政策法规、城市开发程度、客流量等因素不同，城市轨道交通融资模式要因地制宜，不能生搬硬套。如香港地铁"轨道+物业"模式运作比较成熟，实现了盈利，而我国内地城市土地控制比较严格，经营性用地必须通过"招拍挂"方式出让，与香港土地法规存在较大区别。因此，内地城市轨道交通投融资模式使用香港地铁"轨道+物业"模式存在一定法律障碍，香港地铁发展模式很难在中国内地复制。

(3)国内城市开始探索多元化融资模式(表1-4),一些城市建立了城市轨道交通发展专项资金,专款专用,从财政资金上为轨道交通建设提供了保障,另外,为解决我国城市轨道交通供需矛盾,近年来部分城市进行了一些多元化融资模式的尝试,如深圳地铁4号线二期工程的建设—运营—移交(BOT)模式、北京地铁4号线的PPP模式、北京、南京、武汉地铁的建设—移交(BT)模式以及武汉地铁的融资租赁模式等。

北京等城市轨道交通融资方式　　　　表1-4

城　市	公共投资注入方式	融　资　方　式
北京	独立投资机构	专项资金、PPP、BT、信托、固息贷款、出口信贷等
广州	无独立投资机构	政府投资为主
香港	物业开发导向政策	上市融资
南京	无独立投资机构	PPP、BT
武汉	无独立投资机构	专项资金、金融租赁、BT
西安	无独立投资机构	专项资金
昆明	无独立投资机构	专项资金、金融租赁

需要指出的是,虽然将BT模式引入城市轨道交通工程建设领域,实现投资多元化,可以有效缓解政府财政压力,通过合理分散风险,共享利益和明确权责,可以有效提高建设效率和管理效率,但从近几年的实践情况来看,由于各种原因,还存在项目建设费用增加、融资监管难度大、资金链断裂风险大、项目投资、工期、质量等得不到应有的保证等各种问题,因此如何采取有效措施加强政府的规范性指导及有效监管,完善地方体制机制,明确BT项目各方的责权,都是亟待解决的问题。

由于城市轨道交通的公益性和自然垄断性,因此无论哪种投融资模式政府都应该保证投资主导地位;在引入社会机构参与投资或运营时应建立科学有效的约束机制和补偿机制。

4)票价政策

城市轨道交通系统票价制式主要有单一票价制、计程票价制、区段票价制和区域票价制四种,我国目前所有城市采用的都是计程票价制(表1-5)。

北京等城市轨道交通票价政策　　　　表1-5

城市	票价制式	票　价	车票类别	优惠措施
北京	计程票价制	机场线25元,新机场线35元,其他路线3~9元	纸质车票或市政公交一卡通	一卡通累计金额打折优惠,特殊群体优惠
广州	计程票价制	2~18元	单程票、羊城通、中小学生储值票、老年人储值票和老年人免费票等	羊城通积累次数优惠,老人、学生等特殊群体优惠
香港	计程票价制	不同线路价格不同,一般在18~50港元	成人车票、特惠车票、学生车票	八达通打折优惠
南京	计程票价制	2~10元	金陵通、南京市民卡	
武汉	计程票价制	2~6元	单程票、普通储值票、武汉通卡等	特殊群体优惠
西安	计程票价制	2~5元	长安通卡、长安通学生卡、老年卡	长安通卡享受9折优惠、特殊群体优惠
昆明	计程票价制	2~7元	单程票、普通储值卡、老年优惠卡、老年免费卡、学生卡	储值卡9折优惠,特殊群体优惠

注:目前已新增移动支付等便捷支付形式,本表未进行详细说明。

由于城市轨道交通准公共产品的属性,使得其票价一般由政府控制,在合适时机进行调整,这也是导致地铁运营企业亏损的原因之一。因此,大部分城市轨道交通的票价都维持在公众可接受的水平。

香港地铁能实现收支平衡的主要原因就是特区政府赋予香港铁路公司票价自主权。

5）法律法规

从8个城市轨道交通的法律法规情况可以看出,南京、西安、昆明等城市出台了综合管理的地方性法规(表1-6),北京、广州等城市考虑到自身管理的需要,分别在城市轨道交通规划、建设、运营、土地开发和投融资方面出台了可操作性强的配套法规。

北京等城市轨道交通法律法规情况　　表1-6

城市	综　合	规　划	建　设	运　营
北京		《北京市轨道交通与其他交通方式衔接规划》 《北京中心城中心地区地下空间开发利用规划》	《北京市轨道交通工程建设安全风险技术管理体系》 《北京市轨道交通建设资金管理暂行办法》	《北京市城市轨道交通安全运营管理办法》 《北京市轨道交通运营安全条例》
广州		《广州市城市轨道交通近期建设规划(2012—2018年)》	《广州市地下铁道建设管理规定》	《广州市地下铁道管理条例》 《广州市推进轨道交通沿线土地储备和物业开发工作方案》
南京	《南京市轨道交通条例》			
武汉		《武汉市轨道交通规划管理办法》	《武汉市轨道交通建设运营暂行办法》	
西安	《西安市城市轨道交通条例》			
昆明	《昆明市城市轨道交通管理条例》			
青岛		《青岛市城市快速轨道交通线网规划》 《用地控制管理办法》	《青岛市轨道交通建设管理办法》 《青岛市地铁项目建设资金监督管理暂行办法》	

1.5 我国城市轨道交通政策发展趋势

1.5.1 综合发展政策

城市轨道交通发展政策的制订不能只着眼于解决城市交通问题,要统筹兼顾,把解决城市交通问题、促进城市合理布局、强化城市(区域)间协调发展、实现轨道交通的可持续发展作为制订轨道交通发展政策的首要选择。

1）城市合理布局

建设完善的城市轨道交通系统,以解决日趋紧张的城市交通状况,同时注重轨道交通建设对城市发展的引导作用。轨道交通可以增加土地使用效益,带来沿线土地高强度的开发,成为城市或地区土地的开发轴或发展轴,因此城市轨道交通建设应结合城市总体规划,对轨道交通周边地区的用地性质及规划要作出相应的调整,为促进城市的合理布局创造条件。

2）区域间协调发展

为了有效引导城市合理布局的形成,必须改变城市间旅客运输和城市公共交通在空间和时间上的约束,选择速度快、容量大、占地少、无污染的城际快速铁路运输和城市轨道交通作骨干,以拉大城市发展的框架,扩大城市规模,最终促进区域城市带的形成,进而带动城市区域经济的发展。因此,应对城市轨道交通和其他交通发展以及区域之间的快速轨道交通(城际轨道交通)进行综合规划建设,并实现有机的衔接配合,加强轨道交通综合性枢纽的规划建设,加快大城市(区域)间文化和技术的交流,保障区域间的协调发展。

3) 可持续发展

根据城市的社会经济发展水平,确定不同时期轨道交通的建设规模和服务水平。城市轨道交通建设投资巨大,即使是经济发达国家,在策划建设地铁或轻轨项目时,也是保持极其审慎的态度。一个城市是否适合建设轨道交通或者在什么时候建设轨道交通不仅需要必要的科学分析论证,还需要结合城市的社会经济发展水平,并将其作为建设轨道交通的基本前提条件,对轨道交通的规划建设在经济、环境等诸多方面进行详尽的战略性评估,实现轨道交通建设在社会、经济、环境上的可持续发展。

1.5.2　轨道交通市场化政策

(1) 转变政府职能,依法对轨道交通企业进行监督和管理,为企业提供服务。
(2) 轨道交通企业享有充分的经营自主权,依靠现代管理手段和技术装备提供优质的服务。
(3) 逐步引入竞争机制,在统一规划和管理下,积极吸引社会参与。
(4) 在保障最大限度满足居民出行的前提下,进一步完善我国城市轨道交通良性发展的价格与价值补贴政策。

1.5.3　经济政策与体制创新

(1) 健全轨道交通建设的投融资评价体系

进一步完善轨道交通项目建设的经济政策、优惠条件、扶持政策等,对轨道交通项目的引进外资,应制订专项引资政策。

(2) 建立与政策配套的投融资体制

实施发行"城市基础设施长期债券"政策;系统地建立"城市轨道交通建设基金";制订合理的票制票价,建立可行的投资—回报机制;拓宽投融资渠道,规范投融资标准,在用地、税收、政府补贴和担保等方面建立系统化和长期有效的政策法规。

1.5.4　城市布局及用地调整政策

为适应今后城市的发展,城市轨道交通规划建设作为城市总体规划的重要组成部分,在政策制订上要充分发挥轨道交通对城市布局的宏观引导作用,促进城市合理布局;对于用地规划,应赋予轨道交通建设一定的优先权,同时要对轨道线周边用地性质进行适当调整,实现土地使用与轨道交通建设"捆绑式"的综合性开发利用。

1.5.5　城市轨道交通一体化政策

根据未来区域和城市交通发展趋势,对城市交通和对外交通进行综合交通运输规划,重点将城市轨道交通与对外快速轨道交通及对外交通枢纽有机地衔接起来,实现轨道交通(内、外)的集约化、交通枢纽及场站布局的合理化、旅客运输高效化。以城市轨道网为基础骨架,并通过对外快速轨道网向外辐射,建设成现代化的一体化城市轨道交通网络体系。同时加强轨道交通枢纽配套设施建设,在换乘枢纽及重要站点周边兴建(停车+换乘)(P+R)停车场和自行车停车场,改善公交换乘条件。

1.5.6　融资方式多样化

为缓解轨道交通建设资金的困境,政府已大力号召外资和民营企业进入轨道交通建设领域。外资主要以设备和技术供应的方式活动于轨道交通建设领域,民营资本则因投资额过大而暂时难以介入。随着我国城市规模的不断扩大,产业外围转移速度的增加,外资和民营资本进入城市轨道交通建设成为一种必然趋势。

随着城市轨道交通规模的越来越大,投资主体的多元化已成为世界发达城市轨道交通的发展趋势。吸引民间资本或境外资本进入城市轨道交通建设需要政府提供必要的激励政策,保障它的利润来源,或者采取措施予以一定补偿。同时,鼓励社会资本和境外资本以合资、合作或委托经营等方式参与城市轨道交通投资、建设和经营,并采取招标等方式公开、公正地选择投资者。在融资渠道上,鼓励和支持企业采取盘活现有资产、发行长期建设债券和股票上市等方式筹集资金。

1.5.7 国产化程度将进一步提高

20世纪,我国轨道交通设备在全面建设初期主要依靠进口,价格昂贵,地方财力难以承受,在一定程度上限制了我国城市轨道交通规模的扩大。自从实施城市轨道交通设备国产化政策以来,中国城市轨道交通车辆国产化成绩斐然,国产城市轨道交通车辆不断涌现,自主创新能力显著增强。从高价全进口,到国内集成,又到自主研发出核心系统,地铁车辆已具备从国产化到自主化的转型,在技术、质量与国际水平看齐的基础上,成本下降了近50%。

十几年前,国家就出台政策,要求确保城市轨道交通车辆和机电设备平均国产化率不低于70%;2010年12月,国家发改委进一步出台《国家发展改革委关于进一步推进城市轨道交通装备制造业健康发展的若干意见》(发改产业〔2010〕2866号),明确车辆、信号、供电、通信、屏蔽门、自动售检票(AFC)系统、综合监控、车站机电设备等专业应努力做到分系统招标,力求提升国内企业在城市轨道交通装备领域关键节点的自主化水平。关于解决国产装备市场进入难的问题,国家发改委表示,建立城市轨道交通工程和装备产品安全认证体系已经被列为今后几年工作的重点,国家将尽快建立和完善与国际规范接轨的国内认证机构,支持自主化产品顺利进入市场。

第 2 章

项目管理概述

城市轨道交通建设工程项目管理(Project Management of Urban Rail Transit Construction)即为城市轨道交通建设全过程实施的项目管理活动。建设全过程包括项目立项后的前期筹备、勘测、设计、招投标、工程施工、系统联调、试运行、竣工验收等。

对于城市轨道交通建设工程项目管理,可从以下六个方面来具体理解。

(1)基于复杂系统的管理。城市轨道交通工程项目是一个巨大的系统,具有鲜明的系统特征,包括目标系统、对象系统、行为系统和组织系统。其中,目标系统是城市轨道交通工程要达到的最终状态的描述系统,对象系统为完成一定功能、规模和质量的城市轨道交通工程,行为系统为实现轨道交通工程目标、完成任务所有必需的工程活动,组织系统是轨道交通的行为主体构成的系统,由业主、承包商、供应商、监理单位和运营单位等组成。

(2)基于多种关系的管理。城市轨道交通工程项目要考虑与其他交通方式、城市发展的关系,要考虑线网布局、建设次序、资源共享的关系,要考虑工程策划、建设、运营、资源利用的关系等。

(3)基于项目全寿命周期的管理。城市轨道交通工程项目在城市交通运输网络体系中起着至关重要的作用,这种重要性体现在其运营质量与服务质量。城市轨道交通工程项目从前期决策、规划、勘察设计、施工验收都应当以项目运营与服务的要求为目标,一切决策、计划和控制都应当以全寿命周期的管理要素优化为重点,体现项目全寿命周期的项目管理。

(4)基于项目群和多项目群系统的管理。城市轨道交通工程项目对象系统规模巨大,单条线路就包含十几个子系统,一条线路就形成一个典型的项目群,各阶段同步开工的施工点数量庞大,多工序交叉进行。多条线路同时建设就形成了复杂的多项目系统,这种复杂性和特殊性,使得项目管理是基于复杂的项目群系统和多项目群系统的管理。

(5)基于建设与运营并行的管理。对于城市轨道交通而言,只有形成线网,才能达到轨道交通的便利性和规模效应,因此,建设和运营并行是常见的现象。

(6)城市轨道交通工程项目的规划设计、风险管理、安全管理和健康管理的要求更高。

2.1 项目管理的总体要求及职能界定

2.1.1 项目建设管理的总体要求

城市轨道交通工程项目建设管理的总体要求主要体现在以下五个方面。

(1)以科学发展观为总体指导。城市轨道交通工程项目投入的自然资源和社会资源多,对地区经济和社会的影响大,它的项目管理首先必须落实党中央提出的科学发展观。在项目的目标设置、规划、设计、计划、施工全过程中,必须符合如下要求:

①通过项目建设对地区社会和经济的发展的贡献,促进地区经济的繁荣与发展。

②通过高质量的建设工程,使城市轨道交通项目能够长期健康稳定高效率地运行,使项目本身能够实现可持续发展。

(2) 贯彻绿色经济理念。绿色经济以经济与环境和谐为目标,应用环保、清洁生产工艺等环境友好型技术,并通过有益于环境或与环境无对抗的行为,实现经济的可持续增长,具体体现如下:

①在工程的施工和运营过程中,注重项目与生态环境的协调,保护环境,减少环境污染,工程的设计、施工和运营必须符合国家环境保护法律和各项环保指标。

②尽可能节约使用自然资源,特别是不可再生资源,在工程中要节约使用土地。

③尽可能采用生态工法,使工程的周边和场地、取(弃)土场地保持生态功能,减少对当地生态环境的损害。

(3) 循环经济。循环经济是对物质闭环流动型经济的简称,是以物质能量梯次和闭路循环使用为特征,把清洁生产、资源综合利用、生态设计和可持续消费等融为一体,运用生态学规律来指导人类社会的经济活动,在环境方面表现为污染低排放,甚至污染零排放,在本质上是一种生态经济。其基本要求是通过"减量化、再利用、再循环",充分和节约使用资源,在此过程中必须体现如下两点:

①充分、有效使用原来的城市交通运输网络的基础设施,实现与建设项目的高效衔接。在达到工程的功能目标和保证工程质量的前提下,减少工程的影响,减少工程的工程量。

②充分利用工程中产生的废弃物,努力实现废弃材料的循环使用。

(4) 以人为本。以人为本的管理,指在管理过程中以人为出发点和中心,围绕着激发和调动人的主动性、积极性、创造性展开的,以实现人与组织机构共同发展的一系列管理活动,具体表现为:

①充分考虑到在项目建设期间,城市道路使用者的便利,通过有效的交通组织保证他们的安全、方便和尽可能快捷地通行,减少对他们的干扰。

②通过对工程完备的功能设计和人性化设计,保证轨道交通项目建成后为用户提供更加安全、稳定、快捷,更为人性化的服务。

③保证施工期间施工人员的安全、健康,保护基层施工人员的切身利益。

④不仅要考虑到业主、政府、投资者的需求、目标和利益,同时要充分考虑到沿途地区和周边居民的利益和交通要求,达到使各方满意的结果。

(5) 集成创新。集成创新是指在项目的总体设计、计划和施工中,对项目涉及的人流、物流、技术等各方面进行科学组织与管理,使各要素有机配合,通过优化组合而创新,从而达到"1+1>2"的集成效应。在城市轨道交通工程中必须体现如下几点:

①在工程建设过程中,将管理研究与技术创新、经济、组织、合同等方法创新进行整合,保证城市轨道交通工程全面的集成优化。

②应用工程全寿命周期的理念,实现"规划、设计、施工、运营"的一体化。

③应用工程项目集成化管理的理论和方法。

2.1.2 项目管理的基本职能

城市轨道交通工程项目管理属于项目管理的范畴,按照现代项目管理理论,城市轨道交通工程项目管理的职能包括决策、计划、组织、指挥、协调、控制、激励等方面,其最基本的职能是计划、组织、协调与控制。

(1) 城市轨道交通工程项目管理计划是工程项目管理的基础,是在工程项目执行期间进行有效管理和控制的依据,是指根据轨道交通工程项目的总体目标要求,对建设工程项目范围内的各项工作做出合理安排,确定任务和进度,并对完成任务所需的资源做出规划的过程。所有建设工程项目管理都要从制订项目实施计划开始,同时工程项目计划工作的质量,决定和影响工程项目的成败,对于一个具体的项目而言,只有利用科学的方法做好周密的计划,才能使整个工程项目的实施过程得到最佳安排,从而以最小的代价获得最大的效益。

(2)城市轨道交通工程组织管理离不开项目组织。任何建设工程项目管理的过程,实际上就是一定的项目组织和管理团队按照计划、目标合理安排人力、物力和财力的过程。轨道交通工程项目组织是实现项目工程计划、完成项目目标的基本条件,项目组织机构的建立、运行和调整是轨道交通工程项目管理的基础。如果没有高效率的项目组织和项目管理团队,没有良好的项目管理运行机制和优秀项目经理的科学运筹和协调,就难以实现工程项目管理的目标。同样,如果项目组织不能对有限的资源进行合理安排和整理,也难以实现工程项目管理目标。

(3)城市轨道交通工程管理目标的调整与控制。"计划—跟踪—控制"是项目管理的基本循环,也是一个系统的封闭循环过程。轨道交通工程项目控制主要是根据计划和目标监督轨道交通建设工程项目的运行状态,将工期、投资和质量等计划数据与实际完成情况进行对比,找出差距,采取纠正措施的过程。因为轨道交通工程项目计划是根据预测,对未来的工作任务、进度和目标及所需的资源做出的全面系统的安排,但在建设施工过程中,由于业主、客观条件的变换,实施过程中往往会发生偏离计划的轨迹,这就需要通过跟踪工程项目建设实施过程,及时发现偏差、认识偏差、评估偏差,按照系统控制的反馈原理,根据工程项目实施过程中的实际情况,采取有效的控制措施调整计划,缩小或消除偏差,将建设工程项目按预期的目标完成。

总之,城市轨道交通工程项目管理有众多职能,这些职能既是独立的,又是相互密切相关的,不能孤立地去对待它们,各种职能的协调起作用,才是管理力的体现。

2.2 项目管理内容

城市轨道交通工程项目管理的主要任务就是在该工程项目可行性研究、投资决策的基础上,对建设总体设计、初步设计、施工至竣工验收等全过程的一系列活动进行规划、协调、监督、控制和总结评价,通过合同管理、组织协调、目标控制、风险管理和信息管理等措施,保证该工程项目进度、投资、质量目标达到最佳匹配效果。具体来讲,可以概括为三控(投资、质量、进度)、三管(安全、合同、信息)、一协调(项目组织协调)。

2.2.1 投资控制

投资控制人人有责,贯穿项目建设全过程。从投资控制的阶段来看,分为可研阶段、设计阶段、招标阶段、实施阶段(包括施工准备阶段)、竣工结算阶段,每个阶段对投资控制都有重要影响。轨道交通工程具有前期工作难、涉及专业多、施工难度大、投资额巨大、社会关注高等特点,对投资控制带来很大的挑战。轨道交通工程投资控制以委托协议约定的范围为基础,遵循权责一致的原则,其总目标是:工程建设投资做到"合理确定"和"有效控制";提高工程概算与竣工结算的匹配度,工程结算总金额不超过发展改革委批准的初步设计概算。工程建设的每个合同的签订、变更、支付和结算等各环节做到合法、合规、合约。

2.2.2 质量控制

城市轨道交通工程是大型公益性建设项目,它的质量水平高低、好坏都直接关系到社会的公众利益与安全。城市轨道交通的建设,影响范围大,如果出现事故,责任重大且不可挽回,所以工程的质量控制是工程管理中的重中之重。

质量控制包括制订各项工作的质量要求及质量事故预防措施,各个方面的质量监督与验收制度,以及各阶段的质量处理和控制措施三个方面的任务。总体来说,业主提供的基础资料要满足设计要求;在参建方资质管理方面,勘察设计单位、施工单位、监理的资质条件、质量保证体系、管理模式、相关专业人员和管理人员的配置要符合城市轨道交通工程要求。总之,制订的质量要求要具有科学性,质量事故预防措施要具备有效性。质量监督和验收包括设计质量、施工质量及材料设备质量的监督和验收,要严格检查制度并加强分析。质量事故处理与控制要对每一个阶段均有严格管理和控制,采取细致而有效的质量事故预防和处理措施,以确保质量目标的实现。

2.2.3 进度控制

进度控制主要包括方案的科学决策、计划的优化编制和实施有效控制三个方面。方案的科学决策是实现进度控制的先决条件,它包括方案的可行性论证、综合评估和优化决策。只有决策出优化的方案,才能编制出优化的计划。计划的优化编制(包括科学确定项目的工序及其衔接关系、持续时间、优化编制网络计划和实施措施),是实施进度控制的重要基础。实施有效控制包括同步跟踪、信息反馈、动态调整和优化控制,是实现进度控制的根本保证。

针对城市轨道交通工程项目,进度控制目标如图 2-1 所示。

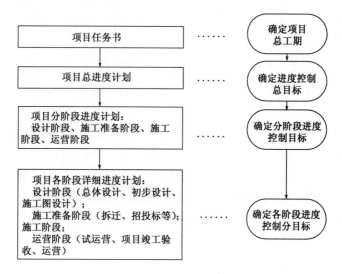

图 2-1　城市轨道交通工程进度控制目标

2.2.4 安全管理

安全管理就是预防和控制城市轨道交通安全事故,强化应对突发性事故的应急措施和救援,主要对城市轨道交通系统的规划设计、施工、监理、试运行等方案建立城市轨道交通的综合安全保障体系和综合快速救援体系,提高轨道交通建设相关领域的安全技术水平。

《中华人民共和国安全生产法》确立了"安全第一、预防为主、综合治理"的安全生产工作"十二字方针",明确了安全生产的重要地位、主体任务和实现安全生产的根本途径。"安全第一"要求从事生产经营活动必须把安全放在首位,不能以牺牲人的生命、健康为代价换取发展和效益。"预防为主"要求把安全生产工作的重心放在预防上,强化隐患排查治理,打非治违,从源头上控制、预防和减少生产安全事故。"综合治理"要求运用行政、经济、法治、科技等多种手段,充分发挥社会、职工、舆论监督各个方面的作用,抓好安全生产工作。

2.2.5 合同管理

城市轨道交通工程项目的实施过程是项目合同订立和履行的过程,一切合同所赋予的责任、权利履行到位之时,就是轨道交通工程项目实施完成之日。合同管理主要是指对各类合同的依法订立过程和履行过程的管理,包括合同文本的选择,合同条件的协商、谈判,合同书的签署,合同履行、检查、变更和违约,纠纷的处理和总结评价等。

按照我国的建设工程项目管理规范,城市轨道交通工程合同管理过程如图 2-2 所示。

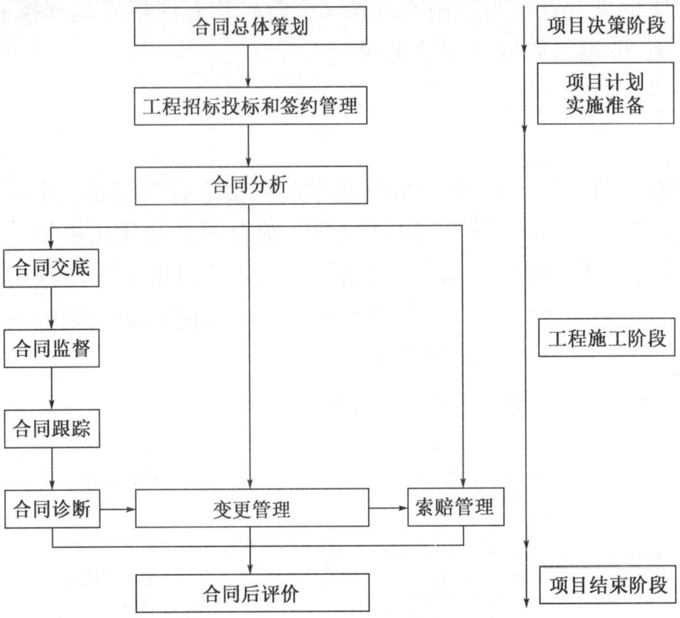

图 2-2　城市轨道交通工程合同管理过程

投资控制管理是建设项目合同管理中的重要一环。城市轨道交通工程项目建设因涉及投资量大、工程建设复杂、社会影响面广,其投资控制管理历来是建设管理的重点之一。

投资控制包括编制投资计划、审核投资支出、分析投资变化情况、研究投资减小途径和采取投资控制措施五项任务。前两项是对投资的静态控制,后三项是对投资的动态控制。

2.2.6　信息管理

信息管理是工程项目管理的基础工作,是实现项目目标控制的保证。其主要任务就是及时、准确地向项目管理各级领导、各参加单位及各类人员提供所需的不同综合程度的信息,以便在项目进展的全过程中,动态进行项目规划,迅速正确地进行各种决策,并及时检查决策执行结果,反映工程实施过程中暴露出来的各类问题,为项目总目标控制服务。

城市轨道交通工程项目信息管理主要是指对轨道交通工程项目的各类信息的收集、储存、加工整理、传递与使用等一系列工作的总称。信息管理是建设工程项目管理的基础工作,是实现项目目标控制的保证。只有不断提高信息管理水平,才能更好地承担起项目管理的任务。

2.2.7　项目组织协调

轨道交通工程项目组织协调是项目管理的职能,是管理技能和艺术,也是实现项目目标必不可少的方法和手段,在工程项目的实施过程中,组织协调的主要内容有:

(1)外部环境协调。与政府管理部门之间的协调,如在编制"工程可行性研究报告"过程中需要与业主单位及当地规划院、市政、供电、消防、人防、文物、铁路等有关系的相关部门进行沟通协调;资源供应方面的协调,如在施工过程中,与供水、供电、供热、电信、通信、运输和排水等方面的协调;生产要素方面的协调,如在项目建设过程中与设备、劳动力和资金等方面的协调等。

(2)项目参与单位之间的协调。主要有业主、监理单位、设计单位、施工单位、供货单位和加工单位等单位之间的协调。

(3)项目参与单位内部的协调。即项目参与单位内部各部门、各层次之间及个人之间的协调,如在开工前,建设管理单位、监理单位和施工单位应完成各层级管理部门间的协调。

2.3 项目管理流程

城市轨道交通工程项目管理流程与建设流程息息相关,一般分为立项决策、设计、施工准备、施工及开通移交、竣工决算阶段,如图 2-3 所示。

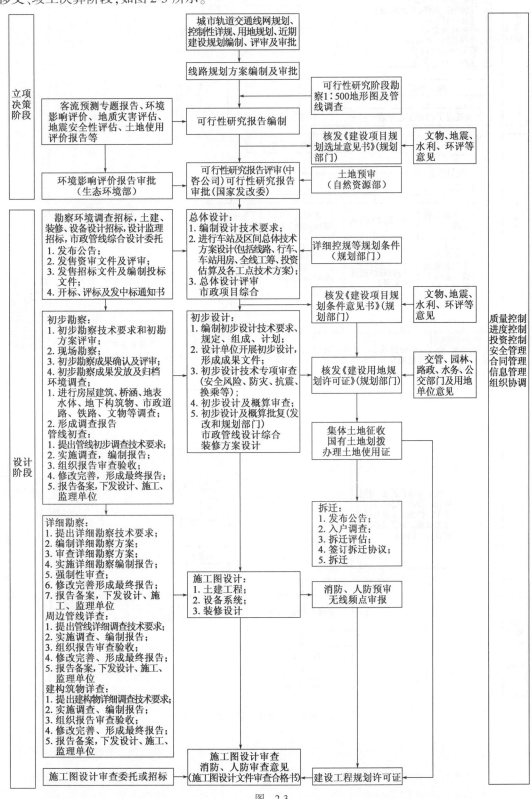

图 2-3

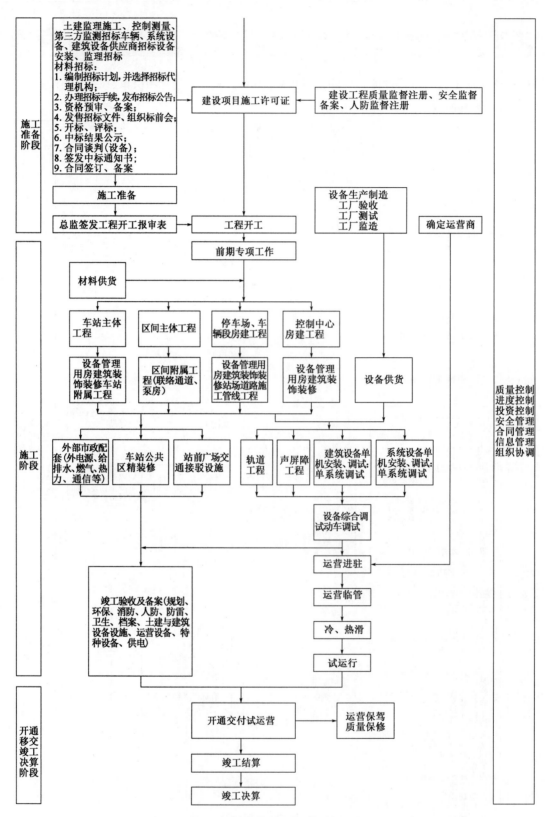

图 2-3 城市轨道交通项目管理流程图

第3章

线网规划管理

城市轨道交通系统建设是庞大而复杂的系统工程,具有非可逆性,相关线路一经建成,不可更改,因此规划布局合理和规模适当的线网就显得尤为重要,直接影响城市交通结构的合理性、工程项目的经济效益和社会效益。

城市轨道交通线网规划必须紧密和城市总体规划(简称"总规")融为一体,因此城市轨道交通线网规划的基本宗旨是:依据总规、支持总规、超前总规、回归总规,实现"建城市轨道交通就是建设城市"的愿望,这也是实现城市轨道交通可持续发展的基本途径。

3.1 概述

城市轨道交通建设必须做好远期线网规划的思想已成为共识,远期线网规划又是编制《建设规划》和《可行性研究报告》的前提依据,这就明确要求:每建设一条线路,必须要从城市线网的全局考虑,同时又要与城市建设的总规保持一致,按照网络化运营效益最大化的理念,梳理建设时序,追求最好的效益。

因此,线网规划必须与城市总体规划融为一体,一般来说,包括但不限于以下资料:《××市国民经济和社会发展第××个五年计划及远景目标纲要》《××市城市总体规划》(20××—20××年)《××市都市区规划》《××市功能区规划方案》《××市总体发展战略规划纲要》《××市综合交通运输规划(20××—20××年)》将成为编写线网规划的前提资料。

与城市道路网规划比较,城市轨道交通线网规划的研究内容虽有相同之处,如线网规模、线网结构和线网建设顺序等,但更多的是不同之处,这不仅表现在需要增加线路规划、联络线规划和车辆段规划等方面,而且体现在轨道交通线网规划的专业性、网络关联件和线网的稳定性等方面,具体体现在以下几个方面。

(1)技术标准高,线路走向及场站位置选择较困难。城市轨道交通系统具有较大的运能,但对线路、车站的技术要求也高。例如,最小平面曲线半径一般在250m以上,在城市区域转向就会产生许多拆迁工程;最大坡度一般在3%以下,线路出入地面会有较长的过渡段,对横向道路交通有一定的影响;普通中间站的长度一般在100m以上,且多为高站台,其位置选择已经不易,而对于一些多线立体交汇的换乘站、占地规模大的停车场和车辆段等场站的选址就更加困难。

(2)城市轨道交通系统涉及专业多,且部分专业与乘客的关系密切,考虑不周将会直接影响使用及体验效果。例如,车站里不仅要设置乘车需要的站台,而且还需设置放置大型供电设备、运营控制管理设备的设备间;换乘站的出入口、换乘通道及车站周围的接驳交通设施的规划设计将直接影响到乘客换乘的便捷性;如果规划线路很长,则应考虑提供开行大站快车的可能,需要在部分车站规划设置越行线及道岔咽喉区;不同线路之间需要考虑在合适的地点设置联络线等。如果此类内容在线网规划阶段没有深入考虑,线路建成后改建将会十分困难,即使勉强改建,其功能也会受到一定程度的影响,工程费用可能会显著增加。

(3)城市轨道交通系统类型众多,各类系统的运能级别与技术要求相差大。例如,根据《城市快速轨道交通工程项目建设标准》(建标104—2008),采用 A 型列车的线路运能可达 5~7 万人次/h,相应的平面最小曲线半径为 300~350m,而 C 型车的线路运能只有 1~3 万人次/h,相应的平面最小曲线半径为 50~100m。又如,独轨车、磁浮车的轨道、线路结构等与轮轨系统差异很大,它们的线路规划原则与轮轨系统也有所不同。

(4)对城市发展的影响深远。城市轨道交通车站聚集的人流量比常规公交车站要大得多,尤其在多线交叉的换乘枢纽处更是如此。例如,上海的人民广场枢纽站有 3 条轨道交通线交会,轨道交通换乘量达 30 多万人次/d,而这里全部公交线路的集散量只有 10 万人次/d;在东京的新宿、东京铁路客站等轨道交通换乘枢纽站,每天的客流集散量超过 100 万人次。由于轨道交通客流比较集中,因此对商业、土地、住宅等方面的增值有持久的、巨大的影响。从东京、纽约等大城市的发展状况看,轨道交通车站及枢纽附近一般都是高楼林立、商业繁华,土地价格很高。

(5)城市中心区线网规模、线网结构的规划稳定性要求较高。城市道路网的规划可以每隔 10~20 年分期规划,各期路网规划实施后道路衔接比较容易,而城市轨道交通项目由于体量大、线路标准高、多为地下或高架工程等原因,使得改建或扩建十分困难,如果初期规划考虑不周,则可能导致换乘不便、部分区段过于拥挤、线网运营效率低等问题。因此,城市轨道交通建设客观上需要充分论证城市轨道交通线网的规模与结构。但迄今为止,这是一个仍然没有得到妥善解决的问题,因为这涉及城市总体规划(未来人口与岗位的规模与分布)、城市综合交通结构(城市公共交通客运系统在城市交通客运系统中分担比例、城市轨道交通系统在城市公共交通客运系统中的分担比例)等长远的、战略性的问题,而我国的城市总体规划的时限一般不超过 20 年。

(6)一个具有可操作性的城市轨道交通线网规划,与城市轨道交通近期(首期项目建成后第一个 10 年)建设规划及一系列专项规划是相互关联的。这些专项规划包括换乘枢纽规划、车辆段及停车场规划、供电系统规划、控制中心规划等。例如,停车场的位置将决定线路的起终点位置,换乘站的位置及布局形式会影响相关线路的走向。线路的实施序列会影响相关线路的连接方向等,而道路网的建设序列很少会影响到道路网规划。

正因为城市轨道交通工程项目的建设具有网络关联性,所以国家发改委在审批城市轨道交通项目之前,首先要审核"城市轨道交通近期建设规划",而该规划又依赖于科学合理的"城市轨道交通线网规划",因此,城市轨道交通线网规划是城市轨道交通项目建设的基础和前提。我国既有的城市轨道交通建设实践也多次证明,不考虑线网的轨道交通线路建设必然引起大量废弃工程并造成功能下降。

3.2 线网规划编制内容

城市轨道交通线网方案设计的影响因素众多,又与其他交通方式一起承担城市交通的任务。由于认识上的局限性,仅靠定性分析或一次性的定量分析都难以获得合适的线网方案,所以,必须切实有效地把定性分析与定量分析有机地结合起来,进行多次的反复循环,逐渐深化规划者的认识程度,最后得出较理想的方案。线网方案设计的基本步骤可归纳如下:

(1)在远景城市发展战略、城市公共交通发展战略基础上,借鉴国内外城市轨道交通线网规划经验,拟定线网规模。

(2)建立城市综合交通现状交通线网。该线网的线路包含主要道路及现有的轨道交通线路,可以不包括次干道路,因为它们对轨道交通客流分析影响较小。线网的节点也不一定包含所有道路交叉点,而主要是客流集散点及主要道路的交叉点。

(3)综合交通现状交通线网客流特征分析。将现状客流分布及预测客流分布加载到现状交通线网上,以了解线网的主要客流走廊分布及大小,为轨道交通线网方案设计提供信息。

(4)轨道交通线网方案设计。综合考虑城市主要客流分布、一定规模下的线网形态特征及其功能特点、城市地理、地形、地质、环境等因素,拟定若干轨道交通线网方案。由于轨道交通客运能力大,对城市发展影响深远,因此方案拟定往往要在城市交通战略分析的基础上进行。

(5)线网方案客流分析。对各方案进行定量分析和定性分析。定量分析涉及客流量、拥挤度、财务指标等,定性分析则涉及一些难以定量的会计经济指标。

(6)线网方案评价、比较和筛选。建立线网评价指标体系,对各线网方案进行比较和筛选。

(7)线网方案更新及优化。良好的线网设计方案并不是一次性可完成的,而是通过"方案设计—分析评价—比较筛选"这一过程的反复循环之后才能获得。在上述分析、评价与比选过程中,规划者不只是为了筛选出较优的方案,更重要的是从分析和比较过程中发现更多的信息,更深刻地认识城市交通的现状及其发展变化规律,进一步提出那些被认为有比较价值的线网设计方案。对所形成的新线网方案,连同本次评价筛选出来的较优方案一起,进入下一次分析评价与比选过程。如此循环往复,不断筛选出或获得更有价值的方案。这是一个动态的过程,也是逐步趋优的过程。由此可见,方案设计与方案分析评价是紧密相连并且是相互交替进行的。在分析评价过程中,应把定量分析与定性分析有机结合起来,规划者在方案设计及分析评价方面的经验会有助于这个过程的深化。同时,规划者、有关专业的专家及决策者之间的相互交流也是很有益的。城市轨道交通线网方案设计流程如图3-1所示。

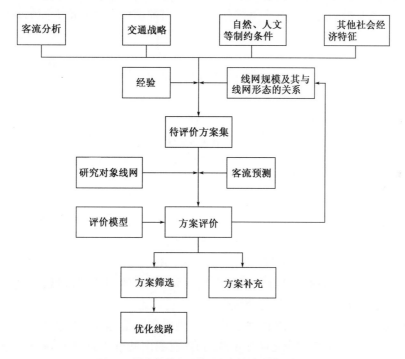

图3-1　城市轨道交通线网方案设计流程示意图

最终,在以上研究内容的基础上,形成一个城市轨道交通线网规划。

城市轨道交通线网规划一般是指城市远期的轨道交通线网规划,即从长远角度全面、系统地研究城市市区或市域的轨道交通线网发展规划。线网规划年限一般与城市发展总体规划规定的年限相一致,但不应少于30年。对于城市发展潜力很大的城市,则采用更长的远景期。线网规划的主要内容有以下几个方面。

3.2.1　必要性研究

根据城市的远期总体发展规划,论证城市是否需要发展城市轨道交通系统。由于一些城市总体规划的规划期不足30年,因此,在进行城市轨道交通线网规划研究之前需要进行城市发展战略研究及城市综合交通战略研究,以此作为城市轨道交通线网规划分析论证的基础。

城市轨道交通系统不仅需要很大的初期建设投资,而且需要很大的运营维护成本;如果没有足够的客流需求,轨道交通系统的正常运营可能面临巨额的亏损。当然,论证城市轨道交通的必要性是以其社会效益为依据的。目前,欧美国家的城市轨道交通系统多数是需要运营补贴的,但是它们在城市发展及城市综合交通系统中产生了远高于所获运营补贴金额的效益,这样的轨道交通系统则是必要的。数据显示,2013年,北京地铁的运营收入为32.23亿元,运营支出为66.84亿元,运营收入远小于运营支出。全国其他城市的地铁运营也大多处于亏损状态,亏损主要依靠政府补贴。

3.2.2 线网规模计算

研究城市轨道交通线网规模是指线网的总长度及其线路的数目。不同的线网规模对线网结构、线路走向及其作用、功能等方面有很大影响。为了使城市的线网规划具有稳定性、科学性和前瞻性。决策者和建设者必须充分考虑远期甚至远景的城市交通持续发展要求,如充分考虑我国城镇化发展对城市人口规模与分布的影响,充分考虑小汽车发展后的城市交通道路网的容量、尾气排放限制的影响,充分考虑在远景城市规模下节约使用交通用地和能源的综合交通客运结构。

城市轨道交通线网规模对线网建设效益及城市交通状况有根本性的影响。线网规模太小,远期的城市交通问题不能得到根本解决;线网规模太大,不仅多花费线网建设成本,而且会多投入运营成本。一个城市究竟要规划多少轨道交通线路才比较经济合理,目前国内还没有这方面的具体标准.一般可用负荷强度法和线网密度法估算其长度。

(1)负荷强度法

负荷强度是指某条城市轨道交通线路每日单位长度(双线公里)的平均客流量,单位为万人次/(km·d)。

负荷强度法是利用远期的城市公共交通客流总量除以线网平均负荷强度来计算线网规模,即:

$$L = \frac{\alpha \cdot \beta \cdot Q}{q} \tag{3-1}$$

式中:L——规划区域内规划线网总长(km);

α——规划区域内规划期的城市轨道交通在公共交通客运总量中的分担比例;

β——规划区域内规划期的城市轨道交通线网平均换乘系数(乘次/人次);

Q——规划区域内规划期的公共交通预测总出行量(万人次);

q——规划区域内线路平均负荷强度[万乘次/(km·d)]。

该方法计算简单,但没有考虑到出行距离的因素,适合饼状的中心城区域,不适合组团式的城区。计算结果的合理性取决于Q、α、β、q取值的合理性。

①Q的预测值与远期的城市人口总量、城市公共交通发展政策等有密切的关系。

②α的取值与城市规模、城市综合交通发展战略有关,我国城市一般取0.3~0.6,城市越大,该值越大。实际上,对于北京、上海等特大城市,该值应超过0.6。α的合理取值需要结合具体城市发展规划,并综合考虑我国城镇化发展对城市人口规模与分布的影响、小汽车发展后的城市交通道路网的容量及尾气排放限制的影响、节约交通用地和能源消耗等方面的论证。

③β的取值与网络结构、线路条数有关。平行线路的条数越多,换乘系数越大。通常取1.3~1.6。

④q值可参考发达城市的轨道交通线网运营数据加以确定。莫斯科与东京的平均负荷强度较高,约3.3万乘次/(km·d),巴黎市区约为1.6万乘次/(km·d)。我国一般参照莫斯科及东京的标准,取值为3.0万~4.0万乘次/(km·d)。

(2)线网密度法

城市轨道交通的线网密度是指规划区内单位指标的城市轨道交通线网长度,这里的单位指标可以是面积、人口或其他主要社会经济指标。一般采用面积或人口作为指标,相应的线网密度分别称为面积线网密度、人口线网密度。

① 利用面积线网密度估算线网规模,其公式为:

$$L = A \cdot \delta_1 \tag{3-2}$$

式中:L——规划区内规划线网总长(km);
　　　A——规划区域面积(km²);
　　　δ_1——面积线网密度(km/km²)。

② 利用人口线网密度估算线网规模,其公式为:

$$L = P \cdot \delta_2 \tag{3-3}$$

式中:L——规划区内规划线网总长(km);
　　　P——规划区域内规划人口(万人);
　　　δ_2——面积线网密度(km/万人)。

线网密度法的关键在于对线网密度进行合理的取值,获得合理线网密度的一个途径就是类比分析,即针对研究对象城市,选择国际上城市交通发展的较好的同类城市做类比,对其城市轨道交通线网密度进行分析。例如,研究上海市的轨道交通线网,可选择东京作为类比城市。为了提高估算精度,可以分区域进行分析。在类比分析中,既要注意相同的部分,又要注意相异的主要因素,并利用它们对估算结果进行调整。

上述两种方法的计算结果只能作为参考,确切的线网规模应该根据轨道线网的规划发展状况,根据城市现状以及各发展规划阶段的整体规模形态、土地使用布局、交通出行特征、社会经济实力等情况,从宏观上合理确定轨道交通线网的规模,如图 3-2 所示。

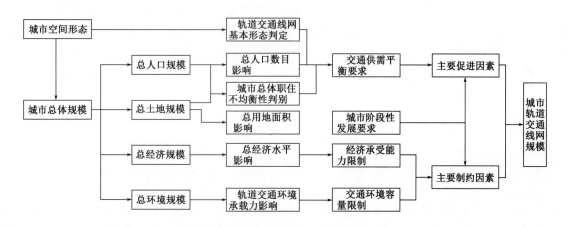

图 3-2　轨道线网规模规划依据

3.2.3　线网结构选择

城市轨道交通线网结构是指线网的形态结构,主要是指中心城区线网的形态结构,如网格式、放射式、环形放射式等。不同的线网结构对线网工程造价、客运效率和城市形态发展等有很大影响。下文以北京和上海的线网结构来进行具体说明。

上海是典型的环 + 放射线网,北京在四环以内是环线 + 棋盘线,四环以外是放射线。从网络拓扑角度讲,同等规模线网,棋盘状比放射状的线路数量多,换乘系数高,线网直达率低。上海线网规划一直强调客流进站和出站(OD)的追随性,对三线以上换乘点,均存在线路穿越地块的现象;北京线网规划则强调在中心城均布,提供更多的换乘途径,换乘站普遍采用通道换乘,线路尽量沿道路敷设,避免侵入地块,注重工程实施的安全性。北京应学习上海严格控制线路周边规划用地,预留穿越条件,使线网枢纽回归城市核心。北京、上海运营线路拓扑图如图 3-3 所示。

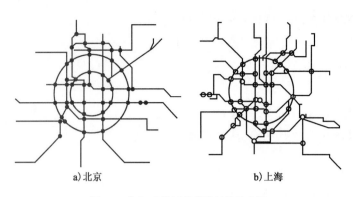

a) 北京　　　　　　　　b) 上海

图 3-3　北京、上海运营线路拓扑示意图

3.2.4　线路规划

线路规划包括线路走向、车站分布、线路敷设方式等。

城市轨道交通线路技术标准较高,车站规模较大,在城市中调整位置比较困难。因此,轨道交通线网规划阶段需要进行较细致的线路规划。

车站分布是确定线路中车站的间距及具体位置,一般和线路走向的选定工作同时进行。因为车站位置不当或技术条件不合适常会引起线路的改变,所以在规划线网时,两者要紧密结合,相辅相成才能选出好的线位与站位。

线路敷设方式是指线路位于地面、地上(高架)还是地下(隧道)。它不仅影响线路工程造价,而且会给线路可实施性、实施后的运营维护成本及城市环境等带来很大影响。高架线土建工程造价一般是地下线的 1/3~1/2,并且由于不需要通风、照明(白天)、排水提升设备等,可节省大量的能耗和运营维修管理费用。但高架线可能会产生噪声、景观等方面的不利影响,在规划设计中应进行认真处理。只要处理得当,高架线会给城市增添动景并增加许多新景点,起到画龙点睛的作用;对环境产生的振动噪声污染,也不会超出国家规定的环境保护标准。随着城市中高密度建筑群的增多,在线网规划阶段需要更加注重线路敷设方式规划。否则,规划线路就难以实施,而一条线路的调整则可能影响整个线网的合理性及运营效率。

3.2.5　联络线规划

在城市轨道交通线网中,一些高密度运营的线路多数是独立运行的,与其他线路不互通列车。为了便于线网形成有机的整体,在编制线网规划时,一定要认真规划好联络线的分布位置,以便线网各条线路建成后,能机动灵活地调运线网中各线的车辆,否则将给线网的完整性造成无法弥补的弊病。

联络线主要是指两条正线间的连接线,其主要用途有以下几种。

运送厂修(大修)车辆:一条线的车辆大修任务一般不会太多,为了节省工程投资和运营成本,并充分发挥厂商设备的作用,一个城市往往只设置一处修理厂,该厂一般都设在第一条修建线路的车辆段内;其他各线需要厂修的车辆,可通过联络线运进工厂(车间)修理。所以,各线联络线的分布,要有利于便捷地将厂修车辆运送修理。

走行运行车辆:出于城市用地原因,根据《地铁设计规范》(GB 50157—2003)的有关规定,经过论证认为可在两条或两条以上线路只设一个车辆段时,每天由车辆段向各线收发列车,除需通过车辆段出入线外,往往还需经过联络线进出各线。

运送新车辆:多线组成的线网,往往不可能每条线的车辆段都能设置铁路专用线与地面铁路连接。当某线路车辆段因离地面铁路较远,或因修建工程融、耗资大,或因技术原因不能与地面铁路接轨时,线路上所需的新车辆要通过其他省铁路专用线的车辆段,经两正线间的联络线运进来。当然,在条件允许的情况下,经技术经济分析比较确定合理时,也可通过公路运进新车辆。

同一期工程跨线修建时,两线间需设置联络线,近期作正线使用。如北京地铁第一期工程苹果园站至北京站线路,其中苹果园站至复兴门站是线网中1号线的西段,复兴门站至北京站是2号线环线的南环。一期工程修建时,在南礼士路站至长椿街站间设一双线联络线作正线运行,直至环线建成贯通,两线各自独立运营以后,才停止做正线使用。

3.2.6 车辆段选址规划

车辆段与其他用地规划车辆是城市轨道交通系统运送乘客的交通工具。为了安全、快捷、舒适地运载乘客,保证满足城市交通的需求,车辆在整个系统中占有很重要的位置。为保证车辆能在线路上正常运行,要经常对它进行维修保养。

车辆段是车辆的维修保养基地,也是车辆停放、运用、检查、整备和修理的管理单位。若运行线路较长(超过20km时),为了有利于运营和分担车辆段的检修工作,可在线路的另一端设停车场,负责部分车辆的停放、运用、检查和整备工作。当技术经济合理时也可以两条或两条以上线路共设一个车辆段。

城市轨道交通除车辆保养基地外,还有综合维修中心、材料总库和职工技术培训中心等基地,有条件时应尽量将它们与车辆段规划在一起。

3.2.7 线网建设顺序

工程实施难易程度及工程投资情况等因素决定了线网建设的顺序。对近期修建的线路,有条件时还可进行工程投资匡算和经济分析工作,以供决策部门制订建设规划时参考。

3.3 线网规划管理审批流程

城市人民政府负责组织编制线网规划,具体工作由城市人民政府城乡规划主管部门承担,通常是政府指定专门的部门负责组织编制。

线网规划单位一般由规划委或规划局下属的规划院承担,偶尔也有专业咨询公司承担的情况,时间在半年到1年左右,轨道交通线网规划主要内容有城市线网的规模、线网的形态、系统的制式、线路大致走行方向、车站布设、车辆、车辆段选址、联络线及工程总体投资等,同时应完成客流预测专题报告。

在城市轨道交通线网规划的编制工作中,城市人民政府城乡规划主管部门是责任主体,省、自治区、直辖市、住房城乡建设主管部门要加强技术指导,城市人民政府城乡规划主管部门要与有关部门主动协调、密切配合,共同推动城市轨道交通线网规划的科学编制和严格实施。

线网规划编制(或者修改、修编)完成后,应当组织技术审查。直辖市的线网规划由住建部组织进行技术审查;其他城市的线网规划,由省、自治区住房城乡建设厅组织进行技术审查。

规划成果在技术审查前,应当依据《中华人民共和国城乡规划法》有关规定征求社会公众和相关部门意见。

完成社会公示和征求相关部门意见后,审查部门开始组织技术审查工作,技术审查的重点包括技术路线和方法的合理性,基础资料和数据的完整、可信性,城市轨道交通发展目标、功能定位与城市的符合性,线网规模、线网布局等与城市空间布局、土地使用的协调性,线网规划与有关规划的一致性以及线网规划的可实施性等。技术审查的方式,可以由审查单位组织专家进行审查,也可以委托第三方评估机构组织专家进行审查,审查过程中,要充分尊重专家意见。线网规划技术审查意见是住建部对其城市总体规划进行审查的基础条件之一。经技术审查后,线网规划明确的城市轨道交通发展目标、功能定位、线网布局、车辆基地等设施用地控制要求等应纳入城市总体规划,并与城市总体规划一并审批。线网规划经批准后,具有法定效力,任何单位和个人不得随意修改;确需修改的,应当按照城市总体规划的修改程序进行。

线网规划经批准后,城市人民政府城乡规划主管部门应根据线网规划,将城市轨道交通线路、主要车站和车辆基地等设施,按照有关程序和要求,及时纳入相应地块控制性详细规划,即城市总体规划,将城市总体规划上报国务院获得批复后,城市轨道交通线网规划就具有了法定效力。线网规划过程中,主要参与部门及其职责见表3-1。

线网规划参与部门及其职责表 表3-1

部 门	主 要 职 责
市政府	启动线网规划编制工作,指定主管部门
	组织项目启动会、协调各个部门配合、支持线网规划工作
	听取线网规划方案汇报、进行决策
	参加线网规划技术审查会
	同意线网规划方案,对规划成果进行批复(远期线网方案还需纳入城市总体规划一并审批)
主管部门	牵头组织线网规划编制
	组织座谈会,听取各部门意见
	协助基础资料搜集和对外工作的进行
	线网规划成果按国家、省(自治区、直辖市)、市程序进行决策
	对线网规划成果进行上报
规划单位	提供城市总体规划、综合交通体系规划等基础资料
	参与线网规划工作,提出意见和建议
	协助线网规划决策、技术审查程序,解释规划问题
	将线网规划纳入城市总体规划,一并上报
	将批复后的线网规划纳入相应地块控制性详细规划
发改委	提供国民经济和社会发展相关、重大项目规划布局等基础资料
	审核、反馈线网规划意见
自然资源部门	提供土地利用现状和总体规划、地质灾害等基础资料
	审核、反馈、协助线网规划方案
	落实大宗用地的用地性质并提出意见
生态环境部门	提供环境保护基础资料
	对轨道交通线网规划提出环境边界条件
各区、市管委	参加线网规划座谈会,提出需求并提供基础资料
	对线网规划成果进行意见反馈
	落实辖区范围内的大宗用地
其他部门	提供相关基础资料,并提出意见和需求
	审核、反馈、协助线网规划方案

第 4 章
建设规划管理

城市轨道交通项目因为投资大、建设周期长,而且涉及规划、交通、环境等多个方面,较一般城建项目更复杂,对立项文件的深度和广度要求更高,因此城市轨道交通工程项目采取了编制建设规划报告(代替项目建议书)的方式。

建设规划以线网规划为基础,提出近期建设方案,作为项目实施的依据,其编制的主要目的是在新一轮的建设过程中,明确远期目标和近期建设任务,以及相应的资金筹措方案,控制好轨道交通建设的节奏,依据城市的发展和财力情况量力而行,有序发展。

4.1 概述

随着一些城市《建设规划》进入到第二轮、第三轮,由于涉及与上一轮《建设规划》的关系,文件编制内容及侧重点也发生变化。对应不同内容的建设规划该如何区分,以及文件名称应该如何确切表示,国家主管部门并没有给出明确指导。从实际工作看,根据编制阶段及编制内容的特点,《建设规划》文件名称基本上可以概括成"新编""续编""修编""调整"4种。但这4种名称对应的阶段和内容如何界定,主管部门及业内也没有一个明确的定义,值得我们去思考。

(1)"新编"从概念上容易理解,就是一个城市从无到有,第一次上报《建设规划》,其实质就是新编《建设规划》。这样的上报文件在名称上并不需要加上"新编"二字,只需要在《建设规划》后面加(××××—××××年)。

(2)"续编"应该是在上一轮《建设规划》顺利完成后,接续编制的新一轮《建设规划》。续编建设规划的起始年份应接续或晚于上一轮规划的完成年份。这一点与"修编"有明显区别。例如上一轮规划于2010年完成,续编规划应起于2011年或以后,最早不能早于2010年。建设任务也应是上一轮规划以外的新建设项目。"续编"二字同样不需要加在上报文件名称上,依然只需在《建设规划》后面加(××××—××××年)。

(3)"修编"应该是在上一轮《建设规划》尚未全部完成而开始的新一轮《建设规划》编制,包括建设年度的变化及建设任务的变化。修编的原因很多,可能是由于建设年度提前,或建设任务本身需要增减,以及上一轮规划变化而带来的变化。但都有2个显著特点:一是新一轮规划起始年份早于上一轮规划完成年份,二是新规划建设任务超出原规划建设任务的项目范围。因此,上报文件的名称应加上"修编"二字,即《建设规划修编(××××—××××年)》。

(4)"调整"应是对上一轮《建设规划》中建设任务的局部调整,是上一轮建设任务在执行过程中,由于各种原因需要对其进行的必要调整。因此,调整的建设项目应局限在上一轮规划所确定的建设任务范围内,虽然可以对原建设任务的建设规模进行适当调整,可以对建设任务完成年限进行适当延长或缩短,但都应限定在原规划的建设任务内,不应新增加建设项目。如果涉及建设任务的较大变化,则应该属于"修编"的范畴。因此,这种《建设规划》的名称上应加上"调整"二字,即为《建设规划调整(××××—××××年)》。

综上所述,申报文件的名称应有3种,即《建设规划(××××—××××年)》《建设规划修编(××××—××××年)》《建设规划调整(××××—××××年)》。由于建设的不确定性,第二轮、第三轮规划将多数以"修编"形式出现。

4.2 建设规划编制内容

根据住建部要求,近期建设规划线路,应纳入城市总体规划中的远期线网,并与城市市总体规划远期用地相一致。

《城市轨道交通近期建设规划》及其专题报告由业主组织编制,一般委托咨询公司或设计院来完成。其主要内容如下。

(1)项目选择。优先建设客流需求大、缓解交通拥堵明显的线路。拟建地铁初期负荷强度不低于每日每公里0.7万人次,拟建轻轨初期负荷强度不低于每日每公里0.4万人次。

(2)建设规模。建设规划期限为5~6年,建设规模应与交通需求、政府财力和建设管理能力相适应。项目资本金比例不低于40%,政府资本金占当年城市公共财政预算收入的比例一般不超过5%,轨道交通出资额占城市维护建设财政性资金的比例一般不超过30%。

(3)总体要求。在对建设规划实施情况及时总结的基础上,根据线网规划、交通需求、建设管理能力、政府财力、新技术发展和国家政策导向等,结合城市发展重点提出建设规划。包括背景分析、线网规划、建设必要性、规划方案、工程方案、投资估算、建设保障和风险分析等。完成用地控制规划,开展社会稳定风险分析、环境影响评价、客流预测、交通一体化等方面的专题研究;结合城市特点,开展资源共享、网络化运营、地质灾害等专题研究。

(4)客流预测。以5年内交通调查数据为基础,利用交通预测模型开展客流预测专题研究,满足规划方案比选、线路系统规模确定和经济分析等要求。预测内容包括城市交通需求、轨道交通线网客流、建设线路初、近、远期客流等,分析客流总量和结构特征,对客流预测结果进行敏感性分析和风险分析。

(5)规划方案。从规划层面提出近期建设重点,明确近期建设方案构建原则,匡算近期建设规模,从方案与城市规划和交通需求的适应性、与财力的匹配性以及投资和客流效益等方面进行多方案比选分析,提出推荐方案,明确建设任务和时序安排,确定线路服务水平和技术标准。

(6)工程方案。近期建设项目应达到预可行性研究深度,重点落实线路起讫点、基本路由、敷设方式、车站分布、系统规模、设备初步选型和资源共享等内容。对于涉及特殊不良地质、文物古迹、穿山岭跨江海长大隧道、重要枢纽、集中拆迁片区(旧城改造、车辆基地等)和环境敏感点的控制性工程方案,在专题研究基础上提出具体措施。化解风险。首次申报城市应明确组织机构及人才保障措施。

(7)发展地铁和轻轨的城市,将有轨电车纳入建设规划做好衔接,其余城市有轨电车建设规划由省(自治区、直辖市)级发展改革部门做好衔接。以地面线路、钢轮钢轨和低地板为主要技术路线,采用适宜的技术标准,合理控制工程造价。

扫码下载

以北京市轨道交通建设规划举例,可扫码查看。

在建设规划阶段,主要参考的法律法规如下。

(1)《国务院办公厅关于加强城市快速轨道交通建设管理的通知》(国办发〔2003〕81号)。

(2)《国家发展改革委关于加强城市轨道交通规划建设管理的通知》(发改基础〔2015〕49号)。

(3)《国家发展改革委关于加强城市轨道交通规划建设管理的通知》(发改基础〔2015〕49号)附件1:城市轨道交通规划编制和评审要点。

(4)《国家发展改革委 住房城乡建设部关于优化完善城市轨道交通建设规划审批程序的通知》(发改基础〔2015〕2506号)。

(5)《国家发展改革委关于进一步下放政府投资交通项目审批权的通知》(发改基础〔2017〕189号)。

(6)《国家发展改革委 教育部 人力资源社会保障部关于加强城市轨道交通人才建设的指导意见》(发改基础〔2017〕74号)。

启动建设规划主报告及专题报告的编制工作,由主管单位(大部分城市为地铁公司)、市委市政府听取汇报,并征求相关部门意见,稳定建设规划方案,在此基础上开展配套专题报告工作,并与主报告互动。建设规划主报告和专题报告相应的批复单位见表4-1。

建设规划主报告和专题报告相应的批复单位   表4-1

项目类别	序号	项目名称	批复单位	备注
主报告	1	建设规划	首轮国务院审批非首轮国家发改委审批	
专题报告	1	城市总体规划		上位规划
	2	综合交通规划		
	3	轨道交通线网规划	经市政府同意、省住建厅审查后,纳入城市总体规划一并审批	
	4	客流预测报告	专家评审	必备专题
	5	环境影响评价报告	生态环境部门	
	6	社会稳定性分析和评估报告	市维稳办	
	7	沿线土地控制规划	市规划局	
	8	近期建设线路预可行性研究报告		非必备专题
	9	交通衔接专题报告		
	10	制式选择专题报告		
	11	投融资专题报告		
	12	文物专题报告	各级文物局	

在建设规划编制阶段,各主管部门主要工作见表4-2,各项报告进行阶段见表4-3。

各主管部门在建设规划编制阶段主要任务   表4-2

序号	部门	主要工作
1	市政府、主管单位(大多为地铁公司)	建设规划启动会,协调各部门支持配合
2	主管单位(大多为地铁公司)	组织编制单位搜集基础资料,征求相关职能部门意见,提出初步方案
3	市政府	听取建设规划方案汇报,确定建设规划方案
4	主管单位(大多为地铁公司)	开展社会稳定性风险分析、环境影响评价工作,组织维稳评估的群众调查、座谈及环境影响评价的调查、公示工作
5	市级发改、住建(规划)、主管单位	主管单位形成建设规划送审稿,向市级发改、住建(规划)部门报送

各项报告进行阶段   表4-3

序号	主要报告	进行阶段
1	近期建设规划报告	省内初审稿
2	环境影响评价	初稿
3	沿线土地控制规划	完成
4	客流预测	完成专家评审
5	社会稳定性风险分析	完成
6	社会稳定性风险评估	开展评估

该阶段工作主要受控地方政府的决策进展及建设规划工作自身工期影响,一般需要 6 个月。现针对各专题报告进行详细说明。

4.2.1 客流预测报告

1)客流需求预测

客流需求预测是城市轨道交通投资决策的基础,也是衡量建设项目经济效益的关键性指标。具体来说,城市轨道交通客流需求预测结果将为以下几个方面的决策提供重要依据。

(1)城市轨道交通建设的必要性和迫切性。

(2)城市轨道交通制式和车辆选型。

(3)城市轨道交通系统设计能力、列车编组、行车密度和行车交路的确定。

(4)车站基本规模、站台长度和宽度、车站楼梯和出入口宽度的确定。

(5)机电设备系统的选定及其容量和用电负荷的确定。

(6)售检票系统制式和规模的选定。

(7)票价政策。

(8)运营成本的核算和经济效益评价。

客流需求预测的目标是预测城市轨道交通系统建成通车后可能吸引的客流规模和时空分布。

2)预测内容及影响因素

(1)预测内容

在城市轨道交通线网规划、建设规划中的广度、深度要求有所不同。例如,规划阶段偏重线网客流总量,精度要求较低;设计阶段偏重线路断面及车站客流,精度要求较高。

一般来说,客流预测成果应包括以下五类。

①全线客流(包括全日客流量和各小时段的客流量及比例)。全日客流量是表现和评价运营效益的直观指标,同时也是进一步评价线路负荷强度的重要指标;各小时段的客流量及比例,是为全日行车组织计划提供依据的。在保证运输能力和服务水平的前提下,应合理安排行车间隔,提高列车满载率及其运营效益。

②车站客流(包括全日和早、晚高峰小时的上下车客流,站间断面客流量以及相应的超高峰系数)。全线早、晚高峰小时时段的站间最大单向断面客流量,是决定轨道交通建设必要性和确定系统运量规模的基本依据,由此选定轨道交通制式、车型、车辆编组长度、行车密度及车站站台长度;全线早、晚高峰小时的站间断面客流量,是全线运行线路设计的基本依据,由此确定列车线路长度、折返列车数量、折返车站位置及配线形式,并计算运用车辆配置数量;各车站早、晚高峰小时的上下客流量及相应的超高峰系数,是各车站规模设计的基本依据,由此计算站台宽度、楼(扶)梯宽度、售检票机数量、车站出入口宽度等,其中晚高峰小时客流量对地下车站的空调、通风量计算具有控制性作用;此外,必要时应对车站客流做进一步分析,预测到达本站的客流所采用的各种交通方式的分类和比例,为本车站附近如何考虑停车场用地的规模提供依据。

③分段客流(站间 OD 表、平均运距及各级运距的乘客量)。它是进行分段客流统计、制订票制和票价、财务评价与社会经济效益分析的基本依据。

④换乘客流(各换乘站分向换乘客流量)。它是换乘方案设计和换乘通道(或楼梯)宽度计算的基本依据。

⑤出入口分向客流。根据每一座车站确定的出入口分布位置,对每个出入口作分向客流预测,并作波动性分析,为每个出入口宽度计算提供依据。

(2)预测年限

预测年限也就是设计年限和规划年限,它随两者的变化而变化。在新线设计时,它应和设计年限相一致;在规划线网时,则应和规划年限相一致。

我国《地铁设计规范》(GB 50175—2013)规定,地铁工程的设计年限应分为初期、近期、远期。初期可按建成通车后第3年确定,近期应按建成通车后第10年确定,远期应按建成后第25年确定。

(3)主要影响因素

①城市性质及地位:现状及规划的城市性质与地位,在战略上决定着城市的人口、用地发展规模及潜力,也决定着对其外部区域的影响力。

②城市人口、土地利用规模及分布形态:城市人口密度、房屋建筑密度、工作岗位及商业区的集中程度对轨道交通客流的产生及其流向有着重要影响。因此,需要分析现状及规划的城市入门分布及大型客流集散点分布,包括重要的工业区、商业网点、文化中心旅游点和住宅区等。

③市内公共交通枢纽及对外交通枢纽:城市内部公共交通枢纽、火车站、码头、航空港等都是客流集散的重要场所,其现在及规划位置对城市轨道交通客流的分布也将具有重要的影响。

3)客流预测的难度

经过对近年来我国各城市轨道交通线路的客流预测结果与实际运营客流统计值的比较,发现两者结果相差较大,其主要原因大致可归纳为以下几点。

(1)预测年限较长,积累资料不足,预测技术尚须改进完善。城市轨道交通工程项目,从立项开始至建成通车,一般需要5年,然后还须预测通车后25年的远期客流规模,总共要预测30年的客流。时间跨度大,难以掌握城市发展中的政策、经济和人们活动的规律,不确定因素太多。同时,由于这项技术尚在不断发展研究之中,资料积累不足,数学模型和预测技术尚未定型,还需不断改进完善,在对预测数据的把握以及评价标准上,都有很大的难度。

(2)城市发展过程中的规划背景难以稳定。客流预测必须以城市发展规划为依据。城市范围和结构形态、用地分布性质、人口分布数量、居民和流动人口的出行量等,均为预测的基础数据,这些数据都是来自城市总体规划。而城市规划一般只做10～20年的近期和远期建设规划;虽然也做远景规划,却是长远性和宏观性的规划。经验表明,城市发展过程是难以控制的,规划不等于实施,往往是规划超前于实施,但也有规划落后于实施的情况。这些现象主要决定于国民经济发展水平和财政支持能力。因此,城市规划总是要不断地进行调整修改,属于动态规划。由此可见,客流预测依靠城市发展过程中难以稳定的规划为工作背景,必将造成预测结果与将来的实际有一定差异,这种差异是难以估计的。

(3)票价的竞争性和敏感性对客流量波动性的影响。乘客的消费观念和对票价的承受能力是难以控制的活动因素。尤其在市场经济条件下,城市交通中各种交通方式的存在,必定会与轨道交通形成竞争局面;对于乘客来说,需要面对时间与票价之间进行权衡和选择,当前的关键还是在于票价。那么就看将票价定位在乘车距离为多长、薪水属于哪个阶层的客流对象,这与运营的经营政策密切相关。但是,在客流预测时,可以从需求进行预测,但很难对票价进行正确定位,也很难对客流量的竞争性和敏感性进行数量级的准确分析,这需要长年在运营中不断积累和探索。国内外运营经验证明,票价对客流具有较大的敏感性,同时也说明票价对客流具有可调节性和可控性。

(4)线网规划不完整,线路总体规模不明。城市轨道交通线网规划工作仅仅是在最近几年才有一个比较全面的认识。虽然线网规划总是随城市总体规划而动态变化,但有时也会发生局部调整。一般来说,由于城市中心区建设的形态和规模应该是比较稳定的,对于城市远景发展规模也是相对稳定的,这为城市轨道交通线网规划提供了基本条件。事实上,有些城市对于线网规划还缺乏深层的研究,线网规划内容还不完整,对城市结构形态发展认识不足,造成各条线路建设的起终点和走向有很大的随意性,缺少严肃性。单条线路和整体线网关系模糊,往往会造成线网规划不稳定。线网总体规模不明,造成各条线路之间关系变化不定,尤其对已建线路的客流影响很大,使原预测的客流量值在量级上发生"质"的变化。这种情况已在国内发生多例,应引起重视。

综上所述,由于客流预测是一门新生的预测学,也由于它对城市规划有极大的依赖性,对乘客的思维和行为又只能规划导向而不可强制,对客流量也只能从合理需求角度预测,预测成果很难做到准确,只能做到在预定的城市规划条件下,具有相对的可信性,因而存在较大的风险。因此,在实际工作中,对预测结果应采取十分谨慎的态度,并加强定性定量的综合分析论证,以提高客流预测结果的可信度。

4.2.2 环境影响评价报告

为强化城市轨道交通规划对项目环境影响评价(简称"环评")的约束指导,城市轨道交通项目必须纳入城市轨道交通近期建设规划或线位规划。规划环评由生态环境部召集审查,审查结论和意见作为相关项目环评受理审批的依据,规划及规划环评确定的原则和要求必须在项目环评中得到体现和落实。凡涉及线路长度、车站数量、线路基本走向、敷设方式、建设时序等重大变化调整,按规定需修编或调整规划的,应重新依法开展规划环评,并按上述程序完成审查。

在此阶段,主要的法律法规依据有:《中华人民共和国环境影响评价法》《关于做好城市轨道交通项目环境影响评价工作的通知》(环办〔2014〕117号)。

1)环评的管理

业主在取得项目建议书的批准文件后,应立即选择环评单位,委托其进行环评工作。

(1)根据项目的规模、性质、对环境影响的程序选择相应级别的有资质的环评单位,不得选择资质、级别低于需要的单位。环评单位必须持有建设项目环评资格证书,并按证书中规定的范围开展环评工作。

(2)城市轨道交通项目环评的任务委托书由业主请设计单位编写。委托书内容包括项目建议书及其批准文件,项目名称、规模、建设地点地域(附地理位置图),产品方案,工艺流程,主要污染物质,总平面布置图和规划设详图等技术内容。

(3)环评管理程序(图4-1)。

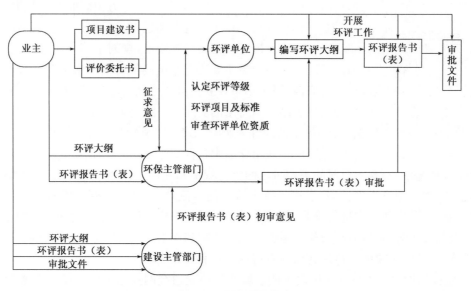

图4-1 环评管理程序图

①环评的委托。业主或由业主授权的监理单位,带环评任务书到环境部门主管单位进行咨询,环境保护主管部门要审定拟建项目环评的等级、环评项目及环评标准,审查环评单位的资质,进行备案后,业主即可委托环评任务。

②审核环评大纲。环评单位根据业主委托,进行现场勘测,搜集环境质量状况和环境功能要求,分析环境特征、工程特征,结合法律法规,确定评价工作范围、内容、深度、评价费用,提出评价工作初步纲要,征询环保主管部门和业主意见后,编写环评工作大纲(内含评价费用概算)。业主将环评工作大纲上报环境主管部门,等候环保主管部门组织审查。

③签订环评合同。业主取得经环保主管部门审查批准后的环评工作大纲后,即可与环评单位签订正式环评合同。环评单位根据合同须全面完成大纲中核定的内容,如需改变环评大纲中规定的内容,必

须事先征得原审批大纲部门的同意,最后编制出环评报告书(表)交业主。

④审批环评报告书(表)。业主的上级主管部门组织环评的预审,上级主管部门邀请环保主管部门、计划、设计部门,对口专业有关专家,所在地环保部门和环评编制单位,对建设项目环评报告书(表)进行预审。业主将主管部门的预审意见转环评单位,环评单位据此修改原环评报告。

⑤业主上报修改后的环评报告书(表)和预审意见交环保部门,取得环评报告书(表)审查批准文件后,将备份转送设计单位,进行环境保护设计。

2)环评的内容

环评文件应符合《环境影响评价公众参与暂行办法》(环发〔2006〕28号)和《关于切实加强风险防范严格环境影响评价管理的通知》(环发〔2012〕98号)的要求,同时参考《关于做好城市轨道交通项目环境影响评价工作的通知》(环办〔2014〕117号)。

城市轨道交通项目环评报告书的主要内容如下:

(1)总论。总论主要说明编制概况、依据、采用标准、控制污染和保护环境的主要目标。

(2)项目概述。主要包括项目的名称、地点、建设性质、规模、生活布局、土地利用和发展规模;主要原料、燃料、水的来源和用量、原材料中的含毒物质及其运行规律;废水、废气、废渣和粉尘等的排放量、排放规律及排放方式;噪声、振动、光辐射、电磁辐射;污染物回收利用、综合治理;交通运输、场地开发等。

(3)项目周围地区环境质量调查。对于城市轨道交通项目,该部分主要包括地理位置(附图)、地质和土质、地面水、地下水、风景游览区、名胜古迹和政治文化设施等,应包括现有环境污染和环境破坏情况。

(4)项目环境影响评价。城市轨道交通项目环境影响特征,包括污染影响、环境破坏、长期与短期影响、可逆与不可逆影响等;环境影响的范围、大小程度及途径;减轻环境影响的各种措施。

(5)环境保护投资估算、环境影响经济损益分析及环境监测的制度。

(6)公众参与调查。项目应进行公示,并采用调查问卷等形式,对民意进行调查。

(7)环境影响评价结论。

(8)附图内容。此部分应包括项目地理位置图、总平面图、工艺污染流程图、评价区域和测点图、断面设置和监测范围图、预测成果图(包括大气、水、噪声等多种条件下的贡献值和叠加值分布图、等浓度和等噪声值图等)。

4.2.3 社会稳定性风险分析和评估报告

项目单位在编制城市轨道交通建设规划时,应当同时进行社会稳定风险分析。目前社会稳定风险分析工作尚无统一的标准、规范,各部门开展此项工作也是千差万别。社会稳定风险分析主要包含风险识别、风险估计、风险防范措施及应急预案、预期风险等级等方面的内容。

在此阶段,主要的法律法规依据:《中央办公厅、国务院办公厅关于建立健全重大决策社会稳定风险评估机制的指导意见》(中办发〔2012〕2号),国家发展改革委《关于印发〈国家发展改革委重大固定资产投资项目社会稳定风险评估暂行办法〉的通知》(发改投资〔2012〕2492号)。

1)风险识别

(1)主要利益相关者识别

在对项目建设和运营的主要利益相关者识别的基础上,针对各利益相关者关注重点,开展有针对性的调查,全面识别项目的社会稳定风险因素,形成社会稳定风险识别清单。主要利益相关者包括市、区、街道办等地方政府、项目单位、项目影响区的企事业单位、一般居民、拆迁居民及乘客等。

(2)社会稳定风险调查

应充分听取、全面收集群众和各利益相关者的意见,包括合理和不合理、现实和潜在的诉求等。一般按工程资料搜集、相关文献资料搜集、社会环境调查3部分进行。

①调查的方式和方法。

风险调查的方式有全面调查、抽样调查和个案调查。调查的方法有观察法、访谈法、文献法、问卷法、实验法等。可根据项目的特点及项目所在地的实际情况,选择适用的方式方法进行调查。实际工作中可采取公告公示、实地勘察、走访群众、召开座谈会、网上调查以及舆情分析等多种方式和方法,以达到广泛调查、充分收集各方意见和诉求的目的。

②调查范围。

凡项目涉及利益相关者切身利益、容易引发社会稳定风险的因素,都应纳入调查范围,应当涵盖拟建项目建设和运行可能产生负面影响的范围。

③调查内容。

a. 对项目的了解认识程度;征地拆迁及施工中可能带来的社会问题,何种措施化解;补偿标准的政策意向,施工对城市的影响(占用城市道路、噪声振动污染、扬尘污水污染等),哪些影响可以接受。

b. 对城市轨道交通建设引起的社会影响有什么好的建议。

c. 对沿线居民支持性意见调查。

d. 对沿线居民热切关心的征地拆迁、施工及运营干扰等相关的可能影响社会稳定的风险因素进行问卷调查。

(3)社会稳定风险识别

在风险调查的基础上,针对利益相关者不理解、不认同、不满意、不支持的方面,或在日后可能引发不稳定事件的情形,全面、全程查找可能引发社会稳定风险的各种风险因素。风险识别一般可选用对照表法、专家调查法以及访谈法、实地观察法、案例参照法、项目类比法等方法,主要从项目的合法性、合理性、可行性、可控性4个方面重点进行分析论证。在政策规划和审批程序、土地房屋征收补偿、技术和经济方案、生态环境影响、媒体舆论导向等方面重点分析查找各风险因素。通过调查分析,有些社会稳定风险可能属于不同的风险类别,且具有多面性。项目包含的主要风险源类别划分见表4-4。

主要风险源类别划分 表4-4

风险因素	合法性	合理性	可行性	可控性
项目合法性	▲			
征地拆迁		▲	△	
辐射环境		▲	△	
噪声、振动		▲	△	
生态环境	△	▲	△	
文物保护	△	▲		
交通拥堵		▲	△	
工程方案		△	▲	
建设条件			▲	
建设时机			▲	
运营安全		△	△	▲
社会治安				▲
社会舆论				▲
其他社会稳定风险	△	△	△	△

注:"▲"代表风险源所属主要风险类别;"△"代表风险源所属一般风险类别。

2)风险估计

风险估计是在对单风险因素做出风险程度估计的基础上,综合分析估计项目整体风险等级的过程。

风险估计一般采用定性分析与定量分析相结合的方法,逐一对风险因素进行多维度分析,估计其发生的概率和影响程度。选取的维度通常包括:可能产生风险的项目阶段、地域、群体,以及风险的成因、影响表现、风险分布、影响程度等特性。单因素风险方面:按照风险因素发生的可能性,将风险概率划分为5个档次,很高(概率在81%~100%)、较高(概率在61%~80%)、中等(概率在41%~60%)、较低(概率在21%~40%)、很低(概率在0~20%),可依据经验或预测进行确定。按照风险发生后对项目的影响大小,将影响程度划分为5个影响等级,严重(定量判断标准81%~100%)、较大(定量判断标准61%~80%)、中等(定量判断标准41%~60%)、较小(定量判断标准21%~40%)、可忽略(定量判断标准0~20%)。风险程度(R) = 风险发生概率(p) × 影响程度(q),可划分为重大、较大、一般、较小和微小5个等级,取值范围分别为$R>0.64$、$0.64 \geq R>0.36$、$0.36 \geq R>0.16$、$0.16 \geq R>0.04$、$0.04 \geq R \geq 0$。对于风险概率、影响程度和风险程度可采用风险概率—影响矩阵,根据专家经验确定。根据风险程度进行排序,编制形成主要单因素风险程度汇总表(表4-5),以揭示关键的风险因素。

风险概率—影响程度矩阵表　　　　表4-5

序号	社会稳定风险因素(W)	风险概率(p) 定性、定量	影响程度(q) 定性、定量	风险程度(R) 定性、定量
1	项目合法性			
2	征地拆迁			
3	噪声			
4	振动			
5	生态风险			
6	文物古迹保护			
7	电磁辐射			
8	其他环境风险			
9	交通出行			
10	工程方案			
11	建设条件			
12	建设时机			
13	运营安全			
14	社会舆论			
15	社会治安			
16	其他不可预见			

3)风险防范措施及应急预案

(1)风险防范措施

针对主要风险因素研究提出各项综合和专项的风险防范、化解措施,提出落实各项措施的责任主体、具体内容、风险控制节点、实施时间和要求的建议。为了从源头上防范、化解项目实施可能引发的风险,应根据拟建项目的特点,针对主要的、关键的风险因素,阐述采用的风险防范、化解措施策略;阐述提出的综合性和专项性的风险防范、化解措施,明确风险防范、化解的目标,明确落实措施的实施主体和防范责任,明确风险控制的节点和时间,真正把项目社会稳定风险化解在萌芽状态,最大限度减少不和谐因素。编制并形成风险防范、化解措施汇总表(表4-6)。

主要风险防范、化解措施　　　　表4-6

序号	风险发生阶段	风险因素	主要风险防范、化解措施	计划责任主体	计划协助单位
1	前期决策	项目合法性	确保项目基本建设程序合法,符合各有关政策	市轨道交通建设办公室(简称"市轨道办")	勘察设计单位
2	准备	征地拆迁	征地坚持严格的审查审批和报批程序;依法征拆,维护被征迁群众的根本利益;严格监管补偿资金使用	项目建设单位	市轨道办、征地拆迁协调小组

续上表

序号	风险发生阶段	风险因素	主要风险防范、化解措施	计划责任主体	计划协助单位
3	实施/运营	噪声	建设期:执行国家建筑施工场界环境噪声。排放标准;接受环保部门管理,文明施工。运营期:降低风亭和车辆段噪声	项目建设单位/轨道运营公司	生态环境部门
4	实施/运营	振动	建设期:隧道施工采取减振措施,尽量避免夜间施工。运营期:加强轨道车辆维修保养	项目建设单位/轨道运营公司	生态环境部门
5	实施	生态风险	补偿到位以降低占地影响,加强环境绿化和建筑设计,设计应与周围景观相融	项目建设单位	生态环境部门、征地拆迁协调小组
6	前期决策	文物古迹保护	设计阶段充分考虑对沿线文物的保护	勘察设计单位	市轨道办、生态环境部门
7	运营	电磁辐射	降低主变电站对周边居民影响	轨道运营公司	生态环境部门
8	实施/运营	其他环境影响	降低水、大气、固体废弃物污染,防止水土流失	项目建设单位/轨道运营公司	生态环境部门
9	实施/运营	交通出行	建设期加强交通疏导,运营期制订合理票价	项目建设单位/轨道运营公司	交管部门/财政局、规划局
10	前期决策	工程方案	优化勘察设计	勘察设计单位	市轨道办
11	前期决策	建设条件	加强区域自然条件研究,是否满足项目建设要求;与城市总体规划部门对接,随时掌握城市发展新动态;完善轨道交通线网规划研究	勘察设计单位、规划局	市轨道办
12	前期决策	建设时机	加强城市交通疏导,符合城市总体发展构想;加大财税收缴力度,支持财政增收;前期审查抓紧进行,快速、有序推动设计工作	市轨道办	交通局、规划局、财政局
13	运营	运营安全	学习借鉴其他城市轨道交通运营、管理经验	轨道运营公司	
14	实施	社会舆论	加强媒体宣传和正面引导	项目建设单位	市轨道办
15	实施	社会治安	社会治安营造良好施工环境,依法拆迁、文明施工	项目建设单位	维稳、信访部门沿线各级政府、公安部门

（2）应急预案

应成立轨道交通建设指挥部,下设社会稳定风险应急工作小组,由市轨道交通建设管理办公室,市信访局、市维稳办、市建委、市发改委、市规划局等有关部门及建设、运营管理等单位参加,指定维稳工作的相关负责人,对维护社会稳定工作实行目标管理。

4）预期风险等级

（1）分析方法

项目整体风险的估计,应运用适当的方法,综合各单因素风险对拟建项目整体的风险影响,将项目整体风险估计结果与风险评判标准进行对比,确定风险等级,分析确定防范、化解风险优先顺序。一般采用定性与定量相结合的方法进行判断。定性分析一般采纳民意调查集中性意见。定量分析可选用专家打分等方法确定各单因素风险在拟建项目整体风险中的权重,采用综合风险指数法、层次分析法等风险分析方法,计算项目的整体风险指数。按照有关规定,社会稳定风险等级一般分为高、中、低3级。

(2)民意调查意见及其采纳情况

对沿线居民进行走访、座谈及问卷调查,通过对调查表格的统计分析,征询民意,定性分析判断项目的风险等级。

①受访者绝大多数是否支持和赞同城市轨道交通建设,认为项目建设是否符合本地经济发展的要求,是否对改善居民出行方式、缓解交通压力具有重要作用。

②征地拆迁补偿标准是项目拆迁户最关心的敏感问题,是社会稳定的首要因素。相关部门应根据项目的进展情况,尽快出台具体的征地拆迁补偿实施细则,根据不同区域、不同对象确定合适的补偿标准和安置方式,且补偿款项应及时、足额发放。

③在施工过程中一定要注意环境保护和文明施工,以民为本,科学施工,完善方法措施,积极与沿线街办、社区联系,细致地做好施工期间的各项工作。

④项目可能引发社会稳定的风险程度是否较低,意味着项目实施过程中出现群体性事件的可能性较小,但不排除会发生个体矛盾冲突的可能。根据对社会稳定风险的民意调查意见,判断风险等级。

(3)综合风险指数的计算

综合风险指数的计算是在综合单因素风险估计的基础上,估计项目整体风险,并与风险等级评判标准进行对比,确定风险等级和防范风险优先顺序的过程。为了应对风险,采取控制措施时能分清轻重缓急,常常给风险划一个等级。按照风险事故发生后果的严重程度划分每类风险因素的权重(I),取值范围为$[0,1]$,I取值越大表示该类风险在所有风险中的重要性越大,所有风险权重累计为1。通过专家评价和民意调研意见相结合,确定本项目各社会稳定风险因素权重。在风险衡量过程中,项目社会稳定风险被量化为关于风险程度和损失严重性的函数,将风险事件发生的风险权重和风险程度相乘(即$I \cdot R$),然后把各单项社会稳定风险得分加总求和(即$\sum I \cdot R$),得到本项目综合风险指数(T)。综合风险指数越高,说明项目的风险越大。本项目社会稳定综合风险指数计算见表4-7。一般情况下,项目整体的风险等级依据"就高不就低"的原则和"叠加累积"的原则进行判断。综合风险指数等级判断如下。低风险,综合风险指数取值范围小于0.36;中风险,综合风险指数取值范围0.36~0.64;高风险,综合风险指数取值范围大于0.64。根据计算的项目综合风险指数,判断项目的风险等级(表4-7)。

社会稳定综合风险指数表　　　表4-7

序号	风险因素(W)	风险权重(I)	风险程度(R)					风险指数(T)
			微小	较小	一般	较大	重大	
			$0.04 \geq R \geq 0$	$0.16 \geq R > 0.04$	$0.36 \geq R > 0.16$	$0.64 \geq R > 0.36$	$R > 0.64$	
1	项目合法性							
2	征地拆迁							
3	噪声							
4	振动							
5	生态风险							
6	文物古迹保护							
7	电磁辐射							
8	其他环境风险							
9	交通出行							
10	工程方案							
11	建设条件							
12	建设时机							
13	运营安全							
14	社会舆论							

续上表

序号	风险因素(W)	风险权重(I)	风险程度(R)					风险指数(T)
			微小 $0.04 \geq R \geq 0$	较小 $0.16 \geq R > 0.04$	一般 $0.36 \geq R > 0.16$	较大 $0.64 \geq R > 0.36$	重大 $R > 0.64$	
15	社会治安							
16	其他不可预见							
综合风险指数								

4.2.4 沿线土地控制规划

《国务院办公厅关于加强城市快速轨道交通建设管理的通知》(国办发〔2003〕81号)要求,对规划建设城市轨道交通项目的线路,要搞好沿线土地规划控制,编制专项土地控制规划,防止新建建筑物对线路的侵占。

4.2.5 其他非必备专题报告

非必备专题报告是否编制要看具体情况,如果线路下穿文物,一般需要编制文物保护专题报告;场地地震安全评价报告需要根据车站客流规模、跨度(高架区间)来确定是否需要编制;而地质灾害危险性评估报告是否编制与项目所在区域有关。

4.2.6 其他工作

在前期规划部门组织建设规划报告编制的同时,土地置业管理部门应同时编制征地拆迁补偿初步方案;融资部门编制资金筹措方案,并协调市财政出具财力可行文件;计划管理部门制订分年投资计划。

4.3 建设规划审批管理

4.3.1 建设规划审批流程

城市轨道交通作为大型基础设施投资项目,在建设前需要编制《城市轨道交通近期建设规划》,同时,该建设规划是审批级别最高(国务院)、审批层次最多[市、省(自治区、直辖市)、部委、国务院]和审批部门最多(发改委、住建、生态环境)的项目之一。其编制审批流程如图4-2所示。

1)省(自治区、直辖市)内初审阶段

当社会稳定性风险分析完成后,建设规划方案稳定后,形成报审文件,由建设规划主管单位向市政府汇报请示,市发改委联合市规划局向省发展改革委上报建设规划,同时抄送省(自治区、直辖市)住建厅。省(自治区、直辖市)发改委会同省(自治区、直辖市)住建厅召开专家会,进行初步审查,形成一致意见。

(1)需要审查的主要报告,见表4-8。

需要审查的主要报告表 表4-8

序号	主要报告	序号	主要报告
1	近期建设规划报告	5	客流预测
2	城市总体规划	6	社会稳定性风险分析
3	综合交通规划	7	环境影响评价(初稿)
4	轨道交通线网规划	8	沿线土地控制规划

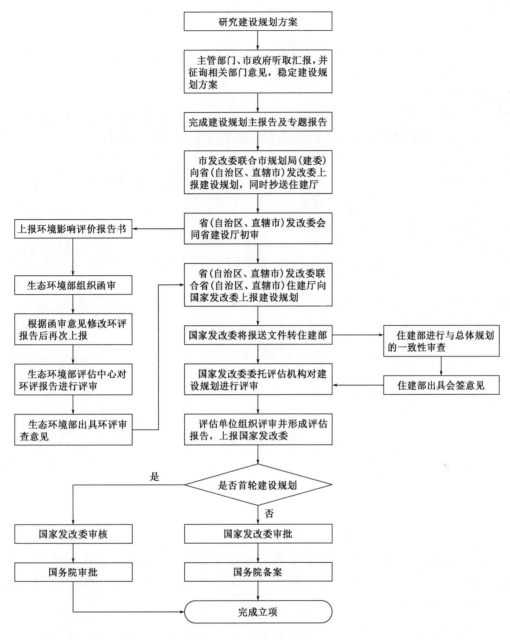

图 4-2 建设规划审批流程图

(2) 各部门的主要工作, 见表 4-9。

各部门的主要工作表　　表 4-9

序号	部　门	主　要　工　作
1	市级发改部门、住建部门(规划部门)	联合向省(自治区、直辖市)发改部门报送建设规划部门、同时抄送省(自治区、直辖市)级住建部门
2	省(自治区、直辖市)级发改部门、住建部门	联合组织专家审查会,形成专家意见
3	主管单位	组织编制单位回复专家意见并修改建设规划
4	省(自治区、直辖市)级发改部门、住建部门	形成一致意见

该阶段的工作周期较短,一般为 15d。

2) 环评阶段

该阶段主要分为函审、组织专家审查和出具审查意见三个阶段。

(1)函审

建设规划取得省(自治区、直辖市)发改委和省(自治区、直辖市)住建厅的一致初审意见,环评报告完成后,由市生态环境部门经省(自治区、直辖市)生态环境部门向生态环境部上报环境评价报告,由其组织函审,给出函审意见,工作周期约2周。

(2)组织专家审查

组织专家审查环评报告编制单位根据函审意见修改报告,生态环境部收到修改的报告后,委托评估中心组织专家审查会对环评报告进行评审,提出评审意见,工作周期约1个月。

(3)出具审查意见

环评报告根据专家意见修改完善后,需再次上报至生态环境部。最晚1个月内,生态环境部根据专家意见及修改完善后的环评报告出具审查意见。

3)国家层面审批阶段

(1)报送阶段

环评报告获得生态环境部审查意见后,由省(自治区、直辖市)发改委联合省(自治区、直辖市)住建厅向国家发改委上报建设规划及其专题报告,并抄送住建部。对于新建轨道交通城市,国家发改委对建设门槛条件进行审查后确定是否受理。

主要报送材料见表4-10。

主要报送材料表 表4-10

序号	材料	序号	材料
1	申报函[省(自治区、直辖市)发改委、省(自治区、直辖市)住建部联合申报]	5	社会稳定性风险分析评估报告的批复文件
2	建设规划主报告	6	生态环境部对环评的审查意见
3	社会稳定性风险分析专题报告	7	各单位意见
4	社会稳定性风险分析评估报告		

注:申报函及相关材料需要报送至国家发改委窗口办理。

(2)住建部审查阶段

国家发改委收到报送材料后,转住建部进行与城市总体规划一致性的审查。住建部要求:"近期建设规划线路,应纳入城市总体规划中的远期线网,并与城市总体规划远期用地相一致"。审查合格后,住建部向国家发改委出具会签意见;若不合格,国家发改委进行退件处理,地方政府组织修改建设规划或者城市总体规划,重新报送。

(3)专家审查

住建部出具会签意见后,国家发改委确定受理建设规划,委托具有评估资质的单位对建设规划进行评审,评估单位接到委托后20个工作日内组织专家评审,评审完成后30个工作日内形成评估报告,作为审批依据。

(4)批复

第一轮建设规划由国家发改委审查后,上报国务院审批;非第一轮建设规划,由国家发改委审批,报国务院备案。国家批复的建设规划明确基本建设方案,确定线路起讫点、基本走向、敷设方式、车站数量、工程投资、建设年限等约束性内容。规划实施中可根据实际情况优化完善建设方案,但约束性内容不得随意变更,基本走向、敷设方式不得发生重大变化,线路长度、车站数量、直接工程投资(扣除物价上涨因素)的变动不得超过规划方案的15%。投资模式不得发生重大变化,项目不得提前开工和压缩工期。

省(自治区、直辖市)级发展改革部门按照国家批准的建设规划做好项目审核工作,不得进一步转移和下放审批权限,制订和完善审批制度,实行项目公示和信息公开。委托有城市轨道交通专业评估咨询甲级资质的第三方咨询机构开展评估,严格审批要求,明确约束性内容,指导项目实施。项目批复文件抄报国家发改委,定期报送项目审批、投资安排、形象进度、存在问题等信息。

建设规划批复后,一方面,主管单位开始进行可行性研究阶段的工作;另一方面,开始建设资金的投融资工作。

4.3.2 其他协同部门

城市轨道交通作为城市重大工程,在近期建设规划准备报批过程中除了需要指定或者成立专门的部门负责外,还需要全市各部门的大力协同参与。

(1)各阶段主要参与部门(表4-11)

各阶段主要参与部门 表4-11

序号	工作阶段	协调对象
1	建设规划启动会,协调收集资料	市级发改、规划、国土、交通、财政、环保、维稳、文保等职能部门
2	建设方案确定	市政府听取方案汇报
3	组织维稳评估的群众调查、座谈	各区相关管理部门、街道;市级发改、规划、国土、交通、财政、环保、维稳、文保等职能部门
4	组织环评调查、公示	各区相关管理部门、街道;市级规划、国土、环保、文保等职能部门;公众媒体
5	政府出资承诺、资本金比例	市政府、市财政局
6	银行贷款承诺	相关意向银行
7	相关职能部门出具建设规划意见	市级发改、规划、国土、交通、财政、环保、维稳、文保等职能部门
8	组织建设规划部门通气会	市级发改、规划、国土、交通、财政、环保、维稳、文保等职能部门以及相关区县

(2)市级各部门职责(表4-12)

市级各部门职责表 表4-12

职能部门	主管事宜
市政府	协调市级各部门大力支持建设规划报审工作;市主管领导出席国家部委组织的审查会
发改委	出具对建设规划的意向省(自治区、直辖市)发改委上报建设规划意见
规划局	提供"城市总体规划""城市综合交通规划""城市轨道交通线网规划"等上报支撑性文件;将轨道交通线网方案纳入最新的"城市总体规划";组织审批"轨道交通用地控制规划",将成果纳入城市规划管理体系;在审查会上,组织汇报城市总体规划、综合交通规划,并解释规划问题
财政局	落实资金筹措方案,解释有关财政数据;出具资本金承诺函
自然资源部门	负责对轨道近期建设项目的用地进行合规性审核并出具相关文件
生态环境部门	向省(自治区、直辖市)环保厅上报环评影响报告;负责对建设规划在环保方面的合规性进行审核,并出具相关文件
文物局	负责对建设规划在文物方面的合规性进行审核,并出具相关文件
园林局	负责对建设规划在园林绿地方面的合规性进行审核,并出具相关文件

第5章
可行性研究管理

5.1 概述

投资项目可行性研究是固定资产投资活动的一项基础性工作,可行性研究结论是投资决策的重要依据,在国民经济和社会发展中起着极其重要的作用。

城市轨道交通项目《可行性研究报告》主要从宏观上论述项目设立的必要性和可行性,从项目的市场和销售、规模、选址、物料供应、工艺、组织和定员、投资、效益、风险等进行深入阐述,消除决策主体项目选择的盲目性,着力阐述项目的规划设想,极力突显项目的社会和经济效益,达到立项报批的目的。

《可行性研究报告》是轨道交通工程建设项目决策的基础,它是对项目有关工程技术、经济等情况进行调查、研究和分析,对各种建设方案进行比较论证,对项目建成后的企业财务效益、社会经济效益、社会影响进行预测及评价并选择技术先进、实用,财务经济及社会效益可行,投资风险较低的工程建设方案,为项目进一步决策提供可靠依据。

5.2 可行性研究报告编制内容

为指导投资项目的可行性研究工作,国家发改委委托中国国际工程咨询公司组织编写了《投资项目可行性研究指南》(简称《指南》),于2002年正式出版发行,其中针对城市轨道交通项目提出了城市轨道交通项目可行性研究编制大纲。在此之后的十几年中,我国城市轨道交通项目可研报告基本上是参照指南进行编制的,咨询机构在此基础上结合城市轨道交通项目投资大、工期长、涉及面广、专业多等特点,逐步加强了工程技术方案的研究深度和广度,经过不断创新和改进,逐步丰富了可研报告的编制内容。与此同时,随着我国经济社会的快速发展,国家对项目建设在环境保护、节能、维稳、安全和民生等方面的要求越来越高,陆续颁布了一系列针对城市重大基础设施项目的政策、法规等文件,城市轨道交通可研报告编制大纲以及内容深度也随之进行补充完善,并相应增加了新的篇章。目前,城市轨道交通可研报告已经由《指南》所确定的19章内容逐步增加30余章,并有进一步扩充的趋势。总体来看,目前我国已逐步形成了适用于城市轨道交通项目特点的可行性研究工作的研究方法和体系。在简政放权政策要求下,省(自治区、直辖市)级投资主管部门对城市轨道交通可研审批和管理工作尚缺乏经验,也需要在《指南》的基础上进一步提出适合当前发展要求的可研报告编制和评估大纲,从政策体制上明确提出可研工作的要求,指导简政放权后城市轨道交通项目可研工作的开展。

工程可行性研究报告编制的目的是有利于国家把控工程整体、维护经济安全、合理开发利用资源、保护生态环境、优化重大布局、保障公共利益等。城市轨道交通是百年大计,对城市和城市经济都有着深远影响,一次性投资大,运行费用高,社会效益好而自身经济效益差,故在编制可研报告时,报告的主要内容和深度应包括如下。

(1)项目建设规模和主要技术标准。
(2)线路站位、行车交路、重要换乘节点及土建工程研究。
(3)项目各系统配置的技术方案和设备数量、匡算用地及拆迁数量。
(4)项目的经济评价和风险分析。
(5)项目对环境影响的评估,阐明对环境影响程度及防治的初步方案。
(6)提出工期、估算、资金筹措方案以及建设和经营管理体制等建议。
(7)深入进行财务分析和国民经济评价。
(8)对工程的可行性和存在的风险作出评价。

可行性研究阶段的工作内容及可行性研究报告的上报审批,需要建设单位协助提供以下支持文件:
(1)近期建设规划及批文附件。
(2)编制工程可行性的委托合同或计划任务书。
(3)与项目有关的意向书、协议、会议纪要和公文。
(4)规划、市政、公安、消防、人防、文物等部门对项目建设的意见。
(5)环保主管部门对环评报告的审批意见。
(6)客流预测专题报告。
(7)轨道交通线网规划报告。
(8)主要技术专题研究报告。
(9)国产化研究报告。
(10)银行等金融机构对项目贷款的意向书。
(11)项目资本金的承诺文件。
(12)项目利用外资的意向书。
(13)合资项目外方出资比例协议书。
(14)有关科研攻关新技术的签订证书。
(15)有关外部配套工程意向书。
(16)有关组织股份公司的协议书。
(17)股份公司的章程和协议。
(18)有关工程定额、指标、工程费用的分析等计算资料。

为了保证可行性研究阶段工作的深度和内容,还需要建设单位提供以下基础资料:
(1)城市总体规划。
(2)相关专项规划(土体、交通、分区规划等)。
(3)用地计划。
(4)拆迁方案。
(5)数字化地形图(1:2000,1:500)。
(6)沿线控制测量资料。
(7)相关规划资料。
(8)地质勘察资料、地震安全评价、地质灾害评价。
(9)线路周围建筑物或构筑物基础资料、地下管线资料。
(10)水文资料(防洪、防涝条件调查)、气象资料。
(11)安全预评价、卫生防疫评价、职业病评价。
(12)航道、水文、河势等评估。
(13)车站站名报批。

上述是可行性研究阶段的主要工作内容,只有顺利地完成上述工作,才能保证可行性研究报告的编制和审批工作的顺利完成。

可行性研究报告文件组成如图 5-1 所示。

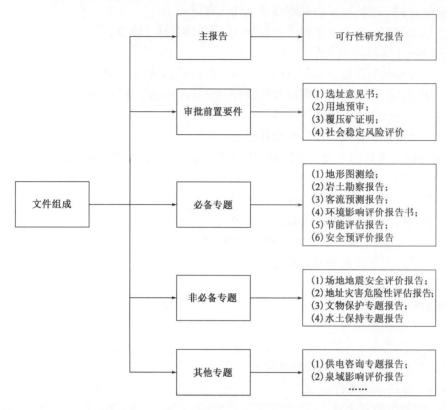

图 5-1 可研报告的文件组成

在可行性研究报告编制阶段,主要参考的法律法规有:《国务院关于发布政府核准的投资项目目录(2016 年本)的通知》(国发〔2016〕72 号),《国家发展改革委关于加强城市轨道交通规划建设管理的通知》(发改基础〔2015〕49 号),《国家发展改革委关于加强城市轨道交通规划建设管理的通知》(发改基础〔2015〕49 号)附件 2(城市轨道交通工程项目可行性研究报告编制和评估大纲),《住房城乡建设部关于印发〈城市轨道交通工程设计文件编制深度规定〉的通知》(建质〔2013〕160 号)。

5.2.1 主报告

《国家发展改革委关于加强城市轨道交通规划建设管理的通知》(发改基础〔2015〕49 号)对可行性研究报告编制和评估大纲(图 5-2、图 5-3)做了详细的说明,以指导各地做好可行性研究报告编制和评估工作。

5.2.2 审批前置要件

1)选址意见书

《中华人民共和国城乡规划法》规定,按照国家规定需要有关部门批准或者核准的建设项目,以划拨方式提供国有土地使用权的,建设单位在报送有关部门批准或者核准前,应当向城乡规划主管部门申请核发选址意见书。

2)用地预审

(1)基本原则

①符合土地利用总体规划。

②保护耕地,特别是基本农田。

③合理和集约节约利用土地。
④符合国家供地政策。

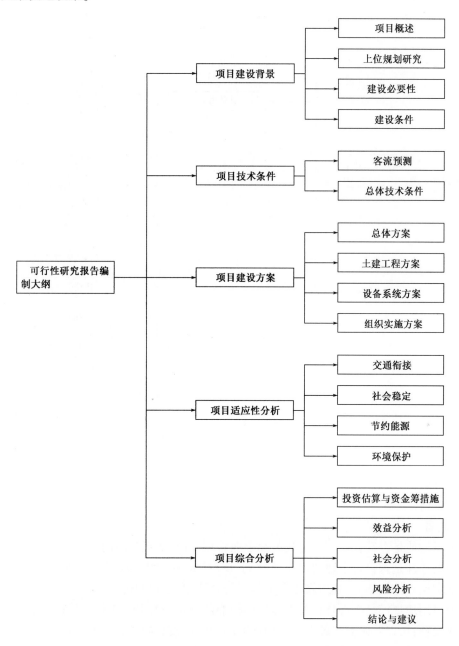

图 5-2　城市轨道交通可行性研究报告编制大纲

根据《国土资源部关于修改〈建设项目用地预审管理办法〉的决定》(国土资源部令第 68 号),申请用地预审的项目建设单位,应当提交下列材料：

a. 建设项目用地预审申请表；

b. 建设项目用地预审申请报告,内容包括拟建项目的基本情况、拟选址占地情况、拟用地是否符合土地利用总体规划、拟用地面积是否符合土地使用标准、拟用地是否符合供地政策等；

c. 审批项目建议书的建设项目提供项目建议书批复文件,直接审批可行性研究报告或者需核准的建设项目提供建设项目列入相关规划或者产业政策的文件。

(2) 预审程序

①建设项目用地实行分级预审。需人民政府或有批准权的人民政府发改委等部门审批的建设项

目,由该人民政府的国土资源主管部门预审。需核准和备案的建设项目,由与核准、备案机关同级的国土资源主管部门预审。

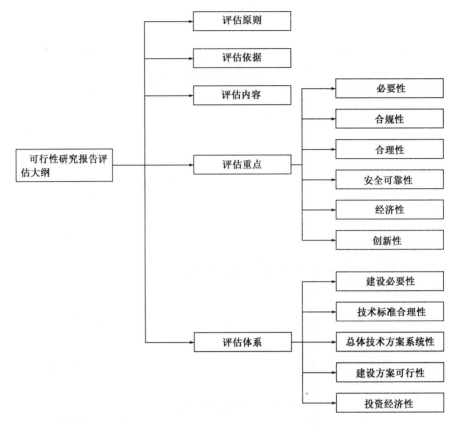

图 5-3 城市轨道交通可行性研究报告评估大纲

②需审批的建设项目在可行性研究阶段,由建设用地单位提出预审申请。需核准的建设项目在项目申请报告核准前,由建设单位提出用地预审申请。需备案的建设项目在办理备案手续后,由建设单位提出用地预审申请。

(3) 预审内容

①建设项目用地是否符合国家供地政策和土地管理法律、法规规定的条件。

②建设项目选址是否符合土地利用总体规划,属《土地管理法》第二十六条规定情形,建设项目用地需修改土地利用总体规划的,规划修改方案是否符合法律、法规的规定。

③建设项目用地规模是否符合有关土地使用标准的规定;对国家和地方尚未颁布土地使用标准和建设标准的建设项目,以及确需突破土地使用标准确定的规模和功能分区的建设项目,是否已组织建设项目节地评价并出具评审论证意见。

④占用基本农田或者其他耕地规模较大的建设项目,还应当审查是否已经组织踏勘论证。建设项目用地预审文件有效期为三年,自批准之日起计算。已经预审的项目,如需对土地用途、建设项目选址等进行重大调整的,应当重新申请预审。未经预审或者预审未通过的,不得批复可行性研究报告。具体可参考《国土资源部关于修改〈建设项目用地预审管理办法〉的决定》(国土资源部令第 68 号)。同时参考《建设项目用地预审管理办法》和国务院关于加强耕地保护和改进占补平衡的意见等相关法律法规。

3) 压覆矿证明

压覆重要矿产资源的证明材料是申请用地预审时需提交的材料,为用地预审的前置要件,《建设项目用地预审管理办法》规定:单独选址建设项目所在区域的国土资源管理部门(现自然资源管理部门)出具是否压覆重要矿产资源的证明材料。

根据《国土资源部关于进一步做好建设项目压覆重要矿产资源审批管理工作的通知》，在土地利用总体规划确定的城市建设用地范围内，已办理压覆重要矿产资源储量预登记的，不再办理项目压覆重要矿产资源审批手续，但市县国土资源行政主管部门应在出让或划拨用地前，到省（自治区、直辖市）级国土资源行政主管部门办理压覆重要矿产资源登记手续。

未统一开展建设项目压覆重要矿产资源的调查和预登记工作的城市，在办理建设项目用地预审和审批时，建设单位应严格按照本通知要求履行压覆重要矿产资源审批手续。

各省（自治区、直辖市）对是否需要办理压覆矿证明及如何办理的规定不同，具体情况可以咨询当地自然资源部门地矿处。

4）社会稳定风险评价

2012年国家发改委下发了《关于印发〈国家发展改革委重大固定资产投资项目社会稳定风险评估暂行办法〉的通知》（发改投资〔2012〕2492号），办法中明确要求项目单位在组织开展重大项目前期工作时，应开展社会稳定风险评价工作（包含分析报告和评估报告），分析报告应当作为项目可行性研究报告的重要内容并设独立篇章。社会稳定风险评价是可行性研究报告上报的前置要件，项目可行性研究报告的申报文件中，应当包含对该项目社会稳定风险评估报告的意见，并附社会稳定风险评估报告。

5.2.3 必备专题

1）地形图测绘根据

《城市轨道交通工程测量规范》（GB/T 50308—2017）要求，对地物、地貌及其他地理要素进行的测量，为设计提供基础资料，地形图比例一般为1∶500。

2）岩土勘察报告

《城市轨道交通岩土工程勘察规范》（GB 5037—2012）中将轨道交通岩土工程勘察阶段划分为可行性研究阶段、初步勘察阶段、详细勘察阶段及施工中的岩土工程勘察工作四个工作阶段。

可行性研究阶段岩土勘察应根据建设工程的要求，通过调查和搜集有关勘察资料，必要时可适当进行勘探工作，查明、分析、评价建设场地的地质、地理环境特征和岩土工程条件并提出合理基础建议，编制建设工程勘察文件。

3）客流预测报告

客流预测是可行性研究报告编制的基础专题之一，专家评审修改后作为可行性研究报告的编制依据。轨道交通客流预测大多采用传统四阶段预测法，按照交通生成预测、交通分布预测、交通方式划分预测和交通分配四阶段来分析城市现状和未来的交通状况，是目前交通规划领域应用最广的方法。其他可参见建设规划阶段关于客流预测的篇章。

4）环境影响评价报告

新修正后的《环境影响评价法》（2016年9月1日起施行），涉及城市轨道交通项目环评的变化主要有以下两点：

（1）原《环境影响评价法》第十七条规定，涉及水土保持的建设项目，环境影响报告书中必须有经水行政主管部门审查同意的水土保持方案。为进一步简政放权、优化审批流程，修改后，不再将水行政主管部门对水土保持方案的审批作为环境影响评价的前置条件。

（2）环评审批不再作为可行性研究报告审批的前置条件，原《环境影响评价法》第二十五条明确规定建设项目环评审批办结后才能向发展改革部门申请项目可行性研究报告审批。修改后，环评行政审批不再作为可行性研究报告审批的前置条件，将环评审批与可行性研究报告审批同时进行，但仍须在开工前完成。

具体环境影响评价报告的编制及其内容参考建设规划中的环评报告。

5）节能评估报告

《中华人民共和国节约能源法》（2016年7月修订）不再将节能审查作为可行性研究报告审批的前

置条件,但仍须在开工前完成。

2017年1月1日起施行的《固定资产投资项目节能审查办法》中规定,政府投资项目,建设单位在报送项目可行性研究报告前,需取得节能审查机关出具的节能审查意见。企业投资项目,建设单位需在开工建设前取得节能审查机关出具的节能审查意见。

6) 安全预评价报告

根据《建设项目安全设施"三同时"监督管理暂行办法》(国家安全监管总局令第77号修正)和《城市轨道交通安全预评价细则》,城市轨道交通项目应编制安全预评价报告,一般在工程可行性研究报告编制后,通过对城市轨道交通工程的线路选择、技术路线、社会环境的安全评价,查找工程存在的危险、有害因素的种类和程度,补充完善工程可行性研究报告中的安全对策措施,为初步设计提供科学依据。

(1) 安全预评价的依据

安全预评价应依据《地铁设计规范》(GB 50157—2013)、《建筑设计防火规范》(GB 50016—2014)、《建筑物防雷设计规范》(GB 50057—2010)、《安全评价通则》(AQ 8001—2007)、《安全预评价导则》(AQ 8002—2007)等法律法规。

(2) 安全预评价的范围

主要包括:轨道交通建设工程项目的主要危险,有害因素分析评价,车站、隧道中的消防系统、电气系统、通风系统、给排水系统、通信信号及监控系统,主要附属设施(车辆段、变电站等)及车站建筑系统的安全检查及其安全法律法规的符合性的分析评价,并根据现场检查的结果,对照国家相关法律、法规提出相应的防范措施。

(3) 安全评价的目的

①为贯彻"安全第一,预防为主,综合治理"的安全生产方针,确保建设工程项目中的安全设施与主体工程"三同时"(同时设计、同时施工、同时投产使用),保证建设项目建设后在安全方面符合国家的有关法规、标准和规定。

②通过分析城市轨道交通工程的自然条件、生产过程、主要设备设施、作业场所和操作条件等,辨识建设项目生产过程中存在的危险、有害因素的种类、分布及危险、有害程度。

③针对主要危险、有害因素,提出合理可行的安全技术措施和管理措施,以提高城市轨道交通工程的本质安全化水平,避免和减少事故的发生。

④为城市轨道交通工程运营的安全管理及事故的预防提供依据,并为安全生产监督管理部门实行安全监察提供依据。

(4) 安全预评价的原则

预评价报告将按国家现行有关职业安全的法律、法规和标准要求对轨道交通工程项目进行评价,同时遵循下列原则:

①严格执行国家、地方与行业现行有关职业安全方面的法律、法规和标准,保证评价的科学性与公正性。

②采用可靠、先进适用的评价技术,确保评价质量,突出重点。

(5) 城市轨道交通工程安全预评价工作程序

①前期准备。明确城市轨道交通安全预评价的范围,进行类比工程现场与规划线路调研;收集国内外相关法律法规、技术标准、建设工程资料及典型城市轨道交通事故案例资料等。

②编制安全预评价计划。在前期准备工作基础上,分析城市轨道交通工程可能存在的主要危险、有害因素分布与控制情况,依据有关安全生产的法律法规和技术标准,确定安全预评价的重点;依据工程实际情况选择安全预评价方法,确定评价进度。评价机构根据城市轨道交通安全预评价实际运作情况,编制安全预评价计划书。

③定性、定量评价。根据城市轨道交通工程可行性研究报告、类比工程现场和相关资料的调研,确定安全预评价单元,选择科学、合理的评价方法对城市轨道交通工程进行定性、定量评价。

④编制安全预评价报告。根据定性、定量评价的相关内容,对照相关法律法规、技术标准,编制城市轨道交通安全预评价报告。

⑤安全预评价报告评审。应由政府主管部门组织专家对城市轨道交通工程安全预评价报告进行评审。

(6)城市轨道交通安全预评价报告要求

城市轨道交通安全预评价报告应内容全面、条理清楚,提出的安全对策措施具体可行,评价结论客观公正。安全预评价工作要由熟悉轨道交通、机电、消防以及安全工程的专家共同参与完成,评价组成员的专业能力应涵盖评价范围所涉及的专业内容。安全预评价报告的编制格式应符合《安全预评价导则》(AQ 8002—2007)的相关规定。

(7)城市轨道交通安全预评价报告内容

①安全预评价报告编制说明、编制依据、评价目的、评价范围、评价原则、评价程序。

②城市轨道交通工程概况,城市轨道交通工程建设单位简介,城市轨道交通工程项目概况,城市轨道交通工程线路、各系统及主要辅助设施的设计方案。

③城市轨道交通工程危险、有害因素分析,主要集中在以下几个方面:国内外同类城市轨道交通工程典型事故案例,城市轨道交通工程施工阶段,城市轨道交通工程供电系统,城市轨道交通工程车辆系统,城市轨道交通工程线路及轨道,城市轨道交通工程通风、排烟系统,城市轨道交通工程给水、排水系统及消防系统,城市轨道交通工程通信、信号系统,城市轨道交通工程防灾报警与环境监控系统,城市轨道交通工程自动售检票系统,城市轨道交通工程自动扶梯、屏蔽门/安全门、防淹门等系统,城市轨道交通工程车辆段与综合维修基地,城市轨道交通工程控制中心,城市轨道交通工程车站及乘客通道系统,城市轨道交通工程行车指挥中心及电力调度控制系统,危险化学品,自然灾害,其他。

④评价单元划分及评价方法选择。

⑤城市轨道交通工程劳动安全初步评价:线路基本走向及车站布置概况,工程技术方案的安全评价,工程自然条件的分析评价,建筑防火的分析评价,作业环境的分析评价,安全管理的分析评价,工程周边环境影响分析评价。

⑥城市轨道交通工程安全检查表分析评价:供电系统安全检查表分析评价;车辆系统安全检查表分析评价,线路及轨道安全检查表分析评价;通风、排烟系统安全检查表分析评价;给排水系统安全检查表分析评价;通信、信号系统安全检查表分析评价;防灾报警与环境监控系统安全检查表分析评价,自动售检票系统安全检查表分析评价;车辆段与综合维修基地安全检查表分析评价,控制中心安全检查表分析评价。

⑦城市轨道交通工程地下车站及区间火灾安全分析评价:地下车站及区间概况,火灾数值模拟计算分析方法介绍,典型地下车站及区间火灾安全数值模拟计算分析,地下车站及区间火灾安全评价结论。

⑧城市轨道交通工程地下车站及区间围岩稳定性分析评价:城市轨道交通工程沿线各区段工程地质及水文地质情况概述,围岩稳定性数值模拟计算分析方法介绍,典型地下车站及区间围岩稳定性数值模拟计算分析,地下车站及区间围岩稳定性评价结论。

⑨安全对策措施:针对工程可研报告中已提出的安全对策措施的分析及评价,补充完善的安全技术措施,工程建设及运营安全管理措施。

⑩应急救援预案纲要:事故应急救援预案概述、事故应急救援预案的编制、事故应急救援预案的演习。

⑪城市轨道交通工程安全预评价结论。

5.2.4 非必备专题

1)地震安全性评价报告

2015年12月下发的《中国地震局关于贯彻落实国务院清理规范第一批行政审批中介服务事项有

关要求的通知》(中震防发〔2015〕59号)中明确提出,在开展抗震设防要求确定行政审批时,不再要求申请人提供地震安全性评价报告。但部分城市轨道交通项目仍需进行地震安全性评价。

《需开展地震安全性评价确定抗震设防要求的建设工程目录》中规定:《城市轨道交通结构抗震设计规范》(GB 50909—2014)(简称《抗震设计规范》)中规定的特殊设防类(甲类)城市基础设施工程。

依据《抗震设计规范》规定,城市轨道交通项目中特殊设防类的如下:在城市轨道交通网络中占据关键地位、承担交通量大跨度桥梁和车站主体结构为特殊设防类,并做出了定量规定,规定单跨跨径超过150m的混凝土与预应力混凝土连续梁桥、连续刚构桥划分为特殊设防类,超过150m跨径的斜拉桥、悬索桥和拱桥等结构,建议划分为特殊设防类结构;建议将日平均客流量(包括进站客流和换乘客流,不包括过站客流)超过50万人次的大型综合枢纽车站的主体结构划分为特殊设防类,对于预测日平均客流量没有超过50万人次,而实际运用达到或超过50万人次的车站,建议通过抗震专题研究以确定是否需要按照特殊设防类要求做适当的抗震加固。

2)地质灾害危险性评估报告

国土资源部2014年12月下发的《关于取消地质灾害危险性评估备案制度的公告》,取消了地质灾害危险性评估备案制度,是否需要编制地质灾害危险性评估报告要看项目选址情况。

《地质灾害防治条例》中规定:在地质灾害易发区内进行工程建设应当在可行性研究阶段进行地质灾害危险性评估,并将评估结果作为可行性研究报告的组成部分;可行性研究报告未包含地质灾害危险性评估结果的,不得批准其可行性研究报告。

《建设项目用地预审管理办法》(国土资源部令第42号)中规定:申请用地预审时,单独选址建设项目拟选址位于地质灾害防治规划确定的地质灾害易发区内的,提交地质灾害危险性评估报告。

是否编制地质灾害危险性评估报告主要还是看项目是否位于地质灾害易发区内,可以根据《全国地质灾害防治十二五规划》来确定,目前有部分省份不再要求编制城市轨道交通项目的地质灾害危险性评估报告。

3)文物保护专题

根据《中华人民共和国文物保护法》,在文物保护单位的建设控制地带内进行建设工程,工程设计方案应当根据文物保护单位的级别,经相应的文物行政部门同意后,报城乡建设规划部门批准。

城市轨道交通项目如位于文物保护单位的建设控制地带,应编制文物保护专题。

4)防洪评价报告

《中华人民共和国防洪法》(2016年修正版)中规定:在洪泛区、蓄滞洪区内建设非防洪建设项目,应当就洪水对建设项目可能产生的影响和建设项目对防洪可能产生的影响作出评价,编制洪水影响评价报告,提出防御措施。洪水影响评价报告未经有关水行政主管部门审查批准的,建设单位不得开工建设。新防洪法不再将防洪评价报告作为工程可行性研究报告审批的前置条件。

5)水土保持专题报告

《中华人民共和国水土保持法》中规定:在山区、丘陵区、风沙区以及水土保持规划确定的容易发生水土流失的其他区域开办可能造成水土流失的生产建设项目,生产建设单位应当编制水土保持方案。未编制水土保持方案或者水土保持方案未经水行政主管部门批准的,生产建设项目不得开工建设。

《中华人民共和国环境影响评价法》(2016年9月1日起施行)不再将水行政主管部门对水土保持方案的审批作为环境影响评价的前置条件。

5.2.5 其他专题

除上述专题外,有些地区还要求编制供电咨询专题报告、泉域影响评价报告等专题,是否编制、怎么编制、谁来审批等这些问题还需咨询当地行政主管部门。

5.3 可行性研究报告管理流程

在国务院审批通过业主上报的"城市轨道交通近期建设规划"后,业主牵头组织编制具体线路的"城市轨道交通项目可行性研究报告"及相应的专题报告。对于"可行性研究报告",一般由业主通过竞标或者直接委托的形式来确定编制单位,通常由设计院或咨询公司来完成,在编制单位内部,工程可行性研究报告一般由线路专业牵头来进行,同时由几大主要专业来配合。业主单位根据自己的意愿,确定好编制时间,并在编制过程中多与编制单位进行沟通,以便形成的方案具有可实施性。

在编制可行性研究报告的同时,业主委托具有相应专业资质的单位进行客流预测工作、环境影响报告、地质灾害危险性评估、场地地震安全性评价报告以及安全预评价等专题报告的编制,编制完成后,业主将专题报告上报相应国家部门进行评审。

可行性研究报告完成后,一方面业主组织专家对报告进行评估,另一方面,由编制单位交由当地规划院、市政、供电、消防、人防、文物和铁路等有关系的部门进行评审论证,在获得业主和各单位同意后,由业主连同国家相关部门对于各项专题报告的评审意见上报省(自治区、直辖市)级发改委,省(自治区、直辖市)级发改委组织专家进行评估,通过后方可开工建设。业主在该阶段的管理流程如图5-4所示。

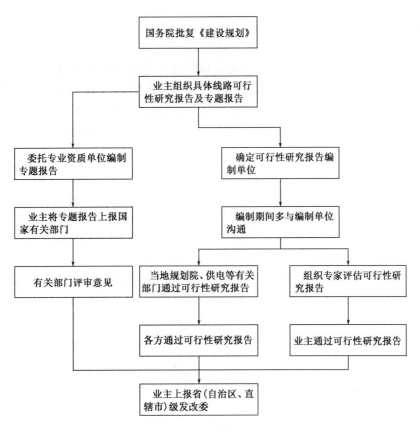

图 5-4 可行性研究阶段业主管理流程

5.4 可行性研究报告编制、审批的重点环节

在可研报告的编制过程中,土地置业部门完善征地拆迁补偿方案,完成建设用地预审,调查用地权

属,落实征地拆迁情况,将管线切改、交通导改意见纳入征地拆迁图,确认征地拆迁量;融资管理部门完善资金筹措方案,市财政出具资金承诺,银行出具贷款承诺;合同管理部门编制招投标采购方案。同时,为保证工程各项报批工作的顺利完成,还必须注重与政府部门联系,重点完成以下工作:

(1)研究经费落实、出资证明文件(市发改委)。
(2)规划协调、规划批复、规划选址意见书、规划红线(规划局或规划委)。
(3)用地预审报告、用地红线(自然资源部)。
(4)咨询公司评估报告(预可行性研究报告、工程可行性研究报告)。
(5)项目建议书报批(市发改委、国家发改委)。
(6)可行性研究报告报批。
(7)环境评估报告报批(市生态环境部门、省生态环境部门、住建部、生态环境部)。
(8)地震安全评估报告[省(自治区、直辖市)地震局安全委员会]。
(9)地质灾害评价报告报批。
(10)交通疏散方案(市交警大队)。
(11)市政设施协调、市政建设协调(市建委)。
(12)地下管线协调(有关管理部门)。
(13)公交衔接方案(市规划局、市交通委员会)。
(14)消防审查(市消防局)。
(15)治安监视系统(市公安局、安全局)。
(16)劳动卫生(劳动局、卫生局、防疫站)。
(17)人防工程审查(人防办公室)。

可行性研究报告完成后,由业主连同有关国家部门对专题报告的评审意见上报省(自治区、直辖市)级发改委,由省(自治区、直辖市)级发改委组织专家对报告进行评估,进而确定是否同意该项目的开工建设。2013年5月16日,《国务院关于取消和下放行政审批项目等事项的决定》(国发〔2013〕19号)发布,明确城市轨道交通项目由省(自治区、直辖市)级投资主管部门按照国家批准的规划核准。

第6章 投融资管理

6.1 概述

城市轨道交通作为一种公共产品，其社会效益远大于项目本身的经济效益，政府承担一定的建设资金是理所当然的，但这并不意味着所有建设资金都由政府提供。政府更需要做的是建立起一系列吸引社会资本的体制和制度，制订出可行的政策，为社会投资者创造一个宽松的、有保障的投资环境，既要保护投资者的权益，又要实现社会福利的最大化，在二者之间寻找一个平衡点，这也是政府制定政策应遵循的原则和核心所在。

在城市轨道交通的供给过程之中，政府是核心，处于决策和主导地位。而投融资机制的构建则是关键，直接决定了城市轨道交通最终能否实现有效供给。政府要逐步实现投资职能与管理职能的分开，并不断向"统一规划、培育主体、制订政策、依法监管"的方向转变，引入市场机制，拓宽融资渠道，积极吸收社会资本，加大社会资本介入的范围和幅度，充分吸纳社会投资者，实现投资主体多元化和投资渠道的多样化，进一步强化市场对不同投资主体的激励和约束机制。同时通过适当的财政补贴和优惠政策激发社会资本的投资热情，为城市轨道交通的发展创造一个宽松、有保障的环境，最终实现城市轨道交通建设的有效供给。

我国城市轨道交通的投融资要改变以往建设资金由政府单一承担的做法，充分利用现在日益发展的金融市场以及国外资本和日益壮大的国内社会资本，拓展投融资渠道。其具体的资金来源可以从以下几方面着手。

1）政府投资

在政府投资中，中央政府是非经营性基础设施最高层次的投资者和管理者，负责全国基础设施发展规划的制订、实施、协调和管理，并对全国重要非经营性基础设施建设进行投资。地方各级政府对本地区基础设施建设项目，特别是非经营性的基础设施的建设和养护进行投资。

随着我国经济现代化的进程，基础设施的重要性日渐显现，基础设施作为一国国民经济发展的支柱产业，可以为经济增长、减轻贫困和环境可持续发展创造重大收益的观念也逐渐为人们所认识。为此，自20世纪80年代末开始，我国政府开始加强基础设施建设，对基础设施的投资力度也不断加大。但近几年随着投入的加大国家的财政压力也逐渐加大，所以政府在投资总额上有限制，且投资主要集中在一些"扶贫"项目上，如乡村公路等。另外一些问题的存在也使政府的投资慎之又慎，如使用国家资金时的道德风险问题、偿债资金的来源问题、债务性融资的信用保障问题等。因此，国家对公路收费高速公路、城市轨道交通等有一定受益能力的基础设施建设的投融资体制进行了改革，致力于实现投资主体的多元化、融资渠道的多样化。

2）发行股票

我国股份制改革于1983年开始试点，经过几十年的探索，尤其是在社会主义市场经济模式确定以后，已经发展到了一定的规模，并取得了成功的经验。实践证明这种直接融资方式是有效的，尤其是交通基础设施项目，与第一、第二产业的一般经营性项目相比具有收益稳定、准行政性、准垄断性等特点。

一般情况下,其收益必然随着社会经济的发展而逐步提高,投资风险相对较小,对投资有一定的吸引性,这为轨道交通企业股票的发行,提供了可能性。

3)引进直接投资

改革开放以来,我们加大了引进外商直接投资的力度,但大部分集中在工业领域,基础设施领域很少。究其原因是思想禁区不少,不敢对外商开放。其实,大胆而稳妥向外商开放一些基础产业领域,包括国家法律监管下允许他们从事经营活动,这与向国内社会资本开发没有多大的区别,也是我国加入世界贸易组织(WTO)后需履行的义务。应当看到,部分基础产业领域对外开放,不仅开辟了新的融资渠道,而且由此引入国外相关基础产业的先进技术和管理模式,对于提高我国基础设施产业的整体素质,可能比单纯的资金投入更有意义。可以预计,在未来时期,外商直接投资我国基础设施领域的势头将会高涨,引进外商直接投资将成为我国未来在基础设施领域利用外资的主要方式。为此,我国必须在中方控股、投资回报率、外汇平衡、配套资金、优惠政策、出资期限、审批权限等方面综合考虑,以便使外商的投资项目发挥出最大的经济效益和社会效益。

4)投资基金

基金业务实质上是一种信托业务通过发行收益凭证募集资金后,由专门的经营管理机构用于证券投资和其他实业投资其收入在扣除管理费用后的收益全部归投资人所有的一种金融业务。基金的特点是:投资者不直接介入投资管理,筹资体制期限较长。城市轨道交通项目的收益稳定,对产业投资基金有一定的吸引力。

5)发行债券

向社会公开发行建设债券,类似于银行贷款需要还本付息。目前社会上发行的债券品种很多,有国家债券、金融债券、铁路建设债券、电力建设债券、三峡建设债券、石化建设债券等,公路建设债券仅在部分省份小规模发行,债券的期限可长可短,目前在国内期限最长的有如年期国债,短期的有半年、几个月不等的债券。与股票投资相比,债券投资风险小,收益稳定,能够受到投资大众的青睐。债券的发行主要通过三种方式:一是银行、金融机构包销;二是采用向有关部门分摊;三是向社会公开发售。

6)各类贷款

(1)政策性银行贷款

我国于1994年先后组建了三家政策性银行,即国家开发银行、中国进出口银行和中国农业发展银行。与交通基础设施有关的主要是国家开发银行,它是直属国务院领导的政策性金融机构。根据《国家开发银行基本建设贷款暂行办法》,使用国家开发银行基本建设贷款应具备如下条件:①贷款项目必须具备批准的项目建议书、可行性研究报告,以及经国家开发银行讨论的初步设计等文件;②贷款项目列入国家固定资产投资计划和信贷计划;③贷款项目的投资中,自筹资金一般不少于总投资的30%,大型项目不少于10%,且各项资金来源必须落实;④贷款项目经过评估,经济效益和财务效益较好,具有偿还贷款本息的能力;⑤借款单位有健全稳定的管理队伍和管理制度,经营状况良好;⑥借款单位有承担风险的可靠措施,能够提供有处分权的财产抵押,或落实具有法人资格、实行独立核算、有偿还能力的第三方保证人。

目前由于我国银行经营管理体制的改革和相互竞争的需要,各银行原有对象定位和专业服务特点已趋于模糊,开发银行也已走向商业化。

(2)商业银行贷款

商业银行贷款是银行利用信贷资金发放的投资性贷款。商业银行贷款的优点是偿还期灵活,筹资数量大,更简便、快捷。1998年以来,中央政府为实现扩大内需,调整结构,加强宏观调控,国家预算扩大安排的用于基础设施建设等方面的专项资金,这些资金通过发行国债筹措。政府发行国债专项用于基础设施建设,为基础设施的建设提供了越来越宽松的资金供给环境。各大商业银行也根据国家政策安排,纷纷对收益稳定、受宏观经济形势影响相对较小的高速公路、铁路、城市轨道交通建设的贷款加大投放力度,增加信贷规模。

(3) 国外贷款

借用外资是我国利用外资的重要形式,也是促进我国经济发展的重要手段。我国借用的国外贷款主要有国际金融组织贷款、州政府贷款和国际商业贷款。按相关条件划分,又可分为两大类:一类是双边和多边优惠贷款,包括各国政府贷款和国际金融组织贷款;另一类是包括国外银行贷款、发债、出口信贷等的商业性贷款。

我国社会稳定,经济蓬勃发展,国际地位不断提高,同时具有巨大的市场潜力和丰富的人力、自然资源,在利用国外贷款方面有着良好的前景。

从上述分析可以得知,我国的城市轨道交通建设完全可以通过多元化投资的方式来解决政府财政资金短缺的问题。随着我国市场经济的发展,投融资体制的进一步改革,金融市场的繁荣,我国城市轨道交通可以充分利用外资、社会资本等多种资金来进行建设。总体上我国城市轨道交通的建设资金来源是可以得到保证的,具体的资金来源见表6-1。

我国城市轨道交通建设资金来源 表6-1

筹资方式	资金主体		资金来源形式
投资	政府投资		政府财政、税费
			能源交通重点建设基金
			城市轨道交通建设专项基金
			土地增值收益
融资	间接融资	各类贷款	政策性银行贷款
			商业银行贷款
			国外贷款
	直接融资	机构投资者 个人投资者	发行股票
			投资基金
			发行债券
	外资	国外企业或机构	对外贷款
			外商直接投资
		国外机构或个人	对外发行股票
			对外发行债券

同时,资金在筹措过程中,应遵循以下法律法规的相关规定:

①《国务院关于调整和完善固定资产投资项目资本金制度的通知》(国发〔2015〕51号)。

②《国务院关于加强地方政府性债务管理的意见》(国发〔2014〕43号)。

③《国家发展改革委关于开展政府和社会资本合作的指导意见》(发改投资〔2014〕2724号)。

④《国家发展改革委关于开展政府和社会资本合作的指导意见》(发改投资〔2014〕2724号)附件1:PPP项目进展情况按月报送制度。

⑤《国家发展改革委关于开展政府和社会资本合作的指导意见》(发改投资〔2014〕2724号)附件2:政府和社会资本合作项目通用合同指南。

⑥《财政部关于推广运用政府和社会资本合作模式有关问题的通知》(财金〔2014〕76号)。

⑦《关于印发〈地方政府存量债务纳入预算管理清理甄别办法〉的通知》(财预〔2014〕351号)。

6.2 城市轨道交通的投融资特点

(1) 造价高、资金需求量大

制约我国城市轨道交通发展的首要问题就是项目所需的巨额投资,一般投资都在上千亿元以上。

(2)建设周期长

目前国内一条城市轨道交通线的平均建设时间为5年,与其他交通设施建设相比,城市轨道交通建设周期长,资金成本高。

(3)投资资金回收慢

城市轨道交通投入运营后,不会立即产生显著的经营效益。因为人们的出行习惯需要慢慢地改变,运营票务收益只能是逐年提高,而且城市轨道交通经营具有规模效益特征,当轨道网络还不具备一定规模时,乘坐城市轨道交通并不一定很方便,也会影响票务收入,导致资金回收慢。

6.3 典型投融资模式的分析

基于城市轨道交通的技术经济特征,这种产品可以由政府直接提供,也可以在政府给予补助的条件下,由私人部门通过市场提供。投融资模式主要解决三个问题:谁来进行投融资、如何投融资以及项目建成后如何运营运作。投融资模式有狭义和广义之分。狭义的投融资模式,主要是指投融资活动的运作机制和管理制度,包括投融资主体和投融资方式。广义的投融资模式,还应该包括项目建成后的运营模式。投融资主体构成与经营方式的不同组合,决定了各种投融资模式的基本特征。

城市轨道交通投融资模式对比见表6-2。

城市轨道交通投融资模式对比　　　　表6-2

特点	政府投资、政府运作		政府投资下的市场运作		项目融资、特许经营	投资主体多元化下的市场运作
	政府部门	国有企业	租赁合同	特许合同		
投融资主体	政府部门	政府部门设立的国有企业	政府投资公共机构与经营者谈判	政府投资公共机构与经营者谈判	社会资本为主,成立项目公司	多元化投资,成立股份制公司
资本融资(路网部分)	政府预算	财政和政府债务融资	主要是政府融资	主要是经营者自行融资	项目融资	企业融资
经常性融资(运营部分)	政府预算	债务融资	经营者自行融资	经营者自行融资	项目融资	企业融资
运营与维护	政府	国有企业	经营者	经营者	项目公司	股份制公司
风险承担者	政府	国有企业	经营者	经营者	项目公司	股份制公司

6.4 国内外城市轨道交通投融资模式

1)国外典型投融资模式

世界发达国家城市轨道交通发展到今天的规模(表6-3),与其城市轨道交通建设投资政策密不可分,一般通过私营机构及财团的投资这提供多种补助和税制优惠,促进社会向城市轨道交通建设投资。投资来源一般包括政府投资、地方公共团体投资、银行贷款、债券、城市轨道交通建设附加费、城市轨道交通营业收入等。这些投资有的来自私营公司,有的来自国家及地方政府的财政支持,有的来自政策性金融机构的支持,有的来自全体公民的支持(通过税制优惠),有的来自城市轨道交通乘客(通过附加票价),还有的来自城市轨道交通建成后得益的那些团体(新城区开发者等)。这些不仅为城市轨道交通建设提供了大量资金,而且促进了这些投资的利用率,加快了城市轨道交通的建设速度。

世界主要大城市的城市轨道交通概况 表6-3

城市	纽约	伦敦	东京	巴黎	莫斯科
总面积（km²）	17405	1579	36879	12072	1081
总人口（万人）	1907	751	4090	1183	1406
轨道交通结构	地铁、通勤铁路	国铁、地铁、轻轨	地铁、私营铁路、国际JR线	地铁、区域快线	地铁、轻轨
轨道交通里程	地铁370km、通勤铁路1057km	国铁788km、地铁408km、轻轨29km	地铁302.4km、私营铁路1000km、国际JR900km	地铁212km、区域快线249km	地铁283km、轻轨18km
日平均客流量	地铁350万人次/d、通勤铁路48万人次/d	地铁400万人次/d	800万人次/d	地铁386万人次/d、区域快线109万人次/d	800万~900万人次/d

欧美国家主要采用"一体化"投资模式，即由政府公共服务机构或国有公营企业在透明监管的条件下垄断经营，且投资、建设、运营一体化。欧美模式的优点在于，所有的矛盾都可以在体制内协调，不会出现资金不到位、设备不适用等问题。亚洲部分国家采用的是投资、建设、运营分离模式，以新加坡为代表，政府负责筹资和建设城市轨道交通，然后授权城市轨道交通运营公司经营。这种模式的优点在于，政府将城市轨道交通作为准公共产品，把体制性亏损与运营性亏损加以区分，以提高企业经营效率、减少公共财政的支出。

国外部分城市轨道交通建设和运营资金来源投融资模式特点分别见表6-4、表6-5。

国外部分城市轨道交通建设和运营资金来源情况 表6-4

城市	建设资金来源	运营补贴情况	备注
伦敦	政府承担100%的建设投资和运用投入		
巴黎	中央政府40%，当地政府40%，20%企业自筹	企业负责人负责运营投入和设备更新投入，政府对票价进行补贴，政府补贴占运营成本的54%	票价低廉，部分线路财政补助50%；其他线路（近郊地上结构）财政补助30%，地方机构补助30%，其他参与者40%
柏林	全部由中央政府和州政府提供，贯穿市中心运行的地下交通基础设施部分联邦60%，州25%，市12%，周围城镇3%；一般线路（51~56号线）联邦60%，州28%，市7.1%，周围城镇4.9%；空港线和51号线的一部分联邦60%，州210.4%，市6.7%，周围城镇3.9%	短缺部分由政府补贴	票价低廉
莫斯科	全部由政府投资	政府补贴运营成本的70%	票价低廉
纽约	政府承担100%的建设投资和运营投入	建立运营费用基金，政府补贴	票价低廉
慕尼黑	建设和维护资金50%来自联邦政府，30%来自州政府，20%来自地方政府筹措		
东京	1991年以前，基本上由政府投资，其后的新线建设则部分依靠企业债务筹措	企业负责运营收入，隧道、轨道、车站等资产作为市政道路类资产，不计企业资产和计提折旧	政府提供无息或低息贷款给私营机构
首尔	早年中央和地方政府资助，包括承担还本付息的贷款，近年投资新线承担80%，引入私营机构承担20%的机电设备投资	运营亏损，政府提供专项城市轨道交通补助金	票价低廉
新加坡	由政府通过土地开发收益予以提供	企业负责运营投入，以其他公交盈利弥补运营亏损	
多伦多	地方负担75%，多伦多市负担25%		
曼谷	高架线路采用BOT模式建设		

国外城市轨道交通建设投融资模式特点对比 表 6-5

项目模式	城市	资金来源	运营管理部分	优点	缺点	适用条件
政府投资+政府垄断经营	纽约、巴黎	中央和地方的拨款以及政府补贴	当地政府下属的企业直接运营管理	主要体现了城市轨道交通的福利性，政府直接控制城市轨道交通票价	没有市场竞争，效益低下，政府财政压力大	客流量小，着重体现福利性，在城市轨道交通建设初期可考虑采用这种模式，体现政府支持
政府投资+政府有竞争经营	首尔	各级政府拨款、发行公司债券	有多家国有公司进行竞争经营	体现城市轨道交通的福利性，同时竞争的存在有助于提高服务水平	政府直接管制下的管理模式，政府干预过多，可能存在效益低下等问题	有一定的客流量，可以通过一定的财政补贴实现盈利
政府投资+公私合营	新加坡	政府承担费用，其他费用上市筹集	商业化的上市公私运营，政府只是作为股东，不直接参与运营管理	把市场机制引入城市轨道交通的运营管理，既有竞争又可以实现市场化的盈利，政府财政压力小	有时不能很好地反映城市轨道交通的福利性	市场化程度较高，市场环境和市场机制较好，客流量较大
公私合作建设与运营	东京	政府拨款、商业贷款、民间投资、交通债券	公私合作的公私进行运营管理，但政府干预占主导	同时体现福利性和商业性	经济关系相对复杂	有很大的客流量，混合经济较多，投融资渠道通畅
私人建设+私人经营	曼谷	完全私人投资	私人公司运营管理	政府完全没有风险和财政压力，可以充分激发私人投资者严格控制建设和运营成本	在票价和线路安排上会有较多的矛盾，政府难以保证城市轨道交通公共性	客流量大，政府财政能力较弱

2) 国外城市轨道交通投融资模式的经验总结

（1）政府主导+商业化运作是基本形式。城市轨道交通事业既具有明显的公益性又有一定的商业性，因此在世界各国既有政府投资的，也有企业投资的，还有的由政府给予一定补助下企业投资，形式多样。只有通过政府适当的资金投入及各项政策的灵活运用，才能调动企业及各投资方的积极性，最终实现城市轨道交通的商业化经营。城市轨道交通建设的资金来源有多种形式：一是中央或地方政府的拨款；二是国内外银行的贷款；三是发行股票和债券；四是轨道沿线的土地开发；五是私人开发商获得建设—经营—转让（BOT）的特许经营权，直接由开发商承建。具体方式可以根据具体项目的实际情况选择。

（2）重视法律和财政税收政策支持。一些国家规定购买交通建设债券的金融不计入当年应税所得，鼓励了市民购买交通建设证券的积极性。

（3）监管透明，政企分开，补贴机制稳定、科学、清晰。轨道交通融资及补贴依赖于一套有效的约束与监督机制。这个监督机制主要表现在两个方面。首先有一个专业的监管机构对轨道交通乃至整个公交系统的运行进行监督和管理。其次要有一套严格缜密、相互之间又互为补充的监管制度。

（4）土地开发与交通发展协调统一。城市交通是城市有机整体的一个部分，而城市轨道交通系统的建设特征，决定了城市轨道交通网络建设必须与土地综合开发并行，满足其巨额投资的要求，同时充分利用周边土地开发的优势，来提高项目自身的投资效益。因此，几乎所有的国家在建设城市轨道交通的同时，都将周边土地的开发作为一项重要的政策措施，以实现项目筹资的目的。土地控制是城市规划管理的一项重要职责，有效的土地控制可以保障城市轨道交通廊道的合理布置，同时对城市轨道交通沿线土地利用影响区内的用地控制，规划出与土地利用性质、用地开发强度相匹配的用地规划布局，使轨道交通沿线有足够多的居民出行来满足城市轨道交通的客流需求，从而保障城市轨道交通的运行更有效率,为城市轨道交通的商业化营运创造良好条件。随着城市轨道交通的建设,沿线的经济活力必将增强,其外在表现为地价上升土地开发强度增大。因此,在城市轨道交通沿线集约地利用土地,使其与城市轨道交通建设一并捆绑开发,既有利于沿线轨道客流的形成,又可减少政府的一次性投资,并引入商业开发模式,以实现城市轨道交通建设与土地开发效益的双赢。

3) 国内城市轨道交通投融资模式

(1) 北京

北京的轨道交通建设经历了计划经济下的政府财政投资建设、政府财政主导下的负债融资和多方融资、市场化管理、股份制操作等多种渐进发展的投融资模式,其主要有财政投融资模式、负债投融资模式和 PPP 模式等(表6-6)。

北京市轨道交通投融资情况 表6-6

序号	投融资模式	说明
1	单一主体的财政投融资模式	城市轨道交通的设计、建设与运营完全由政府出资,主要出现在早期的地铁建设中,如北京地铁1、2号线,其建设资金由中央财政出资。这种模式的优点是不需要支付利息,降低了财务成本;其缺点是财政资金有限,不能被广泛地运用,且运营企业缺乏有效的激励机制,运营效率和服务水平较低
2	财政主导下负债投融资模式	城市轨道交通建设的资金需求由政府财政投资、银行贷款及国外机构贷款等几部分构成。政府投入部分的资金,其余资金则依托政府提供信用担保,由地铁企业以银行贷款、发行债券等方式进行债务融资。这种模式的优点是筹措资金操作简便,资金充足,可以大大缓解轨道交通建设投资对地方的压力;其缺点表现为投融资成本高,巨额债务进一步加大了企业和政府的财务负担;投资主体单一,不利于运营服务质量和效率的提高,如北京地铁13号、八通线等
3	市场化投融资模式	公私合作模式,即 PPP 模式是一个完整的项目融资概念,其常见的子类模式有服务协议、BT 模式、BOT 模式等,不同 PPP 模式之间各有其特点,适用于不同的情况。目前,北京城市轨道交通采取这种模式的有地铁 4 号线 PPP 模式及奥运支线、亦庄线 BT 模式
		北京城市轨道交通建设融资在充分发挥政府投资主导作用的同时,还通过企业债券、短期融资券、中期票据等方式实现了多元化融资,并且开创性地实施了对银行进行贷款招标、绑定利率等方式,一方面扩大了融资渠道,另一方面大大节约了融资成本

政府融资模式能依托政府财政和信用,快速筹措资金,操作简便,融资速度快,可靠性高。在城市轨道交通建设初期和高速成长期,政府融资模式都发挥着主要作用。市场化融资模式可以吸收其他投资者参与项目建设运营,减轻对政府财政的依赖,实现投资主体多元化,改善公司治理结构,但融资速度慢,融资能力相对不高可靠性相对较弱。在地铁完成大规模建设并进入成熟期后,北京市轨道交通盈利能力不断提高,开始具备多元化融资基础。

(2) 香港

在香港地铁的建设费用中,来自香港特区政府的投资占总投资的 1/4～1/3,其余资金由各类融资安排筹集,包括债券、贷款和票据等。香港地铁项目建设资金主要有以下几种筹措方法。

①香港特区政府注入股本资金。香港通过"政府财库管法团"成为地铁公司股东。

②出口信贷。地铁建设项目分段公开招标,规定工程承包商必须获得所属国提供的优惠信贷条件的出口信贷,所有的出口信贷都是由香港特区政府担保。

③贷款。香港地铁公司多在港元银团贷款市场筹集贷款。

④票据和债券。除了定息港元债券外,地铁公司还发行一系列港元浮息债券及其他币种的债券。

⑤运营收入。运营收入是地铁公司的主要收入来源,运营收入增加主要基于两方面原因:一是票价上调;二是客流量增加。另外,地铁公司就上盖物业与地产商合作还可获得部分收入,如 2010 年物业发展方面的收益达到 40.3 亿港元。

最初,香港特区政府仅通过认购地铁公司股权的方式给予部分财政支持,大部分建设资金由地铁公司自行筹集。后来,香港特区政府通过划拨沿线土地给地铁公司,给予地铁公司物业发展特许权,由地铁公司以房地产开发和商务经营方式获取资金。经过多年的发展,香港地铁公司已在金融界享有良好信誉。香港地铁公司是香港首家获得国际信贷评级的公司,并从穆迪、标准普尔和日本评级投资中心取得较高的信贷评级。香港地铁公司投融资渠道非常广泛,并且拥有一套完整的筹资计划,其融资来自美国、欧洲及日本等主要资本市场。

(3) 上海

随着上海轨道交通建设的快速发展,其投融资体制经历了一个循序渐进、不断深化的过程。上海在城市轨道交通的建设投融资运作中一直强调资金的高效性和经营的市场化,在建设地铁1号线、2号线和3号线时采用了不同的投融资方式。地铁1号线由上海市政府投资建设,并采用信贷方式融入了部分国外资金。地铁2号线采用了市区两级政府共同投资模式,并积极利用国外优惠贷款。地铁3号线采用项目公司模式,由上海铁路局等8家投资人组成一个项目公司,走上了多元化投资之路。其后,上海轨道交通投融资模式仍然在不断探索和发展。

(4) 深圳

深圳的城市轨道交通工程较多,并尝试了多种投融资建设管理模式(表6-7)。

深圳已建和在建轨道交通融资模式情况 表6-7

序号	地铁路线	资金来源	投融资主体	投融资模式
1	1号线、4号线一期	财政投资	深圳市政府	建设经营(BO)
2	1号线(续建)	财政投资	深圳市政府	建设经营(BO)
3	2号线	财政投资	深圳市政府	建设—拥有—运营—补贴—移交(BOST)
4	3号线	财政投资	深圳市政府龙岗区政府	
5	4号线(续建)	社会投资	香港地铁公司	建设—物业开发—经营—转让(BDOT)
6	5号线	社会投资财政投资	BT:中国中铁股份有限公司非BT:深圳市政府	改良的建设—移交(BT)

(5) 广州

广州市轨道交通资金的筹措方式如下:地铁项目建设由广州市政府投资,建设资金来源于市财政资金、土地出让金、市建设资金、地铁沿线控制用地开发建设收益和金融机构贷款等,所有贷款由市政府还本付息,如图6-1所示。

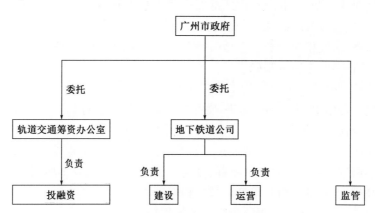

图6-1 广州城市轨道交通投融资、建设、运营和监管框架图

(6) 南京

南京地铁1号线工程主要由财政拨款建设,南京地铁2号线一期工程的建设总投资为104.5亿元,主要由南京地铁公司通过南京市财政拨款和自筹获得,自筹资金的标段采取BT模式进行融资建设。

南京地铁在设备系统招标中采用PPP模式,1号线南延线PPP项目的建设范围包括供电系统、信号系统、通信系统等12个设备系统及12座车站安装和装修,是迄今为止南京地铁最大的招标项目,合同金额为14.2亿元。同时,在1号南延线和2号东延线建设中充分发挥受益区积极性,由线路途经地的江宁区政府和仙林大学城提供部分资金,形成了市、区两级合作共建的良好局面。

现阶段南京城市轨道交通投融资模式:发挥政府引导和企业主导的双重作用,利用轨道交通专项基金和政策给予的配套土地,实施地铁内在资源和上盖物业捆绑式开发利用多种融资手段,实施滞后偿付,用土地变现、地产开发、上盖开发、上盖物业经营、地铁资源经营、地铁主要票务和地铁关联产业经营等7个方面的收益投资于轨道交通建设,投入产出和还本付息能力明显增强。

6.5 城市轨道交通建设常见投融资模式

6.5.1 PPP模式

1)内容含义

PPP(Public-Private-Partnership)模式,即公共—私营—合作机制,是指为了建设基础设施项目,或是为提供某种公共物品和服务,政府按照一定的程序和方式,与私人组织(社会力量)以政府购买服务合同、特许经营协议为基础,明确双方的权利和义务,发挥双方优势,形成一种伙伴式的合作关系,并通过签署合同来明确双方的权利和义务,以确保合作的顺利完成,由社会力量向公众提供市政公用产品与服务的方式,提高质量和供给效率,最终实现使合作各方达到比预期单独行动更为有利的结果。

PPP模式本质上是政府与社会资本合作,为提供公共产品或服务而建立的全过程合作关系,以授予特许经营权等为基础,以利益共享和风险分担为特征,通过引入市场竞争和激励约束机制,发挥双方优势,提供公共产品或服务的质量和供给效率。即建立政府与企业"利益分享、风险共担、全程合作"的模式,形成"政府监管、企业运营、社会评价"的良性互动格局。PPP模式的核心是在公共服务领域引入市场机制,因此,它不仅是单纯的融资方式,也是一种机制和制度设计。推广PPP模式进行城市基础设施的建设与运行,可以将适度的市场竞争引入城市基础设施领域,在实现社会福利、提高基础设施服务质量的同时也给企业带来合理的投资回报,同时也能够增强公共基础设施可持续运行的效率和能力。

PPP模式项目的实施主要包括项目选择、社会力量合作伙伴确定、组建项目公司、融资、建设、运行管理等过程。项目收入来源主要分为三类:一是完全依靠使用者付费,二是政府支付服务费用,三是前两种方式的结合。

PPP有广义和狭义之分。广义的PPP可以理解为一系列项目融资模式的总称,包含BOT、移交—经营—移交(TOT)、设计—建设—运营(DBO)、建设—移交—运营(BTO)、股权转让、委托运营等多种模式。狭义的PPP与BOT原理相似,都是由"使用者付费",但它更强调公共部门与私人部门的全过程合作。

2)总体要求

(1)打破地域垄断和所有制限制

政府通过竞争机制择优选择合作伙伴,吸引各类社会资本参与项目的投融资、建设和运营等;鼓励有一定技术能力和管理经验的专业性企业通过兼并、收购,跨地域参与市场竞争,培育具有开拓国内外市场能力的大型市政公用服务企业,提高产业集中度。鼓励以市代县、城乡一体化中的同类项目进行打包,扩大市场规模。

(2)落实费价政策

将市政公用服务价格收费或政府支付服务费作为合作伙伴的经营收入来源。政府要合理确定费价标准,完善价格调整机制,在合作伙伴履约的前提下及时足额支付服务费和补贴,既保护消费者权益,又保证投资者的合理收益。政府支付的服务费应通过竞争程序确定,并纳入地方财政预算管理。向用户收费的各类市政公用产品价格,应按照相关规定进行成本监审并及时调整到位,价格不到位的,政府应予以补贴。

(3)规范运行操作

按照城镇市政公用各类专项规划筛选适宜PPP的项目,强化项目前期策划和论证,做好信息公开;通过竞争机制选择合作伙伴,按照"政府引导、企业主导、市场运作、利益共享、风险共担"的原则,由政府与市场主体合作组建项目公司(SPC),具体负责项目的投资、建设、运营、管养和服务;政府与合作伙伴、项目公司通过合同或特许经营协议明确约定各自的权、责、利;强化项目实施的全过程监管。

①做好项目前期论证。

开展PPP项目的可行性论证是决定项目成功的首要环节。筛选PPP项目要符合当地城镇市政公用方面各类专项规划的要求,加强前期策划,可委托有一定业绩和能力的设计或咨询机构编制实施方案。实施方案应包括项目的基本情况、规模与期限、技术路线、服务质量和标准、规划条件和土地落实情况、投融资结构、收入来源、财务测算与风险分析、实施进度计划、资金保障等政府配套措施等内容。

城市政府应组织有关部门、咨询机构、运营和技术服务单位、相关专家以及各利益相关方共同对项目实施方案进行充分论证,确保项目的可行性和可操作性,以及项目财务的可持续性。实施方案须经地方政府审批后组织实施。

②通过竞争机制选择合作伙伴。

城市政府应及时将项目内容,以及对合作伙伴的要求、绩效评价标准等信息向社会公布,确保各类市场主体平等参与竞争。应按照《国家招标投标法》规定的公开招投标方式,综合经营业绩、技术和管理水平、资金实力、服务价格、信誉等因素,择优选择合作伙伴。

③签订特许经营协议。

城市政府必须与中选合作伙伴签署特许经营协议,协议主要应包括:项目名称、内容;范围、期限、经营方式;产品或者服务的数量、质量和标准;服务费标准及调整机制;特许经营期内政府与特许经营者的权利和义务,履约担保;特许经营期满后项目移交的方式、程序及验收标准;项目终止的条件、流程和终止补偿;违约责任;争议解决方式等内容;以及其他需要约定的事项。

④筹组项目公司。

中选合作伙伴可依合同、按现代企业制度的要求筹组项目公司,由项目公司负责按合同进行设计、融资、建设、运营等;项目公司独立承担债务,自主经营、自负盈亏,在合同经营期内享有项目经营权,并按合同规定保证资产完好;项目公司的经营权未经政府允许不得私自转让。项目形成的固定资产所有权在合同期满后必须无偿移交政府。

(4)把握PPP模式运用的关键环节

①建立长期的政府与企业合作机制。关键在于政府要处理好与市场主体之间的关系,由"经营者"转变为"监管者""合作者"。发挥投资人在整合设计、建设、运营、管理等方面的综合优势,让"专业人做专业事"。

②建立合理的利益共享机制。通过政府核定经营收费价格以及以购买服务方式补贴标准,实现项目建设运营的自我平衡,既要保障公共利益,提高公共服务质量和效率,又要避免企业出现暴利和亏损,实现"盈利但不暴利"。

③建立平等的风险共担机制。政府和社会资本应该平等参与、诚实守信,按照合同办事,依据对风险的控制力,承担相应的责任,不过度转移风险至合作方。企业主要承担投融资、建设、运营和技术风险,政府主要承担国家政策、标准调整变化的宏观风险,双方共同承担不可抗力风险。

④建立严格的监管和绩效评价机制。政府对PPP项目运作、公共服务质量和资金使用效率等进行全过程监管和综合考核评价,认真把握和确定服务价格和项目收益指标,加强成本监审、考核评估、价格

调整审核,可以考虑引入第三方进行社会评价。健全完善正常、规范的风险管控和退出机制,禁止政府为项目担保,防范项目风险转换为政府债务风险。对未能如约、按量、保质提供公共产品和服务的项目,应按约坚决要求企业退出并赔偿,投资人必须按合约规定及时退出并依法赔偿,严格责任追究。对防范企业自身经营管理能力不足引发项目风险应注意及时规避。

(5)实行分类指导,完善服务标准体系

根据行业经营特性,分类明确财政、用地、价格以及行业管理的重点政策,细化标准,建立科学的可持续的投资、补贴与价格协同机制。形成合理的项目筛选、推出和开放过程,强化项目策划,建立项目储备库,建立引资项目长效机制,根据项目具体情况制订针对性的招商合作方式和条件,重点推进条件成熟项目的招商招标工作。各部门不得另行设置限制民间投资进入的附加条件。

(6)建立信用评级和黑名单制度

各地要依托专业信用评价体系对项目涉及的政府支付能力和企业信用进行评价,信用评级将作为金融和财政支持的参考。对合作企业、咨询机构建立黑名单制度,对于列入黑名单的企业和咨询机构将予以通报。

3)PPP项目承接主体的准入条件

按照PPP项目形成特点和项目特性,需要规范设置必要的社会投资人准入门槛,保障社会大众和政府的权益,主要方面如下:

(1)信用与信誉良好

投资人要有良好的银行资信、财务状况及相应的偿债能力;重合同、守信用,具有社会责任感。

(2)具有建设营造、经营管理、运营维护同类工程的业绩、资质或经验

投资人或投资人组成的联合体要有良好的业绩与技术能力,必须具备相应的专业资质资格,经验丰富。

(3)资金充足,具有较强的财务与融资能力

投资人要具备良好的财务实力与融资能力,具有良好的银行资信、财务状况及相应的偿债能力及同类项目成功的盈利模式和竞争模式。

(4)专业知识与技术力量雄厚

投资人要具备专业的PPP人才、技术人才、财经人才与管理人才团队。

(5)设备配置等要素实力良好

投资人要拥有专业的设备及完成服务所必需的其他资源要素。

(6)质量安全管理体系完善

近三年内没有发生过重大生产安全和质量事故,投资人主动防范的意识强、措施得力,合规性较好。具有独立法人资格,能遵从合同合法合规运营。

在设置具体PPP项目准入条件时,应遵循"公开、公平、公正"的原则,注意准入条件设置的规范、合理和可操作性。

4)PPP模式动作的基本流程

(1)项目前期准备阶段

在PPP模式中,项目前期准备阶段包括项目发起和项目准备两个部分。

①项目发起。

项目发起阶段的工作主要内容包括启动准备和前期调研:组建项目实施班子、制订整体工作计划、开展项目调查等。

实施PPP模式是一个系统工程,其复杂、专业程度极高。一要组建一个PPP项目实施团队,由市政府牵头,规划、建设、土地、发改、财政、审计、国资委、法制办等部门组成领导小组;二是制订具体工作实施方案,明确部门责任分工、目标任务和实施工作计划安排等;三要根据城市总体规划和近期建设规划,由政府组织相关部门或机构梳理城市基础设施领域拟新建项目和存量项目,决定可以通过PPP模式运

作的具体项目清单,构建PPP项目库。

②项目准备。

项目准备阶段工作主要是项目策划实施方案研究和编制:一是聘请顾问团队;二是项目协议;三是开展项目的前期论证,确定项目范围和实施内容(项目建设规模、主要内容和总投资);四是前期沟通,研究项目模式,设计项目结构,编制项目实施方案;五是设计项目主要商业原则;六是财务分析,编制财务模型;七是确定投资人比选方式和原则(确定投资人应具备的条件和能力及招标方式;双方的主要权利和义务);八是组织相关单位讨论方案;九是实施方案公示和报批。

在项目实施的最初阶段,需要考虑项目的可融资方式和财政是否负担得起,并要评估传统方式与PPP方式之间的效率比较,分析该项目是否适合采用PPP方式,拟定项目协议。

聘请专业咨询机构,负责研究项目模式,设计项目结构,编制项目实施方案,关键是设计项目的主要商业原则,进行财务分析,编制财务模型。组织专家对项目实施方案进行论证,并报市政府批准和省住房城乡建设厅备案。

(2)项目招投标实施阶段

项目招投标实施阶段包括协议编制、竞争性程序、签署协议三个部分。

①协议编制。

细化研究协议文件编制:研究和分析项目的技术、商务边界条件(如:投资、运营成本与收益测算,回购总价、回购期限与方式,回购资金来源安排和支付计划);落实建设内容分工、投资范围(投资建设期限、工程质量要求和监管措施);研究和编制项目协议等法律文件(项目移交方式及程序、项目履约保障措施、项目风险和应对措施等);落实招标条件。

②竞争性程序。

主要包括:发布项目信息;投标人准备投标文件;制订评标标准、评标细则和评标程序;成立评标工作组,开标、组织评标;编写评标报告,推荐候选人;与候选人澄清谈判。

③签署协议。

先草签项目协议,中标人在约定时间内办理好项目公司成立的有关事宜,资金到位,政府配合完成资产交割及项目审批有关事宜,正式与项目公司签约。

(3)项目实施阶段

实施阶段包括项目建设和项目运营两个部分。

①项目建设。

首先,项目公司与各联合单位签订正式合同,包括贷款合同、设计合同、建设合同、保险合同以及其他咨询、管理合同等;其次,项目公司组织各相关单位进行项目开发。在开发过程中,政府及相关部门对项目开发的过程进行监督,出现不符合合同的情况及时与项目公司沟通,并确定责任主体。工程验收试运营合格以后,开发阶段结束,项目进入运营阶段。

②项目运营。

政府与项目公司签订特许经营权协议,约定特许经营期限。在整个项目运营期间,项目公司应按照协议要求对项目设施进行运营、维护。为了确保项目的运营和维护按协定进行,政府、贷款人、投资者和社会居民都拥有对项目进行监督的权利。

(4)合同终结阶段

转移中止是项目运作的最后一个阶段,包括项目移交和项目公司清算等内容。

①项目移交。特许经营期满后,项目公司要将项目的经营权(或所有权与经营权同时)向政府移交。在移交时,政府应注意项目是否处于良好运营和维护状态,以便保证项目的继续运营和服务提供的质量。

②项目公司清算。项目移交以后,项目公司的业务随之中止。因此,项目公司应按合同要求及有关规定到有关部门办理清算、注销等相关手续。

5）北京地铁 4 号线 PPP 模式实施效果评价

该部分内容详见二维码。

6.5.2 BT 模式

1）含义及特点

BT（Build Transfer）模式，即建设—移交模式，指政府或其授权单位作为 BT 项目发起人经过法定程序选择拟建基础设施或公用事业项目的 BT 项目主办人，并由该项目主办人在工程建设期内组建 BT 项目公司进行投资、融资和建设，在工程竣工后按合同约定进行工程移交并从政府或其授权单位处收回投资。其中，将政府或其授权单位，即出面与主办人签订 BT 投资建设合同并按该合同进行支付的一方称为 BT 项目发起人，将与 BT 项目发起人签订即投资建设合同并负责组织建设的一方称为 BT 项目主办人，将 BT 项目主办人为了融资、建设和管理 BT 项目而在项目所在地设立的公司称为 BT 项目公司。

BT 的运作方式多样，但 BT 项目的运作一般都包括六个阶段，依次是：项目发起、立项和准备、招投标、BT 项目公司组建、工程融资建设、移交和回购。

在 BT 项目的发起、立项和准备阶段，即项目发起人要确定项目的建设规模和技术方案进行可行性研究，完成项目的立项以及即招标的政府授权和招标前的其他准备工作。在轨道交通项目中，此阶段还需完成工程勘察、初步设计工作，部分项目甚至完成了施工图设计工作。

在招投标阶段，BT 项目发起人要拟定招标文件等相关法律文件，按照招投标的有关规定进行 BT 招标、评标并与评定的中标人谈判并签订 BT 投资建设合同。

在 BT 项目公司组建阶段，BT 项目主办人根据 BT 投资建设合同的要求在项目所在地注册成立 BT 项目公司。

BT 模式基本运作流程如图 6-2 所示。

在工程融资建设阶段，BT 项目公司要落实项目融资方案，与银行等相关部门正式签订贷款协议，负责办理建设手续审批，组织勘察设计深化、施工及监理合同签订，组织材料设备供应等建设工作，确保工程按合同要求按期完成。

在移交和回购阶段，即工程竣工后，BT 项目公司应会同 BT 项目主办人向 BT 项目发起人或其指定的运营管理机构移交，BT 项目发起人按合同约定支付合同款项回购 BT 工程，即项目公司偿还贷款、股东分红、进行清算等。若此时工程质量保证期尚未结束，则项目公司清算后其质保责任转由 BT 项目主办人承担。

（1）主要特征

①BT 主要适用于非经营性的基础设施和公用事业项目，与 BO 模式的适用范围不同，BT 主要适用范围是政府投资的城市基础设施项目，特别是不收费的城市交通、公路、桥梁隧道、港口设施以及无法经营的监狱、学校公园等基础设施。

②所涉及的法律关系复杂，缺乏统一的法律规定，BT 项目涉及投资、融资、工程建设（包括勘察设计、施工、监理等）、移交付款等一系列的安排和众多的参与当事人，各参与当事人在项目建设中的权利义务关系需通过一系列合同确定。然而，BT 作为一种新型的投资建设模式之一，国内尚缺乏 BT 方面相关的法律法规，特别是对 BT 项目建设期间，资产所有权归属、资产转让营业税等问题没有明确界定，使 BT 项目操作缺乏统一规范。

③BT 下的项目移交和付款具有强制性，属于典型的"强买强卖"行为。对 BT 项目发起人而言，由于特定的 BT 项目建设需要占用土地或其他稀缺资源，往往无法实施替代项目，因此项目竣工后必须按约定移交给 BT 项目发起人，若 BT 项目主办人无力完成项目，则由 BT 项目发起人强制收回。对 BT 项目主办人而言，由于 BT 项目无法进行经营收费，其对项目的占有往往毫无意义甚至需要额外付出管理费用，因此 BT 项目主办人亦要求 BT 项目发起人在项目竣工后必须回购 BT 工程。

④BT项目发起人必须对项目建设过程进行监管,尽管BT项目发起人已经通过BT投资建设合同将项目的投资建设责任转移到了BT项目主办人,但由于BT项目建构筑物存在大量的隐蔽工程且设计使用寿命较长,BT项目发起人作为合同付款人和最终使用人,除在项目移交时进行合同验收外,为防止BT项目主办人及其他的项目参与单位在项目建设中弄虚作假降低工程质量而造成隐患,还必须对项目建设进行严格的过程监督。

⑤BT实现了"政府按揭",具有强大的融资功能作为一种新型的融资方式,即将项目建设期间的融资任务交给BT项目主办人承担,缓解了政府的财政压力,加快了基础设施的建设速度,人们将其戏称为"政府按揭"。而对BT项目主办人而言,可采用BT项目公司股权债权融资及项目融资等多种融资方式,融资方式较为灵活。

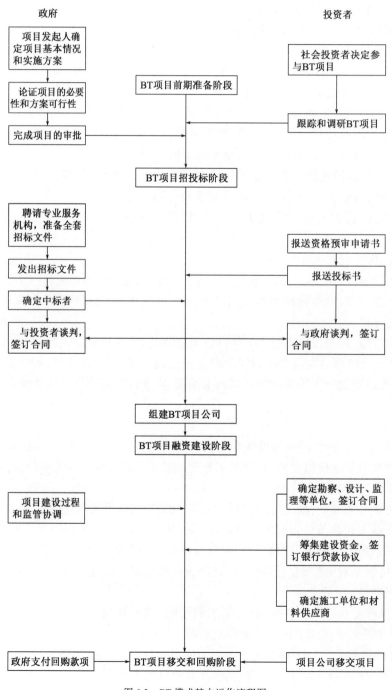

图6-2 BT模式基本运作流程图

（2）适用条件

城市轨道交通项目采用 BT 方式,至少应具备以下几个基本条件:

①项目发起人负责的工程前期工作较为深入,相关勘察、设计方案甚至初步设计文件已完成并通过了政府主管部门的审批,工程建设标准明确。

②选定的工程建设难度相对较少,建设风险基本可控。由于 BT 项目大都采用固定价格合同,为尽量减少索赔争议,在遴选 BT 项目时应尽量选择建设实施难度较小、不确定性较少的工程。

③项目发起人信用良好,具备按期回购的能力,能提供符合要求的回购担保。

④工程规模适当,投资额度应在潜在投标人可承受的范围内。投资规模的大小,决定了参与项目竞标的社会投资者数量,合理设计 BT 投资规模,有助于提高项目的吸引力。由于轨道交通工程的投资动辄上百亿元,在实际运作 BT 项目时,应根据社会投资者的投资承受能力,合理划分和确定 BT 项目的投资规模。

2）北京地铁奥运支线和亦庄线 BT 模式实施效果评价

该部分内容详见二维码。

6.5.3 EPC 模式

1）内容含义

EPC(Engineering Procurement Construction)模式,即设计、采购、施工一体化的工程总承包模式,是由业主通过工程招标的方式,将工程整个生命周期的所有工作均交给一个总承包商或联营体完成,总承包商提供设计、采购、施工及交付使用的全过程服务,并按合同对工程质量、进度、安全等向业主负责,其承包模式如图 6-3 所示。

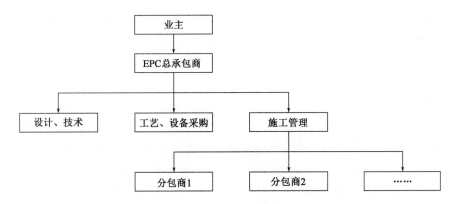

图 6-3　EPC 承包模式

在 EPC 模式中,业主只大致说明一下投资意图和要求,其余工作均由 EPC 承包单位来完成,业主一般不聘任工程咨询公司来管理工程,而是自己或委派业主代表来管理工程,有时也聘任 1~2 名工程管理专家作为顾问。这是因为 EPC 承包商承担了工程项目的全部责任。通常 EPC 承包商由一家大型建筑企业或承包商联合体承担对大型和复杂工程的设计、设备采购、工程施工,直至交付使用的全部工作。一般 EPC 承包商除具有融资能力和复杂项目管理能力以外,还应具有某一工业领域的专有技术优势和成套设备的采购能力。

2）EPC 模式的优越性

在 EPC 模式下,EPC 总承包商对工程项目的设计、设备材料采购、施工、试运行服务等全面负责。承包商承担了设计、自然力、不可预见等大部分风险,最大限度地降低了业主风险;同时避免了勘察、设计、采购、施工相互之间的脱节所造成的低效率、低效益现象;同时设计和施工深度交叉,降低了工程造价,减少了建设周期。以上这些是 EPC 模式和传统模式所具备的共同优点。除此之外,EPC 模式还具有以下的特殊优势:

(1) 优化组织机构和人力资源配置

EPC模式避免了传统模式下项目部组织机构臃肿,职责繁多的现象,最大限度地优化人力资源配置,减少管理人员数量。例如,韩国某公司在中东地区某国从事合同额为2亿美元的油田地面建设EPC总承包项目,项目部只有总部员工50多人,主要是项目决策层和管理、技术骨干,在当地雇佣部分普通管理和技术人员,负责项目的组织与协调运行,充分利用当地的施工队伍,通过有效的管理,按期保质竣工并取得了较好的经济效益。如果按照传统的项目管理模式执行此项目,至少需配备管理人员150～200人。

(2) 有利于提高工程质量

一般来说,EPC承包向具有更先进的施工方法,更强大的项目管理能力,拥有更优秀的人才,特别是在某一工业领域具有先进的施工经验和特有技术,为工程质量提供了有力保证。

(3) 有利于降低交易成本

业主的管理工作量在EPC模式下与传统模式相比明显降低,业主只需经过一次招标,与EPC总承包商签订合同,并且仅需管理这一个合同。因此业主在招标信息收集、合同谈判、管理协调等方面的工作量大大减少,交易成本显著下降。

(4) 能够充分发挥设计的主导作用

设计是影响工程造价的决定因素,设计文件和图纸是采购和施工的依据,设计质量的好坏直接决定着采购和施工的质量。EPC承包商一开始就参与设计,这样就可以把他们在建筑材料、施工方法等方面丰富的知识和经验充分地融于设计中,从而对工程项目的经济性产生积极的影响,更能激发承包商优化设计方案。

(5) 能够缩短采购周期

在EPC模式下,将采购纳入了设计程序,即将设计阶段与采购工作相融合。在进行了设计工作的同时,承包商就开始了采购工作,突破传统的先设计再采购的模式,在EPC模式中随着设计工作的结束,采买工作也基本结束,因此,大大缩短了采购周期,缩短了工期。

3) EPC模式的局限性

(1) 业主参与力度较低

在EPC模式下,由承包商承担项目的设计和实施的全部职责,业主介入很少。虽然业主或业主代表有权监督承包商的工作,但并不能过分干预承包向的工作。如工程质量的保障仅靠承包商的自觉性,因此,业主对承包向的监管实际上是很弱的,无形中加入了业主的"道德风险"。

(2) 承包商面临着较大的采购风险

与传统模式相比,EPC模式最显著的特点就是承包商负责建设工程中所需的材料和设备的采购工作,势必存在更大的采购风险:如供货商供货延误、采购的设备和材料存在缺陷、货物在运输途中发生损坏和缺失等风险,这些都要由承包商来承担。实际上,合同中设备和材料费用在工程总价款中的比重很高,所以一旦缺失,对承包商而言将会造成重大的损失。

(3) 承包商的选择较为困难

在EPC模式下,由于项目的承包范围较大,承包商介入项目的时间比较早,工程信息的未知因素也较多,承包商要承担更大的风险。因此,具备相应能力和业绩的承包商比较少,选择范围窄而需考虑的因素较多,所以承包商的选择比较困难,无形中加大了业主的成本。

(4) 降低了业主对最终设计和细节的控制

EPC模式是在项目没有详细设计的情况下将项目实施的绝大部分控制权交给了承包商,业主失去了对项目实施阶段一些细节的控制权。虽然业主可以通过承包商预先设置的设计、采购程序对主要、关键的部位加以控制,但不可能实现对所有环节的控制,很多情况下还要依赖承包商的自觉性。

4) EPC 模式项目融资风险识别

EPC 模式下的总承包项目融资渠道主要包括银行贷款、信托贷款、证券市场融资、企业联合承包融资 4 种渠道,见表 6-8。虽然融资渠道多样,但我国总承包企业在 EPC 项目融资实际中仍存在融资难度高、融资能力不足、融资成本高、效率低、风险大等问题。项目融资风险是指项目融资过程中发生损失的不确定性,一般情况下,项目融资风险识别的主要方法包括工作分解结构法、韦恩图法、核对表法、事故树分析法、专家调查法等。本书借鉴已有研究成果,将项目融资风险因素分为 7 类,见表 6-9。

EPC 模式下总承包项目融资渠道 表 6-8

融资渠道	融资方式	适用情况
银行贷款	短期透支贷款	每月按完成工程量贷款,有其他企业担保
	抵押贷款	自有固定资产抵押向商业银行贷款
	出口信贷	采购大量材料、设备等物资
信托贷款	固定资产贷款	项目固定资产所需资金量较大
	流动资金贷款	项目出现短期资金需求
	临时周转贷款	项目采购阶段资金出现暂时性短缺
证券市场	股权融资	总承包企业满足上市条件
	民间借贷	个人信用强、人脉广
	商业信用	采购环节延期付款
	融资租赁	项目需要大型专用机械设备
	债券融资	项目有长期资金需求
联合承包	总承包联合体	总承包企业间优势互补

项目融资风险因素分类表 表 6-9

风险因素	表现形式	导致原因
信用风险	利益相关者间的代理风险	各方不同利益角度、信息不对称性
完工风险	工期延后、成本超支	资金短缺、成本低估、不可抗力
市场风险	供求风险、竞争风险、价格风险	项目产品时效性、快速的技术更新
运营风险	现金流短缺	产品质量、价格、工程规范
政治风险	政治稳定性风险、国有化风险	战争、政权变动、强制征用
金融风险	利率、货币、通货膨胀等风险	市场波动、金融危机、不可自由兑换
法律风险	项目不合规定	政策法规变更

对于 EPC 融资项目而言,由于项目参与方的增多和信息的不对称性,利益相关者站在自身利益角度的行动会增加项目的不确定性,使项目融资风险更具复杂性、层次性和交叉性。按照 EPC 项目的全寿命周期阶段划分,融资项目的风险具有阶段性,分为建设开发阶段风险、试运营阶段风险、生产经营阶段风险。项目建设期需要大量资金投入,随着投入金额的不断增加,项目融资风险也随之增加;试运营阶段项目虽已建成投产,但产品质量的不确定性会影响项目现金流量的预测;项目生产经营阶段的风险主要是市场风险、金融风险、法律风险和环境风险等。EPC 模式下融资项目全寿命周期的融资风险水平和资金投入水平如图 6-4 所示,资金投入水平至项目完工时达到高,而融资风险在项目全寿命周期中随着时间的推移而递减。EPC 模式下,项目融资环节所面临的风险因素与一般意义上的项目融资风险因素不同,除考虑项目全寿命周期所面临的各项风险因素外,还应分析融资环节各参与方的资金供应风险、出资能力风险、再融资能力风险等因素。

5) 青岛城阳区现代有轨电车示范线 EPC 模式实例

该部分内容详见二维码。

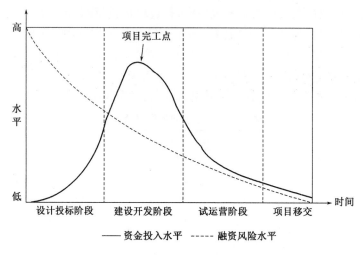

图 6-4 EPC 模式下融资项目全寿命周期

6.5.4 "轨道交通+土地"综合开发模式

1)内容含义

从各城市轨道交通的建设经营现状看,大多数处于政府补贴状态。究其原因,主要是城市轨道交通项目公益性决定的低价格体系下单一的票务收益,往往难以补偿巨大的建设投资和运营成本。因此,必须寻求城市轨道交通的多种经营收益,以改善其财务状况,城市轨道交通与土地综合开发恰好提供了这种可能性。这种开发是基于城市轨道交通及土地综合利用而发展起来的一种经营及资源利用模式,也是解决城市轨道交通建设资金的可供探讨的途径之一。

在城市轨道交通给社会提供运输供给、提高周边地区的交通可达性进而使地价增值的同时,公共交通的稳定通勤客流和地价间相互作用势必将改变土地利用内容,进一步改变运输需求,产生运输需求与运输供给间新的互动关系,从而构成了运输设施建设与地价之间的循环关系。城市轨道交通的建设将间接地提高沿线企业、商家的收益,增加沿线区域内土地、不动产等资产的价值,从而促进沿线一定范围内住宅、商业的开发及企业的集聚,带来土地及房屋价格的上涨;沿线住宅商业的发展又可为城市轨道交通带来新的客流。因此,城市轨道交通的发展和沿线土地的开发是一个互动的关系。

2)综合开发

综合开发是指在城市轨道交通建设的同时,利用其所提供的区位优势,对城市轨道交通站点周边及沿线的土地进行高密度的商业开发,进行房地产、商业办公和娱乐等经营性项目的建设,通过土地公开出让或自主开发的方式取得土地的增值收益,充分体现城市轨道交通沿线土地资源的潜在价值,平衡城市轨道交通的建设成本,补贴其运营亏损,实现其正外部效应的内部化,最终解决建设资金问题。在城市轨道交通站点附近和沿线进行房地产、商业办公和娱乐等经营性项目的综合开发,可以充分利用城市轨道交通带来的大量客流,为地铁公司带来巨额的利润。同时,城市轨道交通周边经营性项目的建设又能为城市轨道交通带来更多的客流,增加运费收入,实现双赢。通过在城市轨道交通沿线建设商业娱乐设施,增加非高峰时段的客流吸引,保证客流均匀分布,提高运营效率和经营效益。在目前我国还缺乏相应配套的城市轨道交通外部效益还原政策的情况下,进行城市轨道交通与土地资源综合开发,有利于实现城市轨道交通外部效应的内部化,避免城市轨道交通周边土地使用权所有者的无偿获益。通过城市轨道交通与土地资源综合开发,城市轨道交通企业实现经营多元化,在保持城市轨道交通运营主业快速发展的前提下,介入站点周边和沿线土地资源、城市轨道交通商贸资源的开发,可以提高项目的投资回报率,吸引大量社会资本参与城市轨道交通建设,解决城市轨道交通融资难的问题。

综合开发可行性：土地增值效应明显。目前，我国国民经济持续快速发展，城市化进程明显加快城镇人口迅速增长，未来我国城市综合经济实力将进步增强，城市规模不断扩大，城市人口将急剧增长，给城市交通带来困难，城市路通行条件恶化，特别是特大城市的交通堵塞日益严重。为解决城市交通和环境问题，大城市把发展城市轨道交通作为发展公共交通的根本方针。从已建成的城市轨道交通运营情况来看，城市轨道交通给周边地价提供了上涨动力，也在很大程度上影响了城市发展形态。

综合开发必要性：资金缺口亟待弥补。在当前投融资体系下，政府为建设城市轨道交通网络往往背上了沉重债务，迫切需要融资创新。

3）主要模式选择

模式一：独立开发模式

即轨道交通与土地分别由轨道交通企业、土地专业开发主体独立开发，政府将土地一级开发后"招、拍、挂"所得增值收益作为轨道交通建设资金来源，土地专业开发主体获取二级开发收益。

模式二：综合开发模式

即轨道交通与土地由轨道交通企业一个主体进行综合开发，轨道交通企业既负责轨道交通建设又负责土地开发，土地开发所得收益作为轨道交通建设资金来源。

模式三：合作开发模式

即轨道交通由轨道交通企业开发，土地由轨道交通企业与土地专业开发主体合作开发，土地一级开发"招、拍、挂"所得增值收益及轨道交通主体进行土地二级开发按股权所得收益作为轨道交通建设资金来源，土地专业开发主体按股权比例获取土地二级开发收益。此模式下，又根据轨道交通企业与土地专业开发主体合作时点，分为取地前合作和取地后合作两种模式。

模式一的优点是实现专业分工，能够发挥轨道交通企业、土地开发主体各自在轨道交通建设、土地开发行业的专业能力。缺点是轨道交通企业追求客流、土地开发主体追求土地增值，二者利益诉求不一致，难以达成一致目标进而实现双赢，且政府、轨道交通企业未获取土地开发二级收益，土地一级收益可能难以确保回流到轨道交通建设，导致轨道交通建设缺乏可持续性。

模式二的优点是同一主体进行轨道交通建设与土地开发，实现土地增值收益完全内部化，理论政府、轨道交通企业收益最大化。缺点是轨道交通企业能力要求较高，未体现专业化分工，可能因轨道交通缺乏土地开发经验，导致政府、轨道交通企业、土地专业开发主体综合收益损失。

模式三的优点是轨道交通企业统一协调轨道交通建设与土地开发之间冲突，轨道交通企业借助土地专业开发主体经验，实现政府、轨道交通企业、土地专业开发主体综合收益最大化。缺点是对轨道交通企业股权管理能力要求较高，否则容易导致收益被土地专业开发主体非正当占有。

从目前实践来看，模式一、模式二采用较多，但从政府、轨道交通企业、土地专业开发主体综合利益来看，推荐采用模式三，即合作开发模式，由轨道交通企业开发进行轨道交通开发、由轨道交通企业与土地专业开发主体对土地进行合作开发。在此模式下，建议轨道交通企业取得土地后再进行股权转让，以避免在土地一级开发"招、拍、挂"过程中，因取地成本较低，土地专业开发主体获取溢价收益。

4）开发模式建议

一是做好与轨道交通直接相关的土地出让控制，包括轨道交通站点上盖、轨道交通沿线土地、轨道交通车场等出让控制。由于轨道交通建设对与轨道交通建设直接相关的土地增值影响较大，为防止增值收益外溢，建议在轨道交通规划或建设期间，对轨道交通站点上盖、沿线、车场等与轨道交通关联性较大的土地出让进行控制。

二是强化轨道交通企业取得土地后股权转让操作能力，避免国有权益流失。对于轨道交通企业取得土地后股权转让建议成立专业机构或聘请专业顾问单位进行操作，强化专业机构操作能力包括特别是商务谈判能力或利用专业顾问单位的经验，以避免国有权益流失。

三是对轨道交通企业资金进行有效监管，保证所得收益及时返还轨道交通建设。轨道交通企业土地开发盈利主要来源于土地一级开发"招、拍、挂"增值收益及土地二级开发对应股权比例所得收益，政府应对此进行有效监管,确保所得收益回补轨道交通建设。

四是站在轨道交通线网的高度对土地进行系统规划,规划不同功能区。为避免功能重复、无序竞争,应组织规划、策划等人员根据土地不同区域进行不同规划,统筹考虑商业、住宅、写字楼等业态分布,促进城市布局更趋合理。

五是加强轨道交通与土地开发组织领导,统一协调轨道交通建设与土地开发期间事宜。轨道交通与土地开发涉及利益主体较多,为协调轨道交通建设与土地开发期间事宜,建议成立所在地主管领导牵头,发改、财政、建设、国土、规划、交通等部门领导参与的领导机构,负责轨道交通建设与土地开发期间的重大事宜决策,协调解决轨道交通建设与土地开发期间相关问题。

六是给予轨道交通企业沿线土地开发政策支持。按照现行土地政策,土地二级开发需要进行"招、拍、挂",这使轨道交通企业与专业开发商处于同等竞争,轨道交通企业受限于土地开发专业人才、土地开发资金等很难获得竞争优势。因此,需要政府应给予轨道交通企业特殊政策支持。如在城市规划确定的轨道交通用地范围及空间内,经政府批准,轨道交通运营单位可以利用轨道交通设施进行综合开发和运营。对于结构上不可分割,工程上必须统一实施的开发项目,政府可以直接批准轨道交通运营企业与轨道交通工程一并建设等。

七是勘察设计阶段管理。依据国家基本建设程序,工程建设项目必须先勘察、后设计、再施工,城市轨道交通工程也是如此。建设管理单位应委托具有相应资质的勘察设计单位分阶段、分专业提供相应精度的地形、沿线建(构)筑物、管线资料,气象、工程地质、水文地质资料,土建设计文件、系统设计文件、设备设计文件,最终运用于现场实施。对工期跨度长、现场发生较大变化的情况应及时补充资料。勘察设计必须贯彻安全可靠、节能环保、防灾减灾的建设理念,使用先进、成熟、经济、适用、可靠的技术、工艺、设备和材料。同时,城市轨道交通运营单位应参与规划、设计工作,从线路服务功能定位和运营需求出发提出设计要求和方案改进建议。

城市轨道交通工程是一项规模大、涉及面广、系统复杂、技术难度大、质量要求高、建设周期长的系统工程。其工程勘察设计质量的好坏直接影响到工程安全质量、投资控制、工程筹划、运营安全等方方面面。因此,勘察设计工作管理需在工作组织方面精心筹划、科学组织,同时也需工程所在地的市政府相关委办局、勘察、设计、监理、施工单位的密切配合。

建设管理单位应保证勘察设计工作具有合理的工作周期,要求勘察设计单位建立健全质量保证体系,落实执业人员质量责任制,实行勘察设计文件逐级校审制度,实现勘察设计目标并对其成果质量负责。轨道交通工程项目勘察设计管理采用分层、分阶段、分专业管理的体系。分层是指按照项目投资层、项目管理层和实施层(勘察设计单位)由上至下进行工程管理;分阶段是指按照初步设计(含)之前、初步设计之后两阶段进行工程管理;分专业是指按照土建、装修、设备系统等不同专业进行工程管理。

第 7 章 勘察管理

勘察管理是为了达到勘察设计目标,通过计划、组织、协调、控制、履约和评估等一系列管理手段,优化勘察、设计资源配置,使勘察设计价值最大化。因此,勘察管理是城市轨道交通工程项目建设管理的一个重要组成部分,是实现工程可持续发展的重要条件。建立科学、合理的勘察管理模式,并充分发挥设计管理体系的作用,能够有效地保证轨道交通工程建设的安全、质量、进度,以及项目建成的投资效益和运营安全。

7.1 概述

7.1.1 工程勘察管理

工程勘察通过对地形、地质及水文等要素的测绘、勘探、测试及综合评定,为城市轨道交通建设项目的规划、设计、施工、运营及综合治理等提供可行性评价与建设所需的基础资料的工作。工程勘察是基本建设的首要环节。搞好工程勘察,特别是前期勘察,可以对建设场地做出详细论证,保证工程的合理进行,促使工程取得最佳的经济、社会与环境效益。轨道交通岩土工程勘察工作,是设计工作开展前,依据城市轨道交通工程建设的规定程序,招标产生具备相关资质的专业勘察单位,以专项工作的模式,对工程沿线地质、水文情况进行勘察。依据工程建设不同阶段对岩土工程勘察技术要求的不同,城市轨道交通工程勘察划分为可行性研究勘察、初步勘察、详细勘察和施工勘察四个阶段。当城市轨道交通工程沿线或场地附近存在对工程设计方案和施工有重大影响的岩土工程问题时,还应进行专项勘察。主要是因为城市轨道交通工程是一项复杂的系统工程,工程投资巨大,工程建设要经历规划、可行性研究、初步设计、施工图设计、施工等多个阶段。而且工程往往需要穿越城市中心地带,工程建设的地质和环境条件极其复杂、风险极高。分阶段开展工程勘察工作,就是坚持由浅入深、不断深化的认识过程,逐步认识沿线区域及场地工程地质条件,准确提供不同阶段所需的岩土工程资料,以达到规避工程风险,控制投资,减少浪费的目的。特别在地质条件复杂地区,不按阶段进行工程勘察工作,轻者给后期工作造成被动,形成返工浪费;重者给工程造成重大损失或给运营阶段留下后患。除了前期设计阶段的勘察,某些地质问题必须在施工阶段解决,施工勘察已成为城市轨道交通勘察不可或缺的重要阶段。

根据工程建设的不同阶段,勘察单位应按照建设工程岩土勘察规范所规定的文件深度要求和设计单位提出的特殊需求进行岩土勘察工作。其中,初步勘察是初步设计阶段必须完成的;详细勘察、专项勘察、施工补充勘察等为后续施工设计、土建施工服务。

7.1.2 环境调查管理

城市轨道交通工程环境调查工作是在线路走向基本稳定后,按照常规建设程序,招标产生具备相关资质的专业单位,以专项工作的模式,对轨道交通工程沿线周边环境进行调查。

环境调查是勘察、设计、施工以及安全管理等工作的基础,环境调查的成果文件不但是后续常规设计工作的直接输入条件,同时也是风险预控、施工质量及安全管理工作的重要因素。因此,环境调查应作为建设项目管理的重要环节来把控。环境调查工作根据周边环境的调查项目属性,分为建(构)筑物调查及管线调查。

建(构)筑物调查主要是为工程设计方案提供轨道交通沿线详细的边界控制条件,也为施工单位提供施工最基础的环境资料。调查的对象应包括既有轨道交通线路、房屋建筑、桥涵、地表水体、地下构筑物、市政道路、铁路、文物、古树、河湖等范围。调查的内容应包括建设年代、产权归属以及结构形式、结构尺寸、结构基础等建(构)筑物属性。调查工作通常分为初步调查与详细调查两个阶段。其中初步调查是初步设计阶段必须完成的;详细调查为后续施工设计服务,是对重要环境、重点部位环境条件的详细调查。

管线调查主要是为工程设计方案提供轨道交通沿线地下管线的基础资料,也为施工单位提供施工最基础的环境资料,同时,也直接影响轨道交通线站位的落实及施工工艺的选择。调查内容包括管线的路由、管径、材质、权属单位等。管线调查分为初步调查、详细调查和施工调查。初步调查是为满足初步设计阶段要求而进行的,包括管线初步调查和重点管线调查,其中重点管线调查是为给初步设计、管线综合设计提供重点管线资料。详细调查是为满足施工图设计阶段要求而进行的详细调查,调查范围和对象一般由设计单位提出。施工调查应满足施工组织设计对环境条件的要求。

7.2 勘察管理内容

勘察管理的内容主要是对轨道交通工程安全、质量、进度的控制,合同、信息的管理和组织协调等方面的管理工作。

1) 安全管理

(1) 管线安全

由于地下管线及建(构)筑物属于勘察盲点,容易造成损坏,因此,野外作业过程中对地下管线及建构(筑)物的保护是勘察工作重点考虑对象之一,对于所有勘察钻孔必须采取管线探测等措施避开所在场地所有地下管线及建构筑物,确保管线及建(构)筑物的安全。地下管线及建构筑物的避让和现场保护总体原则遵循"查、访、探、挖、护"五字方针。查:勘察单位需认真研究管线资料确定沿线管线的分布和具体情况,并进一步查询、收集管线竣工资料;访:勘察单位需走访各管线主管单位确定沿线管线的分布和具体位置;探:采用管线探测仪器进行现场实地探测确定管线位置;挖:采取挖探的办法确定浅部管线的位置;护:将钻孔周围2m范围内的管线位置标识出来,给予保护。具体避让和保护措施如下:

①勘察单位野外钻探准备期间,走访地下管线及建构筑物主管或产权单位,调查和了解沿线地下管线、地下通道、地下暗河、地下人防、地下隐蔽或遗弃临时设施的位置与数量。钻孔定位后,请业主、勘察总体单位、勘察监理(咨询)单位到现场沿线查看钻孔与各管线的位置关系,明确管线位置,确保钻孔避开管线。

②勘察单位需查询、收集管线图,认真阅读地下管线、管道图,明确其位置,结合调查资料,在布孔时尽量避开地下管线管道与建构筑物。

③勘察单位在放孔过程中,仔细观察地面管线、管道标志,向周围居民了解管线施工历史。对每个钻孔用管线探测仪进行实地探测,确保钻孔孔位避开管线,并将钻孔周围2m范围内每个管线位置标识出来。

④需坚持"有疑必探,先探后钻"的原则,地下管线不明时必须首先进行挖探,挖探深度需见原状土。在钻探过程中,需通知勘察监理(咨询)单位安排专人进行旁站,操作人员在确认穿过管线埋设深度前,一定要保持高度警惕,如感觉与正常操作有异常,必须立即停机,通知勘察管理人员和管线探测人员到场,重新探测和调查后,确认是否继续钻进或钻孔移位。

⑤设立钻机井架时,勘察单位需提前丈量好支立空间,按规定的安全距离避让空中的电力电缆、通信电缆等。

(2)交通安全

在交通道路上勘察施工时,按照当地交通管理局的要求和标准设置交通疏导标志,夜间勘察时还要按照要求和标准设置夜间施工交通警示灯。勘察人员需穿戴专用交通警告服饰。

(3)应急预案

对于潜在事故,如管线事故、交通事故、器械伤人事故须成立安全生产应急小组,事故发生以后勘察人员立即停止钻探马上通知安全管理人及项目负责人,项目负责人根据事故情况立即向业主及勘察单位公司领导报告,通知安全应急小组立即赶赴现场。当管线发生事故时项目负责人须立即通知管线抢修单位立即进行抢修,当有人员发生伤亡时,应立即通知当地社会医疗机构,并组织人员进行抢救。

2) 质量控制

质量的控制贯穿勘察工作的整个过程,从开工前的准备直至最后的成果整理,有效监督和管理每一个环节,才能保证勘察成果的准确性和可靠性。

(1)勘察大纲审查

组织勘察设计总体、勘察监理(咨询)单位编制勘察技术要求;组织勘察总体、勘察监理(咨询)单位审查勘察方案能否满足规范和设计要求,如勘探孔的平面位置、孔深以及原位测试手段、方法、数量是否符合有关规定和要求,配备的机具设备是否足够,机具设备是否满足规范要求。对质量管理、安全措施以及原位测试仪器、临时试验室仪器的有效性进行审查,核对所有仪器设备的鉴定和检验记录。

勘察单位根据技术要求编制勘察大纲,编制完成后经勘察单位院审合格后由勘察总体、勘察监理(咨询)单位审查并出具勘察大纲审查意见书,勘察单位根据意见书修改完成后组织开展专家审查。

(2)过程监督,重点把控

组织勘察总体、勘察监理(咨询)单位设立专门技术人员巡回检查和监督勘察单位,做到一般和重点检查相结合,对重要工点及重要部位的钻孔和记录资料进行重点检查,检查原位测试和室内试验的方法、试件数量和试验记录是否符合有关规定要求。对勘察单位需开展的土工试验试样定期进行抽查。

(3)勘察成果报告审查

①组织勘察总体、勘察监理(咨询)单位、相关设计单位(必要时可邀请相关施工单位)对勘察成果文件进行审查,重点审查报告内容是否满足设计、施工要求。

②组织当地以及国内知名岩土勘察专家对勘察成果文件进行审查,重点审查勘察所提供的参数是否合理、是否与当地岩土勘察规律相符。

③组织勘察强审单位对勘察成果报告进行审查,重点审查是否存在违反规范条文、分层合理性和正确性、土层编号是否与整体统一,并最终报告定稿。

3) 进度控制

(1)落实工作计划

勘察工作进度管理应以计划管理为龙头。在勘察工作计划的编制过程中,应统筹各专项工作的顺接关系,积极听取各参建单位的意见,做到计划切实、可行。在计划的执行过程中,采取"动态管理、重点盯防"的措施,定期组织勘察工作例会,落实节点工期的执行情况。从审查勘察单位外业钻孔工作进度和阶段性进度落实情况入手,通过对人力、材料和机械设备投入量与实际进度及计划的对比分析,确保勘察工期目标的实现。

(2)措施把控

①根据设计单位对勘察工期的要求,明确关键节点的完成时间。督促勘察单位制订勘察进度计划,并审核勘察单位的进度计划是否满足要求,及时提出调整意见,督促勘察单位实施进度计划。

②审核勘察单位为保证计划的落实而投入的人力和机械设备,是否满足进度要求。进行工程进度的动态控制:当实际进度与计划进度发生差异时应分析产生的原因及进度偏差带来的影响并进行工程

进度预测,要求勘察单位调整施工进度计划及设备、人员、机具配备等。

4)合同、信息管理

合同信息管理的目标是在保证业主和勘察单位合同中所承诺的权利和义务得到实现的前提下保质、按期地完成合同任务。业主合同管理的工作内容主要包括熟悉合同管理的法律依据和合同文件,掌握合同实施过程中业主的责任、合同的变更管理、合同的违法管理和合同的索赔管理。其中,合同的索赔管理是合同管理的中心,是约束双方执行合同的最有力措施。

履约管理是勘察管理的有效措施。定期组织相关单位对勘察单位的进度履约工作进行检查,按照合同约定对勘察单位采取奖惩措施,对于违约的单位可采取约谈、暂停地质勘察费等措施,对于产生严重后果的单位可追究其法律责任。在详细勘察工作结束后,组织相关单位对勘察单位进行合同履约检查;对于环境勘察成果严重失实的单位按照合同约定进行处罚;对于勘察成果严重失实,并产生恶劣后果的单位可追求其法律责任。勘察费用控制总的目标:在保证质量、工期和安全的前提下,尽最大可能节约费用,确保工程总费用不超过合同总价。费用的控制主要包括工程量审核、付款签证、协调处理工程投资调整和工程竣工结算等。

5)组织协调

鉴于城市轨道交通工程周边环境复杂、变更项目繁多等特点,勘察工作贯穿整个设计阶段,甚至贯穿整个工程项目管理阶段。当城市轨道交通工程外业出现占用重要市政道路、相关产权单位地界等无法进场实施时,业主可根据实际情况协助勘察单位进场。当发生设计变更时或施工过程中发现实际地层情况与勘察资料不符,现有勘察资料可能无法满足设计要求时,应组织勘察单位、设计单位、施工单位、监理单位会商,确定是否进行相应的补充勘察。若需要应及时组织勘察单位变更勘察方案、估算勘察费,并对变更方案进行审查。对实施的变更工作量以满足规范要求、满足设计和施工要求为原则,避免过于保守而造成工作量上的浪费。

7.3 环境调查管理内容

环境调查管理的内容主要是对质量、进度的控制,合同、信息的管理和组织协调等几个方面的管理工作。

1)质量控制

环境调查的质量控制主要涉及深度、准确性这两个重要因素。在环境调查资料下发使用前,应组织对环境调查成果的深度及准确性进行审查。首先,组织环境调查单位内审,借助后方力量对环境调查工作的质量进行内部把控;其次,组织设计单位对环境调查报告进行审查,对于深度、准确性或不能满足设计要求的,环境调查单位应补充、完善,及时纳入环境调查计划管理的范畴。

(1)环境调查的深度

环境调查的深度是指环境调查项目的各项参数是否全面,并满足设计要求。满足深度要求的环境调查资料是顺利开展后续设计、施工工作的必要条件。因此,环境调查成果文件的深度是环境调查工作质量管理的重要内容。在环境调查初期管理阶段,建设管理单位要求环境调查单位,对沿线所有环境调查项目,按照合同要求的深度开展调查工作。组织编制环境调查项目清单,落实环境调查分级管理。组织设计单位根据工程设计、施工的实际需求,编制环境调查项目清单,并将清单项目按照"重要""次重要""一般重要"进行分级,"重要"项目是指制约设计方案稳定的环境调查项目,"次重要"项目是指影响风险专项设计工作的环境调查项目,"一般重要"项目是指能为设计、施工提供参考依据的环境调查项目。在环境调查工作中要求环境调查单位集中优势力量围绕"重要"项目开展相关调查工作,环境调查成果的深度严格按照合同要求及设计要求执行。要求环境调查单位根据设计要求的深度对"次重要"项目开展调查工作,对重要的参数做到定量调查,对于不直接影响工程设计、施工的参数可定性调查。对于"一般重要"调查项目,要求环境调查单位量力而为,调查项目的深度要求可适当降低。

(2) 环境调查的准确性

环境调查的准确性是指环境调查报告的内容及各项参数是否真实有效。准确的环境调查资料是稳定线站位设计方案,开展环境风险专项设计,保证管线综合、管线改移设计及管线迁改施工顺利实施的基础,也是控制轨道交通沿线各类管线安全使用,确保工程的顺利实施的基础。另外,环境调查资料的准确性也是控制工程投资、确保工程安全的重要因素,因此环境调查工作的准确性是管理工作的重中之重,环境调查工作的各项管理工作应围绕环境调查的准确性开展。

环境调查成果准确性的核实工作应在环境调查成果使用过程中逐步完成。首先,组织环境调查单位规范编制环境调查大纲,在大纲的编制过程中,要求环境调查单位明确项目组织机构、调查方法,实行环境调查工作动态管理,定期组织环境调查工作例会,定期检查环境调查的原始资料,并要求环境调查单位做好原始资料的留存工作;针对重点调查项目要求环境调查单位采取资料查阅及外业勘测双保险模式,在管线综合设计过程中制订调查方案,组织管线综合设计单位,协调各管线产权单位,通过走访、现场指认等手段,核实管线调查成果的准确性;其次,组织设计单位在设计过程中分析环境调查报告,根据设计经验,对不符合客观规律的环境调查项目提出异议,并要求环境调查单位复核。最后,组织施工单位完成环境调查报告的核查,包括建(构)筑物核查及管线核查等。

2) 进度控制

(1) 环境调查工作的时效性

环境调查工作作为轨道交通设计工作的前置输入条件,应尽可能快速完成相关调查工作,及时有效提供相关调查资料,为后续设计进度争取时间,为设计、施工的顺利开展提供有力保障。因此,时效性是环境调查工作的重点内容。建设管理单位应针对轨道交通工程的特点制订一系列有效的管理措施,以保证环境调查单位及时提交调查成果文件。业主应及时组织调查资料的下发工作,组织环境调查单位定期提交环境调查中间成果,并及时下发给相关勘察设计、施工单位,并做好环境调查成果核实工作,及时向环境调查单位反馈信息。

(2) 落实工作计划

环境调查进度管理应以计划管理为龙头。在环境调查工作计划的编制过程中,应统筹各专项工作的顺接关系,积极听取各参建单位的意见,做到计划切实、可行。在计划执行过程中,采取"动态管理、重点盯防"的措施,定期组织环境调查工作例会,落实节点工期。

(3) 补充环境调查

鉴于城市轨道交通工程周边环境复杂、变更项目繁多等特点,环境调查工作贯穿整个设计阶段,甚至贯穿整个工程项目管理阶段。补充环境调查工作的进度控制,直接影响工程的设计进度及施工进度。新增环境调查项目应及时纳入环境调查计划管理的范畴。

3) 合同、信息的管理

做好合同履约检查工作:针对环境调查单位合同约定及澄清的内容定期对环境调查单位进行履约检查,检查内容包括项目组织机构、后方支持力度以及相关专业人员的资质,并针对履约情况落实相关奖惩措施。

履约管理是环境调查进度质量管理的有效措施。在环境调查工作结束后,应组织相关单位对环境调查单位进行质量履约检查,对于环境调查项目严重失实的单位按照合同约定进行处罚,对于环境调查项目严重失实,并产生恶劣后果的单位可追求其法律责任,同时按照合同约定对环境调查单位采取奖惩措施,对于违约的单位可采取约谈、暂停环境调查费支付等措施,对于产生严重后果的单位可追究其法律责任。

4) 组织协调

做好项目协调管理工作,及时与相关产权单位沟通,协助环境调查单位办理相关进场调查手续,充分发挥各单位联动机制。环境调查工作在业主的大力支持下及时协调各产权单位,协助环境调查单位及时调取真实、有效的设计及竣工资料;定期组织环境调查单位提交环境调查中间成果文件,并及时下发各勘察、设计及施工等参建单位,并发挥各单位优势及时核实成果的准确性,针对有异议或调查不实项目及时反馈环境调查单位复查。

7.4 勘察分类及勘察管理流程

1) 可行性勘察

在可行性研究阶段,应了解选择线路方案的工程地质条件、影响线路方案的主要工程地质问题。勘察的目的是大致反映勘察范围的地貌特征、区域地质、工程地质、水文地质、不良地质、了解地震、气象和河流水文概况,提交必要的气象要素和河流水文要素,满足工程可行性研究的需要。以收集资料为主,每个地貌单元应有一定的勘察资料;大致了解区域地质和水文地质条件,对线路通过区域的工程地质条件进行基本评价。对控制线路方案的地段,应了解地层、岩性、构造、水文地质及不良地质现象和特殊地质问题,并进行可行性评价,但由于城市轨道交通工程设计中,一般可行性研究阶段与初步设计阶段之间还有总体设计阶段,在实际工作中,可行性勘察的勘察报告还需要满足总体设计阶段的需要。如果仅依靠搜集资料来编制可行性研究勘察报告难以满足上述两个阶段的工作需要,因此可行性研究勘察应在搜集已有地质资料和工程地质调查与测绘的基础上,开展必要的勘探与取样、原位测试、室内试验等工作。

2) 初步勘察

初步设计阶段,初步勘察需完成车站主体及区间的平面布置、埋置深度、开挖方法、支护形式、地下水控制、环境保护、监控量测等的初步方案。对一些控制性工程,如穿越水体、重要建筑物地段、换乘节点等往往需要对位置、埋深、施工方法进行多种方案的比选。因此初步勘察需要为控制性节点工程的设计和比选确定切实可行的工程方案,提供必要的地质资料。初步勘察应初步查明城市轨道交通工程线路、车站、车辆基地和相关附属设施的工程地质和水文地质条件,分析评价地基基础形式和施工方法的适宜性,预测可能出现的岩土工程问题,提供初步设计所需的岩土参数,提出复杂或特殊地段岩土治理的初步建议。

3) 详细勘察

施工图设计阶段,详细勘察应在初步设计勘察的基础上,针对城市轨道交通各类工程的建筑类型、结构形式、埋置深度和施工方法等开展工作。详细勘察工作应根据各类工程场地的工程地质、水文地质和工程周边环境条件,采用勘探与取样原位测试,辅以工程地质调查与测绘、工程物探的综合勘察方法。应查明各类场地的工程地质和水文地质条件,分析地基、围岩及周边边坡稳定性,预测可能出现的岩土工程问题,提出地基基础、围岩加固与支护、边坡治理、地下水位、周边环境保护方案建议,提供设计施工所需的岩土参数。

4) 施工勘察

土建施工阶段,施工补充勘察应针对施工方法、施工工艺的特殊要求和施工过程中出现的工程地质问题等开展工作,提供地质资料,满足施工方案调整和风险控制的要求。施工过程中施工单位应研究详细勘察报告,掌握场地工程地质条件、特殊岩土分布情况、预测施工中可能遇到的岩土工程问题;对于施工过程中发现地质条件复杂、地质条件异常、存不明水源、与详细勘察报告存在较大出入或施工方案有较大变更等情况可开展施工补充勘察或专项勘察,针对具体的工程地质问题进行分析评价,并提供所需岩土参数、提出工程处理措施的建议。

5) 专项勘察

施工图设计阶段,当沿线存在不良地质、水文地质条件复杂、勘察深度无法满足或无法规避时,可按照实际情况开展专项勘察(分为不良地质专项勘察及水文地质专项勘察):

(1) 当遇见采空区、岩溶、断裂带、有害气体等不良地质时不良地质专项勘察应查明沿线不良地质作用的成因类型、分布范围、规模及特征,评价对工程的影响程度,以及工程施工对不良地质的诱发程度,提出避让或防止措施的建议,满足工程设计、施工和运营的需求。

（2）当遇见水文地质条件复杂且对工程及地下水控制有重要影响时,水文地质专项勘察进一步查明该区域的水文地质条件,根据工程需求和地质条件,评价地下水对工程结构和施工可能产生的作用并提出防范措施和建议。

6）勘察管理程序及管理流程

建设单位在勘察阶段的管理程序和各设计阶段勘察管理流程分别如图7-1、图7-2所示。

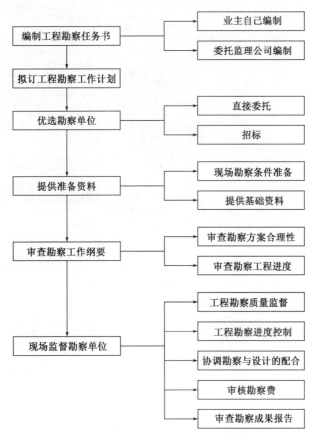

图7-1 建设单位在勘察阶段的管理程序

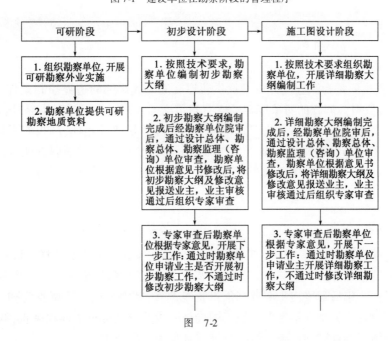

图 7-2

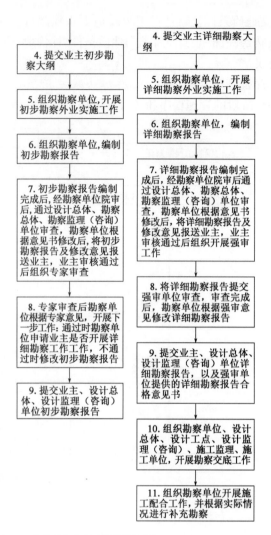

图 7-2 各设计阶段勘察管理流程图

7.5 环境调查管理的流程

1) 建构筑物调查

建(构)筑物调查主要是为工程设计方案提供轨道交通沿线详细的边界控制条件,也为施工单位提供施工最基础的环境资料。调查的对象应包括既有轨道交通线路、房屋建筑、桥涵、地表水体、地下构筑物、市政道路、铁路、文物、古树、河湖等范围。调查的内容应包括建设年代、产权归属以及结构形式、结构尺寸、结构基础等建(构)筑物属性。调查工作通常分为初步调查与详细调查两个阶段。其中,初步调查是初步设计阶段必须完成的;详细调查为后续施工设计服务,是对重要环境、重点部位环境条件的详细调查。

2) 管线调查

管线调查主要是为工程设计方案提供轨道交通沿线地下管线的基础资料,也为施工单位提供施工最基础的环境资料,同时,也直接影响轨道交通线站位的落实及施工工艺的选择。调查内容包括管线的路由、管径、材质、权属单位等。管线调查分为初步调查、详细调查和施工调查。初步调查是为满足初步设计阶段要求而进行的,包括管线初步调查和重点管线调查,其中重点管线调查为初步设计、管线综合设计提供重点管线资料;详细调查是为满足施工图设计阶段要求而进行的详细调查,调查范围和对象一般由设计单位提出;施工调查应满足施工组织设计对环境条件的要求。

3）环境调查管理流程

环境调查管理流程如图 7-3 所示。

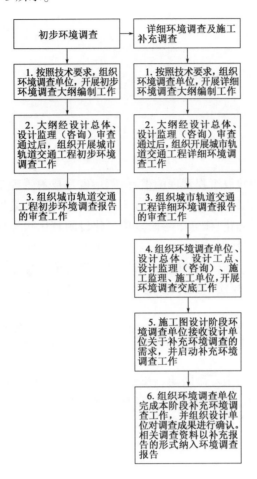

图 7-3　环境调查管理流程图

7.6　典型案例

该部分内容详见二维码。

第8章

设计管理

设计管理是城市轨道交通建设工程管理的重要环节,也是技术管理工作的关键内容。在项目前期策划、工期管理策划的基础上,通过对设计行为进行有效控制,将项目策划中定义的主要内容以设计成果文件的形式予以具体化和明确化,作为下一阶段项目建设的具体指导性依据,从而建设功能合理、经济实用的城市轨道交通系统。设计管理体系包括工程项目相关的所有设计活动以及政府、业主(建设管理单位)、设计总包总体单位、设计咨询单位、设计单位、设计单位设计项目组(部)等相关单位主体及其相互关系,形成设计管理的多层次组织体系,依据各自职责对城市轨道交通工程设计进行管理。

8.1 概述

设计管理贯穿于项目建设的全寿命周期。在整个城市轨道交通项目设计管理过程中,合同关系、角色定位、工作阶段和服务范围等方面的差异导致其具有独特的特点,工作内容繁杂,各阶段工作侧重点也不同。以下对设计管理的特点、内容等方面逐一剖析。

8.1.1 设计管理的特点

城市轨道交通项目设计工作作为前期工作的一个复杂的子系统,是工程质量、进度、投资控制的重要环节,其特点如下。

1)工作界面复杂

涉及已建和在建项目之间、城市建设和城市规划之间、各系统设计之间、各工点设计之间、系统和工点之间的技术问题和接口处理。

2)协调困难

设计单位在设计工作中不仅需要与规划、市政、供电、消防、交通、通信等部门进行协调,还需与设计监理或设计咨询单位及各设计单位之间协调。

3)专业系统多而复杂,接口问题多

城市轨道交通项目是涉及多个专业的系统工程,各专业既独立又存在接口关系,均需在设计过程中加以协调和解决。

4)设计服务期长,不确定因素多

城市轨道交通项目建设周期长,对应设计服务周期长,因设计边界条件改变、施工现场条件变化、不可抗力、设计缺陷等各种主客观因素需要进行设计变更和现场服务。

8.1.2 设计管理的基本原则

1)守法合规的原则

在设计管理中,必须督促设计单位遵守国家和地方的法律法规,贯彻国家的经济建设方针和政策,符合国家和行业的技术标准、规程和规范。

2) 技术经济平衡的原则

在设计管理中,必须督促设计单位重视技术进步,选用成熟的技术,在先进适用的同时,还必须坚持经济合理,最大限度达到技术经济的平衡。

3) 安全可靠、质量第一的原则

在设计管理中,必须督促设计单位坚持"以人为本"的理念,充分保证轨道交通产品和施工过程的安全性。高度重视设计质量和轨道交通产品的质量,确保轨道交通产品在寿命周期内安全可靠。

4) 资源节约、环境友好的原则

在设计管理中,必须督促设计单位合理利用资源,节约能源,重视生态环境保护和水土保持。贯彻落实建筑产品的绿色、低碳和与环境友好、与使用者和谐,以及科学发展和可持续发展的理念。

5) 系统管理的原则

从竖向上看,设计分为设计招标、总体设计、初步设计和施工图设计等不同阶段;从横向上看,包含土建、装修、轨道、机电设备和系统设备等相关专业。在按照相关程序对不同的设计阶段进行管理的同时,还要协调各专业之间的接口关系,从总体上和系统上进行设计管理。

8.1.3 设计管理体系

设计管理体系包括工程项目相关的所有设计活动以及政府、建设、管理、设计、咨询等相关单位主体及其相互关系。各单位主体在轨道交通项目设计管理中的角色各不相同,政府是主要的投资人,履行立法、设计审批、跨部门协调等职能;建设单位是工程项目建设的管理单位,负责项目策划、外部协调以及勘察设计与建设目标的控制、报批等工作;设计单位作为专业服务机构,提供合同与法律、法规规定的设计成果及相关服务,并对所承担的勘察设计工作进行全面管理。总体总包设计单位,对参与工程项目的各设计单位进行系统协调、统一管理,形成一种自上而下的、严密的纵向管理体系,充分调动和发挥各参建设计单位的优势,做到目标一致、各司其职、各负其责。各工点设计单位在总体总包设计管理单位的统一协调下开展相关勘察设计工作。设计总体总包单位对合同范围内容的全部勘察设计负总体技术审查和设计管理责任,确保设计的总体性、完整性、系统性、统一性、经济性和先进性,达到国家规定的设计深度,并负责总体设计单位所承担的各类分项设计任务。同时,设计总体总包单位负责勘察设计的策划、组织、协调、控制等设计管理,在建设管理单位的授权下对工点设计单位进行履约考核和项目管理,对工点设计单位的交付成果负总体审定职责。

在工程设计实施过程中,各单位主体在轨道交通项目设计管理中的角色各不相同,政府是主要的投资人,履行立法、设计审批、跨部门协调等职能,政府各行政主管部门依据国家政策和法律、法规对城市轨道交通工程设计工作进行检查、监督、审查、审批;业主是工程项目建设的管理单位,负责项目策划、外部协调以及设计与建设目标的控制、报批等工作,是设计技术标准、原则、重大技术问题和方案的决策者;设计咨询单位是业主的监理和参谋机构,具体实施业主委托权限范围内的管理职责;设计总包单位是设计工作的组织实施者,工点设计单位在设计总包单位的组织下完成合同范围内的设计任务,设计单位作为专业服务机构,提供合同与法律、法规规定的设计成果及相关服务,并对所承担的设计工作进行全面管理。

业主通过总体总包设计单位,对各设计单位进行系统协调、统一管理,形成一种自上而下的、严密的纵向管理体系,充分调动和发挥各参建设计单位的优势,做到目标一致、各司其职、各负其责。各工点设计单位在总体总包设计管理单位的统一协调下开展相关设计工作。设计总体总包管理对合同范围内容的全部设计负总体技术审查和设计管理责任,确保设计的总体性、完整性、系统性、统一性、经济性和先进性,达到国家规定的设计深度,并负责总体设计单位所承担的各类分项设计任务。同时,设计总体总包单位负责设计的策划、组织、协调、控制等设计管理,在业主的授权下对工点设计单位进行履约考核和项目管理,对工点设计单位的交付成果负总体审定职责。

8.1.4 设计管理模式

在城市轨道交通项目中,目前主要的两种设计项目管理模式是设计总承包模式和设计总体管理模式。在轨道交通工程勘察设计总体总包管理模式下,建设管理单位需加强对总体总包单位职责范围内工作的协调与管理力度。首先,总体设计单位应负责总体设计及相关总体技术工作,负责建设管理单位要求的与总体设计有关的专项设计工作,组织工点设计单位开展初步设计、施工图设计、工程勘察等工作;其次,根据建设管理单位的授权,负责对工点设计单位履行总体技术管理和设计管理工作,包括勘察设计的技术要求、质量控制、进度控制、限额控制、设计变更控制、接口控制、文档与信息管理、参与履约评价等;再次,组织工点设计单位配合开展工程前期工作、招标采购、施工安全、调试验收等阶段的服务工作;最后,根据合同要求组织勘察设计单位为工程项目设计专项报审、报建、勘察设计评审等提供与设计工作相关的配合服务。

1) 设计总承包管理模式

业主将项目设计全权委托给设计总承包单位,由设计总承包单位直接进行设计分包的发包。设计总承包单位对项目设计向业主负全部责任。这种模式通过一个有经验的设计总承包单位,直接把参与项目设计的各分包单位有机结合在一起,形成一种自上而下的、严密的纵向合同管理体系。该模式组织系统如图 8-1 所示。

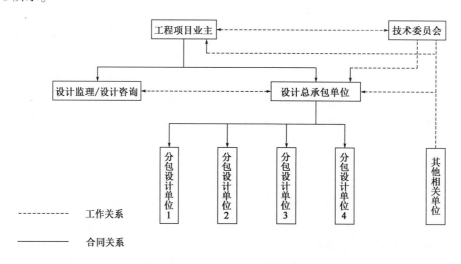

图 8-1 设计总承包管理模式组织系统

设计总承包管理模式的特点,在于设计总承包单位以总包单位的身份全面负责整个项目的设计工作,并直接承担主要设计任务。总承包单位对参与设计的各分包单位的设计质量、设计进度、投资控制等项目目标实施全方位管理和调控,从而最大限度地确保设计工作的成果达到优质、高效、经济、合理的目标。

从目前国内很多工程的实践来看,设计总承包管理模式往往是轨道交通领域采用设计施工总承包的一个部分,采用工程总承包建设模式(包含设计总承包),最有利于降低工程造价。设计总承包管理模式对业主来说,合同体系简洁流畅。设计总承包单位必须对轨道交通设计的全过程具有丰富的经验和管理能力,与下述的设计总体管理模式相比减少了三方协调的工作量,总承包单位具有项目设计的高度控制权。

2) 设计总体管理模式

设计总体管理模式:业主将设计总体工作和总体管理工作委托给一设计单位(通常被称为设计总体单位),由业主(通过设计监理)和设计总体单位对参与设计的各单项设计单位的设计工作实施管理与协调。这是一种双轨制的纵向管理体制,单项设计单位和业主存在合同关系。该模式组织系统如图 8-2 所示。

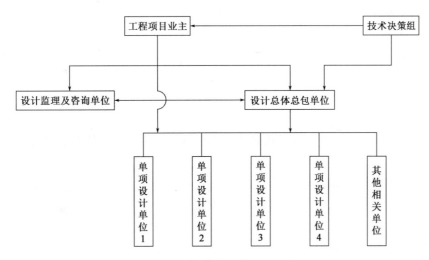

图8-2 设计总体管理模式组织系统

设计总体管理模式的特点,在于业主直接对参与项目设计的各单项设计单位的设计工作和设计合同进行全面调控,同时业主授权设计总体单位对各单项设计单位实施技术上的管理和总包管理。其中,总包管理主要涉及合同管理、计划管理、质量管理、信息管理等方面。设计总体单位根据业主授权对单项设计单位进行管理,并承担责任,这样有利于业主根据自身的管理能力,对项目设计实行灵活控制。

业主所有指令通过对监理单位或直接传达到设计总体单位,设计总体单位再将指令传达到单项设计单位;反之,单项设计单位所有请求、报告等首先送达设计总体单位,设计总体单位根据合同规定在其权限范围内进行处理,对于需要请示业主的问题,由业主决策处理。这样保证了指令的唯一性,避免多头指挥。

设计总体单位的工作主要包括设计总体工作和总包管理工作两个方面。业主通过合同赋予设计总体单位对单项设计单位管理的权利,设计总体单位对项目设计三大目标控制和设计成果向业主负总责。

第一,在投资控制方面,设计总体单位负责投资分解和投资控制工作,对超出投资指标的单项设计,有权责成单项设计单位进行技术方案优化,确保限额设计目标的完成。

第二,在设计质量方面,负责监督单项设计单位贯彻设计质量管理和控制。

第三,在设计进度控制方面,设计总体单位负责制订总的进度计划,并将该进度计划下达到单项设计单位,总体单位有权检查和督促单项设计单位按进度计划开展设计。总体单位对单项设计单位的设计文件有审查的权利,审查不合格,可以退回。总体单位具有对单项设计单位设计费的签证权并可对设计变更费用进行统计申报。

8.2 设计管理的目标及主要内容

城市轨道交通工程设计管理采用建设单位、设计咨询(监理)、前期研究单位或总包总体单位、工点设计单位的分级管理体制;建设(管理)单位根据项目建设管理模式,以线路为项目单位,采用项目管理方式;建设(管理)单位内部根据不同研究设计阶段,设置一个牵头主管部门,始终围绕以设计质量控制、设计进度控制、设计投资控制三大核心展开工作,其他相关部门协助开展项目设计管理工作。

8.2.1 质量控制管理

城市轨道交通工程是大型公益性建设项目,它的质量水平高低、好坏都直接关系社会的公众利益与安全。城市轨道交通的建设影响范围大,如果出现事故,责任重大且不可挽回,所以轨道交通的质量管理十分重要。而设计质量是工程质量的源头,设计质量控制的重点是对影响设计质量的因素进行有效控制并持续改进。

首先,要按ISO9001质量标准建立起设计质量管理体系,并保证其正常运行;其次,要建立其管理工作的合理高效流程,并保证其高效运行。

1)设计质量管理体系

按照ISO9001质量标准相应建立起城市轨道交通设计质量管理体系基本框架的4项基本内容:

(1)明确管理职责

①建立、实施设计质量管理体系。

②始终关注上层系统的要求和建设项目最终的需求。

③确保质量方针。

④建立质量目标并策划质量管理体系。

⑤确保组织内的职能、权限得到规定和沟通。

⑥按计划的时间定期评审质量管理体系,确保其持续的适宜性、充分性和有效性。

(2)提供完成质量目标的前提保障

①提供必要的资源,配置人力资源时,应该通过适当的教育、培训、技能和经验来保证从事轨道交通工程质量工作的人员应是能够胜任的。

②确定、提供并维护为达到工程建设符合要求所需的基础设施,包括建筑物、工作场所、过程设备及相关服务。此外,还要确定并管理为达到工程建设符合要求所需的工作环境。

(3)轨道交通工程的产品实现

根据确定的产品质量目标和要求策划工程建设所需的过程;针对产品确定过程、文件和资源的需求;产品所要求的验证、确认、监视、检验和试验活动,以及产品的接收准则;为实现过程及其产品满足要求提供证据所需的记录。

(4)测量、分析和改进

业主应对用户是否已满足其要求的感受的信息进行监视,并确定获取和利用这种信息的方法,组织应按策划的时间间隔进行内部审核,并采用适当的方法对质量管理体系过程和产品进行监视,并在适用时进行测量。业主应利用质量方针、质量目标、审核结果、数据分析、纠正和预防措施以及管理评审,持续改进质量管理体系有效性。

设计质量管理体系如图8-3所示。

2)质量管理流程

质量管理流程是保证和提高设计质量的关键性措施,应坚持按程序控制各环节,使影响设计质量的因素时刻处于受控状态。质量管理流程如图8-4所示。

(1)事先指导

①业主应对各阶段的设计工作技术标准、设计原则、系统功能要求等提出明确的目标和要求。

②业主对设计单位根据要求制定的保障设计工作的投资、质量、进度控制等的规章制度进行审核,形成工程质量要求文件。

③业主在设计开始和设计过程中应提供相关基础资料,为设计的完成起到事先指导的作用。

(2)过程控制

①业主应根据合同对设计单位的设计工作进行全面检查,严格控制其按质量要求文件执行,保证各设计阶段的设计工作质量。

②对于设计过程中出现的重大技术问题和重大原则问题,业主应根据需要组织专家顾问进行讨论,及时作出决策。

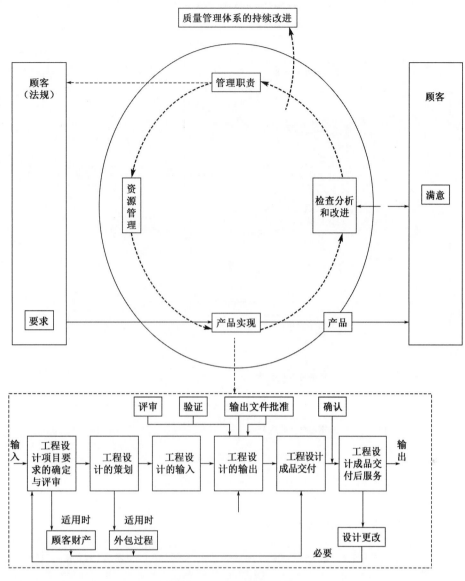

图 8-3 设计质量管理体系

3）设计质量控制的要求

(1)业主应要求设计单位落实质量控制的组织措施、技术措施，明确各级质量责任，通过采取有针对性和具体可行的办法，从而保证设计质量始终处于受控状态。

(2)业主应将初步设计文件报送政府主管部门审查，审批意见作为下阶段设计工作的依据。专项和重大设计方案应通过专家审查或报送政府主管部门审查。

(3)对施工图设计文件，业主必须委托具有施工图审查资质的单位对其进行审查。

(4)业主在初步设计阶段要求各设计单位根据需要充分考虑重大风险因素对方案的影响，在施工图设计阶段应结合风险分析报告提出控制措施。业主通过组织专家对其控制措施和相关方案进行评审，评审通过后再在施工图设计过程予以实施。

(5)在初步设计阶段或工程开工前，业主应委托具有相应资质的单位编制项目的市政管线综合方案等，并通过相关评审。

4）设计质量控制程序和内容

(1)根据工程项目建设要求有关批文、资料，编制出设计大纲或方案竞赛文件，组织设计招标或方案竞争，评定设计方案。

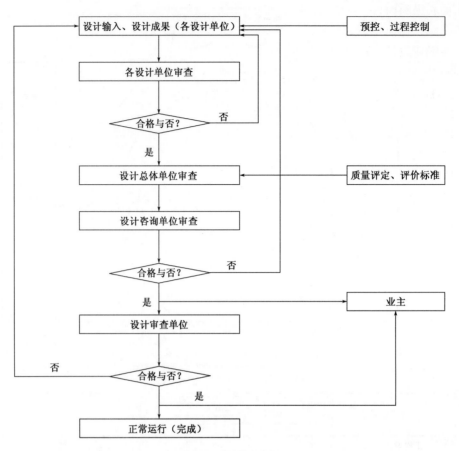

图 8-4　质量管理流程

（2）对科研、设计单位进行资质审查，优选科研、设计单位，签订合同，并按合同实施。

（3）设计方案审查。

①设计方案审查的具体程序如图 8-5 所示。

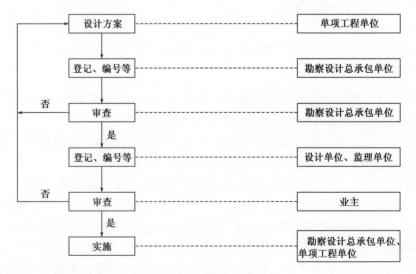

图 8-5　设计方案审查程序

②初步设计阶段方案审查的内容。

初步设计阶段方案审查主要审查技术标准落实、技术接口的协调、工程方案设计、系统构成和功能配置、工程筹划和工程概算等方面的内容。初步设计阶段审查的内容包括：行车组织和运营设计，限界设计,线路平面和纵断面,各车站设计方案,区间隧道设计方案,各系统设计原则、系统功能、系统组成及主要技术参数,车辆段设计方案,控制中心设计方案,工程筹划,工程概算。

(4)设计文件、图纸会签。

业主要对设计单位完成的轨道交通项目的车站、区间、工艺(线路、轨道、限界等)、供电、隧道通风、信号灯设计成果的技术标准是否统一,设计接口是否匹配协调等进行检查,包括总平面图和施工图是否一致,设计图之间、专业之间、图面之间有无矛盾等。

设计文件、图纸会签流程如图8-6所示。

8.2.2 进度控制管理

进度的控制十分关键,城市轨道交通项目应建立适合自身特点的进度计划管理体系,推行计划分级制度。各级计划应相互衔接,下级计划支撑上级计划工作细化。设计进度管理的核心是在工程总体筹划的前提下,对设计工作中所有串联与并联的事项进行精心筹划、科学组织。串联关系的设计工作与并联关系的设计工作之间也有一定的相互制约关系。因此,设计计划的制订与设计计划的落实也是设计管理工作的一项核心内容。在设计管理中有众多的设计事项之间是有因果关系、有上下序关系、有互为前提的串联关系,对于此类问题,在制订设计计划时需遵守上下序的客观规律,按设计进度的先后顺序制订设计计

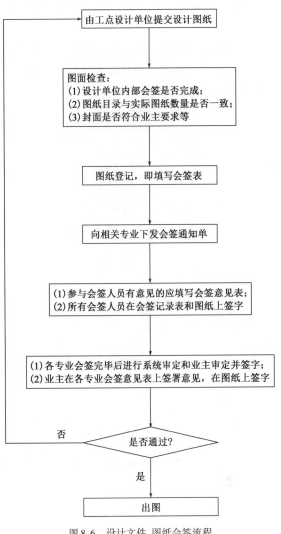

图8-6 设计文件、图纸会签流程

划。对于互为前提的串联的设计工作,其计划的执行应该严格控制,设计工作会因没有按期提供工序设计资料或成果文件而影响后续工作的开展。

1)进度控制的概念和目标

业主对设计进度的控制,就是要对设计内容审查其实施过程所需的劳动力投入和时间进程,是否能在预定的计划工期内完成。

进度控制的总目标是在保证质量和安全的前提下,采取强有力的措施,确保总工期和关键工期的实现。

2)进度控制的管理流程

业主应根据工程实际情况制订进度管理制度,明确进度管理的责任部门、管理目标、工作流程等。在初步设计前应依据项目可行性研究报告批复意见,制订项目的详细工程筹划,明确总进度目标、总工期,制订总进度计划。

同时要保证设计工作能按时高效完成,应建立完善的工作流程,具体的进度控制管理流程如图8-7所示。

3)进度控制的要求

(1)业主应要求设计总体单位根据项目工期目标、可行性研究报告批复意见和工程总策划、建设管理单位一级计划,编制项目设计综合计划,并对项目设计综合计划进行审查,提出相关修改意见,以此明确各单位的进度目标和关键节点。

(2)在批准设计总体单位编制的项目设计综合计划后,业主要求各分项设计单位以此为依据编制设计详细计划。

(3)业主可要求设计总体单位通过设计例会、设计巡检等方式动态检查项目设计综合计划的执行情况。同时当变更项目设计综合计划确定的进度目标和关键节点时,业主应对上报后的情况组织审查,同意批准后方可在实际中实施。

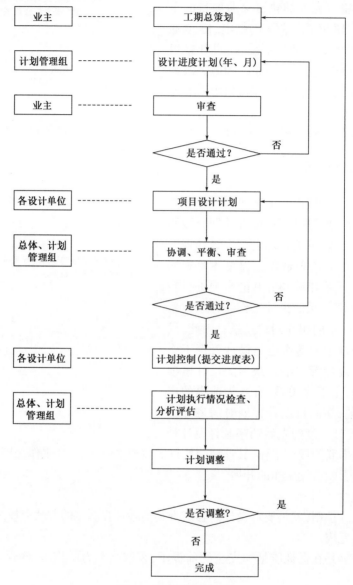

图 8-7 进度控制管理流程

4)进度计划的审核

(1)业主提前进行设计所需的原始资料的收集和整理工作,提供给设计单位,确保设计工作的顺利开展。

(2)督促设计单位按时提交设计进度控制计划和详细的出图计划。

(3)对进度计划进行审核。审核的内容包括:

①检查设计文件中编制的总工期和实施进度是否能保证实现,是否符合规定的工期要求。

②检查进度安排的合理性。

③检查设计单位的人员、相关设备计划等,以确保进度计划能否实现。

④检查进度计划在顺序安排上是否符合逻辑。

5)进度计划的执行和监督

(1)在对设计单位提交的设计大纲审查批准后,业主应要求设计单位及时执行进度计划。

(2)在设计进度的过程中,如果业主认为实际进度不符合经批准的进度计划,业主可以对原计划进行必要的修改,以保证能按期完工。

(3)对设计单位提供的相关报表资料进行整理。

(4)按时召开例会,听取设计工作进度的汇报和讨论,并根据情况及时提出意见。

(5)对设计过程中出现的问题及时协调,及时解决,包括协调理顺设计、施工、监理和供货单位等关系,减少对进度的不利影响,以确保设计工作能按计划进行。

6)对进度计划的调整

(1)业主可根据设计单位的进度报告及现场检查掌握的资料,通过对进度的分析,确定设计工作实际进度与计划进度之间的偏差,并评价偏差对工期及工期目标的影响,据此做出调整。

(2)当由于合同中规定的原因而导致工期延误,可批准其工期相应顺延;但由于设计单位自身原因而导致的工期延误,则不予工期顺延。

7)计划进度管理的重点

设计工作组织中,大部分设计成果的提供需要较长的设计周期,其工作无前置的设计条件约束,但其工作在某个时间点需要与其他设计工作进行对接,此类设计工作相互之间是平行作业的并联关系。设计工作计划的制订中,对于处于并联关系的设计工作应事先周密筹划、科学组织。负责设计工作会出现"时时救火"的状态,本应该几个月前就安排的工作(某些设计需要一定的设计周期)因设计筹划不到位而影响设计整体计划的落实。计划进度管理的重点如下。

(1)按照工程总体筹划,建设管理单位制订设计工作一级节点计划。

(2)总体院根据设计一级节点计划,制订详细的二级节点工作计划。二级节点计划的深度基本要达到每个工点设计需要按期完成的节点性计划。

(3)工点设计单位根据总体总包单位下达的二级节点计划制订详细的三级计划。三级计划的深度基本达到需要给下序设计提供前置设计资料的具体时间以及施工图的详细出图时间安排。

(4)各工点院、系统院在设计过程中遇到问题,应及时向总体院反映,总体院应及时进行沟通协调,以保证设计正常进行。

(5)总体院应通过设计周例会和不定期生产协调会形式,随时对设计进度进行监控,设计例会和生产协调会所确定的有关安排和决定,与生产计划具有同等的效力,各单位必须严格执行。

(6)总体院应于每月月底的设计例会,对设计技术作业表执行情况进行检查,并下达次月生产计划,包括对上月未完计划的调整和补充。

(7)总体总包单位应根据建设管理单位要求建立设计月(周)报制度和季度、年度总结分析制度,及时跟踪、通报计划执行情况,分析计划滞后原因,并提出相应补救措施。在月(周)报中要包括工作计划、完成情况、存在问题和需建设管理单位解决的问题及相关建议等。

(8)总体总包院应在每周五将本周计划完成情况及下周设计工作计划以设计周报的形式报送建设管理单位。

(9)计划进度管控措施。

由于轨道交通工程工期紧迫,为有效管控设计进度计划,建设管理单位可以将计划进度的执行情况作为一项重要的考核指标纳入设计年度履约,对于未按计划完成施工图设计、影响施工进度的设计单位,建设管理单位可以依据合同条款予以处罚。

8.2.3 投资控制管理

1)投资控制的概念和目标

投资控制管理是实现有效控制轨道交通工程投资的前提,通过对工程全投资目标的控制和分解,运用相关技术手段和管理手段,降低工程投资和提高投资效益。

设计阶段投资控制的目标:初步设计概算不超过可行性研究报告中的总投资估算,施工图设计预算不超过设计概算,施工配合过程中设计变更引起的预算改变不超过批准的总投资额。

2)投资控制的技术手段

(1)运用价值工程理论优化设计

运用价值工程理论推进优化设计的路线,即是从项目定位与经济环境的整体评估和功能分析入手,以建设"安全便捷、环境协调、技术先进、造价合理"的轨道交通系统目标,通过对线路预定目标、线路途经地区经济和人口分布情况、城市轨道交通规划及线路换乘情况等的审视,合理评估线路预期服务客流指标和线路功能服务水平,以此确定线路行车组织运营方案以及各系统具体配置功能目标。同时,将进一步结合各车站具体站位,分析物业发展潜力,综合考虑沿线景观和环保功能的具体要求,对全线总体功能目标定位以及各车站、系统和车辆段的功能目标定位进行综合系统的价值规划。

应用价值工程理论优化设计的具体流程如图 8-8 所示。

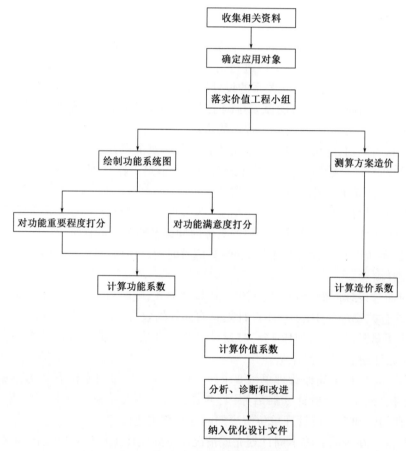

图 8-8 应用价值工程理论优化设计流程

设计是工程建设的基础,设计方案上任何环节的不合理或缺陷所留下的隐患,都会造成工程项目投资的不良经济后果。应用价值工程理论,对工程项目进行科学分析,对设计方案进行优化选择,不仅从技术上,还要从技术与经济相结合的角度进行充分论证,在满足工程结构及使用功能要求的前提下,依据经济指标和综合效益选择设计方案。

设计人员要用价值工程的原理来进行设计方案分析,要以提高价值为目标,以工程分析为核心,以经济效益为出发点,从而真正达到优化设计效果。

在设计过程中,应用价值工程分析功能与成本的关系,以提高设计项目的价值系数。在设计中要勇于创新,探索新工艺、新技术的可能性,有效提高设计技术的价值。利用价值工程对设计方案进行经济比较,对不合理的设计提出意见;运用价值工程原理,对方案实行科学决策,对工程设计进行优化,使设计质量体现在经济效益和社会效益中。

(2)运用限额设计控制投资

①限额设计的概念。

通过在设计过程中加强对项目(子项目)设计管理,使设计结果的投资不超过设计前确定的该部分投资计划,确保设计过程投资控制在预定目标之内,其核心在于:限额目标的合理确定和严格的过程控制(包括严格的设计变更管理)。限额设计控制管理工程具体流程如图8-9所示。

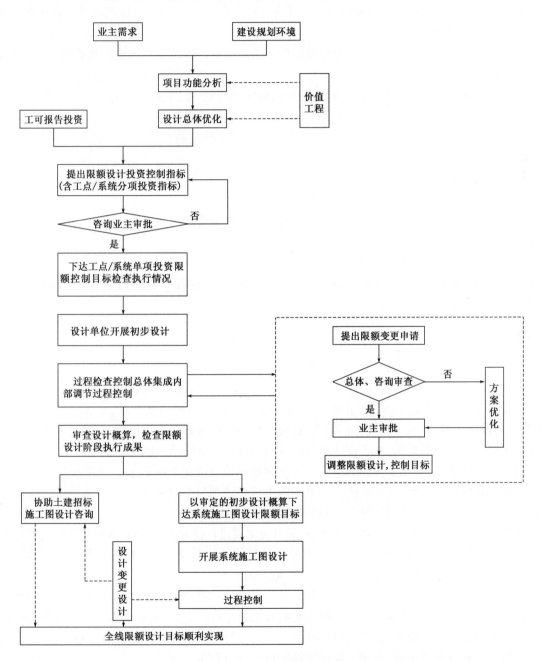

图8-9　限额设计控制管理工程流程

业主根据工程可行性研究报告的投资估算确定投资限额目标,并以此目标按单项工程以及分项、分部工程进行分解,落实各分项的限额目标。当系统方案、单项设计发生变化时,应对分解目标及时加以调整修订,但总的限额目标不得改变。

②总体设计阶段限额设计工作。

确保方案论证的完整性和深度,使之合理可行,严格控制投资规模在工程可行性研究报告的投资估算范围内;采用的技术经济指标要合理,估算要达到适宜的编制深度。

(3)初步设计阶段限额设计工作

初步设计阶段按照批准的投资估算进行限额设计,控制的对象主要是工程数量和设备标准及数量。并且初步设计阶段的限额设计工程量要以总体设计阶段审定的设计工程量和设备标准为依据,严格控制按照限额设计所分解的投资额和工程量,同时在保证使用功能的前提下,可以提出节约投资的措施,力求将工程造价和工程量控制在限额内。

(4)施工图设计阶段限额设计的工作

在施工图设计阶段,业主要将设计单位发出的施工图预算严格控制在批准的概算内,主要控制以下几个方面的内容:

①要求施工图设计严格按照批准的初步设计所确定的原则、范围、内容、项目和投资额进行。

②要求设计单位按审定的概算书、工程量和设备单价表等进行限额设计。

③当建设规模、设计方案发生重大变更时,对重新编制或修改的初步设计及其概算进行审批,保证投资控制额。

3)投资控制的管理手段

(1)从制度方面使投资控制得到有效控制

业主要结合工程实际情况,审查设计限额设计工程流程和管理细则,监督设计单位在设计全过程中严格执行。

(2)从合同方面使投资控制得到有效控制

在当设计单位签订的设计合同中,明确其限额设计责任、工作程序要求和奖励激励原则,以法律合约手段保证限额设计责任的有效落实。

(3)从过程方面使投资控制得到有效控制

①业主根据价值工程成果,通过对工程项目功能的分析以及自身需求,在综合比较同类工程技术经济指标的基础上,对设计单位提交的项目限额设计指标进行审查以及提出相关修改意见;尤其对于设计概算和预算,要审查其是否编制合理合法,防止扩大投资规模或出现漏项,减少投资缺口。

②对设计工作要求严格遵循"安全第一、标准适度、经济合理"的原则开展,在投资限额目标的基础上,结合项目设计内容进一步分解投资,明确投资控制计划,对编制的设计概算、预算进一步细化落实。

以初步设计概算编制为例,初步设计概算的编制应符合城市轨道交通工程建设项目、工程造价构成和工程造价管理的要求,有利于合理确定和有效控制城市轨道交通工程造价。初步设计概算编制范围应与建设项目投资范围一致,完整反映设计范围内工程建设项目全过程所需的全部费用。经批准的初步设计概算,应是确定和控制项目投资、编制建设计划的主要依据。

③在保证项目功能和设计质量的前提下,对设计方案要进行技术经济比较,采用性价比最优的方案。

④定期检查设计工作的进展情况,检查限额设计目标的执行情况,对影响投资控制的因素进行分析,及时采取措施,保证工程投资控制在预定目标范围内。

⑤严格控制初步设计和施工图设计的变更,对重大设计方案变更必须进行经济比选,可根据需要组织专家讨论,在审批后交设计单位执行。对变更的费用要进行审查,使其尽量不超出批准的总投资额。

为实现和明确工程投资控制的目标和责任,当预估总投资超出最终工程投资控制目标时,提出对最终工程投资控制目标调整申请,启动工程投资控制目标调整程序。

8.2.4 设计合同管理

设计管理工作的基本依据是按照设计合同的规定依法进行管理。因此,在组织设计招标时,建设管理单位的所有管理要求与管理方式均需在招标文件以及设计合同条款中明确,尤其对设计单位履约管理的相关经济处罚必须在合同文件中予以明确。这样在后期设计管理过程中,建设管理单位的众多管理手段与经济处罚有法可依。

城市轨道交通工程设计合同管理主要包括管理措施与管理手段,以及建设管理单位的设计管理思路应在设计招标文件的编制过程中均有明确的条文,尤其对设计单位的主要设计人员、设计质量、计划进度、履约处罚等有详细的规定。设计合同管理重点如下:

(1)总体院必须保证总体总包合同承诺人员的相对稳定,施工图纸总体审核签字人员必须与合同承诺人员相符。在施工图设计过程中,若总体院私自更换管理人员,建设管理单位将按照合同约定严格执行相关条款。

(2)在施工图设计过程中,总体总包管理人员不能严格履行合同或不能绝对执行建设管理单位安排的任务时,建设管理单位将予以通报批评,情节严重时予以严厉处罚。其履约评价与工作态度作为建设管理单位后期轨道交通任务发包时考察的重要因素。

(3)要求各设计单位必须在工程所在地设置常设机构,配备足够的人员进行现场设计,并满足施工现场配合施工的需要;设计全过程应保证人员的相对稳定,主要人员更换要以文字形式通知总体院并经总体院同意后,报建设管理单位审批、备案。

(4)开放施工图设计工作后,为保证各设计单位投入资源情况是否与投标文件承诺相符,以满足设计进度与质量要求,根据合同约定以及相应的设计人员履约管理办法,针对根据项目建设各阶段的工作内容以及实际情况,建设管理单位根据已制定的设计人员履约管理办法等相关制度,针对设计人员的考勤情况和更换情况予以考核,并根据考核情况予以综合评定。基本评定内容包括以下内容:

①设计人员履约评价考核管理的对象原则上包括总体负责人、总包负责人、副总体负责人、各专业负责人、各设计单位设计负责人以及建设管理单位认为需要重点管理的主要设计人员。各阶段设计工作开始前,建设管理单位将被考核管理人员名单下发相关单位。

②被考核管理的人员未经建设管理单位批准不得更换,设计总体负责人不得在其他项目兼职。若确实需要更换的,需履行审批手续,经建设管理单位批准,并依据设计合同承担相应的违约责任。

③政府主管部门、建设管理单位等召开与工程相关会议要求设计单位参加时,设计单位必须按照会议要求安排相应人员参会,会议要求设计单位进行汇报的,必须提前做好汇报准备工作。

④建设管理方对被考核管理人员进行考勤管理,根据需要可采用考勤表、会议签到或抽查的形式进行记录。被考核管理人员缺勤的,建设管理方按照"设计履约管理办法"的约定对设计方进行处罚。

⑤如果设计人员渎职或不能圆满承担设计任务,影响设计工作进行,建设管理单位认为必要更换,则设计单位应立即安排,代之以具有满足本设计工作需要能力的人员。

⑥在设计高峰阶段或建设管理方认为有必要时,设计单位必须集中设计人员,确保设计进度。凡因人员不到位而影响设计工作的,建设管理单位有权根据实际情况扣减设计费,直至解除合同等。

(5)施工图设计费的拨付:根据承包合同有关规定,各工点、系统院应向总体院报送设计费用申报单,经总体院审查后报建设管理单位核定后按支付程序拨付。

8.2.5 总体性技术管理

1)研究落实重大技术方案

组织论证城市轨道交通工程方案设计或重大技术方案,可进行多方案比较研究,并提出推荐方案,主要包括施工工法、工期筹划、风险工程、主要设备、常规设备、系统设备、行车组织、运营模式等。对于重点、难点问题还需成立专门攻关小组,研究解决重点疑难问题,提交可实施的最优方案。方案论证主要以召开专家咨询会、评审会展开,会后形成专家意见,指导开展方案设计或制订技术方案。

2)工程投资控制

(1)严格控制工程规模及标准,制订限额设计管理办法,实行限额设计;审查平衡各专业、各系统的投资限额。

(2)初步设计概算不得突破国家批准的工程可行性研究投资估算的110%,还应对超出投资估算部分予以详细分析说明。

(3)施工图预算(或主要工程数量)必须严格控制在批准的初步设计概算以内。

3)审查设计文件

(1)审查分包单位(勘察分包单位、工点设计单位、系统设计单位、常规设备设计单位、系统设备设计单位和前期工程设计单位,以及分包合同内的其他单位)完成的各专业设计文件。

(2)落实经建设管理单位审查批准的技术标准、技术要求,并督促检查分包单位严格执行。

(3)落实专家、政府、建设管理单位审查意见,并修改完善相应的设计文件。

(4)审查各设计分包单位提交的设计修改文件,包括修改、完善、补充的设计方案和设计变更等。

(5)审查设计施工总承包单位提交的技术方案、设计方案、施工方案。

4)设计文件的修改管理

设计总体单位应制订项目内部设计文件修改管理细则,并严格按照设计文件修改管理细则执行,审核总包和分包单位的设计方案变更和施工图设计变更修改文件,建立设计变更台账,实时对设计变更进行更新统计、跟踪管理及费用清理,并上报建设管理单位设计管理部门。

5)专题研究

设计总体单位应开展项目所要求的专题研究并提交研究报告,为设计提供支持性意见,如车站周边综合规划专题研究、重要换乘节点及换乘方案专题研究、节能专题研究、安全风险评估专题研究、物业开发专题研究等。

6)新技术运用

(1)通过新技术、新设备的应用,提高系统运行可靠性,达到运输的最佳效应,并满足不同时段的运输需要,实现城市轨道交通人性化、高效率、低成本投入,实现效率优先的目的,做到安全、节能、环保、美观。

(2)注重工程前期工作,在设计阶段采用先进的设计理念,优化建筑设计,改善线路与周边建筑和环境之间的关系。

(3)在施工阶段,采用先进、合理的施工方法,降低施工安全风险,减少施工期间对城市环境的影响和对市民出行的干扰。

(4)在设备采购阶段,积极稳妥地采用技术含量高、安全节能、环保的成熟设备,保证各机电系统的安全性和可靠性,降低运营成本。

(5)在机电安装阶段,注重解决各机电系统内和系统间接口技术问题,保证单机设备、单个系统的先进性,以及整个系统整合后,整条线路的技术先进性的统一。

8.2.6 行政许可审批业务管理

根据国家法律法规及工程建设程序,对临时建设用地许可证、规划建设用地许可证、建设工程规划许可证、用地许可等行政审批业务的办理进行管理。

由于地方性法规政策的不同,规划部门、自然资源部门等行政审批手续及前置条件各不相同,此处以北京为例流程如下:

1)临时建设用地规划许可证(含临时用地规划复函)申报工作流程

(1)初步设计完成后,明确临时用地需求,包括用地范围、进场计划等。

(2)与规划审批部门沟通,明确临时建设用地规划许可证申报具体要求。

(3)组织设计单位编制临时建设用地规划许可证申报设计文件。

(4)向规划审批部门提供"建设项目规划许可及其他事项申报表""建设项目法人授权委托书"及申请文件,提供相关前期资料、方案审批情况。

(5)根据规划审批部门要求,提供用地单位、交通导改、管线改移等方面的意见或说明,并进行现场踏勘。

（6）完成踏勘后，申报资料报入规划审批部门申报窗口；审核合格后，取得临时建设用地规划许可证。

2）建设用地规划许可证申报工作流程

（1）初步设计批复后，与规划审批部门沟通，明确建设用地规划许可证申报具体要求。

（2）组织设计单位编制提供建设用地范围资料图。

（3）向规划审批部门提供《建设项目规划许可及其他事项申报表》《建设项目法人授权委托书》及申请文件，提供《建设项目选址意见书》、可研报告批复文件、自然资源部门出具的用地划拨意见。

（4）组织测绘单位编制提供《建设用地钉桩测量成果报告书》。

（5）根据规划审批部门要求，提供用地单位意见、调整方案或相关说明等文件。

（6）将申报资料报入规划审批部门申报窗口，审核合格后，取得建设用地规划许可证。

3）建设工程规划许可证申报工作流程

（1）取得建设用地规划许可证之后，开展申报建设工程规划许可证工作。

（2）与规划审批部门沟通，明确建设工程规划许可证申报具体要求。

（3）组织设计单位按照规划审批部门要求绘制相应施工图。

（4）向规划审批部门提供《建设项目规划许可及其他事项申报表》《建设项目法人授权委托书》及申请文件，提供《建设项目选址意见书》《建设用地规划许可证》、初步设计批复文件、国土部门出具的土地预审意见。

（5）工程进入已审批的建设用地的应获得土地权属单位同意意见；如涉及文物、园林和人防等问题，需要取得市文物局、市园林局和市民防局等相应政府主管部门的审查意见。

（6）将申报资料报入规划审批部门申报窗口，审核合格后，取得建设工程规划许可证。

8.3 设计阶段划分及其主要任务

按照设计阶段划分，设计管理包括设计招标阶段（设计准备阶段）、总体设计阶段、初步设计阶段、施工招标设计阶段、施工图设计阶段。施工招标设计阶段周期较短，设计成果深度以及工作阶段介于初步设计和施工图设计之间，仅服务于施工招标过程，一般不作为独立的设计阶段单独管理。

建设管理单位在设计阶段的管理主要涉及四个方面：一是对设计单位的管理，包括提供资料，协调各设计单位工作，控制工程的投资、进度和总体质量水平，监督设计进度和审查设计内容；二是提供设计所需的自然环境资料等；三是协调设计所需的外部协作条件；四是组织设计文件的上报和审批，最后取得工程建设用地、工程规划、工程施工等许可，以便进行正式施工。建设管理单位在各设计阶段的主要任务见表8-1。

建设管理单位在各设计阶段的主要任务 表8-1

管理阶段	职责
设计招标	（1）根据工程可行性研究资料、规划对线路及站位的批复意见确定设计招标各标段划分方案，并根据设计费的取费原则确定设计费用。 （2）编制招标文件及评标办法，发布招标公告，组织招标评标。 （3）根据评标结果，组织合同谈判，签订合同。 （4）组织中标设计单位汇报设计方案
总体设计	（1）稳定设计边界条件，在总体设计工作开展之前督促设计总体单位编写轨道交通工程设计技术要求、总体设计文件组成和内容，组织审查技术要求，经评审后作为开展总体设计的依据。 （2）协调设计单位间的接口关系，组织对总体设计进行审查，经评审后作为开展初步设计的依据。 （3）参加设计总体单位及咨询单位例会，进行设计巡检，对设计总包总体单位和设计咨询单位进行季度及总体设计阶段考核

续上表

管理阶段	职　责
初步设计	(1)根据总体设计评审意见,在初步勘察和重要工点定勘测资料的基础上督促设计总体单位开展初步设计。 (2)协调设计单位间的专业接口关系,稳定初步设计边界条件和设计方案,进行设计成果中间检查。 (3)组织对初步设计进行内部审查,组织初步设计文件向市政府报审。 (4)督促设计单位落实初步设计审查意见,其中概算需报发改委评审。初步设计文件经审查批准后,将作为控制建设总规模和总概算的依据,以满足工程招标、设备采购、征用土地和进行施工准备的需要。 (5)参加设计单位及咨询单位例会进行设计巡检,对设计总包总体单位、工点设计单位和设计咨询单位进行季度及初步设计阶段考核
施工招标设计	(1)按照工程建设策划和管理模式,根据土建和机电工程施工或设备招标项目的内容、要求和深度,督促设计总体单位组织设计单位,编制土建招标设计文件和机电系统及设备的用户需求书。 (2)土建招标文件及工程量经业主组织审查后作为施工招标的依据;用户需求书逐级审查后作为设备招标文件的技术部分开展设备招标。 (3)参加设计总体单位及咨询单位例会,进行设计巡检,对设计总包总体单位、工点设计单位和设计咨询单位进行季度及招标设计阶段考核
施工图设计	(1)编制机电系统对土建的技术要求;根据初步设计审查意见的落实结果土建招标设计方案、设备招标的技术规格及涉及联络成果,开展施工图设计;编制投资预算或修正概算。 (2)督促设计单位按照计划出图,并保证施工图质量,满足施工要求
施工配合	(1)督促设计单位进行施工前技术交底、施工配合,对设计及方案变更进行管理。 (2)参加设计总体单位及咨询单位例会,进行设计巡检,对设计总包总体单位、工点设计单位和设计咨询单位进行季度及施工配合阶段考核。 (3)按照设计进度,申请资金计划,支付设计费用。 (4)工程结束后进行设计总结、设计合同结算,并组织设计回访

8.4　各设计阶段管理流程及内容

从城市轨道交通工程建设的实际出发,城市轨道交通工程设计过程管理与其他大型市政工程有所区别(增设总体方案设计),重点将工程勘察设计工作分为3个阶段(总体方案设计、初步设计、施工图设计)进行管理,且每个阶段设计管理思路与管控的重点有所不同。结合工程特点,根据工程总体筹划、总体设计、初步设计和施工图设计的工作计划,为确保总体设计目标的实现,结合以往城市轨道交通建设管理经验,需动态及时调整勘察设计管理思路,采取一系列强有力的保障措施,才能确保勘察设计工作保质按期完成任务。

8.4.1　设计准备阶段

(1)设计标段划分。

城市轨道交通设计工作量大,涉及专业多,由多个设计单位在总体总包的管理下分别完成标段设计任务,需将一条线路划分为若干标段,每个标段统称为工点设计单位。

为有利于工程建设推进,招标工作应综合考虑线路长度、专业分类、工法、建设工期、投资额、潜在投标人数量等因素合理划分标段。

(2)开展设计招标工作以及合同签订工作。

以相关法律法规为基准,编制设计招标文件的技术部分,特别是投标单位资质要求、招标范围、人员数量、资质的要求以及成果文件的技术要求及标准等。

设计招标工作可以按照工程建设进展逐步展开,先进行招标总体总包单位、土建单位、设备设计单位的相关工作,再根据工作进展完成精装修设计单位、地面建筑单位的招标工作。

(3)接收上阶段成果文件,如规划方案及批复,可研报告及批复,以及立项、可研阶段的其他专项文件(包括地质灾害评估报告、地震安全评价报告、环境评价报告及批复、客流预测报告、线路沿线地形图以及选址意见书等),并作为下阶段工作输入依据及条件向下传递、宣贯,以保证设计工作有效性、真实性和准确性。

8.4.2 总体设计阶段

总体设计是在可行性研究报告基础上,对城市轨道交通项目全线控制性方案进行全面研究设计。总体设计应广泛征求市政府、规划、铁路、市政等有关部门意见,经过现场调查、收集落实设计所需资料和边界条件,制定总体设计原则及主要技术标准,提出各专业工作要点和需要重点研究的问题,对线路方案、土建工法、车辆选型及列车编组、供电和通风空调系统方案进行专题研究,初步形成设计方案和推荐意见,进一步稳定线位、站位及机电设备系统方案,确定工程规模,保证各设备系统的系统性、完整性和统一性,最终形成总体设计文件,以此作为指导城市轨道交通工程开展初步设计的依据。

总体设计的核心问题及重点内容如图 8-10 所示。

总体设计阶段信息管理流程如图 8-11 所示。

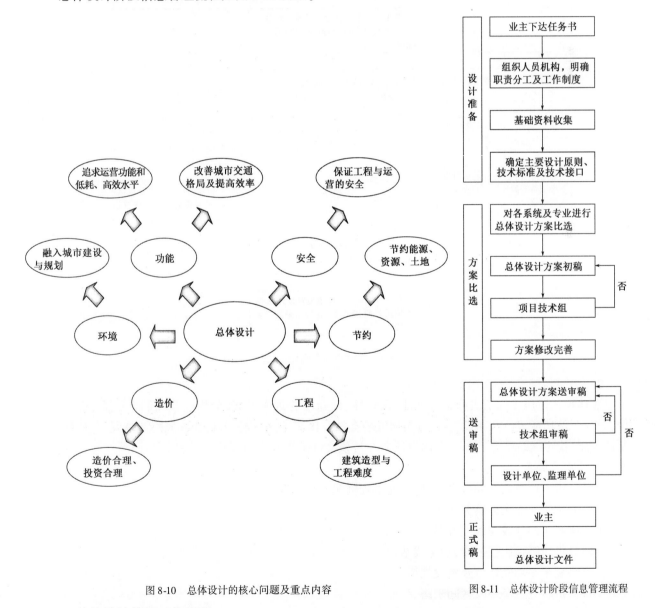

图 8-10 总体设计的核心问题及重点内容　　图 8-11 总体设计阶段信息管理流程

1)总体设计管理工作流程

总体设计阶段要完成工程全局性战略部署,特别是所完成的总体方案对初步设计和施工图设计有决定性影响,其管理工作流程如图 8-12 所示。

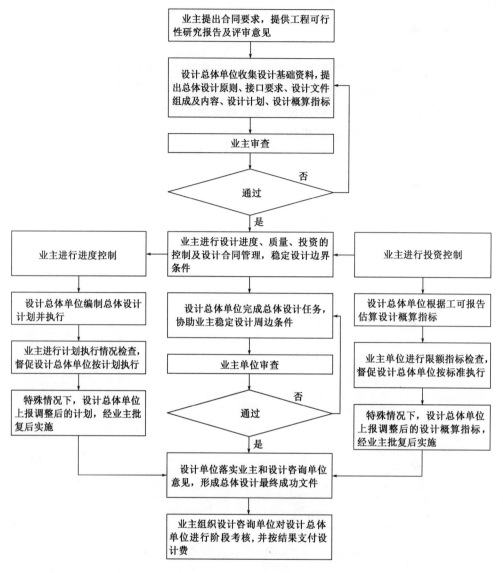

图 8-12　总体设计管理工作流程

2）总体设计阶段工作内容

总体设计阶段主要负责稳定宏观性、系统性、全局性的重大方案;分析线路控制性因素,稳定线站位;研究车站功能定位及建设规模;分析研究各车站及区间工法;辨识分析全线风险源情况;分析线路控制性因素,稳定线站位等,完成"总体设计文件",该文件是指导下阶段设计的基础和控制性文件。其技术管理的重点如下:

(1) 分析城市轨道交通线网规划、研究工程资源共享问题。

(2) 分析研究行车运营方案。

(3) 研究车站及线路配线方案。

(4) 分析线路控制性因素,稳定线站位。

(5) 研究车站功能定位及建设规模。

(6) 分析研究各车站及区间工法。

(7) 确定土建及设备限界要求。

(8) 分析研究全线工程筹划。

(9) 研究重点车站施工交通导改方案。
(10) 落实管线综合及管线迁改方案。
(11) 分析施工临时用地及车站永久用地。
(12) 辨识特级、一级风险源,并编制专项总体设计方案。
(13) 分析重点车站周边环境,研究一体化综合开发可行性。
(14) 分析研究设备系统方案。

3) 总体设计阶段管理思路及工作组织

城市轨道交通工程的设计工作按"总体设计、初步设计和施工图设计"三个阶段进行。总体设计的目标:落实外部条件,稳定线路站位;明确功能定位,确定运营规模;理顺纵向关系,明确横向接口;统一技术标准,分割工程单元;筹划合理工期,控制投资总额。

(1) 设计工作前期筹划

根据以往的管理经验及工程总体筹划情况,在设计招标文件编制中需充分考虑勘察设计周期短等因素,可在设计招标文件中明确要求中标设计单位根据工作需要集中办公,同时要求中标设计单位在当地长期设置办公地点。这样,可为后期设计集中办公提供合同法律依据。根据北京及全国其他城市轨道交通建设管理的成功经验,在全国城市轨道交通工程设计资源极为紧缺的前提下,只有在勘察设计单位集中办公的条件下才有可能实现短时间内完成初步设计的目标。

检查总体单位组织编写的总体性技术指导文件。总体性技术指导文件是总体设计的"纲领性"文件,是为保设计文件达到"统一性、完整性、总体性"的重要措施,具体包括:①各设计阶段设计的设计技术要求;②各设计阶段设计文件的组成与内容;③各设计阶段技术接口文件。其中,城市轨道交通项目设计的上下序、专业间、土建系统与设备系统之间、土建系统内部和设备系统内部等各种设计接口多达数百个,均应在"接口文件"之中涵盖。

严格计划管理,要求总体单位,根据工期要求和下发的"工程总策划",制订具体设计进度计划,并对进度计划进行审查。

(2) 简化程序严抓重点

根据城市轨道交通工程特点及设计节点计划需求,简化总体设计事务性的常规性工作,把设计人员从处理无关紧要的文字性及程序性工作中解放出来,系统梳理开放初步设计的各类重要输入条件,集中力量解决重难点等突出问题,将更多时间用于重大方案的比选、线路、车站、区间及车辆段总体设计方案边界控制条件的分析研究,对设备系统集成、资源共享以及重大方案可行性进行分析论证。总体设计评审也与以往有所不同,对影响开放初步设计的重大技术问题及边界控制条件进行专题审查,评审编制6册文件(线路、建筑、结构、车辆段、设备系统、投资估算),分三组进行专题评审(综合组、建筑结构组、设备系统)。通过管理思路的调整,在保证设计质量的前提下总体设计阶段节省设计时间近1个月。

(3) 精心筹划严抓落实

根据城市轨道交通工程特点及设计节点计划需求,总体方案设计的时间极为有限,为在规定的时间内完成总体设计工作,需要对工作计划精心筹划,狠抓落实。为此需要及时有效组织总体院完成设计集中办公场地的建设,为所有设计单位集中办公创造有利条件。组织设计单位在集中办公场地统一管理、集中突击、高效工作。通过这种方式大幅减少各设计院之间技术对接与沟通的时间,为设计工作提供极为重要的后勤保障。在总体方案设计阶段,制订切实可行的一级节点计划,严格按照制订的时间节点计划组织总体院及各工点院完成各项设计任务。

(4) 关键问题过程控制

①现状踏勘。

轨道交通线路优化及车站站位的初步稳定是总体方案设计阶段重点研究的内容。为进一步稳定线、站位方案,需要对线、站位众多控制性边界条件进行充分的调研与分析。因此,结合设计方案的研究情况,在总体方案设计阶段组织总体院、工点院多次踏勘现场,对每个比选方案的每个出入口、风亭位置、商业开发、建筑物拆迁等进行详细踏勘,为稳定方案奠定基础。

②技术方案专题研究。

根据设计进展情况,分类分项对重大技术问题进行专题研究。组织总体设计单位及相关工点设计单位先后进行线路"平纵断"专题、线站位比选专题、公共区及房间建筑布局专题、施工工法研究、线路配线专题、安防技术讨论、设备系统专题、土建与设备系统间的技术接口专题、重要地质勘察专题等方面的研究论证,集中力量攻克难题。同时,各技术方案专题研究的时机与先后顺序有一定的规律,部分专项技术方案之间有一定的串联关系,这样的技术问题需按照上下序的客观规律进行科学筹划。

③与各委办局充分沟通。

在设计过程注重与相关委办局全方位对接,积极征求相关委办局的意见,充分解决设计边界条件的实际情况及各委办局的要求,基本落实设计方案的边界输入条件。在总体设计阶段先后与市公安局对接安防设计相关问题;与市规划院及市规划局落实设计方案的规划条件、规划用地等事项;与市人防办对人防设计以及既有人防工程的拆迁加以协调等;与市水务局落实防洪等设计条件;与市园林局沟通树木园林迁移方案;与市消防局对接消防专项设计方案,市政管线(给排水、热力、燃气、电信等)与外部市政管线的对接,同时与其他众多管线产权单位进行充分对接,结合产权单位的意见不断优化设计方案。在总体方案设计阶段与市各委办局及产权单位的充分对接,基本取得相关产权单位的初步意见,这为稳定总体设计方案,为顺利通过总体方案设计专家审查奠定坚实基础。

(5)建立科学高效决策机制

城市轨道交通工程外部边界条件复杂,存在众多的重大疑难技术问题。为及时、高效、准确地决策相关重大技术方案,在勘察设计技术方案的专题研究与管理决策中,建设管理单位坚持设计方案层层把关、重大技术方案分层决策的原则,真正实现设计方案的民主、高效决策。对于在设计过程遇到的重大技术方案,坚决按总体总包院—建设(管理)单位—市相关委办局—市政府这样的方式层层把关,做到自下而上对设计方案全方位的把关与决策。在总体设计及初步设计过程中多次向市相关委办局及市政府相关领导汇报设计方案,通过这种方式及时解决重难点问题,强有力地推动设计方案的民主、高效决策等。

(6)研究设计与工程无缝对接

根据轨道交通工程建设管理的经验教训,在论证设计方案时,与工程实施相关部门紧密结合,充分实现设计方案与工程前期、工程施工组织及工程筹划的紧密结合,增强设计方案工程实施的可操作性与适用性。设计与招标工作的对接方面,设计工作提前考虑施工招标需求,提前考虑如何避免采用初步设计成果进行施工招标而引起的不利因素。设计与工程前期工作的对接方面,与当地轨道交通建设办公室前期处紧密联系,使得工程的管线改移、交通导改、征地拆迁、树木迁移、规划手续办理等工作提前介入,充分考虑工程前期的实施难度与各产权单位的需求。工程管理相关部门参与设计方案的分析论证,在确定设计方案、研究施工工法时,实现工程管理人员过程跟踪,充分考虑施工组织及工程筹划等因素,如地质勘查及地勘专家审查、现状情况调查、盾构施工工法适应性专题讨论等。

(7)建立勘察设计高层调度机制

为有力推进城市轨道交通工程勘察设计工作,加强对工程勘察设计单位的调度力度,提高工程勘察设计质量,确保工程勘察设计工作能按期保质完成任务,采取每月召开一次勘察设计高层领导调度会的方式,要求每个勘察设计标段集团(总院)的院长及本项目的主管领导亲临现场指导工作,通过对各参建单位高层领导的调度,强有力推动勘察设计各项工作,有力调动各参建单位设计人员的工作积极主动性,快速高效解决众多疑难问题,有力保障勘察设计工作的顺利推进,确保各参建单位在项目中的人力投入、后勤保障与设计单位总部的技术支持力度。

(8)提前筹划一体化综合开发

城市轨道交通工程建设是促进城市结构的调整、城市空间的更新与拓展的重要契机。如何利用这一契机,制订可行的综合开发计划,使轨道交通建设与城市发展相协调,既实现以轨道交通建设引导城市发展,又使城市发展为轨道交通可持续发展提供物质基础,特别是解决轨道交通的部分建设资金和经营期的稳定的客流。

根据国内外城市轨道交通一体化建设管理的成功经验,借鉴国内各大城市轨道交通与城市综合开发一体化设计理念,应启动一体化相关设计工作。系统分析研究轨道交通沿线可用于一体化开发的储备土地及首批一体化开发站点。对于暂时不具备同步实施的站点,设计方案均预留后期与商业开发结合的土建条件。在工期非常紧张、设计资源严重不足的情况下,组织相关设计单位对轨道交通与商业开发的一体化方案进行优化设计。根据市规划局一体化研究情况进一步深化设计,优化方案,真正做到突破常规设计理念,打造精品工程。

(9)设计合同管理

根据合同内外条件,检查设计单位合同执行情况,主要有设计进度、质量、投资控制、人员到位情况等。在设计周期紧张的条件下保质保量、顺利完成总体设计及初步设计任务,这就要求从设计管理工作中狠下功夫。尤其在目前国内城市轨道交通建设市场设计资源紧缺的情况下,必须狠抓设计人员管理,否则要确保设计质量与进度就无从谈起。建设管理单位把制度化建设和规范性管理纳入第一工作要务来抓,组织各设计工点在保证设计质量安全的前提下,"快出图、出好图",一切工作以服务工程为出发点,最大限度发挥设计在工程建设中的龙头作用。主要做到以下几点:

①加强生产组织和过程控制,确保设计质量。要求设计总体负责人、副总体负责人及各项目负责人都能深入项目设计过程中,结合项目进展情况,及时协调落实设计边界和输入条件,明确设计接口及界面划分,合理做好设计资源匹配。总体总包组在设计质量、设计周期方面提出高标准、严要求的同时,注重抓好计划落实,对设计经验短缺的设计工点及相关专业"不放手",过程中要求达到"第一次做对"的效果,并在总体审查环节严控质量关,确保设计文件的质量。

②有效沟通和协同配合是完成设计任务的关键,轨道交通工程设计中土建专业间、系统专业间、土建与系统专业间的横向配合和提资,30多个专业间如果不是互相理解、互相支持、换位思考、合力发展,将难以完成设计任务。尤其是在紧迫建设工期内土建与系统设计进展的不同步现状,更需多种形式的沟通交流和传递信息,以对设计文件进行补充和完善,确保设计图纸的准确和齐全。

③各参建单位设计人员管理方面:在总体设计与初步设计阶段,采取集中办公的管理方式对所有参建单位的设计人员进行管理。制定详细的管理办法及制度,如《设计集中办公人员管理办法》,要求总体院有专人对每个参建单位的人员到位情况进行实名签到管理,通过这种有效管理控制各参建单位设计人员离岗现象。

④信息管理。总体设计阶段信息管理的主要内容是收集、整理基础资料、外部条件的信息,建立图纸、资料管理数据库与阅览室。

设计单位的技术文件、资料、图纸的最终成果,归业主统一管理;过程技术文件、资料、图纸归设计总体总包单位统一管理。

总体设计阶段信息管理流程如图8-12所示。

⑤组织编制各项管理制度、办法和措施。为了实施制度化、科学化、规范化管理,针对各项技术性管理工作,必须研究制订具有较强针对性的、切实可行的、高效的管理措施,才能保证各项管理目标的实现。

⑥大力搞好系统内外部多种设计协调工作。城市轨道交通系统外部协调,包括与城市规划、建筑、市政道路、交通、市政管线、地面地下建筑物、市政给排水、电力、邮电、通信、环保、园林绿化、公安、文保等政府部门或单位的协调工作。这些工作业主可委托给总体单位进行。

8.4.3 初步设计阶段

初步设计阶段的任务是根据批准的总体设计文件,确定全局性的设计原则、设计标准、设计方案和重大技术问题,编制初步设计文件和总概算。

初步设计阶段是对总体设计阶段所确定规模、标准的细化和落实阶段；是对方案的深入论证、比选和必要的优化补充，稳定各种边界条件和重大设计技术原则，确定工程实施性条件，为建设项目启动建设提供依据的阶段。

在初步设计阶段，应结合总体设计专家审查意见，组织总体及各工点的设计单位对总体设计方案进行优化完善，对部分重要专家意见专题研究，为初步设计工作奠定基础。初步设计阶段设计管理的主要思路与总体设计相比有一定的调整，其管理思路的变化主要体现在进一步加强对总体及工点的设计单位主要人员管控力度，给设计单位足够自由支配时间的空间，让设计人员全身心优化、深化总体方案，建设单位的工作重心转移到设计方案外部边界条件的落实、工程前期工作的协调与调研，集中精力协调解决影响设计方案稳定的外部条件。

初步设计阶段信息管理流程如图 8-13 所示。

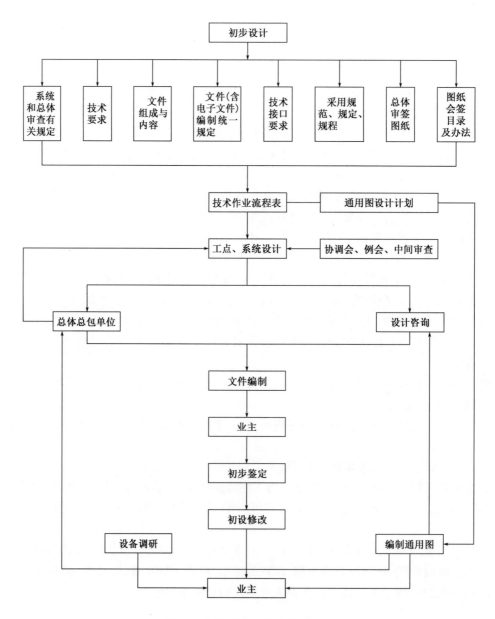

图 8-13　初步设计阶段信息管理流程

1）初步设计阶段工作流程

初步设计阶段管理流程如图 8-14 所示。

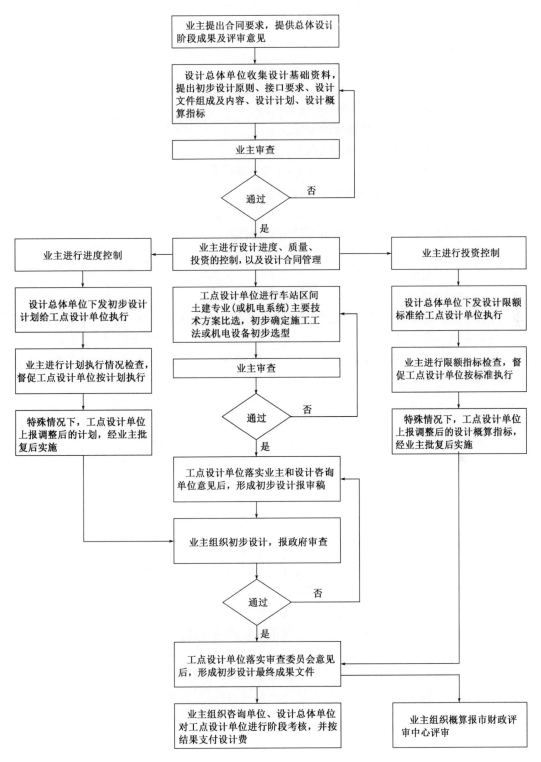

图 8-14 初步设计阶段管理流程

2) 初步设计阶段工作内容

初步设计是轨道交通工程设计中至关重要的环节,在总体方案设计的基础上,结合地质勘察及环境调查工作的深入,进一步对线路及车站设计方案进行多方案比选,重点分析研究并优化各车站及区间施工工法,研究车站及区间施工交通导改、树木迁移、管线改移等前期工作方案,根据可研报告批复的工程投资情况确定工程建设规模及工程概算指标。其技术管理的重点如下:

(1)分析线路控制性因素,稳定线站位;
(2)对线路及车站设计方案进行多方案必选;
(3)研究车站功能定位、优化车站设计方案;
(4)分析研究并优化各车站及区间施工工法;
(5)分析研究全线工程筹划;
(6)优化设计方案,确定投资规模及限额设计指标;
(7)重点研究车站及区间施工交通导改方案;
(8)落实管线综合设计,重点研究站点管线迁改方案;
(9)完成全线施工临时用地及车站永久用地的相关规划手续;
(10)组织进行特级、一级风险源初步专项设计方案;
(11)分析重点车站周边环境,研究一体化综合开发的实施方案;
(12)分析研究设备系统方案,提供设备系统的土建提资;
(13)完成全线工程概算的编制。

3)初步设计阶段工作组织

(1)与前期工作无缝对接

初步设计阶段又一重要的管理工作是如何高效推动前期工作顺利开展,这对稳定初步设计及施工图设计方案至关重要。设计方案是否最优、是否充分考虑前期工作对其的影响,是否准确预判前期工作的难度,这都是初步设计阶段要充分考虑的问题。因此,为进一步稳定初步设计边界条件,在设计方案论证过程中充分考虑前期工作(占地拆迁、树木迁移、规划手续、交通导改等)对设计方案的影响因素,并在设计方案研究过程中组织设计单位与城市相关委办局及产权单位进行沟通。

①占地拆迁。

初步设计阶段,组织设计单位及时提供施工临时用地,出入口、风亭等永久建设用地的占地图,以给建设单位前期工作组与相关产权单位谈判用,轨道交通站、区间永久用地能否取得产权单位的同意意见,直接影响车站、区间设计方案的稳定。在初步设计阶段,设计方案优化与前期用地协调谈判工作同步进行,基本实现设计方案的优化与前期用地协调工作的良性互动。在前期用地谈判无果的情况下,尽量优化或调整设计方案。

②树木迁移。

在全力确保不动树木、尽量减少树木园林迁移、初步设计方案基本稳定的情况下,组织设计单位及时提供树木、园林迁移用地图纸,以供建设单位前期工作组与城市园林主管部门进行接洽,商议树木迁移补偿、迁移工作计划、行政审批等事项,基本实现设计方案的优化与前期树木迁移协调工作的无缝对接。对于树木迁移有巨大困难或有特殊原因时,尽量优化或调整设计方案。

③规划手续。

为加快工程规划手续的办理进度,建设单位根据当地城市既有的相关规定,积极主动为市规划局提供一套成熟的规划手续办理方案,并及时与市规划局沟通,在最短的时间内达成一致意见,及时取得全线的规划手续,实现设计方案与规划手续办理的无缝对接,为后续施工许可证的顺利办理提供有利条件。

④交通导改。

城市轨道交通工程绝大部分线路途经城市繁华区,车站所在位置地面交通异常拥堵,其工程实施地面交通疏解异常困难。因此,在轨道交通线站位及施工工法的选择上需充分考虑工程实施对地面交通的影响。为稳定设计方案,建设单位组织总体设计单位及工点设计单位与市交通主管部门进行对接,为交通主管部门提供详细的地面交通疏解方案并征求意见,结合交通主管部门的意见不断完善优化设计方案。在综合考虑工程工期、安全、经济等因素的基础上,不断与交通主管部门进行沟通,最终完成一个经济、合理、可行的设计方案。

(2)建立高效的决策机制

在初步设计阶段,部分外部边界条件非常复杂,对设计方案有颠覆性的影响。为稳定设计方案、加快工程顺利推进,对部分重大技术方案及前期工作需建立高效的决策机制,并建立与高层领导紧密沟通的渠道。城市轨道交通工程从建设伊始就应与当地城市轨道办、市建委、市规划局以及市政府建立良好的沟通机制。借鉴北京及国内城市轨道交通建设管理的成功经验,建设单位应积极策划,推动市政府及时成立"市轨道交通建设指挥部",为加快市轨道交通工程技术高层领导的决策奠定基础。为提高技术方案决策效率,需提前筹划、精心准备,将需要决策的技术方案的各种边界条件研究透彻,为领导决策提供全面、准确、客观的信息。

(3)加强设计质量过程控制

①标准化设计。

在初步设计阶段全面梳理全线标准化设计专题。根据全线标准统一要求、技术及工程实施特点,有针对性地对车站建筑门窗、公共区建筑、结构防水、基坑支护、盾构管片、标准暗挖区间、全线车站预埋预留孔洞、杂散电流、区间限界等进行专项研究、标准化通用图设计。

②专题论证。

在初步设计阶段组织总体对全线标准化通用图设计方案进行技术论证、分级审查。根据工程设计进展情况,结合本地的地域特点,建设管理单位组织总体及工点院对部分技术难度较大,专业技术性较强的标准化设计方案进行内部专家论证。

③设计方案的工程可实施性研究。

初步设计管理工作又一重大突破是加强设计方案的工程可实施性研究,在初步设计阶段邀请当地有经验的地质专家以及国内有丰富设计、施工经验的轨道交通专家,在设计过程中对设计方案进行论证,提出宝贵的有建设性的意见。同时也邀请国内知名的施工机械厂商,针对当地的地质特点,与设计单位进行技术交流,使得设计方案更具工程实施可操作性。在建设单位的组织下进行一系列的技术交流与方案研讨工作。比如线路基坑围护结构机械成孔难易度研究以及成孔机械的适应性、成孔机械调研等,盾构区间隧道盾构机械适应性及机械选型研究等。

(4)技术方案专家审查

在初步设计阶段,设计管理的重点之一是对当地的地质特性、地下车站及区间工法的合理性、可行性、经济性、安全性进行充分论证。比如在初步设计过程中,建设管理单位组织总体及工点设计单位对全线区间及车站施工工法的可行性进行专题研究,并邀请国内有丰富施工经验的专家对各类施工工法进行论证。这为后期的施工招标及施工图设计提供有力的技术保障。为增强地下工程防水设计在当地的适应性,邀请建设部、国内及当地著名专家对地下工程防水通用图专项设计方案进行论证。

(5)通过组织劳动竞赛,提高设计效率

如果初步设计工期紧张,可以通过组织劳动竞赛,提高设计效率。为确保初步设计工作按期、保质、高水平完成,可以继续沿用总体设计集中办公的方式,将所有总体总包管理人员及工点设计人员集中管理,并组织开展劳动竞赛活动,采取集中办公专职考勤员每天签名监督的考勤方式,实现最大限度的设计人员投入与技术高效无缝对接。劳动竞赛活动要求如下:

①提高思想认识。

要求各单位认清形势、提高认识,加强宣传和动员工作,引导全体设计人员加强紧迫感和责任感。各单位要科学筹划、精心组织,真正做到"思想认识到位、领导责任到位、人员动员到位、资源配置到位、过程控制到位、激励措施到位"。树立企业形象,争先创优,确保按期顺利完成初步设计任务,迎接初步设计(预)审查。

②发挥后方资源优势。

要求各勘察设计院院长定期跟踪、分管领导亲自挂帅、项目负责人前线指挥,以实际行动贯彻落实每月设计高层会的会议精神;要求各分院设置轨道交通项目各项绿色通道,设置专职、专项三级审核人员,采取各种措施调动设计人员积极性,解决其后顾之忧,形成前方后方联动的高效工作局面。

③加大人员与技术投入。

各单位要采取一切有力措施,创造有利条件,迅速进入设计工作全面会战状态,确保设计工作快速顺利推进。要求各单位在初步设计阶段,按合同要求配备满足资质及工作能力要求的各级设计人员,并服从总体院统一领导。此外,在劳动竞赛活动期间,各单位应加强应急措施,做到"前店后厂",本部设计人员配备数量原则上2倍于驻现场人员,将常规的单一项目内部的串联组织方式,提升为全院统一会战的并联组织方式,做到主体建筑、附属建筑、内部构件、工程筹划、设计说明、力学计算等工作由不同设计人员同步分工完成。要求各单位相关职能部门组成联合技术小组,跟踪、深入轨道交通项目,及时解决追踪设计进展情况,加大技术支持和检查力度,发现问题及时纠正,重点难点技术问题要做到蹲点指导,形成切实有效的强大技术后援。

④统筹安排、细化管理。

各单位应统筹布局、合理安排、细化管理。各单位不得随意调动轨道交通项目前线设计人员,不得安排项目设计人员参与其他项目;后方设计人员应调整工作重心,重点跟踪该项目。同时加强与相关委办局的对接工作。要求各院制订细化到天的设计计划,对重点、难点设计工作制订有针对性的措施。总体院应根据初步设计评审与施工招标要求,组织各工点设计单位编制相关专篇及概算,进行内审会签、外部沟通协调、补充施工招标资料等工作,同时继续对初步设计进行查遗补缺、优化完善。

⑤加强设计过程管理。

面对艰巨的设计生产任务,总体院应全过程科学组织、严格管理,鼓励设计单位之间的技术交流。总体院应及时在全线推广优秀的成果和方案,遇到问题及时协调解决,重大问题及时上报建设管理单位。在抢进度、保工期、保质量的攻坚战中,总体院应始终加强设计人员管理,做到对设计人员到岗情况进行专人签到检查。

⑥明确明标、分解任务。

要求各设计单位应结合项目的特点、初步设计开放的条件,将具体工作分解到每一项,任务落实到每个责任人。为尽可能降低初步设计工期压力,对于初步设计评审与概算编制影响较小的内容,可视情况留待施工招标文件或施工图中再进行补充细化(但需设置备忘录并及时得到总体院或建设管理单位的认可)。

⑦劳动竞赛,表彰先进。

要求各设计单位要按照"劳动竞赛按期保质完成初步设计任务"的活动安排,结合各自标段的实际情况,尽快制订具体保障措施。建设管理单位届时检查设计单位各项保障措施的落实情况。另外,建设管理单位将在初步设计结束后,对表现优秀的单位和个人进行表彰奖励,对排名靠后的单位进行全线通报。

(6)合同管理

建设单位下达超出合同规定的重大设计方案,应与设计单位签订补充合同或补充协议。督促检查设计单位组织机构、人员设备到位情况,并及时解决存在的问题。审查设计单位编制的设计进度计划网络图,对控制节点进行严格监控;审查设计单位技术作业表等是否满足总的进度计划安排以及阶段控制时间。定期、不定期巡检,并对设计单位上报的各时期工作情况进行统计和考核,对设计中存在的问题要求设计单位及时解决。向设计单位提供必要的设计基础资料,组织技术交底活动,使设计单位尽快全面掌握设计前期工作。检查设计单位工作进展以及开放初步设计的准备情况,包括相关资料等。通过日常检查、定期会议、各阶段性设计审查,加强过程控制,控制设计过程中的质量。按照"信息、文件管理办法",由专人做好信息、文件的收发、传送、保管、借阅和存档,以及全线所有有效初步设计电子文件的汇总工作。同时对设计单位定期送达的"设计简报"进行审查。

8.4.4 施工图设计阶段

在取得初步设计批复后,即可开展施工图设计工作。施工图设计阶段的工作要根据批准的初步设计原则进行,其任务是按照批准的初步设计文件及主要设备等情况进行施工图设计计算,绘制施工图纸并编制有关施工说明,以指导施工。

1)施工图设计管理工作流程

(1)施工图设计阶段的专项设计、咨询委托及招标工作

①设计强审委托及招标。

②工程特级、一级风险源专项检测、评估委托及招标。

③工程竣工测量委托及招标。

④工程环保验收委托及招标。

(2)落实开展施工图设计的准备工作

①组织设计单位落实初步设计阶段各项审查意见。

②组织设计单位编制施工图设计技术指导性文件,主要包括:"施工图技术要求""施工图文件编制统一规定""施工图文件组成内容"。

(3)组织召开施工图设计启动会

①总结上一阶段工作成果,并向设计单位下达开放施工图设计的指令。

②整理初步设计阶段遗留问题,并议定工作方案。

③确定施工图设计阶段各设计单位人员、质量及进度等工作要求。

④总体设计单位宣贯施工图设计技术指导文件。

(4)审查设计文件

①审查分包单位(土建工点设计单位、系统设计单位、常规设备设计单位、系统设备设计单位和前期工程设计单位,以及分包合同内的其他单位)完成的各专业设计文件。

②督促检查设计单位执行、落实经批准的技术标准、技术要求。

③落实专家、政府、建设(管理)单位审查意见,并修改完善相应的设计文件。

④审查各设计分包单位提交的设计修改文件,包括修改、完善、补充的设计方案和设计变更等。

⑤审查设计、施工承包单位提交的技术方案、设计方案、施工方案。

(5)施工图预审

施工图预审是指施工图完成工点设计单位内审后,送设计总体单位和设计监理单位、咨询(如有)单位审查的同时,由建设单位相关主管部门组织对施工图的可实施性、施工图设计阶段方案的变化、依据和投资增减情况等(与招标图对比)进行的审查工作。

(6)施工图文件强制审查、消防审查、人防审查工作等

根据基本建设程序,施工图必须经建设管理单位委托的具有相应资质的审图机构进行强制性审查以及人防、消防审查部门审查备案,未经审查合格的施工图设计文件,施工现场不得实质性实施。

施工图设计阶段管理流程如图8-15所示。

2)施工图设计阶段管理内容

城市轨道交通施工图设计阶段,设计工作的管理重点内容是进一步落实设计方案的控制性边界条件、分析研究施工图设计方案的工程可实施性,加大对特级、一级风险工程专项论证、专项设计的管控力度,大力优化设计方案、进行工程投资控制。

(1)风险工程专项设计

为有效控制工程施工安全风险,严格按照"轨道交通工程安全风险管理体系"(简称风险管理体系)的有关规定,在总体方案设计、初步设计以及施工图设计阶段对全线风险源进行风险等级分级,并组织工点、总体院对分级的合理性进行论证。按照住建部对轨道交通风险工程的管理要求,在初步设计阶段对全线特级、一级风险工程进行初步专项设计,并邀请专家对全线风险工程分级、风险工程安全保护措施等进行专家审查。在施工图设计阶段,建设管理单位严格按风险管理体系的要求,组织技术管理委员会对全线的风险源分级及风险源保护措施进行技术审查,对安全风险较高的特级、一级环境风险工

程需要检测评估的范围进行论证。按照风险管理体系的规定,对所有特级、一级环境风险源进行现状评估。其中,部分环境风险源由工点设计单位按照相关规范要求及有限元受力分析进行评估,部分桥梁、市政设施、文物及建筑物单独委托检测评估单位。为加强特级、一级环境风险工程设计质量管理,根据安全风险管理体系的要求,建设管理单位可邀请国内知名专家对全线特级、一级环境风险工程施工图专项设计方案进行技术审查。根据专家意见对施工图专项设计方案进行优化完善。

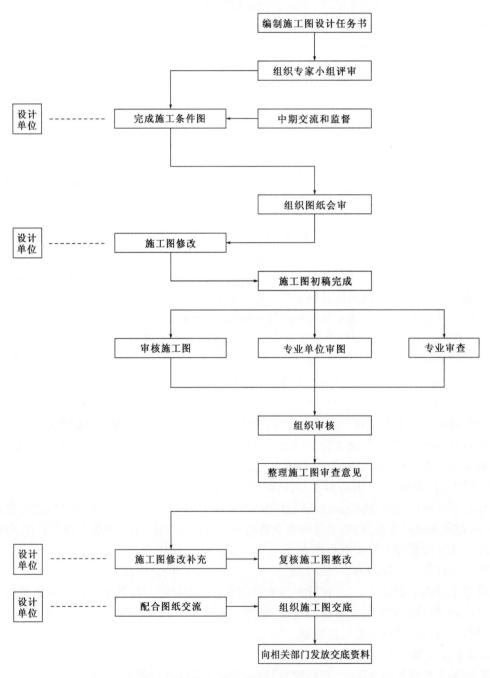

图 8-15　施工图设计阶段管理流程

(2) 工程投资控制

在施工图设计阶段,建设管理单位将施工图设计质量与工程投资控制作为重点管控内容。除施工图预审以及标准化设计对工程投资进行把控外,建设管理单位加强施工图过程管控力度,对部分非常规的设计方案及时组织论证。另外,对地质勘察报告提供的重要参数的合理性进行分析,对部分结构设计方案进行优化,严格控制暗挖工程及风险源保护中不必要的措施。在施工图设计阶段,对全线部分重要的技术标准进行统一,组织总体设计院及工点设计院进一步优化施工图设计。

(3) 设计方案可实施性研究

城市轨道交通工程设计质量的一个重要指标就是工程实施的快捷、安全、可操作性。同时,积极鼓励施工单位提前提供施工组织方面的需求,使得设计方案有较好的工程可实施性。建设管理单位采取的手段主要有通过施工图预审充分吸纳施工单位的意见,要求施工单位充分参与设计方案的讨论,同时要求设计单位充分考虑施工组织与施工现场实际情况。

(4) 落实设计边界条件

在施工图设计阶段,仍然有部分控制设计方案的边界条件尚未落实,严重影响设计与工程施工进度。例如,城市一体化设计、特殊地质条件以及部分前期工作均可能影响设计方案的稳定。因此,施工图设计阶段,另一重要管理工作是落实设计边界条件。另外,创造一切有利条件配合加快工程前期工作,督促相关专题研究单位按计划完成研究工作。

(5) 技术接口管理

在土建施工图设计阶段,设备系统专业需向土建专业提供技术接口与设备系统孔洞预留资料。由于设备系统的设计进度与土建工程设计有一定的时差,设备系统提资往往有滞后或所提资料不准确的情况;另外,设备系统专业繁多,设备系统各专业间技术接口复杂。因此,在设计管理中,时刻要高度警惕土建与设备系统及设备系统间的技术接口管理工作。

3) 施工图设计阶段管理思路及工作组织

在施工图设计阶段充分发挥施工单位的丰富施工经验,充分调动施工单位的自身的社会资源,强化设计方案与施工组织有机结合,强调施工图设计方案的合理性、可实施性、经济型、安全性的高度统一。

(1) 施工图预审查

在施工图设计阶段,为进一步加强对施工图的设计质量、设计方案工程可实施性、工程投资控制事前把关,在施工图正式送审前,建设管理单位组织设计管理部(总工室)、工程部、合同部、安质部以及施工、监理单位对施工图进行预审查,所有施工图预审查意见经建设管理单位汇总分析并经总经理办公会(或专题会)研究后,及时反馈给总体及工点设计单位,总体及工点设计单位根据反馈的意见修改完善施工图。对重大风险工程,可由建设管理单位技术委员会召开专题会进行审查,必要时组织召开专家论证会专题研究。

施工图预审是一种行之有效的设计质量把控手段,也是进行投资控制的手段,可以有效控制设计单位在未经建设管理单位同意的情况下修改设计方案的情况。

(2) 调动设计资源

对于部分施工图设计方案有争议的设计标段,要求工点设计单位利用总部或集团的技术力量对相关设计方案进行论证,必要时由设计院总部组织专家审查会,对有分歧的施工图设计方案进行充分论证。建设管理单位组织总体、工点的设计单位对各设计标段的设计质量进行过程控制,根据总体设计院及工点设计院设计方案的研究情况,对于部分有一定技术难度的设计方案,要求相关工点设计单位总部技术专家组对设计方案进行内部过程审查,必要时设计院总部需单独组织召开设计方案专家论证会。

(3) 调动施工资源

根据以往的工程管理经验,一个可实施性强、安全、经济可行的设计方案是离不开施工单位参与的,施工单位提前介入设计方案的讨论,可大大减小因设计人员施工经验不足而造成设计方案的缺陷。尤其对于暗挖工程,施工单位的提前介入对工程的实施有绝对的好处。因此,建设管理单位在组织工程设计方案的研究过程中,充分发挥施工单位集团公司的技术与施工经验优势,要求施工单位对工程地质及设计方案进行充分论证,提出施工方合理可行的建议,为施工图优化设计提供一定的借鉴。对于部分盾构区间以及安全风险较高的大断面暗挖区间工程,均要求施工单位组织专家论证。

(4) 利用业内知名专家资源

施工图设计阶段,建设管理单位应组织开展一系列技术专题研究,进一步优化施工图设计方案,重点对设计方案的安全质量、投资控制、方案可实施性等进行针对性研究。对特级、一级风险工程施工图专项设计方案进行充分论证,并组织召开风险工程专项设计方案专家评审会。根据施工图设计需要,建设管理单位充分利用业内知名专家的技术力量,组织专家对部分重大风险工程施工图专项设计方案进行专家审查,对尚有分歧的重大技术方案进行充分论证,为施工图设计提供技术支持,为建设管理单位的最终决策提供有益的建议。

(5) 信息管理

按照《信息、文件管理办法》,由专人做好信息、文件的收发、传送、保管、借阅和存档,以及系统设计电子文件的汇总工作。由于施工图的内容和深度要求高,信息管理的工作量很大,重点管理的内容有以下几点:

①检查设计单位的设计方案是否执行了初步审查意见。

②检查设计单位施工图的内容、深度是否符合设计合同要求和设计规范。

③检查各专业设备产品与型号全线是否统一。

④审查各项设计及设计文件。

施工图设计阶段的信息管理流程如图 8-16 所示。

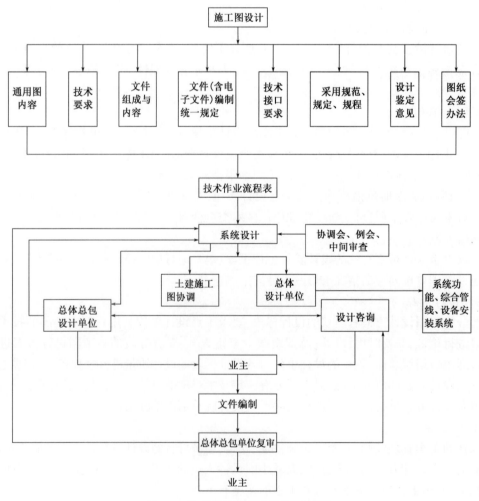

图 8-16　施工图设计阶段的信息管理流程

(6) 要求设计单位落实初步设计审查意见

根据初步设计审查意见,设计单位对初步设计方案进行修改和调整,建设管理单位对设计单位提交的优化设计方案重新审查确定,并要求将审查意见落实到施工图设计文件中。

4)设计交底管理

加强轨道交通工程施工图管理,规范施工过程中施工图的使用,建设管理单位需要组织设计单位进行交底工作,由建设单位代表组织设计人员和地质勘察人员向监理工程师、承包人及有关单位人员进行施工图设计交底。

(1)交底内容

①设计意图、设计单位采用的主要设计规范。

②主管部门及其他部门(规划、环保、交通等)对本工程的要求及在设计中的体现。

③工程特点、难点、技术标准、施工方法。

④施工中应注意的事项:如对建筑材料的要求、设计中采用的新技术或新工艺对施工提出的要求、施工中容易出现的问题、拆改和保护的管线部位及要求等。

⑤常规设备安装和调试方法。

⑥本工程施工对周边建筑物及地下管线的影响及监测要求(含监测项目的预警值和警戒值)。

⑦因不确定因素需后续补充设计的工作安排。

⑧对图纸会审中仍有疑义的问题进行解答。

(2)组织方式

由建设单位代表组织设计交底会,设计单位综合会前、会中对图纸会审中提出的问题填写"设计交底意见回复单"给予正式书面答复,一式四份,盖单位印章后送建设管理单位设计管理部门,经审核无异议后分发各单位,作为与施工图等效的施工文件。

5)设计变更管理与洽商

设计变更是指设计单位对原施工图纸和设计文件中所表达的设计标准状态的改变和修改。工程设计文件一经审定批准,任何单位或个人不得随意改变。自设计单位完成并提交经批准的施工图设计文件始至工程竣工验收完成,其间需修改施工图设计文件时,称为施工图变更。

工程变更与洽商划分:工程建设过程中凡需修改经批准的施工图设计文件者为工程变更;不需要修改施工图设计文件,但确有工程投资、合同金额变化者为工程洽商。政府、建设(管理)单位、总体总包设计单位、工点设计单位、监理单位、施工单位及其他与工程有关的单位均可本着优化设计、节约投资、保证工期和工程安全、保证工程质量的原则作为工程变更的提议方,对施工图设计文件提出变更。参与工程变更洽商各单位必须树立工程经济和限额设计的观念,深入调查研究、充分论证,本着精打细算、节约投资、不断优化设计、保证施工进度需要和工程及周边环境安全的原则进行工程变更洽商的提出、审批。工程变更洽商应充分考虑设备、材料的订货和供应情况,以及本工程和相关后续工程施工进度情况,减少废弃工程,避免造成设备、材料的积压和延误工期,保证工程及周边环境安全。严格控制工程变更的过程审查与审批环节,严禁对工程变更规模较大的项目进行分解,同一原因、同一时间引起的同一标段的、其内容不应分割的一次性变更为一项变更。为加强工程变更洽商的过程管理,严格控制工程投资,明确工程变更洽商的分类及办理程序,应制订工程变更洽商管理办法。

(1)设计变更的签发原则

设计变更无论由哪方提出,均应由建设单位、设计单位、施工单位协商,经确认后由设计管理部门发出相应图纸或说明,并办理签发手续,下发到有关部门付诸实施。但在设计变更审查时应注意以下几点:

①确属原设计不能保证质量、设计遗漏和错误以及与现场不符无法施工非改不可的,应按设计变更程序进行。

②一般情况下,即使变更要求可能在技术经济上是合理的,也应全面考虑,将变更以后产生的效益与现场变更引起施工单位的索赔所产生的损失,加以比较,权衡轻重后再做决定。

③工程变更引起的造价增减幅度是否控制在预算范围之内,若确需变更而有可能超预算时,更要慎重。

④施工中发生的材料代用应办理材料代用单,要坚决杜绝内容不明确、没有详图或具体使用部位,

而只是纯材料用量的变更。

⑤设计变更要尽量提前,最好在开工之前就完成。为了更好指导施工,在开工前组织图纸会审,尽量减少设计变更的发生,确需在施工中发生变更的,也要在施工之前变更,防止拆除造成的浪费,也避免索赔事件的发生。

⑥设计变更应记录详细,简要说明变更产生的原因、背景及产生的时间,参与人、工程部位、提出单位都应记录。

(2)设计变更的实施与费用结算

设计变更实施后,应注意以下两点:

①本变更是否已全部实施,若在设计图已实施后,才发生变更,则应注意因涉及按原图施工的人工、材料费及拆除费。若原设计图没有实施,则要扣除变更前部分内容的费用;若发生拆除,已拆除的材料、设备或已加工好但未安装的成品、半成品均由监理人员负责组织建设单位回收。

②调减或取消项目也要签署设计变更,以便在结算时扣除。

(3)分析设计变更,追究责任方的责任

①若由于设计部门的错误或缺陷造成的变更费用以及采取的补救措施,如返修、加固、拆除等费用,由造价工程师协同业主与设计单位协商是否索赔。

②若由于监理单位的失职或错误指挥造成设计变更,应由监理单位承担一定费用。

③由于设备、材料供应单位供应的材料质量不合格造成的费用,应由设备供应单位负责。

④由于施工单位的原因、施工不当或施工错误,此变更费用不予处理,由施工单位自负;若对工期、质量、造价造成影响的,还应进行反索赔。

8.5 设计管理成果文件及审查程序

8.5.1 总体设计成果文件及审查程序

在总体设计阶段,要求必须完成的几项工作如下。

(1)行车组织

确定行车交路,提出车站配线要求,车站配线按线网(联络线、支线)、车辆基地(出入线)、线路折返(折返线,配线)、故障待避(停车线和渡线)等功能设置。

(2)车辆

确定车辆选型,提出选定车辆的技术条件;确定列车编组,确定列车动拖比配置方案。

(3)线路

在工程可行性研究的基础上,结合工程外部条件,进行主要方案(工程可行性研究推荐和比较方案)具体线位的比较研究,落实线位。对线路敷设方式(地下、地面、高架)进行具体方案比选后确定。

(4)车站建筑

结合周边既有建筑布置和周边用地规划,以及道路交通状况和地下管线现状,对每个车站的站位及其建筑布置进行多方案比选,包括建筑总平面布置图(含出入口、风井)、各层平面及纵、横剖面设计。方案比选可从以下几个方面进行比较:如车站功能的发挥、客流吸引、车站埋深、规模、投资、动拆迁、交通改道、管线搬迁等工程量以及地下空间开发、与商业开发结合等方面。经过多方案技术经济比选,确定推荐方案,并提出各车站规模的具体数据,如层数、长度、宽度、每层面积、总图面积、占地范围、出入口数量及长度等。

(5)土建结构

根据工程沿线的工程外部条件,沿线水文、地质情况确定区间、车站的结构形式和施工方法,每个车站、每个区间单元都应有详细论述结构形式和施工方法技术经济比选,主要结构形式要有结构计算,结构尺寸的拟定、施工方法的选择应结合交通疏解、管线搬迁方案确定,并应重点论述各车站的交通疏解和管线搬迁方案。对重大工点应另列专节论述,对重点风险源的保护及与相邻工程的关系应有处理方案、措施。

(6) 机电设备专业系统

各机电专业系统根据本项目功能定位要求确定本专业系统的组成内容,并对各系统采用的制式、技术方案以及相应的重大设备选型进行技术经济比较,要求在满足功能的前提下,经济适用、技术成熟,并追求技术先进;根据比选提出推荐方案及其设计原则和技术标准。各专业系统与相关专业之间存在大量的技术接口关系,主要表现在以下四个方面:

① 接口对象;
② 接口界面(位置);
③ 接口内容;
④ 接口方式。

明确各专业间的接口关系和相互要求,各专业所需的提资要求,可根据工程可行性研究报告为依据,并通过设计会议讨论确定。

(7) 外部工程条件的落实

组织设计人员主动向有关部门汇报设计方案(规划部门、土地管理部门、交通部门、管线权属部门等),听取反馈意见、修改完善方案,使设计方案做到切实可行。公交调整规划则须委托相关部门进行设计。工程筹划要有交通疏解方案,以此作为公交调整的参考依据。

(8) 进行工程方案技术与经济的综合协调平衡,控制工程投资总额

总体设计阶段基本上覆盖到各专业,文件编制的深度要比工程可行性研究报告更深入,必要的专业需要出图。但其实更主要的是制定下一阶段工作的技术标准,让各专业进一步熟悉工程项目,为下一阶段的初设做好准备,也是总体单位为以后设计工作确立好管理办法的阶段。

总体设计完成后,须经业主审查,并组织外部专家进行评审,主要是在工程可行性研究报告的基础上对设计方案提出问题及下一阶段工作的重点和方向。

① 报审:工点设计单位向总包总体设计单位、总体设计单位向咨询单位和建设管理单位提报文件和图纸。
② 咨询:工点设计单位、总体设计单位和咨询单位对文件和图纸进行审查,形成咨询意见,向建设管理单位提交预审报告。
③ 落实:总包总体设计单位严格落实咨询意见,对文件和图纸进行修改。
④ 签认:总包总体设计单位提交已修改的文件和图纸,经工点设计单位、总体设计咨询单位确认。
⑤ 印刷:总包总体设计单位印刷文件和图纸,并加盖公章。
⑥ 建设管理单位组织评审。
⑦ 技术决策部门评审。
⑧ 专家评审。
⑨ 形成评审意见。
⑩ 建设管理单位转发评审意见。
⑪ 总包总体设计单位及工点设计单位、总体设计咨询单位执行。

8.5.2 初步设计成果及审查程序

在初步设计阶段,各专业应对本专业内容的设计方案或重大技术问题的解决方案进行综合技术经济分析,论证技术上的适用性、可靠性和经济上的合理性。初步设计文件应符合已批准的可行性研究报告、审定的设计方案及落实的接口条件,能据此确定土地征用、主要设备及材料的准备以及建筑物和构

筑物搬迁、管线改移,并可据此进行施工图设计和施工准备,提供工程设计概算,以此作为审批确定项目投资的依据。

初步设计文件根据设计任务书[或批准的可行性研究报告、总体设计文件(如有)]编制,由设计总说明书、各专业设计说明书、图纸、主要设备及材料表和工程概算书等组成。

通过各专业、各工点单位之间配合,形成初步设计文件和总概算,有时,初步设计可用作施工招标。

初步设计审查包括内部审查和外部审查。初步设计内部审查流程如图8-17所示,初步设计外部审查流程如图8-18所示。

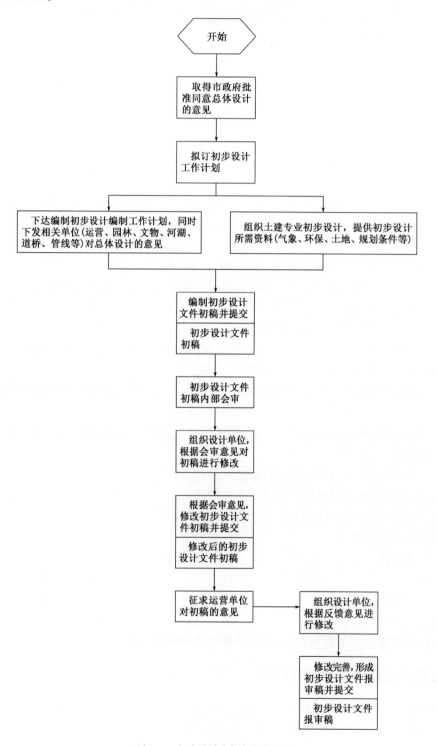

图8-17 初步设计内部审查流程图

第8章 设计管理

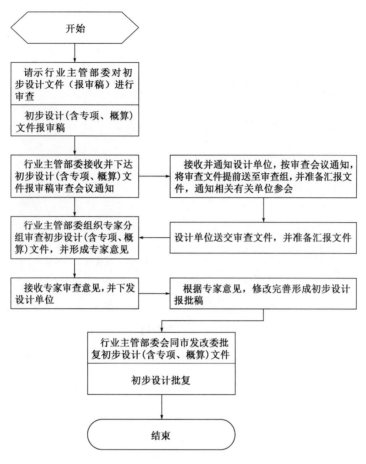

图 8-18 初步设计外部审查流程图

(1)报送：工点设计单位向总包总体设计单位送审文件和图纸。
(2)报审：总包总体设计单位审查文件和图纸并提交工点设计咨询、总体设计咨询单位。
(3)审查：工点设计咨询单位、总体设计咨询单位和建设管理单位交换意见并形成咨询意见备存。
(4)修改：工点设计单位执行意见，修改文件。
(5)确认与报送：总包总体设计单位及工点设计咨询单位、总体设计咨询单位分别确认后，工点设计单位印刷盖章，总包总体单位汇总文件，工点设计单位提出预审报告，总体设计咨询单位汇总预审报告。
(6)建设管理单位评审：建设管理单位组织评审并提交技术决策部。
(7)政府部门评审：发改委同规划、建设主管部门组织专家评审并提出评审意见。
(8)执行：建设管理单位转发政府部门评审意见，工点设计单位、总包总体设计单位、设计咨询单位分别落实评审意见。

8.5.3 施工图设计成果及审查程序

施工图设计应根据已批准的初步设计文件进行编制，内容以图纸为主，应包括封面、图纸目录、设计说明、图纸等。施工图设计成果文件应达到能据此编制施工图预算、安排设备和材料订货、非标准设备的制作、施工和安装及调试、进行工程验收。施工图文件一般以专业、站、段或系统独立编册。

(1)施工图设计阶段成果是设计单位按照计划提交经过强审合格的施工图纸，满足现场工程需要。
(2)为确保施工图的内容、深度符合设计合同要求和设计规范，施工图审查流程如图8-19所示。

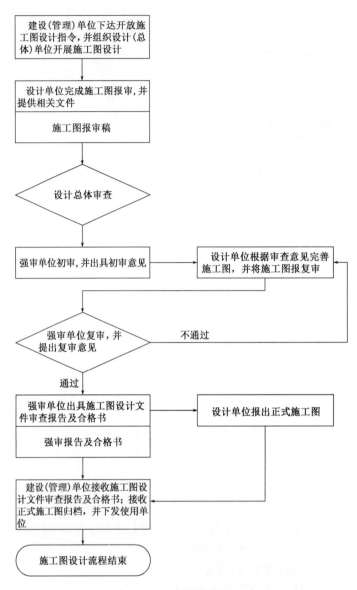

图 8-19 施工图审查流程

施工图审查的主要内容：
(1) 是否符合有关法律和法规。
(2) 是否符合有关的技术规范和标准。
(3) 是否符合抗震、消防、节能、环保、无障碍设计等要求。
(4) 基础处理、结构设计是否安全。
(5) 施工图设计是否按照初步设计文件进行，是否达到规定的深度要求。
(6) 是否结合工程实际按照有关规定落实安全专项设计。
(7) 预算中是否按有关规定足额提取安全措施费用。
(8) 建设行政主管部门或其他有关部门规定的其他审查内容。

8.6 接口管理

城市轨道交通工程作为大型市政工程，其建设必须接受政府各管理部门的指导、监督和检查，其功能的发挥受整个市政系统功能的影响。如线位及站位的确定须经规划部门的认可，客流疏导须与公共客运及铁路部门接口协调,电力、自来水、人防、消防及信息等均须接受相关职能部门的管理,工程建设中需拆迁已有的各种建筑物或管线设施,均须进行大量调研和协调工作。城市轨道交通工程设计,外部需要与众多相关政府职能部门进行协调,使总体设计符合城市规划部门、城市建设的实际情况,以及消防部门、交通管理及市政等职能部门的要求。在做到基础资料准、齐、新的前提下,加强与接口部门的协调、沟通和汇报,使得设计文件符合城市建设要求。

8.6.1 外部接口的内容

外部接口是指与外部政府职能部门之间的技术接口,外部接口的对象主要有市区规划、国土、市政、建设、财政、园林、环保、城管、交通、消防、人防、安全监督管理、供电、供水和电信等公用事业有关部门。城市轨道交通系统与外部接口的关系见表8-2,各外部接口内容见表8-3。

城市轨道交通工程设计主要外部接口具体关系表　　　表8-2

轨道交通有关专业外部接口	线路	轨道	车站	车场	隧道	供电	通风	给排水	通信	防灾
城市规划	√		√	√	√	√	√	√	√	
城市交通	√		√	√	√					
城市市政	√		√							
城市供电				√		√				
城市气象							√			
城市供水、排水			√	√	√			√		√
城市电信									√	√
城市环境、景观	√	√	√	√	√		√	√		
城市消防			√	√			√			
城市人防		√			√	√		√		√
地质、地震灾害	√	√	√	√	√					
铁路	√	√	√	√						
航空	√		√							
航运	√				√					
文物保护	√	√	√	√						
环境敏感区	√				√		√			

外部接口主要内容　　　表8-3

接口内容	政府或其主管部门	职能
国家及地方有关建设法规、审批文件、项目建议书及批文附件、与项目有关的纪要和公文、可行性研究报告批复意见、环评报告、土地使用与城市规划城市建设规划、轨道交通线网规划、城市道路规划红线、江河蓝线及洪水位、城市园林绿地、轨道交通的地面建筑(车站、出入口、风亭)、车辆基地的位置确定及用地、沿线地面建筑及基础资料、工程施工用地、弃土用地等用地规划落实、土地利用分布形态及发展限制	规划与自然资源部门、发改委、档案局、建设局	工程周围条件分析,工程线路、土建方案设计,商业开发的影响及效益分析,办理开工手续
文物保护:重点文物及建筑房屋保护、沿线工程范围内的建筑物拆迁	文化局、民政局、房管局	沿线文物及重要保护性建筑物保护、各类不同用途房屋(含学校等文化设施)的拆迁审批、残疾人设施的设置要求

续上表

接口内容	政府或其主管部门	职能
城市交通：车站位置的设置，与公交客流的接驳方案；破坏道路的工程地段，施工期的道路交通组织（通行、封闭、分流、导流），施工运输车辆通行路线的路段和时段等	交通局、公安交警	建设期和运营期的交通组织
城市道路：高架桥墩与城市道路横断面的空间分配，道路净空控制高度	规划与自然资源部门、公路局、城建档案局	协调及确定与城市道路的空间关系
城市供电：城市供电电源（变电站）分布和供电条件；地下电缆、地面高压线等级及其走廊位置、安全控制距离和控制高程、气象资料、雷电资料、城市电网资料、主变电所规划要求	规划局、气象局、供电部门	供电系统方案设计、主变设置、气象参数资料
城市供水、排水、供气：城市水源（水厂、水压、水质）；给水管、排水管接入条件；地下管线	规划局、自来水、污水、煤气等的产权部门	本工程管线的布置协调涉及的市政管线的拆迁改移
城市电信：市电话、地下电缆和市无线电管委会的规定条件	规划局、电信部门	本工程管线的布置协调涉及的市政管线的拆迁改移
城市环境、景观城市道路不同地段的本地噪声和环保标准；车站与高架桥的造型和体积，与周边环境景观协调；敏感地段的性质和特殊要求	生态环境部门、规划局、自然资源部门、建设局	环境影响评估、地面及高架结构的外观设计、制订工程的减振降噪措施
城市人防：人防通道建设现状和规划；对地铁的人防功能定位和设施要求	人防办公室	人防设防标准
城市消防、公安管理：参与轨道交通消防和救援的要求和沿线公共安全管理要求	公安局、消防局	工程消防设计和车站公共安全管理设计
地质、地震灾害：根据地质、地震灾害报告中提出的防治措施	地质、地震局	工程抗震设计
铁路：接轨条件、跨越铁路净空高度控制条件。航运：航运码头、江河通航要求	交通局、航道、水利局、铁路局	与铁路、江河码头等的关系协调
其他	发改委、财政局、建设局、审计局、海关口岸办公室、质量技术监督局、统计局、档案局	城市经济发展情况、工程建设中的有关手续、设备进出口及工程质量检查监督、工程建设档案管理等

8.6.2 外部接口管理方式

（1）在设计各阶段与城市各相关单位、部门建立密切的联系，征求其意见，并把这些意见和要求客观落实到设计中，不能执行时，要取得其理解和支持。

（2）在设计各阶段和城市有关主管部门举行定期或不定期的技术协调会议，以保证设计各阶段重大方案决策，文件中间结果和最终文件的稳定有良好的外部协调及预先确认作基础，减少了方案的反复和决策的失误，在各阶段方案稳定后及时汇报相关部门，并获得相关政府部门的批文。

（3）与市政有关部门签订不同阶段所需要的意向书和协议书，书面落实技术协调结果。

（4）编制不同阶段向市政府各部门提供报审及报批文件的技术协调进度表，确保报审及报批文件按时完成。

（5）随时配合政府有关部门协调各种突然发生的情况和问题，确保设计的顺利推进。

8.6.3 设计各阶段外部接口协调的重点、难点

接口管理的重点和难点在于，要求在项目全过程中对外部接口的内容、时机和责任管理到位，在推进设计工作中及时做好与市、区规划以及国土、建设、环保、城管、交通、消防、安全监督管理、供电、水务和电信等公用事业部门的技术协调与各项报建工作，努力使本项目达到规划满意、环保满意的目标，特

别是做好一个接口内容改变时引起的相关接口变化的检查落实工作。

8.7 专项研究及专项设计管理

组织设计总体单位开展项目所要求的专项研究并提交研究报告,为设计提供支持性意见,如车站周边综合规划专题研究、重要换乘节点及换乘方案专题研究、节能专题研究、安全风险评估专题研究、物业开发专题研究等。

8.7.1 规划设计专项策划

城市轨道交通工程在建设标准、运营服务水平、承载的社会功能以及给城市带来的经济发展、呈现给市民的形象等方面均起到表率作用。因此,轨道交通工程在规划设计初期,一定要借鉴目前国内外城市轨道交通建设的成功管理经验,充分考虑到新建轨道交通工程的后发优势,城市轨道交通工程规划设计以及运营效果有一个整体策划。

1) 文化概念设计

依据城市特点与独有的文化特色,深入分析轨道交通线路区域的文化背景,制定轨道交通全线各站点的文化主题,将这种主题贯穿在各站点的相关工作(如城市设计、车站建筑设计、车站室内设计、车站导向标识、商业物业等)中,形成各站点独有的文化氛围,体现城市特有的轨道交通文化特色。根据总体策划的文化主题和功能,将各文化元素分配到各车站,在主色调及装修风格统一的基础上,结合各站所处周边环境的特点,实现车站系统的整体性、统一性、与周边景观的协调性和易识别性,形成城市轨道交通文化设计的最佳组合效果。通过对城市轨道交通工程文化概念的分析研究,主要对轨道交通标志设计、导向设计、色彩设计、景观设计、艺术品设计、企业文化形象设计等提出概念设计方案。

2) 公共区装修设计

城市轨道交通车站公共区装修工程作为轨道交通车站独立的专业工程项目,其设计的立足点是为乘客提供舒适、美观的进站候车环境,对体现轨道交通建设理念和服务水平具有无可替代的重要作用。由于车站公共区装修属于"面子工程",如何做好公共区装修工程,成为城市轨道交通工程建设过程中建设管理单位关注的重点之一。因此,在装修设计时要从乘客的角度出发,通过装修的手法将社会文化、地域特色、生态环保等因素糅合到轨道交通车站设计中。

(1) 概念设计的主要内容

①从城市地域特性、历史积淀、文化艺术、城市景观、经济发展和自然环境等多视角综合考虑,结合轨道交通全网概念设计总体原则,确定本线的功能定位、特色及其所承载的任务。

②在城市线网的基础上,提出具体线路的装饰装修设计理念与风格主题定位、设计原则和手法。

③在总体理念风格的基础上,制定具体线装修设计指导原则,装修通用图构思方案等。

(2) 公共区装修设计主要内容

①车站公共区、相邻非公共区所有外露部分、公共区出入口内部、乘客可见车站轨行区部分的精装修设计,包括材料的选择、色彩的确定、尺寸的划分、灯具的选型等。

②车站公共区精装修范围内土建与设备各个专业接口的装修整合设计,包括动力照明专业、火灾自动报警系统/环境与设备监控系统(FAS/BAS)专业、给排水专业、电梯自动扶梯专业、自动售检票系统(AFC)专业、安全门专业及广告、自助机械和商铺和导向标识专业等专业的接口设计。

(3) 装修设计原则

轨道交通车站的装修应秉持以人为本的原则,无论是装修材料的运用,还是装修风格的选取及颜色的运用,都应以安全、适用、经济、美观,并能充分体现方便、舒适、快捷的交通建筑特点,然后根据不同的站区的特色、历史背景等,分别采用不同的艺术构思手法,结合不同的装饰材料、色彩、质感等,使轨道交通的各车站具有各自的特色,坚持不搞多余的装修,更不搞豪华装修和选用高档装饰材料。城市轨道交通是以交通运输为主要目的,在保障人们安全出行的同时,又给过往乘客以整洁、舒适的乘车环境。选用高档奢华的装修材料不仅经济花销大,且人口流动量大也会造成装修的磨损。但为保证必要的运营功能和乘客的安全,将对车站公共区和人行通道等与乘客直接接触的地面、墙面部分采用耐高温、耐磨、耐久、防滑、易清洁的装饰材料进行必要的装修,其他部位则视具体情况综合考虑装修处理的手法及选材。这样一来,不仅可以在经济花销上节约装修的开支,还能保证整个轨道交通车站室内的装修质量,可谓省财省时又省心,乘客坐车舒心,社会经济发展也会得到有力的保障。

(4) 装修设计管理重点

技术接口协调及系统功能平衡是确保装饰设计质量的重点和难点。轨道交通车站内专业接口众多,如车站风水电、通信、信号、自动售票机、检票闸机、BAS、FAS、电扶梯、安全门、导向等,装修设计一个重要环节是在遵循技术规范基础上,统筹各系统专业终端设备及各专业管路通道与公共区墙、顶、地、柱面装修的整体协调。装饰设计与设备专业接口是互动过程,根据设备布置确定墙面材料模数,为实现天花的虚实效果、局部抬高、单元模数而对通风口、FAS、广播、导向等设备布置提出调整要求;同时,也要配合设备专业要求调整装饰方案以满足功能。接口工作在施工配合阶段也尤为重要,应要求施工承包商除依据装修图纸施工外,还应参考车站建筑图、车站风水电安装图、导向、相关系统设备图纸,做好墙顶面设备梳理、装饰材料的孔洞预留,做到心中有数;还应现场督促各设备安装单位保证吊顶净高,以确保实现装饰效果。

3) 地面附属及环境设计策划

在城市轨道交通建设中,线路规划、站点位置选择、出入口、风亭位置的设置等,与城市环境之间如何去协调发展,都应当在城市规划中进行科学、合理的整体考虑,但实际情况是,快速的城市生活方式的变化往往领先于城市空间物质环境的更新,尤其是在城市已建成区,城市轨道交通的建设必然导致城市环境以不间断的"适应性"改造来保证与城市活动的一致性。因此,城市轨道交通的发展不仅带来交通方式上的重大变革,其线路规划及各站点的设置也深刻影响和改变着城市的空间规划格局。在地面空间部分,附属于轨道交通的车站地面空间也发展为新型的城市公共绿地。城市轨道交通车站不仅是交通系统中的核心组成部分,同时也是城市发展中的新景观,是展现城市人文特色以及城市面貌的重要组成部分,是现代城市建设中不可忽略的组成部分。因此,如何在满足交通功能需求的基础上,最大限度地实现城市轨道交通车站地面空间的景观功能,更好地展现城市特色和弘扬城市文化,对于提升整个城市的环境品质具有重要意义。

(1) 设计主要内容

城市轨道交通工程地面附属及环境景观设计工作主要分为两部分进行管理:一是城市轨道交通工程地面附属、环境景观、交通工程设计全网整体性概念设计;二是城市轨道交通工程地面附属、环境景观、交通工程设计。

(2) 设计管理重点

①交通换乘功能。

城市轨道交通车站是重要的交通连接枢纽,保证安全、便捷、快速、高效的集散功能是基本前提,不仅要考虑车站地面广场空间本身的规划布局、流线组织、铺装地设计,还要考虑与周边交通设施的有效对接,应当从人们的出行方式特点、流动方向、换乘习惯、方向引导等方面综合考虑,真正体现人文关怀。

②地面主体建筑。

城市轨道交通车站地上部分建筑主要由人行通道出入口及风亭构成。出入口建筑应具有独特的可识别性,满足城市景观的美学需要,在纷繁的城区环境中,需要成为能迅速被人们视线捕捉到的独特形象。

③集散广场。

城市轨道交通车站的设置应当充分考虑与其他地面交通形式的结合,方便人们换乘,其地面空间应有利于各种人流和车辆的吸引与疏散,因此必然存在一定面积的交通集散广场。根据对客源数量及流动方向的分析研究,应通过合理的规划布局和空间分隔去组织交通流线,对人流、车流的交通行为产生良好的规范和引导。

④景观小品及服务设施。

城市轨道交通车站地面空间是高品质的城市公共空间,提供美观、方便、保障安全的各类服务设施与景观小品是体现人文关怀的重要组成部分,虽然它们所占比重很小,却能够通过独特的设计成为空间中的亮点点缀。

4) 商业综合开发策划

当前正值我国城市轨道交通大发展时期,城市空间和功能的集约趋势越来越明显。商业是城市最基本的功能之一,交通是实现城市物流的动脉,在城市发展的历史中,二者从来都是密切关联的,它们的发达程度和整合水平反映一座城市的活力与效率。现代城市轨道交通带来的客流可以为聚集的商业增添更多活力,而商业发展到一定程度又可以反哺城市轨道交通相关的物业建设。所以,将城市轨道交通与商业空间的关系作为研究对象,进行二者的综合开发与设计,是未来我国城市空间集约化发展的重要方向之一。

(1) 研究主要内容

以城市轨道交通工程为背景,结合当地的地域特点,通过专业的研究机构对工程沿线站点及周边区域的空间与环境进行整体策划,提出轨道站点区域的概念规划、城市设计等的指引和导则,以满足各相关方对空间环境的服务效果要求。

主要工作包括沿线站点区域的概念规划、城市设计指引,站点周边区域控制规划(简称"控规")调整方案优化建议,沿线站点区域上盖物业及地下空间开发利用,沿线市政配套提升改造策划。

(2) 研究重点

①确定站点影响范围及核心区范围,并对该地区的功能定位、发展策略、建设规模、用地布局、重要关注方面等提出初步建议,同时提供区域建筑风貌设计意向和初步情境效果等,为具体的规划、城市设计工作提供指引和参考。

②综合相关规划和城市设计,分析站点周边用地意向,优化调整地块用地性质、布局等,提出优化建议,为站点区域控规调整提供指引和参考。

③重要站点周边地区,明确规划管理单元主导属性、用地面积、建筑面积市政公用设施、绿地、广场等强制性控制要求,以及特殊规定等内容建议。

④非重要站点周边地区控规调整的建议及新编控规的建议。

⑤提出轨道站点综合开发预留条件以及预留工程方案,明确轨道建设和物业之间、不同组合开发之间的衔接以及工程范围的划分界面,确保后期综合开发的实施。

⑥同步对轨道沿线相关的道路、市政、环境、景观、空间形象进行提升改善,以便和轨道交通相融合,创造和谐宜人的整体环境,提升城市空间整体形象。

5) 综合交通衔接策划

实现交通网络运行的高效率,不仅体现在提高各种交通方式的性能上,更重要的是优化城市的交通结构,确立以城市交通为骨干、公共交通方式为主导的综合交通体系,实现城市交通一体化的目标。城市轨道交通提供快捷、安全、方便的客运系统,但缺少灵活性,需要依托地面其他交通方式来最大限度地发挥它的效能,实现"点对点"的服务。城市轨道交通衔接规划主要是以满足换乘客流的方便性、安全性、舒适性等一些基本要求为标准,包括人流与车流行驶路线的严格分开,以保证行人的安全和车辆行驶不受干扰;有效控制换乘通道距离;客流在枢纽区的有限空间里能够进行交换,不发生滞留和过分拥挤的现象。与辅助交通方式的良好衔接,可以缩短人们的出行时间、提高出行舒适度,从而大幅提高公共交通系统的吸引力,以刺激城市公共交通的发展,最终优化城市居民出行结构。因此,城市轨道交通如何满足乘客方便、安全、舒适地进行各种交通方式的转换要求,也是建设管理单位进行项目管理重点研究的内容。

(1)城市轨道交通衔接规划的目标

城市轨道交通衔接规划要从宏观的角度把握城市的公共交通客运供需体系,使该体系供需平衡、层次分明、各要素搭配得当,系统运行通畅,在客运供需体系和宏观规划的基础上,研究地面交通和快速轨道交通的衔接规模和衔接布局,对衔接体系进行层次分析,提出具体规划方案,建立以快速轨道交通为骨干,地面公共电、汽车为主体,中小巴、出租车为补充,相互配合、共同发展的城市公共交通体系,以满足城市现代化运输需求。根据轨道交通车站的区位、服务对象和规模,规划为不同等级、不同类别的客运枢纽,发挥各种交通的集聚效应,加强系统之间的有效衔接,来扩大快速轨道系统服务范围,提高公交整体运输能力。另外,还包括指导轨道交通站点周边土地规划,使其建筑发展与交通发展协调一致;提供良好的换乘空间和设施,通过对站点综合规划设计,合理组织换乘客流和集散人流的空间转移,达到系统衔接的整体化目标。轨道交通与其他各种交通的衔接方式设施的规划,应该满足乘客方便、安全、舒适进行各种交通方式的转换要求,确立以大容量、高速客运的轨道交通为主体、方便性高的公共交通体系,不仅要提高轨道交通自身的方便性,还要考虑轨道交通与其他交通方式换乘方便的连续性及一体化。

(2)城市轨道交通的辅助交通方式

城市轨道交通的地面辅助交通方式有常规公共交通、出租车、私人机动车、自行车等,衔接换乘规划的关键在于减小轨道交通车站换乘其他交通方式的步行距离,减少乘客换乘过程中受到的交通干扰,"以人为本",为乘客提供便捷、舒适的换乘条件,提高整个交通系统的运输效率。

8.7.2 风险工程专项设计

按照《轨道交通工程安全风险管理体系》(简称《风险管理体系》)的有关规定,在总体方案设计、初步设计以及施工图设计阶段对全线风险源进行风险等级分级,并组织工点、总体院对分级的合理性进行论证。

为规避和降低由于线位、站位和施工工法等方案设计不合理可能导致的安全风险,在总体设计及初步设计阶段由设计院编制,建设管理单位设计管理部门审核,技术委员会及专家审查,相关领导及部门决策后形成全线特级、一级分级清单与风险工程专项设计文件。在施工图设计阶段,建设管理单位严格按风险管理体系的要求,组织技术管理委员会对全线的风险源分级及风险源保护措施进行技术审查,对安全风险较高的特级、一级环境风险工程需要检测评估的范围进行论证。其中总体设计、初步设计阶段风险工程专项设计管理要点、工作流程等与施工图设计阶段基本相同。

1)管理依据

(1)工程筹划与施工图出图计划。
(2)工程安全风险技术管理体系。
(3)特级、一级风险工程施工图专项设计管理办法。
(4)施工图设计阶段各相关单位的审查论证意见。
(5)相关法规、规范、指南等指导性文件。

2)管理职责

(1)工点设计单位负责安全风险的全面识别及风险工程分级,编制风险工程分级清单,提出现状评估需求并参加现状评估大纲及报告成果的审查验收,完成风险工程施工图设计(含施工影响预测)和工程环境施工附加影响分析。

(2)总体设计单位负责初审风险工程分级清单,汇总编制全线风险工程分级清单专册,初审现状评估需求、施工附加影响分析大纲及成果和风险工程施工图设计文件,参加现状评估大纲及报告成果的审查验收。

(3)施工图设计强审单位负责对风险工程施工图设计文件进行强制性审查。

(4)现状检测评估单位负责完成特殊要求的工程环境的现状评估工作。

(5)建设管理单位设计管理部门负责组织对风险工程分级清单、现状评估大纲及成果、施工附加影响分析大纲及报告成果、风险工程施工图设计文件进行审查、论证;协助建设管理单位技术委员会组织专家对风险工程分级清单进行终审,对现状评估报告成果、特级、一级环境风险工程的施工附加影响分析报告和安全施工图设计专册进行终审、论证。

3)管理主要内容

(1)风险识别

风险工程专项设计的开展建立在对工程自身风险和环境风险全面识别的基础上,由设计单位结合工程的自身及环境安全情况,根据项目安全风险发生危险时产生的社会影响严重程度来确定安全风险等级,工点及总体设计单位对风险源进行分级并编制风险源分级清单后报送建设管理单位,建设管理单位审查后形成风险工程清册。工程安全风险识别工作贯穿整个工程建设过程,根据全线规划设计外部边界条件的变化以及设计方案的不断深化,风险工程的风险识别的工作重点在总体设计、初步设计及施工图设计阶段有所不同,随着设计方案边界条件的不断稳定及设计方案的逐渐完善,对全线的风险工程的分级情况进行动态调整。

(2)风险检测评估

根据北京轨道交通建设管理的成功管理经验,对于安全风险较高的特级、一级环境风险源,在设计阶段除对风险工程的风险等级进行识别外,还需对存在重大安全隐患的环境风险源的现状使用状态及现状抗变形能力进行评估,为特级、一级环境风险源施工图专项设计提供可靠的设计参数,为风险源第三方监测提供风险预警值。工程检测评估工作需要对检测评估的需求、大纲及成果文件进行重点把控。其中,检测评估需求与大纲编制的管理形式相似,先由工点院上报文件材料,经总体院审核汇总后报送建设管理单位设计管理部门审查,经设计单位修改落实后交建设管理单位设计管理部门备案。对于检测评估的成果文件,在建设管理单位设计管理部门审核的基础上组织召开专家评审会,形成专家意见。审查时应邀请总体设计单位和工点设计单位参加,并充分征询其意见,对产权单位有特殊要求的环境风险工程,邀请产权单位参加审查。

(3)施工图专项设计

风险源施工图专项设计的文件组成、设计深度以及设计方案的技术审查等都有特殊的规定,总体及工点设计单位必须严格按照风险管理体系的要求进行专家评审等。对于风险工程专项设计,在设计院通过审核汇总报送到建设管理单位设计管理部门后,建设管理单位设计管理部门组织对特级、一级风险工程施工图设计文件(含特级、一级环境风险工程安全施工图设计专册)进行论证审查,履行程序为:

①对特、一级风险工程,建设管理单位设计管理部门组织复审,形成审查意见后进行专家评审。

②对特级风险工程,建设管理单位工程技术委员会组织审查并形成审查意见。

③对产权单位有特殊要求的环境风险工程,邀请产权单位参加审查。

④工点设计单位应按照审查论证意见修改、完善施工图设计文件,总体设计单位监督检查其落实情况。

(4)成果文件

①风险工程分级清单专册。

②特级、一级风险工程清单专册。

③特级、一级环境风险源工前评估报告。

④风险工程施工图专项设计文件。

8.7.3 设备设计

设备设计分为两个技术层次,即设计院的总体设计和系统中标集成商的系统集成设计。设计院总体设计的设计深度主要对整体系统的方案、构架、可行性进行功能性和需求性的掌控,系统集成商则根据设计院提出的总体需求和框架结合自身中标厂家设备技术特点进行系统深化设计,细化系统各部分的细部功能。设计院对系统集成商的系统深化设计进行审核,确认其系统深化设计达到了设计院的总体框架要求。

设计联络是设备设计管理工作的重点之一,是建设(管理)单位组织集成商、咨询单位、供货商与设计单位之间所进行的澄清、方案优化与深化、文件确认等需要各相关单位共同参与完成的工作,在初步设计完成后,施工图设计启动前需要完成的工作;其目的是依据供货合同,完成设备的深化设计、生产、试验、安装调试和验收等技术条件(含图纸)。

1)设计联络阶段

(1)第一阶段

①设计向供货商交底。

②供货合同技术条款的澄清及深化。

③相关供货商的接口协议和接口计划。

④设备功能的确认。

⑤供货商提供相关设计信息(如果有)。

⑥明确未定的供货范围和服务(如果有)。

本阶段设计联络的成果应使供货商具备全面进行产品设计的条件。

(2)第二阶段

①确定最终相关供货商的接口文件。

②确定最终的用户需求书、用户界面。

③确定最终产品制造设计文件(图纸)。

④确定开展施工图设计所需的接口文件。

⑤确定试验大纲。

⑥确定初步施工图设计方案。

本阶段设计联络的成果应使供货商具备开始生产条件,使设计单位具备开展施工图设计的条件。

(3)第三阶段

①确定调试大纲。

②确定验收大纲。

③确定培训计划。

④确定安装督导计划。

⑤审查、批准最终施工图设计。

本阶段设计联络的成果应使设备调试、验收、安装具备条件。

2)设计联络参加人员

(1)业主和业主代表相关人员。

(2)设计单位相关人员。

(3)供货单位相关人员。

(4)监理(监造)单位相关人员。

(5)其他接口设备和系统供货商。

(6)运营商代表(如需要)。

(7)其他相关人员。

3)设计联络各方责任

设计联络各方责任见表8-4。

设计联络责任分工表　　　　　　　　　　　　　　　表 8-4

序号	项 目	设计联络参加人责任					
1		设计	供货方	运营商	监理/监造	接口单位	业主代表	业主
2	设计联络内容	编写	编写		初步审核		审核	审批
3	设计联络大纲	编写	协助		初步审核		审核	审批
4	设计联络会议	参加/协助	参加/协助	参加	参加	参加	组织/主持	参加
5	设计联络技术方案	技术负责	技术负责		初步审核		审核	审批
6	设计联络接口	接口要求	负责		初步审核		审核	审批
7	设计联络会议纪要	起草/会签	起草/会签	会签	会签	会签	审核/会签	审核/会签
8	设计联络文件归档	协助	协助	协助			负责	
9	设计联络成果执行	执行	执行		协助监管		监管	检查

8.7.4 标准化建设

1）标准化体系建设

城市轨道交通标准化体系的建设，首要工作应搭建合理的标准化体系框架。标准化体系的形成应在体系框架的约束和指引下，在轨道交通的建设期内，在规划、融资、建设、验收、运营等阶段，逐步形成并完善轨道交通的管理及技术标准化工作，最终形成一套完整的轨道交通标准化体系。城市轨道交通标准化体系的框架应把握以下重要原则：首先，建立城市轨道交通标准化体系纲要，明确标准化体系的编制原则，明确标准化体系的主要内容、明确各篇章的接口关系、明确编制阶段与实施阶段的审查机制、明确相应管理程序及技术标准文件的层级、明确修编原则；其次，城市轨道交通标准化建设应系统化，参考其他城市轨道交通标准化体系的建设成果，结合当地轨道交通的特点，在国家、行业、地方规范及标准的原则下，梳理当地轨道交通各阶段管理及技术的标准化工作，整合相关专业标准化工作的接口关系，使之适应当地轨道交通的发展需要；最后，城市轨道交通标准化体系应模块化，各阶段的管理工作和技术工作，应在标准化体系的框架内，形成独立的标准化模块，使当地轨道交通标准化体系的应用更具操作性。城市轨道交通标准化体系在内容上分为两大部分。首先，是轨道交通管理工作的标准化建设，根据国家轨道交通相关的强制要求以及轨道交通工程的既定程序，可分为规划管理、投融资管理、建设管理、运营管理等阶段的管理工作，在不同阶段的管理工作中可细化为多项管理规范与标准模块。例如，在建设管理中可分为设计管理模块、施工管理模块、监理管理模块等内容。管理工作的标准化在不同地区的可移植性较强。其次，是轨道交通技术工作的标准化建设。针对不同专业，在设计、施工、监理、监测等领域制定相应的技术规范与标准模块。例如，在设计领域可分为结构设计模块、建筑设计模块、机电设计模块等内容，针对不同的模块编制技术指导手册与通用图册。轨道交通技术工作标准化的特点是专业领域较多，以制定上层设计标准化为主，制定地区网络标准化体系，使地区的轨道交通建设规模、设计标准相统一。不同地区的轨道交通技术标准化可移植性较弱，技术工作的标准化建设需通过实际工程的验证，经过反复论证才可形成体系。

2）标准化建设工作组织

城市轨道交通标准化建设是一项系统性、专业性较强的工作，需要有完整的标准化建设组织架构与完整的工作筹划。其组织架构可以由四个主要成员（牵头单位、组织单位、编制单位及应用单位）构成。牵头单位作为组织架构的顶层管理者，在本地区内应具备相当的权威性，能够调动和协调市政府相关主管部门，负责标准化体系的审查和发布，并对标准化体系的执行情况进行监督、指导；组织单位是组织架构的核心成员，在本地区的轨道交通行业应具备较强的执行力，能够协调组织架构内各单位的关系，切实落实标准化体系建设的日常管理工作，负责制定当地轨道交通标准化体系建设的纲领，依据实际需要制订标准化体系建设的工作计划；编制单位是标准化体系当中相应技术及管理工作标准化模块的承担单位,具有专业性、技术性较强的特点,在行业内应具备一定的技术权威性,负责标准化体系文件的编写;应用单位是标准化体系的执行单位,负责对标准化体系反馈执行意见并提出合理化建议。

8.7.5 消防专项设计

1)消防专项设计内容

城市轨道交通一旦发生火灾将会造成乘客的财产损失,甚至威胁其生命安全。因此城市轨道交通的消防系统设计的好坏直接关系能否有效控制火灾的发生和蔓延。为确保城市轨道交通运营后的消防安全,根据国家相关法律、法规程序,城市轨道交通工程相应开展消防专项设计工作,并履行消防行政审查的程序。消防专项设计的主要分为土建建筑工程消防专项设计与设备系统消防专项设计。其中,土建建筑工程消防专项设计主要为车站公共区防火分区划分与防火建筑设计,设备系统消防专项设计主要是车站公共区消防系统的分析论证。

2)消防审查程序

(1)组织设计单位完成消防专项设计工作。

(2)上报省(市)级相关部门审查,并取得消防建审意见。

(3)接收设计单位提出的有关车站、车辆段及停车场的消防性能化设计需求,并征询消防部门意见。

(4)组织设计单位完成消防性能化设计,并组织第三方评估单位完成消防性能化设计评估。

(5)组织完成消防性能化设计及第三方评估的专家审查工作。

(6)上报消防性能化设计及第三方评估报告上报审查审批,并取得审批意见。

8.8 典型案例

该部分内容详见二维码。

扫码下载

第9章

前期专项工作管理

由于城市轨道交通建设和管理过程中,涉及多部门、多单位,现行的法律、法规、标准及管理规定等内容各不相同,为了更好地节约轨道交通建设成本,控制城市轨道交通建设周期,规范、积极有序推进城市轨道交通建设目标,本章将结合国内部分城市轨道交通建设过程中的前期专项工作管理内容、流程、成果等进行编制。

9.1 概述

项目前期工程管理是指对项目实施前的策划、论证、评价等活动的管理,它包含了我国现行基本建设管理规定中所划分的建设前期工作项目和预备项目两个阶段的内容。本章所涉及的前期专项工作管理是指预备项目阶段、土建施工阶段的前期专项工作管理。

前期工程是城市轨道交通主体土建工程施工的前置工程,其贯穿于城市轨道交通工程的全过程,土建施工阶段前期专项工作管理的内容主要包括征地拆迁、交通导改、树木伐移、管线迁改、地上附属物拆除等。前期工程涉及专业多、工作量大、沟通协调难度大,现场情况复杂,不确定、不可控因素多,主要是征地拆迁、权属单位不一,既有政府部门其委托的专业管理公司的,也有国企、民企和个人或集体小产权等情况。其次管线迁改周期长,施工需要维持城市基础设施功能的正常运行,设计方案、行政许可、新旧管网割接碰头等各环节的审批,需要在错综复杂的关系中,努力寻求相关各方利益平衡点,最大限度地缩短达成共识的时间。针对上述特点,参建单位只有通过技术和管理手段,才能有效控制前期工程的安全、质量、进度和造价,较好地完成前期工程与土建工程阶段的转换和衔接,并最终实现线路的开通试运营目标。

9.2 管理内容

土建施工阶段前期专项工作管理的内容主要包括征地拆迁、交通导改、树木伐移、管线迁改、地上附属物拆除等。

开展前期专项工作主要目的是确保各项前期工作按工程节点计划完成,为土建施工提供工作面,确保土建施工如期进场。依据主管部门性质,前期专项工作可分为三大类:第一大类是由各区(县)政府主管的房屋征收(拆迁)、征地、临时占地及商业补偿工作;第二大类是由行业产权管部门主管的行政审批工作;第三大类是由产权单位管理的市政管线迁改、接入报装(永久、临时),以及产权单位、产权人所属的各类设施的拆除、恢复补偿等工作。前期工作协调工程师负责对以上前期专项工作的管理。

9.3 管理流程

9.3.1 征地拆迁

1) 征地拆迁分类及概念

在设置线路及站点过程中,不可避免地要征用土地来支持城市轨道交通建设。征用土地按占用的时间段可分为临时征用和永久征用两种。

临时征用(占地),是仅供工程施工过程使用,工程竣工后可恢复原状,不影响原土地使用性质。轨道交通工程对这部分用地一般通过有偿借用来实现。

永久征用(占地),指工程需要永久占用的土地,其具体表现为工程实施改变了原用地性质,不能恢复原状。对该部分用地通常有两个办法取得,一是国有建设用地采取国家收回方式取得,二是征收集体用地方式取得。

2) 国家征收土地的特点

(1) 国家征收土地是一种国家行为,具有主权性。

(2) 国家征收土地是一种行政行为。

(3) 无须征收土地双方当事人协商同意。

(4) 接受征地是农民集体土地所有权人对国家的一种义务。但是农民群众有知情权、确认权、听证权、参与权、监督权。

3) 临时征用(占地)实施流程

(1) 临时占用场地稳定设计方案:工程管理部门负责稳定工程的设计方案。工程设计方案必须结合设计功能及工程用地、交通疏解、树木伐移、管线迁改、地上附属物拆除等因素,在满足轨道交通设计功能的前期下,尽量减少工程用地范围。建设单位前期工程管理部门需要配合工程管理部门确定工程设计方案,并负责取得交通疏解的审批意见。项目建设工程管理部门会同前期工程管理部门共同稳定工程临时用地范围,并对涉及的用地情况进行摸查,主要摸查用地的基本属性及地面附着物的情况。工程管理部门负责向工程周边涉及临时借地的单位(或个人)发函征求其意见,并负责得到对方复函并提供给设计管理部门,为临时用地报建提供依据。

(2) 占用场地信息摸排(土地性质、地面附着物等):前期工程管理部门负责对被借地的权属进行调查,详细查明用地的面积、权属、地面附着物的性质等,并负责取得临时用地权属单位的借地补偿协议。

(3) 报规报建:设计管理部门组织工程管理部门、前期工程管理部门对临时施工用地图进行会签确定,并向市规划局报建临时用地。在取得市规划局批复的"临时用地复函"后,前期工程管理部门负责组织与临时用地权属单位进行借地补偿金额谈判。若对补偿金额无法达成一致,则需要向建设单位或政府部门汇报,请求给予协调。如果长时间协调仍然无法达成一致,则需重新调整方案另外选择临时用地范围。

(4) 合同谈判费用支付:谈判成功后,征地拆迁部门与被征地(占地)权属单位签订临时征地(占地)协议,协议中应明确征地(占地)范围、征地(占地)期限、补偿方式、补偿金额、退地标准等,并向被征地(占地)权属单位按照协议条款进行费用支付。

(5) 地上附属建(构)筑物拆除:征地(占地)费用支付后对地上附属物按照"谁施工,谁结算"的原则拆除地上附属物,拆除单位负责清理拆除建筑垃圾,平整场地。

(6) 场地围蔽占用:前期工程管理部门组织向工程管理部门及施工单位交地,工程管理部门组织施工单位进场进行围蔽、施工。土建施工完成后,若仍需要占用临时用地进行机电设备安装施工,则由前期工程管理部门组织进行场地交接,并于产权单位续签临时占用协议。

（7）占地期满恢复：所有工程完成后，由最后使用临时用地的单位按照征地（占地）协议的相关条款进行恢复，一般按原貌恢复原则实施恢复。

（8）土地腾退：前期工程管理部门配合工程管理部组织施工单位向被借地权属单位退地，清理场地，办理合同结算、结案手续。

临时征用流程如图9-1所示。

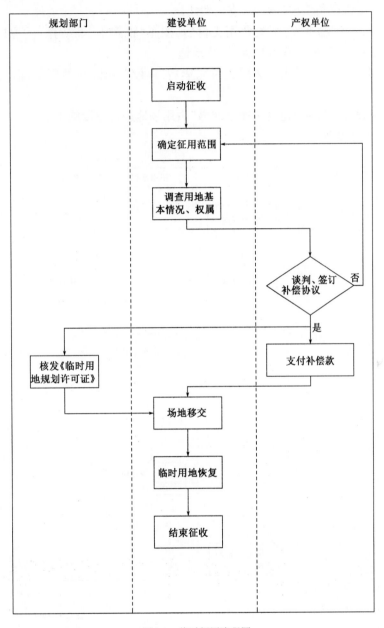

图9-1　临时征用流程图

4）永久征用（占地）实施流程

（1）永久征用范围确定：建设单位将永久征地的范围报至规划部门审核，以规划部门最终核发的"建设用地规划许可证"（附征地蓝线图）为准，作为开展永久征用的依据确定永久征地范围。

（2）征用任务分配：按照建（构）筑物所在地，由征用管理部门将征收任务进行分配，制订征收计划、完成时限等。

（3）征用范围内征收物调查：前期工程管理部门配合征用管理部门对涉及的永久用地情况进行摸查，详细查明永久用地的面积、权属、地面附着物的性质等为永久用地征用及地上附属物拆除提供详细资料。征用管理部门负责发布征收公告。

（4）征用物评估：征用管理部门按照工作流程，委托专业中标评估单位出具评估报告（含地上附属物）。

（5）合同签订费用支付：征收管理部门与被征地（占地）权属单位、个人签订征地（占地）协议，协议中应明确征地（占地）范围、征地（占地）期限、补偿方式、补偿金额、退地标准等，建设单位向被征地（占地）权属单位、个人按照协议条款进行安置、支付费用。

（6）地上附属建（构）筑物拆除：征收费用支付后，按照"谁施工，谁结算"的原则拆除地上附属建（构）筑物，拆除单位负责清理拆除建筑垃圾，平整场地。

（7）用地批准书办理：征用（占用）费用支付完毕后，建设单位在自然资源部门办理《建设用地批准书》。

（8）场地占用：建设单位按照"建设用地批准书"占用场地进行建设施工。

永久征用流程如图9-2所示。

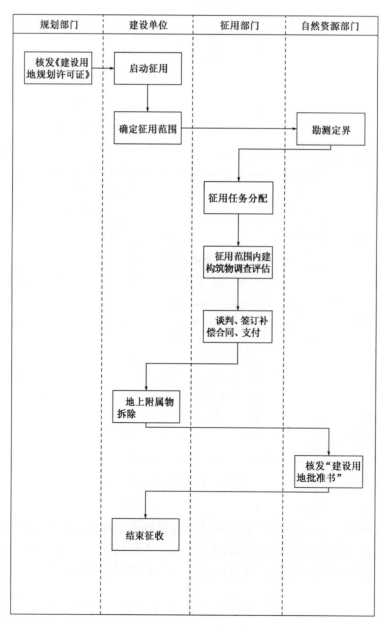

图9-2　永久征用流程图

5）注意事项

在城市轨道交通建设过程中征收土地若为国家储备用地,则按照储备用地出库流程进行征收;如涉及征收农村集体土地的,应注意执行集体土地勘界工作流程。

(1)储备用地出库流程

①根据蓝线图,在国土勘测院做关于整体蓝线面积量算图。若涉及土地储备用地,则需国土勘测院重新出具只有土地储备用地的面积量算图。

②将面积量算图、蓝线图报自然资源部门建设用地处,申请做勘界报告,确定土地性质。

③将蓝线图、面积量算图、勘界报告等资料报国土资源局土地利用处,由该处向土地储备中心出具土地出库函。

④由土地储备中心确认土地出库成本,致函建设单位,并附出库通知单。特殊情况需签订土地供应或者征收土地补偿协议书,确定土地净地交付。

⑤由建设单位向土地储备中心拨付出库成本费用,土地储备中心开具收据。

(2)集体土地勘界工作流程

①工程建设管理部门准备蓝线图、面积量算图、蓝线图电子版(CAD版)等资料,报勘测院报件大厅进件,登记电话、单位、勘界区域,做勘界报告。

②建设单位协调自然资源部门安排勘测院分配勘界报告任务。

③自然资源部门的勘测院出具勘界报告。

④自然资源部门勘测院将勘界报告报送至自然资源部门相关处室,开展土地转性报批工作。

(3)征收占用林地(兵团林地)流程(地方特色)

因地域差异部分轨道交通建设征地工作会面临兵团林地征收事宜,需结合实际予以处理。根据《建设项目使用林地审核审批管理规范》(林资发[2015]122号),征收占用兵团林地流程如下:

①项目建设单位向林地所属权单位报占地申请。

②地权单位向社会发布公告期为15日的公告。

③建设单位准备建设项目批准文件、项目建设单位组织机构代码证、征收补偿协议、林权证复印件或其他林地证明材料、森林植被占用费缴费凭据、公告结果等资料并报送产权单位。

④林地所属单位同意后,项目建设单位填写"使用林地申请表",报地权单位林业工作站。

⑤地权单位林业处室受理后进行现场查验,出具"使用林地现场查验表";建设单位委托有资质的单位,编制使用林地可行性报告或者林地现状调查表。

⑥地权单位林业处室将"使用林地申请表""使用林地现场查验表"等材料报上级林业局审批,并出具林地转用证明。需报国家的项目,将上述材料上报国家林业和草原局,待审批通过后,出具林地转用证明。

9.3.2 交通导改

1)交通导改的概念

交通导改是指交通疏导措施,主要用于道路施工阶段或维护阶段。交通导改方案会对树木伐移、管线改迁和地上附属物拆除方案的稳定产生直接影响。

2)交通导改工作流程

(1)交通导改设计方案的形成阶段:工程管理部门负责稳定工程的设计方案。在稳定工程设计方案时,必须结合设计功能及工程用地、绿化用地占用、管线迁改、地上附属物拆除等因素,在满足城市轨道交通设计功能的前提下,尽量减少占用和开挖城市道路。占道施工前,设计单位应对城市道路进行系统分析,采取最优分流方案。若城市轨道交通施工区域影响城市快速路、主干道通行的,则建设单位工程管理部门负责委托具备资质的设计单位根据现场计量断面车流量,做专业交通流量分析,以便确定分流方案,减轻施工区域的交通通行压力,达到分流绕行的目的。

根据城市轨道交通初步设计方案,建设单位工程管理部门负责组织工点设计单位或者专项负责设计单位对施工区域内占道施工的交通情况进行分析,初步形成疏解方案、交通安全措施方案,待分流、疏解方案经交警部门审批通过后,设计单位形成深化施工图纸,完善交通安全设施方案,由中标单位负责落实交通导改工程及交通安全设施的施工。

交通导改设计方案应由分流方案、疏解方案、交通安全措施方案共同组成。

(2)导改方案报批及手续办理阶段:前期工程管理部门负责将初设交通导改方案提交工程所属地区交警大队征求意见,结合区交警大队的意见组织设计单位进行优化设计。交通导改方案结合区交警大队意见优化后,前期工程管理部门负责向市交警支队发函,将交通疏解方案上报申请审批。

前期工程管理部门负责督促市交警支队主持召开交通导改方案审查会。由交通导改方案设计单位向参会各交警支队、区交警大队、市政园林局、交通运输局、市城管局、工程管理部门、前期工程管理部门、施工单位等单位做汇报并听取各方意见优化交通导改设计方案,方案优化完毕后再次报批市交警支队审批,审核通过,警支队办理挖掘占道手续。

如施工点位需全封闭所在道路施工的,不仅按照方案审批流程办理相关程序,还需要前期工程管理部门在封路方案审批通过后函至市交警支队、市交委(交通运输局),并组织召开现场协调会统一意见。市交委(交通运输局)负责公交绕行方案的编制,围蔽方案、公交绕行方案由市交警支队书面送市公安局审批。市公安局审批后上报市政府审批。审批通过后,由市公安局发出封路及公交绕行方案通告。

交通导改方案审批通过后,还需确定具体封路的措施和交通安全措施的设置。土建施工单位在城管局、交警支队办理"占用和挖掘城市道路申请表""临时占道许可审批表"。

(3)交通导改方案的实施、支付阶段:前期工程管理部门按照审批通过的交通导改方案中的疏解方案组织专业设计单位对交通疏解工程进行设计。交通疏解工程中标单位按照设计图纸修筑交通疏解道路,落实获批的交通安全措施方案,负责安装、完善周边的交通信号灯、标识标志、标线、监控、隔离等设施。前期工程管理部门负责组织交警部门现场验收交通疏解道路和交通安全设施。按照施工合同的约定进行计量支付,具体工作流程按照工程建设单位的管理制度予以支付结算。

(4)围蔽导行阶段:前期工程管理部门向工程管理部门和土建施工单位移交需占用的道路,工程管理部门负责组织施工单位进场围蔽道路、搭建施工围挡。工程管理部门配合交警部门对交通进行分流改道。城市轨道交通施工期间土建施工单位负责安排人员现场疏导交通。

(5)道路及交通设施恢复阶段:城市轨道交通占道施工结束后,道路恢复及交通设施的恢复由原中标单位按照设计文件实施,一般为"原貌原标准",产权单位或者行政职能管理部门另有要求的除外。

交通导改流程如图9-3所示。

9.3.3 树木伐移

1)绿地与林地的概念

在建筑学上,绿地是指在城市规划用地的区域内,具有改善与保护生态环境,美化市容市貌,提供休闲游憩场地或具有卫生、安全防护等各种功能的绿公用地。

林地是指成片的天然林、次生林和人工林覆盖的土地,包括用材林、经济林、薪炭林和防护林等各种林木的成林、幼林和苗圃等所占用的土地,不包括农业生产中的果园、桑园和茶园等的占地。《中华人民共和国森林法》对林地所做的解释是:"林地包括郁闭度0.2以上的乔木林地竹林地,灌木林地疏林地,采伐迹地,火烧迹地,未成林造林地,苗圃地和县级以上人民政府规划的宜林地。"

2)树木伐移、绿地占用工作内容

树木伐移、绿地占用工作包含手续办理、树木伐移实施、绿地占用实施、伐移(占地)资金支付、绿地恢复、林地占用及恢复、注意事项等阶段的工作。

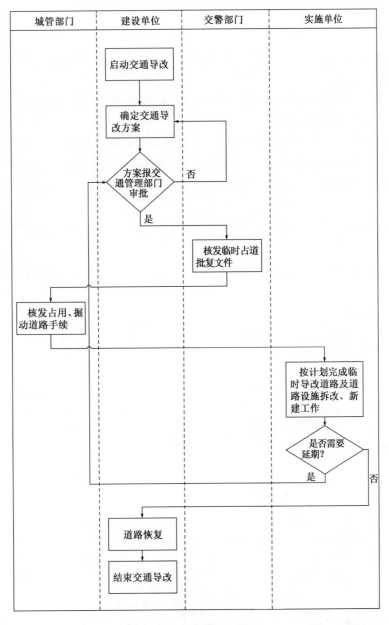

图 9-3 交通导改流程图

一般情况下,绿地按占用的时间段可分为临时占用和永久占用两种。绿地的恢复,按照占用时限分为临时占用绿地恢复和永久易地恢复两种。

3) 树木伐移、绿地占用的手续办理流程

(1) 城市轨道交通设计单位提供树木伐移及绿地占用(临时及永久)方案及施工围挡范围图。

(2) 城市轨道交通各参建单位(建设单位、设计单位、监理单位、土建单位)现场统计伐移工程量及绿地占用(临时及永久)面积,形成工程量确认统计表。

(3) 建设单位向林业管理单位提交"城市树木迁移、砍伐申请书"并附以下材料:①县级以上发展和改革委员会建设工程项目批准文件;②可行性研究批复文件;③建设用地规划许可证;④市公安局交警支队手续;⑤城市道路挖掘许可手续。

(4) 建设单位将书面意见反馈至林业管理单位。

(5) 林业管理单位审核通过后,报至市人民政府审批。

4) 树木伐移实施流程

(1) 市人民政府批复树木伐移手续后,由林业管理单位确定有相关资质的专业施工队伍实施此项工作。

(2) 工程管理前期部门组织区(县)林业管理单位、各参建单位、树木伐移施工单位现场核定最终伐移工程量。

(3) 区(县)林业管理单位征求区政府拟定栽植地点意见后,向树木伐移施工单位提供区(县)管辖范围内有水源、适合种植的新的栽植地点。

(4) 如遇区(县)林业管理单位提供栽植地点需平整场地(回填土、清理垃圾、布置灌溉管线等)情况,由树木移植施工单位负责实施平整场地工作,城市轨道交通建设单位进行审核,通过后支付相应款项。

(5) 区(县)林业管理单位、建设单位、树木伐移施工单位共同签订树木移植监管协议(此协议不涉及金额)。

(6) 树木伐移施工单位按照相关规范及区(县)林业管理单位、产权单位的相关要求组织实施树木伐移工作。

(7) 伐移工作完成后,由林业管理单位组织区(县)林业管理单位、建设单位、树木伐移施工单位验收。

树木伐移流程见图9-4所示。

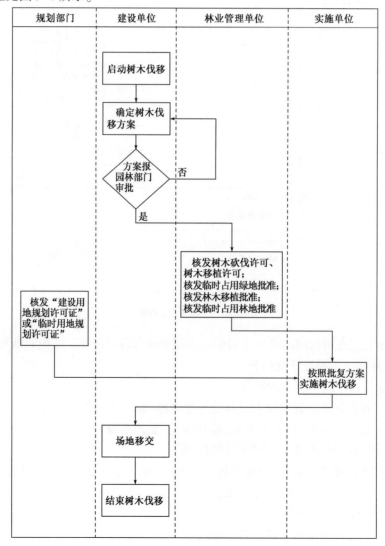

图9-4 树木伐移流程图

5)绿地占用实施流程

(1)临时占用绿地

①树木伐移及占用绿地手续经市人民政府批复同意占用后,工程管理前期部门组织市、区(县)两级林业管理单位、各参建单位共同现场核定最终临时占用绿地面积。

②待树木伐移工作完成后,办理场地移交手续(参考征地拆迁场地移交流程)。

③临时占用公共绿地(有绿线)的,由建设单位向区(县)林业管理单位承诺工程完工后同等面积恢复,不予以任何补偿。

④临时占用产权绿地(有红线)的,由建设单位按照相关补偿文件予以向产权绿地单位、产权人补偿。

⑤占用期间,土建施工单位需保护好灌溉水系,如在施工过程中有破坏情况,土建施工单位应尽快修复,保证工点下游树木可正常灌溉。

(2)永久占用绿地

①树木伐移及占用绿地手续经市人民政府批复同意占用后,工程管理前期部门组织市、区(县)两级林业管理单位、各参建单位共同现场核定最终永久占用绿地面积。

②待树木伐移单位完成树木伐移工作后,办理场地移交手续(参考征地拆迁场地移交流程)。

③永久占用产权绿地(有红线)的,产权单位提供树木所有权证明,由区(县)征收办负责征收。

6)绿地恢复

(1)临时占用绿地恢复

结合周边环境、规划要求等因素,由园林管理单位统一组织实施绿地恢复的设计、施工、验收、移交等工作。

①临时占用绿地结束后,由林业管理单位根据当年相关规划要求,组织临时占用绿地恢复设计工作,报至工程管理前期部门存档。

②林业管理单位根据临时占用绿地恢复设计做出恢复综合单价,并交由建设单位审核。

③建设单位审核综合单价通过后,根据临时占用绿地面积确定最终恢复建设费用,分批向林业管理单位支付恢复建设费用。

④由林业管理单位确定有相关资质的专业施工队伍实施临时占用绿地恢复建设工作,区(县)林业管理单位负责监管。

⑤恢复建设工作结束后,由林业管理单位、区(县)林业管理单位验收通过后,进入养护阶段。养护期为一年,养护期结束后,由林业管理单位交由区(县)林业管理单位实施养护。

(2)永久占用绿地恢复

①永久占用公共绿地(有绿线)的,由建设单位向区(县)林业管理单位承诺工程完工后按照规定面积比例实施易地绿化建设。

②永久占用绿地结束后,建设单位按照市规划和土地管理领导小组相关文件的要求向区(县)林业管理单位按规定比例一次性补偿。

③由区(县)林业管理单位确定相关资质的专业施工队伍实施永久占用绿地易地绿化建设工作,林业管理单位负责监管。

④易地绿化建设工作结束后,由林业管理单位验收通过后,进入养护阶段。

7)树木伐移注意事项

(1)林业管理单位、区(县)林业管理单位、建设单位、树木伐移施工单位、土建施工单位、监理单位需到现场确认树木伐移实施范围,并留好相关影像资料。

(2)如有破坏绿化带中管线(水系、路灯线、通信线等)情况,由林业管理单位、树木伐移施工单位负责实施恢复,确保后期正常使用。

(3)树木伐移施工单位应按照各区(县)林业管理单位指定或认定树木移植地点,配合建设单位、各区(县)林业管理单位对现场发生的实际工程量(含变更)进行确认,并监督检查树木移植工作的科学性、合理性。

(4)树木伐移施工单位应将树木移植到各(县)林业管理单位指定的移植栽植地点,并确保移植树木成活率达到95%以上,并对其负责。树木伐移施工单位完成树木移植及养护施工,养护期为一年,且成活率满足要求后应及时报请各区(县)林业管理单位验收,待验收合格后,将该部分树木移交至经各区(县)林业管理单位指定的树木移植地点的管理单位或各区(县)林业管理单位实施养护。

(5)各区(县)林业管理单位应做好移植及后期管养的监督、检查、成活率核准等工作。因移植及管养不当造成的植物死亡,树木伐移施工单位应按照相关标准向各区(县)林业管理单位予以赔偿。

(6)在施工中,树木伐移施工单位必须遵守国家和行业关于安全生产的规定,重视施工现场作业安全,制定安全措施,做好特殊工种的劳动保护工作。

9.3.4 管线改迁

1)管线迁改的概念

城市轨道交通建设一般涉及的迁改管线种类包括给排水、供电、燃气、热力、电力、煤气、通信及临水、临电接入等管线。

2)管线迁改工作流程

(1)设计阶段

①设计单位稳定工程设计方案,并结合市政管线产权单位意见,编制管线改迁综合设计方案。

②前期工程管理部门协调管线产权单位根据管线改迁综合设计方案、管线设计规范等要求,编制管线改迁施工图及预算。

(2)合同签订阶段

①框架协议:工程管理前期部门组织协调市政管线产权单位与建设单位签订管线改迁工作框架性合作协议,确定合作模式,明确迁改过程中各方责事项,约定补偿资金审核及支付流程。

②资金补偿协议:各管线产权单位提供管线改迁施工图及预算资料,建设单位对其预算审核后与管线产权单位进行合同谈判,签订管线改迁资金补偿协议,并按协议支付相应资金。

(3)实施阶段

在城市轨道交通实施阶段应按照要求办理以下手续:

①永久管线规划报批手续。

②城市道路占用挖掘手续。

③自来水停水、碰口审批手续。

④燃气停气、碰口审批手续。

⑤给水、排水管线接装手续。

⑥10kV、110kV电力线路迁改手续。

更多详细内容请扫二维码。

(4)管线改迁支付阶段

管线迁改费用支付由工程管理前期部门启动,依据与管线产权单位协商、签订管线改迁框架协议,按照启动资金、预付款、中期计量结算、质保金清退这几个阶段进行支付。

管线改迁流程如图9-5所示。

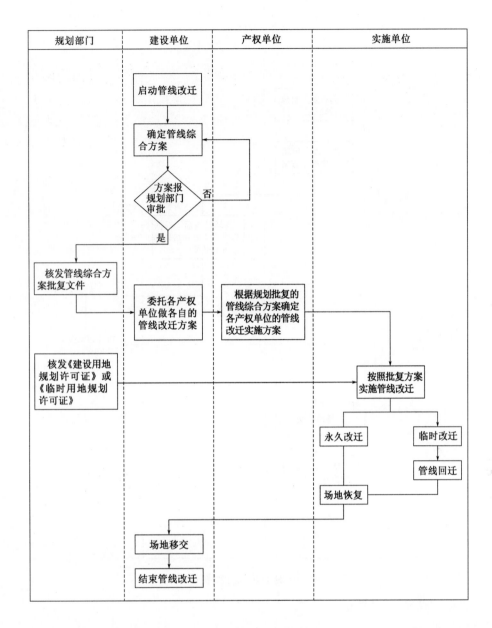

图9-5 管线改迁流程图

9.3.5 地上附属物拆除

地上附属物因产权所属繁杂，需结合施工现场分别对待灵活掌握。

地上附属物拆除工作包含拆除方案、合同谈判、拆除实施、资金支付（补偿）等阶段。地面附属物拆改流程如图9-6所示。

9.3.6 行政审批

1）行政审批的主要内容

城市轨道交通的行政审批主要集中在项目的前期，主要包括以下内容：

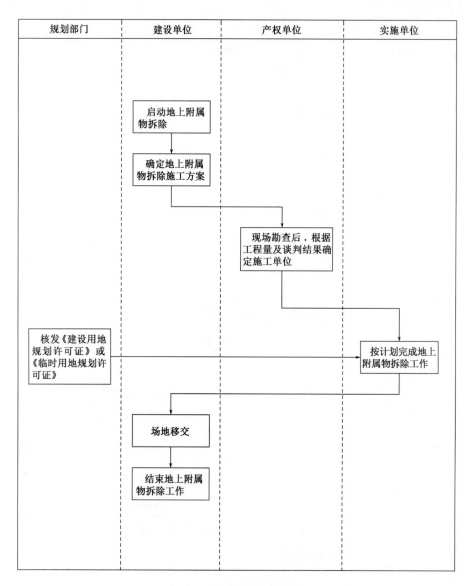

图 9-6　地上附属物拆除流程图

(1) 可行性研究批复、初设批复。
(2) 环境评价批复。
(3) 项目选址意见书。
(4) 建设用地规划许可证。
(5) 建设用地批准书。
(6) 建设工程规划许可证。
(7) 建筑工程施工许可。

2) 行政审批的基本流程(图 9-7)

3) 行政审批的注意事项

城市轨道交通项目的行政审批涉及的部门繁多,包括发改委、规划局、自然资源局、建设局、人防部门、消防部门等相关主管单位。鉴于轨道交通项目从可研阶段到施工图阶段时间跨度长,受外部因素影响方案需要多次调整,为了确保行政审批顺利完成,需在设计全过程中及时与各委办局和相关主管单位沟通,将方案变化的原因及时向有关部门汇报,避免发生在工程实施结束后去委办局补办手续时因方案不满足规划、国土等要求无法办理的情况。

第9章 前期专项工作管理

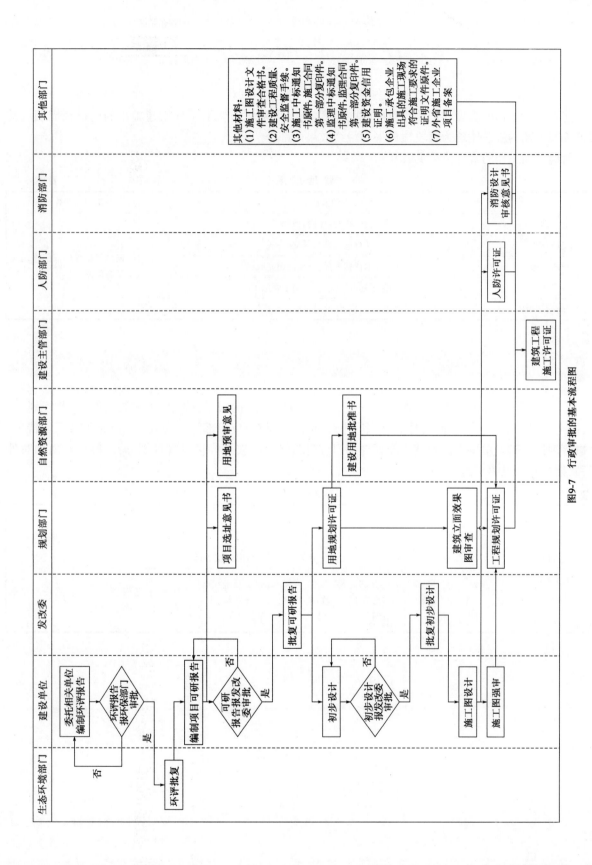

图9-7 行政审批的基本流程图

9.4 管理成果

前期专项工作的管理在工程建设期时间跨度较长,伴随城市轨道工程土建施工的全过程周期。其成果按照工期的推进体现为阶段性成果和最终成果两部分。

前期专项工作的管理成果见表9-1。

管理成果　　　　　　　　　　　　　　　　　　　　　　　　　　表9-1

类　别	专项阶段成果	前期专项工作成果
征地拆迁	征收完成,地上建(构)筑物拆除完毕	满足工程管理部门进场施工基本条件
交通导改	导行通告发布,导改完成	
树木伐移	树木伐移完成,绿地占用完成	
管线迁改	管线迁改完成,不影响土建施工	
地上附属物拆除	地上附属物拆除完成,场地满足移交工程管理部门条件	

9.5 接口管理

土建施工阶段的前期专项工作是一项复杂的有机的系统的报批、报建、实施的工作,涉及规划、征收、国土、环保、交警、园林绿化、林业、水利、市政、消防、产权单位等部门及个人。具有地方及区域特色,接口管理按照建设单位内部和其职能管理部门、产权单位、产权人等接口管理划分,一般分对内和对外两种,接口管理见表9-2。

接口管理　　　　　　　　　　　　　　　　　　　　　　　　　　表9-2

接口单位	项　目				
	征地拆迁	交通导改	树木伐移	管线迁改	地上附属物拆除
对内	规划设计部、合同部、财务部				
对外	规划部门、征收部门、产权单位及个人、自然资源部门	交警部门、公共交通管理部门、市政部门、产权单位及个人	园林绿化、林业管理部门、生态环境部门、产权单位及个人	规划部门、各管线产权单位、市政部门	市政部门、产权单位及个人

第10章

土建施工管理

10.1 概述

土建施工管理即施工阶段的管理工作,具有全过程、全要素管理特征。全过程是指从开工前准备到项目竣工验收的所有工作过程;全要素是指质量、成本、进度、风险、安全、环境、资源等内容的具体实施。本章将以施工过程管理为主线,全面阐述全要素管理的内容和方法。

10.2 管理内容

10.2.1 建设单位管理内容

(1)检查工程质量保证体系、安全保证体系的运行情况和廉政协议的执行情况,督促监理单位、承包商建立并执行质量管理、安全文明施工管理、廉政建设等规章制度和措施。

(2)督促检查项目施工、监理单位的组织机构完善情况。

(3)审核经监理单位审批上报的重要工序或关键部位的施工技术方案。

(4)按规定审核监理单位上报的已完成并通过质检验收、资料齐全的工程计量文件,建立工程计量台账和建设资金支付台账。

(5)建立管理工作月报制度,逐月检查进度计划完成情况。

(6)负责审核上报的工程变更,完善工程量清单的单价变更或项目增减的报批手续,处理工程索赔。

(7)参与工程(中间)交工验收,督促监理单位、承包商及时整理施工中的质量记录和验收及质检签证资料。

(8)督促监理单位对永久工程设备及主要零部件的生产质量和进度等进行监督、管理、控制和协调;督促检查监理单位协调供货人与承包人之间的关系。

(9)督促监理单位审核施工安全专项方案,督促施工单位履行安全文明施工保障义务和组织工地安全检查;督促监理单位组织工地卫生及文明施工检查,协调处理工地的各种纠纷,检查落实工地的保卫及产品保护工作。

(10)督促监理、施工单位加强测量工作管理,督促监理对施工单位的测量放线的复核及审查。结合工程进展情况,查看监理单位对施工单位的测量放线的复核成果,督促监理单位加强对施工单位测量资料监督管理。

(11)督促施工单位展开环境调查工作(包括对地下空洞进行探测,对雨水、污水等市政管线进行调查);掌握施工单位监控量测体系的运行情况;检查施工单位的监测日报、周报。

(12) 督促监理单位按照安全文明工地标准进行管理。

(13) 督促施工单位建立"创建文明工地"组织机构,配备满足要求的文明工地管理人员;督促施工单位编制卫生防疫、环境保护、消防和保卫等各项文明工地管理规章制度;督促施工单位落实各项文明工地管理规章制度。

(14) 组织对"文明工地"的各类检查,提出合理化改进建议;督促监理单位组织施工单位进行整改落实;督促监理单位对整改落实情况进行复查;组织复查整改落实情况,提出意见。

(15) 负责对设计代表的管理。

(16) 对工程设计变更提出合理化建议。

(17) 协调项目内部各参建单位之间的关系,营造一个良好的项目内部环境。

(18) 组织项目交工前的检验试验和交工验收检查工作。

(19) 配合审计、监察等部门对工程建设过程的跟踪审计与监督。

10.2.2 建设单位管理职责

按照《中华人民共和国建筑法》和《建设工程安全生产管理条例》中规定的建设单位职责,加强安全生产管理,负责制定施工管理的办法、程序及流程。

(1) 全面管理健康与安全、环境保护和文明施工,确保本工程无重大安全责任事故;

(2) 制订质量保证体系和控制计划,定期提交质量控制结果的文件,建立有效的质量管理系统,采取必要的措施,预防发生重大质量事故;

(3) 对所有承包商进行全面的施工现场管理与协调;

(4) 审核建设工程所有承包商的施工组织及进度计划;

(5) 负责贯彻落实土建施工计划,项目总体计划、年度计划和阶段性节点目标计划;

(6) 负责监督和检查监理单位对控制测量资料的审核工作,收集完整的测量资料备查;

(7) 负责对各种系统设备的型号、样品和工厂验收检测;

(8) 负责监督施工单位严控不符合安全施工要求的安全防护用具、机械设备、施工机具及配件、消防设施和器材在施工现场的应用;

(9) 确保本工程实现施工合同内的设计功能,并达到有关技术标准的要求,符合国家相关法律、法规和政府的有关规定。

10.3 开工前准备阶段管理

开工前应科学合理总体筹划工程,依托政府和产权单位,结合工程需求,推进前期专项工作,做好质量、安全监督备案,确保工程按计划开工。

10.3.1 项目报建管理

工程项目报建是工程项目纳入建设实施管理的第一个环节,建设单位或其代理机构在建设工程可行性研究报告或其他立项文件被批准后、建设工程发包前,应当持有关批准文件,按规定审批权限向当地建设行政主管部门或其授权机构办理建设工程报建手续。

凡在我国境内投资兴建的工程建设项目,都必须实行报建制度,接受当地建设行政主管部门或其授权机构的监督管理。

(1) 报建范围和内容。

根据《工程建设项目报建管理办法》,各类房屋建筑、土木工程、设备安装、管道线路敷设、装饰装修等固定资产投资的新建、扩建、改建以及技改等建设项目,在工程项目可行性研究报告或其他立项文件被批准后,须有建设单位或其代理机构,向当地建设行政主管部门或其授权机构进行报建,交验工程项目立项的批准文件,包括向银行出具的资信证明以及批准的建设用地等其他有关文件。

工程建设项目的报建内容主要包括:工程名称、建设地点、投资规模、资金来源、当年投资额、工程规模、开工、竣工日期、发包方式、工程筹建情况。

(2)报建材料准备。
①建设工程报建表。
②企业法人营业执照(副本)及有关证明原件和复印件。
③建设工程立项的批准文件原件和复印件。
④有与建设工程相适应的资金证明。
⑤法定代表人委托书(委托经办人办理报建)、经办人身份证原件和复印件。
(3)报建的受理程序。
①建设单位到建设行政主管部门或其授权机构领取项目报建表。
②按报建表的内容及要求认真填写。
③向建设行政主管部门或其授权机构报送"工程建设项目报建表",并按要求进行招标准备。
(4)建设行政主管部门在下列几个方面对工程建设项目报建实施管理:
①贯彻实施《建筑市场管理规定》和有关的方针政策。
②管理监督工程项目的报建登记。
③对报建的工程建设项目进行核实、分类、汇总。
④向上级主管机关提供综合的工程建设项目报建情况。
⑤查出隐瞒不报违章建设的行为。
(5)建设行政主管部门对以下内容进行核对:
①核对立项及受理权限是否相符。
②核对材料是否齐全。
③核对"建设工程报建表"数据是否正确。

10.3.2 建设工程质量安全监督备案

根据《国务院关于改革建筑业和基本建设管理体制若干问题的暂行规定》和《建筑工程质量监督条例(试行)》有关要求,建设工程开工前应办理工程质量的政府监督手续。

根据《中华人民共和国安全生产法》《建设工程安全生产管理条例》《建筑安全生产监督管理规定》《建筑工程安全生产监督管理工作导则》有关要求,建设工程开工前应办理建设工程安全的政府监督手续。

建设工程质量安全监督备案资料见二维码。

10.3.3 环境原始调查、核查及保护

为了确保轨道交通工程施工过程中结构本身及周边环境安全,施工前应对施工影响范围内的地上地下管线、建(构)筑物设施的结构形式、使用年限等情况进行详细调查、核查,有针对性地制订保护措施。环境调查管理工作流程如图10-1所示。

建设单位应委托环境调查单位进行地上、地下管线、建(构)筑物设施调查,并形成正式的成果报告,组织环境调查单位向施工、监理、设计等单位进行调查成果交底。

施工单位在开工前负责对施工影响范围内的原始环境进行详细核查,真实记录原始地形地貌、管线、建(构)筑物形态、植被等地面附着物,便于今后对比施工前后周围环境变化情况。

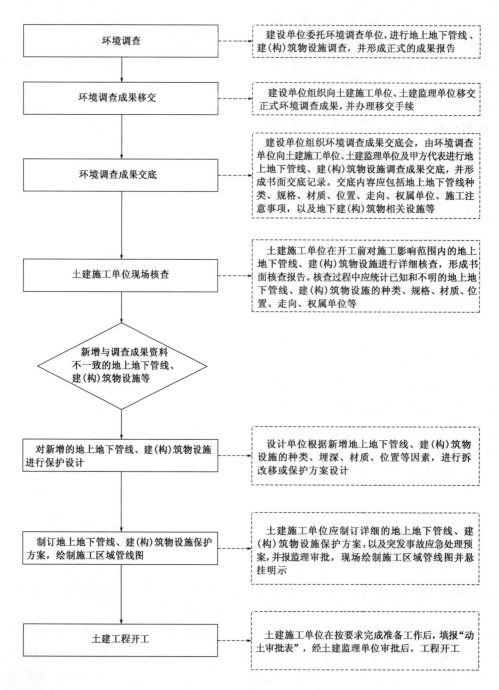

图 10-1　环境调查管理工作流程图

1）核查记录内容

通过目检、量测、摄影、录像（可同期解说配音）等手段对车站及区间施工影响范围建(构)筑物的外观尺寸、缺陷形态、开裂，以及磨损的混凝土、外露或锈蚀的钢筋等使用现状进行观测影像及文字双重记录；若有显著开裂情况进行详细说明与记录（包括裂缝的宽度、长度及其走向等），重要照片应加草图或说明文字以显示相应拍摄物的位置。

对线路影响范围内地面电线杆、树木、绿化、广告牌、消防栓等设施进行影像及文字双重记录（可同期解说配音）。

车站基坑两侧各 1 倍基坑深度范围（车站两端各延长 50m）、竖井基坑两侧各 1 倍基坑深度范围内道路是否有裂缝、凹陷或隆起，是否有破损等情况进行影像及文字双重记录。

施工范围内管线检查井、阀门位置以及井盖破损情况进行影像及文字双重记录。

2)核查记录要求

地铁车站:能反映地铁车站基坑两侧各1倍基坑深度范围(车站两端各延长50m)鸟瞰图八象限,每45°象限至少一张;地铁车站周边三级风险源(含)以上所有建(构)筑物全貌每45°象限至少一张,能反映细部构造或缺陷照片若干张;车站周边道路、绿化(花草、树木)、管线设施(管井、井盖、阀门等)若干张。

施工竖井:能反映施工竖井全貌鸟瞰图每45°象限至少一张;施工竖井周边三级风险源(含)以上所有建(构)筑物全貌每45°象限至少一张,能反映细部构造或缺陷照片若干张;竖井周边道路、绿化(花草、树木)、管线设施(管井、井盖、阀门等)若干张。

暗挖、盾构区间:区间沿线穿越三级风险源(含)以上所有建(构)筑物均须记录,每个风险源全貌照片每象限至少一张,能反映细部构造或缺陷照片若干张。

记录成果报告要包含以下内容:记录项目、记录时间、记录方法、参加人员、记录人员、记录成果、记录成果分析(采取处理措施)、记录总结等,记录成果要采用PDF形式上报。

以成果图的方式表明本标段影响范围内建(构)筑物及管线与车站、区间的位置关系。

按照附件要求真实记录建(构)筑物裂缝情况、地下管线检查井、阀门位置以及井盖破损情况。

将照片以图片形式形成PDF文件,并说明照片位置及部位。

照片采用单反数码相机拍摄,1600万物理像素以上,照片内容要求真实、客观、清晰、完整,与实际工程相符,照片能准确显示拍摄时间,不得有剪辑、拼接现象;数码照片原始文件存储格式为RAW、TIFF、JPG格式,照片实体档案要求为电子文件。

电子文件提交需采用光盘与U盘双介质形式。

3)核查成果记录形式及存档

首次成果记录时间应在施工单位进场后开始进行记录,工程开工前提交成果记录最终报告;今后有重大施工工序转换前或特殊周边环境变化时开始进行记录,在重大工序转换后提交成果报告。

必要时,经建设单位同意并协调后,成果记录报当地建设行政主管部门或相关产权管理部门进行备案、见证。

10.3.4 地下空洞管理

为了降低工程施工过程中由于地下空洞等异常地质区域对周边环境和施工安全造成不良影响,项目开工前应采用地质雷达、人工挖探、铲探及钻探等手段对现况地面下是否存在地下空洞进行普查。

建设单位应委托空洞普查单位及时进行首次空洞普查,组织空洞普查单位对设计、勘察、监理、施工单位进行成果交底,组织各单位对首次空洞普查的地下空洞进行处理。首次空洞普查及处理管理流程如图10-2所示。

1)空洞普查的范围

明挖工程普查范围:基坑周边外侧5m(以基坑外边线起算),深度至地表下5m范围。

矿山法区间、联络通道和车站附属工程(出入口、风道等普查范围:断面宽度加两侧各5m,深度至地表下5m范围。

暗挖车站主体工程普查:断面宽度加两侧各10m范围,深度至地表下5m范围。

盾构区间普查范围:断面宽度加两侧各5m范围,深度至地表下5m范围。

2)成果报告的内容

由于工程各部位开工的时间和工法不同,首次空洞普查要根据现场工程进展及筹划适时进行,原则上应在相关施工部位开工前一个月内进行。成果报告的内容:至少应包括工程概况、普查目的、普查范围、普查项目、普查时间、普查方法、普查结论和建议、风险评价及附件(雷达探测图像、空洞位置的纵横断面图、探测测线或孔位布置图)等。

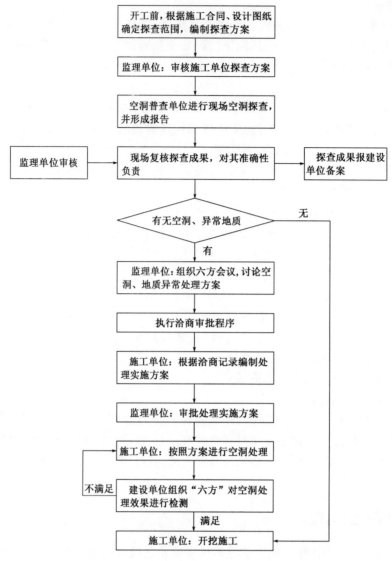

图 10-2 首次空洞普查及处理管理流程图

3）工后空洞普查

原则上应在工程完工，变形监测数据稳定后及时进行。如遇雨季施工，对道路、管线或者施工过程中沉降超控制值等特殊部位要适时进行空洞探测。工后空洞处理的全部责任和费用一般由施工单位承担，监理单位承担相应的管理责任。工后空洞普查范围、流程可参照首次空洞普查执行。

10.4 施工阶段管理

10.4.1 开工条件核查管理

为了加强工程管理、规范施工行为，确保工程施工安全，开工前进行开工条件核查。开工条件核查的主要内容包括安全质量生产保障条件、安全管理组织机构、安全生产教育培训、安全资金的使用情况、场地移交和管线移交、空洞探查、临时建设、分包管理、危险性较大分部分项工程专家论证情况、机械管理、临时用电、现场安全防护、消防保卫、施工方案和应急预案、安全风险识别、控制措施落实、安全风险监控系统建设情况及绿色文明施工等，见表 10-1。

开工条件核查清单表 表10-1

序号	项 目
1	图纸已会审,设计交底已完成
2	管理人员已到位、组织机构、管理制度已健全
3	场地、地上下管线及建(构)筑物资料移交手续已完成
4	施工组织设计(方案)、临电方案已审批
5	实验室考察已完成
6	管线及周边建(构)筑物补充勘察已完成,保护措施及方案已经监理审核通过
7	围挡、临时建(构)筑物等临时设施经验收合格
8	导线、加密导线复测已完成
9	分包队伍资质已报监理审查
10	工程项目社会保险、意外伤害保险已缴纳
11	已完成对从业人员培训教育、安全技术交底,并考试合格;特种作业人员已建立台账,并经监理审核同意上岗
12	消防设施、器材已到位
13	物资、设备、临电已报验合格
14	已取得消防备案、夜间施工许可证、渣土消纳许可证

10.4.2 项目安全管理

安全生产管理工作贯穿于城市轨道交通建设管理全过程,各有关参建单位应遵循"安全第一、预防为主、综合治理"的工程安全管理方针,结合项目的具体情况,认真贯彻执行安全生产、文明施工的各项管理条例和规定,建立健全工程安全管理制度,认真落实各项具体措施,保障城市轨道交通工程建设安全。具体管理内容和措施详见第22章安全风险管理。

10.4.3 项目质量管理

城市轨道交通项目属于城市重大建设工程,城市轨道交通工程建设的有关活动及对其实施的工程量监督管理,必须遵守《建设工程质量管理条例》的相关要求,建立健全质量管理体系,落实各参建单位的质量管理责任。具体管理内容和措施详见第21章质量管理。

10.4.4 项目进度管理

进度管理是城市轨道交通建设项目管理的主要内容之一,是保证建设质量、控制和节约工程投资的必要手段。建设管理单位应以国家相关标准和项目工程可行性研究报告批复意见为依据,组织项目工程进度总体筹划并确定总工期。城市轨道交通建设项目的总工期确定后,为保证建设质量,一般不宜随意改变,尤其不宜缩短既定总工期。具体管理内容和措施详见第19章计划调度管理。

10.4.5 环保与文明施工

城市轨道交通工程建设过程中同时会对项目周边环境带来一些不利影响,包括施工期带来的大气、废水和噪声、振动等污染以及生态破坏、水土流失,运营期的废水、噪声和振动等污染。由于各地对施工现场文明施工的要求不尽一致,在进行文明施工管理时应按照当地的要求进行。文明施工管理应与当地的社区文化、民族特点及风土人情有机结合,避免或减缓可能带来的不利影响,促进项目实现社会、经济和环境效益的协调统一,树立项目管理良好的社会形象。具体管理内容和措施详见第23章环保与文明施工标准化管理。

10.4.6 施工测量管理

工程测量是城市轨道交通建设的基础性工作。为提高测量成果质量水平,应加强测量管理和技术质量控制。建设单位应委托一家或一家以上专业测量单位,专业测量单位只对建设单位负责,不对施工、监理单位负责,施工中测量工作无论是否经过专业测量单位的复核、检测,均不减轻监理、施工单位任何施工管理责任。

1)各参建单位职责

(1)建设单位

①负责工程施工阶段的专业测量管理,组织进行工程测量交接桩工作。

②负责施工过程中监理、施工、专业测量单位之间的协调管理,保证工程测量、检测工作的顺利实施。

③负责对专业测量单位的履约管理,督促专业测量单位及时进行施工测量的检测、复核工作。建设管理单位应组织专家对测量技术方案进行审查。

④负责接收施工单位的测量申请报验成果资料,并将其转发给专业测量单位进行复核、检测。

(2)专业测量

①负责按照合同的规定对全线的测量管理工作承担相应的管理责任。

②负责按照合同要求,安排有轨道交通工程测量经验的人员组成专业测量队伍,开工前报建设单位、建设单位审核、批准,以上人员应相对稳定,调换主要负责人须经建设单位同意。

③负责按照合同规定配备足够数量、满足工程精度要求的各种测量设备,并根据国家有关规定对测量仪器和工具定期进行检定。

④负责工程前期平面、高程控制网布设,按照建设单位的要求与监理、施工单位进行工程测量交接桩工作。

⑤负责施测并维护首级控制网(卫星定位控制网、精密导线网、地面高程控制网)的完好和稳定,定期进行复核。

⑥负责开工前对施工、监理、建设单位进行测量工作交底。负责统一全线测量作业标准,编制各项专业测量工作的实施方案,掌握全线地面、地下控制测量现状和需求情况。

⑦负责工程实施过程中地面控制测量、施工控制测量检测、线路中线调整测量、断面检测测量、铺轨基标测量、施工放样测量、设备安装及装修辅助测量、竣工测量等阶段的管理工作。

⑧负责对施工单位申请复核的测量报告进行审查,及时组织复测,复测完成后,提交"工程施工控制测量检测报告"。

⑨负责对全线各分段工程的衔接处进行检测,控制全线地下主导线、主水准网在同一体系下平顺贯通。

⑩负责统一施工控制测量相关报验资料(包括施工控制点点位成果、表格等)。

(3)施工单位职责

①参与工程测量交接桩,并负责对专业测量单位移交的所有桩点的保护。

②负责对专业测量单位移交的首级控制点(如 GPS、精密导线点和Ⅱ等水准点)进行复核,并将复核成果按照规定的工作程序上报。

③负责利用已交接的首级控制点进行本标段加密测量控制网的布设,经监理、专业测量单位复核通过后方可使用。

④负责施工过程中本标段的测量管理工作,独立完成所承包工程项目的一切施工测量和细部放样的测量工作,并按照程序规定,及时提请建设单位组织专业测量单位对测量成果进行现场检测、复核,合格后方可进行后续工程施工。

⑤接受、配合监理工程师、专业测量单位对测量成果的检验、复核。

⑥施工中测量工作无论是否经过专业测量单位的复核、检测,均不减轻施工单位任何测量责任。

(4)监理单位职责

①参与工程测量交接桩,审核施工承包人对专业测量单位移交桩点的复测成果,并进行基础点复测。负责审核施工单位的测量成果,发现问题及时组织处理。

②负责督促施工单位及时将测量成果报专业测量单位进行检测。

③负责对专业测量单位的测量成果检测报告进行确认,合格后方可批准施工单位进行下一工序施工。

施工中测量工作无论是否经过专业测量单位的复核、检测,均不减轻监理单位任何管理责任。

2)测量具体工作

(1)细布放样工作内容

①结构施工、装修施工放样,设备、管网安装工程控制放样,包括暗挖法中为施工导向、盾构机定位等要求进行的测量作业。

②控制铺轨基标测设,保证轨道的设计位置和线路参数,同时保证行车隧道的限界要求。

(2)贯通测量、竣工测量

①矿山法、盾构法施工隧道相向施工的隧道贯通面或单向施工的贯通面处贯通误差测量工作。

②明挖法施工隧道,或不同工法结构衔接处贯通误差测量工作。

③分标段施工的地段不同标段之间的结构贯通误差测量工作。

④竣工测量主要包括与线路相关的线路结构竣工测量、线路轨道竣工测量、设备竣工测量等。

3)成果报告要求

参与轨道交通工程建设的测量单位,应保证测量成果资料的真实、准确、可靠。

施工单位的控制测量方案及成果,必须满足相应规范的要求。

施工测量检测报告由专业测量单位技术负责人审查,审查合格后方可向建设单位档案室报送相应的资料,由建设单位签发轨道交通工程图纸(资料)发放通知单,由档案室分发并归档。

未经建设单位许可,参与城市轨道交通工程测量工作的各单位均不得向外界提供工程的测量成果。

4)测量工作流程

测量工作流程如图10-3所示。

10.4.7 施工监测管理

在城市轨道交通建设施工过程中,对自身环境和周边环境影响较大,为了及时反馈自身环境及周边环境变化情况,降低施工风险,建设单位、施工单位均要开展工程监测工作。工程监测是工程施工的必要手段,应为验证设计、施工及环境保护等方案的安全性和合理性,优化设计和施工参数,分析和预测工程结构和周边环境的安全状态及其发展趋势,实施信息化施工等提供资料。

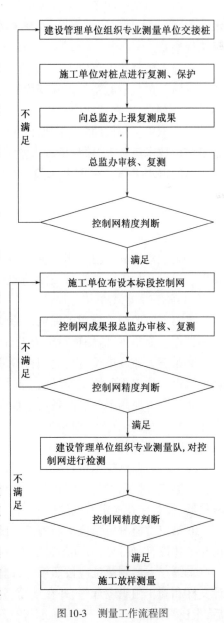

图10-3 测量工作流程图

1) 各参建单位职责

(1) 建设单位

①建设单位应对项目风险管理进行统一规划，单独列出工程建设风险管理费用，必须做到风险处置措施费专款专用。风险管理费用可根据各参建单位风险管理职责分工，进一步分解到各参建单位。

②建设单位应组织相关参建单位采用现场踏勘、技术勘测、资料收集等手段掌握工程及其周边的自然灾害、区域不良工程地质与水文地质条件情况，并采取有效措施规避或控制风险。

③建设单位应组织相关参建单位对自然环境、邻近建(构)筑物和其他工程的影响风险进行分析，采取必要的环境保护措施，控制环境影响风险。

④建设单位应监督督促工程各参建单位开展和加强建设风险管理培训，提高施工管理人员和一线施工人员的风险防范意识。

(2) 施工单位

①施工单位项目负责人对施工监测工作全面负责，并应明确施工监测的技术负责人。施工监测技术负责人应具有中级(含中级)以上技术职称和城市轨道交通工程监测工作经验。

②施工单位应配备与工程规模相适应的监测技术人员、作业人员，监测技术人员应具备相应专业技术职称，作业人员应经过测量、安全等技术培训合格持证上岗，现场巡视人员应具有两年及以上现场实际工程经验。

③施工监测技术负责人、技术人员及作业人员应对其签字的施工监测成果负责。

④施工单位应配备与工程规模相适应的监测仪器、设备，其精度应满足监测工程的要求。监测仪器、设备应在检定有效期内使用。

⑤施工单位应按照施工图设计文件、施工组织设计等要求编制施工监测方案。施工监测方案应由施工单位技术负责人、项目负责人签字，报送监理单位审查后方可实施。第三方监测单位应参与施工监测方案的审查工作。对重大风险工程施工单位应编制专项施工监测方案，并通过专家论证后，方可实施。

⑥工程监测实施前，施工监测技术负责人应将施工监测方案向监测技术人员、作业人员进行技术交底，并形成交底记录。

⑦施工监测成果应采用文字、表格、图形、照片等形式，表达直观、可读性强。施工监测成果可采用日报、警情快报、阶段性报告、总结报告等形式。

(3) 第三方监测单位

①第三方监测单位对工程项目的监测质量承担监测责任，单位主要负责人对本单位承担的第三方监测工作全面负责，监测项目负责人对所承担工程项目的监测工作负责。

②第三方监测单位应设立项目管理机构，监测项目负责人应具有高级技术职称或相应执业资格和城市轨道交通工程监测工作经验。

③第三方监测单位应配备与工程规模相适应的监测技术人员、作业人员，监测技术人员应具备相应专业技术职称，作业人员应经过测量、安全等技术培训合格持证上岗，现场巡视人员应具有两年及以上现场实际工程经验。

④第三方监测技术负责人、技术人员及作业人员应对其签字的第三方监测成果负责。

⑤第三方监测单位应配备与工程规模相适应的监测仪器、设备，其精度应满足监测工程的要求。监测仪器、设备应在检定有效期内使用。

⑥第三方监测单位应参与施工图设计文件的预审工作，审查施工图设计文件中监测设计内容，并提出相关建议，以使第三方和施工监测方案相互协调、一致。

⑦第三方监测单位应按照第三方监测设计交底(由建设单位组织)和合同文件要求，结合施工图设计文件和施工组织设计等，并在踏勘、分析的基础上，编制第三方监测实施方案，经单位技术负责人签认后，报建设单位。

⑧第三方监测单位应根据工程施工进度、不同建设阶段监测内容的不同,分阶段、分步骤编制监测方案。建设单位应组织监理、勘察、设计单位及有关专家对第三方监测方案进行论证。通过专家论证后,第三方监测方案应经监测单位技术负责人批准签字后方可实施。

⑨工程监测实施前,第三方监测技术负责人应将第三方监测方案向监测技术人员、作业人员进行技术交底,并形成交底记录。

⑩第三方监测单位使用施工单位埋设的监测点进行监测,第三方监测单位应参与施工单位的监测点验收工作,保证监测点埋深满足要求,并与施工单位共同采集监测点初始值。

⑪第三方监测应与施工监测同点位监测,对于重大风险工程关键部位、关键时段的监测工作量(包括监测点数及频次)第三方监测不宜少于施工监测的30%。

⑫第三方监测单位应以文件报告和电子数据的形式定期向信息平台上传监测结果,监测结果应形成可视化文件。

(4)监理单位

①监理单位应配备与工程规模相适应的监理工程师,监理工程师应具备测量、安全等专业技术职称或专业技术培训。

②监理单位应审查施工组织设计中施工监测方案是否符合设计文件要求,应对施工监测的实施开展监督管理工作,并进行工程现场巡视工作。

③监理单位应对施工单位和施工监测方案进行审核。

④监理单位应根据施工监测方案编制工程监测监理实施细则,并报建设单位备案。

⑤监理单位应见证基准点、监测点的埋设,并组织验收。施工过程中应定时检查基准点、监测点的保护情况,发现被损坏、破坏时应及时督促施工单位恢复或补救。

⑥监理单位应检查监测基准点的复核、联测工作,监测基准点出现异常时应及时督促施工单位进行补设。

⑦监理单位应对施工监测的过程工作做好监督和评价,定期对施工监测工作进行旁站或检查,以验证施工监测工作的有效性。

⑧监理单位应督促施工单位严格按照监测方案实施施工监测,发现未按方案进行监测时应要求施工单位立即整改。情况严重时可要求施工单位停止施工,并及时报告建设单位。

⑨监理单位应做好视频监控工作,视频监控发现工程异常时应督促施工单位进行整改。

⑩监理单位应比对、分析施工监测和第三方监测数据及巡视信息,发现异常时及时向建设、施工单位反馈,并督促施工单位采取应对措施。

⑪施工监测和第三方监测数据达到不同的预警状态且数据差异较大时,监理工程师应组织双方分析数据差异原因,评价工程安全状态,确定工程预警等级,必要时组织双方进行复测。

2)施工监测管理

(1)工程监测应遵循如下工作流程:

①收集、分析相关资料,现场踏勘。

②编制、评估和审查监测方案。

③基准点和监测点布设(施工单位应负责埋设基准点和监测点,监理单位应进行旁站监督)、验收与保护。

④校验仪器设备,标定元器件,测定监测点初始值(施工单位和第三方监测单位应共同读取监测点的初始值)。

⑤采集监测信息,记录施工工况。

⑥处理、分析和反馈监测信息。

⑦提交监测日报、警情快报和阶段性监测报告等。

⑧监测工作结束后,提交监测工作总结报告及相应的成果资料。

⑨监测单位根据国家、地区规范及行业有关规定,实现信息化管理与共享。

施工阶段工程监测管理流程如图10-4所示。

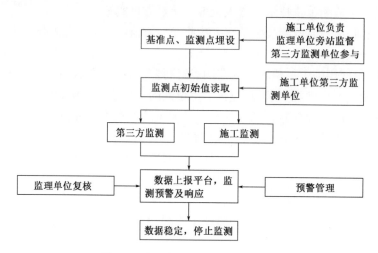

图10-4 施工阶段工程监测管理流程图

(2)当遇到下列情况时,应适当提高仪器监测或现场巡视的频率:

①监测数据异常或变化速率较大。

②存在勘察未发现的不良地质条件,且影响工程安全。

③地表、建(构)筑物等周边环境发生较大沉降、不均匀沉降。

④盾构始发、接收以及停机检修或更换刀具期间。

⑤矿山法隧道断面变化部位、施工中产生受力转换部位。

⑥工程出现异常。

⑦工程险情或事故后重新组织施工。

⑧暴雨或长时间连续降雨。

⑨邻近工程施工、超载、振动等周边环境条件较大改变。

⑩当出现异常警情时。

(3)施工监测应贯穿于工程施工全过程,结束监测工作应满足以下条件:

①基坑回填完成或矿山法隧道进行二次衬砌施工后,可结束支护结构的监测工作。

②盾构法隧道完成贯通、设备安装施工后,可结束管片结构的监测工作。

③支护结构监测结束后,根据周围岩土体监测值的变化情况和工程需要,确定是否结束周围岩土体的监测工作。

④支护结构和周围岩土体监测结束后,且周边环境变形趋于稳定时可结束周边环境的监测工作。

⑤满足设计要求结束监测工作的条件。

建(构)筑物变形稳定标准应符合《建筑变形测量规范》(JGJ 8—2016)的有关规定,既有轨道交通、道路、地下管线等其他周边环境的变形稳定标准宜根据城市工程经验或评估结果,并结合产权单位或管理单位要求综合确定。

施工单位停止监测工作后,应对工程影响范围内的岩土体进行空洞检测,以保证工后工程自身和周边环境的安全。

3)现场巡视管理

城市轨道交通工程施工单位、第三方监测单位以及监理单位等主体应根据工程特点和工作需要开展现场巡视工作。施工单位和第三方监测单位宜同时开展现场巡视工作,并与监理单位的巡视工作相协调。

(1)现场巡视明(盖)挖法基坑、矿山法施工隧道、盾构法施工隧道周边$2.0H$(H为基坑开挖深度或隧道底板埋深)范围之内的周边环境对象。

(2)现场巡视明(盖)挖法基坑全部开挖面及支护结构,矿山法施工隧道开挖面5倍洞径范围内的支护结构,盾构法施工5倍洞径范围内的管片结构。

(3)现场巡视对象主要为明挖基坑、矿山法施工隧道的开挖工作面、支护结构,盾构施工隧道的盾构机工作状况、管片结构以及工程周边环境对象。

(4)明(盖)挖法基坑施工现场巡视内容宜包括开挖面地质状况、地下水控制效果、支护体系的施作及时性、渗漏水情况、变形变化情况、开裂情况、施工质量缺陷以及周边超载情况等。

(5)盾构法隧道施工现场巡视内容宜包括始发/接收端土体加固情况,掘进位置(环号),停机、开仓等的时间和位置,管片破损、开裂、错台、渗漏水情况及联络通道开洞口情况等。

(6)矿山法隧道施工现场巡视内容宜包括开挖面地质状况、降水效果,以及支护体系的施作及时性、渗漏水情况、变形变化情况、开裂情况、施工质量缺陷、拱背回填等。

(7)周边环境现场巡视内容宜包括周边路面或地表的裂缝、沉陷情况,建(构)筑物、桥梁、既有轨道交通等的裂缝情况,河流湖泊的水位变化情况,以及工程周边开挖、堆载、打桩等可能影响工程安全的其他生产活动等。

现场巡视工作结束后,施工单位应与第三方监测单位对当天的监测数据进行分析,对工程安全状况进行评价,判断工程自身和周边环境的安全状态。现场巡视过程中发现异常情况或险情时,施工单位、第三方监测单位和监理单位应及时通知建设单位及其他相关单位,并加强现场巡视工作。

4)监测报告编写要求

监测报告分为监测日报、阶段性报告、总结报告三种形式。

(1)监测日报宜包括下列主要内容:

①工程施工概况。

②现场巡视信息:巡视照片、记录等。

③监测项目日报表:仪器型号、监测日期、观测时间、天气情况、监测项目的累计变化值、变化速率值、控制值、监测点平面位置图等。

④监测数据、现场巡视信息的分析与说明。

⑤结论与建议。

(2)阶段性报告宜包括下列主要内容:

①工程概况及施工进度。

②现场巡视信息:巡视照片、记录等。

③监测数据图表:监测项目的累计变化值、变化速率值、时程曲线、必要的断面曲线图、等值线图、监测点平面位置图等。

④监测数据、巡视信息的分析与说明。

⑤结论与建议。

(3)总结报告宜包括下列主要内容:

①工程概况。

②监测目的、监测项目和监测依据。

③监测点布设。

④采用的仪器型号、规格和元器件标定资料。

⑤监测数据采集和观测方法。

⑥现场巡视信息:巡视照片、记录等。

⑦监测数据图表:监测值、累计变化值、变化速率值、时程曲线、必要的断面曲线、等值线图等。

⑧监测数据、巡视信息的分析与说明。

⑨结论与建议。

施工监测单位应以文件报告的形式定期向信息平台上传监测结果。

10.4.8 施工风险管理

目前我国各大城市正在大力发展城市轨道交通工程。城市轨道交通一般位于城市密集区,工程结构复杂,施工难度大,潜在建设风险种类多,风险损失大。因此建设单位应进行施工阶段安全风险的管理,明确工程建设阶段安全风险管理过程中预警、响应、消警等环节各方的职责,明确预警、消警条件和工作流程,确保安全风险预警得到及时、有序和高效处理。具体管理内容和措施详见第22章安全风险管理的22.3节风险管理内容。

10.4.9 应急管理

应急演练是检验完善应急预案、锻炼应急队伍、加强应急联动的重要手段。应急演练要结合突发事故特点、衍生灾害类型及环境、损失程度等条件进行,重点解决应急响应过程中的组织指挥、协同配合和应急准备等问题。具体管理内容和措施详见第22章安全风险管理的22.4节应急管理内容。

10.4.10 关键节点验收

城市轨道交通工程作为城市中的线路工程,其建设过程受外部因素干扰大,又多为地下工程,具有很大的不可预知的风险。国内外的各种轨道交通工程事故也表明,轨道交通作为现代城市重要的公共交通方式,建设期间一旦发生事故,其造成的社会负面影响十分巨大。经过科学分析和实践检验,工程中部分部位和工序与这些风险因素最密切相关,也最容易引发风险事件,所以针对这些关键部位和关键工序加强管理,将十分有利于风险控制。

1)各参建单位职责

(1)建设单位

①参与关键节点验收。

②对关键节点工程实体和内业资料进行检查。

③对关键节点验收给出验收意见。

④督促施工单位整改落实。

(2)施工单位

①填写相关记录表,确保满足验收前提条件。

②参与关键节点验收。

③提交关键节点施工自评报告,明确验收范围、自检结论等。

④配合提供现场工程实体和内业资料检查。

⑤落实验收整改意见,并提交整改回复,配合复查。

(3)监理单位

①对关键节点验收条件进行审核。

②组织关键节点验收,同时配合接受管理工作检查。

③提交关键节点监理评估报告,给出验收意见。

④汇总验收整改意见,督促施工单位整改,复查后反馈给建设单位。

(4)监测单位

①参与关键节点验收。

②提交监测小结,对监测情况进行阶段分析和报告。

③配合提供现场和内业资料检查。

(5)勘察、设计单位

①参与关键节点验收。

②对关键节点验收给出验收意见。

2）关键节点的设定

城市轨道交通工程以地下工程为主，除具有一般地下工程施工的特点和难点外，很大程度上还受到外界环境的干扰。其施工形式具体可分为地下车站、区间隧道和城市高架桥梁三种工程类型。其中，区间隧道又分为盾构法隧道和矿山法隧道，而盾构法隧道之间的联络通道（或集水井）多采用冻结法加固。

根据城市轨道交通工程的施工特点和建设过程中的实践经验总结，结合工程质量安全监督管理部门的相关要求，轨道交通工程关键节点验收计划见表10-2。

城市轨道交通工程关键节点验收计划　　　　　　　表10-2

序号	关键节点		验收部位和内容	验收单位
1	深基坑（车站、中间风井）		检查围护、地基处理、降水等开挖准备工作，防范基坑开挖风险	建设、监理、勘察、设计、施工、检测、专家
2	盾构始发、到达、穿越	出洞	检查洞口防护、出洞施工准备等安全保证措施落实，防范盾构始发施工风险	建设、监理、设计、施工、检测、专家
		穿越重要建（构）筑物	检查交叉施工风险点安全施工技术、管理措施准备，防范施工风险	建设、监理、设计、施工、检测、专家
		进洞	检查洞口防护、进洞施工准备等安全保证措施落实，防范盾构到达施工风险	建设、监理、设计、施工、检测、专家
3	联络通道（旁通道、集水井）		检查地基处理情况和开挖准备工作，加强开挖、回筑期风险防范及融沉控制	建设、监理、设计、施工、检测、专家
4	高架桥	首批梁（板）架设	检查预制梁的运输、现场架梁条件及质量安全保证措施	建设、监理、设计、施工、检测、预制梁厂、专家
		高支模梁板混凝土浇筑	检查高支模设计方案与现场落实，及防范措施落实情况	建设、监理、设计、施工、检测、专家
5	矿山法暗挖隧道洞身开挖及初期支护		检查超前支护、爆破施工、洞身开挖施工、钢架及钢筋网制作安装、锚杆制作安装、喷射混凝土	建设、监理、设计、施工、检测、专家

3）关键节点验收条件

关键节点条件验收是基于对施工前置条件的检查和后续施工内容的强化要求。施工单位应在验收前进行自检，监理单位评估检查通过后向建设单位提出节点验收请求，建设单位审核同意后，监理单位组织验收会议，建设单位邀请相关专家，并通知工程质量安全监督机构对验收过程监督检查。

（1）深基坑开挖节点验收条件

①是否已完成勘察设计交底，交底内容是否已在施工图或施工方案中落实，重大调整是否已落实设计变更。

②是否已进行深基坑专家评审；针对专家对设计提出的意见，设计和施工方是否采纳意见并予以落实，未采纳的是否有明确的情况说明回复。

③施工组织设计和专项施工方案是否已编制、审批，审批意见是否已落实。

④开挖堵漏方案是否已编制、审批，开挖堵漏专项技术交底的重点内容是否交底到了班组。

⑤围护结构和圈梁的强度检测报告是否达到设计强度要求。

⑥地基处理施工、原材料（水泥）出厂合格证和复试报告、取芯试验检测报告是否达到设计强度要求。

⑦立柱桩成桩施工是否存在异常情况。

⑧疏干井、降压井是否已按方案施工完成，是否已制订确保降水连续、按需降水、应急预案的施工措

施和相关制度,抽水试验期间水位观测措施和临近建(构)筑物、地下管线的监控情况是否正常。

⑨坑外排水措施是否已落实到位,确保基坑外排水畅通。

⑩建设单位是否已提供基坑周边的建(构)筑物、道路、地下管线等资料;是否对重要建(构)筑物和地下管线进行摸排,对可能发生争议的部位进行拍照摄像、做好记录等,并做好切实可行的保护措施和应急抢险方案。

⑪监测点是否已按方案布置完毕,监测初始值应经监理单位复核;围护结构施工阶段遗留问题是否已按规定解决或已制订相应的方案;围护桩(地下墙)垂直度、充盈系数、抗压强度、异常情况(如割钢筋、混凝土绕流、冷缝处理等)汇总资料是否已完成。

⑫各分包单位(包括挖土、支撑、结构、降水、监测等)的资质是否已经总包单位和监理单位审查,并符合有关规定。

⑬人员(按合同)、机械(按方案)、支撑(满足进度的数量和符合设计要求的质量)是否都已到位。

⑭是否建立了"开挖任务单"和"挖土支撑记录表"的现场管理制度。

⑮是否对工程潜在风险进行了辨识和分析,是否已编制完成有针对性、可操作性的应急预案并落实抢险设备、材料、人员、方案。

(2)盾构始发节点验收条件

①勘察、设计交底是否已完成,是否存在较大设计疑问。

②工作井结构高程、洞门中心轴线、结构尺寸、结构强度等各项技术参数是否符合设计和规范要求,并满足盾构施工各阶段受力要求;检查端头井场地移交情况。

③盾构始发专项施工方案、监理细则等是否已审批,程序是否规范。

④交底内容是否具有针对性,是否交底至操作层。

⑤盾构始发区域加固的范围、深度、强度、抗渗等是否达到设计要求;根据施工记录和检测结论,判断加固质量是否存在问题。

⑥检查探孔数量、深度,观察是否有流泥、流沙现象。

⑦反力架受力是否经过计算,支撑系统安装是否牢靠;盾构基座受力结构是否存在缺陷,盾构在基座上的平面、高程偏差是否符合要求。

⑧管线保护是否已办妥管线单位的监护交底,获得相关资料。

⑨重要保护对象是否已制定专项方案,并经单位技术负责人审批或专家评审,并按审核意见认真落实。

⑩监测初始值的确定是否合理,总包单位、监理单位是否已按有关要求对监测点的布置进行验收。

⑪控制点是否固定牢靠,不易碰动,并已经监理单位和第三方复核。

⑫人员报审工作是否已完成,配备情况是否满足质保体系要求,特殊工种是否持证上岗。

⑬盾构机是否已调试完成并通过验收;盾构始发前是否进行系统检修。

⑭行车是否已通过有关部门验收并整改销项。

⑮工程涉及的原材料是否已按要求做好相关复试工作。

⑯对工程风险的辨识和分析是否全面、具体,并制订控制措施、确定责任人。

⑰应急预案包括技术上的补救措施和抢险方案,是否有针对性;应急预案是否进行实战或室内演练。

(3)盾构穿越重要建(构)筑物施工节点验收条件

①建设单位或施工总承包单位是否已对被穿越建(构)筑物、管线和道路等进行专项摸排及详细勘察,尤其是老旧建(构)筑物和管线进行实地摸排和资料调查;邻近地铁设施、隧道或有特殊要求的建设工程,按相关规定执行。勘察单位应当做好勘察探孔的填实工作。

②各参建单位与被穿越物的相关权属单位或建设单位应明确制定保护要求和报警机制。有争议的相邻工程、建(构)筑物、管线、道路,建设单位或施工总承包单位应当委托质量检测单位进行检测,明确

建(构)筑物可承受外界影响的程度。设计单位和施工单位是否已按照《危险性较大的分部分项工程安全管理规定》规定,组织不少于5位专家对设计图纸和施工方案进行评审;针对专家提出的意见,设计单位和施工单位是否采纳意见予以落实,未采纳的是否有明确的情况说明回复。

③施工组织设计和专项施工方案的编制和审批是否已完成,审批意见是否得到落实。施工方案除应当具备正常内容外,还应当包括针对被交叉物的专项保护和处理措施、接口预留措施、监控措施和应急预案等内容。

④应急预案是否交底到施工管理的各岗位,施工现场是否已设立应急抢险告知牌,列明可能发生的险情状况和主要负责人联系方式,并对每位操作工人进行交底。

⑤施工现场是否已按应急预案的要求配齐抢险人员、材料和设备。

⑥是否已落实有资质的监测单位承担同步或分步实施的交叉工程的监测工作,是否有明确的监测方案、报警限值、停测标准,并通过委托方审核认可。

(4)盾构到达节点验收条件

①工作井结构高程、洞门中心轴线、结构尺寸、结构强度等各项技术参数是否符合设计和规范要求,并能满足盾构施工各阶段受力要求;端头井场地是否已办理移交手续。

②盾构到达专项施工方案、监理细则等审批程序是否完成。

③交底内容是否具有针对性,是否交底至操作层。

④盾构到达区域加固的范围、深度、强度、抗渗等是否已达到设计要求;注意施工记录和检测方式,判断加固质量是否存在问题。

⑤检查探孔数量、深度,观察是否有流泥、流沙现象。

⑥查看盾构基座受力结构是否存在缺陷,焊接质量是否合格;检查盾构在基座上的平面、高程偏差是否符合要求。

⑦重要保护对象是否已制订专项方案,并经单位技术负责人审批或专家评审,并按审核意见认真落实。

⑧进洞前,盾构机、行车等设备是否已进行系统检修、保养。

⑨对盾构进洞施工风险的辨识和分析是否全面、具体,并制订控制措施,明确责任人,落实抢险人员、物资。

(5)联络通道结构开挖节点验收条件

①施工现场是否已完成设计、勘察(补充勘察)交底。

②设计要求的开挖加固措施是否已完成,各项加固指标是否已达到设计要求并有检测报告,如水泥浆等化学加固应探测加固体强度和均匀性,冻结法加固应估算冻结壁厚度和冻结壁交圈情况。

③是否已凿设探孔,未发现异常情况并满足开挖条件;应在开挖区中部和边角部位至少各打一个探孔。

④防护门(安全门)是否已安装,启闭是否灵活。

⑤联络通道结构开挖、冻融变形控制设计、施工方案是否已经专家评审,并通过单位技术负责人和总监理工程师审批;监理细则是否已编制完成并审批。

⑥周围环境监测控制点是否已按监测方案布置,且已取得初始值。

⑦人员(按合同)、机械(按方案)、材料(数量满足进度需求,质量符合设计要求)是否都已到位。

⑧是否对工程潜在风险进行了辨识和分析,是否已编制完成有针对性、可操作性的应急预案,是否落实抢险人员、物资(如配备聚氨酯、聚氨酯泵和防毒面具)并进行演练。

⑨远程监控管理系统是否已实施并正常运行,前期工程信息是否已按要求完成上传。

(6)矿山法隧道开挖节点验收条件

①勘察设计交底是否已完成,重大调整是否已落实设计变更,设计文件中确定的施工方案对环境保护影响较大的地形、地貌、工程地质及水文地质条件是否符合实际,保护措施是否得当。

②是否已进行地质补充勘察,是否已探清管线,是否已完成详细调查隧道穿越的建(构)筑物及重要设施并形成调查报告及第三方鉴定报告。

③施工竖井是否已通过安全质量验收,垂直提升设备是否已通过有资质的第三方单位验收。

④施工组织设计、专项施工方案及安全专项方案是否已编制、审批,程序是否满足要求,方案是否符合安全验算结果,是否已组织外部专家进行论证并提供书面审查意见,审查意见是否已落实。

⑤爆破方案是否经过专项审批并报公安部门进行备案,爆破施工资质(注明单位)是否满足要求。

⑥爆破工程师、安全员、保管员是否到位,爆破工人是否经过培训,炸药领取、保管等制度是否健全并张贴。

⑦应急预案是否已制订并演练,应急救援物资是否已就位,与邻近医院是否已取得联系。

⑧安全教育、交底是否全面有效,安全员是否足够,是否到位,特种作业人员是否持有效证件上岗,现场安全警示是否满足要求,安民告示是否到位。

⑨监测点是否已按方案布设,监测初始值是否已经监理单位复核。

(7)高架桥首批梁(板)架设节点验收条件

①勘察、设计交底是否已完成。

②运输高架桥梁的施工便道及吊装点是否满足相关要求,并通过验收。

③下部结构强度是否已达到设计要求。

④运输高架桥梁相关部门的批复手续是否已获取。

⑤运输、架设高架桥梁专项方案是否已通过专家评审,并有书面回复意见。

⑥架梁前的测量、放线和复测工作是否已完成。

⑦梁体进场是否有交验制度,以确保进场梁体符合要求。

⑧分包单位资质是否已通过监理审查,并符合相关要求。

⑨架梁设备是否已鉴定,并符合相关要求。

⑩工程潜在的风险是否进行辨识和分析,并制订有针对性的风险预案。

⑪施工现场是否已进行安全技术交底。

(8)高架桥高支模梁板施工节点验收条件

①专业分包、劳务分包资质及特殊工种操作资格证书是否已报审并符合要求。

②专项施工方案是否已进行专家评审并按专家意见修改。

③模板、支架材料质量、性能与计算参数的取值标准是否相符。

④模板支架构造是否与设计方案相一致。

⑤察看支架分段和整体搭设验收记录,并察看现场是否存在不规范之处。

⑥支撑系统和浇筑体的沉降、变形监测方案是否已编制,并实施监测。

⑦是否已按规定进行现场质量安全技术交底。

⑧混凝土浇筑和模板拆除是否已制定安全质量保证措施和管理制度。

4)关键节点验收程序

(1)关键节点条件验收由总监理工程师主持,并担任验收组组长。

(2)施工单位提出关键工序验收要求;完成关键工序自检自评,形成施工小结。

(3)监理单位应对关键工序验收内容进行检查,审核通过后上报建设单位,建设单位审核确认后,监理单位组织关键节点验收。

(4)验收过程中,工程安全质量监督站检查各项程序是否符合要求,并提出条件验收意见,验收意见分为通过、局部整改和责令重新组织验收三种情况。

(5)关键节点条件验收流程如图10-5所示。

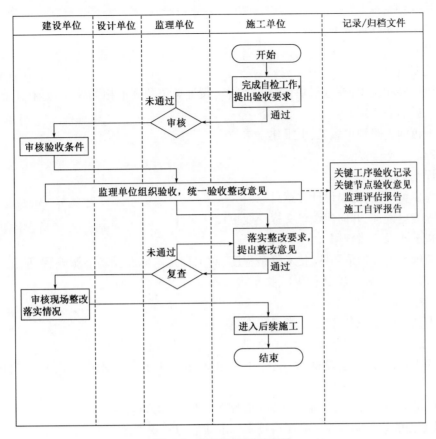

图 10-5 关键节点验收流程图

10.4.11 变更(洽商)管理

变更(洽商)对工程投资、施工进度、工程本身安全及周边环境安全会产生较大的影响,为此必须经过深入调查、充分论证研究后,方可实施。实施过程中要严格控制工程变更(洽商)的过程审查与审批环节,严禁对变更(洽商)规模较大的项目进行分解,同一原因、同一时间引起的同一标段,其内容不应分割的一次性变更(洽商)为一项变更(洽商)。在实施过程中对变更(洽商)项目的划分及界定由建设单位最终确定。

1) 各参建单位职责

合同工程相关的任何一方认为设计图纸不适应工程实际情况时,均可提出工程变更申请;在不修改设计图纸的前提下,出现依据合同需增加投资额的项目时,有关单位可提出洽商申请。所提工程变更、洽商方案须利于确保工程的安全、质量、工期。

(1) 建设单位

①提议工程变更。

②负责工程变更、洽商立项和备案的登记与确认。

③负责组织各类工程变更、洽商的审查、论证和审批工作。

④负责"工程变更设计通知单"的签发。

⑤负责工程变更、洽商数量的核实。

⑥根据有关计量支付的办法、文件进行变更、洽商的费用审核、支付管理。

(2) 施工单位

①提议工程变更、洽商。

②认真研究变更、洽商方案,准确编制变更、洽商引起的工程造价增减数额,正确划分变更、洽商

类别。

③及时按规定程序办理审批事宜。

（3）监理单位

①提议工程变更、洽商。

②接纳并组织各相关单位（建设单位、施工单位、设计单位及其他相关单位）进行工程变更、洽商预审，正确核定变更、洽商类别。

③总监理工程师签署预审意见，上报建设单位。

（4）设计单位

①提议工程变更。

②参加工程变更审查，提出设计方意见。

③负责工程变更设计，并向建设单文提交变更设计文件。

2）工程变更分类及审批权限

工程变更考虑其内容的重要性、技术复杂程度、对工程技术标准及功能影响程度、工程实施难度影响程度、对工期影响和增减投资额等因素，按审批权限划分为Ⅰ、Ⅱ、Ⅲ类。

（1）工程变更分类

①凡符合下列条件之一者，属于Ⅰ类工程变更：

a.特级、一级风险工程施工图设计防护原则、工法等方面的较大调整。

b.涉及土建工程设计规模、功能、标准与技术原则或方案有重大变化的变更，主要包括以下几个方面：

原初步设计批准的运营功能标准的更改（如配线、出入段线等）；

线路平、纵断面的较大调整并影响线路技术标准或能力的变更；

站位发生大的调整，如由路口一侧调整为跨路口、站位发生大的移动或加站、减站等；

车站建筑规模或服务标准发生大的变化，包括车站层数增减、出入口数量增减或实施预留、风亭数量增减、车站长度或宽度发生大的增减、附属结构服务标准发生变化（如取消或增加扶梯、取消或增加无障碍直升梯等）；

车站及区间主体结构工法发生大的变化，如明挖改暗挖、盾构改暗挖等；

装饰风格及装修标准有较大更改；

城市规划、交通、建设等相关主管部门要求的建设规模、标准的重大变更；

其他涉及全线技术标准或功能变化者，如增加减震设施、声屏障设施、人防等级调整等；

变更虽未涉及土建设计规模、功能、标准与技术原则或方案有重大变化，但一次变更工程投资增减在300万元（含，建议金额）以上者。

②凡符合下列条件之一者，属于Ⅱ类工程变更：

a.涉及土建设计规模、功能、标准与技术原则或方案有一般（普通）变化，且不属于Ⅰ类工程变更第2条规定范围的变更，主要包括以下几个方面：

车站及区间的主体结构和附属结构工程、临时施工竖井、结构预留孔洞、施工横通道等在平、纵断面位置上范围较小的调整（即不影响其功能、设置目的和作用等）、桥墩桩位调整、增加或取消临时施工竖井、横通道等；

施工过程中的变化，主要包括初期支护（基坑支护）加强变化、二次衬砌变化、地层加固及注浆、建（构）筑物、管线及其他设施的保护、防水材料及工法变化、降水工程变化、明挖围护结构变化、盾构管片材料变化、结构预留孔洞、基础换填、钢结构调整等；

出入口、风道与周边建筑结合、预留出入接口、增设人防门、预留换乘条件、站内二次结构调整、管线综合施工图调整、桥轨面高程调整等；

装修过程的一般性变化；

站前广场方案的局部调整。

b. 变更虽未涉及土建设计规模、功能、标准与技术原则或方案有一般变化，但一次变更工程投资增减费用在50万元(含)至300万元者(建议金额)。

③Ⅲ类工程变更。

一次变更工程投资增减费用小于50万元(建议金额)且不属于Ⅰ类、Ⅱ类工程变更范围的其他所有变更。

(2)工程变更的中间审查及最终审批

①工程变更的中间审查。

a. 建设单位相关部门共同参与Ⅰ类、Ⅱ类、Ⅲ类工程变更中间过程审查。

b. 通过Ⅰ类、Ⅱ类、Ⅲ类工程变更中间过程审查后，均需报建设单位技术委员会审议。其中，Ⅰ类、Ⅱ类工程变更一事一议，Ⅲ类工程变更可根据实际情况打包审议。

c. 对于Ⅰ类工程变更，当涉及重大技术决策问题时，工程变更主管部门需对工程变更的技术可行性进行初审，初审通过后报技术委员会审查。技术委员会组织审查时所需的外部专家由施工单位或设计单位邀请。

②工程变更的中间审查及最终审批。

Ⅰ类、Ⅱ类工程变更由建设单位总经理审批，Ⅲ类工程变更由建设单位主管副总经理审批；工程变更审批后，由建设单位总工程师签发"工程变更设计通知单"。

3)工程变更工作程序

(1)Ⅰ类、Ⅱ类、Ⅲ类工程变更按照工程变更管理流程(图10-6)执行。

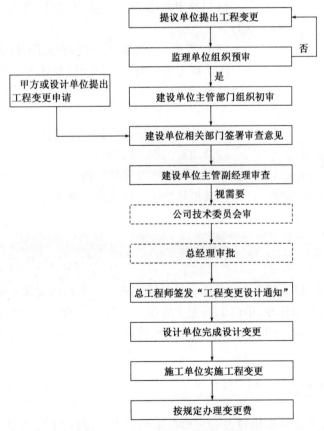

图10-6 工程变更管理流程图

注：Ⅲ类工程变更，图中虚线框内环节取消。

(2)各类"工程变更审批表"还应包括附件，附件内容包括：

①变更方案说明(含必要性、具体方案等)。
②有关会议纪要。
③变更引起的工程量变化。
④变更引起的及合同价款的增减估算。
⑤变更对工期的影响。
⑥必要的附图及计算资料。
⑦所影响的图纸名称、编号。
⑧其他资料等。

4)工程洽商分类及审批权限

工程建设过程中,凡不需要修改设计文件,但确有工程量变化、土建合同金额变化者为工程洽商。为便于投资控制及明确管理权限,工程洽商划分为Ⅰ类、Ⅱ类、Ⅲ类。

(1)工程洽商分类

Ⅰ类工程洽商为投资增减金额50万元(含)以上者(建议金额)。

Ⅱ类工程洽商为投资增减金额30万~50万元之间者(建议金额)。

Ⅲ类工程洽商为投资增减金额30万元以下者(建议金额)。

(2)工程洽商的审批权限

Ⅰ类、Ⅱ类工程洽商由建设单位总经理审批,Ⅲ类工程洽商建设单位主管副总经理审批。

5)工程洽商工作程序

(1)Ⅰ类、Ⅱ类、Ⅲ类工程洽商按照工程洽商管理流程(图10-7)执行。

(2)"工程洽商审批表"还应包括附件,附件内容包括:
①洽商方案说明(含必要性、具体方案等)。
②有关会议纪要。
③洽商引起的工程量变化。
④洽商引起的合同价款的增减估算。
⑤洽商对工期、接口的影响。
⑥必要的附图及计算资料。
⑦其他洽商需要的支持性资料等。

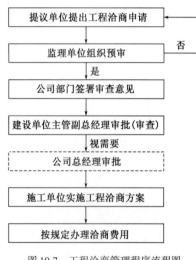

图10-7 工程洽商管理程序流程图
注:Ⅲ类工程洽商,图中虚线框内环节取消。

10.5 工程竣工验收与移交管理

依据《中华人民共和国建筑法》《建设工程质量管理条例》《城市轨道交通工程安全质量管理暂行办法》以及地方相关法律、法规和标准,单位工程完工后组织工程竣工验收,工程验收工作实行安全质量一票否决制,对达不到国家验收标准或地方标准以及设计要求或合同约定,影响使用功能和安全的,不得进行竣工验收。

10.5.1 单位工程验收

土建单位(子单位)工程验收应由建设管理单位组织和主持,政府工程质量监督部门、城市建设档案管理部门、建设单位、施工单位、监理单位、设计单位、勘察单位等部门参加。单位工程验收的条件:

(1)完成工程设计和合同约定的各项内容,对不影响运营安全及使用功能的缓建项目已经相关部门同意。

（2）质量控制资料应完整。

（3）单位工程所含分部工程的质量均应合格。

（4）有关安全和功能的检测、测试和必要的认证资料应完整；主要功能项目的检验检测结果应符合相关专业质量验收规范的规定。

（5）有勘察、设计、施工、工程监理等单位签署的质量合格文件或质量评价意见。

（6）观感质量应符合要求。

（7）住房城乡建设主管部门及其委托的工程质量监督机构等有关部门责令整改的问题已经整改完毕。

（8）施工单位对单位工程质量自验合格后，总监理工程师应组织专业监理工程师，依据有关法律、法规、工程建设强制性标准、设计文件及施工合同，对施工单位报送的资料进行审查。

当一个单位工程由多个子单位工程组成时，子单位工程验收条件参照单位工程验收组织进行。

10.5.2 工程移交

土建施工单位在单位工程竣工验收合格后，向建设管理单位移交工程实体，由建设管理单位组织向下道工序施工单位做交接。

单位工程未全部竣工验收，但后续工程需要进场施工的，建设管理单位可组织将验收合格的分部工程，移交下道工序的工程施工单位，交接各单位应确认该工程的完成情况和现状。

施工单位应在档案资料通过验收后，分别向建设管理单位及城市建设档案管理部门移交。

对因项目外部条件不具备等因素造成的缓建等收尾工作，建设单位应编制收尾工作计划，明确负责人和完成时限。

10.6 接口管理

接口管理是保证大型建设项目有序进行的前提条件之一，是确保工程质量、防范工程风险、控制工程投资、降低运营成本，使工程建设实现目标工期的重要手段。本节重点介绍施工本身与外部环境以及各专业之间的接口关系。

10.6.1 外部接口

外部接口是指除施工本身外，还涉及的区域拆迁、交通导改、管线改移等协调工作，需要各级政府部门、相关单位、个人的支持和配合。

1）市政道路

将交通导改方案上报省市级公安局管理部门，批复后方可实施。

所涉及的交通安全设施及交通标志一律要符合《道路交通标志和标线》（GB 5768.1～GB 5768.8）的要求。

施工期间按要求码放各种交通标志和交通设施，夜间施工安装施工警示灯。

交通导改道路施工完成后，在验收合格后开放交通导行。

交通疏导范围和施工区域内设硬质围挡隔开，以达到文明施工和安全的需要。围挡的安装美观、整齐、牢固，并派专人维护、清洁。围挡上应设置警示、照明设备，以保证行车安全。

2）市政管线

施工单位要详细阅读、熟悉掌握设计、建设单位提供的地下管线图纸资料，参加建设单位组织的有管线单位参加的协调会，进一步搜集管线资料。在此基础上，对影响施工或受施工影响的地下管线可开挖样洞（开挖样洞时通知管线单位监护人、监理单位到场），核对弄清楚地下管线的确切情况，做好记录。

工程实施前,向有关产权单位办理地下管线监护手续。

对受施工影响的地下管线布设沉降观测点,并定期观测。

永久改迁管线,按照相关要求办理相关手续后实施。

在施工工程中发现管线现状与交底内容、样洞资料不符时,应立即通知有关单位到场研究,商议处理措施。

施工过程中加强监测,并按照信息化施工的要求及时将监测结果反馈分析,必要时采取注浆等措施。

10.6.2 内部接口

内部接口是指工程本身各系统和各专业之间,各参建单位所承担的设计、施工、制造、安装、调试任务之间的相互关联工作,是其在时间和空间上的交互关系,需要建设单位统一协调、统一管理。

1)明挖车站的接口

(1)设计

①施工单位取得设计文件资料、图纸后,应核对设计的相关要求,在设计交底会议中明确相关内容。

②对施工过程中遇到的设计问题,建设单位应与监理、设计单位一同讨论并及时解决。

(2)盾构区间

区间隧道施工前在车站进行始发、到达的接口。在进行区间盾构始发、到达施工前,车站的围护结构应完成围护结构的封闭,端头井加固已完成。

①区间施工期间的管理接口。在端头井移交区间施工前,需完成端头井及车架段的中间验收,完成移交段的清理工作。区间施工单位在移交后承担端头井及车架段的管理责任。

②车站土建单位对车站上部运输道路、埋设管线等安全因素应告知区间施工单位,未移交段的区域区间施工单位应服从车站土建单位的管理。

③区间施工结束后同车站的接口。区间施工完成后向车站土建单位移交时,应完成洞圈结构的渗漏修复,并划分抽排水施工界面。区间隧道照明线路的敷设应与铺轨单位完成交接手续后进行。

(3)人防

①在人防结构施工前,建设单位应组织人防单位对土建施工、监理单位进行人防交底,明确人防结构施工期间需注意的事项。

②后期人防门安装期间,双方应签订协议,协议中应明确各方的安全、文明施工职责,对工程实体的保护等事项。

(4)铺轨安装

①铺轨前需完成土建结构验收,最低限度要完成车站轨行区的条件验收。

②车站移交前垃圾、泥浆、积水等必须清理完毕,堵漏工作必须完成。

③车站移交前对车站底板高程、站台板高度及站台边线同线路中心线进行复核,对于不满足要求的,应由土建单位整改,铺轨单位需进行配合。

④车站移交时铺轨装修土建及安装单位对车站排水界面的接口进行确认,一般情况下由装修单位统一管理。

(5)孔洞接口

①装饰单位进场后,机电安装单位和各系统单位必须在较短时间内梳理各类预留孔洞是否有效并提交给装饰装修单位。

②土建移交时,与机电安装系统单位做好原结构预留孔洞的排查工作,对于遗漏和错误的孔洞分类汇总。

③开孔的程序管理:二次结构砌筑前要求各类系统单位提供墙体管线、风管等墙体孔洞位置图以及

工作联系单,签字并经相关人员确认。

④原结构上开孔,对于超过300mm以上的,要求设计单位确认,并且由结构设计人员给出结构加固处理方案,经相关人员签字确认后实施。

一般采用"谁使用,谁封堵"的原则,并确认各孔洞的封堵方案,孔洞所属系统单位要负责最终管理责任。

(6) 装饰装修

①土建单位移交时应排查结构渗漏点情况,并做好记录,确定堵漏完成时间节点,堵漏完成后组织复查工作。

②土建单位施工的离壁沟内找坡、防水必须完善贯通,符合标准要求,沟内的垃圾、积水必须清理干净。

③自动扶梯的落深坑、站台板下夹层、站台废水池的积水和垃圾,以及轨行区上端风道内、站台端头进轨行区的小楼梯内的垃圾必须清理干净。

④站厅主体结构与出入口附属结构的止水带必须满足止水要求,引水、排水通畅。

⑤土建单位移交时车站主体和附属结构的各类净空尺寸必须满足设计要求。

⑥土建单位的测量控制点(高程、轴线)经复核后移交机电、装修单位。

⑦人防门上方预留设备孔洞必须标识清楚后移交。

⑧装修单位在进场施工前应提交给土建单位进场施工计划,双方就占地、工期等事宜协商确定后,土建单位、装修单位及双方监理单位,签字确认,形成交接协议。协议中应明确各方的安全、文明施工职责,对工程实体的保护等事项。

(7) 机电安装

①风、水、电安装。

a. 机电安装单位进场后需及时排查原土建预留的各类孔洞(诸如位置数量、尺寸),做好记录并通过相关部门提交给土建单位要求整改到位。

b. 设备房有变制冷剂流量多联式(Variable Refrigerant Volume,VRV)空调,机电安装单位及时预埋电源线和开关控制线,及时处理空调铜管排水体系和穿墙孔洞封堵。

c. 在二次结构砌筑前,机电施工单位必须提交详细、准确的二次结构砌筑预留各类孔洞大小尺寸、位置等资料,提交准确的设备运输通道平面图给土建单位(装修单位),并通过监理、建设单位代表签字确认。

d. 土建单位(装修单位)二次结构砌筑前,机电安装单位必须提供设备区、公共区暗藏式消防箱的位置、尺寸以及预埋管路的资料,以确保二次结构砌筑时预埋到位,避免后续的敲墙打洞。

e. 严禁机电安装单位在二次结构砌筑后敲墙打洞现象;如果设计有管线走向调整需机械切割结构的,应考虑洞口的加固处理。

②牵引、降压、变电(简称"牵降变")系统。

a. 牵降变专业单位设备进场前需与土建单位(或装修单位)协调设备运输通道及摆放位置,避免影响其他房间的二次结构的砌筑。

b. 牵降变等其他六大类系统房间顶面施工时注意避让主体结构伸缩缝;如无法避免,不得影响引水槽功能要求。

③信号、通信、弱电系统。

a. 土建单位(装修单位)二次结构砌筑前,信号、通信、弱电专业单位必须提供各类预留穿墙线槽的位置和尺寸。二次结构砌筑时及时预埋各类管线,严禁以后开槽打洞布设各类管线。

b. 机房内各类管线安装结束调试后,需书面告知土建单位(装修单位)进行各类管线四周的防火封堵施工。

④FAS、BAS工程气体灭火工程系统。

a.土建单位(或装修单位)二次结构砌筑时,FAS/BAS工程专业单位、气体灭火工程专业单位必须及时预埋各类管线,严禁以后开槽打洞布设各类管线。

b.气体灭火专业单位在二次结构砌筑时,必须提供泄压口的尺寸,位置不得低于墙体总高度的2/3处,同时应安装在房间靠近走道的一侧墙上。如果设备区走道有吊顶,则必须安装在吊顶上。

c.土建单位(装修单位)二次结构砌筑前,FAS专业单位必须与其协调好防火门门禁接口事宜。

(8)运营

①建立与运营、监理单位施工单位三级管理网络。

②施工单位每天上报施工部位、施工时间、工作内容,并每日下班前到车控室回访。

③对运营有极大影响的施工作业,如可能产生较大噪声、灰尘、烟雾、异味的,应编制一套完整的、可操作的声、光、尘污染防治专项方案,报监理单位和运营部门审核确认后实施。

④建设单位每周组织的协调例会,解决施工与运营中的矛盾。

⑤与运营交叉的区域应重点监控,应设置专用视频监控系统。

2)盾构区间的接口

(1)铺轨专业

①盾构施工单位将清理完成的端头井及隧道移交给铺轨单位,确保现场无遗留的设备材料。

②盾构施工单位在铺轨期间进入隧道,应向铺轨单位请点,得到同意后在规定的时间内进出隧道作业。

③铺轨单位应确保在施工期间保护好隧道及联络通道,避免施工对完成的结构造成损伤。

(2)与管片生产单位

①管片生产单位组织好运输工作,将验收好的管片完好运输至施工现场。

②管片生产单位应确保运输至工地现场实物管片无较大缺角掉边,无贯穿裂缝,无大面积蜂窝麻面,符合设计要求。

③管片生产单位在管片进入工地现场前应完成三环试拼装验收工作。

④盾构施工单位在工地现场应提供必需的管片吊运场地,及时组织卸车。

⑤进入工地现场的管片有明显质量缺陷,在通知现场监理人员前,施工单位有权决定退货处理。

⑥现场管片存在缺角掉边现象时,管片生产单位应提供现场修补人员,及时进行修补,达到强度要求后方可投入使用。

(3)联络通道

①联络通道施工单位将清理完成的隧道及端头井移交给盾构施工单位,确保现场无遗留的设备材料。

②联络通道施工单位应确保在施工期间保护好隧道,避免联络通道施工对完成的隧道结构造成损伤。

③盾构施工单位在移交完成后,应立即组织人力完成联络通道外隧道嵌缝、手孔封堵工作。

3)顶管施工

顶管接口管理可参照10.6.2中"2)盾构区间的接口"执行。

4)明挖区间

明挖区间接口管理可参照10.6.2中"1)明挖车站的接口"执行。

5)高架车站及区间

(1)铺轨。

①高架车站及区间结构验收合格,土建单位与铺轨单位办理书面移交后,铺轨单位方可组织铺轨施工。

②为了最大限度减少桥梁桩基沉降和梁体徐变对轨面平顺性的影响,对轨道的施工时间进行控制:原则上从桥梁预应力张拉结束起,桥梁跨度小于或等于35m简支梁不小于30d后方可进行铺轨施工,

跨度大于35m的简支梁和连续梁不小于90d后方可进行铺轨施工。在同铺轨单位办理移交前,土建单位需提供第三方检测单位的沉降徐变报告。

③高架车站调线调坡后,车站土建单位应加强同铺轨单位的沟通,在交接时,对站台板、车站地板的高程及同线路中心线的位置复测,土建单位应对存在问题进行处理。

④铺轨单位与高架土建单位办理移交时,应对梁面的钢筋位置(以调坡的线路中线)进行检查,土建单位应对存在问题进行处理。

⑤道床施工散落的混凝土,严禁堆放在梁面上,否则可能影响后续梁面找坡及防水层施工。

⑥进行梁面整体道床施工时,注意对梁面伸缩调节器、桥梁落水管的保护,严禁被混凝土污染、堵塞。

(2)其余技术接口装饰装修、机电安装、运营等接口,可参照10.6.2中"1)明挖车站的接口"执行。

第11章

装饰装修管理

11.1 概述

城市轨道交通车站装修工程作为轨道交通车站独立的专业工程项目,其设计的立足点是为乘客提供舒适、美观的进站候车环境,对体现轨道交通建设理念和服务水平具有无可替代的重要作用。由于车站公共区装修属于"面子工程",如何做好公共区装修工程,成为轨道交通建设过程中建设管理单位关注的重点之一。因此,在装修设计时要从乘客的角度出发,通过装修的手法将社会文化、地域特色、生态环保等因素糅合到轨道交通车站设计中。车站是展示城市形象和传承地域文脉的窗口,除了满足各种使用功能要求外,还要满足乘客在精神生活方面的需要。地铁车站最直观呈现的是车站的装饰装修,人们从车站的装饰装修中获得感官印象并进行评价。车站公共区装修装饰施工是整个地铁施工的最后环节,如同人穿外套一样,是最能体现车站风格和形象的一环。

技术接口协调及系统功能平衡是确保装饰设计质量的重点和难点。城市轨道交通车站内专业接口众多,如车站风水电、通信、信号、自动售票机、检票闸机、BAS、FAS、电扶梯、安全门、导向等,装修设计的一个重要环节是在遵循技术规范基础上,统筹各系统专业终端设备及各专业管路通道与公共区墙、顶、地、柱面装修整体协调。装饰设计与设备专业接口是互动过程。根据设备布置确定墙面材料模数,为实现天花的虚实效果、局部抬高、单元模数而对通风口、FAS、广播、导向等设备布置提出调整要求;同时,也要配合设备专业要求调整装饰方案以满足功能。接口工作在施工配合阶段也尤为重要,应要求施工承包商除依据装修图纸施工外,还应参考车站建筑图、车站风水电安装图、导向、相关系统设备图纸,做好墙顶面设备梳理、装饰材料的孔洞预留,做到心中有数;还应现场督促各设备安装单位保证吊顶净高,以确保实现装饰效果。乌鲁木齐地铁1号线部分车站装修效果工程实例如图11-1～图11-4所示。

图11-1 国际机场站

图11-2 体育中心站

图11-3 二道桥站

图11-4 八楼站

11.2 工程范围及其特点

城市轨道交通装饰装修工程是一项涉及多专业接口、多工种交叉作业的较复杂的工程,既要解决前道工序——土建工程遗留问题,又要与车站风水电等小系统及通信、信号等大系统机电安装工程相互协调,其接口复杂、协调难度高、工期紧、质量要求高,对于管理人员素质要求较高。要求管理人员既要有较高的专业知识,又要有较强的综合协调能力,才能完成相应的任务。地铁车站投资大、施工周期长、运行时间长、人流量大、使用频繁,是重要的公共活动场所,故需要加强对装修工程安全性、牢固性和耐久性的重视。由于地铁所处的地理位置、专业系统交叉、结构等原因,各种对装饰装修设计、施工的影响因素也比一般装饰装修工程复杂。

11.2.1 装饰装修工程范围

地铁车站由站台层、站厅层、设备层及出入口通道等附属建筑组成,按其所处位置不同分为地面站、地下站、高架站。地铁车站装饰装修工程范围主要涉及车站公共区(含物业预留区)、设备区及地面附属建筑,装饰装修内容主要包括:

(1)公共区(含物业预留区)和设备区,包括墙面、地面、顶面、柱面等,灯光照明、不锈钢护栏和扶手,门窗、客服中心、监控亭、座椅、垃圾桶等服务设施,卫生间吊顶、墙面、地面、洁具安装等。

(2)地面附属建筑,包括出入口、高低风亭、无障碍电梯、紧急疏散口和冷却塔等外立面装饰。

(3)其他,包括导向标识、广告商业设施、艺术品等。

11.2.2 装饰装修工程特点

1)建设规模大

地铁车站一般按线路建设,站点多、面积大。每条线路车站少则十几个站点,多至三十几个站点,装修投资规模每个站点上千万元,全线投资过亿元。

2)接口专业多

地铁工程中不仅包括一般民用建筑的通风空调、给排水消防、电气,而且涵盖人防、通信、信号、综合监控、屏蔽门、电扶梯、乘客资讯、防灾报警、楼宇自动化、AFC等专业系统,大多专业系统终端设备都需要与装饰装修界面衔接配合。

3)工程协调量大、管理复杂

地铁工程是一个环环相扣的系统工程,某一个系统未完成,地铁就无法如期开通。地铁参建单位包括建设、勘察设计、施工、监理、监测、检测和材料设备供应等单位,专业多、项目多、环节多、接口多,其中任何一个专业系统的设计与施工,既要考虑本专业的设计施工,还要协调兼顾其他专业系统的设计施工。各工种同时穿插施工、相互影响,成品保护需加强。设计、施工、管理相互交叉,组织协调量大,管理复杂。

4)材料设备运输困难、施工环境差

由于地铁车站多处于闹市区,且施工位置多位于地下二三十米深,材料、设备机具等进出受时间、环境限制较多,同时地下空间工作场地狭窄、通风差、环境湿度大、亮度差,与地面空间施工和安全管理相比难度更大、更复杂。所用材料特殊,要求质量高,防火耐腐蚀、防潮、防霉、防静电。

11.3 装饰装修工程管理内容

11.3.1 参建单位管理职责

建设单位重点做好装饰装修工程与土建、安装、机电系统工程的接口协调,包括场地移交、工序协调、渗漏水治理等;设计单位做好装饰装修工程与土建、安装、机电系统等专业工程在接口界面矛盾方面的设计层面的协调工作;施工单位作为现场安全、文明施工的责任单位,与安装、机电系统单位签订相应的管理协议,并履行管理职能;监理单位在做好装饰装修工程的监理工作之余,对其他安装、机电系统单位在安全与文明施工方面的施工情况、监理情况监督进行监督,及时向建设单位反映相关问题。另外,还应重点做好以下工作。

1)设计单位的管理

(1)设计单位做好装饰装修工程与土建、安装、机电系统等专业工程在接口界面矛盾方面的设计层面的工作。

(2)按照建设单位制订出图计划及施工方合理需求,及时出图。

(3)及时解决施工单位在图纸会审及施工过程中发现的问题。

(4)成立配合小组,不定期巡查现场,参加建设单位组织的协调会。

2)土建施工单位的管理

(1)土建单位进行场地实体移交。

(2)土建与装饰交接中发现的问题进行整改。

3)施工总协调单位的管理

在土建单位将车站场地移交给动车调试服务商之前,其为车站施工总协调单位,在车站场地移交给动车调试服务商之后,动车调试服务商为车站总协调单位;在土建单位将区间场地移交给铺轨单位之前,其为区间施工总协调单位,在区间场地移交给铺轨单位之后,铺轨单位为区间总协调单位;在铺轨单位将区间场地移交给动车调试服务商之后,动车调试服务商为区间总协调单位。施工总协调单位自接收场地起即开始履行相应职责,时间以场地移交单注明的时间为准。

(1)施工总协调单位应全面负责车站场地范围内的管理,对场地的安全保卫、文明施工、环境卫生、污水排放以及周围房屋、市政设施等项工作负责,对施工场地内的用水、用电、场地内的施工协调负有全面的管理责任,并控制施工不得干扰周围居民的正常生活。

(2)负责场地内的临时设施(包括临时房屋、场地硬化、运输道路、排水、围墙、临边洞口的安全围挡、施工用电及施工照明、危险区域的安全警示牌、疏散指示牌、消防设施等)的建设,实施前应将设计方案报监理审核、业主批准,其标准必须满足《建设工程现场文明施工管理办法》的有关要求。

(3)按照合同要求为其他专业施工单位提供方便的水、电接口,所有施工单位用水、用电、用气必须依照相关规定按标准化实施。

(4)负责场地内的文明施工日常管理。施工总协调单位应保证施工现场道路畅通,场容场貌的整洁卫生,排水系统处于良好的使用状态,及时排除车站内雨水和渗漏水。场地内要建有封闭的建筑垃圾集中堆放场并及时清理。

(5) 负责施工场地使用的合理分配和管理。施工总协调单位有义务为其他专业施工单位的材料、设备和施工机具的运输和堆放提供便利条件。

(6) 负责对车站出入口的封闭化统一管理。出入口应设岗亭并安排保安公司专职保安人员值班，实行工地出入证进出登记制度。所有进入车站施工现场的人员必须持有建设单位或施工总协调单位签发的施工现场出入证；车站其他重要部位应加设岗哨。

(7) 负责施工现场消防的管理，配备符合消防要求的消防设施，建立、监督和严格执行消防管理制度。

(8) 负责业主提供已接管的施工用变压器（含开关箱、高压室等）和用水接口的日常维护和管理。

(9) 施工总协调单位有义务和周边单位做好沟通、协调工作。

4) 装饰装修施工单位的管理

(1) 施工单位对进场物资按照相关规定向监理单位报验，重要分部、分项工程要制定专项施工方案，施工资料应与工程进度同步归档。

(2) 在对产品质量有怀疑时，建设方可以直接对任何施工项目及其部位的工程材料、设备等施工质量进行监督性的抽样检测，检测所发生的费用由材料及设备供应单位负担。施工单位自购材料的，检测结果不合格时相关补测费用由施工单位承担。

(3) 建立首件验收制度。建设单位代表、设计、监理和施工单位要共同对首件工程实体质量和相关资料进行验收，合格后方可进行全面施工；如地面、墙面、吊顶在大面积安装施工前必须先进行样板施工，经各方验收合格后方可作为大面积施工。

(4) 在地面、饰面等完工区域进行施工作业时，作业单位应当采取必要的保护措施，避免完工部位的破坏。

5) 监理单位的管理

(1) 施工监理单位在做好装饰装修工程的监理工作之余，应对其他安装、机电系统单位在安全与文明施工方面的施工情况、监理情况进行综合监督，并及时反映相关问题。

(2) 对照设计功能实现表，定期梳理所管专业的功能实现情况，并将信息同步反馈给建设单位。

(3) 建立工程进度台账，安排专人定期更新台账并同步上报建设单位。

(4) 掌握现场存在的材料供应问题、劳动力问题、图纸问题、安全质量问题等，解决在职责范围内的问题并同步向建设单位汇报。

(5) 组织复核所管专业与其他专业间的设计接口是否明确，施工接口是否按规定实施。

(6) 提出所管专业与其他专业需要互相创造的条件并督促落实。

6) 各专业施工单位的管理

(1) 提前考察现场，及时审核施工图纸与现场有无出入，发现问题积极与建设单位代表及施工总协调单位沟通；联系建设单位代表及施工总协调单位办理进场手续并签订安全协议；以书面形式明确提出设备进场通道、临水临电接驳、施工及材料存储加工场地、设备房移交、设备安装及调试等需要的条件。

(2) 各专业单位按照"谁施工，谁负责"的原则，根据地铁施工的有关安全法规和制度做好安全施工的各项保证措施，对因其自身原因发生的安全事故负完全责任。

(3) 各专业单位执行施工动火作业申请批准制度，严格执行施工动火作业的管理制度，现场自行配备齐全消防设备。

(4) 各专业单位进入施工现场施工设备性能良好、安全可靠，配电箱等电器设施符合安全标准。

(5) 各专业单位做好本工程施工范围内文明施工、防盗措施；服从管理单位对场地的调配。材料设备和机具摆放整齐有序，不越界。做到"工完场清"，建筑施工垃圾要及时清理，堆放在指定的垃圾集中堆放处。施工用水不洒不漏，保持车站场地的干燥。

(6) 各专业单位做好自身的成品、半成品保护措施，做好材料、机具设备的保管，做到不污染、损坏他人的成品半成品。因自身保护措施不到位造成成品、半成品的损坏、污染、遗失应自行负责;因施工不注意保护造成其他施工单位安装的成品、半成品或材料、设备受损,一切费用和补救措施由责任单位承担。

(7)加强各专业单位的环境保护监督工作,施工时要有防烟防尘和防噪声不扰民措施,不影响和损害他人的健康。

(8)加强各专业单位的消防设施、施工用电设备和安全防护设施的保护监督工作。

11.3.2 各界面功能要求

1)公共区装饰装修工程界面功能要求

地铁车站装饰装修公共区设计包括墙面、地面、顶面、柱面等空间界面,是实现一定设计理念和美化功能的城市公共空间。车站设计应符合功能性、安全性、可行性、经济性原则,力求达到安全、实用、经济、美观,满足使用功能,方便乘客集散,确保安全,有利于运营管理。

(1)墙面功能要求及特点

①地铁公共区墙面由于结构的特殊性,需要设计为离壁墙。墙面设计应全线统一规格、标准化、易于拆装,结合墙面设备设施(广告灯箱、导向标识、消火栓箱、冲洗栓箱、动力照明控制箱、人防门等)预留设备检修门,方便设备检修。充分考虑材料模数与设备设施,其他界面(天花板、柱子、地面)相呼应。

②应选择抗冲击、经济适用、结构性能好、强度高、致密坚实、耐磨、耐污染、耐腐蚀、质感平滑、细腻墙面材料,如搪瓷钢板、烤瓷铝板、玻璃、人造石、花岗岩、水泥纤维板等。

(2)顶面功能要求及特点

①地铁公共区顶面是各专业设备、管线主要集中区域,应严格控制各专业管线(环控风管、强弱电桥架、消防水管等)及设备安装空间,在满足相关规范前提下,尽量提升天花高程,合理有序布置顶面设备(风口、灯具、导向、摄像头等),便于吊顶内部设备的维护、检修等要求。

②天花板材料应标准化、模块化,便于施工、维护,应选用自重轻、防锈、防潮、耐久性好、无毒、无污染的材料,例如铝合金方通、铝合金平板、弧形板、冲孔板及金属网板等。

③照明灯具应采用节能、耐久灯具,并宜采用有罩明露式;敞开式风雨棚的地面、高架站的灯具应能防风、防水、防尘。照明照度标准应符合《城市轨道交通照明》(GB/T 16275—2008)和《建筑照明设计标准》(GB 50034—2013)的有关规定。

④车站顶面根据排烟要求设置挡烟垂壁,挡烟垂壁材料应满足《挡烟垂壁》(GA 533—2012)的有关规定,低于吊顶装饰装修面以下时,应采用防火玻璃,其性能应符合《建筑用安全玻璃 第1部分:防火玻璃》(GB 15763.1—2009)的规定;挡烟垂壁从吊顶面下凸出不应小于0.5m,且应升到结构顶板底部,挡烟垂壁的耐火极限不应小于0.5h。吊顶镂空率满足防烟要求时,挡烟垂壁可设置于吊顶面以上,最低点应低于环控回风口。

(3)地面功能要求及特点

①地铁公共区地面作为与乘客接触基面,其材料的耐久性、安全性是基本要求,地面要和顶面、墙面装饰装修相协调配合,同时要起到相互衬托的作用。其地面材料应标准化设计,合理设计材料伸缩缝、材料起铺方向,降低材料损耗,人性化设置盲道及疏散指示方便乘客通行和疏散。

②地面材料宜选择与建筑模数相匹配的标准化材质,防滑、耐磨、性价比较高,并选择物理性能较为稳定的天然石材,光泽度尽量亚光处理,以减少灯光反射造成的二次反射污染,做好石材六面(正面、底面、侧面)防护处理。

③当站台设置站台门时,自站台边缘起向内1m范围的站台地面装饰层下应进行绝缘处理。

④付费区与非付费区的分隔宜采用不低于1.1m的可透视栅栏,并应设置向疏散方向开启的平开栅栏门。

⑤疏散通道宽度符合消防要求,装修后各疏散通道、楼(扶)梯的净宽一般不小于1.2m,公共区单

向楼梯一般不小于1.8m,双向不小于2.4m。

⑥车站公共区应按《无障碍设计规范》(GB 50763—2012)的要求设置盲道和相关无障碍设施。

2)设备区装饰装修工程界面功能要求

车站设备区分为管理用房、设备用房及疏散通道。设备区空间相对狭小,集中了多个专业的设备系统。在设计过程中,应充分了解各功能房间装饰装修要求(天花板材料及高程、地面材料、设备检修等方面),因此设备区装饰装修设计的技术管理显得非常重要。

(1)管理用房是日后运营方接管后的主要工作场所,由于城市轨道交通大部分位于地下,除满足方便清洁外,室内色彩和空间高度是需重点考虑的因素。个别房间应重点考虑设备维护检修要求,如车站控制室地面、屏蔽门控制室地面应满足防静电要求,卫生间及有水房间应做防滑、防水处理。

(2)设备用房主要设置地铁各类设备,对于一些弱电设备房间地面应采用防静电材料,如防静电地板、防静电地砖,根据管线桥架的走线位置采用不同的材质,如管线桥架采用下走线方式,需采用防静电地板;如采用上走线方式,可采用防静电地砖;墙面及顶面可做简单喷涂,方便对设备进行检修,部分房间门口设500mm高挡鼠板,防止设备管线的损坏。通信设备机房的内装修应满足通信设备的要求,并应做到能够防尘、防潮及防止静电,室内最小净高(不含架空地板和吊顶的高度)不低于2.8m。

(3)疏散通道顶面管线多而复杂,检修难度大,不建议天花板吊顶。

3)地面附属建筑装饰装修功能要求

地铁的地面附属建筑包括出入口、高低风亭、无障碍电梯、紧急疏散口和冷却塔等,基本设置在城市密集区域,具有体量大、数量多、设置分散、功能要求复杂等特点。

(1)地面附属建筑应与周边建筑景观协调,满足所在城市的规划和景观要求,体现周边的环境特色,丰富城市景观。

(2)尽量与周边建筑整合,组合设计,降低对周边建筑环境的影响。

(3)外饰面材质应选用防水、防腐蚀、抗老化等满足室外环境的材料,例如外墙瓷砖、大理石、花岗岩、玻璃、外墙涂料等。

4)车站装饰装修材料要求

(1)车站装修材料均要求防火、防潮、防腐蚀、耐酸碱、耐久、无毒、环保、无异味、防静电吸尘,放射性指标满足国家有关规定,同时应便于施工、维修和清洁。地面材料应防滑、耐磨。

(2)地下车站公共区和设备与管理用房的顶棚、墙面、地面装修材料及垃圾箱,应采用燃烧性能等级为A级不燃材料。

(3)地上车站公共区的墙面、顶棚的装修材料及垃圾箱,应采用A级不燃材料,地面应采用不低于B1级难燃材料。设备与管理用房区内的装修材料,应符合《建筑内部装修设计防火规范》(GB 50222—2017)的有关规定。

(4)地上、地下车站公共区的广告灯箱、导向标志、休息椅、电话亭、售检票机等固定服务设施的材料,应采用不低于B1级难燃材料。装修材料不得采用石棉、玻璃纤维、塑料类等制品。

11.4 管理程序及其工艺流程

11.4.1 管理程序

1)施工准备阶段

(1)土建单位场地移交。

(2)保安人员到位,保安制度落实到人。

(3)施工现场洞口、轨行区、楼梯临边围护。
(4)施工现场临时用电、用水接通。
(5)施工组织设计、专项方案、应急预案的报审。
(6)各类资质报监理审核。
(7)合同备案(施工单位合同劳务分包合同)。
(8)施工人员的主题安全教育及技术、安全交底。
(9)与土建、机电及相关专业单位签订安全管理协议。
(10)设计图纸会审和交底。

2)施工实施阶段

(1)与土建单位、机电及各系统单位的协调管理。
(2)测量放线。
(3)现场与设计图纸矛盾及各种类设计的沟通协调管理。
(4)施工请点管理。
(5)材料验收和检测。
(6)施工过程中质量、安全、文明管理。
(7)站房移交节点管理。
(8)过程中的拉拔、绝缘测试和蓄水试验。
(9)过程中内业资料管理。
(10)成品保护管理。
(11)关键分部/分项验收管理。
(12) 与运营交叉施工管理。

3)竣工验收阶段

(1)配合消防、人防、竣工等验收的管理。
(2)及时处理运营、维护保养阶段提出的影响运营功能的管理。

各参建单位装饰装修工程管理流程如图11-5所示。

11.4.2 工艺流程

总体施工工艺流程:设备区(六类用房置前)→公共区(站台置前)→出入口。

1)设备区

(1)设备区离壁沟处理完善。
(2)二次结构砌筑粉刷。
(3)六大类房。
(4)其他设备区域。

其中六大类房分为以下两种类型:

①整流变压器室、牵降变、不间断电源(UPS)综合电源室以及环控电控室。

施工工序:a.系统单位,设备槽钢安装;b.地坪找平;c.无吊顶顶面批嵌刷涂;d.墙面一遍涂料;e.设备安装,机电单位顶面风水电安装;f.防火封堵;g.灯具、门安装(移交相关系统单位);h.调式通电前环氧地坪施工及墙面两遍涂料。

②通信、信号机房以及车控室。

施工工序:a.地坪找平;b.绝缘漆施工;c.系统单位线槽安装与槽内电缆线敷设;d.装饰墙面涂料一遍;e.灯具、门安装(移交相关系统单位);f.系统单位设备安装,机电单位顶面风水电安装;g.防火封堵;h.设备正式安装结束后,装饰吊顶和架空地板施工及墙面涂料两遍。

第11章 装饰装修管理

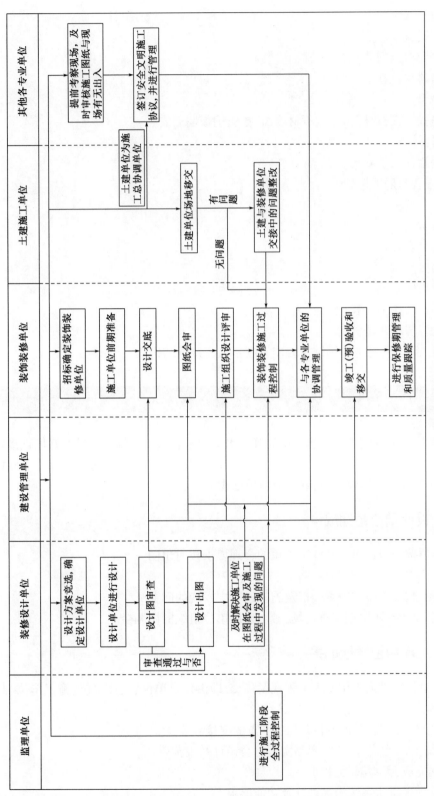

图11-5 装饰装修工程管理流程

2)公共区

(1)安装与系统单位管线敷设。
(2)地坪找平。
(3)墙面基层施工。
(4)柱面搪瓷钢板安装(或石材柱面安装)。
(5)顶面吊顶龙骨基层。
(6)顶面喷黑。
(7)墙面烤瓷铝板石材安装(或石材墙面、搪瓷钢板墙面安装)。
(8)地面石材铺贴。
(9)不锈钢栏杆扶手安装。
(10)灯具安装与照明调试。

3)出入口

(1)地面石材铺贴。
(2)墙面石材安装。
(3)顶面喷黑。
(4)装饰吊顶施工。
(5)不锈钢栏杆扶手安装。
(6)灯具安装与照明调试。

出入口以上部分:垂直电梯钢结构玻璃天棚→出入口钢结构盖。

11.5 管理成果

管理成果是检验地铁施工各参建单位的管理水平的重要依据。管理成果的好坏直接影响工程能否顺利完工,以及完工后工程质量情况、安全文明施工情况以及能否顺利通过验收等。下面根据地铁装饰装修工程各参建单位的工作职责,归纳其管理最终成果。

11.5.1 设计单位管理成果

(1)设计单位按照建设单位及施工单位的合理要求按时出图。
(2)设计单位进行设计交底。
(3)及时解决施工单位在图纸会审及施工过程中发现的问题。
(4)成立配合小组,不定期巡查现场,参加建设单位组织的协调会。

11.5.2 土建单位管理成果

(1)对土建单位管理成果主要为工程现场移交,即由建设单位、设计单位、施工单位、监理单位共同进行的现场实体移交。
①车站接地桩引出端、站台中心点和水准点的交接和确认。
②车站本体净宽、净高、限界的实测实量符合设计及规范要求。
③底板堵漏完成,无渗漏、无积水。
④土建结构施工排水系统满足设计及功能要求。
⑤废水泵池、站台板下和风道内垃圾清理完毕。
⑥对系统管线穿越人防门上的预留孔道、结构楼梯和预留孔洞口的核对由有关单位确认。
⑦无土建施工阶段临时设施、设备遗留物。

(2)由会议纪要、交接单、联系单、通知单、通知单回复及销项记录共同构成此节点的书面资料。

11.5.3 装饰装修单位管理成果

轨道交通装饰装修工程分部应符合《建筑装饰装修工程质量验收标准》(GB 50210—2018)有关规定和要求。

11.5.4 监理单位管理成果

监理单位对工程质量承担监理责任,要制定完善的监理实施细则,明确监理单位控制要点、检验标准、隐蔽工程验收程序、旁站项目等内容,并在施工前向施工单位进行交底,在施工全过程进行全面的监督检查并留有记录。

11.5.5 施工总协调单位管理成果

(1)施工总协调单位向各专业施工单位移交设备用房时要办理书面移交手续,已接管的设备用房由接管的专业施工单位负责管理,未办理移交手续的其他用房由施工总协调单位负责管理。

(2)施工总协调单位要合理规划站内、站外施工场地。对于站内场地,要按需要划出原材料存放区,加工制作区,成品存放区,废品临时存放区等。施工总协调单位应根据各专业施工单位提供的设备运输通道方案预留设备运输通道(至少一处通道)。

(3)各专业施工单位进场后,施工总协调单位会同测量单位将复核无误的各站控制基准点(线)以书面形式移交给各专业施工单位,并随时复查各专业施工有无侵限现象。

(4)施工总协调单位须为各专业施工单位提供电源接入点及水源。施工总协调单位有权对下级用水、用电进行监督管理。

(5)施工总协调单位须制定用电方案,二级配电箱及以上由施工总协调单位提供,二级配电箱以下部分由各专业施工单位根据作业需要接至相应工作面;临电按照上述界面划分分别由施工总协调单位及相应专业施工单位负责各自维保。除非另有协议,各专业施工单位用电要单独挂表计量。

(6)施工总协调单位负责区间、车站公共区及站房区走廊临时照明布设;其余部位临时照明由作业单位视需要自行设置。

(7)装修施工前,建设单位代表组织施工总协调单位、所有专业施工单位、监理等人员进行专业会签;各专业施工单位要在所会签部位下道工序施工前完成本专业与该工序交叉的施工,由于特殊原因不能按照规定时间完成的要在专业会签单注明,施工总协调单位在施工时综合考虑;凡专业会签未提出要求,在施工总协调单位相关工序完成后专业施工单位再行施工,造成施工总协调单位返工的,其恢复费用由专业施工单位负责。施工总协调单位未组织会签,责任由施工总协调单位承担。需返工的,由相应专业施工单位承担损失。各单位要严格按照会签单中约定的时间,按期完成各自专业的施工;会签工作由建设单位代表组织。会签单完成签字后各单位各执一份复印件,原件在施工总协调单位留存。

11.5.6 各专业协调管理成果

(1)所有专业施工单位进场实行队伍进场准入制度,各单位必须遵守"进场、退场有序"的原则,遵循建设单位规定流程,严格遵守施工总协调单位的现场管理规定。

(2)施工总协调单位为进、出场管理的总负责单位。所有专业施工单位进出场地必须进行登记管理(注明单位、进场人员姓名、进场时间、出场时间、进出场的设备、工具以及工程材料的名称、数量等),所有施工人员均须佩戴胸卡进出场。

(3)专业施工单位在办理进场施工许可单前,要完成如下具体工作:
①作业人员入场教育且经专业监理工程师确认;

②与施工总协调单位签订进场施工安全管理协议;
③与施工总协调单位就临水、临电等签订相关协议;
④进场施工作业场地的范围和时间符合场地利用总体筹划(双方监理单位负责此工作的监督审查)。

(4)所有专业施工单位正式进入场地前,必须与甲方代表、监理工程师、施工总协调单位办理进场许可单,并建立联系机制,以便沟通协调;未办理进场许可单的,施工总协调单位不予放行。

11.6 接口管理

技术接口协调及系统功能平衡是确保装饰设计质量的重点和难点。轨道交通车站内专业接口众多,如车站风水电、通信、信号、自动售票机、检票闸机、BAS、FAS、电扶梯、安全门、导向等,装修设计一个重要环节是在遵循技术规范基础上,统筹各系统专业终端设备及各专业管路通道与公共区墙面、顶面、地面、柱面装修的整体协调。装饰设计与设备专业接口是互动过程。根据设备布置确定墙面材料模数,为实现天花板的虚实效果、局部抬高、单元模数,而对通风口、FAS、广播、导向等设备布置提出调整要求;同时,也要配合设备专业要求调整装饰方案,以满足功能。接口工作在施工配合阶段也尤为重要,应要求施工承包商除装修图纸外,还应参考车站建筑图、车站风水电安装图、导向、相关系统设备图纸,做好墙顶面设备梳理、装饰材料的孔洞预留,做到心中有数;还应现场督促各设备安装单位保证吊顶净高,以确保实现装饰效果。

车站装饰装修范围是除轨行区以外的所有公共区、设备管理区、出入口、风井、消防通道、区间旁通道,其与各安装专业及火灾自动报警系统(FAS)、环境与设备监控系统(BAS)、气体灭火、商业、广告、通信、信号及轨道等系统专业等都存在接口界面。另外工期紧且质量要求高,因此做好车站装饰装修接口管理显得非常重要。地铁车站装饰装修工程接口管理包括管理接口、技术接口及其他管理接口等。

11.6.1 管理接口

(1)装饰单位与各专业施工单位每天要有"碰头会"制度,协调装饰单位与机电安装单位和各专业施工单位施工顺序,以及相互交叉流水施工安排。

(2)各单位要保护和恢复现场各类安全设施和设备,如临边护栏、消防器材、标示标语。

(3)机电安装单位和各专业施工单位在施工过程中可向装饰单位提出合理建议,要求装饰单位及时解决相关问题,装饰单位在管理能力之外的问题协助建设单位共同解决。

11.6.2 技术接口

1)土建施工

(1)土建单位移交时必须排查结构渗漏点情况并做好记录,确定堵漏完成时间节点,堵漏完成后并组织复查工作。

(2)土建单位施工的离壁沟内找坡、防水必须完善贯通,符合标准要求,沟内的垃圾、积水必须清理干净移交给装修单位。

(3)自动扶梯的基坑、站台板下电缆夹层,站台废水池的积水和垃圾,以及轨行区上端风道内,站台端头进轨行区的小楼梯内的垃圾必须清理干净移交给装修单位。

(4)土建单位移交时必须复核车站主体结构和附属结构各类净空尺寸,并按照规定实测实量填写各类交接单表格,由土建监理单位签字盖章后移交给装修单位。

(5)土建单位移交控制点(高程、十字轴线)由土建施工单位和监理单位签字盖章后移交给装修单位。

(6)人防门上方预留设备洞孔,必须挂式标牌,明确各专业单位孔洞,方便后续专业单位施工。

2)风、水、电安装

(1)机电安装单位进场后需及时排查原土建预留的各类孔洞,如离壁沟内的地漏位置、数量、尺寸。做好记录并通过相关部门提交给土建单位要求整改到位。

(2)设备房有VRV空调,机电安装单位及时预埋电源线和开关控制线,及时处理空调铜管排水体系和穿墙铜管孔洞封堵的责任管理。

(3)二次结构砌筑前,机电施工单位必须提交详细、准确的二次结构砌筑预留各类孔洞大小尺寸、位置等资料,提交准确的设备运输通道的平面预留图给装修单位,通过监理、建设单位代表签字确认。

(4)机电安装单位进场后必须结合BIM协调机电及各专业施工单位综合管线的布设的碰撞点,特别在站台层屏蔽门与自动扶梯处以及站厅公共区进设备区走道各类风管、消防管、综合桥架的布设情况及挡烟垂壁位置,及时反馈给相关设计单位进行调整,避免影响装饰吊顶净空。

(5)装修单位在二次结构砌筑前机电安装单位必须提供设备区、公共区暗藏式消防箱的位置、尺寸,二次结构砌筑时消防管预埋到位,避免后续的敲墙打洞。

(6)严禁机电安装单位在二次结构砌筑后敲墙打洞现象,如设计有管线走向调整需机械切割并考虑洞口的加固处理。

(7)装饰单位在进行墙面基层施工前,机电安装单位需向装饰单位提供设备开关箱进入饰面板深度和位置。

(8)各类设备房的设备基础,包括冷却塔设备基础需由设备厂方提供相关的技术数据要求给相关设计单位,设计单位根据其数据要求设计设备基础施工图纸给装修单位进行施工。

(9)装饰单位在吊顶隐蔽、钢基层隐蔽、墙面抹灰、地面找平前,机电安装单位需与装饰单位进行隐蔽前施工内容确认会签工作。

(10)饰面板安装过程机电安装单位需及时跟踪确定开孔位置。

(11)车站内的防火卷帘门需及时与装修单位协调动力电源到位。

3)牵降变系统

(1)牵降变专业单位设备进场前需与装修单位协调设备运输通道以及摆放位置,避免影响其他房间的二次结构的砌筑。

(2)牵降变房间的地坪浇筑需牵降变专业单位将设备基础槽钢固定到位,浇筑完成后设备基础槽钢上表面与浇筑面保持在同一水平面,不可高于槽钢表面。

(3)牵降变房间的地坪混凝土浇筑后15d养护期内,牵降变专业单位不得进行设备安装,避免破坏混凝土地坪,产生地坪起砂空鼓现象,影响后期的环氧地坪质量。牵降变房间的周边墙体:距地表面500mm高度以下采用实心砖墙体,距地面装饰层300mm的墙体上不能有检修插座及其他线盒。

(4)牵降变房间内照明灯具、空调、风管不应选择在设备的正上方;整流变压室照明灯具应设与侧墙上。

(5)整流器为上进线,柜顶为开放式,其进线电缆沿柜体后方的墙壁向上攀爬进入柜顶,因此整流器的正上方及其后方的垂直投影处,不能有任何的管线。牵降变房间内各类管线安装结束调试后,需书面告知装修单位进行各类管线四周的防火封堵施工。

(6)牵降变房间环氧地坪施工,在设备调试完成送电前10d施工完成,养护一个星期后方可上人走动。

(7)牵降变等其他六大类系统房间,顶面施工时注意避让主体结构伸缩缝,如无法避免不得影响引水槽功能要求。

4)信号、通信弱电系统

(1)装修单位在二次结构砌筑前,信号、通信弱电专业单位必须提供各类预留穿墙线槽的位置和尺寸。在二次结构砌筑时及时预埋各类管线,严禁以后开槽打洞布设各类管线。

(2)静电地板在机房交接时不安装,需在机柜基础支架、机柜稳固、电缆槽安装完成后以及相关调试完成后再安装静电地板,静电地板的支架严禁安装在线槽上,静电地板下应做网状连接,可靠接地。

(3)装饰单位在吊顶隐蔽、钢基层隐蔽、墙面抹灰前,信号、通信弱电专业单位需与装饰单位进行隐蔽前施工内容确认会签工作。

5)屏蔽门系统

(1)装修单位在地坪找平时要对屏蔽门下部支架的绝缘材料进行保护,在屏蔽门门槛边缘先用砂浆砌筑凸台,以免污染绝缘材料而影响屏蔽门的整体绝缘。

(2)地坪装修面的偏差要符合规范及设计要求,特别是在应急门和端门部位,装修面不能高出屏蔽门门槛面,以免影响应急门正常开启。

(3)屏蔽门施工完成后,严禁在站台层上有切割焊作业,避免切割火星溅伤屏蔽门玻璃。

(4)屏蔽门设备管理用房,屏蔽门施工单位需提前1个月向装修单位提出,1个月后装修单位移交除静电地板和吊顶的设备用房。

(5)端门外侧驾驶员上下区域需要装饰隔断,装饰隔断不得与屏蔽门设备直接接触,宜留10mm缝隙,并用绝缘硅胶填充密封,以免影响屏蔽门的整体绝缘,或造成打火放电现象。

(6)屏蔽门的底部踏步板和顶部的固定盖板安装必须要顺直,避免与之收口的地坪石材和顶部灯槽所留缝隙不能满足功能要求。

(7)站台层绝缘层施工必须严格按照图纸施工,施工完进行绝缘性测试并留有影像资料。

6)FAS/BAS工程气体灭火工程系统

(1)装修单位二次结构砌筑时,FAS/BAS工程专业单位、气体灭火工程专业单位必须及时预埋各类管线,严禁以后开槽打洞布设备类管线。

(2)气体灭火专业单位在二次结构砌筑时,必须提供泄压口尺寸,位置不得低于总墙体高度的2/3处,同时应该安装在房间靠近走道的一侧墙上,如果设备区走道有吊顶则必须安装在吊顶上。

(3)装修单位在二次结构砌筑前,FAS专业单位必须与装修单位协调好防火门门禁接口的事宜。

(4)FAS专业单位进场需及时与装修单位协调本车站防火卷帘门的位置、数量,已确保后期的联动调试。

(5)装饰单位实施防火卷帘门,应有FAS监控及控制的接口,位置必须在防火卷帘门控制箱的接线端上。

(6)FAS/BAS工程专业单位进行烟感装置、喷淋装置等调试工作,在调试前需通知装饰单位,装饰单位派人现场监督,吊顶拆卸部分在调试后恢复到位;若调试期间吊顶有损坏,系统单位按原价进行赔偿,调试过程产的垃圾及积水及时进行清理。

7)AFC系统

(1)AFC工程专业单位进场后必须根据装饰单位提供的公共区1m完成线,测量AFC线槽位置的结构尺寸是否满足安装要求。

(2)公共区地坪混凝土浇筑前,系统单位AFC线槽盖板必须安装结束,同时确保线槽接口处密封防水处理,以免浇筑混凝土地坪时,有水进入线槽,穿线时需检查线槽里面是否有水,并及时清理。

(3)AFC工程专业单位进场后必须及时与装修单位协调闸机。

8)自动扶梯系统

(1)自动扶梯工程专业单位进场后必须根据装饰单位提供的公共区1m完成线,定位自动扶梯上下平台的位置。

(2)自动扶梯安装时需靠楼梯一侧。

9)垂直电梯系统

垂直电梯工程单位进场后必须一次性定位电源箱、上下按钮位置,便于装饰单位下料进行饰面的安装。

10)人防门施工

(1)装饰单位在施工过程中严令禁止破坏人防结构。

(2)人防区域验收后,装饰单位方可进行人防区域的装饰装修。

11.6.3 其他管理接口

1)运营交叉施工

(1)建立运营负责、监理单位、施工单位三级管理网络。

(2)建立一套完整的可操作性的预防声、尘、光、味专项方案,报监理单位和运营部门审核确认。

(3)三级管理单位每周进行一次协调会,解决上周施工与运营的矛盾。

(4)建立防火、防水、防声、尘、光、味等的各类应急预案,做好相关应急物资准备和应急演练工作。

(5)运营交叉区域施工作业应重点监控,设置专用视频监控系统。

2)孔洞

(1)装饰单位进场后,各专业施工单位必须在一个星期内梳理各类预留孔洞的是否有效并提交给装饰单位。

(2)在土建移交时,各专业施工单位做好原结构预留孔洞的排查工作,对于遗漏和错误的孔洞分类汇总。

(3)二次结构砌筑前,要求各专业施工单位提供墙体管线、风管等墙体孔洞位置图以及工作联系单,签字并经相关人员确认。

(4)原结构上开孔,对于超过300mm以上的,要求设计单位确认(对于人防的孔洞还需经人防批准才可实施),并且由结构设计出结构加固处理方案,经相关人员签字确认后实施。

(5)控制出入口、风井部位出墙迎土面与外部连接处的孔洞梳理、防漏水封堵。

(6)坚持谁使用谁封堵的原则并确定各孔洞的封堵方案。

(7)所有机电系统单位需在墙体开槽布管,必须确保在墙体粉刷前到位,严禁粉刷结束后再开槽,开槽必须使用机械工具。

(8)各个系统单位在墙体上开槽,产生的建筑垃圾当日清理干净。

(9)孔洞封堵管理,强调管理责任:孔洞所属系统单位要负责最终管理责任。

3)排水体系

(1)根据机电单位地漏落水点的位置,完善离壁沟的找坡和防水处理。

(2)设备区的消防泵房、环控机房四周明排水沟的排水体系的梳理。

(3)各类基坑的积水的梳理,包括自动扶梯基坑、垂直电梯基坑、风井处积水坑的排水梳理。

(4)重点加强主体结构与出入口部位顶、墙位置的止水带施工有效性,以及地坪横截沟排水的畅通性。

(5)站台废水池的水由机电安装单位负责,出入口电梯基坑的水由装饰单位负责,区间铺轨的积水由铺轨单位负责抽水至废水池。

4)设备保护和移交

(1)各系统设备安装单位对各自的产品实行"穿衣"保护,特别加强对自动扶梯产品保护控制,监理单位同时做好现场产品的监控。

(2)对自动扶梯等设备施工期间点进行点对点视频监控,发现异常情况立即制止。

(3)实行设备用房交接验收管理制度,明确双方管理责任,坚持谁使用、谁最终负责的管理责任并做好双方施工单位、双方监理单位、建设单位的几方会签的移交手续,确保成品保护各自责任。

11.7 典型案例

11.7.1 天花装饰工程施工案例

扫码下载

11.7.2 墙面装饰工程施工案例

扫码下载

第12章 轨道工程管理

12.1 概述

轨道是地铁线路组成的重要部分,一般所说的轨道包括钢轨、道床、道岔、轨枕、扣件以及轨道附属设施等。轨道作为一个整体性的工程结构铺设于地铁隧道下部基础之上,在列车运行中起着导向作用,同时直接承受列车运行过程中产生的荷载。在列车荷载的作用下,轨道的各组成部分必须有足够的强度、刚度和稳定性,保证列车在设计速度内安全、平稳地运行。地铁轨道工程施工内容主要包括铺轨基地建设、铺轨施工、无缝线路施工、附属设施施工等。

为保护环境,减小地铁噪声对居民的影响,轨道应采用相应的减振轨道结构。地铁行车密度大,运营时间长,留给轨道维修作业的时间很短,因而正线一般采用维修量小的整体道床结构形式。地铁车辆一般采用电力牵引,以走行轨作为供电回路,为减小因电流漏泄而造成周围金属设施的腐蚀,要求钢轨与轨下基础之间有较高的绝缘性能。

12.2 管理内容

受原有街道和建筑物限制,地铁工程中曲线区段占很大比重,曲线半径一般比常规铁路小得多。在正线半径小于400m的曲线地段,设计应采用全长淬火钢轨或耐磨钢轨。钢轨铺设前应进行预弯,运营时钢轨应进行涂油以减少磨耗。

12.2.1 轨道工程特点

(1)线路长,施工空间狭小,工作面多。地铁轨道工程长度一般能达到十几千米甚至几十千米;施工空间狭小,因此铺轨基地一般不止一处;前期基地建设、整体道床铺设、道岔铺设、焊轨工程量都很大;在工期目标很紧的情况下,需尽量增加工作面,组织同步施工。

(2)新型道床结构类型施工复杂。除普通整体道床外,线路根据减振要求的不同,往往设计有不同的道床结构类型,常见的新型道床类型有橡胶道床垫整体道床、梯形轨枕道床、钢弹簧浮置板道床等。这些新型道床施工工艺新,施工技术相对复杂,不同类型道床间的施工转换程序也多,对正线轨道铺设进度制约较大。

(3)道岔施工限制轨道工程整体施工进度。道岔施工工艺复杂,进度较慢,如不提前进行预铺,会限制轨道工程整体施工进度。一般道岔要提前铺设,在正线道床铺设到达前完成。

(4)运输组织工作繁重、安全工作责任重大。轨道工程线路长,轨行区运输工作量多,由于运输线路和工作区域均较为狭窄,安全管理工作责任重大。

(5)材料采购量大,原材料出厂(进场)质量控制任务重。轨道工程材料费一般占总费用的70%以上,因此轨道工程材料数量大,名称、规格多样,特别是道岔及交叉渡线的配件、零部件多。做好材料采购及半成品的保护是轨道工程的一大特点。

（6）轨道工程承前启后，前受土建工程轨行区移交限制，后有强电、弱电、通信信号等系统安装工程跟进施工。线路长、工期紧，后续系统工程安装与各土建单位的收尾工作必然会同步进行，轨行区施工的组织和协调任务相当繁重。除此之外，轨道专业与其他专业接口众多，施工协调工作琐碎而繁重。

（7）轨行区管理是地铁项目管理的重中之重，具有时效性、综合管理、统一指挥等特点。

12.2.2 重点工作

（1）建设单位重点做好轨道工程与车站、区间、联络通道、相关机电系统工程的接口协调，包括场地移交、工序协调、工艺接口等。

（2）车站设置浮置板的地段，轨道设计单位加强同车站土建结构设计的沟通，车站底板施工严禁出现正误差，同时在车站结构设计中明确，将车站底板负误差作为车站底板验收标准，设铺轨基地的车站，注意同土建车站的提资，土建预留的轨排孔尺寸、位置能满足铺轨施工的需要。

（3）轨道设计单位还负责调线调坡测量及轨道基础控制网的测量，尽早完成贯通测量并将测量成果及时提交铺轨施工单位，同时还需将测量成果提交车站屏蔽门、装修、信号单位等有关单位。在设置浮置板的集水井位置，注意排水管口高程的测量（注意取线外轨超高的影响），调坡测量需考虑该位置的排水管口高程。

（4）施工单位做好轨道工程与车站、区间、风水电、机电系统等专业工程在接口界面的协调工作，尤其与联络通道融沉注浆施工的矛盾协调。

（5）作为轨行区施工的总体管理单位，轨道工程施工单位应按照建设单位的相关制度要求，对轨行区各单位的施工行为进行总体协调、管理，包括施工请点、施工销点、区间安全生产与文明施工巡视等。

12.3 管理流程

轨道工程在地铁工程施工中起着承上启下的作用，轨道工程的施工为设备其他专业施工创造了条件。它的启动标志着地铁工程施工管理的重点由土建结构工程向设备安装工程转换。

铺轨施工作为地铁建设中一个"承前启后"的关键工序，前期需同车站，区间单位办理移交后组织铺轨施工，后期为机电系统、风水电安装等单位提供施工条件，涉及接口单位多事项冗杂。

轨道工程一般施工流程为：首先按照招标文件、合同文件、相关规范及设计图纸进行前期策划；再进行各类施工准备工作，如技术准备、人员进场、材料招标及生产、施工机械设备调转、铺轨基地移交及建设、轨行区移交、施工测量等；以上工作完成后具备了开工条件，再开展道床施工、道岔施工、水沟施工、无缝线路施工、附属工程施工、线路精调。

轨道结构根据减震需要的不同，道床类型分为道床减振、扣件减振及普通扣件道床三种形式。道床减震主要形式为钢弹簧浮置板道床、梯形枕、轨道床等，扣件减振道床主要为减振器扣件、LORD 扣件等，普通扣件道床主要为 DTⅢ2 型扣件、WJ-2 型扣件等。铺轨施工根据土建形式和所处的地段可分为地下线、地面线、高架线。根据所处的地段可分为车站、区间。不同土建形式、道床结构和所处的地段，在铺轨施工筹划、施工工艺、施工进度指标均存在差异。铺轨基地为铺轨组织施工的核心，根据建设项目的整体筹划可设计若干铺轨基地，铺轨基地一般可设在停车场（车辆段）。

在项目实施过程中，同车站、区间单位土建单位办理移交后，组织铺轨施工作业。采用架轨法进行道床施工，道床施工完毕称为"短轨通"，后一阶段进行焊轨作业形成无缝线路轨道，无缝线路施工完毕称为"长轨通"。同时铺轨施工在"短轨通"后陆续为后续的机电系统单位、风水电安装单位提供施工条件，轨旁设备的安装需待无缝线路锁定完毕后进行施工。铺轨管理流程如图 12-1 所示。

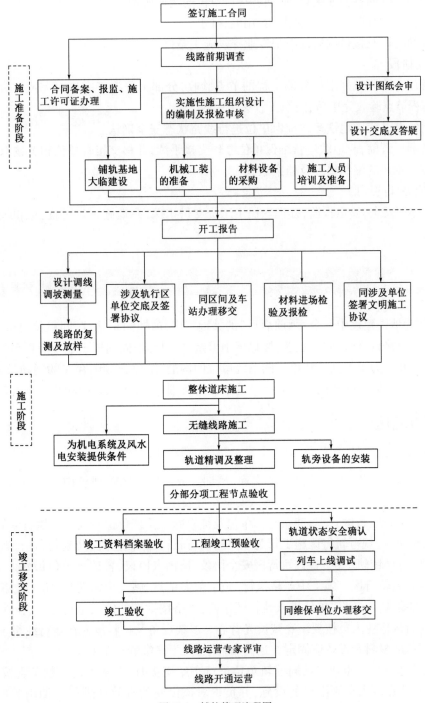

图 12-1 铺轨管理流程图

1）施工准备阶段

（1）对全线的总体情况组织人员开展施工调查,对全线土建施工车站、区间、下料口及供水供电接口等部位进行详细的摸排调查,调查铺轨对周边环境的影响。

（2）及时办理铺轨基地场地的移交并筹划铺轨基地的建设,重点注意钢轨等长、大件材料的运输通路。

2）施工阶段

（1）及时与土建单位办理区间、车站的书面交接手续。

（2）土建贯通后,调线调坡设计及时进行调坡测量。

(3)梳理轨道涉及的各专业接口,加强各接口单位的沟通协调。

(4)负责安全、文明施工及轨行区照明、用电、排水。

(5)为涉及轨行区及接口的后续系统专业提供施工条件。

3)竣工移交阶段

(1)在工程施工阶段做好工程分部工程的节点验收,分部工程施工完毕对完成的分部工程组织节点验收,分部工程节点验收完毕后,组织工程竣工验收。

(2)列车上线调试前同地铁运营维保单位进行线路状态安全确认。

(3)线路开通运营前,与地铁运营维保单位办理交接手续,并移交接管单位相关技术资料。

(4)负责竣工资料的编制整理及档案验收

4)各阶段应办理的证照

合同备案,办理安全、质量报监,办理农民工工资支付担保,办理施工许可证,取得安全生产保证体系认证证书。

12.4 接口管理

铺轨施工作为地铁建设中一个"承前启后"的关键工序,前期同车站、区间单位接口,后期同风水电安装、机电系统单位接口,涉及的专业多,接口事项繁杂,针对铺轨同前期土建及后期系统单位交接的过程中暴露出来的问题,为了加强铺轨单位同系统单位的沟通,细化交接中存在的问题及事项,明确接口界面及相互义务及权利,对铺轨同各专业接口的事项进行细化,以确保系统功能安全有效实现。

12.4.1 轨行区

1)轨行区的安全管理

(1)成立轨行区管理机构,轨行区安全交底、培训。成立轨行区管理机构,制定轨行区相关管理文件及规定,铺轨单位配合项目公司做好轨行区安全交底及培训工作。

(2)轨道专人负责轨行区管理,铺轨施工单位及铺轨施工监理单位专人负责轨行区的请销点管理。

(3)签订安全协议,规范轨行区施工行为。严格执行轨行区管理办法及规定,进行轨行区施工前要求同轨行区管理单位(铺轨单位)签订轨行区安全协议,请销点协议,各请点单位做好人员教育工作,严禁施工人员擅自进入轨行区。施工中严格执行"施工前需请点、施工中需防护,施工结束工完料清人员撤离后要销点"的要求。各参建单位进入轨行区作业,严格按批准的区段进行施工,作业区域前后按要求设置防护。轨行区作业人员按要求穿戴反光背心。严禁设备及材料侵入在运行线路车辆界限。施工完毕储存在轨行区的材料和设备应固定并远离车辆限界,不得影响行车安全。

(4)轨行区临边围护。土建车站同铺轨单位进行车站交接时,车站土建单位负责按要求设置轨行区临边围护,严禁存在侵入车辆限界的设施,并负责对该设施的有效性进行定期围护(前期为土建单位,后期移交装修单位负责)。

(5)露天孔洞设置防洪措施。车站管理主体单位(车站土建或装修单位)应在车站未封堵的孔洞周边应采取防洪措施(砌筑挡水墙及围堰),落实排水措施,严禁将水直接排入轨行区。

(6)严禁物体侵限。严禁车站在装修过程中,设施和工具侵入车辆限界(轨行区),严禁直接将电缆穿越轨道,严禁物品(脚手架、角钢等)落入轨行区。

(7)规范区间用电行为。区间土建、系统单位进入轨行区用电施工,严格按照施工用电标准进行接电,严禁私拉乱接,注意对用电设备的保护。

(8)轨行区上部孔洞做好维护,并采用防坠物措施,要求车站土建单位在车站轨行区上部留置孔洞做好维护,临边做好维护并采用防坠物措施,或空洞进行临时封闭并做好现场人员的教育;严禁向预留孔洞下抛弃物体,避免产生高空坠物安全事故,定期对防坠物网上的垃圾进行清理。车站土建单位移交装修单位后,由装修单位负责管理。

(9)轨道车上安装视频监控,要求铺轨单位运行的轨道车上安装视频监控,对行车记录的视频资料施工单位进行检查,监理单位进行抽查。

(10)车站轨行区进口设警示标志。车站管理单位上、下行各留置一处轨行区出入口,要求轨行区进口位置设置醒目的警示标志,如发光二极管(LED)显示屏。

(11)道岔设备的安全状态。施工单位严禁随意扳动道岔,在道岔非正常状态下使用道岔。信号单位安装道岔转辙机及调试设备施工完毕后及时恢复岔位至原来状态,严禁随意改变岔位;轨道车运行过岔时,过岔前必须停车,确认岔位位置及状态,道岔钩锁器安装到位后方可过岔。

2)轨行区的文明施工管理

(1)车站铺轨单位施工完毕后,及时对车站铺轨产生的垃圾进行清理并由车站管理主体单位确认。车站管理主体单位(前期为车站土建,后期为装修单位)负责车站范围及前后50m范围轨行区的文明施工管理。车站土建、装修、安装等单位严禁将站台板的垃圾倒入轨行区并对轨行区散落的垃圾及时进行清理,严禁垃圾或施工的混凝土污染道床、堵塞车站道床的排水沟槽、管线。

(2)严禁系统单位将垃圾留置于区间和车站轨行区,严禁将垃圾弃于浮置板检查孔或水沟集水井、排水口,要求完工料清,垃圾及时清理出场。

(3)加强人员教育严禁偷窃区间照明电线,加强人员教育严禁在区间大小便。

(4)在振动敏感地段(浮置板未顶升地段),要求设置醒目限速标志并严格控制在振动敏感地段的车辆行驶速度,避免因振动超标造成扰民矛盾。

3)轨行区的成品保护

(1)道岔的成品保护。严禁施工单位在运输材料中采用非标准的小推车过道岔,损坏道岔钩锁器及锁具;严禁在尖轨不密贴状况下过道岔或任意搬动道岔。

(2)结构顶部、侧墙涂黑对道床进行覆盖。车站装修安装单位进行车站结构涂黑时,需对道床面进行覆盖,避免污染道床。

(3)钢轨的保护。钢轨上严禁使用乙炔切割或烧孔,严禁使用和其他工具强行截断和冲孔。严禁在钢轨上锯线缆等材料,严禁在钢轨上切割、点火、气割、焊接起弧。

(4)钢轨扣件的污染。车站土建、区间、旁通道单位、车站装修等单位进行混凝土施工时或注浆施工,严禁混凝土材料污染钢轨及扣件。

(5)道床混凝土的保护。在道床上卸重物时,注意对道床的保护(尤其浮置板道床),避免对道床混凝土造成损伤。

(6)车站、区间轨行区上部渗漏及流水及时处理。车站及区间单位及时对轨行区上部的渗漏点及时进行堵漏,造成钢轨、扣件或其他设备锈蚀损坏的由车站及区间土建单位负责。

(7)浮置板地段橡胶封皮的保护。各系统单位现场施工时,注意对浮置板地段橡胶封皮(防止杂物进入浮置板30mm顶升间隙)的保护。严禁施工损坏橡胶封皮。

(8)注意对信号计轴器、信标的保护。系统单位进行区间施工时,严禁使用非标轮对小车,尤其使用的单轨小车注意对计轴器是否产生影响。已完成计轴器轨旁安装的地段,当钢轨焊接处理伤头时,严禁纵向串动钢轨进行伤头处理,必须采用插入焊。

(9)浮置板地段底部顶升间隙的保护。在施工中注意对浮置板底部30mm顶升间隙的保护,严禁螺栓等类似铁件材料进入浮置板底部,在进行隧道注浆、旁通道位置注浆施工时,要防止水泥浆进入浮置板底部(30mm的隔离间隙)或道床排水沟、集水井,造成区间排水堵塞,无法排水、排水不畅或浮置板无法减振降噪。

(10)停车场碎石道床的污染。停车场土建单位、系统单位在碎石道床开挖沟槽时,需对碎石道床覆盖后进行开挖,严禁污染碎石道床。

12.4.2 土建施工

1) 地下车站

(1) 车站铺轨施工前的验收。要求铺轨前需完成土建结构验收,不具备结构验收条件的需对车站铺轨条件验收。当车站为浮置板轨道时,该车站底板只允许出现负误差。

(2) 车站交接前垃圾、泥浆、积水、渗漏等清理和堵漏。车站移交铺轨单位前,土建单位需对车站轨行区交接范围垃圾、泥浆、积水等进行清理并完成堵漏工作。办理交接后,车站土建单位严禁将车站清理的垃圾扔进轨行区。道床施工清理的垃圾严禁扔入车站站台下部(要求同铺轨移交时,需对站台板下部是否有垃圾进行确认)。

(3) 道岔区转辙机集水井的确认。根据道岔区排水的设计要求,有岔车站道岔转辙机位置需按要求预留集水井,由铺轨施工单位在道床上将集水井引出,后期车站安装单位安装小型潜水泵。有岔车站与土建单位交接时,需对道岔转辙机集水井位置进行确认。

(4) 车站土建单位严格控制底板夹层现象。严禁土建单位因底板高程不足,混凝土界面未清理而进行二次填高。土建分区浇筑底板时,应控制混凝土和浮浆流入其他区域,以免造成底板夹层现象。与车站土建交接时注意检查土建车站底板填仓的混凝土是否存在夹层现象,若车站底板存在夹层现象,需土建单位进行凿除。

(5) 调坡后轨道同车站站台板的相对关系,车站底板高程。车站进行调线调坡后,车站土建单位应加强同调线调坡设计及铺轨单位的沟通。对于底板高程不满足设计要求的,需车站土建单位进行整改。同时,车站土建单位对站台板的高低及同线路中心线的位置进行测量,对存在问题的站台板,需以调坡后浇筑成型的轨道为基准进行处理。土建单位对存在问题的站台板及车站底板高程进行处理时,铺轨施工单位进行配合。

(6) 车站排水系统接口的确认。与车站土建单位交接时,应检查道床的排水接口,并确保无封堵积淤,排水通畅。当车站底板未设置排水沟或排水沟已堵塞无法使用时,到床上设置明沟进行排水,并在土建端墙上开孔(具体位置轨道和土建现场确认),引入车站集水井进行排水。同时注意对车站边墙倒角的检查,是否影响到床排水沟的施工。

(7) 铺轨同车站土建单位施工期间抽排水界面划分。严禁将车站积水排入区间隧道;对露天开孔预留孔洞的位置,周围做好围堰,严禁地表水汇入车站流入轨行区。对于区间盾构的积水,有铺轨单位负责抽水至车站集水井,车站负责将集水井的水抽至车站外部地面(后期装修单位进场由土建单位移交,装修单位负责抽水)。

(8) 铺轨单位应进行铺轨基地堆载和检算,满足顶板荷载要求。在车站顶板结构上设置铺轨基地和散铺基地时,需车站土建设计单位提供顶板的允许荷载(以车站结构设计图纸为准)。铺轨单位在车站顶板上部结构存材料时,应进行顶板设计负载的验算,限定上部的堆载重量并严格按照允许荷载堆码材料。

(9) 车站土建单位对车站上部运输道路埋设管线等安全因素的告知。当铺轨单位需在车站上部场地进行材料运输和混凝土泵送施工时,车站土建单位应复核材料运输线路与磅车位置。铺轨需按照车站土建单位要求安排材料运输线路与泵车位置,铺轨单位应加强对预埋管线的保护。

(10) 车站管理单位站台板临边围护的设置。为了确保轨行区的安全,铺轨单位同土建单位办理移交时,双方单位及监理对临边围护情况进行检查,车站管理单位应定期进行维护,并确保临边围护的有效性。

2) 盾构区间

(1) 区间隧道交接前的验收。地下区间移交铺轨前,需完成结构验收。当区间隧道为矩形隧道时,项目公司牵头,组织维保工务、铺轨单位、区间土建单位、铺轨单位监理、区间单位土建监理进行矩形隧道铺轨条件验收。

(2)地下区间渗漏,手孔淤泥等进行处理。地下区间移交前,由地下区间单位负责完成堵漏工作。采用盾构施工的地下区间,盾构单位需用高压水枪对手孔进行清理,要求盾构区间单位对道床覆盖区域的渗漏及手孔的淤泥进行彻底清理。

(3)区间隧道手孔封堵。区间隧道施工单位预留拱底块手孔(为了增强隧道同道床的连接),隧道拱底块的手孔由铺轨单位负责封堵。

(4)区间排水接口的确认。区间盾构单位同铺轨单位移交时,应检查区间泵房排水口的设置情况及状态,铺轨单位按要求预留道床排水沟及集水井。

(5)旁通道为浮置板地段,进水管口高程的确认。当旁通道为浮置板地段时,浮置板基底(隧道仰拱回填)向旁通道进水口的横向水沟面应低于旁通道进水口的底部高程。在设计单位调坡测量时,需进行进水管口高程的校核(尤其曲线设超高地段)。调坡测量需考虑该管口的高程,当钢管片影响进水口高度时,由区间土建单位确定处理方案。

(6)区间隧道照明线路的移交。地下区间盾构单位同铺轨单位对区间隧道照明办理交接手续,照明线路的接收需满足工程施工用电标准,对存在损坏灯管及线路进行更换,双方人员及电工共同确认电表读数,并办理书面交接手续。

(7)铺轨施工需注意对区间隧道的成品保护。铺轨单位进入区间施工时,需注意对区间隧道单位的成品保护。

(8)停车场出入段线、正线敞开段地段沉降。停车场出入段线、正线敞开段地段宜采用碎石道床结构。当采用整体道床结构形式时,土建单位应在铺轨施工前提供竣工验收报告和沉降稳定报告。

(9)地下区间不良地质地段闷头的安装。地下区间盾构不良地质地段,要求土建单位闷头必须按设计要求设置,不得存在缺损。铺轨施工单位在该地段预埋注浆管的,要求注浆管安装完毕后严格按要求安装闷头。

(10)铺轨施工在区间隧道不良地质地段出现问题及时向建设单位汇报。不良地质地段,当区间盾构管片闷头位置及埋设注浆管位置出现流沙、涌砂、喷砂、涌水,突然大幅度沉降,高程位置起伏变化等现象,当铺轨单位发现该问题时,及时向建设单位汇报或及时联系土建单位。

3)高架车站、高架区间

(1)高架区间及车站在完成结构验收,与区间及车站单位办理移交后,组织铺轨施工。

(2)桥梁桩基沉降和梁体徐变与铺轨施工时间的控制。为了最大限度减少桥梁桩桥梁桩基沉降和梁体徐变对轨面平顺性的影响,对轨道的施工时间进行控制;原则上从桥梁预应力张拉结束起,桥梁跨度小于或等于35m简支梁不小于30d,大于35m的简支梁和连续梁不小于90d后方可进行铺轨施工,要求同铺轨单位办理移交前,土建单位需提供第三方检测单位的沉降徐变报告。

(3)高架车站调线调坡后,轨道同车站站台板、车站底板高程。车站进行调线调坡后,车站土建单位应加强同铺轨单位的沟通,车站土建单位对站台板的高低及同线路中心线的位置进行测量,存在问题,需以调坡后浇筑成型的轨道为基准进行处理。与车站同土建单位交接时,需对车站底板的高程进行复核,对于车站梁面高程不满足设计要求的,需车站土建单位进行整改,土建单位对存在问题的站台板及车站梁面高程进行处理时,铺轨施工单位需进行配合。

(4)梁面预埋钢筋的处理:对梁面的钢筋位置(以调坡的线路中线)进行检查,对于未埋设或埋设钢筋在道床以外的钢筋,要求土建单位进行处理。预埋钢筋处理后铺轨,与土建单位办理移交。

(5)整体道床施工梁面注意事项。道床施工散落的混凝土,严禁在梁面上堆高,否则可能影响后续梁面找坡及防水层施工。

(6)桥梁伸缩调节器、梁面落水管口的成品保护。在进行梁面整体道床施工时,注意对梁面伸缩调节器,桥梁落水管的保护,严禁混凝土进入污染及堵塞。

4)地面线土路基

(1)地面线路基的高程测量,铺轨施工前,对线路中心及路基高程进行复测,路基高程需复测路基线路中心及路肩的高程,路基横断面满足设计路基的横向排水要求。

(2)碎石道床同整体道床过渡段施工,碎石道床同普通道床连接地段的碎石道床轨下道床厚度渐变,为碎石道床同整体道床的刚度渐变过渡段,轨道施工时,需根据轨顶高程及道床厚度渐变值控制该过渡段混凝土基层的施工高程。

(3)土路基密实度报告。要求路基施工的土建单位向铺轨单位提供路基的密实度报告后,方可组织铺轨施工。

(4)路基两侧排水沟槽的保护,铺轨进行底砟、面砟摊铺及铺轨施工时,注意对路基两侧排水沟槽及沟槽盖板的保护,避免底砟及道砟堵塞两侧排水沟。

5)停车场

(1)停车场填土路基地段交接。铺轨施工前,铺轨单位应对路基高程进行复测,土建单位还应提供路基密实度报告。

(2)库内柱式、壁式检查坑铺轨施工。停车场库内柱式、壁式检查坑地段,停车场土建单位进行放样,铺轨单位对线路中心线和预埋钢筋位置进行复核,对于停车场土建单位柱式、壁式检查坑的钢筋未按要求埋设的,需停车场土建单位前期进行处理。

(3)停车场前道路位置的路基施工质量应重点控制,铺轨施工同土建单位办理该地段路基交接前,必须提供路基压实度报告,双方施工单位、监理单位进行确认后,方可进行铺轨施工。

(4)停车场道路高程需与铺轨单位的轨道高程确认后,停车场土建单位方可进行道路施工。

(5)停车场水沟、电缆槽铺轨前盖板的安装,碎石道床的保护。铺轨与停车场土建单位要求交换时,临近轨道的排水沟和电缆槽需安装正式盖板。开挖沟槽及覆盖绿化土时,覆土高度不得影响道床的横向自然排水。

6)旁通道

(1)严格控制钢管片混凝土的封堵质量,严禁旁通道施工在钢管片的凹槽内底部泥浆未清理仅混凝土进行封口,尤其在钢管片拱底位置。

(2)旁通道同铺轨交叉施工。工期紧旁通道同铺轨交叉施工,铺轨在旁通道非开挖面采用环形支架,冷冻管的布置需满足铺轨限界要求,铺轨、旁通道施工单位双方确认后进行旁通道冷冻作业。

(3)铺轨单位注浆管埋设要求:

①注浆管的埋设地段长度要求:a.按要求在旁通道前后各20环埋设注浆管(钢管片不埋设);b.冷冻法进入洞20环,即进、出洞前后各10环。

②埋设注浆管起点和终点位置附近轨枕间距可酌情调整(不应大于600mm),确保注浆管设于两根轨枕间。

③注浆管碰到钢筋时,为防止杂散电流腐蚀,应采用绝缘胶布包裹注浆管。

④注浆管与隧道管片注浆孔安装时需拧紧,按要求对管口进行封堵。

⑤土建单位个别管片已完成注浆,注浆孔封堵无法埋设时,可暂不埋设。铺设前需确认是否已完成聚氨酯注浆工作。

⑥旁通道为浮置板道床的地段,旁通道沉降未稳定的按设计要求埋设注浆管。

(4)旁通道沉降稳定同铺轨施工。旁通道地段铺轨施工作业,当旁通道沉降观测稳定,需区间单位提交该旁通道沉降稳定报告至铺轨单位,铺轨单位进行旁通道整体道床施工,当旁通道沉降未稳定。在旁通道沉降影响范围内采用临时轨道过渡,待沉降稳定后,进行该地段整体道床的施工。

(5)旁通道未稳定地段铺轨同旁通道注浆的施工协调及注意事项。

①铺轨单位应尽量满足旁通道融沉注浆需求,尤其是前3个月的注浆施工每周应保证在4个施工点左右为宜。

②旁通道施工单位应因地制宜,合理安排施工计划,填充注浆应在结构施工结束后3d内完成。

③注浆材料的堆放应做好隔离防护措施。防止污染道床。施工期间,应在旁通道喇叭口处采取设置挡墙等措施。以防止水泥浆外流污染道床,尤其要重点防止水泥浆进入浮置板下部的浮动间隙,防止水泥浆堵塞排水沟,集水井。

④旁通道施工单位的设备应一次到位、布置合理且严禁伸入区间隧道,注浆材料应分批进入(每次进入量以一周注浆需求为宜)且严禁侵入限界(以铺轨单位交底资料为准)。

⑤旁通道施工单位在轨行区注浆时,严格遵守请销点制度及轨行区作业安全管理规定,认真落实各项劳动防护措施(设置警示灯等),严禁超出批准范围施工;严格落实安全生产责任制。旁通道施工监理须全程旁站,重点监督人员、材料、设备等是否侵入限界及水泥浆堵塞。

12.4.3 机电安装

1)轨旁设备安装

(1)钢轨上安装设备分类见表12-1。

系统单位钢轨上安装设备分类　　　　表12-1

序号	设计专业	安装部件	安装方式	备注
1	正线信号	道岔转辙机	打孔螺栓	
		计轴器	打孔螺栓	
2	触网供电	变电所回流线(进回流箱)	焊接	QHP线排安装
		车站两端、旁通道均流线	打孔胀钉	
		有岔站、伸缩调节器钢轨有缝连接地段均回流线(道岔及前后缓冲区、有岔站配线)	打孔胀钉、困难地段焊接	
3	屏蔽门	车站四端端门接地	打孔胀钉	
4	杂散电流	参比电极测量线	打孔胀钉	
5	停车场信号	道岔转辙机安装	打孔胀钉	
		轨道电路连接线及道岔跳线	打孔胀钉	
		信号机连接线	打孔胀钉	
		回流线	焊接	
		均流线	打孔胀钉	

(2)打孔的钢轨位置。打孔与焊接的中心位置只能在钢轨的中和轴上。正线60kg/m钢轨地段;钢轨腰中部轨顶面为97mm(距轨底地面为79mm),停车场50kg钢轨地段,钻孔位置距轨顶面为83.5mm(距轨底底面68.5mm),停车场试车线60kg/m钢轨,按正线标准执行,严禁在轨底角和钢轨接缝处进行打孔或焊接。

(3)打孔的孔径要求。钢轨轨腹中和轴位置采用打孔方式连接时,应尽量选择较小的孔径,较大的孔间距,要求打孔孔径不大于$\phi 31mm$,孔间距应大于2倍孔径,打孔完毕后需用倒角工具进行倒角,其深度为1~2mm。

(4)打孔及焊接应避开的地段,在打孔或焊接时,无缝线路地段打孔孔眼及焊接位置应距离钢轨焊接大于500mm(考虑无空夹板安装)。采用有缝轨道夹板连接时,打孔或焊接位置应避开夹板位置并满足夹板的50mm拆装间距要求(有60kg、50kg钢轨夹板长度为820mm)。回流线或接续线打孔或焊接位置距夹板边缘两端均匀。

(5)采用焊接工艺固定线缆。线缆采用焊接工艺固定于钢轨上,焊接点在轨腹中和轴位置,相邻两处钢轨焊接焊点边缘距应大于150mm,困难条件下保证100mm。为了避免钢轨局部区域脆化,严禁在同一焊点处第二次进行放热焊接,第二次焊接点同第一次焊接点间距应满足要求;焊接完毕后,及时进行焊接位置的钢轨探伤,要求焊接单位出具第三方探伤报告。

(6)道床面设置的过轨管线采用耐久性的绝缘材料,不能与轨底搭接,并保持30mm以上距离。

(7)钢轨上安装设备的确认,在钢轨上安装设备,必须征询铺轨单位同意在铺轨施工成型无缝线路锁定后,铺轨单位出具锁轨证明后方可进行施工。

2)信号系统

(1)道岔转辙机坑的沟槽预留及沟槽的防水。转辙机沟槽分为内置和侧置两种形式,要求严格控制转辙机构槽位置轨枕的位置和轨枕的方正,确保转辙机安装位置满足设计要求。基坑和沟槽底面设置坡向水沟的横向坡度,以防沟槽内积水,沟槽底部刷防水涂料,防止结构漏水。

(2)停车场绝缘接头的确认及绝缘轨缝的预留。停车场采用轨道电路,信号专业设计单位提资至轨道专业设计单位。确定绝缘接头的位置,在施工中,轨道专业和信号专业施工单位加强绝缘接头位置的沟通,尤其注意小曲线半径(采用相错式接头)的绝缘接头的设置需同时满足信号及铺轨施工规范的要求。

(3)浮置板地段严格控制预留信标位置。信号设计单位提资至轨道设计单位确认信标的设置里程位置。施工单位在铺设浮置板地段,严格按设计里程位置要求预留安装信标的位置,预留信标的位置不设计凸台。进行预制板铺设时,采用现浇浮置板绑扎钢筋笼时,严格确认铺设无凸台板或钢筋笼的里程位置。

(4)钢轨上设备安装注意事项。轨道锁轨完成后,才可安装轨旁设备——计轴及均回流线。已完成计轴、回流线焊接等轨旁设备安装的地段,当钢轨焊接处理伤头时,严禁纵向串动钢轨进行伤口处理,必须采用插入焊,插入焊的短轨满足设计及工务最小短轨要求。

(5)信号专业预埋过轨管线。铺轨单位根据信号专业要求。埋设预埋管线,预埋时,宜内穿细铁丝,并做好防阻塞封堵,预埋管从道床水沟两侧穿出。两头露出道床面100mm左右为宜,并施工中注意对过轨管线的保护。当车站及区间无法从水沟底部穿过轨管时,可不穿水沟埋设,注意距钢轨距离远一些,紧邻水沟侧埋设,避免缆线侵入车辆限界。两轨枕并排设置数量不得多于2处,宜设置于道床上下层钢筋间。岔区内过轨管线结合排水设计合理安排,不得影响排水通畅。信号单位根据铺轨单位预留的过轨管穿缆,严禁随意安装过轨管。

(6)转辙机的安装及调试注意事项,信号单位进行转辙机安装及调试,安装调试完毕后恢复道岔至原始岔位,严禁随意改变岔位,并按要求道岔安装钩锁器。转辙机安装调试完毕后,组织工电联检。对工电联检存在的问题,铺轨和信号单位配合整改。

3)人防门、防淹门安装

(1)人防门位置需以成型的轨道高程为控制基准。考虑防淹门尺寸限界较大,当轨道未施工前,防淹门以线路中心线及高程为基准提前进行施工。

(2)防淹门的施工:考虑防淹门的尺寸限界较大,在具备条件的情况下,防淹门可在铺轨施工前进行施工,施工前需调线调坡设计单位提供现场桩位及轨道高程后,方可进行防淹门的施工。

(3)铺轨施工应注意人防门轨枕与人防门结构相对关系,并按要求进行匀枕。

(4)铺轨单位道床施工时,注意预埋二次浇筑的人防门钢筋。铺轨单位在人防门支座位置进行混凝土浇筑时,应按设计位置埋设钢筋网片。

(5)人防门施工各单位分工明确:人防设备安装单位负责按成型的轨道安装门框,铺轨单位负责在道床上预留插筋和安装两侧排水管,土建单位负责钢筋绑扎、立模及混凝土的浇筑。

(6)人防门、防淹门的安装及试验:人防门,防淹门进行安装或进行落门、关门试验,要求施工作业完毕后,对门体进行固定,严禁门处于无固定的自由状态,影响轨行区车辆运行安全。

4)杂散电流防护

(1)防迷流焊接及参比电极预留孔,严格按照设计及防迷流交底进行钢筋绑扎及焊接施工。道床施工时,严格按照设计里程及技术要求位置预留参比电极预留孔。

(2)注意钢轨下部是否存在搭接,间距满足要求,严格控制到床面及轨底的距离,尤其人防门门槛、浮置板、过轨管线;详细检查轨下和轨底角位置的金属部件空间位置是否符合设计要求。在现浇浮置板施工时,严格控制浮置板基底的高程,避免浮置板外套筒同钢轨距离太近,外套筒距离钢轨底部不得小于30mm。当进行整体道床施工时,严禁道床钢筋穿出道床面,同钢轨距离太近,当正式电客车运行中电流可能对钢轨造成腐蚀,钢轨产生断裂,发生安全事故。

(3)既有线运营换乘车站施工。当施工至运营换乘车站时(尤其十字换乘车站),为了确保运营的安全,应提前与运营单位联系。确定施工方案及具体防护措施(防烟、防淹、防噪声、防异味、防尘)。尤其在焊轨施工中,需提前同运营车站进行沟通,铺轨单位做好通风设施,同车站联系临时关闭警报装置,避免焊轨施工产生大量的烟尘,造成既有运营车站烟雾报警器报警,同时钢轨焊接施工,尽量选择合理的时间段,尽量避开既有线运营时段。

(4)新线和运营线路的物理隔断。新线和运营线路接轨,按要求及确定的方案做好新线和运营线路的物理隔断(建设单位指定单位安装物理隔断,该物理隔断的钥匙由运营单位负责保管),需安装车挡的按要求安装车挡。

(5)停车场架车机铺轨施工,单个架车机四点高程允许偏差±1mm,相邻架车机高程允许偏差±2mm。单股道架车机最大、最小值允许偏差小于6mm。

(6)触网供电专业。轨道高度、线路方向存在大范围调整时,需同触网进行沟通。在停车场开挖触网基础时,需对临近的碎石道床进行覆盖后,开挖基础产生的渣土及时清理外运,避免污染碎石道床。

(7)区间的临时排水。区间旁通道位置积水由铺轨单位负责抽水至车站集水井,前期为车站土建施工单位,后期车站移交装饰单位负责将水抽至站外。

(8)车站装修及屏蔽门施工单位。设计单位完成车站调坡后,由调线调坡设计单位提交屏蔽门及车站装修单位线路中心位置及轨面高程,装修及屏蔽门单位依据设计院提交的测量资料及桩位,根据现场已成型的道床进行点位复核后(平面位置及轨面高程),方可进行后续施工作业。车站道床结构为浮置板道床,需同铺轨单位确认浮置板是否完成顶升作业(浮置板轨道顶升和未顶升存在30mm的差异)。

(9)区间隧道冲洗(触网负责)。进行区间隧道冲洗时,需在铺设浮置板地段两端采用防护措施,严禁将普通道床上的泥沙冲入浮置板中心水沟,造成浮置板中心水沟积淤,影响排水断面。

(10)旁通道楼梯的施工,旁通道位置的楼梯台阶设置于盾构壁上,按设计要求设置台阶,在浮置板道床地段台阶严禁同浮置板道床发生连接,施工台阶混凝土严禁堵塞积水井。台阶严禁侵入车站限界内。

(11)有岔站落水管布置避开道岔基坑。车站内设置的正式落水管要求必须避开道岔区,防止道岔转辙机基坑被淹。

(12)有岔站道岔集水井水泵的安装。根据铺轨单位留置的集水井,安装单位安装水泵,负责抽道岔转辙机坑内的积水,车站安装单位安装前同铺轨单位进行沟通,避免安装位置错误。

12.5 典型案例

该部分内容详见二维码。

扫码下载

第13章

机电设备安装管理

13.1 概述

地铁机电设备安装工程是以为乘客提供良好服务,为运营人员提供高效便捷的工作环境为目的。地铁机电设备的安装施工主要包含:通风空调系统、给排水及消防系统、动力照明系统、综合支吊架系统。通过各专业的密切配合,相互联动,最终实现城市轨道交通的整体系统化运行,为乘客提供方便舒适、快捷的交通环境。

地铁通风空调系统亦称环控系统,由车站公共区通风空调系统、车站设备区管理用房通风空调系统、空调冷源系统、车站轨行区排热系统、区间隧道通风及排烟系统组成;是地铁车站常规设备系统工程的重要组成部分。其主要作用:通过地铁环控系统的综合调节,使地铁车站及隧道内环境中空气的温度、湿度、品质、气流速度、噪声等均达到要求,从而为地铁车站和隧道创造舒适、良好的环境。对地铁车站环控系统的要求要高于一般的民用系统。环控系统需满足两个方面的要求,一是日常运营给乘客和设备提供舒适及适宜的环境;二是事故及灾害情况下进行通风、排烟、排热,起到生命保障及辅助灭火的作用。环控系统应确保上述两个方面的整体安全,不宜片面强调某一方面;但环控系统不是灭火系统。地铁车站环控系统一般分为环控大系统和环控小系统及隧道通风系统,并按 A、B 两端分别独立设置。环控大系统用于站厅和站台公共区通风、空调及防排烟;环控小系统用于设备区设备房通风、空调及防排烟,A、B 两端环控小系统工艺流程有较为明显的区别,但原理基本一样;隧道通风系统用于区间隧道和屏蔽门外站台板下的通风、降温及防排烟。

地铁给排水及消防系统是由生产生活给水系统、循环冷却水系统、各类排水系统(污水、废水、雨水)、消防给水系统及灭火器配置组成,是一个关乎地铁运营环境、保证运营安全、提供乘客方便的关键系统,它有别于其他民用建筑地下室排水,对排水的可靠性和及时性要求更高。地铁给排水系统的功能是满足车站的生产、生活用水、消防用水,及时排除生产、生活污废水,结构渗漏水,事故消防水及敞开部分雨水,同时设置使用简便、安全有效的灭火设备,能迅速可靠地扑灭各类火灾,以保证地铁线路可靠运行的要求。

动力照明配电系统是负责提供车站及区间各设备系统设备负荷电源,包括通风空调、给排水、通信、信号、电扶梯、自动售检票、FAS、气体灭火、站台门等,是地铁车站的重要组成部分,车站动力照明的系统安全、稳定运行对车站的正常运行具有重要影响。车站低压配电系统一般采用380V 三相五线制、220V 单相三线制方式供电。其工作范围大致包括对站台层、站厅层和设备管理用房的环控、排水、消防、电梯、自动扶梯、自动售检票及通信、信号、车控室等系统动力设备的供配电和车站环控室所供配电设备的电控控制。

在车站设备区走廊及公共区管密集的位置布置综合支吊架,合理利用空间,满足管线敷设及检修要求。

13.2 管理内容

在设备安装、调试过程中,设备供应商与施工单位要在项目进度、质量、安全控制等各方面相互配合,分别完成各自工作内容,最终实现机电系统的整体功能。建设管理方代表是现场协调总负责人,各参建单位应服从建设管理方代表的统一协调管理,设备安装阶段各类问题的协调解决机制,实行三级协调机制,即建设管理方代表/专业工程师—主管部门—建设管理单位,本级不能协调解决的问题及时上报,由上一级进行协调。各单位间要建立畅通、高效的沟通机制,在进入三级协调机制前尽可能通过互相沟通来解决问题。

13.2.1 管理范围

(1)管理整个系统所需的所有设备、材料、软件,制订相关附件的技术方案。
(2)系统内部接口的协调及外部接口的落实。
(3)技术文件和图纸的交付。
(4)设备的生产或订购。
(5)设备的工厂测试和联调。
(6)设备和材料的供货、运输、仓储及安装。
(7)设备和系统的调试及开通(含运营人员培训)。
(8)系统的技术性能检验。
(9)系统的验收配合及交付。
(10)在质量保证期内的保修服务。
(11)其他相关的设计配合和技术咨询。

13.2.2 管理职责分工

1)建设单位职责
是重点做好机电设备安装工程与土建、装饰装修、设备系统等专业工程的接口协调,包括场地移交、工序协调、工艺接口、渗漏水治理等,具体如下:
(1)负责履行合同规定职责权限,履行对施工、监理、设计单位的管理及协调工作。
(2)负责组织工程报建、报监,办理施工许可证等相关手续。
(3)负责机电专业同土建、装饰等其他相关方的施工统筹及协调工作。
(4)负责组织工地安全、质量、进度及文明施工、环境保护管理工作。
(5)负责组织现场合同管理,确保合同履行完成,处理合同实施执行过程中的纠纷、索赔等事宜。
(6)组织参与施工过程中的各项调试和节点验收。
(7)根据合同约定、设计图纸及相关规范规程的要求,组织材料、设备进场检查验收,组织单位工程竣工验收。

2)设计单位职责
是重点做好机电设备安装工程与土建、装饰装修、设备系统等专业工程在接口界面矛盾方面的设计层面的协调工作,尤其与设备系统管线管位方面的矛盾协调工作。设计需按照合同文件的约定完成服务范围内各项工作。在设备安装过程中,着重做好如下工作:
(1)按照建设管理单位制订的出图计划及施工单位的合理需求,及时出图。
(2)及时解决施工单位在图纸会审及施工过程中发现的问题。
(3)成立配合小组,不定期巡查现场,参加建设管理方组织的各类协调会。

3) 监理单位职责

是负责轨道交通工程动力照明、通风空调、给排水等设备的检验、出厂及设备材料试验、供货管理、现场检验及安装、调试、预验收、综合联调、竣工资料移交、试运行等阶段的监理工作。监理单位要按照合同文件的约定完成服务范围内各项工作。在设备安装阶段要着重做好如下工作：

(1) 对照设计功能实现表，定期梳理所管专业的功能实现情况，并将信息同步反馈给现场建设单位代表。

(2) 建立工程进度台账，安排专人定期更新台账并同步上报建设管理单位。

(3) 掌握现场存在的材料供应问题、劳动力问题、图纸问题、安全质量问题等，解决在职责范围内的问题并同步向建设管理单位汇报。

(4) 组织复核所管专业与其他专业之间的设计接口是否明确，施工接口是否按规定实施。

(5) 提出所管专业与其他专业需要互相创造条件并督促落实。

4) 施工总协调单位职责

施工总协调单位是指土建单位、铺轨单位及动车调试服务商。土建单位为车站施工总协调单位；在土建单位将区间场地移交给铺轨单位之前，其为区间施工总协调单位，在区间场地移交给铺轨单位之后，铺轨单位为区间总协调单位；在铺轨单位将区间场地移交给动车调试服务商之后，动车调试服务商为区间总协调单位。施工总协调单位自接收场地起即开始履行相应职责，时间以场地移交单注明的时间为准。

(1) 施工总协调单位依据法律法规和合同约定，负责施工场地范围内的施工组织及技术协调工作，承担相应的进度、安全、质量管理责任。

(2) 施工总协调单位应对整体工程进度进行全面统筹安排，要严格按照建设管理方下发的节点计划及工程筹划按期为下道工序提供施工条件（临水、临电），为各专业提供必要的作业时间和作业空间。

(3) 施工总协调单位要建立健全工程质量、安全、进度、综合协调等项目管理体系，制定切实可行的管理制度。

(4) 施工总协调单位要明确设备安装阶段的主要管理人员，并在设备安装工程实施前以书面形式报建设管理单位。

(5) 施工总协调单位要积极牵头开展设备安装阶段各方的施工组织协调工作，积极消除各种不利因素的影响。

(6) 施工总协调单位对各专业施工单位收取进场押金或保证金等费用需经建设管理方许可。

(7) 施工总协调单位对管理范围内的整体工期及施工组织负总体责任。

5) 各专业施工单位职责

各专业施工单位总体目标是按照建设管理方下发的节点计划要求，保证安全，保证质量地完成设备安装及调试。

(1) 提前考察现场，及时审核施工图纸与现场有无出入，发现问题积极与建设管理方及施工总协调单位沟通；联系建设管理单位代表及施工总协调单位办理进场手续并签订安全协议；以书面形式明确提出设备进场通道、临水临电接驳、施工材料存储加工场地、设备房移交、划清专业间界面，明确各自责任。

(2) 做好现场安全文明施工。

(3) 参与签订接口文件，熟悉设备接口位置及接口形式，掌握技术要求，划清专业间界面，明确各自责任。

(4) 服从施工总协调单位管理。

(5) 做好设备开箱检验与交接、设备安装、成品保护等工作，形成严谨的文字记录，配合设备供应商进行设备调试。

6) 设备供应商职责

(1) 设备生产与供应的前期工作

①成立项目部，其组织机构设置满足本工程的设计配合、计划管理、材料生产、供应、仓储、运输、协

调配合及技术支持等需要;②提前做好本单位所有派驻现场人员安全教育工作,并留有书面记录;③各设备供应商应在约定期限内以书面形式,向建设管理单位上报所供设备正常供应周期及应急供应周期。

(2)设备供应工作

①按照工程进度需求编制设备总体需用计划表、阶段需用计划表,并及时安排生产;②接受并配合监理单位随机抽检及出厂验收,产品进场时必须提交相应出厂证明、产品合格证及产品型式检验报告等资料;③在设备安装阶段,根据各专业施工单位需求派驻现场服务人员,提前做好对施工单位的设备安装培训并留记录,安装过程中指导所供设备安装作业,预防并及时处理现场可能发生的技术问题、质量问题;④在设备现场验收前,所供设备现场保护工作由设备供应商负责,因设备本身原因导致现场验收未通过所造成的问题,相关责任由设备供应商承担;⑤未经建设管理方批准,各设备供应商不得以任何理由延期供货,否则将依照合同约定予以处罚。

13.2.3 管理机制

1)各专业施工单位进场管理

(1)所有专业施工单位进场实行队伍进场准入制度,各单位必须遵循"进场、退场有序"的原则,遵循建设管理单位规定,严格遵守施工总协调单位的现场管理规定。

(2)施工总协调单位为进、出场管理的总负责单位。所有专业施工单位进出场地必须进行登记管理(注明单位、进场人员姓名、进场时间、出场时间、进出场的设备、工具以及工程材料的名称、数量等),所有施工人员均须佩戴胸卡进出场。

(3)专业施工单位在办理进场施工许可单前,要完成如下具体工作:

①作业人员入场教育且经专业监理工程师确认;②与施工总协调单位签订进场施工安全管理协议;③与施工总协调单位就临水、临电等签订相关协议;④进场施工作业场地的范围和时间符合场地利用总体筹划(双方监理单位负责此工作的监督审查);⑤所有专业施工单位正式进入场地前,必须与建设管理单位代表、监理工程师、施工总管理协调单位办理进场许可单(附表13-1可扫描本页左下方二维码下载),并建立联系机制,以便沟通协调;未办理进场许可单的,施工总协调单位不予放行。

2)施工场地协调管理

(1)施工场地使用由施工总协调单位负责统筹,由建设管理单位代表负责总体协调。各专业施工单位按照公共区、设备管理区、出入口等区域分别向施工总协调单位提出空间和时间使用申请。

(2)建设方代表负责组织场地移交工作。各专业施工单位在公共区作业要严格按照批准的空间、时间进行。施工总协调单位向各专业施工单位移交设备用房时要办理书面移交手续,已接管的设备用房由接管的专业施工单位负责管理,未办理移交手续的其他用房由施工总协调单位负责管理。

(3)移交各设备用房之前,建设管理单位代表要组织交接各单位进行验收并由施工总协调单位留存照片,照片作为附件与场地移交单(附表13-2可扫描本页右下方二维码下载)一起形成完成的移交资料。对现场既有成品的现状要做必要的说明并经交接双方确认。

(4)设备用房移交各专业施工单位后,接管单位全面负责机房的保洁并保证各类设施完好;施工完成后要将设备用房钥匙交还给施工总协调单位。

(5)施工总协调单位要合理规划站内、站位施工场地。对于站内场地,需按需要划出原材料存放区,加工制作区,成品存放区,废品临时存放区等。施工总协调单位应根据各专业施工单位提供的设备运输通道方案预留设备运输通道(至少一条通道)。

3)设备用房移交及区间洞通标准

(1)各设备房具备移交及设备安装条件:

①完成砌墙、隔断,标出基准线。②完成设备基础制作。③完成墙体抹灰(抹灰前各单位剔凿、预埋必须完成)。④完成地面找平层(找平层施工作业前内部暗埋管必须敷设完成),需涂绝缘漆的房间涂完绝缘漆。⑤设置防静电地板的房间需完成网格线弹放。⑥完成预留套管。⑦具备封闭条件:施工总协调单位按统一标准对设备房做临时封闭,安装正式门(正式门如不能安装完成,则必须安装临时门,临时门应能有效封闭房间,保护设备设施安全)。

(2)区间洞通标准及移交。

①洞通标准:区间土建结构完成施工,各种材料、设备及渣土清运完毕,具备铺轨基标测设条件。②移交:洞通后由建设管理方代表组织土建及铺轨监理单位、施工单位、设计单位、设备部主管工程师以及勘测单位一起办理移交。移交时各单位要会签移交单并留存照片等影像资料备查。

4)设备安装及测量放线要求

(1)各专业施工单位进场后,施工总协调单位会同测量单位将复核无误的各站控制基准点(线)以书面形式移交给各专业施工单位,并随时复查各专业施工有无侵限现象。

(2)设备区及附属设施的地面及吊顶控制线由施工总协调单位测试,公共区吊顶控制线由精装修单位测试。

(3)区间一米线、铺轨基标、安全门安装基标、公共区地面高程控制线由测量单位测试,施工总协调单位及铺轨单位配合安全门设备地面定位并采取必要措施对基标点进行保护。

5)施工现场临水、临电、临时照明的协调管理

(1)施工总协调单位须为各专业施工单位提供电源接入点及水源。施工总协调单位有权对下级用水、用电进行监督管理。

(2)施工总协调单位须制定用电方案,二级配电箱及以上由施工总协调单位提供,二级配电箱以下部分由各专业施工单位根据作业需要接至相应工作面;临电按照上述界面划分分别由施工总协调单位及相应专业施工单位负责各自维保。除非另有协议,各专业施工用电要单独挂表计量。用电安全由各专业施工单位负责。

6)大型设备进场管理

(1)车站内施工场地有限,为合理利用空间及有序作业,各专业施工单位大型设备进场实行许可制度。公共区大型设备如电扶梯等进场占用场地时,专业施工单位要提前与施工总协调单位、监理单位、建设管理方代表等办理大型设备进场许可单(附表13-3可扫描下面左方二维码下载)。公共区大型设备进场后,严格按照指定场区存放,设明显标示,并设专人看管。专业施工单位要按约定时间退还场地。

(2)不占用公共区场地的设备,按要求直接运达站内设备用房。

7)作业现场标识要求

(1)各专业桥架、管理及设备均要求贴挂标识牌,标识牌上包含但不限于专业名称、负责人姓名及联系方式。

(2)如设综合支吊架,由综合支吊架安装单位在综合支吊架相应部位(起点、转角处)粘贴标签指明各专业桥架、管路路由;综合支吊架上各种桥架、管路的标识则由各专业分别负责贴挂。

(3)各设备用房及管理用房均要粘贴标签,标签内容包含但不限于设备用房间名称、管理单位、负责人姓名及联系方式、房间内设备名称、墙面(吊顶、地面)的装修做法及现况。

(4)各专业孔洞开凿完成后,开凿孔洞的单位要标明此孔洞所属专业以便于辨识。

8)装修施工常规隐患检查制度和专业会签制度

（1）装修施工前,建设管理单位甲方代表组织施工总协调单位、所有专业施工单位、监理等人员进行专业会签(附表13-4可扫描本页右下方二维码下载)。

扫码下载　　扫码下载

（2）会签要在装修施工正式开始7d前通知,开始前3d会签,在装修施工开始前完成。

（3）各专业施工单位要在所会签部位下道工序施工前完成本专业与该工序交叉的施工,由于特殊原因不能按照规定时间完成的要在专业会签单注明,施工总协调单位在施工时综合考虑。

（4）凡专业会签未提出要求,在施工总协调单位相关工序完工后专业施工单位再行施工,造成施工总协调单位返工的,其恢复费用由专业施工单位负责。施工总协调单位未组织会签,责任由施工总协调单位承担。需返工的,由相应专业施工单位承担损失。各单位要严格按照会签单中约定的时间,按期完成各自专业的施工。

（5）会签工作由建设管理单位甲方代表组织。会签单完成签字后各单位各执一份复印件,原件在施工总协调单位留存。

9）孔洞开凿及封堵管理要求

（1）装修面层开孔。设备安装及装修阶段,施工总协调单位要密切配合各专业施工单位做好装修面层开洞,各专业施工单位要提供孔洞定位及开孔尺寸的准确书面资料,施工总协调单位要积极配合。施工总协调单位负责组织放样会签。对于因提供资料错误引起的相关损失由责任单位承担损失。

（2）结构上增开孔洞及孔洞封堵。因设备设计原因导致的孔洞遗漏或纠错,由设备设计单位发技术工作联系单给土建设计单位,此联系单由设备设计标段负责人签发。土建设计单位收到上述联系单后,方可签发开洞的联系单。

对于非设计原因导致的增开孔洞情况,由设备设计单位给土建设计单位所发的技术工作联系单,除了需要设备设计标段负责人签发,还需设备部专业工程师签认。土建设计单位只有收到上述联系单后,方可签发开洞的联系单。对于尺寸较大的孔洞需由建设管理单位总工室签认。

废弃孔洞的封堵:对于因孔洞移位等原因导致的废弃孔洞,设备设计单位应通过技术工作联系单的方式向土建设计单位提出对废弃孔洞进行封堵的需求,土建设计单位在收到设备设计单位的联系单后,向施工单位下发封堵孔洞联系单。

10）现场作业面清理要求

（1）各专业施工单位每天收工前清理施工过程中产生的垃圾及废弃物,并会同施工总协调单位的现场管理人员确认清理结果。

（2）无法确定所属单位的垃圾及废弃物,由施工总协调单位负责清理。

（3）对于无机房电梯与自动扶梯井道、基坑内的建筑垃圾,在井道与基坑封闭前由施工总协调单位负责清理。

11）成品保护

（1）成品保护原则:"谁施工,谁保护";"谁接管,谁保护"。

（2）各单位须制订相应的成品保护方案,采取切实有效的措施进行成品保护,并安排专人看管自己成品,同时不得破坏其他单位成品。施工总协调单位应在其管理区域范围内设置必要的监控设备,对各专业成品进行实时监控,为成品保护纠纷提供依据。

（3）各种材料及设备现场验收前，由各自的供应商负责对材料、设备进行保护；经验收合格接收后，由接收单位负责保护。

13.3 管理流程

地铁施工现场场地狭窄、空间有限，机电系统的各类设备均要在有限的空间内安装、敷设，交叉碰撞经常发生，工程协调客观上存在难度，必须制定一些必要的管理流程，才能保证有序、合理、高效的设备安装。在设备安装、调试过程中，设备供应商与施工单位要在项目进度、质量、安全控制等各方面相互配合，分别完成各自工作内容，最终实现机电系统的整体功能。

13.3.1 机电安装工程管理流程

机电安装工程管理分为施工准备阶段、施工阶段、施工移交阶段，如图13-1所示。

1) 施工准备阶段

施工准备阶段始于项目合同签订，是保证工程开工并顺利实施的必要条件。期间主要工作包括开工程序办理、设计联络、设计交底、图纸会审、施工组织筹划（施工现场调查、开工报告办理、安全质量监督交底、安全质量文明施工交底等）。

（1）开工程序办理：项目开工前，建设单位应按照当地建设主管部门的要求办理施工许可证，施工单位、监理单位应配合提交所需的书面材料。

（2）设计联络：是由建设单位组织，设计、施工、设备材料供应厂商、监理、运营等单位参加，设计联络的内容应形成文本并由参与各方签字确认。

（3）设计交底：是由建设单位组织建设单位、设计单位、设备供应商、施工单位参加，交底内容主要包括工程项目名称、工程设计范围、工程设计内容、专业间接口界面、施工注意事项、安全注意事项、其他需要说明的问题等，设计交底应形成会议纪要。

（4）图纸会审：施工图纸应经设计单位正式签署，设计单位的出图章及强审单位的强审章应齐全。施工图纸经过建设单位发放后，由建设单位组织监理、施工单位进行图纸会审，审图意见经参建四方签字确认（图纸会审单）后移设计单位进行修改。

（5）施工组织筹划。

①项目部选址组建：施工单位应按照合同要求选址、组建项目部，充分配置人员、办公用房及设施。②施工组织设计报审：施工组织设计经施工企业技术负责人审核、签章后，由监理单位监理工程师、总监理工程师审核、签章，再经建设单位审批后实施。③进场人员报审：施工单位"三类人员"（项目负责人、企业主要负责人、专职安全生产管理人员）特种作业人员上岗证书应报监理单位审核。④进场机具报验：施工单位拟进场主要机具、设备应报监理单位检查验收合格后方可进场。⑤人员培训：目的在于提供工程技术人员的技术管理和作业人员的实际操作水平，包括施工单位组织的作业指导书、质量要求、安全规程的培训。⑥施工图核对：施工项目部在收到设计文件后应进行核对，如发现问题应通过工作联系单向建设、设计、监理单位报告，收到问题回复后，编写图纸核对记录。

（6）施工现场调查、跟踪：施工单位在工程开工前应组织技术人员进行现场接口问题、施工条件及作业环境的调查，形成书面记录，必要时提交建设单位。本工作是持续跟踪的动态过程，贯穿于施工阶段的大部分时间，对施工单位自身不能解决处理的问题应通过工作联系单方式由建设单位协调处理。

（7）开工报告办理：施工单位提出开工申请，填写开工报告单，经监理单位审核、建设单位审批后形成开工报告单，项目正式开工。

（8）安全质量监督交底：建设、设计、监理、施工单位参加由市安全质量监督部门组织的对本项目安全质量监督计划交底，形成监督交底记录。

(9)安全质量文明施工交底:开工前,建设单位质量安全管理部门应对设计、监理、施工单位进行项目安全、质量、文明施工交底,形成交底记录。

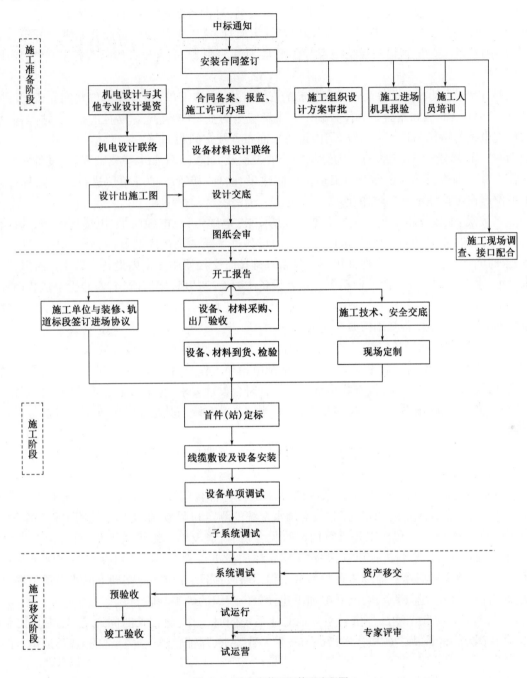

图 13-1　机电安装工程管理流程图

2)施工阶段

施工阶段始于工程开工,止于各子系统调试完成,具备综合联调的条件,是工程实施过程的关键阶段,需要建设单位有力组织与协调、其他参建单位的有效沟通与合作,以实现工期节点目标、保证质量安全。期间的主要工作包括设备材料的采购、检验,现场定测,施工单位与相关单位进场协议的签订,进场安全与技术交底,设备的安装,单机调试,子系统调试等。

(1)进场手续办理:施工单位应根据建设单位管理要求,进场前与土建、装修、轨道等施工单位签订安全协议,办理入场手续。

(2)施工安全、技术交底:施工单位在施工开始前应组织对项目管理人员、技术人员、作业人员进行安全、技术交底,形成书面交底记录。

(3) 设备、材料采购:出厂验收是由监理单位组织,参加单位包括建设单位、运营单位、设计单位、监理单位、施工总承包单位、设备制造单位;应编写厂验大纲,对设备制造单位的质量体系实施监督,形成厂验会议纪要并有相关单位签字盖章。设备到货后,由监理、施工单位和供货商共同进行开箱检验,依据供货合同确认设备型号、规格和数量是否符合要求,随机资料、产品合格证等是否齐全完整,形成到货检验记录。

(4) 现场定测:是风水电设备及管线安装前的必要工作,由施工单位、监理单位共同完成,其前提条件是装饰单位完成1m线和站台中心位置确定。现场定测的主要内容:施工路径的走向、站内各设备点坐标位置、支电缆的路径和长度、设备房间内设备平面布置及空间距离等。

(5) 首件(首段)定标:对工程有较大影响的分项工程及关键工序(如电缆支架安装、设备安装、设备配线等)需在施工前进行首件定标。施工单位会同建设、监理、接管维护等单位进行现场定标,形成记录,施工单位严格按首件定标要求作业。

(6) 设备安装:电缆线施工主要包括支架与线槽安装、电缆敷设、电缆防护、电缆接线等。影响施工因素有设备房间的进度和供应商供货进度等。室内设备进场受装饰进度的影响,施工单位根据工期提报机房需求时间计划,装饰单位应保证机房和设备基础按时交接使用。室内设备安装主要有风机、空调箱、冷水机组、水泵、配电箱柜、消火栓箱等。室外设备主要有冷却塔、膨胀水箱,安装受土建装饰施工进度的影响,土建单位负责冷却塔和膨胀水箱基础的施工,施工单位根据工期提报设备基础需求时间计划,土建装饰单位应保证设备基础按时交付使用。

(7) 设备单机调试:在设备安装完成后,核对各项设备的安装是否满足设计要求,配线正确,检查和验证各系统的基本功能正确。电源系统:测试验证配电箱柜工作是否正常,测试供电电压是否正确。联锁系统:测试系统工作是否正常,检查联络继电器是否符合设计要求,验证继电器至分线柜直接输入/输出接口是否正确,测试联锁系统冗余功能是否正确,测试联锁系统与其他子系统外部接口是否正确。

3) 施工移交阶段

本阶段的标志是施工单位将设备管线的使用权交接给运营单位,期间的主要工作有系统运行及性能测试、预验收、试运行、竣工验收、资产移交、专家评审、试运营等。

(1) 系统运行及性能测试:测试验证系统的性能是否符合合同要求,系统运行可靠性及可用性正常。测试项目包括:系统风量的测定与调整、空调水系统的测定和调整、防排烟系统测定和调整等。

(2) 预验收:是在施工单位对工程进行内部验收合格后,建设单位组织竣工验收前,由监理单位组织对施工单位报送的竣工资料进行审查,并对工程实体质量进行检查验收。对存在的问题应及时要求施工单位整改,整改完毕后由总监理工程师签署工程预验收报告,并应在此基础上向建设单位提出竣工验收质量评估报告及相关监理资料,然后参加由建设单位组织的竣工验收。

(3) 试运行:是系统联调测试合格后与其他专业系统同时工作,通过长时间运行,证明几大系统可以有机结合,有效工作,能满足各项技术指标与技术参数要求,保证轨道交通正常的运营,试运行的时间至少为90d。

(4) 竣工验收:建设单位收到工程竣工报告后,组织设计、施工、监理等单位和其他有关方面的专家组成验收组,制订验收方案。建设单位应在工程竣工验收前将验收时间、地点及验收组名单书面通知负责监督本工程的工程质量监督机构。建设单位组织工程竣工验收:建设、设计、施工、监理单位分别汇报;审阅工程档案资料;实地查验工程质量;评价形成竣工验收意见。竣工验收合格后,建设单位应及时提出工程竣工验收报告。

(5) 资产移交:由资产权属单位组织填写、汇总,相应负责该线路运营及维护管理的单位给予指导。资产编码应按照相关要求编写。

(6) 专家评审:试运营基本条件认定是轨道交通工程建设与运营交接过程中的最后一阶段,必须在开通试运营前完成,并取得政府主管部门的开通试运营批复意见。由建设单位向政府主管部门书面提出组织专家对试运营基本条件认定的申请,政府主管部门组织第三方专家团队对新线进行试运营基本条件认定。

(7)试运营:城市轨道交通工程所有设施设备验收合格,整体系统可用性、安全性和可靠性经过试运行检验符合要求后,在正式运营前所从事的载客运营活动。

13.3.2 系统构成及施工流程

1)环控系统构成及施工流程

(1)环控系统构成及特点

环控系统受外界影响比较大,包括地区环境、季节气候、人员流动等。要设置一个健康舒适的空调系统,适用于不同的环境、气候要求和空调负荷变化,不仅系统的组成要合理,系统相应控制、转换功能均需要合理配置。环控系统设备用电量大,必须采取一定的节能措施,而较为有效的办法是采用变频调速技术。系统设置受环保规范强制约束,降噪手段必须严格、有效。

环控系统由车站通风空调系统和隧道通风系统组成。按其各自的功能和负责的区域划分,车站通风空调系统分为公共区通风空调系统、设备管理用房通风空调系统和空调制冷循环系统三部分;隧道通风系统分为区间隧道通风系统和屏蔽门外站台板下排热及轨顶排热通风系统两部分。

①公共区通风空调系统(兼排烟系统,简称大系统),主要由组合式空调机组、回/排风机、排烟风机、新风机、风阀、消声器、风管及附件组成。

②设备管理用房通风空调系统(兼排烟系统,简称小系统),主要由柜式空调机组、送风机、排风机、排烟风机、各类风阀、消声器、风管及附件组成。

③空调制冷循环系统(简称空调水系统),主要是由冷水机组、冷冻/冷却水泵、冷却塔、反冲洗过滤器、各类水阀、水管及附件组成。

④区间隧道通风系统(兼排烟系统,简称TVF系统),主要由隧道风机、组合式风阀、结构式消声器、活塞风道组成。

⑤屏蔽门外站台板下排热及轨顶排热通风系统(简称UPE/OTE系统或U/O系统),主要由U/O风机、组合式风阀、土建排风道、站台板下排热风道、列车上方排热风道等组成。

环控系统是地铁站后工程设备数量、种类最多的一个系统,涉及的专业、技术及管理面广,设备体积、质量大,设备接口复杂。地铁施工现场场地狭窄、空间有限,环控系统的各类设备、通风管道等均要在有限的空间内安装、敷设,交叉碰撞经常发生,工程协调存在客观难度。具体特点如下:

①设备数量、种类多:环控系统设备包括冷水机组、空调机组、冷冻冷却水泵、冷却塔、空气处理机组、各类风机、风阀、消声器等多达十多种设备,各类设备的数量也相对较多。如风机、风阀设备,通常一个普通地铁车站,风机、风阀设备就有数百台,规格、型号、功能也不尽相同。

②设备体积、质量大:环控设备中,如冷水机组、隧道风机、射流风机等设备,出厂时均为成套设备运输至地铁车站,设备的体积和质量相当大,而地铁站一般位于地下空间,因此设备的运输及吊装是环控系统在前期安装阶段的重点。

③设备接口复杂:环控系统中,设备与设备之间,设备与土建结构之间,设备与BAS、FAS等监控系统之间,设备工程与安装工程、装修工程之间,存在诸多技术方面的接口,如各类设备的安装方式、基础、预留安装孔洞的要求及尺寸、用电负荷、启动方式、连锁关系、控制模式功能和内容等。

(2)环控系统施工流程

地铁环控系统施工工序的总体安排是先设备区后公共区,先站台层后站厅层。各种设备安装顺序应尽量按先大后小、先设备后管线的原则进行;顶部管道是先上后下,侧墙管道是先里后外。

环控系统工程开始后,在进行风管制作的前提下,首先安排公共区域的风管、水管的安装,其次集中力量完成设备管理用房以及其他通风空调设备的安装,最后完成通风空调设备的支管和水系统的支管连接及附属件的安装及单机调试和系统调试工作。

环控系统施工流程如图 13-2 所示。

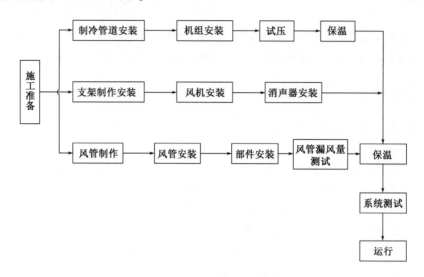

图 13-2　环控系统施工流程图

2）给排水系统构成及施工流程

（1）给排水系统构成及特点

地铁给排水系统主要由给水系统、排水系统组成。其中，给水系统包括生产、生活给水系统和消防给水系统；排水系统包括废水排水、雨水排水和污水排水系统。车辆段设有废水、雨水处理及回收系统。

①生产、生活给水系统：地铁站内生产、生活给水系统相对简单，主要由车站卫生间各类卫生器具、车站冲洗用冲洗栓箱、部分设备机房洗手池、拖布池、乘务人员用电热水器、空调水系统补水装置等组成生产生活给水系统。

②消防给水系统：分为车站消防给水系统和区间消防给水系统两部分。车站消防给水系统主要由消防水泵、消防控制电动蝶阀、手动蝶阀、消火栓箱、室外消火栓、水泵接合器及消防管道组成。区间消防水系统由车站消防水系统供水，主要由区间消防管道、消火栓口、消防蝶阀等附件组成。自动水喷淋灭火系统一般设置在车站商铺及物业开发区域。

③废水排水系统：主要由潜污泵、压力废水管道、各类阀门附件、室外压力排水井组成的排水系统。

④污水排水系统：由车站密闭提升装置、污水收纳水箱、压力污水管道、阀门及各类附件及室外污水井、化粪池组成。

⑤雨水排水系统：主要由各出入口、风亭集水井内潜污泵、压力雨水管道、管道阀门及室外雨水井组成。

给排水工程具有如下特点：

①地铁车站开通运营后，内部空间人员密集，发生地铁火灾时，人员疏散压力大，扑救困难，易造成群死群伤的重大事故。因此，地铁在建设及运营阶段，消防给水系统显得格外重要，是地铁给水排水系统的重点。

②车站及区间隧道排水是地铁排水系统的主要内容，及时排放车站及区间内的积水，对车辆的正常运行及各类电气设备的保护有着重要意义。

③地铁车站所在地一般为城区，周围有较完善的市政给排水管网。车站内的生活、消防给水以市政自来水为供水水源。

④随着城市地铁交通网络的快速发展，城市规划及市政配套工程通常滞后于地铁建设的情况普遍存在。由于市政管线的敷设为市政独立项目，地铁项目无法大范围进行代建，导致地铁线路开通时，市政水源无法实施到位，地铁车站消火栓系统不具备使用条件，地铁线路无法开通。因此，地铁给水排水系统与市政管线的接驳是地铁建设、运营的一项非常重要的工作。

⑤地铁站内给水排水设备众多,设备后期的运转维护至关重要,保证系统正常安全运行是地铁运营单位重点关注的问题。

⑥由于地铁车辆多采用接触网供电,对于这种直流牵引供电系统,还需防止杂散电流对给排水管道的腐蚀,对给排水系统管道、设备的防腐要求高。

⑦地铁建设阶段,区间给水、排水、消防水系统的施工任务较重,管道线路长、区间运输量大。

(2)给排水系统施工流程

考虑到建筑装修专业的施工,地铁车站给排水及消防工程一般首先进入站厅层公共区预制安装给水及消防管道,站厅层公共区管道安装完成后转入站台板下施工。在公共区施工的同时配合装修专业做好两端设备房消防箱孔洞的预留以及穿墙套管预埋工作,待两端设备房具备安装条件后,进行设备区的主管道预制及安装,同时进行排水管道的安装。主管道安装完成后,分别再进行消防箱等消防设施安装、水泵房安装以及区间安装等施工。给排水及消防系统施工流程如图13-3所示。

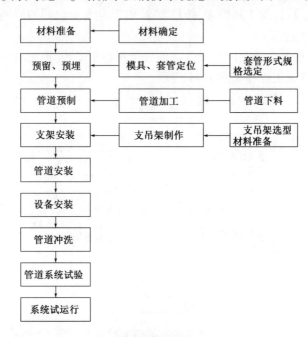

图13-3 给排水及消防系统施工流程图

3)动力照明系统构成及施工流程

(1)动力照明系统构成及特点

动力照明配电系统:由动力配电、照明及照明配电(包括导向照明)、动力与照明设备的控制及保护、接地以及防雷等多个部分组成。动力照明配电系统为车站和区间及其两端各半个区间内的所有用电设备提供低压电源,并负责动力与照明设备的控制及保护。

①动力配电系统:该系统主要由低压配电柜、配电箱、控制箱、低压配电线路、动力负荷等组成。低压配电箱柜主要是指车站和区间的动力配电箱(柜)、照明配电箱(柜),其作用是为低压电控设备、末端负荷提供低压供配电。控制箱(柜)主要是指为车站照明、风机、水泵、通风空调、人防设备、自动扶梯等设备配套使用的控制箱。低压配电线路是指从400V低压开关柜向下至动力照明设备的低压缆线。动力负荷主要指各类风机、水泵、空调、人防门、电扶梯等设备。

②照明配电系统:该系统由照明配电柜、照明配电箱、照明配电线路、照明开关、插座、照明灯具、光源等组成。照明按区域划分为站厅及站台公共区照明、出入口通道照明、设备及管理区照明、站台板下及电缆夹层照明、区间照明及户外照明等;按功能分为工作照明、节电照明、应急照明、超低压安全照明、广告及商业照明,应急照明包括疏散照明、安全照明和备用照明,疏散照明由出口标志灯、指向标志灯和疏散照明灯组成。

③控制及保护系统:该系统主要由低压智能监控系统、环控设备监控系统、智能照明控制系统、漏电火灾报警系统、继电保护系统等组成。

④接地及防雷系统:该系统主要包括接地网、接地引上线、接地干线、接地端子箱(排)、防雷装置及防雷系统等组成部分。

动力照明系统具有如下特点:

①地铁站由于人流密集且乘客逗留时间短,所以地铁照明系统要考虑灯光的导向性功能和必要的照明质量要求,并且要与车站整体装修效果协调。同时照明器具的选择要具有美观、耐用、节能且便于后期运营维护的特点。

②地铁工程中,配电箱(柜)数量和种类都相对较多,是电气系统乃至车站整个系统的关键设备之一,配电箱(柜)产品质量及安装质量将直接影响地铁工程的功能和安全。

③为减少对后期运营成本的影响,动力照明配电系统的节能、环保要求高。

④动力照明配电系统设计、施工接口多,接口复杂,与其他专业之间的协调配合工作量大。

(2)动力照明系统施工流程

动力照明系统施工一般是先公共区后设备区的线管和桥架安装,把配电柜、配电箱和照明器具安装到位后在进行电缆敷设,其施工流程如图13-4所示。

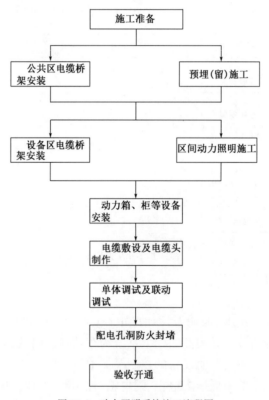

图13-4 动力照明系统施工流程图

13.4 管理成果

机电系统不仅要从设计和工程两个方面考虑完善,而且还要从运营管理方面考虑完善。运营管理要考虑便于维修、方便操作、利于节能运作,系统设计时要为节能运作考虑。地铁车站机电系统从设计角度考虑,管理应该达到如下成果。

(1)设计应综合考虑机电系统日常运营给乘客和设备提供舒适及适宜的环境。

(2)提高系统的实用性、可控性及可靠性。事故及灾害情况下进行通风、排烟、排毒、排热,起到生命保障及辅助灭火的作用。

（3）减少机电系统的数量，降低系统复杂程度，减少机电系统控制模式，从而减少火灾等紧急情况下的反应时间，确保乘客安全。

（4）降低人员操作难度和培训难度，提高系统设备的可维护性，降低运营管理成本。

（5）系统设计、设备选型和实际安装结果应达到设计的总体要求，并具有对是否达到设计的总体要求进行考核的能力，以及系统必需的基本参数调试检测能力。

1）关键控制点

（1）施工方案与技术措施。
（2）质量管理体系与措施。
（3）安全管理体系与措施。
（4）环保管理体系与措施。
（5）工程进度计划与措施。
（6）资源配备计划。
（7）施工设备及施工经验。
（8）维保方案及培训措施。
（9）系统安全性要求。
（10）系统可靠性要求。
（11）接口要求。
（12）质量风险控制要求。
（13）安全风险控制要求。

2）验收记录表

（1）通风空调系统

①风管及配件制作工程检验批质量验收记录表。
②单机及系统调试工程检验批质量验收记录表。
③风管及风阀部件安装工程检验批质量验收记录表。
④防排烟风口安装工程检验批质量验收记录表。
⑤风机及空调机组安装工程检验批质量验收记录表。
⑥冷冻机组安装工程检验批质量验收记录表。
⑦冷冻水、冷却水系统安装工程检验批质量验收记录表。

（2）排水及消防系统

①给水管道及配件安装工程检验批质量验收记录表。
②给水设备安装工程检验批质量验收记录表。
③管道防腐及保温工程检验批质量验收记录表。
④系统调试工程检验批质量验收记录表。
⑤消防水道及配件安装工程检验批质量验收记录表。
⑥水喷淋管道及配件安装工程检验批质量验收记录表。
⑦排水管道及配件安装工程检验批质量验收记录表。
⑧管道安装工程检验批质量验收记录表。
⑨设备安装工程检验批质量验收记录表。

（3）动力及照明系统

①成套动力柜、控制柜、照明配电柜安装工程检验批质量验收记录表。
②动力配电箱安装工程检验批质量验收记录表。
③照明配电箱安装工程检验批质量验收记录表。

④桥架、托架安装工程检验批质量验收记录表。
⑤动力配电箱工程检验批质量验收记录表。
⑥动力设备空载试运行工程检验批质量验收记录表。

13.5 接口管理

建设管理单位组织编制接口管理文件,用于指导和规范项目接口管理工作。管理文件应明确各阶段管理目标和重点,规范并约束工程各接口各参建单位的工作职责、任务和流程。接口管理分外部接口管理和内部接口管理。

鉴于地铁系统的复杂性及多向性,在施工过程中,施工单位应有专人负责接口协调,提供良好的配合工作,以确保接口统一。设备供应商供货设备安装前,施工单位须与供货商联系,以求了解在该部分工程上的特殊要求,并予以配合。施工单位须对安装工程的进度负责,熟悉各部分工程的具体要求,尤其对那些影响施工进度的工程部分需要特别注意。并应考虑供货商提供的供货计划,对施工程序中有矛盾的地方进行协调予以解决。施工单位取得设计文件资料、图纸后应与接口相关单位核对双方设计提资的相关要求,核实现场接口相关的部位,发现与图纸不一致时,应与建设单位、设计单位联系,予以解决。

13.5.1 外部接口

1)与城市给排水系统的接驳程序
(1)向城市给排水主管部门提报供排水需求,并取得许可。
(2)机电设计单位明确给排水分界点,提供接驳图纸(标明给水、消防接入点、排水泄压井位置及水量、水压要求、排水管径要求)。
(3)根据城市对供排水管理模式,选择设计单位,签订设计合同。
(4)办理管线规划手续,开展施工图设计。
(5)根据城市对供排水管理模式,选择施工单位,签订施工合同。
(6)施工预算审查。
(7)竣工验收。
(8)支付工程款。
(9)签订供用水合同。

2)永久电源引入
城市轨道交通供电方式有分散式和集中式两种,当采用分散式供电方式时,可直接享用城市电网设施资源,即与城市其他用户共享资源。但很多城市的轨道交通建设,为了保证轨道交通运营的可靠性,选择集中供电方式。

城市轨道交通采用集中供电方式就必须设置主变电站,主变电站不仅设备投资大,电源引入费用高,而且用地和用房面积较大,如果每条线独立设置主变电站,既不经济也不合理。为此应从线网的角度统筹考虑,在满足各线功能要求的条件下,将主变电站设在与相关线路交叉处附近,力求两线或多线合用或合建,实现设施资源共享和综合利用。

13.5.2 内部接口

内部接口管理包括项目内部不同阶段之间、不同参建单位之间、设计专业之间、设计与施工之间、土建与设备之间、设备安装与调试之间等接口的衔接和约束条件,明确接口界面、任务或任务组合的实施顺序,整合城市轨道交通工程多工点、多系统、多专业、多单位的项目管理服务,实现轨道交通项目各部分、各专业工程的功能平衡和投资比例合理,保证项目目标的顺利实现。

1) 接口管理重点内容

(1) 接口规范：应明确不同专业间的接口界面、接口物理位置划分、供货范围划分、接口形式确定、接口数据、接口协议、接口冗余要求、接口电器描述、接口性能要求、接口隔离要求、电磁兼容要求、接口功能要求、电源接口及接地接口等。

(2) 接口责任：明确在接口上双方的责任划分。

(3) 接口管理：对接口管理的方式进行约定，包括接口会议的组织、信息文件的传递方式、接口文件的内容和签署、设计要求，以及冲突的解决措施等。

(4) 接口测试：确定接口测试的要求，测试的基本内容和步骤，接口测试的计划。在接口调试期间进行接口调试的管理，组织编制接口调试记录与报告。接口调试记录与报告中包含接口调试的时间、测试设备与环境、协议通信接口、通信规约、测试步骤、测试现场记录、总结报告等内容。参加测试的各方应共同签署测试现场记录。

2) 专业技术间接口管理（表13-1）

专业技术间接口管理表　　　　　　　　　　表13-1

图　　纸	专　业　接　口
各种变电所位置分布图	线路、建筑、通风、给排水
变电所设备平面布置图及剖面图	线路、建筑、通风、给排水
区间电缆敷设及动力照明设备布置图	限界、桥梁
车站电缆敷设路径图	建筑、通风、给排水、通信、信号、综合监控、AFC
动力照明配电箱(柜)平面布置图	建筑、通风、给排水
电缆敷设平面图及断面图	建筑
动力、照明平面图	建筑
全线通风空调系统图	线路、限界
车站通风空调平剖面图	建筑、结构
通风空调机房布置平剖面图	建筑、结构、给排水、系统及变电所、电力监控、杂散电流
车站管道布置平剖面图	建筑、系统及变电所、电力监控、杂散电流、给排水
全线给排水总平面图	线路平剖面、建筑、结构、桥梁、限界
地下车站给排水平面图	建筑
冷却循环给水系统图	通风、建筑、系统及变电所、电力监控、杂散电流
给水泵房及卫生间、梳洗间给排水平剖面图	建筑、系统及变电所、电力监控、杂散电流、通风、通信
排水泵房平剖面图	建筑、系统及变电所、电力监控、杂散电流、通风、通信
地面车站给排水平剖面图	线路、建筑
地下车站地面给排水平面图	线路、建筑
气体灭火系统设计图	系统及变电所、电力监控、杂散电流、通风、通信
FAS、BAS设备平面布置图	通风、给排水、动力照明

13.5.3　常规机电安装与其他专业的接口协调

由于地铁工程的复杂性，造就了设备安装专业接口多，协调工作量大。如何做好协调工作，保证各专业之间接口顺利对接，是地铁工程顺利完成的保障。

1) 各设备专业之间的接口协调

由于地铁工程专业多，各专业之间的接口、交叉多。如果做好各专业之间的协调就能保证各专业施工进度的顺利推进。为此应该加大各专业前期的协调，在各工序施工前就应该由相关方组织各专业施工单位，根据现场实际情况进一步确定管线走向，明确各专业之间的接口划分。

2)与土建专业的接口协调

设备安装专业应根据土建现场实际施工进度制订详细的工期计划,做好场地的交接工作,如:基础和设备安装、高程和轴线、预留孔洞等。每一个地铁设备安装工程项目部从开工之始就应组织项目相关部门根据业主对工期的节点要求,结合土建的工期节点,在认真仔细的调查施工现场后,制订出具体的施工总体计划,并分解到月、周,及时发现偏差并分析偏差原因,有针对性地进行调整,确保节点工期的实现,整体进度受控。

3)与装修专业的接口协调

地铁工程中的装修工程是经过多方论证而制订出的装修方案,它是在充分考虑各种因素后所确立的装修风格,特别强调统一协调,要为广大地铁乘客提供一种美感,且装修方案、方式一经确定一般不再改变,因此设备安装专业应积极做好与装修专业的沟通,根据装修专业的高程要求合理的调整管线高程,在施工过程中做好施工沟通,请装修人员现场确认管线高程走向、预留空间等因素,防止在管线施工完毕后大面积影响装修施工,造成大的返工,从而影响整体工程进度。

13.5.4 机电设备专业与其他专业接口要求

1)通风空调专业与各专业单位接口

(1)与给排水系统

①给排水专业为通风空调专业提供空调水引入接口,要求位置、尺寸准确。②冷却塔、冷却水泵参数要与冷水机组参数相对应。

(2)与动力照明系统

动力照明系统专业为通风空调设计提供电源,要求数量、参数匹配。

(3)与土建专业

①土建单位应根据通风空调专业设计提资负责站厅、站台的预留孔洞的施工,预留孔洞要满足设计及施工要求。②风管、风机设备安装前要求土建单位完成车站内相应位置渗漏点的堵漏工作。③土建单位应根据通风空调专业设计提资,完成车站轨顶、轨底结构风道的施工。④土建单位应根据通风空调专业设计提资,完成大型风机预埋件的施工,预埋件施工要满足设计及施工要求。⑤土建专业在制作户外防护单元隔墙连接处的密闭墙时应预留柔性密闭防护套管,避免后续防水封堵时仍出现漏水渗水现象。

(4)与装饰装修专业

①装饰装修专业按照本专业设计和通风空调专业提资,完成二次结构墙体的管线孔洞的预留和设备基础的浇筑,预留孔洞和设备基础的位置及尺寸满足设计及使用要求。②装饰装修单位负责通风空调专业大型设备通道的预留。③装饰装修单位应根据通风空调专业提供的参数进行组合风阀基础和框架结构的砌筑,风阀基础应满足按照要求。④装饰装修专业的公共区和走廊照明配管以及灯具安装应晚于风管的安装,避免位置冲突。⑤装饰装修单位进场后应首先完成1m线的测量与标注并经第三方测量单位复核。⑥装饰装修单位负责进场后车站孔洞的封堵(包括防火封堵)。⑦装饰装修单位在进行墙体砌筑施工时,部分墙体砌筑达到2.4m时暂停施工,待风管安装完成后继续施工。

(5)与牵降变、接触网专业

①通风空调专业轨行区上方风管与排热风口安装不得与接触网冲突。②通风空调专业设备管线严禁在整流变压器上方安装。

(6)与人防专业

人防单位应根据通风空调专业设计提资预留管线孔洞,预留孔洞大小、数量、位置应符合设计要求。

(7)与通信、信号专业

通风空调专业设备管线不得安装在通信、信号专业设备正上方。

(8)FAS、BAS专业

负责通风空调专业防火阀的接线与调试。

(9)与站台门专业

通风空调专业施工要保证站台门横结构的完整性,端门梁位置同车站正线要求一致,风管支架须高于梁底部200mm。

(10)与电扶梯专业

车站内电扶梯上方风管安装施工应晚于电扶梯安装。

2)给排水专业与各专业单位接口

(1)与通风空调系统

①给排水专业为通风空调专业提供空调水引入接口,要求位置、尺寸准确。②冷却塔、冷却水泵参数要与冷水机组参数相对应。

(2)与动力照明系统

①动力照明专业为给排水专业设备提供电源。②动力照明专业供电箱容量应该与给排水设备相匹配。

(3)与土建专业

①土建单位应根据给排水专业设计提资负责站厅、站台预留孔洞的施工,预留孔洞要满足设计及施工要求。②土建专业在制作户外防护单元隔墙连接处的密闭墙时应预留柔性密闭防护套管,避免后续防水封堵时仍出现漏水渗水现象。③土建单位应根据设计要求完成车站、区间废水泵房废水进水口水篦子的安装。④土建专业完成离壁沟的找坡和防水处理工作,找坡与防水应满足设计及使用要求。

(4)与装饰装修专业

①装饰装修单位负责穿墙管线孔洞的预留和设备基础的施工。②装饰装修单位负责大型设备运输通道的预留。③装饰装修单位应该按照计划向给排水专业提供消防泵房、冷冻机房。④装饰装修单位进场后及时完成站内1m线的测量与标注。⑤装饰装修单位负责车站内穿墙孔洞与穿结构孔洞的封堵(包括防火封堵)。⑥装饰装修单位施工时要注意承重墙,严禁使用空心砖和加气块。⑦装饰装修单位在进行墙体砌筑施工时,部分墙体砌筑达到2.4m时暂停施工,待相关管线安装完成后继续施工。

(5)与轨道专业

①过轨管道预留槽的尺寸、位置满足设计及安装要求。②给排水专业安装区间水管时,膨胀螺栓孔的位置离隧道管片边缘不得小于5cm,更不能直接在管片接缝处打孔,以免影响隧道管片结构的牢固性和防水性能。

(6)与人防专业

①人防单位应根据给排水专业设计提资预留管线孔洞,预留孔洞大小、数量、位置应符合设计要求。②人防专业确认防爆地漏的形式及安装位置。③人防墙体开孔要经过人防设计审核后方可实施。

(7)与FAS、BAS专业

FAS、BAS专业负责给排水设备的监视和控制。

3)动力照明专业与各专业单位接口

(1)与通风空调系统

动力照明专业为通风空调设备提供电源,要求数量、参数匹配。

(2)与给排水系统

①动力照明专业为给排水专业设备提供电源。②动力照明专业供电箱柜容量应该与给排水设备的匹配。

(3)与土建专业

土建专业预留洞位置、大小、数量符合设计及使用要求。

(4)与装饰装修专业

①装饰装修单位负责二次砌筑墙面孔洞预留的实施,要求数量、位置、大小满足设计及使用要求。②动力照明专业暗埋配电管的施工需在装饰抹灰或者浇筑地坪前完成。③装饰装修单位进场后及时完成1m线的测量和标注。④装饰装修单位负责对施工完成的孔洞的封堵。⑤装饰装修单位施工时要注意承重墙,严禁使用空心砖和加气块。⑥装饰装修单位在进行墙体砌筑施工时,部分墙体砌筑达到2.4m时暂停施工,待相关管线安装完成后继续施工。

(5)与牵降变、接触网专业

①严禁出现配电箱(柜)上下开关容量倒配现象。②动力照明管线严禁在整流变压器正上方。③牵降变专业及时向动力照明专业移交接地母排。

(6)与轨道专业

轨道专业及时完成轨面高程的调整,动力照明专业根据轨面高程完成灯具的安装。

(7)与人防专业

①人防单位应根据动力照明专业设计提资预留管线孔洞,预留孔洞大小、数量、位置应符合要求。②人防墙体开孔要经过人防设计审核后方可实施。

(8)与通信、信号专业

①动力照明专业负责通信信号专业的电缆引入,通信信号专业负责配电箱的安装。②区间照明在人防门和联络通道位置应避免直射区间摄像机,以免影响摄像机图像采集质量。③照明管线不得安装在通信、信号专业设备正上方。④动力照明专业负责引接地线缆至通信、信号机房等电位箱,等电位箱由通信、信号专业负责安装。

(9)与FAS、BAS专业

①动力照明专业负责相关设备的安装,并为FAS、BAS专业提供联动接口端,并为FAS、BAS专业提供联动接口端,FAS、BAS专业负责接线。②动力照明专业根据设计图纸敷设接地线缆引至通信机房等电位箱内,再由FAS专业将该接地系统分别引接至车控室以及两端环控电控室的接地端子箱内。

(10)与自动售检票AFC、气体灭火专业

①动力照明专业负责为AFC专业供电,配电箱的进线端由动力照明专业负责敷设接线,出线端由AFC专业负责敷设接线。②动力照明专业负责提供双电源配电箱为气体灭火专业供电,配电箱以及配电箱的进出电源由动力照明专业负责。

(11)站台门专业

动力照明专业负责提供双电源切换配电箱为站台门专业供电,配电箱的进线端由动力照明专业负责接续,出线端由站台门专业负责接续。

(12)与电扶梯专业

电扶梯专业动力电源箱安装由动力照明专业负责,控制箱由电扶梯专业负责。

4)综合支吊架共用专业接口

(1)综合管线的设计要对各个专业的管线,结合建筑、结构等土建专业要求,进行管线的综合设计,因此容易遗漏各专业所需的分支综合吊架、各专业在得到系统图纸后应与安装专业核对,避免遗漏各专业所需综合吊架。

(2)综合支吊架示意布置图由机电安装专业悬挂,各专业应按示意图进行合理布线,动力照明桥架内严禁其他专业布线。

(3)各个专业在综合支吊架上施工前,应先与机电专业进行联系沟通,在不影响其他专业后续施工的前提下,方可进行施工。

(4)车站公共区和走廊区施工要严格执行样板现行制度,首段施工完成后,邀请建设、设计、监理等相关单位进行验收,验收合格后方可进行大面积施工,避免产生大面积返工现象。

13.5.5 维保、运营移交单位接口

1）技术接口
向维保、运营单位移交相关设备资产、资料。
(1) 运营、维护人员培训及考核资料。
(2) 设备、系统的操作维护资料。
(3) 连锁系统状态确认书。
(4) 交接备忘录。
(5) 临时竣工图交接资料。
(6) 资产(实物)移交资料。
(7) 备品、备件移交资料。
2）管理接口
按照规定的程序、项目和内容、时限、标准向维保、运营单位移交相关设备资产。

13.6 典型案例

该部分内容详见二维码。

扫码下载

第 14 章

系统设备安装管理

14.1 概述

系统设备安装包括信号系统工程、通信系统工程、供电系统工程、接触网系统工程、综合监控系统工程、综合安防系统工程、防灾报警系统工程、气体灭火系统工程、自动售检票系统工程、屏蔽门系统工程、自动扶梯与电梯系统工程等。

地铁信号系统是保证列车和乘客安全,实现列车运行高效、指挥管理有序的自动化控制系统。其具有行车指挥与列车运行监视、控制和安全防护功能,具有降级运用的能力。信号系统是整个地铁系统的"中枢神经"部分,是地铁工程的安全命脉,信号设备应符合"冗余"和"故障—安全"的原则。

通信系统作为地铁运营调度、企业管理、乘客服务、治安反恐、应急指挥的网络平台。它是地铁正常运转的神经系统,能够为地铁工作人员提供内部、外部联络用通信手段;为地铁运营调度指挥列车运行,下达调度命令、列车运营、电力供应、日常维修、防灾救护、票务管理等提供指挥专用通信工具;为旅客及工作人员以及运营所需各系统提供通信网络;能够为公安警务人员提供地铁警务指挥和业务联系的语音、数据、图像等业务;能够为政府相关职能部门调度联络提供重要的无线通信保障。根据设计要求,当地铁出现异常情况时,通信系统应能由正常运行方式转为灾害运行方式,并能迅速转变为应急通信,为防灾、救援和事故处理的指挥使用提供方便。

地铁的供电系统是为地铁运营提供所需电能的重要系统。地铁列车是电力牵引的电动列车,它的动力是电能;此外,地铁中为地铁运营服务的其他设施,如动力照明、环境控制系统、排水系统、防灾系统、通信、信号、自动扶梯等,均依赖并消耗电能。在运营的过程中,供电一旦发生故障或中断会造成地铁运输的瘫痪,还会危及乘客的生命安全,并造成财产的重大损失。因此安全、可靠、经济合理的电力供给是地铁正常运营的重要前提。

地铁接触网是由支柱与基础、支持与定位装置、接触网悬挂及其辅助设备组成的,为电客车提供电能的特殊供电线路,是地铁牵引供电系统的重要组成部分。电客车、牵引变电所和接触网称为地铁运营的"三大元件"。接触网是经过电动客车的受电弓向电动客车供给电能的导电网,是地铁系统内核心组成部分,是地铁电客车的主要供电设施,其功能是全天候不间断向电客车供电。地铁接触网按照广义划分为接触轨和架空接触网,其中,架空接触网包括刚性悬挂和柔(弹)性悬挂。刚性架空接触网具有结构紧凑、占用净空小、维护方便的特点,广泛应用于地铁的地下线路;柔性架空接触网具有较好的弹性,广泛应用于干线中,一般采用双接触线和双承力索。

综合监控系统通过集成和互联地铁各相关机电系统,实现地铁信息互通、资源共享,达到提升自动化水平,提高地铁安全性、可靠性和响应性要求的目的。综合监控系统集成火灾自动报警系统(FAS)(FAS 系统包括火灾自动报警系统、气体灭火系统的报警/控制部分以及感温光纤系统三部分)、环境与设备监控系统(BAS)及电力监控系统(EMCS),且 FAS、BAS、SCADA 以子系统的形式纳入综合监控系统。综合监控系统由中央级综合监控系统(CISCS)、车站级综合监控系统(SISCS)、车辆段综合监控系统(DISCS)以及综合维修中心、培训管理系统(TMS)、软件测试平台(STP)、网络管理子系统(NMS)和全线网络等部分组成。除与上述 FAS、BAS、SCADA 系统集成外,综合监控系统还与安防系统、乘客信息系统(PIS)、广播系统(PA)、自动售检票(AFC)系统、信号系统(SIG)、时钟系统(CLK)、屏蔽门系统(PSD)、通信网管(综合报警)、不间断电源(UPS)、防淹门、VRV、电气火灾预警等系统互联。综合监控系统为控制中心、车站两级管理,控制中心、车站、就地三级监控结构。

综合安防系统由安防网络子系统、安防集成管理子系统、电视监控子系统、门禁子系统、车站乘客求助及告警系统、培训测试系统、入侵探测系统等构成,实现对车站、主变电所、区间风井、过渡段等的设备和管理用房、出入口、票务室、银行等重点区域的出入管理、登记、实时视频监控等功能,以有效保障地铁运营安全。

防灾自动报警系统实行两级管理,在运营控制中心(OCC)设防灾调度指挥中心(为主控级),车站综合控行传输,车站现场级监控报警网络仍为独立配置。FAS 系统与综合监控系统设有上层通信接口,与 BAS 系统设有底层通信接口。车站防排烟与送排风共用的环控设备,正常时由 BAS 系统按正常工况进行控制,火灾时 FAS 系统向 BAS 系统发出火灾模式指令,BAS 系统按预先编制好的火灾运行模式对相关设备进行控制。同时,FAS 系制室为分控级。主控级与分控级之间的防灾报警信息,利用综合监控系统网络平台向综合监控系统上传火灾报警信息,发出火灾工况指令,由综合监控系统完成对互联系统的消防联动功能。消防水泵、垂直电梯及防火卷帘门等由 FAS 直接完成火灾联动功能,从而实现人员疏散、组织救火的目的。FAS 系统由火灾自动报警系统(含气体灭火控制部分)、隧道感温探测系统、电气火灾预警系统及吸气式烟雾探测系统四大部分组成。

气体自动灭火系统,适用于扑救不适于水消防的电子、电气设备等场所火灾。气体自动灭火系统设计采用单元独立系统或是组合分配式系统,实行全淹没灭火方式。通常用的有 IG541 混合气体灭火系统、七氟丙烷灭火系统、热气溶胶灭火系统和 CO_2 灭火系统。目前,地铁应用较广泛的是七氟丙烷灭火系统。

地铁自动售检票(Automatic Fare Collection,AFC)系统是集计算机网络、数据库、自动控制、光机电一体化、传感、识别、智能卡、安全认证等多项高新技术于一体,通过系统集成,实现地铁自动售票、多因素复杂计费、自动检票、自动数据采集、自动票务管理、自动收益管理、自动清算结算与审计、远程监控管理、自动客流统计的综合自动化、智能化的信息管理系统。AFC 系统是地铁工程机电设备系统的重要组成部分,设备种类和数量众多,构成复杂、技术综合、智能化程度高。它集信息管理、自动控制、物流管理、现金收支与结算管理于一体,同时要与其他地铁工程机电设备系统和业务信息系统接口,整套系统的技术含量高,运营管理复杂。AFC 系统要在无人值守的情况下直接与乘客打交道,对系统的安全性、可靠性和可用性要求极高;作为地铁工程获取运营收益的支撑系统,必须做到不间断稳定运行,确保数据处理准确无误,支付交易过程无差错,保证乘客的利益不受损、地铁运营的收益准确,同时还要具备事后审计的功能,以防止作弊行为的发生。

安装在地铁、轻轨等轨道交通车站站台边缘,将轨道与站台候车区隔离,设有与列车门相对应,可多级控制开启与关闭滑动门的连续屏障,称为城市轨道交通站台屏蔽门,简称屏蔽门。其包括全高闭式屏蔽门(简称屏蔽门)、全高开式屏蔽门(简称全高安全门)、半高屏蔽门(简称半高安全门或安全门)。屏蔽门系统具有安全、节能、环保等作用。地铁屏蔽门按其功能可分为两大类:闭式和开式。闭式屏蔽门即通常所说的地铁屏蔽门;开式屏蔽门即通常所说的安全门,开式屏蔽门又有全高开式屏蔽门和半高屏蔽门两种。全高开式屏蔽门,高度一般为 2700～3200mm,除具有保证乘客安全的功能外,还能阻挡列车进站的气流对乘客的影响,这种结构多用于没有空调系统的地下站台,或用在敞开式地面站台或高架站台。半高屏蔽门主要的作用是保证乘客的安全,高度一般为 1200～1500mm,由于它不能完全隔绝列车运行的空气流动风和噪声对乘客的影响,因此,这种结构多用在敞开式地面站台或高架站台。闭式屏蔽门,除具有保证乘客安全的作用外,还具有隔断区间隧道内气流与车站内空调环境之间冷热气流交换的功能,所以要求屏蔽门的气密性良好,这样才能使车站与区间的热交换减小到最低程度,达到节能的目的,这种结构多用于设有空调系统的站台。

为了方便乘客进出车站及乘坐地铁,同时也为了确保车站的疏散能力,每个地铁车站在出入口、站台至站厅,各线换乘之间都设置了自动扶梯。地铁使用的自动扶梯均为重荷载公共交通型扶梯。在任何 3h 的时间段内,持续重载时间不小于 1h,其荷载应达到 100% 的制动荷载;其余 2h 应不小于 60%。自动扶梯分为站内扶梯:在车站站台至站厅之间工作、站内线路之间换乘工作。出入口扶梯:在车站站厅至地面出入口处工作,要求为全室外型扶梯,能防日晒、防暴雨、防雷电等室外条件。所有出入口扶梯控制柜需放置在上平台桁架内。自动扶梯倾斜角度为 30°,运行方向为上下可逆,水平梯级上端四级,下端四级,可满足每天连续运行 20h,全年工作 365d。所有扶梯按照一级负荷供电。为了保证地铁乘车的无障碍通道,方便残障人士乘车,地铁车站在客流量较大的出入口、站厅与站台均设置了电梯。为了车站通透美观,站内电梯大部分采用透明电梯。

14.2 管理内容

系统设备安装管理是为了规范城市轨道交通现场设备设施安装施工管理工作流程,提升系统设备管理水平,有效控制设备设施安装施工质量、安全、成本和进度,保证设备安装的工程质量符合工程设计功能。不同的阶段系统设备安装管理的重点内容各不相同,具体如下。

1)施工准备阶段

督促监理单位项目部、甲供设备供货方项目部及设备安装施工单位项目部的建立健全组织机构,明确机构内的岗位职责与工作分工;检查其安全管理制度、文明施工制度、技术培训制度等,加强安全生产教育。

2)施工阶段

(1)督促监理单位制订各种计划。督促监理单位根据工程一级节点,组织各参建单位制定本专业二级节点、三级节点,并组织实施落实;监督监理单位调查现场信息,更新和滚动节点计划。组织制订各项计划。

(2)要求施工、供货单位制订系统设计节点计划,监督实施并检查。监督制订供货节点计划,监督实施并检查;监督制订二级节点和三级节点计划,监督落实和实施。

(3)组织供货。督促甲供设备供货方和施工单位按计划供货;监督监理、甲供设备供货方、施工单位进行现场验收、开箱检验;监督设备进行安全存储和保护;监督设备搬运至现场;督促甲供设备供货方和施工单位按期提供备品备件和专用工具。

(4)设备安装。组织设计单位进行设计交底;组织设计单位,配合现场安装和调试工作;督促设备安装手册到位;督促安装督导人员到位,并对安装人员进行安装培训;督促供货单位会同安装人员,进行安装位置定测;监督施工单位完成安装检查和上电测试;督促供货方配合安装人员,协调现场问题。

(5)设备调试。督促供货单位提交调试大纲,组织审核;监督供货单位完成设备单体调试;

监督供货单位完成子系统调试;组织动车调试工作;监督供货方完成系统联调;监督供货方完成综合联调;督促施工单位配合甲供设备供货方的调试与测试工作;监督甲供设备供货方和施工单位配合接口专业进行设备调试。

3)预验收阶段

(1)预验收:督促监理单位组织开展预验收工作,出具预验收报告;组织设计单位配合监理单位组织的预验收;督促甲供设备供货方配合监理单位,以子系统为单位完成预验收测试;督促施工单位配合监理单位,以子系统为单位完成预验收测试。

(2)试运行及评估:配合运营单位组织开展的冷、热滑工作;配合试运行工作;组织编写设备系统的试运行报告;配合试运行评估工作。

4)竣工验收阶段

(1)组织竣工验收:联系政府相关部门,报送验收方案等资料;组织实施竣工验收;向政府有关部门提交验收备案资料等。

（2）监督参建单位配合业主及建管单位组织的竣工验收。监督监理单位，检查承包人竣工资料的整理与编制，督促检查竣工图的绘制工作，使其达到工程竣工文件的标准。督促监理单位协助业主及建管单位组织竣工验收及相关备案工作，完成竣工验收报告；组织设计单位配合业主及建管单位组织的竣工验收；督促甲供设备供货方和施工单位配合业主及建管单位，以子系统为单位完成竣工验收测试。组织设计单位配合施工单位完成竣工图工作。配合政府相关部门完成专项验收。

不同的专业管理的重点内容各不相同，具体如下各节。

14.2.1 信号系统

目前，世界各大城市新建或改建的城市轨道交通工程大多采用列车基于通信的移动闭塞列车自动控制系统（Communication Based Train Control System，CBTC），由列车自动监控系统（ATS）、列车自动防护（ATP）、列车自动驾驶（ATO）以及计算机联锁（CI）、数据通信系统（DCS）子系统和维修监测系统（MSS）子系统，共六个子系统构成。城市轨道信号系统为三级控制模式：中央级控制、联锁区及场段级控制和车站级控制。设备主要包括控制中心设备、正线设备、试车线设备、车载设备、车辆段设备、维修中心设备等部分组成。列车运行的基础是轨道线路，整条线路行车都受信号系统控制。信号系统设备安装工程具备以下特点：

（1）信号系统选用何种制式、哪个公司作集成服务单位往往由建设单位招标确定，再组织相关单位召开第一次、第二次、……、第 n 次设计联络会，确定相关技术问题。

（2）室外设备沿轨道分布，与轨道专业结合紧密，大部分设备依托轨道安装，轨道专业为信号专业设计提供线路坡道、曲线、坐标、长链及短链等技术参数，以利于信号设备通过牵引计算布点，为信号设备安装提供条件。特别是转辙机、计轴设备安装在轨道上对轨道提供条件要求高，浮置板道床区段预留信标安装基坑、预埋所需线管等。

（3）信号系统正线光、电缆主干路径托臂支架、线槽由通信系统提供，与通信系统缆线同路径，光、电缆敷设受制于托臂支架、线槽的安装进度和质量；支线光、电缆路径与主干路径结合部位处理应充分考虑通信系统。

（4）土建装修专业需根据信号专业要求提供紧急停车按钮、发车指示器、自动折返按钮等站台设备，安装位置、数量及安装尺寸在装修面开孔；发车指示器、自动折返按钮安装在站台端门外侧，在此区域也有其他系统设备，易发生冲突。

（5）室内外设备种类繁多，配线工作量大，安装单位必须配备足够的人力、备齐所需材料及工具集中开展配线工作。

（6）安装精度要求高、可调整余量少，信号设备安装允许偏差是毫米级，特别是钢轨钻孔、安装转辙机、计轴器等设备，稍有偏差就会造成伤轨或废轨。

14.2.2 通信系统

通信系统是为城市轨道交通运营管理服务的，必须保证运营管理中的语音、数据及图像等信息能够迅速、准确、可靠的传输和交换。系统设计立足于整个线网，系统不仅应满足地铁运营和管理的要求，同时还为今后其他线路的接入预留必要的条件。城市轨道交通通信系统是一个包含了专用通信系统、公众通信系统、警用信息通信系统、PIS 等综合通信系统。

专用通信系统由专用传输子系统、公务电话子系统、专用电话子系统、专用无线子系统、广播子系统、时钟子系统、电源及接地子系统、录音子系统、集中告警子系统等构成。

公众通信系统是地面各移动运营商移动通信系统的一个组成部分，是地面移动通信服务的延伸。公众通信引入移动运营商（中国移动、中国联通、中国电信等）的移动通信服务接入所有地下车站和隧道区,确保进入地下车站和隧道区的所有人员都能享受到与地面一样的移动通信服务。公众通信系统由传输子系统、无线引入子系统、电源及接地子系统、集中告警子系统等构成。

为了城市轨道交通工程警用各管理部门业务的正常开展,保障城市轨道交通安全运营以及打击各种犯罪行为,结合公安局通信网络的构成,城市轨道交通警用通信包括闭路电视监控、无线通信、有线电话、计算机网络、传输网络及电源设备等子系统。

乘客信息系统(PIS)为控制中心、车站、终端三级结构,控制中心和车站两级监控。系统主要功能是通过控制中心和车站的控制,在指定的时间,将指定的信息显示给指定的人群。PIS系统播放、显示的信息内容按照性质划分为紧急灾难信息、列车服务信息、乘客引导信息、一般站务信息及公共信息和商业信息。

通信系统工程具有如下特点:

(1)通信系统是运营指挥、企业管理、服务乘客的网络平台,是设备总联调的基础网络,为综合监控系统、自动售检票(Automatic Fare Collection,AFC)系统、乘客信息系统(Passenger Information System,PIS)等其他子系统提供传输通道,是城市轨道交通正常运营的神经系统。

(2)专用无线通信子系统是保障行车调度、行车安全的重要手段,在综合联调未完之前,无线子系统为行车及现场管理提供无线调度。

(3)广播子系统和时钟子系统为其他专业提供应急广播和标准时间。

(4)通信系统工程包含子系统多、设备数量大、终端设备安装地点分散,其缆线性能测试工作任务重。

(5)设备房内综合布线复杂,系统与系统之间、系统内部配线工作量大、施工工艺要求高。

14.2.3 供电系统

城市轨道交通用电取自城市电网,经过供电系统实现传输和变换,以适当的电压等级供给地铁各类设备。供电系统由主变电所、中压供电网络、牵引供电系统、动力照明配电系统、电力监控系统、杂散电流腐蚀防护系统构成。其中,牵引供电系统包括牵引变电所和牵引网,动力照明供电系统包括降压变电所、动力照明配电系统。地铁的用电负荷按其功能不同可分为两大用电群体,一是电动客车运行所需要的牵引负荷,二是车站、区间、车辆段、控制中心等其他建筑物所需要的动力照明用电。在上述用电群体中,有不同电压等级交直流负荷,上述负荷中又可分为固定负荷与运动负荷,每种用电设备有自己的用电要求和技术标准,供电系统就是要满足这些不同用户对电能的不同需求,以使其发挥各自的功能及作用。

供电系统工程在完成相关设备安装及调试后使全线具备电力供应条件,实现全线"电通"。"电通"是继"洞通""轨通"后又一个里程碑式的工程节点。"电通"节点的实现为全线设备单体及单系统调试及时提供可靠电源,是各车站内系统,包括通信信号、动力照明、通风、电扶梯、自动售票机等进行带电调试的前提,为后续列车"热滑"和全线综合联调提供有力保障。供电系统所实现的功能复杂,一、二次电缆种类繁多,而变电所中光、电缆几乎都通过电缆夹层中的桥、支架实现设备之间的联系。如何合理有序地实现所内电缆的敷设是供电系统设备安装工程的一大难点,需从所内支架选型安装、电缆分层架设、电缆敷设路径规划、电缆弯曲半径等方面进行充分考虑。供电系统设备运输有以下特点:一是部分供电系统设备体积大、质量大、运输难度高,以整流变压器为例,其高度为2.8m,质量可达12~15t,采用一般方法很难运输;二是供电设备用房多设置于站台层,与轨行区毗邻。根据以上特点,供电系统工程施工多采用轨道车进行设备运输作业。轨道车运行到设备所在车站后通过预留通道将设备直接移动到设备用房,对转运的机械化水平要求较高。为保证供电系统的安全稳定,设备安装后使用专业试验仪器对供电系统设备进行试验。试验范围涵盖绝缘电阻试验、交流耐压试验、直流耐压试验、变比、极性与组别试验、直流电阻试验、高压断路器特性试验、互感器特性试验、电力监控系统调试等试验内容。通过一系列试验保证所用设备、材料的电气参数、电气性能、机械性能等满足设计标准,确保系统的功能实现。

14.2.4 接触网系统

城市轨道交通接触网系统采用直流、双边供电方式。接触网为正极,走行轨为负极。接触网担负把牵引变电所获得的电能直接输送给电力机车使用的重要任务。接触网可以从变电所通过单边、双边供电和越区供电等方式实现向电力机车供电。接触网主要结构形式分为三种:一种是架空悬挂式,即输电线路架设在线路的正上方,通过机车顶部的受电弓与接触线的滑动摩擦而获得电能,这种形式应用较为广泛;二是地面第三轨形式,即导电轨设置在走行轨的侧面,通过车辆转向架上的受电靴与导电轨接触而获得电能;三是刚性复线式,即汇流排设置在走行轨梁或者走行轨线路侧壁上。目前,最普遍应用的是架空悬挂接触网,根据悬挂形式的不同,架空式悬挂接触网又可以分为链型悬挂接触网、简单悬挂接触网及刚性悬挂接触网。

接触网系统没有备用,因此,接触网的安全可靠是保证城市轨道交通运营的必要条件,综合来看接触网系统设备安装工程有以下特点:

(1)接触网系统载流截面应满足额定载流量及最大供电运行方式的要求,能在设计的环境条件、线路条件及行车条件下安全可靠地向列车供电。

(2)接触网系统应满足列车在运行过程中受电弓与接触网之间的动态性能,保证列车在高速运行和恶劣的气候条件下电力机车的取流质量。

(3)接触网悬挂方式应力求简单、安全、可靠、稳定性好,便于安装、维修和运行。

(4)除与机车车辆有相互作用的接触网设施外,在任何情况下接触网设备不得侵入设备限界。

(5)接触网系统的绝缘距离应符合《地铁设计规范》(GB 50157—2013)的要求,即接触网带电体部分和结构体、车体之间的最小净距为静态150mm、动态100mm,绝对最小动态60mm。其中,地下区段常用架空刚性悬挂,地面及高架区段常用架空柔性悬挂。

(6)接触网应采用安全可靠的防护措施,在满足功能要求和维护、检修等工作要求的前提下,保证工作人员的人身安全。

14.2.5 综合监控系统

目前,国内城市轨道交通指挥基本上是采用两级管理,即中央级和车站级两级管理;在控制方式上,多采用三级控制方式,即中央级、车站级和现场级三级控制。综合监控系统同样采用两级管理、三级控制方式。控制中心的主要责任人员是各调度员和相关管理人员,车站、车辆段等站点的主要责任人员是值班站长和相关值班人员,他们通过综合监控系统设备实现对全线环境、设备和乘客的监视,根据实际情况调整控制和服务。在总体结构上,综合监控系统采用分层分布式控制结构,由三层网络组成:中央级监控网络层、车站级监控网络层及底层设备级分散控制网络层。中央级和车站级之间通过主干网连接,并预留与线网控制中心接口。

综合监控系统实现的目标:实现原分立系统(集成系统)的所有功能并保障其性能;通过资源共享和信息互通,提供一些新的功能和自动化手段,实现系统间的联动和快速反应;通过集中统一的软硬件平台及操作和维护界面,为运营管理和维护提供方便。因此,综合监控系统设备安装工程具有以下特点:

(1)综合监控主要对各相关机电设备的集中监控和各子系统之间的信息互通、共享和协调联动,形成统一的软硬件平台及操作和维护界面,因此,综合监控系统涉及专业面广,重点功能突出,集中程度高。

(2)综合监控系统接口多,形式复杂,协调工作量大,因此,接口管理是本系统的一大特点和难点。技术接口:综合监控系统集成多个子系统,同时与屏蔽门系统(PSD)、AFC、广播系统(PA)等系统互联,集成和互联系统多,而采用何种设备由建设单位招标确定,接口形式需根据设备进行确定。因此,以上接口问题需建设单位招标完成后,组织相关单位召开设计联络会确定相关技术问题。施工接口:施工中,与土建、建筑装修、低压配电、通信、信号等专业都存在交叉施工的问题,而如何协调好交叉施工问题,保证施工进度,是综合监控系统施工中的难点。

(3)调试任务量大,协调组织要求高。调试包括相关设备的单体调试、接口功能测试、相关设备系统联动测试,工作量相当大。通过具有接口联系的相关设备系统调试,确保各类设备、各系统环节的有效正常运行,以期达到地铁车站综合功能的最佳体现。调试涉及常规及系统各专业,且各专业之间交叉施工作业多,对整体的施工组织要求较高,需建设及施工管理单位协同合作,设置关键节点目标,梳理各专业及专业之间相互交叉的工序,制订高效、合理的指导性进度计划。同时协调组织好系统设备施工单位与土建、装修、常规等其他施工单位之间的工序衔接组织,确保各关键节点目标按期完成,进而实现整条线路开通运行的总目标。

14.2.6 综合安防系统

综合安防系统由中央级安防集成系统、车站级安防系统、列车安防系统构成。在控制中心设置中央级计算机系统和中央级设备,用于管理和监控全线安防系统,以满足安防系统中央级控制功能及使用需求。控制中心与各车站之间通过通信系统提供的传输通道进行连接。车站级安防系统由闭路电视监控子系统、门禁子系统和乘客求助及告警子系统构成。各系统既各自具备专有功能,又能有机结合,互联互通,为运营值班员、公安值班员提供直观、方便、完善的管理工具,为遇到困难的乘客提供快捷服务。列车安防系统由车载闭路电视监控系统和车—地无线通信系统组成,其中列车与车站之间的车—地无线通信系统由乘客信息系统提供。

安防系统综合运用入侵探测、入侵阻止、入侵报警等多种技术防范手段,对敏感区域实施监控,可以及时发现、阻止非法闯入者,并记录监控区域的访问记录,为地铁运营提供安全的设备和管理环境,提高管理效率。综合安防系统设备安装工程具有以下特点:

(1)摄像机安装分布范围广,其安装位置及安装方式多样化。

由于摄像机设置包含车站公共区、设备用房、管理区等重点区域,监控范围覆盖整个车站及绝大多数管理用房,因此,摄像机分布范围广,数量多;根据监控对象的不同及监控区域不同,设置不同类型的摄像机;由于监控区域结构及装修方式的不同,摄像机安装位置及方式也不同,主要有吸顶安装、壁装、吊杆安装、立杆安装等方式。

(2)门禁系统设备安装受建筑装修影响大,由于门禁系统管线大都需要暗埋,因此土建装修专业需根据门禁设计提前预留预埋所需孔洞,并且带磁力锁的门框及门扇需做加厚处理,且预留好相应的管线孔洞。此外,装修单位在装修面板上预留好安防系统设备安装所需的孔洞。

(3)由于安防系统设备数量多,分布范围广,调试工作量大,精度高,尤其是摄像机角度及清晰度、门禁是否完全吸合及与其他系统的配合调试。

(4)成品保护量大,安防系统管线和外围设备等分布较广,工程环境复杂,需要加大安防系统的成品保护力度。

14.2.7 火灾自动报警系统

火灾自动报警系统通过火灾探测向线路运营控制中心(OCC)发出火灾警报,报告火灾区域,与综合监控系统(ISCS)及环境与设备监控系统(BAS)配合或独立实现对消防设备的联动控制,从而实现人员疏散、组织救火目的。

车站级 FAS 系统由火灾自动报警系统(含气体灭火控制部分)、隧道感温探测系统、电气火灾预警系统及吸气式烟雾探测系统四大部分组成。FAS 系统设备由设在监控设备室的维护工作站、车站控制室火灾报警控制器、气体灭火报警控制器、电气火灾主机和感温光纤主机,以及设在现场的气体灭火控制盘、各类智能火灾报警探测器、手动报警按钮、电话插孔、声光报警器、警铃、放气指示灯、消防对讲电话、电气火灾探测器、感温光纤、吸气式探测管和现场回路总线及其他相应现场设备等组成。FAS主机与气体灭火主机分别接入综合监控系统冗余网络。

工程地下区间隧道设置隧道感温探测系统，其由感温光纤、感温光纤报警控制器组成，可实现地下区间隧道火灾探测及报警。车站感温光纤主机接入综合监控系统冗余网络。

吸气式烟雾探测系统设置在车站站厅站台公共区、站厅两端设备区走道内，由吸气式烟雾探测控制器、现场空气采样管、通信总线、网关等设备组成。车站各台吸气式烟雾探测控制器之间通过线网组成独立的报警网络，并通过网关接入FAS维护工作站及综合监控系统网络。

电气火灾预警系统由电气火灾监控设备、剩余电流式电气火灾监控探测器以及测温式电气火灾监控探测器组成，当电气设备中的电流、温度等参数发生异常或突变时，终端探测头（如剩余电流互感器、温度传感器等）利用电磁场感应原理、温度效应的变化对该信息进行采集，并输送到监控探测器，经放大、A/D转换、CPU对变化的幅值进行分析、判断，并与报警设定值进行比较，一旦超出设定值则发出报警信号，同时也输送到监控设备中，再经监控设备进一步识别、判定。当确认可能会发生火灾时，电气火灾预警主机设置以太网接口分别接入车站冗余局域网，向综合监控系统发送电气火灾报警、设备运行状态、故障报警及运营维护统计信息，同时通过硬线接口将重要的设备火灾报警信号传送给FAS系统监视模块。

防灾报警系统工程具有如下特点：

（1）主要以预防火灾为主，设置地铁火灾自动报警系统主要是为了能在火灾初期及时确认并报警，结合其他相关专业将灾害降至最低点，因此，火灾报警用于火灾初期探测。

（2）接口多而复杂，既有施工接口，也有调试接口。施工中，与土建、建筑装修、低压配电、通信、综合监控等专业都存在着交叉施工的问题，而如何协调好交叉施工问题，保证施工进度，是系统施工中的难点。车站管槽施工干扰大，车站各类管线较多，吊顶内空间有限，现场管线路径复杂，容易发生变更，对弱电管槽影响较大。

（3）外围设备施工区域广，外围设备安装在车站公共区和设备区房间，范围遍布车站各个角落；受装修专业影响大，如安装在车站公共区的空气采样管，需根据装修进展情况合理施工，务必注意顶部喷涂时做好成品保护，以防涂料堵住采样孔；安装公共区搪瓷钢板或大理石上的手动火灾报警按钮及电话插孔，需根据搪瓷钢板开孔位置及安装进度同步施工。设备区的气体灭火控制盘、模块箱、电话插孔、手动火灾报警按钮等设备，需与装修同步或装修完成后安装。

（4）区间管线工程量较大，需设计确定好管线安装位置（一般设置在弱电支架最底层），引下位置设置在消火栓栓头位置附近1m范围内；感温光纤敷设区间线缆敷设完成后（根据施工进展情况可先固定支架）敷设，避免光纤被损坏。

14.2.8 气体灭火系统

气体灭火系统通常分为管网式、柜式和悬挂式灭火系统。管网式灭火系统适用于设备房集中，存储气瓶集中存放的场所；柜式灭火系统适用于单个房间，且不需要专门的瓶组间，占地面积小的场所；悬挂式灭火系统主要用于体积相对较小的房间里。因柜式、悬挂式灭火系统与管网式灭火系统相比只是缺少管网的安装部分。气体灭火系统由管网子系统和控制子系统两部分组成。管网子系统由钢瓶及其相应组件、机械启动装置、自动启动装置、高压软管、集流管、安全阀、止回阀、减压装置、选择阀、压力开关、喷头和气体输送管道等部分组成。控制子系统由灭火控制盘、光电感烟探测器、感温探测器、警铃、蜂鸣器及闪灯、气体释放指示灯、手动启动器、紧急停止按钮、手动/自动转换开关、24V（直流）辅助联动电源等部分组成，包含在FAS子系统中实施。气体灭火系统同时具有自动控制、手动控制和机械应急操作三种启动方式。

气体自动灭火系统具有灭火浓度低、灭火效率高、对大气无污染的特点。气体灭火系统安装可分为

管网安装和气瓶间设备安装两大部分,气体灭火系统安装工程具有以下特点:

(1)气体灭火管道用于输送高压灭火介质,对管道的材质及气密性要求高,因此,管道施工务必做好材料检验及气密性试验。

(2)由于存储气瓶为高压气体,气瓶运输务必保证安全可靠,因此,设备运输及成品保护是施工中一大难点。设备入场后做好保护,避免引起误喷;施工过程中严格把控气瓶运输及成品保护。

14.2.9 自动售检票系统

自动售检票系统即 AFC 系统网络结构具有"多节点、多层次"的特点,全国 AFC 系统均采用的是五层网络结构,具体划分如下:第五层,即地铁清分结算中心(Account Clearing Center,ACC)系统。第四层,即线路中心(Line Center,LC)系统。第三层,即车站计算机系统(Station Computer,SC)。第二层,即终端设备及系统(Station Level Equipment,SLE)。第一层,即票卡。

传统的 AFC 系统五层网络结构,每条线路需建设各自线路的 LC 系统、SC 系统、终端设备(即第四层到第二层),建设成本较高;并且由于每条线路 AFC 系统承建商的能力不同,对 AFC 系统标准的理解也存在差异,所以也导致了最终各线路交付的系统和设备存在一定的差异,无法真正实现线网标准化建设的目标,最终增加了运营的难度和成本。某些城市的 AFC 系统,在传统五层架构的基础上,创新性地提出了新的网络结构,解决了全国普遍存在的重复建设、标准化建设、运营难度高、运营成本高等一系列的难题,具体创新点如下:①在第四层,采用了多线路中心系统(Cluster Line Center,CLC)代替了传统的LC 系统,后续新线路建设不再需要重新开发 LC 系统。②在第三层,采用了统一版本的标准 SC 系统代替了传统的 SC 系统,后续新线路建设不再需要重新开发 SC 系统。③在第二层,采用了标准化大读写器模块代替了传统的读写器模块。

自动售检票系统中涉及的核心技术包括软件技术、集成技术、数据库技术、数据容错及备份技术、通信(中间件)技术、大数据处理技术、光机电一体化技术(车票处理、钱币处理)、钱币识别技术、物联网技术、通行识别技术、电子现金交易安全技术、非接触移动支付技术、计时/计程/分类(票种)/联乘/多路径计费及清分技术等。

现代城市轨道交通工程 AFC 系统特点如下。①地域性:与所在城市的历史和背景有关,要适应属地特殊的收费政策,兼容属地先期建设的公共交通收费系统。②整体性:线网化建设与运营,实现一票通达。③外延性:与城市轨道交通工程以外的其他系统互联,如城市一卡通、地面公交等系统。④时代性:支付方式和计费模式与时俱进,如手机支付等。⑤人文化:与所在地市民的习惯有关,如偏好使用纸币,或硬币,或电子支付;市民素质差异等。

上述特征一方面导致了各城市之间 AFC 系统技术上的差异,同时也使得 AFC 系统需要不断变化。目前,世界上没有一套通用的 AFC 系统可以不经修改就适用于其他城市。因此,要建设好一个城市的AFC 系统线网系统,就必须首先建立基于该城市需要和未来发展的地铁工程 AFC 系统标准和规范,并在城市轨道交通线网的建设过程中始终贯彻、执行该标准,根据需要适时修改和完善标准,以降低新线AFC 系统建设和新线 AFC 系统接入既有 AFC 系统的风险。此外,因为城市轨道工程 AFC 系统的时代性,AFC 系统的发展与变化不可避免,这其中既涉及新建系统所采用的技术在不断进步,同时也涉及既有线网系统要与时俱进,这些都将会使 AFC 系统地方标准的不断修编,因此,既有 AFC 系统的升级和改造在所难免。

14.2.10 屏蔽门系统

屏蔽门系统由机械部分和电气部分组成:机械部分包括门体结构和门机;电气部分包括控制系统和电源系统。屏蔽门系统具有安全、节能、环保等作用。

(1)保障乘客的安全:屏蔽门将轨道与站台候车区隔离,有效改善了站台上的安全,防止乘客掉落轨道。

（2）增加基础设施的有效使用率：安装屏蔽门后，可节省站台边缘设置的1m警戒线空间，使站台有效使用面积增加。

（3）保障运营的安全：屏蔽门将轨道与站台候车区隔离，可避免未经许可的人员进入隧道。

（4）减少能量消耗：使用全高封闭式屏蔽门，可减少站台空调流失，避免电能浪费。

（5）改善站台环境：使用屏蔽门可减少由隧道进入站台的灰尘，减少来自地铁列车的噪声，减少列车的活塞效应所引发的气流。

目前，国内常规做法是由建设单位对屏蔽门系统进行单独招标，项目实施一般采用交钥匙工程方式，即由厂家负责设计、供货、安装、调试、验收及维护保养。屏蔽门工程管理时间跨度长，涉及内容多，主要从组织架构的建立、项目资源配置、项目过程管理等方面说明屏蔽门系统工程的特点：

（1）组织架构的建立：屏蔽门系统工程对项目经理和现场施工管理人员的协调能力和技术要求水平高，需要选派拥有丰富项目管理经验、协调能力强、熟练掌握屏蔽门技术的管理人员建立项目管理架构。

（2）项目资源配置：屏蔽门项目实施时间跨度长、项目内容多，应在项目前期规划阶段做好详细规划，根据项目执行3不同阶段，组织不同的人力资源、设备资源投入到项目工作中。

（3）项目过程管理：项目实施主要包括样机开发和设计阶段、产品批量生产阶段、项目施工阶段、项目维修保养阶段四个阶段。

①样机开发和设计阶段。

本阶段的工作任务是完成样机的设计、制造、试验与验收。本阶段需完成的主要工作包括：

a.双方互提相关信息资料。

b.讨论并确认总体项目进度计划。

c.讨论并确认样机的设计方案。

d.完成样机的细化设计及生产。

e.讨论并确认样机的测试大纲。

f.讨论并确认屏蔽门与其他系统之间的接口文件。

②产品批量生产阶段。

本阶段的工作任务是完成工程设备的制造，确保提交符合要求的产品。本阶段需完成的主要工作包括：

a.编制合理的供货计划，确保按时提交合同设备。

b.按照需求配备合理的人力资源、设备资源，按计划组织设备生产。

c.加强制造过程中的质量控制，确保提交合格的合同设备。

③项目施工阶段。

本阶段的工作任务是完成工程设备的安装、测试与验收。本阶段需完成的主要工作包括：

a.建立现场项目部：在现场组建以项目经理为首的现场施工项目部，并配置施工员、材料员、安全员等各类人员，做好项目施工管理工作。

b.制定详细的施工工艺：严格按照施工组织设计的要求开展项目管理工作。

c.合理配置资源：合理配置施工所需的人力与机具资源，按计划完成现场安装及调试验收工作。其中，调试验收工作包括单体调试、系统调试、接口调试、连续运行测试、综合联调、交付验收。

④项目维护保养阶段。

本阶段的工作任务是完成设备维护保养，确保系统正常运营。本阶段需完成的主要工作包括：

a.建立维护保养项目部。

b.按照"维护手册"的要求开展工作。

c.对现场突发事件进行处理。

d. 不定期地对运营人员进行培训。

14.2.11 自动扶梯和电梯系统

自动扶梯系统由机械构件、驱动系统、联动系统、润滑系统、安全系统、监控系统等构成。电梯系统由机械构件、门机系统、传动系统、安全系统、控制系统等构成。

城市轨道交通自动扶梯工程属于交钥匙工程，即由厂家负责供货、安装、调试、验收及维修保养。自动扶梯也属于特种设备，即每台扶梯必须通过国家认可的专门机构验收合格，并颁发使用标志后，才能投入使用。自动扶梯工程有以下技术亮点：全面采用全变频调速技术。全变频调速是指在扶梯运行过程中，电机始终由变频器控制供电；通过调节变频器实现调整扶梯运行速度；可实现除额定运行速度0.65m/s外，还能当扶梯空载时在变频器控制下低于扶梯额定速度运行的节能速度0.13m/s等其他速度，从而达到节能的良好效果。

为了保证设备安全使用，自动扶梯的维修保养建议由原厂进行。为避免定义原厂维修保养后，漫天要价的风险，在投标时就要求投标人对质保期后三年的维修保养价格进行报价，从而保证价格的竞争性，控制价格。

电梯工程分类较多，有无机房混凝土井道电梯、无机房透明电梯、有机房客梯、有机房货梯、消防电梯、餐梯等。地铁电梯工程属于交钥匙工程，即由厂家负责供货、安装、调试、验收及维修保养。另外，电梯属于特种设备，必须通过国家认可的专门机构验收合格并颁发使用标志后，才能投入使用。电梯工程有以下技术亮点：地铁站内电梯大部分采用了钢结构井道的透明玻璃电梯；电梯整体通透，使得车站整体感觉宽敞、通透；车站电梯均采用无机房电梯，不需要机房，降低了对建筑的要求。

14.3 管理流程

通常情况下，设备系统分为"系统"和"施工"两部分，按照两个独立的合同招标，首先通过系统招标，确定了系统供应商、设计方案及安装工程量清单后，再进行施工安装单位的招标。在项目实施过程中（安装、调试）系统供应商与施工单位要在项目进度、质量控制等方面相互配合，分别完成各自的合同内容，最终实现系统的整体功能。

14.3.1 施工准备阶段

施工准备阶段始于项目合同签订，是保证工程开工并顺利实施的必要条件。期间主要工作包括开工程序办理、设计联络、设计交底、图纸会审、施工组织、施工现场调查、跟踪、开工报告办理、安全质量监督交底、安全质量文明施工交底等。

1）开工程序办理

在项目开工前，建设单位应按照当地政府建设主管部门的要求办理施工许可证，施工单位、监理单位应配合提交所需的书面材料。

2）设计联络

在施工承包合同中包含部分系统设备，为保证系统配套施工图设计正常进行，须进行设计联络。

设计联络由建设单位组织，设计、施工、设备材料供应厂商、监理等单位参加，设计联络的内容应形成文本并由参与各方签字确认。

3）设计交底

设计交底分系统设计和工程设计两部分，设计交底由监理单位组织建设单位、设计单位、系统设备供应商、施工单位参加，交底内容主要包括工程项目名称、工程设计范围、工程设计内容、专业间接口界面、施工单位与系统商间接口界面、施工注意事项、安全注意事项、其他需要说明的问题等，设计交底应形成交底记录或纪要。

4)图纸会审

施工图纸应经设计单位正式签署,设计单位的出图章及强审单位的强审章应齐全。施工图纸经建设单位发放后,由建设单位组织监理、施工等单位进行图纸会审,审图意见经参建四方签字确认(图纸会审单位)后移交设计单位进行修改。

5)施工组织

(1)项目部选址组建:施工单位应按照合同要求选址、组建项目部,充分配置人员、办公用房及设施。

(2)施工组织设计报审:施工组织设计经施工企业技术负责人审核签章后,由监理单位监理工程师、总监理工程师审核签章,再经建设单位审批后实施。

(3)进场人员报审:施工单位"三类人员"(项目负责人、企业主要负责人、专职安全生产管理人员)、特种作业人员上岗证书应报监理单位审核。

(4)进场机具报验:施工单位拟进场主要机具、设备应报监理单位检查验收合格后方可现场。

(5)人员培训:目的在于提高工程技术人员的技术管理和作业人员的实际操作水平,包括系统供应商技术督导授课的技术培训以及施工单位组织的作业指导书、质量要求、安全规程的培训。

(6)施工图核对:施工项目部在收到设计文件后应进行核对,如发现问题应通过工作联系单方式向建设、设计、监理单位报告,收到问题回复后,编写图纸核对记录。

6)施工现场调查、跟踪

施工单位在工程开工前应组织技术人员进行现场接口问题、施工条件及作业环境的调查,形成书面记录,必要时提交建设单位项目经理(主管工程师)。本工作是持续跟踪的动态过程,贯穿于整个施工阶段,对施工单位自身不能解决处理的问题应通过工作联系单由建设单位协调处理。

7)开工报告办理

施工单位提出开工申请、填写开工报告单,经监理单位审核、建设单位审批后形成开工报告单,项目正式开工。

8)安全质量监督交底

建设、设计、监理、施工单位参加由市安全质量监督部门组织的对本项目安全、质量监督计划交底形成监督交底记录。

9)安全质量文明施工交底

开工前,建设单位质量安全管理部门应对设计、监理、施工单位进行项目安全、质量、文明施工交底,并形成交底记录。

14.3.2 施工阶段

施工阶段始于工程开工,止于各子系统测试完成,具备综合联调(动车调试)的条件,是系统设备安装工程实施过程的关键阶段,需要建设单位有力组织与协调、其他参建单位的有效沟通与合作,以实现工期节点目标、保证质量安全。期间的主要工作包括设备材料的采购、检验,现场定测,施工单位与相关单位进场协议的签订,进场安全与技术交底,设备的安装,单项调试,子系统调试等。

1)进场手续办理

施工单位应根据建设单位管理要求进场前与土建、装修、轨道各标段签订安全协议 办理入场手续。

2)施工安全、技术交底

施工单位在施工开始前应组织对项目管理人员、技术人员、作业人员进行安全、技术交底,形成书面交底记录。

3)设备、材料采购

(1)工厂监造和出厂验收。工厂监造/厂验由监理单位组织,参加单位包括建设单位、运维单位、设计单位、监理单位、施工总承包单位、设备制造单位 监造前应编写监造/厂验大纲、监造实施计划,对设备制造过程的质量和制造单位的质量体系实施监督,填写设备监造测试、检验记录,形成工厂监造/厂验会议纪要并有相关单位签字盖章。

(2)到货检验。设备到货后,由监理、施工单位和供货商共同进行开箱检验,依据供货合同确认设备型号、规格和数量是否符号要求,随机资料、产品合格证等是否齐全完整,形成到货检验记录。

4)现场定测

现场定测是系统设备安装前的必要工作,由系统供应商、施工单位、监理单位共同完成,其前提条件是线路长轨锁定(收到轨道单位提供的锁轨证明)、屏蔽门站台中心位置确定。

现场定测的主要内容:施工路径的走向,区间、站内各系统设备点坐标位置,过轨点坐标位置和数量,支电缆的路径和长度,系统设备室设备平面布置及空间距离等。

5)首件(或首站、首段)定标

对工程有较大影响的分项工程及关键工序需在施工前进行首件定标。施工单位会同建设、监理、接管维护等单位进行现场定标,形成记录,施工单位应严格按首件定标要求作业。

6)机房移交

室内设备进场前,施工单位应与土建单位办理机房交接手续,检查机房是否具备设备安装条件。

7)设备安装

电(光)缆线路,是系统设备安装工程工作量最大的分部工程,主要包括支架与线槽安装、电(光)缆敷设、电(光)缆防护、电(光)缆接续、设备箱盒安装等。影响施工因素有车站端头井、人防门处通道是否畅通,电(光)缆敷设后的成品保护(被轨道车刮伤、人为因素砸伤等)。

系统设备通常分为室内设备和室外设备。

室内设备进场受机房装饰进度的影响,施工单位根据工期提报机房需求时间计划,装饰单位应保证机房按时交接使用。室内设备安装主要包括机柜(架)安装、走线架(槽)安装、操作显示设备安装、电源设备安装等。

室外设备安装受轨道施工进度的影响,一方面需要轨道锁定后,系统设备才具备安装基准点;另一方面,系统设备施工作业需要轨道专业提供有效的作业面,如整体道床浇筑完成、作业区间的空闲。

8)系统设备单项调试

(1)室内设备单项调试

在系统设备安装完成后,核对室内各项设备,如电源系统、联锁系统、区域控制器、分线柜、继电器、DCS系统、ATS系统、维护监测系统等子系统设备的安装是否满足设计要求,配线是否正确,检查和验证各系统的基本功能正确。

(2)轨旁设备单项调试

检验每个轨旁设备是否都能单独工作,验证轨旁设备功能具备,且室内的连线正确。

(3)车载设备单项调试

检查及测试列车车载设备安装及配线是否正确,车载设备配置(车载控制器内核、输入/输出模块、速度传感器、信标天线等)是否正确,车载设备与车辆接口配置是否正确。检查车载设备与外挂设备连接配线是否正确。

14.3.3 联调及试运行阶段

本阶段的标志是施工单位将系统设备的"三权"(调度指挥权、属地管理权和设备使用权)交接给运营单位,期间的主要工作有动车调试、预验收、试运行、竣工验收、资产移交、专家评审、试运营。

1)动车调试

(1)车载动态测试:测试验证每列列车的车载设备在真实运行环境下的正确性。

(2)轨道数据校验测试:验证数据库是否与轨道上所有系统设备的实际位置一致。

(3)低速测试:此测试包含轨旁低速动态(后备模式)和区域控制器(ZC)轨旁低速动态(CBTC模式)动态测试。

(4)系统运行及性能测试:测试验证系统的性能符合合同要求,系统运行可靠性及可用性正常。

2)预验收

预验收是在施工单位对工程进行内部验收合格后,建设单位组织竣工验收前,由监理单位组织对施工单位报送的竣工资料进行审查,并对工程实体质量进行检查验收。对存在的问题,应及时要求施工单位整改。整改完毕后由总监理工程师签署工程预验收报告,并应在此基础上向建设单位提出竣工验收质量评估报告及相关监理资料,然后参加由建设单位组织的竣工验收。

3)试运行

试运行是信号系统联调测试合格后与其他专业系统同时工作在一起,通过大量的列车运行证明几大系统可以有机结合在一起,有效地工作,能满足各项技术指标与技术参数要求,保证轨道交通正常的运营,试运行的时间至少90d。

4)竣工验收

(1)建设单位收到工程竣工报告后,组织设计、施工、监理等单位和其他有关方面的专家组成验收组,制定验收方案。

(2)建设单位应在工程竣工验收前将验收的时间、地点及验收组名单书面通知负责监督本工程的工程质量监督机构。

(3)建设单位组织工程竣工验收:建设单位、设计单位、施工单位、监理单位分别汇报,审阅工程档案资料,实地查验工程质量,评价形成竣工验收意见。

(4)竣工验收合格后,建设单位应及时提出工程竣工验收报告。

5)资产移交

资产移交由资产权属单位(项目公司)组织填写、汇总,相应负责该线路(项目)运营及维护管理的单位给予指导。

6)专家评审

试运营基本条件认定是轨道交通工程建设与运营交接过程的最后一阶段,必须在开通试运营前完成,并取得政府主管部门的开通试运营批复意见。向政府主管部门书面提出组织专家对试运营基本条件认定的申请,政府主管部门组织第三方专家团对新线进行试运营基本条件认定。

7)试运营

试运营是指城市轨道交通工程所有设施设备验收符合相关要求,整体系统可用性、安全性和可靠性经过试运行检验符合要求后,在正式运营前所从事的载客运营活动。

14.4 管理成果

14.4.1 设备专业关键控制点

1)站段设备专业

(1)施工方案与技术措施。

(2)质量管理体系与措施。

(3)安全管理体系与措施。

(4)环保管理体系与措施。

(5)工程进度计划与措施。

(6)资源配备计划。
(7)施工设备及施工经验。
(8)维保方案及培训措施。

2)系统设备专业
(1)系统安全性要求。
(2)系统可靠性要求。
(3)系统可扩展性要求。
(4)系统开放性要求。
(5)接口要求。
(6)系统软件要求。
(7)项目风险控制要求。
(8)系统安全风险控制要求。

14.4.2 设计联络管理

设计联络是指设备合同签订后,对合同范围内设备系统具体技术方案的细化和确认工作。其工作范围包括:生产设计文件(包括图纸和试验大纲、试验报告、变更设计、验收大纲、验收报告等)、接口文件、用户需求、用户界面的确认,以及对合同技术文件的细化和补充;目的是完成设备的系统设计和详细设计,形成设备生产、试验、安装调试和验收等工作所需要的技术文件(含图纸),不仅为系统承包商的系统详细设计、样品的生产、软件编程和开发扫清障碍,同时也为设计施工图纸及设备(系统)制造提供依据,确保系统工程的顺利实施。

1)建设管理单位的管理职责
(1)负责对招标及合同中设计联络内容的要求进行审核。
(2)负责对设计联络大纲、技术文件、接口文件及设计联络会议纪要等文件进行审核。
(3)负责向甲供设备供货单位提供基础资料,明确用户需求和功能要求。
(4)负责组织相关单位,制订设计联络计划、议题等。
(5)负责督促供货方组织实施设计联络。
(6)负责督促设计单位参加设计联络工作,对设计联络文件进行审核,并落实设计联络成果。
(7)负责组织设计单位针对设计联络阶段突破初步设计原则和概算的相关内容进行分析说明。

2)设计联络内容要求
(1)招标文件中设计联络内容要求
①设计联络次数、所在地、时间(工作日)、招标单位参加人数。
②费用参考标准及费用报价要求。
③投标人参加设计联络人员要求。
④每次设计联络的内容。
⑤互相提供资料内容。
⑥招标人权利。
⑦投标人责任。
⑧投标文件要求。
⑨其他补充要求。
(2)合同文件内设计联络内容要求
①设计联络次数、所在地、时间(工作日)、合同双方参加人数。
②标准、费用及费用计算方法。
③投标人参加设计联络人员。

④每次设计联络的内容。
⑤合同双方互相提供资料内容及时间。
⑥业主权利。
⑦供货方承诺。
⑧其他补充要求。
(3)设计联络大纲内容要求
①本次设计联络目标。
②设计联络地点、时间。
③主持人。
④参加单位及人员。
⑤设计联络具体日程安排。
⑥设计联络前各相关单位需互提资料内容和时间。
⑦设计联络具体确认和讨论内容。
⑧其他补充内容。

14.4.3 出厂验收管理

为了使设备系统出厂验收工作的管理规范化和制度化，促使设备制造商严格执行产品技术标准，提高设备质量水平，保障生产顺利进行，根据轨道交通行业惯例和设备验收实际需求对设备出厂验收进行管控。设备出厂验收以合同、补充协议、设计联络会议纪要等为依据。如合同及技术协议约定不明确，则按国家标准、行业标准执行；如无国家标准、行业标准，按照企业标准执行。

1)设备出厂验收参加人员
(1)业主。
(2)建设管理单位。
(3)设计院。
(4)设备监造/监理。
(5)业主特邀专家(有必要的项目)。
(6)设备集成商/制造商。
(7)设备安装商。
(8)参加会议的人数如无特殊情况一般依据设备合同文件约定进行，有特殊情况时，事先书面协商确定。

2)设备出厂验收应具备条件
(1)设备出厂试验报告、产品合格证、设备出厂验收大纲已全部整理完毕并经监理单位审查合格。
(2)按照合同要求，全部合同设备或单项产品全部制造、预装完毕。

3)设备出厂验收组织工作
(1)设备出厂验收的筹备和组织工作由设备制造商负责，建设管理单位设备部负责督促工作。
(2)设备制造商向参会人员免费提供技术文件、工作设施等。
(3)设备出厂验收的费用(包括交通、食宿等)由设备制造商负责。
(4)设备制造商编写设备出厂验收报告，应详细记录设备出厂验收的内容及达成的共识，内容包括讨论的问题、外观检查情况、检测内容与重要数据、试验情况及有关参数的测定和得出的结论，由参与验收的各单位代表签字认可后生效。

4)设备出厂验收会的内容
(1)听取设备制造商制造情况的介绍。

(2)听取现场监造工程师对设备监造情况的介绍(有必要的项目)。
(3)审查确认设备制造商递交的本批次设备生产过程中的质量管理文件、图纸、资料等。
(4)检查、审核设计联络会议纪要所列事项落实执行情况。
(5)审查确定设备制造过程中重要试验、检测方案与注意事项执行情况。
(6)设备外观检查。
(7)对重要尺寸进行检测、核对。
(8)完成各项试验工作及重要数据检测工作。
(9)试运转检查(对有此项要求的设备)。
(10)厂验报告确定设备是否验收合格,明确整改内容(如有)。
(11)其他需要研究和讨论的重要事项。

14.4.4 现场安装管理

在先开工的试验段车站作为机电安装装修分部分项工程的样板站,请有丰富地铁施工经验、实力雄厚的中标承包商提前进场,按照施工图纸和技术要求的标准,进行分部分项样板站的安装装修工作,经设计、监理、业主确认同意后,在全线进行推广实施,对设备系统的现场安装质量的提升有很大帮助。

全线各标段施工单位按照样板站的标准要求完成首件后需报监理验收确认合格后方可进行全部工序的施工,以确保全线施工质量的整体水平。

样板段实施前,由施工单位申报样板段方案(可分批实施),经监理、业主批准后实施。

现场安装流程:拟定实施计划→提交样板方案→审查样板方案→各专业资料互提→公共区装修深化设计→地盘单位综合共用支吊架设计→监理组织各专业审查样板图纸→设计、业主审查图纸→组织材料→施工→业主组织预验收→设计或施工缺陷整改→质量验收→推广实施。

14.4.5 预验收、竣工验收

1)设备系统预验收和竣工验收

建设单位是地铁设备系统验收工作的主体,运营单位全程参与验收工作。

预验收是指由轨道交通新建线路建设工程监理单位受轨道交通新建线路建设单位委托,组织对地铁设备系统工程建设项目完成情况、工程质量、安装调试情况进行检查验收。

竣工验收是指在预验收基础上,由建设单位组织对地铁设备系统进行全面检查和验收。

地铁设备系统预验收完成后,方可进行试运行;竣工验收合格的,方可进行(载客)试运营。

2)验收的依据、条件

(1)验收的主要依据

①国家和当地有关法律、法规。
②国家和当地有关建设标准、设计规范、工程施工质量验收标准。
③经批准的项目建议书、可行性研究报告。
④经批准的初步设计文件(含批准的修改初步设计)。
⑤审核合格的施工图(包括经批准的变更设计文件)。
⑥建设单位与集成商、供货商、安装单位等承包商签订的合同。
⑦当地发布的相关技术条件和规范等。
⑧其他相关具有法律效力的文件。

(2)设备各阶段验收前应当具备的基本条件

①预验收。

a. 设备设施工程按照设计和合同约定的要求完工。

b. 轨道交通新建线路各工程施工单位已按照有关规范、标准对工程质量和系统功能进行自检,确认工程质量符合有关法律、法规和工程建设强制性标准,符合设计文件及合同要求。

c. 施工单位按照有关规定和标准,归集完备各类工程技术文件。

②竣工验收。

a. 设备预验收完成。

b. 地铁设备系统工程已按设计和合同约定的各项要求全部完工。

c. 施工单位已提交工程竣工报告书。

d. 监理单位已提交工程质量评估报告书。

e. 轨道交通新建线路各有关设计单位已提交工程质量检查报告书。

f. 技术和施工管理档案(包括建设单位提供地铁设备系统施工、安装过程中分部、分项工程的验收资料,工程使用的主要设备的出厂合格证和设备、配件的进场试验报告、系统调试和测试报告等)完整。

g. 施工单位已签署工程质量保修书。

③职责分工。

建设单位负责组织设计、施工、监理、运营等有关单位进行地铁设备系统验收,组织制订验收计划及方案;负责组织验收各阶段问题的整改,督促设计、施工、监理、安装调试单位落实整改措施。

运营单位负责记录、统计地铁设备系统运行情况,并及时将运行状况和问题整改情况反馈至建设单位,配合建设单位完成整改工作。

第三方评估单位负责对试运行成效进行评估,会同政府相关部门解决设备验收期间存在的问题。

当地政府相关部门作为验收监督工作实施的主体,负责监督检查地铁设备系统验收的组织形式、验收范围、验收程序、执行标准的情况,并协调解决地铁设备系统验收期间存在的问题。

④验收程序。

a. 地铁设备系统预验收阶段工作程序:

施工单位向监理单位提交预验收申请。

监理单位制定预验收工作方案报建设单位。

建设单位于预验收开始5个工作日前将预验收工作方案报当地市政府相关部门。

监理单位组织施工单位、设计单位,并邀请运营单位及有关专家开展预验收,排查地铁设备系统安装、调试及竣工资料中存在的问题。

问题整改完毕,并经建设单位、运营单位确认后,监理单位编制"工程质量评估报告",由总监和监理单位技术负责人审核签字盖章后提交建设单位。

建设单位将预验收情况和整改情况及时报当地市政府相关部门。

b. 地铁设备系统竣工验收阶段程序:

施工单位向建设单位提出竣工验收申请。

建设单位制定竣工验收方案并于竣工验收开始10个工作日前将竣工验收工作方案报当地市政府相关部门。

当地市政府相关部门于竣工验收开始5个工作日前就竣工验收方案向建设单位提出书面意见。

建设单位组织设计、施工、监理、运营单位和设备安装调试方以及有关方面专家成立验收小组(以下简称验收小组),统筹推进竣工阶段验收工作。

设计、施工、监理单位以及安装调试单位向验收小组分别汇报工程合同履约情况和在工程建设各个环节执行法律、法规和工程建设强制性标准的情况。

验收小组检查工程建设参与各方提供的竣工资料,检查工程实体质量,对地铁设备系统的使用功能进行抽查、试验。

验收小组对竣工验收情况进行汇总讨论,形成竣工验收意见。

建设单位于验收完成3个工作日内将"地铁设备系统竣工验收报告"和"地铁设备系统竣工验收备案表"报当地市政府相关部门申报备案。

"地铁设备系统竣工验收报告"应包括工程概况,建设单位执行基本建设程序情况,对设计、施工、监理等方面的评价,地铁设备系统预验收和竣工验收的时间、程序、内容、组织形式以及验收意见,地铁设备系统预验收和竣工验收中发现问题的整改情况和整改计划等内容。

c. 验收问题处理:

对地铁设备系统验收过程中发现的问题,建设单位应会同运营单位共同制订整改项目清单和整改计划并组织实施。涉及影响运营安全的问题,应于开通试运营前完成,并重新确定时间组织验收;涉及特殊原因遗留的问题,应由当地市政府相关部门确认后,由建设单位组织整改,并另行组织验收。所有整改项目需在正式运营前完成。

建设单位应会同运营单位,定期将整改完成情况上报当地市政府相关部门,当地市政府相关部门定期对运营设备、设施的整改完成情况进行监督检查。

14.5 接口管理

建设管理单位应合理设置标段和合同,在招标文件和合同文件中明确接口管理的界面与职责;在工程建设过程中应组织管理设计与施工之间、土建与设备之间、设备安装与调试之间的接口管理工作,制定详细的接口管理细则,划分设计界面,明确技术要求,并汇总形成接口管理大纲。应授权监理单位编制工程接口管理文件,负责组织施工过程中各专业的接口管理,明确各系统间的接口任务。

14.5.1 技术接口管理重点

城市轨道交通工程系统专业繁多,各系统间的技术接口非常复杂,系统技术管理的重点之一就是做好各设备系统之间的联调接口关系文件。接口管理的重点如下。

(1)接口规范:应明确不同专业间的接口界面、接口物理位置划分、供货范围划分、接口形式确定、接口数据、接口协议、接口冗余要求、接口电器描述、接口性能要求、接口隔离要求、电磁兼容要求、接口功能要求、电源接口及接地接口等。

(2)接口责任:明确在接口上双方的责任划分。

(3)接口管理:对接口管理的方式进行约定,包括接口会议的组织,信息文件的传递方式,接口文件的内容和签署,设计要求,以及冲突的解决措施等。

(4)接口测试:确定接口测试的要求,测试的基本内容和步骤,接口测试的计划。在接口调试期间,进行接口调试的管理,组织编制接口调试记录与报告。接口调试记录与报告中,包含接口调试的时间、测试设备与环境、协议通信接口、通信规约、测试步骤、测试现场记录、总结报告等内容。参加测试的各单位应共同签署测试现场记录。

14.5.2 各专业间技术接口

城市轨道交通工程涉及的专业技术间的接口管理见表14-1。

施工单位取得设计文件资料、图纸后,应与接口相关单位核对双方设计提资的相关要求,核实现场接口相关的部位,发现与图纸不一致时,应与建设单位、设计单位联系,予以解决。

专业技术接口　　　　　　　　　　　　　　　　表 14-1

图　纸	专业接口
线路平面图	建筑、给排水、桥梁、轨道
线路纵断面图	建筑、给排水、桥梁、轨道
牵引计算图	线路
限界图	建筑、桥梁、给排水、系统及变电所、电力监控、杂散电流、牵引网、通信信号、动力照明、人防、综合管线、安全门、FAS、BAS
轨旁辅助设备图	给排水、系统及变电所、电力监控、杂散电流、通信信号、动力照明、限界
铺轨综合图	系统及变电所、电力监控、杂散电流、牵引网、通信信号、给排水
路基横断面图	线路、轨道、结构
车辆段线路平面图	工艺、建筑、总图
建筑总平面图	通风、给排水、系统及变电所、电力监控、杂散电流、结构、桥梁、通信信号、环控防灾、自动扶梯、自动售检票、线路、行车组织、限界
车站平剖面	通风、给排水、系统及变电所、电力监控、杂散电流、牵引网、结构、桥梁、通信信号、环控防灾、自动扶梯、自动售检票、线路、行车组织、限界
结构布置总图	建筑、桥梁、线路平剖面、各设备专业
断面结构图	限界、各设备专业
各种变电所位置分布图	线路、建筑、通风、给排水
变电所设备平面布置图及剖面图	线路、建筑、通风、给排水
区间电缆敷设及动力照明设备布置图	限界、桥梁
车站电缆敷设路径图	建筑、通风、给排水、通信、信号、综合监控、AFC
动力照明配电箱(柜)平面布置图	建筑、通风、给排水
电缆敷设平面图及断面图	建筑
结构孔洞及预埋件图	建筑、结构、设备各专业
动力、照明平面图	建筑
动力系统图	各设备系统专业
电力监控系统控制中心图	建筑、通风、给排水
全线通风空调系统图	线路、限界
车站通风空调平剖面图	建筑、结构
通风空调机房布置平剖面图	建筑、结构、给排水、系统及变电所、电力监控、杂散电流
车站管道布置平剖面图	建筑、系统及变电所、电力监控、杂散电流、给排水
全线给排水总平面图	线路平剖面、建筑、结构、桥梁、限界
地下车站给排水平面图	建筑
冷却循环给水系统图	通风、建筑、系统及变电所、电力监控、杂散电流
给水泵房及卫生间、梳洗间给排水平剖面图	建筑、系统及变电所、电力监控、杂散电流、通风、通信
排水泵房平剖面图	建筑、系统及变电所、电力监控、杂散电流、通风、通信
地面车站给排水平剖面图	线路、建筑
地下车站地面给排水平面图	线路、建筑
气体灭火系统设计图	系统及变电所、电力监控、杂散电流、通风、通信
车辆段总平面图	工艺、线路、轨道、建筑、给排水、暖通、系统及变电所、电力监控、杂散电流、通信、信号、防灾报警
车辆段建筑单体平、立、剖面图	工艺、线路、轨道、结构、给排水、暖通、系统及变电所、电力监控、杂散电流、通信、信号、防灾报警

续上表

图　　纸	专业接口
车辆段道路平面图	工艺、线路、建筑、总图
车辆段管线综合图	工艺、线路、给排水、暖通、系统及变电所、电力监控、杂散电流、通信、信号、防灾报警
车辆段给排水、消防外线平面图	工艺、线路、系统及变电所、电力监控、杂散电流、暖通、总图、管线综合、通信、信号、防灾报警
车辆段电力外线平面图	工艺、线路、给排水、暖通、总图、管线综合、通信、信号
车辆段采暖外线平面图	工艺、线路、给排水、系统及变电所、电力监控、杂散电流、总图、管线综合、通信、信号
车辆段压缩空气外线平面图	线路、给排水、系统及变电所、电力监控、杂散电流、暖通、总图、管线综合、通信、信号
车辆段建筑单体工艺设备平面布置图	建筑、结构、线路、轨道、暖通、给排水、系统及变电所、电力监控、杂散电流、牵引网
车辆段建筑单体动力照明平面图	建筑、结构、工艺、暖通、给排水、系统及变电所、电力监控、杂散电流、防灾报警
车辆段建筑单体给排水平面图	建筑、结构、工艺、暖通、动力照明、防灾报警
车辆段建筑单体采暖平面图	建筑、结构、工艺、给排水、动力照明、防灾报警
车辆段建筑单体火灾自动报警平面图	建筑、结构、工艺、暖通、给排水、动力照明
FAS、BAS设备平面布置图	通风、给排水、动力照明
通信传输通道分配图	FAS、BAS、AFC、综合监控、信号
电视监控设备布置图	FAS、BAS、综合监控
各站通信网络图	FAS、BAS、AFC、综合监控、信号

14.5.3　设备系统安装期间交叉施工管理

1）设备安装阶段各参建单位职责

（1）勘察、设计单位职责

①总体院和工点院须按合同文件的约定完成服务范围内各项工作。

②在设备安装及装修过程中，着重做好如下几项工作：a.按照建设管理单位制订出图计划及施工单位合理需求，及时出图；b.及时解决施工单位在图纸会审及施工过程中发现的问题；c.成立配合小组，不定期巡查现场，参加建设管理单位组织的协调会。

（2）监理单位职责

监理单位要按合同文件的约定完成服务范围内各项工作，详见13.2.2节相关内容。

（3）施工总协调单位职责

具体内容见13.2.2节相关内容。

（4）各专业施工单位职责

具体内容见13.2.2节相关内容。

（5）甲供设备供应商职责

具体内容见13.2.2节相关内容。

2）设备安装阶段综合协调管理

（1）各类问题的协调解决机制

①设备安装及装修阶段，建设管理单位代表是各标段的现场协调总负责人（车辆段与停车场的现场协调由建设管理单位代表与设备主管工程师共同负责），各参建单位应服从建设管理单位甲方代表的统一协调和管理。

②设备安装及装修阶段实行三级协调机制，即建设管理单位代表/专业工程师→主管部门→建设管理单位，本级不能协调解决的问题及时上报，由上一级进行协调。在建设管理单位范围内无法协调的解决问题，经建设管理单位研究后提出方案，报上级单位协调。

③各单位间要建立畅通、高效的沟通机制,在进入三级协调机制前尽可能通过互相沟通来解决问题。

(2)管理机制

本节内容见13.2.3。

3)设备安装阶段质量、安全管理

(1)施工质量管理

①各施工单位对工程质量承担主要责任,要建立健全施工质量保证体系,制订质量保证措施,并严格按照设计图纸和审批后的施工方案施工。

②施工单位对进场物资按照相关规定向监理单位报验,重要分部、分项工程要制定专项施工方案,施工资料应与工程进度同步归档。

③监理单位对工程质量承担监理责任,要制定完善的监理实施细则,明确监理控制要点、检验标准、隐蔽工程验收程序、旁站项目等内容,并在施工前向施工单位进行交底,在施工全过程进行全面的监督检查并留有记录。

④在对产品质量有怀疑时,建设管理单位可以直接对任何施工项目及其部位的工程材料、设备等施工质量进行监督性的抽样检测,检测所发生的费用由材料及设备供应单位负担。施工单位自购材料的,检测结果不合格时相关补测费用由施工单位承担。

⑤建立首件验收制度。建设管理单位代表、设计单位、监理单位和施工单位要共同对首件工程实体质量和相关资料进行验收,合格后方可进行全面施工;如地面、墙面、吊顶在大面积安装施工前必须先进行样板施工,经各单位验收合格后方可作为大面积施工。

⑥在地面、饰面等完工区域进行施工作业时,作业单位应当采取必要的保护措施,避免完工部位的破坏。

(2)安全、文明施工管理

①施工总协调单位对承接标段的安全负总包责任。施工总协调单位所制定的安全管理制度要在现场显著部位张贴,所有进入现场的专业施工单位均要遵守。施工总协调单位在站内配置足够数量的灭火器,并将临时消火栓系统引入站内。

②需要进入现场的专业施工单位,均需在进场前与施工总协调单位签订安全、消防、环保等协议,并服从施工总协调单位的日常安全管理。

③各单位均要建立健全施工现场安全、文明施工管理体系,配备足够数量的专职、兼职安全员,制定管理制度和应急管理体系,落实现场安全、文明施工保证措施。

④各专业施工单位发生生产安全事故时,除按照相关规定进行逐级上报外,还应及时通知施工总协调单位,施工总协调单位有义务协助救援。

⑤各单位的施工料具、材料要堆放整齐,电力线缆架设符合安全要求,各种安全防护设施齐全可靠,道路畅通,现场整洁,并做到定期检查维修。

⑥施工现场的安全防护遵循"谁作业,谁防护"的原则,当施工作业需要拆除安全防护设施时,需经相关防护单位同意后方可实施,对存在安全隐患的部位要采取必要的安全措施。作业完成后,拆除单位须按原标准进行恢复。

⑦化学危险品采购、运输、储存、使用、包装回收要有专人负责,严格执行国家的有关规定。

4)工程检查、整改与考核

(1)在设备安装及装修阶段中各参建单位要加强对工程质量、安全、进度管理的监控和检查力度,建立工程检查制度,确保工程各项管理目标的实现。

(2)建设管理单位代表在日常工作中随机对监理单位、施工单位的工程管理实行监督和抽查。

(3)监理单位每月至少组织一次对所监理标段的施工单位的工程管理检查,检查结果报建设管理单位备案。

（4）参与工程建设的各施工单位[局(集团)]指挥部每月要对所负责工地进行一次工程综合检查，检查情况报建设管理单位和驻地监理备案。

（5）建设管理单位在质量检查中发现的问题和隐患，开具"工程检查记录单"（附表14-1可扫描二维码下载），需整改的项目要立即组织整改，在复查中发现未按要求整改或整改仍不达标的单位公司将进行处罚。甲方代表进行抽查要记录在工作日志里。

（6）对于未履行规定程序即在土建结构或装修面上开洞的专业施工单位，经核实无误后，建设管理单位将对其进行通报批评并参照合同处以适当金额的罚款；造成的经济损失由责任单位承担。

（7）各施工单位未按规定进行现场作业面清理，经核实无误后，除继续完成作业面清理外，建设管理单位将视情节轻重给予通报批评并参照合同处以适当金额的罚款。

（8）对于已经履行完会签程序的装修工程完工后，各专业施工单位又进行剔凿或者拆除装修面敷设管路线缆等工作，发生的费用由有关专业施工单位支付给装修施工单位。

（9）对于不服从总协调单位对临水、临电、施工场地、安全生产、文明施工等管理的专业施工单位，视情节轻重采取通报、罚款等方式进行处罚。

（10）在安全、质量检查中，各施工单位存在以下情况，对其进行通报批评，并参照合同处以适当金额的罚款。

①多次出现相同的安全、质量问题或隐患的。

②未按要求进行整改或整改复查不合格者。

③建设管理单位下达"工程整改/停工通知单"，要求其限期整改和暂停施工的。

14.6 典型案例

该部分内容详见二维码。

扫码下载

第15章

系统联调与试运行阶段的管理

本章是对轨道交通各设备系统完成单体安装调试后到开通载客试运营前,设备系统需进行的系统联合调试和试运行工作的基本描述,并介绍了参建单位所应该负责的建设管理工作。通过组织与行车功能相关、与综合监控系统功能相关、与火灾报警系统功能相关的接口调试为主线进行系统联调,验证设备系统达到设计功能要求,各系统联动稳定可靠。通过三个月的空载试运行对设备各系统的运行可靠性进行系统性考核,以证明设备系统具备开通载客试运营的条件。

15.1 系统联调的意义及作用

城市轨道交通设备是一个多系统、多目标的复杂大系统,各系统设备间相互联系、相互作用,同时也相互干扰、相互制约。依据各系统之间的相关性,可将设备工程调试划分为单机单系统调试、车站综合联调及综合运营演练、行车区域综合调试(限界检测及冷热滑试验、行车系统联调)等。通过以上调试及演练,实现地铁各系统设备最佳匹配,保证地铁安全运行。

15.1.1 系统联调的意义

城市轨道交通的设备系统包含车辆、供电、通信、信号、售检票、通风空调、综合监控、综合信息自动化及防灾报警等多种技术和专项子系统设备。其综合性强、技术复杂、内部各子系统之间以及与外部相关系统间均存在众多接口,包括技术接口、软件接口、硬线接口等内容。

城市轨道交通设备系统接口是指城市轨道交通车辆及机电设备之间、系统与系统之间、设备与工程之间存在电气、机械、功能、软件、规约等方面相互关联、相互衔接的部分。正是因为设备与设备之间、系统与系统之间相互关联、相互衔接的接口关系,使得城市轨道交通车辆及其他各类机电设备,通过设备系统总联调,构成一个具有性能指高程、运行可靠、功能强大的城市轨道交通设备大体系。

另一方面,各子系统又具有相对的独立性和整体性,由于各子系统之间的相对独立性,子系统又由各子系统构成,各子系统之间的界限与程序比较清晰,为设备总联调创造了条件,因而子系统的调试成功是总联调的条件与基础。

由于设备种类繁多,且来自不同的厂商,彼此衔接均有特定要求。

总联调不仅是进行设备系统的调试,也是制造与安装的延续,不仅要进行相关接口的试验,还要进行系统调整与修改。因此,总联调是对城市轨道交通设备进行综合性的大系统调整。

现代城市轨道交通作为一个大系统,它往往要求各机电设备系统协同运行。既要求各个设备按各自的设计标准独立工作,又要求他们能以预先设定的方式协同工作。为保证整个城市轨道交通系统安全可靠、高效运作,并完成从工程向运营部门的移交,在工程最后所进行的细致且复杂的调试与联调工作,从项目管理角度而言,是城市轨道交通中技术性最强、协调配合要求最高的一个阶段。

单系统联调及系统间的联合调试,是将所有已经调试好的系统都启动运行,使它们在类似运营的条件下协同工作,并设法模拟各种正常及故障运行方式、最大负荷及最小负荷(空载)条件下,检验它们的接口关系是否已经全部接续正确,它们的性能、功能是否已达到设计要求,它们的运作是否能够协调和相互配合,它们的能力是否已达到设计要求,它们的运作是否能协调和相互配合,它们的能力是否可满足设计预定的各种可能情况出现时的运营要求,并从整体上检验城市轨道交通大系统运作的稳定性、可靠性、安全性、可用性。

15.1.2 系统联调的作用

(1)对各设备系统的技术修正和完善

在完成各设备系统调试时,其结果往往只是满足这些系统的局部目标要求。由于城市轨道交通大系统是由多个相互作用和匹配的子系统所构成的,是一个有机的集合体,具有很强的关联性,各系统设备之间相互联系又彼此制约。因此,在调试过程中,要进一步验证各相关设备系统接口界面的协调性,进一步调整各设备系统的有关技术参数及系统间的接口参数,必要时需要反复调整,以符合系统的总体要求。

(2)对车辆运行相关系统的确认

在系统总联调过程中,城市轨道交通车辆的可靠运行是核心问题,所以应当着重验证列车运行相关系统在车辆不同运行速度以及在不同运营情况下(按正常运营时刻表、降级和紧急情况)的协调配合情况,并有针对性地进行动态调整,以达到预期的目标。只有通过对各系统间调整试验后,才能对车辆运行相关系统的运行指标进行确认。

(3)对车辆运营相关系统的确认

城市轨道交通运营相关系统是城市轨道交通运营后勤服务系统,城市轨道交通必须为旅客创造一个舒适、安全的乘车环境,而车站设备工作的可靠性和稳定性正是实现此要求的保障条件。因此在进行系统总联调时,必须在列车运行相关系统投入工作的情况下,再次验证城市轨道交通运营相关系统的工作稳定性和可靠性,特别是需要着重检验移动设备和固定设备的电磁兼容性。只有通过系统总联调,才能对这些运营相关系统的功能和性能指标给予确认。

(4)对车辆及机电设备大系统进行认定

通过系统总联调试验,应对城市轨道交通大系统的各项技术参数进行全面的测试,以验证中央控制系统是否达到系统设计的各项功能和性能要求,对系统的技术指标予以确认。

通过总联调试验,也可进一步验证城市轨道交通系统的运输能力(包括测试列车的最高运行速度和最小运行时间间隔等),系统的服务质量(包括乘车环境的舒适性、售检票的便捷性以及列车运行的安全性和平稳性等)。

(5)实现某些子系统的特殊调试试验要求

有一些试验必须在城市轨道交通大系统总联调时才具备调试条件,例如:环控子系统:在有列车运行的条件下,测定区间隧道及活塞风道的风速。车站设备监控系统(EMCS)子系统:在列车投入运行后,供电系统高压开关的操作过电压、列车受电弓拉弧和牵引主变频器工作时产生的高次谐波,都可能对EMCS产生电磁干扰而影响工作,因此,必须在此条件下,测试系统的抗干扰能力。

15.2 系统联调管理内容

15.2.1 单机单系统调试

地铁车站设备基本安装完毕,站内可提供持续稳定的电力,即可进行车站设备的调试工作。单机单系统调试主要检查设备本身质量及设备安装质量,调整设备运转状态,对调试过程中发现的问题及时处理,以达到设计使用功能。

单机单系统调试牵涉单位较多,除常规设备和系统设备施工单位外,还包括建设单位、设计单位、监理单位、供货单位及集成服务单位等。为确保调试顺利进行,在进行调试工作前应编制单机单系统调试方案,并报各单位审核通过后方可组织实施。

单机单系统调试应首先进行设备的单机调试,一般根据专业设备的不同类别划分调试项目,单机调试完成后方可根据系统不同功能逐系统进行调试。

单机单系统调试具体措施:①电力是用电设备调试的前提和基础,单机单系统调试的前提为全线35kV电通且能够向400V提供稳定的电力供应,只有400V电通才能向各用电设备供电,确保调试顺利进行。②调试过程中遵循先400V低压柜,后电机控制中心(Motor Control Center,MCC)柜及三相通电,再向各系统单体设备供电,具备条件设备房同步照明,最后单系统调试的总原则安排调试计划。③为保证单机单系统调试工作顺利开展,可对调试阶段的计划执行情况进行考核,并设置奖罚标准。④调试过程中需根据现场实际情况认真填写调试记录,特别是过程中发现的问题应认真记录,以便后续安排整改。⑤加强调试阶段的安全管理工作,特别是督促落实设备通电以后的安全管理措施及成品保护措施。

15.2.2 车站综合联调

1) 联调的目标

(1) 实现地铁设备系统的综合集成

地铁设备构成一个多系统、多目标的复杂大系统,各系统设备间相互联系、相互作用,同时也相互干扰、相互制约。每个目标都同时达到最优状态的多目标函数几乎是不存在的。各系统设备受专业、经验和其他因素的影响,最终往往局限于各系统本身目标的满足,需在联调中对各系统接口关系的动态联调,经由整体设备系统到各系统的多次反馈与调整,对单项目标进行有条件的变换和调整,而在整个系统上谋求最优,使各系统之间相互匹配、相互协调和相互保护,方可认定各设备系统功能结构的完整性与合理性,才能实现地铁设备系统的综合集成。

(2) 实现设备系统之间的最佳整体匹配

①实现移动设备与固定设备的最佳整体匹配。从动态观点上来看,地铁设备系统,是移动设备与固定设备之间的有机结合,联调就是在系统目标协调下寻求移动设备与固定设备之间的最佳整体匹配。

②实现系统之间的接口功能及其界面兼容性的最佳匹配。任何庞大而复杂的系统都需要在设计、制定技术规范、制造、安装(或施工)及测试的各阶段,特别注意子系统之间的界面。因为各系统不是单独运行,所以各子系统与其他子系统的界面必须检查和验证,以证实具备所需的功能及其兼容性。

③旅客乘坐地铁列车的安全性、舒适性及平稳性是通过地铁线路与列车的最佳匹配来实现的。如果列车运行中有比较大的垂向、横向作用力,将会明显影响轨道及路基的稳定性与通过曲线的安全性,严重时将导致轨道变形、线路不平顺性加剧,直至出现严重磨损与破坏。现实中,没有不产生动荷载作用的列车,也没有不产生变形的线路,系统联调的任务就是寻求两者之间的匹配,达到线路的高平顺性及曲线半径的合理配置,减少列车的振动和轮轨间的动力作用,使行车的安全和平稳舒适性均得到保证,轨道和车辆部件的寿命和维修周期也随之延长。

④实现弓网的最佳匹配。通过联调实现弓网的最佳匹配,尽可能降低离线率,延长维修周期。

(3) 通过安全分析提高系统安全性

地铁作为输送旅客的大运量运载工具,不允许发生危及行车安全的事故,因此对系统的可靠性、安全性有很高的要求。但从客观上说,无论按什么方案实施的系统,在实际运行时都必然会出现故障,因此,首先要通过联调判别可能出现的故障类别及波及范围,其次确定系统出现故障时能否导向安全,以及系统经维修后恢复规定功能的能力,也就是说要确定系统是否具有高可靠性、可维修性和安全性。

(4) 为运营提供成熟的技术系统

调试、测试和系统验证贯穿工程建设全过程，系统联调是其中的一个重要部分。诸如信号系统和列车的运行特性是否满足列车控制和运行间隔的要求，以及地面—车上信息传输，移动通信及差错控制，联锁、计轴设备列车位置检测性能，列车运行间隔与列车加速、制动特性，微电子化信号设备的安全冗余，以及电磁兼容等，必须进行严格的考核和调整，形成成熟、可靠的技术系统。它是为运营提供成熟可靠技术系统的重要保证。系统联调的最后过程是系统试运行，包括可维修性的试运行测试，采取所要求的日常和紧急维修措施的试运行，以及系统可用性和稳定性的试运行。通过上述系统试运行，以验证系统的技术成熟性与技术可靠性。

(5) 培训运营队伍，提供解决商务争议的技术依据

运营部门的管理和技术人员也参与联调，通过与各专业技术人员合作进行联调测试、试验和设备调整，了解各系统的性能、各系统之间的技术接口、系统达到使用功能的工作过程、系统易于出现的故障和解决故障的途径，并由此得到宝贵的实践培训。通过联调可验证各设备系统或设备是否达到设备承包合同约定的各项性能指标，检验在大系统工作条件下，各系统是否满足与相应承包合同规定的要求。

2) 联调的主要任务

(1) 对系统设备进行技术修正和完善，实现最佳整体匹配和整体性能。

(2) 对各设备系统的预期功能及技术要求，进行验证和确认。

①地铁设备系统依据设备各系统之间的关联程度与接口复杂程度，可将地铁设备系统划分为车辆运行相关系统和运营相关系统两部分。

②车辆运行相关系统(行车系统)包括车辆、信号、通信、屏蔽门、供电、接触网、轨道、车辆段设备等系统。

③运营相关系统(车站系统)包括自动售检票系统、车站设备监控系统、环控系统、防灾报警系统、电扶梯、给排水等系统。

④系统联调的任务之一是验证和确认各系统设备是否达到合同技术规格要求，是否能形成一个和谐的整体设备系统，是否满足地铁运营的需要。

(3) 对各设备系统的可靠性、可用性、可维护性及安全性进行验证和确认。

(4) 通过联调验证和确认地铁系统的运输能力、服务质量和社会经济效益。

①验证和确认地铁系统的运输能力(包括系统最大输送能力及列车最高运行速度、最短运行时间、最小运行时间间隔等)。

②验证和确认系统的服务质量。

③验证和确认系统的社会经济效益，以使投入产出目标合理，社会和经济效益明显。

(5) 实现某些子系统的特殊调试试验要求。

有一些试验必须在地铁大系统联调时才具备调试试验条件，例如：①在有列车运行的条件下，测定区间隧道及活塞风的风速。②在列车投入运行后，供电系统高压开关的操作过电压、列车受电弓拉弧和牵引主变频器工作时产生高压谐波，都可能对设备监控系统(BAS)产生电磁干扰而影响正常工作。因此，必须在此条件下测试系统的抗干扰能力。

3) 联调的主要内容

系统综合联调分为车站级联调和中央级联调，通过综合联调测试，确认综合监控系统中央级功能、车站级功能是否满足设计要求。调试内容主要分为通信测试和功能测试。

(1) 通信测试：ISCS与互联系统的通信测试是测试通信链路的状态及通信信号传输的正确性，确认通信链路满足通信接口和通信协议的需要，以实现对设备的控制和状态的监视，满足监控的要求。

(2) 功能测试：用来测试ISCS实现的功能，检测功能的完整性和正确性，以满足正常使用的要求。

综合联调除综合监控与其集成子系统FAS/BAS/SCADA调试外，综合监控系统还与以下互联系统

调试:安防系统、乘客信息系统(PIS)、广播系统(PA)、自动售检票(AFC)系统、信号系统(SIG)、时钟系统(CLK)、屏蔽门系统(PSD)、通信网管(综合报警)、不间断电源(UPS)、VRV、电气火灾预警等系统。

15.2.3 行车区域综合联调

1)限界检测及冷热滑

(1)限界检测

①检测目的。

a.检测正线车站、区间的各类建筑、结构等是否满足限界要求,是否满足冷、热滑试验的需要。

b.检测各专业安装的轨旁设备、设施是否侵入设备限界。

②检测的前提条件。

a.轨行区内施工工作已全部完成或已做好安全措施;各专业轨旁设备、设施已安装完成并已进行初步的自我限界检查;电缆敷设完毕并绑扎固定;轨行区内公里标、百米标及曲线半径等标识标牌安装完毕;轨行区内所有已安装设备处于锁闭状态。

b.轨行区内各类临时设施及垃圾应全部清除。

c.轨行区内人机确保出清。

轨行区调度室已发布调度命令,封锁待测试区段,严禁任何施工单位进入测试区段施工作业;所有安保人员到位,按要求进行警戒、执勤。各种机具全部撤出轨行区。

③检测项目。

a.车站、区间等建筑及结构是否满足设计限界要求。

b.各系统轨旁设备、设施是否满足设计限界要求。

c.重点部位:各车站站台、区间曲线段等。

(2)冷滑

①试验目的。

a.预验正线车站、区间的土建结构是否满足正线热滑试验的需要。

b.检验各专业安装的轨旁设备是否侵入设备限界。

c.检查接触网安装是否满足设计要求。

d.检验车辆与接触网系统、车辆和轨道系统之间的配合是否具备列车开行条件。

②冷滑前的准备。

a.所有正线车站及区间的轨旁杂物清理完毕、隧道清洗完毕,所有轨旁设备及外部缆线均不侵限,接触网符合冷滑试验的条件。

b.停止所有正线车站及区间的线路轨行区施工,清场完毕。正线安保人员到位,按要求进行警戒、执勤。

c.牵引轨道车准备良好,限界包络线制作完毕,试验车组受电弓安装符合试验需求,具备与牵引轨道车连挂条件。

d.临时通信系统完成。

③试验内容。

冷滑试验分三阶段进行,速度分别为5km/h、20km/h、<50km/h。

(3)热滑

①试验目的。

a.列车能否按照设计允许速度运行条件正常运行。

b.检验线路、接触网在动荷载作用下几何尺寸、结构牢固、可靠性能否满足设计标准。

c.检验供电系统能否满足列车运行需求。

d.检验各专业是否满足行车综合调试条件。

②热滑前的准备。

a. 对冷滑中发现的问题由各专业整改完毕且验收合格,具备热滑试验的条件。

b. 试验列车整备完毕,具备自力运行条件。

c. 完成牵引供电系统全回路直流电阻及横向泄漏电阻的测试、相邻牵引所间及越区时直流联跳保护及闭锁测试、供电线路短路试验。

d. 接触网具备正式送电条件,电压测试正常;SCADA 系统具备实施遥控、遥测、遥信的基本条件。

e. 通信条件具备列车带电运行时的实施通信条件。

③试验程序。

采用地铁运营列车进行热滑试验,在受电弓下方安装摄像机及录像设备,监视全线受电弓的运行状态,特别是锚段关节、分段、线岔的运行状态。对产生火花的位置做好记录,热滑后进行检查处理。试验后填报相应的热滑试验报告。

a. 试验前,召开试验预备会,确认参加试验单位和人员全部到位,确认试验项目、明确分工、发放无线通信手持台。

b. 试验单位向试验指挥报告准备情况,试验组组长向试验指挥报告试验准备情况。

c. 试验指挥根据报告情况,确认准备就绪,下达开始试验的指令。

d. 临时控制中心广播试验准备开始,请非试验人员退场,严格检查车场封闭情况,确保现场没有阻碍行车的任何物体和人员。

e. 各试验组各就各位。

f. 试验车发车前,车上试验组现场指挥应与信号楼控制室或地面试验组组长呼叫联系,核查试验项目。

g. 地面试验组组长确认试验进路已办理妥当并且信号开放后,通知临时控制中心调度员,由调度员通知车上组,车上试验组组长向司机发出发车指令。

h. 司机严格按照车上试验组组长指令,并与尾车司机联系,确认试验项目和到达位置及运行交路后,凭允许信号显示运行。特殊进路听从车上试验组组长指挥,人工确认进路。

i. 在列车行进过程中,司机应确认道岔位置正确。

④试验内容。

热滑试验一般分三次,第一次为 20km/h,第二次为 60km/h,第三次为列车正常运行速度。

冷滑和热滑试验的更多内容可扫描二维码。

2)行车系统联调

行车相关系统联调包括的系统:供电系统、信号系统、专用无线通信系统、广播系统、乘客信息系统、安全门等。在与列车运行有关的系统联调开始前,必须完成行车相关区段轨道系统、供电系统初验和限界检查后进行冷、热滑试验。试验合格后,方可进行与列车运行有关的系统联调。

(1)联调目的

①验证牵引及制动系统性能是否满足合同要求。

②验证车辆全线运行是否满足设计要求。

③验证广播系统是否与地面基站的协调一致,以及是否满足设计要求。

④检测车辆专业为通信无线车载台提供的直流电源是否满足接口文件要求,确保通信无线车载台设备的直流供电安全、可靠。

⑤检测车载台在列车运行环境中的通信通话质量、越区切换功能指标实现。

⑥检测车辆与相关专业连通性、接口协议指标的正确性。

(2)前提条件

①冷热滑试验完成。

②信号系统联锁调试完毕。

③屏蔽门调试完成。
④通信系统调试完成。
⑤地面电阻全部调试完毕。
⑥与车辆调试有关的系统调试完成。

（3）调试内容

列车运行相关系统总联调主要是车辆与轨道系统联调和车辆、信号、通信、屏蔽门设备系统之间进行联调，在系统设备正常工作状态下进行必要的重复试验及故障恢复试验。在列车不同运行速度以及不同运营工况（按正常运营时刻表、降级和紧急状况）的协调配合下，有针对性地进行动态调整，以达到预期的目的。

列车运行相关系统总联调主要内容：①地铁线路与列车及弓网的匹配调试。②进行列车牵引性能、制动性能、供电性能、控制系统、诊断系统、空调通风性能、弓网性能、运行阻力、噪声环保、电磁干扰以及安全可靠性评估等试验。③进一步调试和检验轨道结构与车辆自身系统的整体性能和整体水平。应侧重车辆与轨道之间的整体性能匹配，改善轮轨动力学性能。④车辆与通信的联调，主要包括乘客资讯系统和无线通信。乘客信息系统由列车有线广播系统和乘客信息显示系统组成。联调的主要内容为司机对乘客的广播功能、控制中心对乘客的广播功能、司机室对司机室内部通信功能、报站功能、列车综合图文显示系统和车站地图闪光系统、电子目的地显示系统、无线通信系统等。⑤车辆与屏蔽门联调，主要是列车到站后，由列车自动驾驶（ATO）系统发出控制指令，实现屏蔽门的开/关门，完成乘客的乘降，保证安全。在非正常情况和紧急情况下能够疏散乘客等。⑥列车的运行时分考核试验。⑦验证各系统之间是否存在干扰现象。⑧验证各系统是否达到系统设计的各项功能和性能指标。⑨通过反复调试和试验，验证系统是否已达到地铁列车正常运营的各项要求，是否达到列车载客运行的安全性、舒适性和平稳性的基本要求。在诸多因素中，应首先考核上述项目的可靠性和稳定性。

（4）车辆与轨道系统联调主要检测项目

车辆与轨道系统联调，主要检测内容包括轨道系统状态测试、车辆性能测试。

①轨道系统状态测试。

a. 对全线轨道进行测量。b. 检查全线轨道基础弹性均匀性。c. 运用轨检车进行全线检测，抽查直线、曲线区段线路，检查道岔状态及尖轨静止状态密贴情况。d. 轨检车全线测量轨道（含道岔）几何状态，逐组检查道岔几何状态及安全尺寸，尖轨转换前后静态与基本轨的密贴程度。e. 逐组测量道岔转换阻力，通过测力传感元件逐组测量道岔尖轨的转换阻力。f. 选择2个曲线、1组道岔进行动力测试，要求车辆以规定速度通过各测试点，进行20次道岔（含直、侧向）测试。g. 对减振轨道区段不同车速下进行30次往复运行试验，测试轨道动力传递特性，检测减振轨道减振特性及轮轨系统振动、噪声。h. 采用脉冲激励片对减振区段与非减振区段进行振动传递测试，对比其减振效果。i. 查明钢轨焊接接头及轨缝处短波不平顺对轨道振动及旅行舒适性的影响。j. 检验曲线区段的旅行舒适性，试验分析道岔区段轨道与运行条件的适应性及转换、锁闭、表示的可靠性，确认道岔与信号的连接，实测车辆以规定速度通过曲线、道岔直侧股轨道的动态性能，轮轨系统动力学参数匹配。

②车辆性能测试。

a. 列车诊断系统试验。b. 列车空调通风停止列车故障时车内通风性能试验。c. 列车噪声、振动试验。d. 列车电子干扰试验。e. 列车弓网性能试验。f. 列车/轨道系统相互作用性能试验。g. 列车运行阻力试验。h. 列车脱轨安全性试验：列车脱轨系数试验、列车轮重减载率试验、列车横向力试验、列车挤轨量试验。i. 列车舒适性（平稳性）试验。j. 列车抗倾覆性能试验，轮轨噪声/系统动力学性能测试。

（5）车辆与信号、通信、屏蔽门系统联调主要检测项目

车辆与信号、通信、屏蔽门等设备系统联调，主要检测以下内容：

①系统功能测试。

②系统故障安全测试。

③现场设备测试,包括点式设备的发送器、接收器单元的测试,计算机联锁设备的测试,以及其他ATP、ATO现场支持设备的测试,ATS远程终端的测试。

④车载设备测试,包括车载的ATC设备、ATC控制显示单元及ATP、ATO单元设备的测试,车/地、地/车间信息传输的测试。

⑤控制中心设备测试。

⑥进行隧道中无线电波传播与场强分布的测试与调整,用计算机绘制场强分布图,计算覆盖区内的时间地点概率、最小输入电平,看其是否与设计要求相符。

⑦试验各种呼叫通话功能,检查话音质量(话音信噪比)是否合格。

⑧对为列车广播系统提供的宽带音频通道进行传输衰耗和杂音测试,将有线广播系统、无线系统和列车广播系统连接,进行中心调度员和车站值班员对列车广播的试验。

⑨将ATS系统与列车广播系统的广播起动控制线连接,进行固定音源的列车自动报站广播试验。

⑩时钟系统向ATS、SCADA、BAS、FAS、AFC和OA系统提供标准时间信息的低速数据通道连通,进行标准时间信息传播的试验。

⑪将ATS系统向列车无线通信系统提供车次号的通道连通,进行传送车次号、车组号、司机代码、列车进出车辆段信息、列车在线路上的位置信息试验,并在无线通信系统的数据库中与车载台的ID码相对应。

⑫屏蔽门/信号系统静态调试:以信号的开/关门指令,检测活动门的开/关动作、活动门动作性能。

⑬进行重复试验与故障试验。

⑭通过列车运行对屏蔽门技术性能测试与试验。

⑮检测信号系统、车站设备监控系统与屏蔽门状态信号的正确性。

⑯与信号、车站设备监控子系统进行联调,重点解决开/关门信号与活动门信号传输。

⑰列车运行时与信号、车站设备监控和屏蔽门子系统进行联调,重点解决开/关门信号与活动门信号传输。

⑱试运行期间检查屏蔽门系统运行情况、可靠性和故障情况。

⑲车辆/信号/屏蔽门系统联动测试如下:a.以列车信号或司机信号为指令,检查活动门的动作性能。b.模拟停车位不正确、通信中断等工况,以站台端头控制盒的指令,检查活动门的动作性能。c.检查活动门状态信息传递至信号、设备监控系统的正确性及显示情况。

(6)注意事项

①在满足行车试验需要并达到试验目的的前提下,能少行车则少行车、能低速不高速、能范围小不范围大,把风险减到最小。

②授权临管期间,应将整个线路管理区域纳入集中、统一管理范畴,做到控制权、调度权、管理权三权强势管理。

③根据各个需要行车调试专业提出的测试大纲、计划和必要条件,综合分配时间和空间资源,为行车调试提供安全、可靠、高效的试验环境。

④统筹、合理安排行车调试和车辆过轨及样板段剩余土建、装修和设备安装调试工程。

⑤当安全与计划冲突、不可协调时,工作效率服从安全管理。

15.3 系统联调管理流程

15.3.1 确定管理模式

为顺利开展城市轨道交通各设备系统的联调测试,在联调阶段,须建立一套完整的、高效的、有权威的总联调组织系统,全面负责总联调的监督、指挥和实施工作。在建设单位的统一领导下,通过各参建方(设计、咨询服务商、监理、设备供货商、安装承包商、集成商等)的共同努力和密切协作,确保联调工作圆满完成。确定管理模式的原则如下:

(1)在建设单位的统一领导下,建立总联调组织架构,在系统联调阶段领导和组织系统联调的任务。

(2)为保证城市轨道交通从建设阶段向运营阶段顺利过渡,确保开通前达到系统功能过硬和运营人员技能过硬的目的,总联调组织体系应以运营部门为主体,其他部门(特别是建设部门)应积极配合。

(3)管理体系要层次简化、减少交叉,做到责权清晰、指挥统一、高效有序。

(4)管理体系要确保设备单调、接口调试、多个系统联调、运营演练、可靠性验证、空载试运行、开通试运营等有序衔接,做到界面清晰、责任明确、计划落实。

(5)明确各参建单位在完成系统联调中的职责范围:业主是领导、组织、协调的主体;咨询服务商是提出联调方案、动态咨询的主体;集成商、供货商、安装商是实施联调方案的主体;其他单位(监理、设计、机电和车辆咨询)在联调中应继续履行合同中界定的责任和义务,不能因设立了总联调组织体系而免除或减轻其在合同中应承担的责任。

(6)联调咨询服务商要在总联调领导小组的领导下成立与之相对应的管理体系,即业主管理体系的层次(包括专业管理)与咨询管理体系的层次(包括专业管理)是一一对应的,在联调中可一一对应地开展工作,必要时可根据不同层次不同专业的需要由业主主持召开联席会议,做到集中管理、相互协调,提高效率,保证质量。

(7)联调工作中需要得到省市质监站、检测评估机构、公安消防单位的指导、帮助和支持。邀请相关政府管理机构在系统联调中提前及时介入可避免或减少对同一个系统的重复测试。

15.3.2 建立联调组织架构

根据上述建立架构的原则,提出如图15-1所示的设备系统总联调的组织架构范例,供参考。

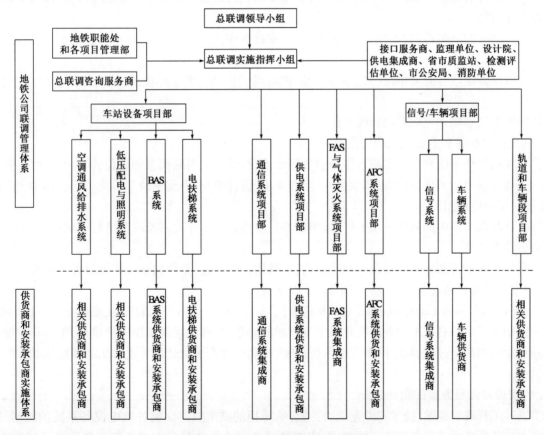

图15-1 设备系统总联调的组织架构范例

1)联调参建单位的责任范围

(1)系统联调领导小组的职责范围

①对联调进行全过程、全方位的领导,对联调工作进行策略性指导。

②根据联调工作的需要和不同专业的要求,确定各职能部门负责和参加系统联调的人员,并授予相应的职责与权利。

③审批联调实施过程中的计划安排、技术调整和联调中的阶段性成果及最终成果。

④督促和检查各职能部门为联调提供必要的条件。

⑤考核联调咨询人员的业务能力,指令咨询单位调换不称职的咨询人员。

⑥定期召开系统联调参建单位主要负责人联席会议,对联调过程中出现的重大问题进行分析,做出决策。

⑦主持系统总联调完成后的验收工作。

(2)联调实施指挥小组的职责范围

①联调实施指挥小组是联调领导小组委派的系统联调的总调度,全面组织和协调各参建方圆满完成系统联调任务,为工程建设转入正常运营创造条件、奠定基础。

②在联调领导小组的领导下,根据联调咨询服务商提交的咨询建议,参与联调方案的策划并组织联调方案的实施(落实调试内容、参加单位人员、时间安排、需要条件、安全措施及运行调度等)。

③监督和敦促供货商、安装承包商、设计单位、监理单位、咨询单位等单位按合同要求履行各自承担的责任,相互配合完成联调任务。

④对联调过程中的系统功能测试和各项演练的结果及时组织评估,如遇到技术问题,要求联调咨询服务商指导供货商、安装承包商对系统尽快进行整改,以减少对联调整体计划的影响。如因部分子系统单调和内部联调滞后或其他技术问题而不能按计划完成时,可上报联调领导小组,对联调的目标和计划进行修改。

⑤定期召开有关单位参加的工作例会,对工作中出现的难点不定期召开专题分析会,以确保联调工作高效有序进行。

⑥建立必要的通报机制、监控手段、审批手续、审批程序,以保证联调过程中信息畅通、反应灵敏、落实快捷。

⑦负责联调阶段与有关单位(省、市质监站、供电局、消防局、生态环境局、检测评估单位)的沟通和联系工作。

⑧组织系统总联调完成后的验收工作。

(3)建设单位各职能部门的职责范围

①在联调领导小组和联调实施指挥小组的领导下,行使业主对联调参加单位的组织、监督和管理权力,检查、督促本专业的供货商、安装承包商、监理单位、设计单位、咨询单位等单位履行合同中规定的责任,完成联调中应承担的任务。

②负责联调工作中的具体组织工作,如协调参建单位间的工作关系及联调进行中的行车调度、安全保卫和后勤保障等。

③对本专业系统的联调结果及时做出评估,如遇到技术问题,要督促联调咨询服务商尽快提出解决方案,并组织供货商和安装承包商付诸实施,予以解决。

④如遇人为故障要主动与相关单位和人员沟通,千方百计解决,实在不能解决的,要逐级向上汇报请示。

⑤定期或不定期召开本专业系统有关单位参加的协调会,解决联调工作中的难点、重点和关键点。

⑥参加联调的全过程,在实践中了解系统功能,提高管理水平和处理非正常状态和事故状态的应变能力。

(4)联调咨询服务商的职责范围

①以其工程联调经验、技术和专业能力,结合所承担的城市轨道交通各机电设备系统的技术特点,依据业主与各设备系统承包商签订的合同,审查各设备系统承包商提出的各专业单系统调试大纲(含

各专业单系统调试预验收标准)。

②通过分析各子系统的技术条件和接口功能,编制机电系统功能验证、运营演练、可靠性检测联调大纲、联调细则等文件,文件内容包括联调目的、联调项目、联调遵循的标准、联调步骤、联调时间安排、联调人员要求、联调所需检测设备和仪器仪表、联调记录表格等。

③协助业主组织并参加总联调工作,对设备联调进行全过程的动态咨询和技术支持。

④对进入总联调前所必须具备的条件提出预见性的咨询意见。

⑤对业主总联调人员进行培训。

⑥根据演练中发现的问题,协助业主完善有关的规章制度。

(5)各设备系统承包商、安装商、集成商的责任范围

①各设备系统承包商、安装商、集成商是总联调工作的执行主体,要根据各自合同的规定,履行其在单系统调试、各设备系统联调直至模拟载客试运营等阶段的职责。

②向联调咨询服务商提交本系统(包括与其他系统的接口)的试验方法、调试计划及测试结果。

③为联调提供足够的人力资源和调试设备。

④对调试过程中出现的问题及时进行整改,确保联调计划按期完成。

⑤在调试过程中严格遵守操作规程,确保设备和人身安全。

⑥在设备系统联调阶段应履行各接口系统间的配合工作。表 15-1 是各主要系统联调接口责任矩阵表。

各主要系统联调接口责任矩阵表 表 15-1

类型	车辆	信号	通信	屏蔽门	供电、接触网	轨道	自动售检票(AFC)系统	环控	设备监控
车辆			无线通信由通信承包商负责	车辆承包商负责	供电承包商负责	供电承包商负责			
信号	车辆承包商负责		信号承包商负责	屏蔽门承包商负责	信号承包商负责	轨道承包商负责			设备监控承包商协助
通信	车辆承包商负责,通信承包商协助	通信承包商负责			通信承包商负责		AFC系统承包商负责		设备监控承包商协助
屏蔽门	屏蔽门承包商负责	信号承包商负责			屏蔽门承包商负责				屏蔽门承包商协助
供电、接触网	车辆承包商负责	信号承包商负责	供电承包商负责	供电承包商负责		供电承包商协助	AFC系统承包商协助	环控承包商协助	供电承包商协助
轨道	车辆承包商负责	信号承包商负责				轨道承包商负责			
自动售检票(AFC)系统			通信承包商负责		供电承包商负责				AFC系统承包商协助
环控					供电承包商负责	供电承包商负责			环控承包商协助
设备监控		信号承包商负责	通信承包商负责	设备监控承包商负责	设备监控承包商负责		设备监控承包商负责	设备监控承包商负责	

注:负责单位为实施单位,协助单位为辅助实施单位。联调咨询单位参与所有系统间接口的监督实施工作。车辆段与各子系统的接口由车辆段承包商负责,其他承包商协助。

(6)设计单位的责任范围

①协助联调咨询服务商完成对地铁总体设计和各专业设计的调查,遵照业主指令向联调咨询服务商提供必要的设计文件。

②评定联调咨询服务商编制的文本资料是否符合本工程的实际情况,是否体现了设计的总体思路。

③参与系统联调,关注每个系统是否达到了设计要求。

④通过联调,检验设计方案是否合理,对不足处加以修改、完善。

⑤时刻关注地铁运营的整体效果,包括载客情况,运营组织情况和设备运行情况。

(7)监理服务商

依据各自的监理合同,负责监督各设备系统的调试,履行合同赋予的现场监督与督促有关承包商在联调阶段所承担的任务,协调各系统承包商配合第三方的试验监测工作;监督和督促承包商完成总联调中提出的整改项目。

(8)联调试验检测(评估)机构

其是指业主、各系统承包商和集成商之外的第三方联调检测试验单位。需要进行联调试验检测时,经过业主资格审查,选择国家专业检测机构认定合格的检测试验单位,在设备联调阶段依据相应标准、规范及系统承包合同,履行独立评估检测职责,其主要检测试验评估工作为安全和环境的评定。

2)联调各参建单位的相互关系及职能分工

为清晰阐明联调期间各参建单位之间的相互关系和责任分工,图15-2中表示出了联调各参建单位的相互关系,表15-2中列出了机电系统联调主要任务分解职能分工。

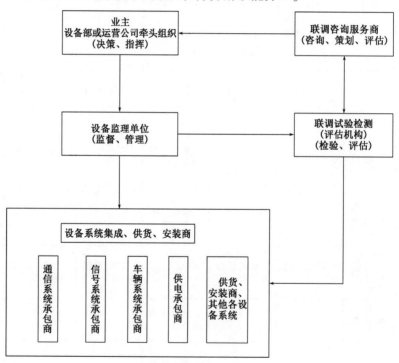

图15-2 联调各参建单位的相互关系

机电系统联调主要任务分解职能分工　　表15-2

编号	工作任务分类	业　主	系统总联调咨询服务商	接口管理咨询服务商	设备系统承包商、安装商、集成商	监理单位	联调试验检测(评估)机构
1	项目管理						
2	项目进度计划	批准/同意	编制/准备		执行		
3	项目质量管理	批准/同意	编制/准备		执行		

续上表

编号	工作任务分类	业　主	系统总联调咨询服务商	接口管理咨询服务商	设备系统承包商、安装商、集成商	监理单位	联调试验检测(评估)机构
4	进度报告	批准/同意	编制/准备		执行		
5	财务安排	提供/给予	编制/准备				
6	缺口评估						
7	设备系统文件审查	提供资料	审核	参与			
8	缺口评估报告	批准/同意	编制/准备	参与			
9	系统保证						
10	安全模式	批准/同意	编制/准备	参与	执行		
11	载客运行目标	批准/同意	指导	参与			
12	事故报告及缺陷整改	指示/引导	建立/追踪	参与	执行	协调/监理	
13	载客试运行进度评估报告	批准/同意	编制/准备	参与			
14	接口管理						
15	接口管理方案、程序、责任界面划分记录	批准/同意	参与	编制/准备	参与		
16	接口执行进度统计	提供资料	参与	编制/准备	参与		
17	设备系统调试						
18	调试方案、程序、细则	批准/同意	审定	审查	编制/准备	审查	
19	调试	指示/引导	指示/引导		执行	协调/监理	
20	调试报告	批准/同意	审查		编制	审查	
21	设备系统联调前状况及可行性	批准/同意	评估	审查			
22	设备系统联调						
23	设备系统联调方案、程序、细则	批准/同意	编制/准备	参与			
24	设备系统联调	指示/引导	指导/提供指引/提供技术支持	参与	执行/实施	协调/监理	评估
25	设备系统联调报告	批准/同意	汇编	参与	提出	审查	
26	设备系统联调数据库		参与	参与	提供资料	提供资料	
27	运营演练						
28	运营演练方案、程序、细则	批准/同意	编制/准备	参与	参与	参与	

续上表

编号	工作任务分类	业主	系统总联调咨询服务商	接口管理咨询服务商	设备系统承包商、安装商、集成商	监理单位	联调试验检测(评估)机构
29	总联调(运营演练)	指示/引导/执行	指导/提供指引/提供技术支持	参与	保障	协调/监理	评估
30	运营演练报告	批准/同意	编制	参与	参与	参与	评估
31	模拟载客试运行	策划/执行	评估	参与	保障	协调/监理	

15.3.3 系统联调的实施

城市轨道交通建设是一项系统工程,其综合性强、技术复杂、各子系统间接口条件多,进行联调时,应从系统角度检验设备,严格按照联调计划组织系统联调的实施。系统联调一般分为三个阶段进行:准备阶段、实施阶段、完善阶段。

1)准备阶段

(1)审阅和编制文件

审阅设备系统联调所涉及的各设备系统的功能、技术规格和合同履行过程中形成的各种文件。在审查技术规格书等文件时要分析在安全上有无缺口;在审阅接口资料时要重点分析设计中的缺口和功能上的缺口,对分析的结果要写出"缺口分析报告"并及时提出缺口修补措施,以保证总联调按计划进行。图15-3 是审阅和编制文件的流程。

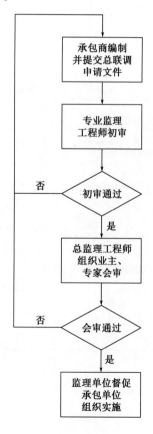

图15-3 审阅和编制文件的流程

(2)编制联调管理计划

①系统联调的组织模式与架构。

②系统联调的组织管理程序文件。

③系统联调的总体计划(包括系统联调顺序图)。

④系统联调的项目工作流程、各类规章制度和各部门职责。

⑤计划监控表。

(3)编制系统联调实施计划

①系统联调大纲。

②系统联调逻辑顺序图。

③验收依据和标准。

④质量管理措施。

⑤安全管理措施。

(4)编制系统联动测试方案

系统联动测试方案编制内容包括联调目的、调试内容、遵循的标准、调试合格的具体要求、安全及应急处理程序、联调步骤、联调时间安排、联调组织与人员要求、联调所需测试设备和仪表、联调过程所需的各种表格等。

(5)编制运营演练方案

运营演练方案编制内容包括演练目的、演练内容、安全及应急处理程序、演练步骤、时间安排、人员组织、演练过程所需的各种表格等。

(6)编制可靠性测试方案

可靠性测试方案编制内容包括测试目的、测试内容、安全及应急处理程序、测试步骤、时间安排、人员组织、测试过程所需的各种表格等。

准备阶段的整体工作流程如图15-4所示。

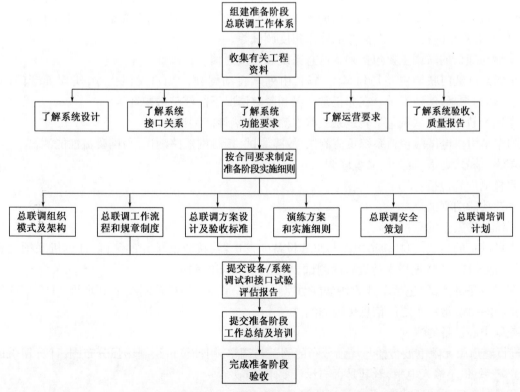

图15-4 准备阶段的整体工作流程图

2）实施阶段

城市轨道交通设备系统依据各设备系统之间的关联程度与接口复杂程度,可将系统划分为车辆运行相关系统和运营相关两部分。

车辆运行相关系统包括:车辆、信号、通信、屏蔽门、供电、接触网、轨道、车辆段设备等系统。

运营相关系统包括:自动售检票、综合监控系统、环控系统、防灾报警系统、电扶梯、给排水等系统。

城市轨道交通设备包括很多设备系统及数量庞大的设备。为保证所有的子系统和各类部件充分发挥应有的作用,使之协调配合以提供高效的系统能力,需要科学、全面地构思设备总联调任务。依据各子系统之间的相关性,可将联调划分为系统冷滑试验、系统热滑试验、列车牵引供电试验、列车运行相关系统总联调、运营相关系统联调、系统试运营(综合演练)等。

在联调过程中,城市轨道交通列车的运行是核心,各子系统均应在列车运行状态下动态调整。对他们来说,满足系统目标的要求主要体现在满足列车运行的要求上。

(1)车辆与相关系统的联调

①车辆与相关系统的联调按以下四个步骤进行:

a.车辆与接触网的联调测试,包括限界检测、冷滑、热滑。冷滑试验是对轨道系统、车辆弓网系统的初步联合调试,主要校核车辆和轨道间的匹配,车辆与限界的匹配;热滑试验主要检测弓(受电弓)网(接触网)之间的匹配及列车牵引与供电系统之间的相互匹配。

b.车辆与车载设备调试,包括车辆与车载安防设备、车载信号、车载无线通信设备的调试。

c.车辆与信号系统的联调测试,包括信号系统车站级功能测试。

d.整体测试(行车功能测试和其他设备系统联调),包括站台屏蔽门、车辆、信号系统、无线通信专网、控制中心对列车广播和列车到发自动广播。

②列车运行相关系统的联调。

列车运行相关系统的联调主要是车辆与信号、通信、屏蔽门设备系统之间的联调及列车与轨道系统和牵引供电系统之间的联调。

a.车辆与信号的调试内容主要包括:列车自动监控(ATS)系统、列车自动防护(ATP)系统、列车自动驾驶(ATO)系统的调试,车辆牵引、辅助系统对信号系统干扰的调试,车载设备与车下设备的信号传输调试,信号对列车的行车控制,列车的停车精度调试等。

b.车辆与通信的联调主要包括乘客信息系统和无线通信。

c.车辆与屏蔽门联调主要是列车到站后,由列车自动驾驶(ATO)发出指令,实现屏蔽门的开/关门,完成乘客的乘降,保证安全。在非正常情况和紧急情况下能够疏散乘客等。

d.车辆与轨道系统联调包括轨道系统状态测试、车辆性能测试。

e.列车牵引供电试验包括系统负荷测试、故障测试、接触网短路测试、弓网受流性能测试。

③车辆、信号、通信、屏蔽门系统联调。

主要检测内容包括:

a.系统功能的测试。

b.系统故障安全的测试。

c.现场设备的测试,包括轨道电路与点式设备的发送器、接收器单元的测试,计算机联锁设备的测试,以及其他 ATP、ATO 现场支持设备的测试,ATS 过程终端的测试。

d.车辆设备的测试,包括车载的列车自动控制(ATC)设备,ATC 控制显示单元及 ATP、ATO 单元设备的测试,车—地、地—车之间信息传输的测试。

e.控制中心设备的测试。

f.进行隧道中无限电波传播与场强分布的测试与调整,用计算机绘制场强分布图,计算覆盖区内的时间地点概率、最小输入电平,看其是否与设计要求相符。

g.试验各项呼叫通话功能,检查话音质量是否合格。

h. 对为列车广播系统提供的宽带音频通道进行传输衰减和杂音测试,进行中心调度员和车站值班员对列车广播的试验。

i. 将 ATS 系统与列车广播系统的广播启动控制线连通,进行固定音源的列车自动报站广播试验。

j. 时钟系统向 ATS 系统、数据采集与监视控制系统(SCADA)、EMCS、火灾报警系统(FAS)、AFC 系统和办公自动化系统(OA)提供标准时间信息的低速数据连通,进行标准时间信息传输的试验。

k. 将 ATS 系统向列车无线通信系统提供车次号的通道连通,进行传送车次号、车组号、司机代码、列车进出车辆段信息、列车在线路上的位置信息的试验,并在无线通信系统的数据库中与车载台的 ID 码相对应。

l. 屏蔽门/信号系统静态调试:信号的开/关门指令、活动门的开/关动作、活动门动作性能试验与检测。

m. 进行重复试验与故障试验。

n. 通过列车运行对屏蔽门技术性能测试与试验。

o. 检测信号系统、车站设备监控系统与屏蔽门状态信号的正确性。

p. 与信号、车站设备监控子系统进行联调,重点解决开/关门信号与活动门信号传输。

q. 列车运行时与信号、车站设备监控和屏蔽门子系统进行联调,重点解决开/关门信号和活动门信号传输。

r. 试运行期间检查屏蔽门系统运行情况、可靠性和故障情况。

s. 车辆、信号、屏蔽门系统联动测试。

(2)车站系统联调

①车站系统有 EMCS、FAS、SCADA、自动售检票系统、乘客信息,系统和其他系统,主要是对就地级测试和车站级测试及中央级测试。

a. 就地级测试包括:EMCS 的可编程通信接口(PLC)与屏蔽门、环控系统、给排水系统、人防门系统、自动扶梯和电梯、照明系统进行接口基本功能测试;FAS 与环控、给排水及消防设备的接口基本功能测试;SCADA 设置在各种变电所内的综合自动化系统的接口基本功能测试。

b. 车站级测试。在车站控制室对 EMCS 和 FAS 的设备进行功能测试。

c. 中央级测试。在中央控制中心对车站设备系统进行功能测试。

图 15-5 为各子系统从就地级到车站级再到中央级的总联调主要流程。

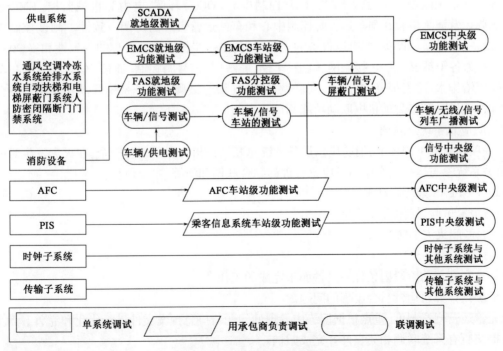

图 15-5 设备总联调主要流程图

②车站环控设备系统运行试验。

由 EMCS 模拟车站正常工况(各种模拟工况)下控制和监视下位单元设备的运行,如风机设备、空调设备等,实现远程(在车控室)手动控制、组合控制、自动控制、时间表控制等。

③自动售检票(AFC)系统协调运行试验。

模拟城市轨道交通运营时,对自动售检票系统的售票、检票、闸机开关等,以及车站与中心各项功能测试,进一步检测自动售检票系统的可靠性、稳定性、准确性等。

④其他站务管理综合演练。

模拟城市轨道交通运营期间的站务管理,包括乘客资讯设备系统功能测试、门禁设备系统功能测试、车站广播系统功能测试、电视监控系统功能测试、其他常规站务管理演练等。

(3)控制中心(中央)系统联调

控制中心系统主要有综合监控系统(EMCS、FAS、SCADA)、信号系统、无线通信系统、自动售检票系统。信号系统的中央级测试要在信号系统的车站级调试完成后才可进行,信号系统中心功能测试就是 ATS、ATO、ATP 全面功能测试,包括降级功能、乘客信息系统和时钟系统。当车站级的 EMCS、FAS 和 SCADA 的功能测试完成后就可以进行中央级的功能测试。

①综合监控系统(ISCS)功能测试是验证 ISCS 对各车站、区间车辆段的应有功能。包括正常工况模式、阻塞测试。

②无线通信系统的调试要在信号系统测试完成后进行。主要验证无线通信系统用列车编号作呼叫号功能,车辆段与正线之间的无线通信功能和列车中央广播功能。

③自动售检票系统的中心级测试是对系统的整体功能测试,当传输系统提供传输信道之后,自动售检票系统就可以进行全系统的功能测试。

④乘客信息系统需要传输信道连接各车站设备到控制中心,当乘客信息系统完成与传输信道联调后,就可以进行整体功能测试。

⑤时钟子系统对信号系统、综合监控系统、自动售检票系统和乘客信息系统提供统一时钟信号,都是在中央控制中心内,当各系统的中央级设备测试完成后就可以接收时钟的统一信号。

当设备系统联调测试完成后,标志各设备系统已结合成一个有机的整体,之后就可以进行运营演练,验证各设备系统能否满足运营要求。运营控制中心(OCC)环调、电力和机械监控(EMCS)系统电调、行调协调运营演练检验在列车运行时控制中心和车站运营管理的协调一致性。测试控制中心远程监控车站设备、隧道通风设备、变电所设备的运行状况,进一步检测运营管理的一致性和安全性等。

图 15-6 为各子系统(供电、接触网、轨道、车辆、屏蔽门、信号与控制、通信、车辆段、环控、车站设备监控、售检票给排水、防灾报警、电扶梯)在联调各阶段(滑行试验—各子系统联动功能测试—全系统整体功能测试—系统试运营)的机电联动功能测试流程图。

(4)消防应急系统总联调

作为一项独立的工作环节,消防应急设备系统总联调是指为保证消防安全,在火灾发生时的应急情况下的相关系统参与运行及车站站务应急管理的综合联调和演练,主要包括:

①EMCS 和 FAS 系统联动测试。

②消防报警试验、气体灭火试验。

③车站、区间火灾消防演练。

3)完善阶段

(1)补充和完善前阶段因条件不具备而未完成的工作。

(2)解决预计开通运营后会出现的问题。

(3)完善运营规章制度,重点根据演练中发现的问题对应急预案文件进行优化和完善。

(4)提交所有系统联调相关文件并完成归档。

图 15-7 表示了完善各阶段的工作流程。

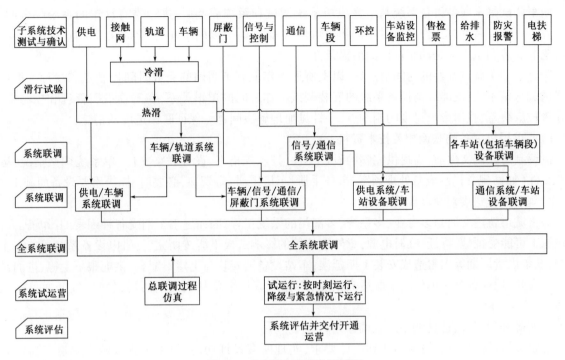

图 15-6 机电联动功能测试流程图

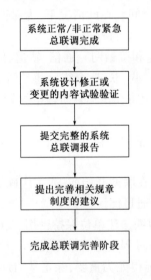

图 15-7 完善各阶段的工作流程图

15.4 系统联调管理成果

15.4.1 计划管理

系统联调计划调度工作主要从联调计划编制、实施、检查、调整等工作来实现。联调计划应体现项目全过程的联调管理,应按照联调管理的思路和程序进行筹划,从前期准备、设计、招投标、设备安装调试、试运营等阶段,筹划材料、设备资源及人力资源的投入。

为了组织协调各参建单位,集合各参建单位的人力、物力、设备、资金优势资源,通过计划目标控制和过程管理,平稳、有序推进系统联调,确保联调目标以及通车工期总目标的顺利实现。

动车调试是全线各设备系统基本完成单系统调试和系统静调后,进行带有动车的系统综合调试。各设备系统的安装调试工作具有时序性和逻辑性,它们有时可以同步开展,有时又互为前提条件。各设备系统的安装调试工作是动车调试的前提条件。

确定了动车调试开始的时间节点后,以上所述工作就有了明确的完成时间控制点和目标。把握住动车调试这条主线,就能理清设备系统的安装调试工作之间的逻辑关系,在工程进度管理和控制中,能够分清轻重缓急,找出影响进度的制约点,一针见血地解决问题。保证联调进度的措施:

1)要求提供完备的联调相关技术资料

在编制总联调文件前,需提供完整的设计文件、技术规格书、设计联络文件、单系统调试情况、运营管理文件(如站规、行规、应急处理预案、车务手册、车厂手册)等资料,必要时,提供重要设备的施工图。

2)规避工程进度对总联调的影响

由于城市轨道交通是多专业、多系统、多部门的系统工程,因而施工工期受各种因素的影响较大,如土建施工可能受征地、拆迁、临时电源,意外事故等的影响造成不能按期完工;机电设备系统可能因土建工期、设备供货周期等因素造成安装工期延误;车站设备因安装与土建不配套、供电跟不上等,进而延误工期。为此,地铁各参建单位应采取适当措施,避免造成整个总联调工期的延误而导致开通目标无法实现。

3)明确开通目标,适度调整总联调计划

总联调的目标是所有设备均达到设计要求,实现所有设计功能,但由于我国城市轨道交通发展较快,每个城市的轨道交通建设难以做到"合理工期",往往是土建和机电设备安装的时间推迟,在"关门工期"的计划目标下,挤占了总联调的时间。在此情况下,为保证城市轨道交通在计划时间内准时开通试运行,可将轨道交通的开通分为以下三个目标去完成。

(1)基本目标:供电(包括牵引供电和接触网)、通信、轨道、信号、列车自动防护(ATP)系统、屏蔽门等与安全行车密切相关的系统已完成联调、联试,全线已通过消防验收。

(2)争取目标:除了自动售检票系统将在试运营阶段继续调试外,其他主要车载设备和列车自动监控(ATS)系统全部实现所有设计功能。

(3)最高目标:所有系统及设备,包括列车自动驾驶(ATO)系统和自动售检票(AFC)系统全部实现设计功能。

不同的开通目标要求是不一样的,在联调开始前,业主应确定合理的开通目标,根据开通目标确定总联调计划,根据总联调的进度调整开通目标。

(1)联调咨询服务商要与业主和地铁参建单位保持密切、及时、有效的沟通。

(2)由于联调服务商在总联调实施过程中起着策划、组织、协调、进度控制和技术支持等重要作用,其与业主和地铁参建单位的有效沟通显得尤为重要,除正常的月报、周报和例会制度外,还应及时、有效的反馈总联调中存在的问题。

(3)联调成果资料的收集、记录、整理、总结。

(4)总联调成果资料的收集、记录、整理和总结十分重要,绝不能因总联调工作时间紧、任务重而怠慢和忽视。

总之,总联调是城市轨道交通项目从建设转向运营及客观评估设备系统是否全面达到合同要求的关键阶段,业主应早做策划,精心组织。联调咨询服务是一项专业化服务,为使总联调工作顺利开展,尤其是在推行"代建制"的趋势下,值得借鉴推广。

由于总联调的实施主体是各设备系统承包商、供货商,应在招投标、合同谈判、设计联络阶段约定和确认各承包商、供货商在总联调阶段的任务、时间、检测试验项目和评估标准等。

总联调数据库的建立是现代城市轨道交通由建设向运营移交的必备性数据文件,对运营部门的设备管理和维护十分必要。

城市轨道交通运营部门应积极参加总联调,逐步成为总联调的协调指挥核心,总联调是地铁公司新建线路运营人员培训和实践的重要机会。

定量化的总联调评估,如故障率统计、故障原因分析、可靠性统计、降级模式运营、满负荷运营、正点率统计、定点停车统计等,标志着总联调工作作为城市轨道交通建设项目的关键必备环节,正逐步规范化、可追溯、可评估化和专业化。

15.4.2 安全管理

联调进行过程中,必须保证设备和人员的安全;否则,不仅会造成设备损坏和人员的伤亡,同时还会因处理这些意外事故而导致联调工作的中断,影响整体进度计划,因此,在总联调工作中必须高度重视安全管理,制定完善的、行之有效的安全保证措施。

1)可能的安全隐患

城市轨道交通总联调的特点是参与的单位多、部门多、系统多、专业多,在空间不足、光线不足的隧道内,上有带电的接触网(或下有带电的接触轨),中间有以不同速度行驶的列车,加之总联调阶段,列车司机和其他工作人员还缺乏在开通运营后所具备的高度警觉性,经常发生无意识的违章和无制约的违规作业。为此,应让参试人员了解联调工作中的安全隐患及预防措施。表15-3和表15-4分别列出了调试中人身、设备安全隐患和预防措施。

调试中人身安全隐患和预防措施　　　　表15-3

地　　点	主要安全隐患	预 防 措 施
一般地点	对环境不熟悉	安排陪同人员一同前往;禁止站在大型物体下面,注意现场的规定、程序、逃生路线、防护安排等;注意根据环境穿戴合适的防护衣物
车场行车区域	列车在运行区域行驶	取得合格安全作业资格,或由符合资格的人员陪同
在路轨上或在路轨附近	列车行驶、隧道内光线昏暗	需要由符合资格的工作人员陪同;穿戴反光衣;在照明不足的地方使用手电筒
设备房间	运转的机械部件	在进入前和离开后向有关部门、人员报告
	触电	与运转的机械部件和裸露的电气设备保持安全距离
	低净空	在低净空的地方佩戴安全帽
	光线差	在照明不足的地方使用手电筒
	地滑	穿防滑鞋
密闭场地	空气不足	实行密闭场地守则
轨道限制进入区域	列车高速行驶、高压设备	实行轨道进入许可申请程序

调试中设备安全隐患和预防措施　　　　表15-4

设备主要安全隐患	预 防 措 施
车辆	列车操作守则和调度程序
列车出轨、碰撞	架车机、不落轮镟车床等车辆段维修设备就绪
车轮磨损	确保接触网冷滑试验和变电所保护试验完成
列车受电弓损伤	备品备件就绪
列车断路器损伤	车辆维修人员就绪
火灾隐患	按安全作业程序作业;必要的防火措施和设施
设备损坏	1. 按设备操作规程作业,维修工具和备品备件就绪 2. 按运营维修手册作业,设备维修人员就绪
系统受损故障	降级运营模式

2) 明确安全责任、考核人员资质

建立分级管理的安全管理组织机构,明确各部门、各岗位的安全责任,使安全责任落实到具体部门、岗位和人员。对参加联调的人员进行必要的安全培训,使之了解相关的安全管理规定和程序,对从事特殊作业的人员需要进行必要的资质考核,合格后方可上岗作业。

3) 安全检查

建立必要的安全监督和检查机制,定期对参试单位的工作进行必要的安全检查,确保各项安全规定和措施已经得到落实,及时发现安全隐患并予以更正和完善。

4) 意外及事故的报告和调查

建立畅通的意外、事故报告机制,保证任何与安全有关的意外、事故都能得到及时的通报,并对意外、事故进行有效的调查分析,制定相应的补救和改善措施。

5) 应急预案

建立联调应急预案,具体说明在发送紧急事故时应遵守的处理程序和采取的救援行动,有关行动亦需要经过模拟演练,以确保所有人员都明确整个过程。目前预见的应急预案包括:

(1) 恶劣天气

为确保对临近恶劣天气做出有效迅速反应,以降低联调工作场地安全影响,必须制订台风及暴雨应急预案。该预案可按下列指引编制:

①把所有临时构筑物、工具及零星设备固定。

②向工地所有人员示警,暂停所有现场工作。

③检查工地内各排水孔道,确保畅通。

④安排紧急修复队伍待命。

⑤台风及暴雨期间检查现场情况。

⑥恶劣天气过后检查设备损毁情况并做出报告。

⑦有关总联调项目负责人应确保受灾场地已完成妥善修复,方可恢复联调测试。

(2) 水淹应急预案

若发现工地可能遭受水淹,人员应实行以下措施:

①断开所有设备电源,以防止触电。

②保持排水孔道畅通。

③在工地最低位置安装临时水泵。

④围堵易受水淹影响的设备安装位置。

⑤在危险处张贴警告牌。

⑥指派专人检查排水孔道及临时水泵。

如隧道受水淹威胁,则执行以下措施:

①维持足够的通信设备。

②疏散隧道内所有工作人员。

③封闭所有低于水淹警戒线下的工地人口,确保没有人员仍处于该处地方工作。

④准备救援工具,如绳索等。

⑤火警应急预案。

⑥如遇火警应立即通知现场指挥及呼喊警告所有现场人员。

⑦现场指挥立即通知消防局及其他参与联调单位。

⑧所有人员停工及按指定路线逃生至工地外的集合地点。

⑨在安全情况下用现场的灭火设备扑灭火头。

⑩现场指挥须进行人员清点,确保所有人员已安全离开火警现场。

6）制订联调安全手册

在联调期间，车辆和各系统均需根据联调项目（内容）的要求，按程序进行必要的操作和相应的配合，例如：供电系统的停、送电作业程序，道旁作业或使用工程作业车作业的轨道占用程序等，这些都是保证安全作业的最基本的安全作业程序。为使安全管理程序和安全作业程序规范化、系统化，应根据不同专业的特点制定安全管理和安全作业程序手册，其包括以下文件：

（1）区间占用之请求及审批程序（包括接触网断电隔离及工程车辆要求）。

（2）隧道及站场内通信及无线电操作程序。

（3）在接触网附近工作的安全规则。

（4）事故、意外或紧急情况报告规则。

（5）列车操作守则（包括信号系统正常与异常工况下之正线运行）。

（6）牵引供电开关作业程序。

（7）道旁装置接地守则及接地设备要求。

（8）工地人员岗位及职责（包括工地现场指挥、主管、手号员、守望员等）。

（9）运行控制中心（OCC）调度员及车站调度员职责。

（10）工程车工程占用区段进出程序。

（11）工地范围的保护性装置要求（包括灯号、旗号、岔道夹等）。

（12）工地段的接收及移交程序。

（13）隧道内紧急逃生指示及程序。

（14）车辆段进出调度程序。

（15）其他轨道作业安全规则。

7）制订联调期间的轨行区管理办法

目前，我国正处在城市轨道交通快速发展时期，已批准建设地铁或轻轨的城市，都要求尽快开通运营，所以在开始进行联调时，有些系统还在轨行区进行施工或单体调试，为保证人身和设备安全，要制订严格、完善、切实可行的轨行区管理办法。

（1）总体要求

凡参建和个人在轨道区域进行作业，包括：人员行走、车辆通过、货物装卸与运输、车辆停放，或在轨道区域上空及区间泵房进行土建、装修、安装、设备调试、工具材料堆放等作业和工程检查等工作，均应参照本管理办法的规定，取得批准后，方可进入轨行区。

（2）组织机构

成立临时的轨行区管理机构，组织架构如图15-8所示。

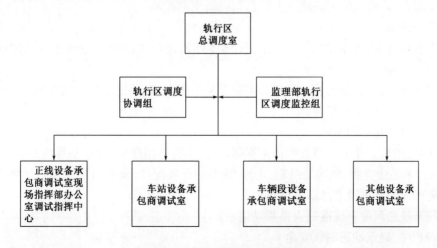

图15-8 轨行区管理机构组织架构图

（3）主要职能

①轨行区总调度室主要职责：

a. 制订轨行区施工与运输的总体工作方案。

b. 负责收集、汇总、审核、编制、发布每周调度计划、月度调度总体计划。

c. 负责审批临时变更计划，合理安排、调整轨行区作业计划及机车车辆的使用计划，检查、监督已审批计划的执行情况。

d. 负责调查、分析、处理违反施工计划的行为。

e. 负责补充完善轨行区施工与运输的管理办法、安全制度及组织措施。

②轨行区调度协调组主要职责：

a. 负责收集、汇总审核各承包商提报的轨行区施工与运输计划的合理性和可行性。

b. 负责协调管理轨行区施工与运输计划的现场实施工作。

c. 负责解决轨行区施工与运输计划执行过程中出现的各类问题。

③监理部轨行区调度监控组主要职责：

a. 负责监控管理轨行区施工与运输计划的现场实施工作。

b. 负责协调解决轨行区施工与运输计划执行工程中出现的各类问题。

④承包商调度室主要职责：

a. 线路、车站、车辆段承包商均应设置轨行区调度室。

b. 按规定细化本单位的具体施工与运输月（周）计划，按时上报总调度室。

c. 与总调度室商定所有可能采取的轨行区施工与运输安全措施。

d. 传达、贯彻总调度室公布的轨行区施工与运输计划，并监督本单位执行。

e. 调度员必须坚守岗位，与总调度室保持联络，服从总调度室的统一安排。

f. 安全管理的具体规定。

⑤承包商设立现场安全员，安全员职责如下：

a. 施工和测试人员每次进入轨行区施工前先在集合地点清点人数，做好施工前的安全教育与准备工作。

b. 确认是在批准的时间、在指定的区域内施工或调试，凭总调度室批准的施工作业令率队进场，并与调度室保持联络。

c. 负责施工区域的施工安全，确保人员和设备安全。

d. 负责事故的应急处理并及时上报。

e. 在每次撤离施工区域前负责指挥撤出保护措施、进行清道和施工场地的清洁，确保机具、材料的堆放不侵入行车限界，并确认施工或调度人员已与设备全部撤离。

⑥轨行区安全通则：

a. 任何工作不得侵入轨行区的限界范围。无调度计划命令或没有经总调度室认定的合格人员陪同，不得擅自进入轨行区。

b. 除了行车相关人员，其他人员未经授权不得登乘工程车辆、轨道车和测试车辆。

c. 不得飞乘、飞降运行中的车辆。

d. 在隧道内应提供充足的照明。

e. 未经调度室、驻站监理工程师或项目工程师许可，不得使用任何易燃、易爆物品。

f. 不得向轨行区丢废弃物，如包装纸箱、木板、废弃的设备配件、安装材料、工具、垃圾等。

g. 选用切实可行的方法对道岔口进行保护。

h. 严禁任何未经总调度室核准的人员扳动道岔。

8）细化联调程序，确保动态调试安全

车辆和各系统的动态调试是在车辆行驶的情况下进行的，涉及的系统多、单位多，可能出现事故和影响安全的隐患也多,因此必须有完善周密的联调程序,以确保人身和设备安全。

(1)车辆上线前的准备工作

①OCC行调应于联调前一日向车务部列车运用值班队队长、车厂调度员、列车司机、各车站及信号楼发布执行联调方案的调度命令及细则。

②OCC行调、车站人员按施工规定于联调前做好线路出清。

③OCC行调组织好运营前的例行检查,登记确认线路、供电、车辆、通信、信号、屏蔽门和运营人员等条件符合联调要求。

④OCC检查完成后,将有关情况向联调工作组汇报有关准备情况,由联调工作组对联调的各项先决条件进行检查确认后,由联调总指挥发布联调事实令。

(2)联调工作步骤

①提前2h使用轨道车或试验车辆以小于45km/h的速度对全线进行巡道工作,确认全线无异物侵限,无隧道积水等可能影响联调的安全隐患,并将巡道结果汇报行调。

②所有参加运营联调的人员应在联调前30min到岗就位,各参加部门确认准备工作是否全面完成。

③各车站值班站长汇报运营线路空闲,施工结束,线路出清,接触网、供电及环控系统正常。

④车场调度员汇报当日使用客车、备用客车安排及司机配备情况,行车设备及备用品齐备完好,设置车次号。

⑤各车站值班站长汇报道岔功能正常,站台无异物侵入限界,屏蔽门开关正常;客车司机在车场运转值班室(或正线换乘室)报到并办理出乘手续,与车场调度员办理客车接车手续,并按规定进行列车检查,准备出库作业。

⑥上述工作完成后,由现场总指挥下令车辆上线运行,各相关系统的联调开始。

a. OCC调度员按"行车调度员手册"发令并组织按图行车。

b. 车辆段调度员编制出库列车的列车编号序列及停放的股道,并告OCC调度员。

c. 列车司机上岗:报到,例行检查,上车,按命令,看信号动车,进入"交接线"。

d. 信号楼值班准备接车进路,按图定时间发出列车。

e. 始发站值班准备接车进站,接发列车。

f. 列车按图运行。

g. OCC行调铺画列车实际运行图(人工或ATS)。

h. 列车根据信号系统分配的车次号在车站始发、运行、停站、开关车门、屏蔽门、终点折返。

i. 行调通过中央大屏幕和ATS监督调整列车运行。

j. ATS记录打印列车的区间运行时分,车辆停站时分和列车折返时分。

(3)联调结束

①当列车在进车场前的转换轨处与车场调度联络,请示批准回车场。司机凭进场信号显示的行进信号,采用限制人工驾驶模式(最高速度20km/h)驾驶列车进入车场,停在车场调度员指定的停车处。

②司机在列车停定后,根据列车乘务人员运作手册的规定,检查列车并到车厂调度中心办理客车交收手续,到车场运转值班室填写退乘报告。

③当所有的联调列车全部进场后,由联调总指挥宣布联调结束。

(4)故障处理

联调中出现设备故障,由行调通知现场供应商的现场保驾人员,及时尽心处理,进行整改,直至达到技术要求,方可继续进行联调。对于联调中发生的设备故障处理方法如下。

①一般故障:

a. 车站一般设备故障处理由车站站务人员向OCC报告,由OCC通知供应商现场轮值维修人员进行处理。

b. 车辆一般故障处理由车辆供货商保驾人员指导司机处理车辆一般性故障,或由车辆供货商保驾人员直接处理,保持列车继续运行,并向 OCC 行调报告列车故障信息。

②重大故障:

a. 联调过程中发生线路、供电、行车设备的重大故障时,OCC 及各相关部门应按规定准备非正常情况下的行车组织,并按规定进行车辆和设备的抢修和维修。OCC 需组织暂停联调,由联调总指挥了解故障影响及处理情况后,再决定是否进行非正常情况下的行车组织,继续进行联调;OCC 值班主任按照联调总指挥的通知,组织各岗位落实执行。

b. 发生列车故障需其他列车牵引/推进救援事件时,由 OCC 通知行调调整在线列车,组织运行。

c. 联调中发生行车事故,由 OCC 立即宣布所有列车就地停止运行,报告现场指挥,现场指挥负责组织事故抢救。

③故障记录:

在联调过程中,所有参与联调人员及观察员均需对联调过程中发现的与车辆及运行有关的不正常设备表现进行记录,并汇总到联调综合组。

(5)故障对联调的影响

运行设备发生故障对联调的影响分为以下三类。

A 类:使列车不能继续运行,导致联调不能进行。

①OCC 不正常:是指 OCC 设备故障不能指挥运行。

②接触网(轨)不正常:是指接触网(轨)故障不能向列车供电。

③线路不正常:是指钢轨发生胀轨或断轨,列车不能运行。

④车辆不正常:是指车辆发生严重故障使列车不能继续运行,导致联调不能进行。

⑤信号不正常:是指信号故障,列车不能根据信号行车。

针对以上情况,只能停止联调,待故障整改验收合格后,继续进行联调后续项目。

B 类:采取代用方案,使车辆继续运行,联调继续进行,未测项目待后续项目补测。

①屏蔽门故障:联锁解除,用人工操作代替信号控制自动操作。

②牵引变故障:采用单边供电,使列车继续运行,联调继续进行。

C 类:个别区域故障待整改,但不影响列车运行,联调可继续进行,未测项目可在后续联调项目中补测。

15.4.3 质量管理

1) 质量目标管理

(1) 联调工作组首先要制定出质量控制目标,然后按照设计单位、监理单位、承包商、供应商等单位层层分解目标,将质量目标落实到具体单位、具体人和具体阶段。

(2) 定期监控调试性能指标——与质量控制标准比较——分析偏差及对目标的影响。

(3) 若出现偏差,要求责任方采取措施予以纠正。

(4) 质量目标管理体系如图 15-9 所示。

2) 质量技术保证

(1) 加强技术管理,强化技术责任制,各专业工程师应认真执行联调各项规程和技术要求标准,发现问题或隐患及时与有关单位沟通并提出整改方案。

(2) 确认影响质量的环节(质量控制点),制定检查制度,确保联调按确定的质量目标完成任务。

(3) 质量技术保证网络如图 15-10 所示。

3) 质量保证的具体措施

(1) 编制完善、行之有效的总联调工作大纲、工作细则,制定全面的设备、系统联调进度表,明确计划的里程碑节点目标。

(2) 对照国家和行业标准、设计文件,以及供货商与业主签订的合同文件,检查各系统的功能是否满足要求。

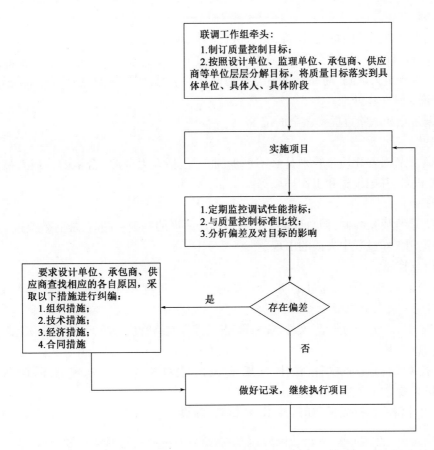

图 15-9　质量目标管理体系

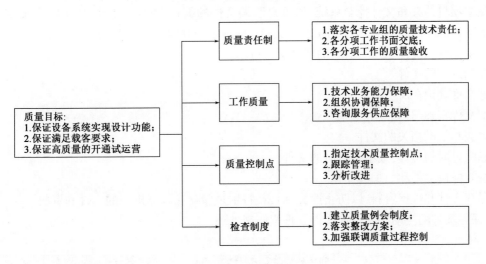

图 15-10　质量技术保证网络图

(3) 审查供货商设备单调和接口试验记录，特别是针对技术条件是否存在偏差的说明。

(4) 审查设计变更、施工变更、设备技术条件变更是否造成对设备联动功能的影响，并且通过相应的文件将这些变更记录下来，使其具有可追溯性。

(5) 总联调所使用的仪器仪表应满足国家规定要求：

①审查测量和试验设备的标定记录。

②试验设备要满足测试对象的精度要求。

③当发现测量和试验设备超出标定时，对以前的试验结果要做出是否可用的说明。

4）纠偏措施

（1）联调中发现有偏差的系统、设备，要求供货商整改后，再次进行试验；若两次试验仍不合格，则要求更换产品（或部件）。

（2）联调中发现重大缺陷，局部整改不能达到设计要求时，则要求对系统或设备进行专项审查，然后根据审查结论做进一步处理。

（3）对纠偏过程和试验过程要做全面记录。

5）资源配置

必要的资源配置对强化质量管理是必不可少的，它包括人力资源（合格的管理人员和技术人员）、相关资料、试验设备、基础设施和工作环境等。

6）信息管理

信息管理是实现质量控制，使总联调工作有条不紊开展的基础。同时，能有效改进工作过程中遇到的各种难题和控制工作过程中失误的出现。

（1）内部信息管理

①要求不遗漏、准确、及时，通过定期、不定期的例会，对进度、质量等执行情况和存在的问题进行了解检查，并及时向有关人员通报。

②建立精简、高效、统一的图纸、文件、资料管理库，建立网络管理系统，为各单位提供良好的信息服务。

（2）外部信息管理

①将政府有关工程建设的文件（法律、法规、政策）和各种技术性文件（规范、标准、规定、条例、细则等）及时向总联调参建单位进行通报。

②加强国内外新的科技成果（如新技术、新材料、新设备、新工艺等）信息的搜集、分析、应用、推广工作。

7）监理档案和文件控制系统

（1）建立项目档案和文件控制系统，做好总联调文件的编目、查阅、归档、保管和处理，使之符合国际标准化组织（International Organization for Standardization，ISO）及法定的要求。

（2）制定总联调文件、数据、资料的具体管理办法。

（3）控制发行的文件。

（4）把文件登记在册。

（5）把文件整理归档。

（6）审查和批准相关的文件。

（7）删除过时的文件，或鉴别过时的文件。

（8）有效把握文件和数据的变化。

（9）保存文件和数据资料，以防止遗失、泄密，特别是储存在计算机中的文件和资料。

（10）任何文件的变动必须根据文件管理程序来处理。

15.5 试运行阶段的管理

城市轨道交通试运行是指在城市轨道交通工程冷、热滑试验成功，系统联调结束，而进行的不载客列车运行，主要目的是对运营组织管理和设施设备系统的可用性、安全性和可靠性进行检验。此阶段由运营单位负责实施，主要是为了评估该线路空载试运行的基础条件、限界、土建工程、车辆段、设备系统、运营组织、人员与培训、应急与演练和系统测试检测等方面达到的状态，通过系统试运转、不载客列车运行、安全测试和应急演练等项目，对运营组织管理、人员培训和应急预案，以及设施设备系统的可用性、安全性和可靠性进行检验，确保开通试运营目标顺利实现。

综合运营演练在系统联调中占据非常重要的地位，这是因为：①综合运营演练可以有效检验系统联调成果;②综合运营演练是全员参与的;③综合运营演练是最好的运营培训方式;④通过综合运营演练,可以有效提高一线人员应急反应和处理能力;⑤可以对正式运营难以实现的故障模式甚至破坏性试验,进行假想故障试验演练;⑥通过综合运营演练可以有效验证和完善运营文本。

15.5.1 综合运营演练项目分类

综合运营演练项目可以分为三大类:一是系统验证测试项目;二是综合运营演练项目;三是单项实作训练项目。

1)系统验证测试项目
(1)通信动态测试。
(2)信号车辆联合测试。
(3)信号故障测试。
(4)列车安全距离测试。
(5)供电系统负荷测试。
(6)供电系统故障测试。
(7)供电系统直流短路试验。
(8)控制中心 SCADA 系统故障测试。
(9)FAS 系统联调测试。
(10)BAS 系统联调测试。

2)综合运营演练项目
(1)列车时刻表演练(三列车)。
(2)车站站台火灾演练。
(3)列车区间火灾疏散救灾演练。
(4)车站发现可疑物应急处理演练。
(5)大客流人潮控制演练。
(6)列车相撞、脱轨救援处理演练。
(7)列车压人处理演练。
(8)列车区间故障、阻塞救援综合演练。
(9)牵引供电故障演练。
(10)BAS 与 FAS 系统联动试验;消防报警试验、气体灭火试验。

3)单项实作训练项目
单项实作训练项目根据运营需要进行。

模拟载客主要完成遗留的调试内容,进行综合运营演练、空载运行、观光运行和试运行,最终检验各系统设备在地铁正常运营和事故应急情况下是否协调工作,各系统设备的技术参数能否满足运营的实际需要,并对运营维护人员进行现场实地培训,确保地铁顺利开通运营。系统联调模拟载客主要工作任务:

(1)完善相关规章制度。
(2)制订及列出未完成的联调工作文件及完善计划。
(3)联调技术参数的提交。
(4)完善运营前的全系统可靠性、安全性和功能性评估论证报告。
(5)完成试验条件成熟时的补充试验工作。
(6)联调、全系统模拟运行补充试验。
(7)区间观光试运行。
(8)全线载客商业试运行。

15.5.2 组织实施

1)建立试运行组织架构

首先,运营单位应成立试运行组织架构,明确分工,确保试运行的顺利实施,具体的组织架构可以与联调参考联调阶段的组织架构,也可参考如下架构设置试运行领导组。

组长:对试运行全过程、全方位的领导,对试运行工作进行策略性指导,定期召开试运行联席会议,对试运行中出现的重大问题进行分析,做出决策。

副组长:配合组长组织落实试运行期间整体任务,包括行车组织、施工管理、应急处理、故障维修等,确保试运行顺利完成。

组员:全面组织和协调各单位圆满完成试运行任务,负责督促试运行整体进度,确保任务目标完成。

试运行参与单位:建设单位、运营部门及各参建单位。

2)编制试运行计划

运营单位应按照试运营标准运行图,并结合既有线路的首末班车时间,筹划开通试运营版本列车运行图,共两版,分别为假日图和平日图,确定好首末班车的发车时间及发车车次,分别在周末及平日发出不等的车次,进行为期不少于3个月的不载客试运行。在此阶段严格按照运营的标准要求组织列车,并形成运行图、突发事件、故障报修等记录,根据记录情况统计出兑现率、正点率、屏蔽门故障率、供电系统故障率、列车退出正线运营故障率以及列车服务可靠度等,由组织试运行的单位(即运营单位)提供城市轨道交通试运行的情况报告,包括试运行基本情况、设施设备可靠性和故障率情况等。

试运行的情况报告应符合《城市轨道交通试运营基本条件》(GB/T 30013—2013)的要求。

(1)列车运行图兑现率:不应低于98.5%。

(2)列车正点率:不应低于98%。

(3)列车服务可靠度:全部列车总行车里程与发生5min以上延误次数之比不应低于2.5万列km/次。

(4)列车退出正线运营故障率:不应高于0.5次/万列km。

(5)车辆系统故障率:因车辆故障造成2min以上晚点事件次数应低于5次/万列km。

(6)信号系统故障率:不应高于1次/万列km。

注:信号系统故障,即列车无法以自动防护模式运行、部分区段无速度码或发生道岔失去表示的情况。

(7)供电系统故障率:不应高于0.2次/万列km。

注:供电系统故障,即造成部分区段失电或单位供电的供电故障。

(8)屏蔽门故障率:不应高于1次/万次。

3)试运行完成后设备系统应达到的状态

(1)车辆

①车辆的选型、制式、列车编组应符合设计要求,车辆广播、车门等设备故障率较低且稳定,上线列车应预验收合格。

②车辆及车载信号设备的安装、测试满足设计、合同、接口文件等相关要求,并结合空载试运行,实现车载信号和地面信号系统行车相关的全部功能,故障率较低且稳定。

(2)供电系统

①供电电缆。

供电电缆规格、型号应符合设计要求,各变电所开关设备连接,各类标识清晰,供电电缆在受电之前,应按有关验收规程通过耐压试验,现场各项试验报告齐全,并竣工验收合格。

②变电所。

主变电所、牵引变电所、降压变电所内高低压开关框、主变压器、整流变压器、整流器、动力变压器、直流开关柜、继电保护、变电所综合自动化、交直流电源屏、轨道电位限制装置、电缆等设备和材料的规格型号应符合设计要求,并竣工验收合格。

变电所内各类设备和材料在受电之前,应按有关验收规程完成材料测试、设备单体调试及与相关系统的联调、直流牵引系统的短路试验等试验,并提供齐全的现场各项试验报告、试验记录和继电保护整定计算书等,应配齐与操作安全相关的设施和标志,并按要求接地。

③接触网。

沿线接触网支柱、导线、汇流排、隔离开关、分段绝缘器、下锚装置、绝缘子、避雷器等设备和材料的规格、型号应符合设计要求,并竣工验收合格。

接触网各类设备和器材在受电之前,应按有关验收规程完成材料的测试、设备单体调试等试验,并提供齐全的现场各项试验报告、试验记录。

应有冷滑试验、短路试验、检查缺陷及处理的相应记录。

应有防雷接地系统,并已通过相关部门的验收。

④杂散电流腐蚀防护系统。

杂散电流腐蚀防护系统的参比电极、排流装置、单向导通装置、监测系统等设备和材料的规格、型号应符合设计要求,并竣工验收合格。

杂散电流腐蚀防护系统各类设备和器材,应按有关验收规程完成材料的测试、设备单体调试、系统联调等试验,并提供齐全的现场各项试验报告、试验记录。

(3)综合监控系统(含 BAS)

①综合监控系统的功能满足设计文件要求现场各项试验报告齐全,并竣工验收合格。

②电力监控系统的变电所综合自动化装置、网络服务器、数据服务器等设备和材料的规格、型号应符合设计要求,并竣工验收合格。

③电力监控系统各类设备和器材,应按有关验收规程完成材料的测试、设备单体调试、系统联调等试验,并提供齐全的现场各项试验报告、试验记录。

④BAS 系统各种压力传感器、温湿度传感器、压差传感器及电量传感器、空气质量传感器等设备应合理布局、安装牢固、并验收合格。

⑤BAS 主电源应满足功能要求,标志明显、自动切换正常,主电源和备用电源容量应符合设计要求,并验收合格。

⑥BAS 控制器内不同等级电压、电流的端子应分设。线型应符合设计要求,配线整齐、牢固,并验收合格。

(4)信号系统

①应完成轨旁、控制中心、车辆基地及车载信号设备的安装及单体调试,并验收合格。

②应完成系统联调,并有完整的调试方案、测试报告和系统可投入运行的安全证书。

③应确保控制中心和车站间、地面设备和车载设备间安全控制信息传递无误,联动准确。至少应具备完整的 ATP 功能和基本的 ATS 功能,具备 ATO 功能。

(5)通信系统

①通信有线综合传输网功能应符合设计要求,并验收合格。

②通信无线综合传输网功能应符合设计要求,并验收合格。

③调度电话、公务电话、无线通信、视频监控、广播、时钟等通信设施应符合有关规定和设计要求,并竣工验收合格。

(6)通风空调系统

①通风、排风风管漏光、漏风检测及风量温度测量。通风空调设备应进行单机试运转,并验收合格。

②完成防排烟系统检测。

③通风空调系统应按设计规定的运行方式进行无负荷联合运行,并验收合格。

(7) 给排水和消防系统

①给排水和消防系统应符合设计要求,给水管道应经试压、冲水试验检查,排水系统经试运转,并验收合格。

②完成强度严密性试验,管道冲洗、灌水试验、通水试验、通球试验、设备单机试运转,消防栓试射试验。

③车站消防安全设施应经主管部门验收合格并同意使用。

(8) 动力照明系统

①完成电气设备空载试运行,电气绝缘电阻测试,漏电开关模拟试验,建筑物照明通电试运行,接地电阻测试。

②动力照明系统的配电箱、控制柜、灯具、指示标志等设备和材料的规格、型号应符合设计要求,并采用节能型产品,且竣工验收合格。

③动力照明系统各类设备和器材,应按有关验收规程进行材料的测试、设备单体调系统联调等,应急照明、UPS 系统按规定配齐,并提供齐全的现场各项试验报告、试验记录。

④车站及区间照明系统的照度应达到规范要求并验收合格。

⑤事故照明系统应符合设计要求,并验收合格。

(9) 火灾报警系统(FAS)

①应具备各种感温和感烟探测器、模块、手动报警器、紧急电话机及插孔等设备,布局合理,验收合格。

②气体灭火系统功能已全部实现,气体灭火报警控制器已全部投入使用,并连续 24h 不间断工作,无误报、漏报记录;气体灭火管网无泄漏现象,钢瓶无漏压记录。

③火灾模式调试完成,无误动作现象。

④中央系统控制全线火灾联动功能齐全,指令下达应及时准确,并验收合格。

⑤试运营时启动的生产辅助设施应同步实施,并验收合格。

⑥通过政府消防部门的专项验收。

(10) 自动售检票(AFC)系统

①应满足本市轨道交通网络"一票换乘"的要求。

②完成点对点联通性测试、文件传输测试、带宽测试、链路冗余切换测试。

③AFC 系统网络通信配置及通信专业提供给 AFC 系统的传输通道及网络系统达到设计要求,车站 AFC 系统与 LC 系统直接的网络稳定性和带宽能够满足实际运营需要。

④综合后备盘(Integrated Backup Panel,IBP)启动紧急释放按钮后,可以向所有设备发紧急放行的命令,同时所有设备都可以执行紧急放行的命令;恢复紧急按钮后,可以恢复所有设备的正常运行。

⑤设备连续运行 144h 测试完成。

⑥实现火灾或其他紧急情况时,FAS 自动联动 AFC 系统完成打开闸机的功能,或在车站控制室 IBP 上通过手动方式向自动售检票系统发出指令打开自动售检票闸机,同时返回状态。

(11) 车站安全门

①完成各车站 5000 次可靠性试验,门体运行基本正常。

②完成与车辆、信号联动、联锁调试。

③完成与综合监控系统的点对点调试,具备通过综合监控系统人机界面实时反应安全门/应急门的每道门的状态及报警的功能。

④完成竣工验收。

(12) 自动扶梯及电梯

完成电扶梯设备单体调试及政府验收,所有设备运转正常。IBP 盘对应电扶梯运行、停梯及故障状态显示正确,具备与 BAS 联动的条件。

最后由政府主管部门对运营单位提供的试运行工作组织情况、运营方案和试运行情况报告进行评估,评估通过后,方能进行载客的试运营阶段;若评估未能获得通过,需要继续进行试运行,并改正存在的问题,直至合格。

15.6 典型案例

该部分内容详见二维码。

扫码下载

第16章

验收管理

工程质量验收(Quality Acceptance of Project)是依据相关法规对城市轨道交通工程质量组织的验收。验收内容包括城市轨道交通工程建设项目的建筑工程、桥梁工程、隧道工程、轨道工程、车辆工程、设备系统安装工程等。工程专项验收(Special Items Acceptance of Project)是依据相关法规对城市轨道交通工程进行的专项验收,包括城市轨道交通工程建设项目的消防、规划、人防、安全、节能、环保、档案等内容。

各参建单位必须依据《中华人民共和国建筑法》《建设工程质量管理条例》《城市轨道交通工程安全质量管理暂行办法》以及相关法律、法规和标准,认真组织工程质量验收。验收工作实行安全质量一票否决制,对达不到国家验收标准、地方标准以及设计要求或合同约定,影响使用功能和安全的,不得进行竣工验收。

国务院住房和城乡建设主管部门对全国城市轨道交通建设工程验收实施统一监督管理。县级以上地方人民政府住房和城乡建设主管部门负责本行政区域内城市轨道交通建设工程验收的监督管理,具体工作可委托所属工程质量监督机构实施。县级以上地方人民政府有关部门按照法律法规规定负责相关的专项验收。

在整个验收过程中,若参与工程验收的建设、勘察、设计、施工、监理等各单位不能形成一致意见时,应当协商提出解决的方法,待意见一致后,重新组织验收。同时,住房和城乡建设主管部门或其委托的工程质量监督机构应当对各验收阶段的组织形式、验收程序、执行验收标准等情况进行现场监督,发现有违反建设工程质量安全管理规定行为的,责令改正,并出具验收监督意见。

施工单位应在竣工验收合格后,签订工程质量保修书,自竣工验收合格之日开始履行质保义务。建设单位应在竣工验收合格之日起15个工作日内,将竣工验收报告和相关文件,报城市建设主管部门备案。

16.1 概述

城市轨道交通建设工程验收分为单位工程验收、项目工程验收、竣工验收三个阶段。

(1)单位工程验收是指在单位工程完工后,检查工程设计文件和合同约定内容的执行情况,评价单位工程是否符合有关法律法规和工程技术标准,是否符合设计文件及合同要求,对各参建单位的质量管理进行评价的验收。单位工程划分应符合国家、行业等现行有关规定和标准。

(2)项目工程验收是指各项单位工程验收后、试运行之前,确认建设项目工程是否达到设计文件及标准要求,是否满足城市轨道交通试运行要求的验收。

(3)竣工验收是指项目工程验收合格后、试运营之前,结合试运行效果,确认建设项目是否达到设计目标及标准要求的验收。

另有专项验收是指为保证城市轨道交通建设工程质量和运行安全,依据相关法律法规由政府有关部门负责的验收。

城市轨道交通建设工程所包含的单位工程验收合格且通过相关专项验收后,方可组织项目工程验收;项目工程验收合格后,建设单位应组织不载客试运行,试运行三个月,并通过全部专项验收后,方可组织竣工验收;竣工验收合格后,城市轨道交通建设工程可履行相关试运营手续。

16.2 验收内容和程序

16.2.1 单位工程验收

1)单位工程验收的条件

(1)完成工程设计和合同约定的各项内容,对不影响运营安全及使用功能的缓建项目已经相关部门同意。

(2)质量控制资料应完整。

(3)单位工程所含分部工程的质量均应验收合格。

(4)有关安全和功能的检测、测试和必要的认证资料应完整;主要功能项目的检验检测结果应符合相关专业质量验收规范的规定;设备、系统安装工程需通过各专业要求的检测、测试或认证。

(5)有勘察、设计、施工、工程监理等单位签署的质量合格文件或质量评价意见。

(6)观感质量应符合验收要求。

(7)住房和城乡建设主管部门及其委托的工程质量监督机构等有关部门责令整改的问题已经整改完毕。

施工单位对单位工程质量自验合格后,总监理工程师应组织专业监理工程师,依据有关法律、法规、工程建设强制性标准、设计文件及施工合同,对施工单位报送的验收资料进行审查后,组织单位工程预验。单位工程各相关参建单位须参加预验,预验程序可参照单位工程验收程序流程图,如图 16-1 所示。

单位工程预验合格、遗留问题整改完毕后,施工单位应向建设单位提交单位工程验收报告,申请单位工程验收。验收报告须经该工程总监理工程师签署意见。

单位工程验收由建设单位组织,勘察、设计、施工、监理等各参建单位的项目负责人参加,组成验收小组。

建设单位应对验收小组主要成员资格进行核查。

建设单位应制定验收方案,验收方案的内容应包括验收小组人员组成、验收方法等。方案应明确对工程质量进行抽样检查的内容、部位等详细内容,抽样检查应具有随机性和可操作性。

建设单位应当在单位工程验收 7 个工作日前,将验收的时间、地点及验收方案书面报送工程质量监督机构。

2)单位工程验收的内容和程序

(1)建设、勘察、设计、施工、监理等单位分别汇报工程合同履约情况和在工程建设各环节执行法律、法规和工程建设强制性标准的情况。

(2)验收小组实地查验工程质量,审阅建设单位、勘察单位、设计单位、监理单位、施工单位的工程档案资料,并形成验收意见。查验及审阅至少应包括以下内容:

①检查合同和设计相关内容的执行情况。

②检查单位工程实体质量(涉及运营安全及使用功能的部位应进行抽样检测),检查工程档案资料。

③检查施工单位自检报告及施工技术资料(包括主要产品的质量保证资料及合格报告)。

④检查监理单位独立抽检资料、监理工作总结报告及质量评价资料。

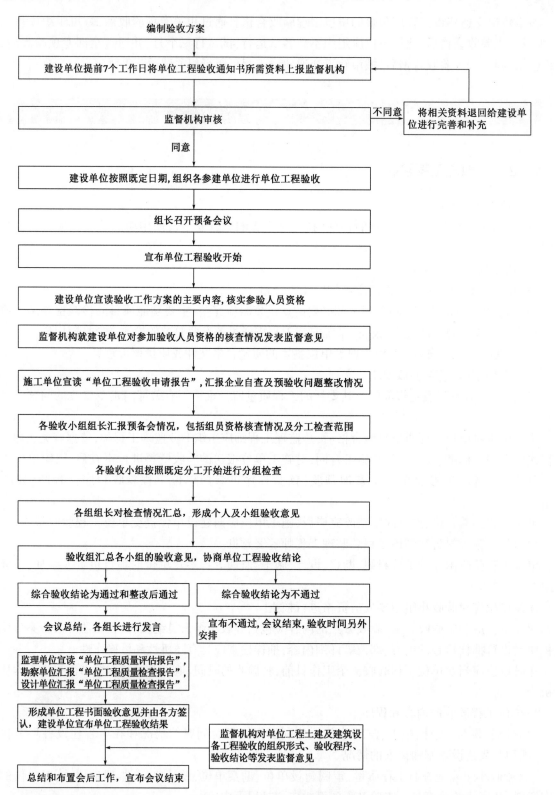

图 16-1 单位工程验收程序流程图

单位工程验收时,对重要分部工程应核查质量验收记录,进行质量抽样检查,经验收记录核查和质量抽样检查合格后,方可判定所含的分部工程质量合格。单位工程质量验收时,可委托第三方质量检测机构进行工程质量抽测。

(3)工程质量监督机构出具验收监督意见。

当一个单位工程由多个子单位工程组成时,子单位工程质量验收的组织和程序应参照单位工程质量验收组织和程序进行。

16.2.2 项目工程验收

1)项目工程验收的条件

(1)项目所含单位工程均已完成设计及合同约定的内容,并通过单位工程验收。对不影响运营安全及使用功能的缓建、缓验项目已经相关部门同意。

(2)单位工程质量验收提出的遗留问题、住房城乡建设行政主管部门或其委托的工程质量监督机构责令整改的问题已全部整改完毕。

(3)设备系统经联合调试符合运营整体功能要求,并已由相关单位出具认可文件。

(4)已通过对试运行有影响的相关专项验收。

城市轨道交通建设项目工程验收工作由建设单位组织,各参建单位项目负责人以及运营单位、负责专项验收的城市政府有关部门代表参加,组成验收组。

建设单位应对验收组主要成员资格进行核查。

建设单位应制定验收方案,验收方案的内容应包括验收组人员组成、验收方法等。

建设单位应当在项目工程验收7个工作日前,将验收的时间、地点及验收方案书面报送工程质量监督机构。

2)项目工程验收的内容和程序

(1)建设单位代表向验收组汇报工程合同履约情况和在工程建设各环节执行法律、法规和工程建设强制性标准的情况。

(2)各验收小组实地查验工程质量,复查单位工程验收遗留问题的整改情况;审阅建设单位、勘察单位、设计单位、监理单位、施工单位的工程档案和各项功能性检测、监测资料。

(3)验收组对工程勘察、设计、施工、监理、设备安装质量等方面进行评价,审查对试运行有影响的相关专项验收情况;审查系统设备联合调试情况,签署项目工程验收意见。

(4)工程质量监督机构出具验收监督意见。

城市轨道交通建设工程自项目工程验收合格之日起可投入不载客试运行,试运行时间不应少于3个月。

16.2.3 竣工验收

1)竣工验收应的条件

(1)项目工程验收的遗留问题全部整改完毕。

(2)有完整的技术档案和施工管理资料。

(3)试运行过程中发现的问题已整改完毕,有试运行总结报告。

(4)已通过规划部门对建设工程是否符合规划条件的核实和全部专项验收,并取得相关验收或认可文件;暂时甩项的,应经相关部门同意。

城市轨道交通建设工程竣工验收由建设单位组织,各参建单位项目负责人以及运营单位、负责规划条件核实和专项验收的城市政府有关部门代表参加,组成验收委员会。省、自治区、直辖市住房城乡建设主管部门应当加强对本行政区域内城市轨道交通建设工程竣工验收的监督。

建设单位应对验收组主要成员资格进行核查。

建设单位应制定验收方案,验收方案的内容应包括验收委员会人员组成、验收内容及方法等。

验收委员会可按专业分为若干专业验收组。

建设单位应当在竣工验收7个工作日前,将验收的时间、地点及验收方案书面报送工程质量监督机构。

2）竣工验收的内容和程序

（1）建设、勘察、设计、监理、施工等单位代表简要汇报工程概况、合同履约情况和在工程建设各环节执行法律、法规和工程建设强制性标准的情况。

（2）建设单位汇报试运行情况。

（3）相关部门代表进行专项验收工作总结。

（4）验收委员会审阅工程档案资料、运行总结报告及检查项目工程验收遗留问题和试运行中发现问题的整改情况。

（5）验收委员会质询相关单位，讨论并形成验收意见。

（6）验收委员会签署工程竣工验收报告，并对遗留问题做出处理决定。

（7）工程质量监督机构出具验收监督意见。

16.3 接口管理

接口管理工作应贯穿建设全过程，工程建设各阶段应根据各阶段工作目标和工程建设具体情况确定接口管理工作内容的重点。验收阶段地方政府宜成立城市轨道交通建设统一协调、统一指挥的专门机构，组织各有关部门对城市轨道交通建设的接口协调和相关配合支持工作。建设管理单位应组织建立接口管理体系，健全接口管理规章制度，建立沟通与协调途径、方式和争议解决机制。

16.3.1 接口管理的内容

接口管理工作可分为内部接口管理和外部接口管理。其中，内部接口管理工作涉及建设管理单位与建设单位间内部各专业间协调的工作。外部接口管理是指验收过程中与外部政府职能部门之间的技术接口，外部接口的对象主要有市区规划、国土、市政、建设、卫健委、园林、环保、城管、交通、消防、人防、质量监督管理、安全监督管理、公安、供电、供水和电信等公用事业有关部门。内部接口确认可采用授权、会议、文件、会签、检查、项目进展报告等方式。外部接口确认可采用文件、会签、传真、会议和项目进展报告等方式。城市轨道交通工程验收主要接口具体内容见表16-1。

城市轨道交通工程验收主要接口具体内容　　　表16-1

工程名称	接口内容	地方政府机关	建设单位主责部门
卫生专项验收	负责站内管网施工开始后对空调、空气、饮用水等项目的检测工作给予指导，与建设单位沟通确定第三方检测单位，并按时间节点完成消防专项验收	市卫健委	设备部
消防专项验收	对可开展的平行验收工作可行性给予建设单位指导，并按时间节点完成消防专项验收	消防部门或建委	设备部
特种设备专项验收	与建设单位对接，对轨道交通特种设备检测及验收流程给予指导，验收合格后颁发《特种设备使用登记证》《电梯使用标志》	市质监局	设备部
人防专项验收	协助建设单位，协调省（自治区、直辖市）级人防质量监督站，完成项目的人防质量监督报告，在此基础上完成人防行政验收备案	市人防办	设备部
防雷专项验收	负责对综合接地网、电子信息系统设备接地、浪涌保护器的设置等进行验收	市建委	设备部

续上表

工程名称	接口内容	地方政府机关	建设单位主责部门
安防专项验收	负责对安防平台、安检设备、门禁系统、紧急求助、视频会议、警务监督等进行验收,验收合格后签发《安防设施验收意见书》	市公安局	设备部
规划验收	按照《建设工程规划许可证》中规定的内容,核验城市轨道交通各建筑物面积、层数、限制高度、主要平面尺寸、平面位置坐标等	市规划局	规划设计管理部
环保专项验收	按照环境影响评价报告、补充环境影响评价报告等内容,查验城市轨道交通工程项目建设中需要落实的环保工程或措施是否满足环保要求。查验的主要包括噪声、震动、污水、固体废弃物等	市生态环境局	规划设计管理部
档案专项验收	协助建设单位档案专项验收工作的具体范围、标准、流程及要求	市城建档案馆	档案室
运营设备设施验收	负责对各专业运营设备和设施进行验收	市建委或交委	设备部
建筑节能验收	负责对线路、车辆、建筑、供电及照明系统、通风空调系统、信号系统、给排水系统、电扶梯系统、自动售检票系统、综合监控系统、安防系统等内容进行节能验收	市建委	规划设计管理部
无障碍验收	负责对车站无障碍出入口等进行验收	市建委	安质部
供电设备验收	建设单位根据电力部门相关规定,会同供电公司,对主变电站房屋建筑、主变电站电气设备安装组织验收。验收合格后签发"发电启动会议纪要",正式送电	国网供电公司	设备部

16.3.2　接口管理的措施

(1)组织制订系统的项目验收接口管理方案,明确各参建单位的接口管理权责分工和阶段目标。

(2)合理设置标段和合同包,在招标文件和合同文件中明确接口管理的界面与职责;组织编制工程接口管理文件,明确各系统间的接口任务。

(3)建立接口检查的标准和管理要求,检查和确认项目接口管理情况,发现问题及时要求整改;加强对系统结合部位、系统联调、试运行的接口管理。

16.4　专项验收

16.4.1　工程规划专项验收

1)工程规划专项验收的条件
(1)取得"建筑设计红线图"。
(2)取得"建设工程规划许可证"。
(3)有审批通过的建设工程立面色彩方案图。

(4) 工程已基本完工并完成工程现状测绘（测绘院）。
(5) 工程已基本完工并完成竣工地形图的测绘（测绘院）。
(6) 取得"档案接收证明书"（档案馆）。
(7) 取得建设工程竣工消防验收意见书。
(8) 施工临建（构）筑物等拆除完毕（未拆除完毕的，写保证函）。

2) 规划专项验收申请所需要的资料

(1) "竣工验收认可书申请表"。
(2) 申请单位法人委托书（原件1份）及委托代理人身份证。
(3) 定验线记录册。
(4) 规划主管部门核发的建筑设计红线。
(5) 现场竣工测量对比图，征迁蓝线范围内涉及拆迁的，应有规划部门现场勘查后确认已完成拆除工作的确认单。
(6) 立面色彩实施审核确认单。
(7) 城建档案接收证明书。
(8) 与项目相关的批文、图件等资料。

3) 规划专项验收的内容及流程

(1) 规划专项验收内容。

按照"建设工程规划许可证"中规定的内容，核验地铁各建筑物面积、层数、限制高度、主要平面尺寸、平面位置坐标。

(2) 规划专项验收流程如图16-2所示。

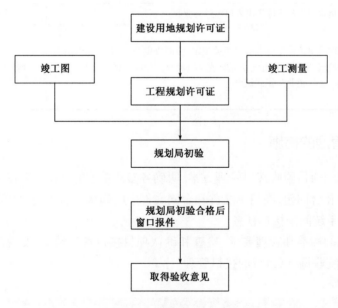

图16-2 规划专项验收流程图

16.4.2 消防专项验收

1) 消防专项验收需具备的条件

(1) 申请消防验收的工程必须竣工（包括土建、消防系统、装修等工程）。
(2) 消防自控系统及设施功能均已调试并正常运行。
(3) 建设管理单位项目负责人组织设计单位负责人、监理单位总监理工程师、施工单位项目负责人等进行验收，验收合格。

(4)准备必要的验收器材。

2)消防专项验收申请所需要的资料

(1)建设管理单位消防验收申请函。

(2)建筑工程消防验收申报表。

(3)消防设计审核意见书。

(4)消防产品及防火材料相关资料(3C认证证书、型式认可证书或型式检验报告或强制检验报告)。

(5)建筑、装修、消防系统的工程竣工图,包括：

①建筑图纸:总平面图、能反映建筑高度的立面或剖面图。

②装修图:装修剖面布置图、天花图、能反映地面及墙面装修材料的图纸。

③消防系统图:消防剖面布置图、系统图、室内外消防给水图、水泵房及屋顶水箱平面图、气体灭火系统平面图、火灾自动报警联动控制系统的逻辑关系图及说明书原件。

(6)施工单位提供的"消防系统施工资质证书"。

(7)钢结构防火喷涂施工记录及检测报告。

(8)隐蔽工程验收记录。

(9)建筑工程消防设施检测报告。

(10)其他资料:

①火灾自动报警系统竣工调试报告。

②自动喷水灭火系统及室内消火栓系统:试压记录表、管网冲洗记录、联动试验记录表。

③气体灭火系统:灭火剂输送管道试验记录。

④建筑工程消防设施分部工程验收记录。

⑤相关文件、记录、资料等清单。

3)消防专项验收的内容及流程

(1)消防专项验收内容

①总平面布局和平面布置中涉及消防安全的防火间距、消防车道、消防水源等。

②建筑火灾危险性类别和耐火等级。

③建筑防火防烟分区和建筑构造。

④安全疏散和消防电梯。

⑤消防给水和自动灭火系统。

⑥防烟、排烟和通风、空调系统。

⑦消防电源及其配电。

⑧火灾应急照明、应急广播和疏散指示标志。

⑨火灾自动报警系统和消防控制室。

⑩建筑内部装修情况。

⑪建筑灭火器配置。

⑫国家工程建设标准中有关消防安全的其他内容。

⑬查验消防产品有效文件和供货证明。

(2)消防专项验收重点

①检查竣工图纸、资料和"建筑工程消防验收申报表"的内容是否与工程一致。

②检查"建筑工程消防设计审核意见书"中提出的消防问题,在工程中是否予以整改。

③检查各类消防设施,设备的施工安装质量和性能。

(3)消防专项验收的流程

消防专项验收工作流程如图16-3所示。

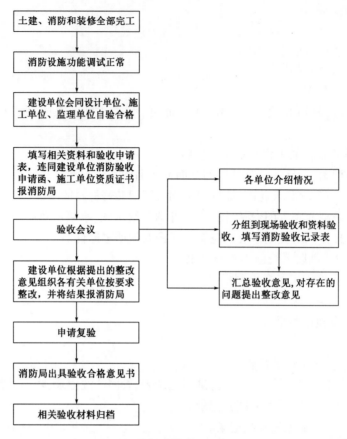

图 16-3　消防专项验收工作流程图

（4）消防专项验收会议

①会议准备。

由建设单位确定会议地点，并做好会议准备工作。

②参会单位。

政府公安消防主管部门、建设单位、消防检测单位、设计单位、施工单位、监理单位、设备供货商、设备服务商。

③会议组织。

由建设单位组织，包括：

a. 向各相关单位发送验收通知、验收工作安排。

b. 组织相关单位准备验收会议汇报材料。

c. 对参加消防验收人员进行分组、分工，以及其他相关配合事宜。

d. 验收时配合公安消防部门检查工作。

16.4.3　人防工程专项验收

1）人防工程专项验收具备的条件

人民防空工程应当符合设计要求和下列验收条件：

（1）工程结构完好。

（2）工程内部整洁，无渗漏水。

（3）防护密闭设备、设施性能良好，供电、供水、排风、排水系统工作正常。

（4）金属、木质部件无锈蚀或者损坏。

(5)内部装饰材料符合防火技术规范要求。
(6)进出口道路畅通,孔口伪装设施完好。
(7)防护区与非防护区结合部的穿墙管线密闭处理符合要求。
(8)关键部位和隐蔽工程的施工记录、竣工资料齐全、合格。
(9)法律、法规、规章规定的其他条件。

2)人防工程竣工验收备案所需要的资料

建设单位向人民防空主管部门提交下列资料:
(1)申请验收防空地下室工程的报告。
(2)人防工程技术档案。
(3)经人民防空主管部门审批的施工图设计文件。
(4)防空地下室竣工图纸。
(5)设计变更、技术交底会议记录。
(6)防空地下室隐蔽工程的施工记录。
(7)其他有关资料。

人民防空主管部门应当根据建设单位提供的资料进行审查,并在收到资料之日起10个工作日内出具验收意见书。经验收合格的,建设单位应当将工程竣工技术文件档案一式两份送交人民防空主管部门归档,并由人民防空主管部门核发人民防空工程专业验收合格证明,作为该项目竣工验收的备案资料。

3)人防工程的实施与验收程序

人防工程中的土建、机电设备安装工程按轨道交通工程线路(或线路开通阶段)划分单位工程实施与验收。人防工程中人防防护设备安装单独为一单位工程,由建设单位按工程项目正常管理实施,其分部工程验收由建设管理单位工程管理部门主持,人防监理组织,会同人民防空主管部门、建设管理单位、运营管理单位及其他参建单位共同验收;单位工程验收由建设单位主持,会同人民防空主管部门、城市建设档案管理机构、运营管理单位、竣工验收专业组及其他参建单位共同验收(图16-4)。

图 16-4　人防专项验收流程图

16.4.4　卫生工程专项验收

1)卫生专项验收应具备的条件
(1)建设项目工程按照设计文件和合同约定完工。
(2)建设项目工程中的公共场所卫生设施完成安装调试并通过验收。
(3)公共场所卫生设施投入运营前,委托有资质的卫生技术服务机构出具卫生学评价报告。

2)卫生专项验收申请所需要的资料
(1)建设项目竣工卫生学验收申请表。
(2)建设项目卫生学预评价报告及卫生审核意见书。
(3)建设项目设计卫生审查认可书。
(4)空气质量检测报告。
(5)有资质的技术服务机构出具的卫生学评价报告。
(6)政府卫生主管部门要求的其他资料。

3)卫生专项验收的内容及流程
(1)验收内容

给水水质检测(末梢水),卫生防疫(消杀灭),空调送风质量检测(运营客流量达到正常值、气候条件满足时做空调送风质量检测)。

(2)验收的流程

建设项目卫生专项验收流程如图16-5所示。

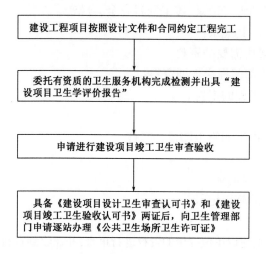

图16-5 建设项目卫生专项验收流程图

4)办理卫生许可证所需要的资料

(1)卫生许可证申请表。

(2)法定代表人或经营负责人的身份证明复印件。

(3)建设项目设计卫生审查认可书。

(4)建设项目竣工卫生验收认可书。

(5)卫生管理规章制度、卫生管理岗位责任制材料。

(6)公共场所集中空调通风系统卫生学评价及验收监测报告书。

(7)各类场所经营过程中可能产生的污染环节以及控制污染的条件和措施说明。

(8)生产经营场地合法使用权属证明。

16.4.5 环境保护专项验收

1)环境保护专项验收应具备的条件

(1)建设项目工程按照设计文件和合同约定完工。

(2)建设项目工程的环境保护设施完成安装调试,并通过质量验收。

(3)环境保护设施投入使用后,建设项目工程的噪声、污水排放等达标,列车运行产生的振动对沿线敏感点无大影响。

(4)建设项目工程环境影响报告书批复中提出的环保措施已完成。

2)环境保护专项验收所需的资料

(1)环保工程设计文件

①可行性研究报告批复意见。

②总体设计审查意见。

③初步设计(环境保护篇)。

(2)工程建设前期环保审批文件

①建设项目工程环境影响报告书及各级政府批复意见。

②设计、施工阶段环境保护工作要求。

③设计、施工阶段环境保护工作建议。

(3)环境保护设施资料

①减振轨道(如内置式钢弹簧浮置板和轨道减振器扣件)。

②车辆段污水处理间竣工图。

③车辆段污水处理流程图。

④车辆段室外环境绿化质量评估报告。

⑤车辆段食堂油烟治理方案。

⑥线路穿越敏感建筑一览表。

⑦风亭情况一览表。

⑧各类轨道铺设地段表。

⑨线路示意图。

⑩车辆段平面布置图。

⑪线路平面图。

(4)环境监理单位需提供的资料

①工程环境监理办法。

②环境监理培训教材。

③工程施工期环境监理规划。

④工程环境监理工作日志。

⑤施工期环境监理年报。

⑥施工期环境监理报告。

(5)施工期环境管理资料

①工程建设安全生产文明施工管理办法。

②淤泥、渣土排放统计情况。

③施工期环境监测结果报告。

(6)运营期环境管理资料

①工程环境管理工作运行控制程序。

②车辆段生活污水处理系统操作手册。

③车辆段生产污水处理系统操作手册。

④运营管理单位绿化工作管理标准。

⑤运营管理单位卫生管理规定。

⑥运营管理单位保洁质量标准。

⑦关于废弃物资的相关证明材料。

3)环境保护专项验收工作内容及流程

(1)验收的内容

按照环境影响评价报告、批复文件等相关资料,核查项目建设内容、建设规模、项目变更等需要落实的环保工程或措施,确定验收工作范围及内容,包括噪声、振动、电场磁场、废气、废水、固体废物与建设项目有关的各项环境保护设施(主要为防治污染和保护环境所建成或配备的工程、设备、装置,各项生态保护设施)。

(2)验收流程

环境保护专项验收工作流程,如图16-6所示。

4)向国家环保管理部门申请备案

国家、省(自治区、直辖市)、市环保部门对工程的环保设施进行检查评估,并确认环保措施落实后,发出工程竣工环保验收批复书。

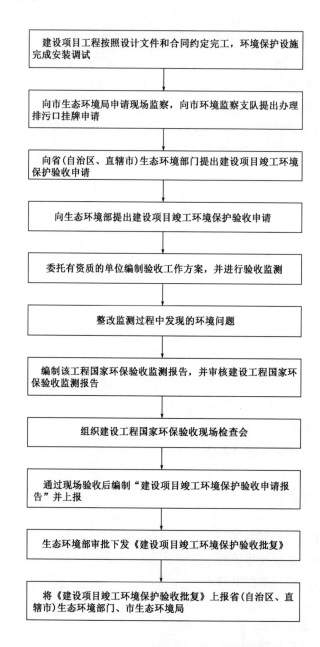

图 16-6　环境保护专项验收工作流程图

16.4.6　其他专项验收

1）特种设备专项验收
(1) 验收内容：验收自动扶梯、无机房电梯、自动人行道、起重机等设备。
(2) 验收合格后的成果文件：特种设备使用登记证、电梯使用标志。
(3) 验收流程：特种设备专项验收工作流程如图 16-7 所示。

2）工程档案专项验收
(1) 验收内容：基建文件（A 类）、监理资料（B 类）、施工资料（C 类）（含竣工图）等。
(2) 验收合格后的成果文件：建设工程档案预验收意见。
(3) 验收流程：档案专项验收工作流程如图 16-8 所示。

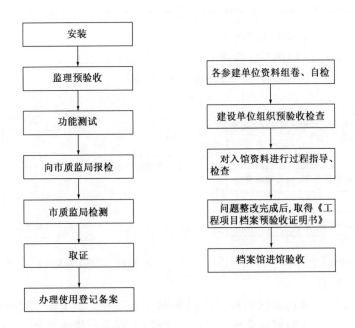

图16-7 特种设备专项验收工作流程图　图16-8 档案专项验收工作流程图

3)安防专项验收

(1)验收内容:安防平台、安检设备、门禁系统、紧急求助、视频会议、警务监督等。

(2)随单位工程验收(建设单位组织、监督站监督)。

(3)验收合格后的成果文件:安防设施验收意见书。

(4)验收流程:安防专项验收工作流程如图16-9所示。

4)防雷装置专项验收

(1)验收内容:综合接地网、电子信息系统(信号、通信、综合监控、屏蔽门、自动售检票、环控系统)设备接地、浪涌保护器的设置等。随单位工程验收(建设单位、监督站监督)。

(2)验收合格后的成果文件:防雷装置验收意见书。

(3)验收流程:防雷装置专项验收工作流程如图16-10所示。

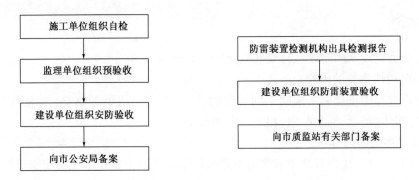

图16-9 安防专项验收工作流程图　图16-10 防雷装置专项验收工作流程图

5)供电设备专项验收

(1)验收内容:主变电站房屋建筑、主变电站电气设备安装等。供电公司自行组织验收。

(2)验收合格后的成果文件:发电启动会纪要。

(3)验收流程:供电设备专项验收工作流程如图16-11所示。

6)建筑节能专项验收

(1)验收内容:按照《建筑节能工程施工质量验收标准》(GB 50411—2019)、《民用建筑节能管理规定》《民用建筑工程室内环境污染控制标准》(GB 50325—2020)等有关要求,查验轨道工程各项节能标准及措施是否满足相关规定。重点查验地铁线路、车辆、建筑、供电及照明系统、通风空调系统、信号系统、给排水系统、电扶梯系统、自动售检票系统、综合监控系统、安防系统等。随土建工程一并验收。

（2）验收合格后的成果文件：第三方检测报告、工程验收检查记录。

（3）验收流程：建筑节能专项验收工作流程如图16-12所示。

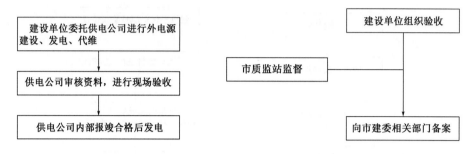

图16-11 供电设备专项验收工作流程图　　图16-12 建筑节能专项验收工作流程图

7）无障碍设施专项验收

图16-13 无障碍设施专项验收工作流程图

（1）验收内容：车站无障碍出入口等。随土建工程一并验收。

（2）验收合格后的成果文件：工程验收检查记录。

（3）验收流程：无障碍设施专项验收工作流程如图16-13所示。

8）运营设备设施专项验收

（1）验收内容：各专业运营设备和设施，包括车辆、车辆段工艺设备、供电、综合监控、通信、信号、安全门、乘客信息系统、导向、自动售检票等专业。

（2）验收程序：单独进行单位工程预验收和竣工验收（建设单位组织、监督站监督）。

（3）验收合格后的成果文件：竣工验收监督意见。

16.5　工程移交

16.5.1　概述

工程移交可分为建设期间阶段性移交和线路"三权"移交。

1）建设期间阶段性移交的内容

主要是指建设过程中土建施工期间不同工序的移交、土建向机电的移交、机电向系统设备的移交等，其中包括工程实体、场地、临水临电、相关资料的移交。

2）线路"三权"移交的内容

主要是指工程完工后，建设管理单位将基本建成的车站或其他建筑场地移交给运营管理单位，轨道交通线路由大规模建设期转向运营开通筹备期。"三权"移交是指线路调度指挥权、设备操作维护权、属地管理权的移交。

16.5.2　工程移交的条件

1）建设期间阶段性移交的条件

原则上对单位工程进行移交。单位工程质量验收合格后，以单位工程为整体办理工程实体移交手续。单位工程质量验收合格后，工程实体由施工单位向建设单位移交，同时由建设管理单位组织向下道工序施工单位交接或委托运营管理单位提前进入管理，熟悉设备运营环境。档案资料通过验收后，施工单位分别向竣工档案验收专业组及城市建设档案管理机构移交。

2）线路"三权"移交的条件

根据新线的工期规划,确定"三权"移交的目标和范围。原则上,在各单位工程均完成验收工作,并经工程整改,确认不存在对运营安全构成威胁的工程缺陷,达到移交条件时,可组织进行线路的"三权"移交;如有必要,分段进行"三权"移交。由建设管理单位和运营管理单位双方签署"三权"移交证书后,线路的"三权"正式移交。

16.5.3 工程移交的组织和程序

1）建设期间阶段性移交的组织和程序

(1)工程实体移交由建设管理单位计划管理部门主持,工程管理部门组织,相关部门及专业的施工单位、监理参加。

(2)关键设备房的移交由建设管理单位移交方工程管理部门主持,监理单位组织,建设管理单位、运营管理单位的相关部门及相关专业施工单位、监理单位参加,移交时间以移交方与接收方签字时间为准,并在建设管理单位计划管理部门备案。

(3)盾构始发井的移交原则上由建设管理单位移交方工程管理部门主持,监理单位组织;若该盾构始发井的移交涉及与其他线路的土建施工单位间进行交接,则由建设管理单位计划管理部门主持,并由移交方监理单位负责组织。

(4)移交前移交双方对需要进行移交的内容进行预验,移交方施工单位将孔洞、预埋件、基标、施工场地等相关资料交给接收施工单位。接收方施工单位在两周内按照移交检查表的要求组织检查并将结果反馈给移交方施工单位,移交施工单位根据反馈的检查情况对需要进行整改的工程在移交前整改完毕。

(5)原则上工程实体应一次性完全移交,即车站(含车站主体结构、出入口及风亭)、轨行区(车站、区间轨行区)及附属结构(即区间泵房、联络通道、区间风机房、区间变电所)、轨排井等实体土建工程全部完成施工和验收、移交。如确实因工期安排的需要,也可实行分期移交,但必须满足移交标准及条件。

由建设管理单位计划管理部门主持移交工作,移交方建设管理单位工程管理部门负责组织,参加移交各方业主、施工单位和监理单位参加,并由移交方施工单位向接收方如实介绍工程实体完成情况和现状,移交方监理单位应做好会议纪要并交移交方建设管理单位工程管理部门审核后,以建设管理单位名义发文分送有关各方备案。同时,由组长主持移交工程实体的相关文件、资料、图片及区间的贯通测量内容等。接收方施工单位和监理单位对工程实体的现场和移交的文件、资料、图片及区间的贯通测量内容进行检查和验收,移交双方和相关部门进行签字交接。工程实体管理权由移交方施工单位移交业主,由业主负责移交接收方施工单位,此后工程实体管理权由要进场的接收方施工单位负责。

(6)若参与移交的各单位不能形成一致意见时,应协商提出解决方法,待意见一致后,重新组织移交。

(7)移交方施工单位向接收方施工单位移交车站及区间实体和所需施工用地时,必须填写移交表,并提供所需的资料和图片等办理书面移交手续。

2）线路"三权"移交的组织和程序

一般而言,常规的运营开通前组织试运行至少需要3个月,所以在"三权"移交前应该尽量完成单位工程验收。但由于单位工程验收的时间需要和政府建设工程质量监督机构协商确定,如果确实无法保证,建议必须在完成分部验收、设备质量和功能满足运营准备期要求的前提下进行"三权"移交,并且建设管理单位应该尽快协调安排单位工程验收。"三权"移交后,施工安装整改、设备剩余调试工作都必须按照运营管理单位的相关规定办理手续,在规定的时间和区域进行,并接受运营管理单位的指挥和监督。

由于"三权"移交后,轨道交通线路由建设期转向试运营开通筹备期,工程整改和遗留问题的处理工作会受很多约束,手续烦琐、效率不高,故应该抓紧整改完善重点区域(如轨行区、变电所)的工程整改,包括设备调试。"三权"移交的流程如图16-14所示。

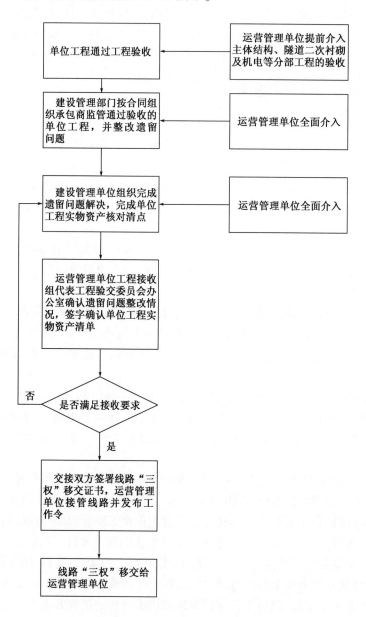

图16-14 "三权"移交流程图

(1)线路"三权"移交由建设管理单位组织,验交委员会负责人主持,参加单位及人员包括验交委员会成员、验交委员会办公室及验收工作组各成员。

(2)建设管理单位介绍工程建设情况、工程竣工验收后遗留问题整改情况,阐明目前遗留问题及其对行车安全的影响等。

(3)运营管理单位介绍试运行期间存在的问题。

(4)与会人员充分发表意见,阐述项目工程是否具备移交托管的条件,如能达成可移交托管的统一意见,各接管单位签署托管协议。

3)其他阶段的移交

在上述移交完成后,可能还有市政道路、绿化恢复、资产移交或其他土地租用等移交工作,按有关规定办理移交手续。

16.6 工程案例

该部分内容详见二维码。

扫码下载

第17章 档案管理

17.1 概述

城市轨道交通建设工程属于重大工程,工程安全风险多、施工难度大、工期长,影响面广。地铁工程建设的执法检查力度不断加大,其中也包括对内业资料的检查。在资料与施工进度的同步形成方面、资料的填写、报审、审核、签字方面、资料的真实、有效性等方面要求越来越严格。资料的形成已不仅为了工程的验收与移交,在施工过程中也越来越体现它的重要性。

为实现城市轨道交通工程档案的规范化管理和强化档案过程控制,提高工程档案管理水平,保证工程实体质量,体现工程资料作为工程质量验收的重要组成部分,应结合工程实际情况,依据《中华人民共和国档案法》《中华人民共和国档案法实施办法》《建设项目档案管理规范》(DA/T 28—2018)、《建设档案》《轨道交通工程资料管理规程》等相关的法律、法规、规范、标准、书籍,结合轨道交通工程建设的实际情况,工程资料的形成、收集和整理应采用计算机管理,并应形成齐全、完整、准确的电子文件,使整条线路的工程资料能做到标准化、规范化、统一化。

17.1.1 档案管理目标

(1)档案管理工作达到标准化、规范化和制度化。
(2)确保施工资料的真实、有效、完整和齐全,随工程进度同步形成、收集、整理。
(3)保证工程竣工验收时按规定顺利移交。

17.1.2 工程建设档案与工程竣工档案的定义和作用

工程建设档案是指《轨道交通工程资料管理规程》中规定的归档移交范围内的基建文件、监理文件、施工文件及竣工图,也包括一部分未列入归档范围内但对于过程管理十分重要的资料。工程建设档案是编制竣工文件、施工技术总结、进行质量事故分析、工程成本分析等工作的基本依据。认真收集、妥善管理档案是施工技术管理的重要基础工作。

工程竣工档案是工程验收、质量评定的主要依据,是办理工程结算的重要组成部分。编制竣工档案要贯彻"谁施工,谁编制"的原则,做到领导重视、责任到人、随完随编,保证竣工资料格式统一,资料齐全。竣工档案编制根据建设单位、市城建档案馆的具体要求进行编制。工程档案也是其中一个不可缺少的项目,它源自轨道交通工程各阶段建设活动的不同方面,如实记录了城市轨道交通工程建设活动中的真实情况,是宝贵的第一手原始材料,是整个建设活动中保存下来的精华记录,内容丰富全面,可作为本地区今后类似工程建设的参考资料。

17.1.3 工程建设档案种类的划分和组成

1)工程建设档案分类

工程建设档案分类是根据工程建设档案内容和形式的异同、分门别类、系统地组织划分档案,将彼此属性相同的档案材料或信息分别集中在一起,把彼此相异的档案材料或信息分开,成为有条理的系统,以满足特定需要。

2)工程建设档案种类的划分

工程根据档案的不同属性和科学管理档案的需要,按照收集、整理单位和资料类别的不同进行分类:

(1)A 类基建文件建设单位在工程建设过程形成的文件;

(2)B 类监理资料监理单位在工程设计、施工等监理过程形成;

(3)C 类施工资料施工单位在施工过程中形成;

(4)D 类竣工图是竣工图编制单位在工程竣工后形成。

17.1.4 档案工作的基本原则

档案工作的基本原则统一领导、分级管理档案工作。档案归档工作实行两级归档主体制度:一级归档主体是各部门,负责部门项目基建文件和其职责范围内管理文件的归档;二级归档主体是档案室,负责公司各部门工程技术管理文件的归档,负责组织施工和监理资料、竣工资料的归档。档案室设专职档案员,各职能部门设兼职档案员。

17.2 管理内容

17.2.1 档案管理机构

1)档案管理机构

档案室是集中管理档案的机构,是工程技术档案的存放和利用中心,主管工程技术档案工作,对工程档案工作实行统筹规划,组织协调,统一制度,监督和指导。

2)档案管理机构的职责

(1)贯彻执行《档案法》等国家、地方有关方针政策和法律、法规,建立、健全工程文件材料归档和档案保管、利用、移交等档案工作规章制度。

(2)指导工程文件、资料的形成、积累和归档工作;统筹规划并负责工程竣工档案的收集、整理、保管、统计和利用工作。

(3)指导各部门档案工作,负责收集建设项目基建文件,接收各部门移交的档案。

(4)参加工程竣工验收,并指导、监督文件资料的归档工作。

(5)工程竣工验收以后,配合相关部门组织设计、施工、监理单位向有关单位移交档案。

(6)组织、指导档案宣传与档案教育、档案工作人员培训。

(7)负责本单位资料收发工作。

3)对监理单位及施工单位工程档案的监督管理

(1)监理单位及施工单位进场前建设单位要组织相关档案管理人员针对工程档案相关管理办法及制度进行宣贯。

(2)组织监理及施工单位档案管理人员对《轨道交通工程资料管理规程》及资料填写软件进行培训。

(3)对工程监理单位及施工单位进行工程档案填写及移交套数交底。

(4)对勘察单位及时进行沟通,水文地质报告、初步勘察、详细勘察以及沿线建构筑物调查报告、地下管线核查报告等交接,按相关文件一周之内向参建的监理单位、施工单位发放到位并办理交接手续。

(5)对设计单位,管线勘察报告及时交接发放,过程中要重点和把控变更图的出图有序,总体把控所有图纸都要强审手续到位,督促设计单位按计划及时出图。

(6)对监理单位资料管理过程中要明确监理职责,规范监理行为,依托履约管理办法对监理进行过程控制和把控。

(7)对施工单位同样依托履约管理办法对施工单位进行日常管理。

(8)在工程竣工验收前,组织相关接收单位及时开展对各参建单位档案交档之前交底培训等。

4)相关档案管理办法及规定

建立档案管理的相关办法,并针对基建文件、工程资料、施工图纸和档案编号编制原则等出台相关规定细则等,规范档案管理流程。

17.2.2 管理职责

1)通用职责

(1)工程资料的形成应符合国家相关的法律、法规、施工质量验收标准和规范、工程合同与设计文件等规定。

(2)工程各参建单位应将工程资料的形成和积累纳入工程建设管理的各环节和有关人员的职责范围。

(3)工程资料应随工程进度同步收集、整理并按规定移交。

(4)工程资料应实行分级管理,由建设、监理、施工单位主管(技术)负责人组织本单位工程资料的全过程管理与控制工作。建设过程中工程资料的收集、整理工作和审核工作应有专人负责,并按规定取得相应的岗位资格。

(5)工程各参建单位应确保各自文件的真实、有效、完整和齐全,对工程资料进行涂改、伪造、随意抽撤或损毁、丢失等情况,应按照《中华人民共和国档案法》及有关规定予以处罚,情节严重的,应依法追究法律责任。

2)基建文件归档要求及职责

基建文件归档范围及办理移交明细见表17-1。

基建文件归档范围及办理移交明细　　　　　　表17-1

类别/编号	工程资料名称
A类	基建文件(共八大类)
A1	决策立项文件
A1-1	项目建议书
A1-2	项目建议书的批复文件
A1-3	可行性研究报告
A1-4	可行性研究报告的批复文件
A1-5	关于立项的会议纪要、领导批示
A1-6	专家对项目的有关建议文件
A1-7	项目评估研究资料
A1-8	环境影响审批报告书
A1-9	计划部门批准的立项文件
A2	建设用地、征地、拆迁文件
A2-1	征占用地的批准文件和对使用国有土地的批准意见(国有土地使用证)
A2-2	规划意见书及附图
A2-3	建设用地规划许可证、许可证附件及附图

续上表

类别/编号	工程资料名称
A2-4	土地使用报告预审文件、国有土地使用证
A2-5	掘路占路审批文件
	移伐树木审批文件
	工程项目统计登记文件
	向人防备案(施工图)文件
A3	勘察、测绘、设计文件
A3-1	地上(下)管线探测及沿线建(构)筑物调查报告;工程地质勘察报告
A3-2	水文地质勘察报告
A3-3	建筑用地钉桩通知单/测量交线、交桩通知书
A3-4	验线通知单及合格文件
A3-5	规划设计条件通知书及附图
A3-6	审定设计方案通知书及附图
A3-7	审定设计方案通知书要求,征求有关人防、环保、交通、园林、市政、文物、通信、保密、河湖、教育部门等部门审查意见和要求取得的有关协议
A3-8	初步设计文件
A3-9	施工图设计文件
A3-10	初步设计审核文件
A3-11	对设计文件的审查意见
A3-12	消防设计审核意见
A3-13	施工图设计文件审查通知书及施工图审查报告
A4	工程招投标及承包合同文件
A4-1	招投标文件
A4-2	勘察招投标文件
A4-3	设计招投标文件
A4-4	拆迁招投标文件
A4-5	施工招投标文件(土建、装修、设备安装施工等)
A4-6	监理招投标文件
A4-7	材料、设备招投标文件
A4-8	第三方测量、监测招投标文件
A4-9	合同文件
A4-10	勘察合同
A4-11	设计合同
A4-12	拆迁合同
A4-13	施工安装合同(土建、装修、设备安装施工等)
A4-14	监理合同
A4-15	材料、设备采购合同
A5	第三方监测合同
A5-1	工程开工文件
A5-2	年度施工任务批准文件
A5-3	修改工程施工图通知书

续上表

类别/编号	工程资料名称
A5-4	建设工程规划许可证、附件及附图
A5-5	建设工程施工许可证或开工审批手续
A5-6	工程安全、质量监督手续
A5-7	固定资产投资许可证
A6	商务文件
A6-1	工程投资估算文件
A6-2	工程设计概算
A6-3	施工图预算
A6-4	施工预算(工程量清单编制文件)
A6-5	工程结、决算
A6-6	交付使用固定资产清单
A6-7	建设工程概况(表)
A7	工程竣工验收及备案文件
A7-1	建设工程竣工验收备案表
A7-2	工程竣工验收报告
A7-3	勘察、设计单位质量检查报告
A7-4	由规划、公安消防、人防、环保、技术监督等部门出具的认可文件或准许使用文件
A7-5	工程质量保修书
A7-6	建设工程规划验收合格文件
A7-7	建设工程竣工档案预验收意见
A7-8	设备使用说明书
A8	其他文件
A8-1	合同约定由建设单位采购的材料、构配件和设备的质量证明文件及进场报验文件
A8-2	工程竣工报告
A8-3	工程未开工前的原貌、主要施工过程、竣工新貌照片
A8-4	工程开工、施工、竣工的录音录像资料
A8-5	车站、车辆段及综合基地工程室内环境检测报告
A8-6	主体工程意外市政外管线(包括:给排水、天然气、热力管线的行政审批手续、合同签订、施工监管、工程竣工验收资料等)

(1)各部门负责本部门产生或对口相关单位形成的基建文件的收集,核查无误后移交档案室。

(2)各部门产生和承办的基建文件,应安排专人分阶段或定期向档案室移交,重要的基建文件,应在其产生和收集后的当天或规定工作日内移交档案室;一般性的基建文件,在手续办理完毕后存放于本部门,于每年规定时间集中移交档案室。

(3)归档的基建文件内容必须齐全、完整、准确,载体和字迹应符合耐久性要求,签字手续完备。

(4)相关部门发生人员调动或离岗时,该部门应做好本部门内基建文件的交接。

(5)基建文件专职管理人员应认真履行基建文件管理职责,做好基建文件的核查与接收,及时对基建文件进行整理、编制、编目、组卷。

(6)基建文件专职管理人员应做好基建文件的保管、提供利用及催还;做好竣工档案资料的预验收;验收合格后,负责在规定时间内完成基建文件的移交。

(7)各部门应切实加强本部门主责范围内基建文件的收集及管理,发现问题应及时向主管领导反映。

3）监理单位职责

（1）监理单位是监理资料的实施主体和责任主体,总监理工程师办公室（简称总监办）应配备专职监理资料主管；驻地监理组应配备专、兼职资料员,资料人员资质、能力和数量应满足工程资料管理需要；各监理单位应在总监办及项目部配备满足工程资料存放的专用库房。

（2）监理资料人员纳入对监理人员履约考评范围,总监办须确保资料人员的稳定。

（3）总监理工程师为监理资料管理工作第一责任人,负责组织建立监理资料管理组织机构,组织编制监理资料人员岗位职责、监理资料管理制度、管理办法及对施工单位监督检查管理办法；负责组织监理资料人员做好所管标段监理资料的形成、收集、整理、编制、保管和验收、移交等工作。

（4）监理单位负责对施工单位工程资料管理组织机构、人员、资质、办公设施及设备的审核、检查、评估等；负责监督、督促施工单位对工程资料问题的整改、落实及复核,确保施工资料的质量。

（5）监理单位资料人员须按《轨道交通工程资料管理规程》范围及有关要求,及时收集工程资料,确保工程资料真实、有效、齐全、完整,并与工程进度同步及时整理、编制工程档案,确保工程资料的合规性。

4）施工单位职责

（1）施工单位是施工资料的实施主体和责任主体,项目部应配备专职施工资料主管,施工工区须配备专职资料员,资料人员资质、能力和数量应满足工程资料管理需要；各施工单位应在项目部配备满足工程资料存放的专用库房。

（2）施工单位资料人员纳入对施工单位人员履约考评范围,项目部须确保资料人员的稳定。

（3）施工单位项目技术负责人为施工资料管理工作第一责任人；负责建立施工资料管理组织机构,编制资料人员岗位职责,编制施工资料管理制度及管理办法；负责组织资料人员做好所辖标段施工资料的形成、收集、整理、编制、保管和移交等工作。

（4）施工总承包单位负责对专业分包单位施工资料的监督、检查、过程控制及汇总。

（5）施工单位资料人员须按《轨道交通工程资料管理规程》范围及有关要求,及时收集工程资料,确保工程资料真实、有效、齐全、完整,并与工程进度同步；及时整理、编制工程档案,确保工程资料的合规性。

（6）施工单位须切实重视资料管理工作,资金的投入应满足工程资料管理工作的需要。

17.2.3 施工资料的过程控制管理

1）履约管理

建设单位组建伊始,即确立以计划管理为先导,对内以绩效考核为核心、对外以履约管理为核心的管理思路。为使履约管理在工程档案实际管理过程中更具有针对性及可操作性,建设单位组织编制土建施工单位、监理单位履约管理办法。建设单位将履约管理办法纳入合同文件后,通过履约管理办法的实施,很好地将合同中的既定目标加以分解落实,建设单位对参建单位的工程档案管理做到有序和有章可循、工作职责更加清晰、明确,工作更加具有针对性,真正起到了规范工作行为和促进工程管理的作用。

2）开工控制（施工单位、监理单位）

（1）对参建单位体系检查

①督促检查参建单位建立健全档案管理体系及制度。

②审核参建单位编制的单位工程分部分项划分方案。

（2）开工控制内容

①参建单位档案管理人员资质。

②档案库房及档案管理制度的建立。

3)建立高效的档案管理平台

(1)建设之初,已明确信息化管理理念。为使各项决策、信息传递快速、便捷,提高工作效率,创建工程档案 QQ 群及工程档案邮箱,便于日常档案交流及管理工作。

①施工单位应于每月定期完成资料的整理和统计工作,并形成当月"工程资料月度统计表",汇总后报监理单位。

②监理单位应每月定期组织人员对监理资料进行自检自查,并对施工单位汇总的施工资料内容进行检查;合格后,将当月监理资料管理情况及对施工单位资料检查情况进行汇总,并形成当月"工程资料月报"。监理单位负责组织检查分项/分部工程完工并已报验完成的资料,要求做好资料的预立卷检查及指导工作,督促施工单位形成"工程资料预立卷情况汇总表",并在工程资料月报中重点说明,以书面及电子文件形式报建设单位。

③各监理及施工单位还应按要求做好工程资料的年度统计汇总工作,并形成"工程资料年度统计表"。

(2)成立工程资料检查工作组:

①随工程进展,适时成立工程资料检查工作组。在工程施工过程中将通过考试以及日常考核等多种形式,从监理及施工单位中挑选出工程资料管理能力强、业务水平高的资料主管及相关专业人员纳入资料检查组中。

②施工过程中,将分阶段组织全线各总监理工程师对所有监理单位、施工单位的资料进行互检互查工作。根据日常检查、抽查和季度综合检查,对监理单位、施工单位资料管理情况给出三个等级的评价,即"优良""合格""差"。结果纳入质量履约考评中,与计量支付挂钩。

4)强化监理单位监督管理作用

充分发挥监理单位在过程控制的作用,使监理单位真正成为建设单位在施工现场的唯一管理者,不断探索并推广先进单位的监理经验,依据合同给予监理单位最大的权利,充分发挥监理作用,加强对工程资料质量的过程控制。同时,严格依据监理单位履约管理办法,对监理单位依法履责情况进行监督、考核,奖优罚劣,强化监理单位责任,加强监理人员的责任心,使工程档案质量得到有效控制。

17.2.4 档案的收集

1)档案收集工作的内容

档案的收集是依据《中华人民共和国档案法》《中华人民共和国档案法实施办法》《建设项目档案管理规范》(DA/T 28—2018)、市地方档案管理法规,将分散在各部门及个人手中的档案,有组织有计划地分别集中到档案室,实现档案的统一指导和分级管理。

(1)档案收集工作的意义

档案收集工作是档案业务管理工作的第一个工作环节,是档案室工作的起点,在档案管理工作中处于特殊的地位。

(2)档案收集工作的基本要求

①及时、全面地把档案收集进档案室。

对《轨道交通工程资料管理规程》中规定的应当立卷归档的材料,必须按照规定,定期向本单位档案机构或者档案工作人员移交,集中管理,任何个人不得据为己有。

②推行档案的标准化。

档案管理的现代化是提高档案工作水平的有效途径与发展方向。档案工作的标准化,是档案管理现代化的基础。档案工作标准化,不仅为实行电子计算机管理创造条件,而且有助于提高手工管理的水平。档案工作标准化,应该从档案收集工作开始推行。

2)档案室对档案的接收和征集

(1)建立归档制度

归档是办理完毕的文件经系统整理归档案室保存的过程。没有归档制度,或者归档制度不健全,就没有完整的档案,也就没有健全的档案工作。建立和健全归档制度是非常重要的,它不仅能够为开展各项业务工作提供条件,而且也是本单位积累档案财富的重要保证。

(2)归档制度的内容

①归档范围。

凡是工程建设过程中办理完毕的具有保存价值的各种文件材料,均应归档(归档范围依据《轨道交通工程资料管理规程》归档)。

②归档时间。

a.各部门所形成的基建文件应定期归档,重要文件归档不过夜,一般基建文件每季度归档一次。

b.管理性文件材料一般应在办理完毕后的第二年上半年归档。

c.科研课题在其项目鉴定后3个月内归档。

d.外购设备仪器或引进项目的文件材料在开箱验收或接收后及时登记,安装调试后归档。

e.电子文件归档实时进行,电子文件应与纸质文件归档时间一致。

f.磁带、照片及底片、胶片、实物等形式的文件材料应在工作结束后及时归档。

g.下列文件材料应随时归档:变更、修改、补充的文件材料;其他临时活动中形成的文件材料。

h.除受委托进行工程档案汇总整理外,各施工承包单位应在工程竣工验收完成后6个月内将工程竣工验收文件向建设单位移交归档。有收尾工作的应在收尾工作完成后及时归档。

③归档要求。

a.整理要求。

整理归档的文件材料必须完整、准确、系统,层次分明,遵循文件材料形成规律,反映工程建设管理等各项活动的真实内容和历史过程,并符合有关标准、规范要求。

归档的文件材料应为原件,文件归档后不得更改。

非纸质文件材料应与其文字说明一并归档。外文(或少数民族文字)材料若有汉译文的应与汉译文一并归档,无译文的要译出标题后归档。

提交的文件应附电子文件。具有永久、长期保存价值的电子文件,必须形成一份纸质文件归档。电子文件管理按照《电子文件归档与电子档案管理规范》(GB/T 18894—2016)、《CAD电子文件光盘存储、归档与档案管理要求 第一部分:电子文件归档与档案管理》(GB/T 17678.1—1999)的规定管理。

归档文件材料的载体和字迹应符合耐久性要求。

归档的文件材料一般一式一份;重要的、利用频繁的和有专门需要的可适当增加份数。反映同一内容而形式不同的文件材料应保持其一致性。

各部门兼职档案人员,应检查本部门归档文件材料的齐全、完整与真实情况,整理完毕并编制移交清册,由部门负责人签字核准后向档案室移交,重要的文件材料移交时应编写归档说明,档案室接收时应全面检查归档文件材料的质量。

交接双方应认真核对移交清册,并履行签字手续,移交清册各留一份以备查考。

b.文件质量要求。

字迹清楚,图样清晰,图表整洁,签字手续完备。

需永久、长期保存的文件应采用不易褪色的蓝色、黑色绘图、书写墨水,不应用易褪色的书写材料(红色墨水、纯蓝墨水、圆珠笔、复写纸、铅笔等)书写、绘制。

复印、打印文件及照片的字迹、线条和影像的清晰及牢固程度应符合设备标定质量的要求。

录音、录像文件应保证载体的有效性。

长期存储的电子文件应使用不可擦除型光盘。凡属于归档范围内的文件,应该符合下列要求:归档的文件材料,应根据规定分类立卷,便于保管和利用;归档案卷的卷内文件应按一定次序排列好,编号、填写卷内目录,并要填好封面,注明保管期限;归档案卷要排列整齐有序、编号并编制案卷目录。

17.2.5 档案的整理

1）整理工作内容

档案整理工作,就是按照一定的原则和方法,把处于相对零乱状态的档案系统起来,以便于保管和利用的工作。档案整理工作的内容主要有:档案分类、立卷、案卷排列和编制案卷目录。

（1）系统排列和编目

当档案室接收的是按照归档要求立好的案卷时,根据档案存放和管理的需要,对案卷进行排列,对案卷目录及档号进行加工。

①工程档案号,是指档案保管单位的编号或代号。它是档案部门用来反映工程档案分类层次和保管单位排列顺序的一组符号,是工程档案分类号和保管单位顺序号的组合体。工程竣工档案包括基建文件、监理文件、施工文件、竣工图。

②工程竣工档案的形成和职责。

a. 工程为一个完整的建设项目,也是一个完整的档案全宗,包括基建文件、监理文件、施工文件、竣工图。

b. 建设单位是工程档案中基建文件收集、整理、保管、立卷和移交的责任主体。监理单位是工程档案中监理文件收集、整理、保管、立卷和移交的责任主体。施工单位是工程档案中施工文件、竣工图收集、整理、保管、立卷和移交的责任主体。

c. 基建文件应在工程建设的过程中由建设单位进行收集、整理、组卷、编制档号。监理文件、施工文件、竣工图应在工程竣工验收后,由监理单位、施工单位负责整理、组卷,工程档案验收合格后,移交建设单位,由建设单位负责对监理文件、施工文件、竣工图编制档号。

③档号的分类与编号方法。

a. 工程档案档号应按照管理职责和资料性质进行分类。

b. 工程档案档号应根据类别、线别、种类、项目、专业进行分类。

c. 工程档案档号编码的填写。

工程档案档号的编码由类别代码、线别、种类代码、项目代码、专业代码和顺序号组成。

代码的选用,为方便使用和便于管理,选用的种类代码与《轨道交通工程资料管理规程》中的类别编号一致,其余各分类代码均采用汉语拼音的简写。

④工程文件的管理。

a. 为更好地通过档案软件管理工程资料,各项目应编制一套完整的收文文号。

b. 为便于工程文件在档案软件中准确、快捷的查找,应统一工程资料名称(如轨道交通工程××站××—××区间)、土建(设备)专业内容。

c. 图纸中的图号,勘察文件、测量文件中的文件编号均为应填写项。

d. 各部门所用各类表格应统一、规范。

2）整理档案

对于整理入档案室保存的档案,不符合整理要求、不便于保管利用的部分,应进行加工以提高其质量。另外,档案自身或整理体系,会随着时间的推移而发生变化,需要进行必要的整理。全过程整理档案室对接收的零散文件,就必须进行全过程的整理工作。

3）档案整理工作的意义

随着轨道交通建设事业的不断发展,档案的数量还将继续增加。把全部的档案,及时地、完整地收集起来,进行科学的整理,提供给各项工作利用,档案整理工作在全部档案管理活动中具有重要的意义。

4）档案整理工作的原则

档案整理工作的原则:充分利用原有的整理基础,保持文件之间的历史联系,便于保管和利用。

(1)充分利用原有的整理基础

档案不仅记录了工程的建设过程,而且也反映了整理和保存档案的状况。整理档案时,要尊重建设成果,充分利用原有的整理基础,有利于保持文件之间的历史联系,能够加快整理工作步伐,提高整理工作的质量。

(2)保持文件之间的历史联系

文件之间的历史联系,就是文件在产生和处理过程中所形成的内部相互关系。因此,在整理档案时,必须保持文件的固有联系,才能把文件组成科学的有机体系,反映历史活动的原貌和文件的系统内容。

(3)便于保管和利用

整理档案时,注意利用原有的基础,保持文件之间的历史联系,一般都能便于保管和利用。因此,在整理档案时,当保持文件之间的联系和便于保管利用发生矛盾时,要充分考虑档案保管和利用的方便。对于不同种类的档案,记录方式、载体材料、机密程度和保管价值等不同的文件,应该根据情况分别整理。

17.2.6　档案的保管

1)档案保管工作的意义和任务

(1)加强档案保管工作的迫切性

随着轨道交通工程的发展和时间的推移,一方面档案的数量和成分在日益增加和不断丰富,另一方面档案又处在不断损毁过程中。对于不断形成和增加的档案,通过就加强档案的收集工作来解决,而对于处于不断损毁的档案,则通过加强档案的保管工作来解决。

(2)档案保管工作的任务

维护档案的完整与安全,是整个档案工作中必须始终遵循的基本要求。档案保管工作应该做到四不:不散(不使档案分散),不乱(不使档案互相混乱),不丢(档案不丢失不泄密),不坏(不使档案遭到损坏)。

2)档案保管的基本物质条件

开展档案的保管工作,必须要有一定的物质条件作保证,否则难以做好这项工作。

档案库房建筑为档案保护提供了最基本的最稳定的物质条件,档案库房建筑的好坏将直接影响到档案保护条件。库房建筑还将直接影响库房管理措施的效果。档案库房是保存档案的主要场所,档案长期有效的作用和其原始价值,要求对其进行长期的甚至是无限期的保管,必然对档案库房建筑提出比较严格的要求。档案室温度在 $14\sim24℃$,相对湿度 $45\%\sim60\%$。针对防火、防水、防潮、防霉、防虫、防光、防尘、防盗等都有具体要求。防霉:①保持库房清洁;②净化入库空气;③控制库房温湿度;④施放防霉药品。防光:①库房尽可能全封闭,窗户也应尽量小一些,减少光线的透过量;②使用含紫外线少的光源,以白炽灯为好,应尽量做到避光保存;③减少档案光照射的时间和光辐射的强度。

(1)库房建筑有六点要求

①要有足够的面积;②开间大小适当;③屋顶要绝对防止雨雪浸漏,并且有良好的隔热性能;④库房墙壁应坚固耐久,并具有隔热、防潮、防尘的功能;⑤库房地面要具有坚固与耐久性,防水防潮效能要好;⑥库房门窗应紧密、牢固耐火,窗户应具有防强光与防风沙的功能。

(2)档案装具

档案装具是档案室必需的基本设备,档案装具应按库房特点和档案价值、规格的不同,合理选用,灵活配置。

(3)库房管理

①库房管理的任务:a.档案秩序管理,存放位置与排列顺序。b.库房温、湿度调节与卫生保洁。c.档案出入库房控制。d.档案理化状态监测。e.库房保卫。

②库房编号:a.库房统一编号,有利于库房的科学管理。库房中的档案架、柜、箱等装具,应该有列有序,统一编号。不同规格、不同式样的档案架、柜、箱应该分开排列,尽量做到整齐划。b.库房内档案架、柜、箱的排列,要避开强烈光线直射,同时还要注意勿使档案柜、架的排列有碍通风。c.为了便于对库房内档案的管理和能够迅速地提供利用,所有档案架(柜)应统一编号。

③全宗的排列与档案的上架:a.在档案室,档案是以全宗为单位进行排列的。全宗排列,基本上依照进档案室档案的先后顺序,力求按同系统的全宗排列为好。b.全宗位置确定以后,就可以组织上架。上架次序应根据档案架、柜、箱以及"栏""格"的编号次序进行。c.存放方式可以采用竖放与平放两种方式。竖放便于存放和检取档案。平放对保护档案有利,适合于保管珍贵档案和不宜于竖放的档案。平放档案为了避免档案承担过重的压力,堆叠的高度以不超过40cm为宜。

3)档案利用服务的方式

(1)阅览服务

将档案提供给利用者阅览是档案室利用服务工作的重要方式。为了保密和保护档案,利用者不能借阅与其利用目的无关的档案。对于残旧、容易损坏和特别珍贵的档案最好是提供复制本,一般不借给原件,如果必须利用原件时,用毕立即归还。尚未整理的零散文件一般不外借,必须借阅时要逐件登记。利用者不得将档案带出阅览室外,阅毕归还时需仔细检查档案材料的状况,如发生污损、涂改、遗失等情况,立即报告部门领导,酌情处理。

(2)档案外借

档案一般是不借出档案室外使用的,如不能在阅览室利用档案,可以暂时借出使用。档案外借使用应执行严格的外借制度,经过一定的批准手续;借出使用的时间不宜过长,借出档案时要交接清楚,有登记签字手续,借用档案的单位或个人应承担保护档案的完整和安全义务,不得将档案自行拆散或变更次序,不得将档案转借、转抄、损坏、遗失,不得自行影印或复制,并要按期归还。

(3)档案销毁

①对已失去利用价值的档案,销毁时,必须写申请销毁报告,编制销毁目录,报部门经理和部门分管领导鉴定,最后报总经理的批准,方可销毁。

②执行销毁任务时,必须由行政中心人员监销,监销人不得少于两人,并在销毁目录上签字。最后,把销毁目录和部门经理、部门分管和总经理的批准手续文件,一并存档永久保存。

17.2.7 声像档案

1)收集内容及要求

施工及设备安装单位应按照单位工程形成工程原貌、工程建设施工、竣工阶段、重要活动、会议等留存照片资料。

2)声像档案要求

①照片规格及洗印:应采用500万像素以上数码相机拍摄而成,照片洗印规格为5英寸,光面纸张。
②数码照片原始文件存储格式为RAW、TIFF、JPG格式,其中JPG格式的数码照片大小需达1.5~3M。

17.2.8 档案工作的现代化

1)档案现代化的内容

档案工作的技术革命,日新月异地向现代化迈进。其目的是采用先进的技术装备和手段,解决档案工作面临的各种复杂问题,提高档案工作的效率,使工程档案在为轨道交通工程在发展中得到充分有效的利用。档案工作现代化的结果,将给档案工作带来重大的变革。

(1)利用计算机对工程档案进行检索、编目、库房管理、阅览管理、各种统计工作,将极大提高档案的查找速度,有较高的查全率和查准率,可节约利用者查阅档案的时间,提高服务质量。

(2)利用计算机和现代通信设备,使档案信息的处理、报道、传递的时间大幅缩短。
(3)建立计算机检索终端,提供快速复印和复制服务。
(4)科学对电子档案进行管理。
2)档案工作标准化
(1)建设单位利用计算机具体应用于档案的接收、编目、检索、借阅和归还、库房的管理、辨认到期档案的统计和档案部门的日常工作等。
(2)建设单位按照《轨道交通工程资料管理规程》统一资料填写表格以及制表软件,这也是监理及施工单位形成的工程资料能达到标准化、规范化、统一化的最重要的前提条件之一。
(3)电子档案的管理:①电子档案的含义及存储介质电子档案是指利用计算机技术形成的,以代码形式存储于电子介质上的档案。电子档案所采用的存储介质主要是硬磁盘、光盘。②电子档案的特点:a.信息的非人工识读性;b.信息存储的高密度性;c.信息与载体之间的可分离性;d.多种信息媒体的集成性;e.系统依赖性。③电子档案管理的原则与体系。电子档案管理的原则:a.完整性原则;b.可读性原则;c.可靠性原则。电子档案管理体系:a.集中统一管理电子档案;b.纸质文件和电子档案双套归档;c.文件管理一体化。
(4)电子档案的收集。①电子档案归档方式:电子档案归档有逻辑归档和物理归档两种方式。②归档范围:a.在行使本单位职能活动中形成的具有保存价值的各种文本文件;b.利用计算机辅助设计、辅助制造、检测等技术形成的有查考价值的数据文件、图形文件、模型文件;c.本单位制作的各种数据文件;d.与本单位制作的文本文件、图形文件、模型文件、数据文件有关的各种命令文件;e.设备运行所需要的操作系统(重复的只归一份);f.与电子有关的各种纸质文件。③归档时间:电子文件的归档时间可与纸质文件相同。
(5)归档要求档案完整齐全,真实有效,经过整理和划分保管期限,按统一规定的载体形态和质量要求,填写归档电子文件登记表,履行归档手续。
(6)电子档案的整理:①电子档案的分类;②电子档案的保管单位和清单。
(7)电子档案的日常管理与维护:①电子档案与纸质档案、实行统一归档,分库保存;②归档两套电子档案,一套封存,一套利用;③档案室禁止使用来历不明的软件,以防感染病毒;④建立健全保管制度;⑤定期进行检测,对受损磁盘予以及时修复。
(8)电子档案的检索与利用。①电子档案的检索:a.著录标引工作由文件形成部门完成;b.纸质档案与电子档案对应查找。②电子档案利用应注意的事项:a.电子档案利用应提高安全意识,防止出现泄密、信息失真、丢失以及病毒入侵等问题;b.制定档案利用制度,包括利用资格审查、利用权限控制、阅览操作要求、磁盘外借、复制等方面的内容。

17.3　管理流程

1)立卷归档
档案室将文件材料收集整理分类—录入机读目录—将档案整理完毕—整理装订档案—制作检索工具—档案入库—分类上架。档案建档流程如图17-1所示。
2)借阅
(1)本单位人员借阅档案
由本人提出书面申请—部门负责人审核—主管领导签字批准—档案室负责人—档案室管理员查找有关档案—借阅人填写借阅档案登记簿—借阅人填写档案利用效果登记表—档案室填写归还日期。档案借阅流程如图17-2所示。

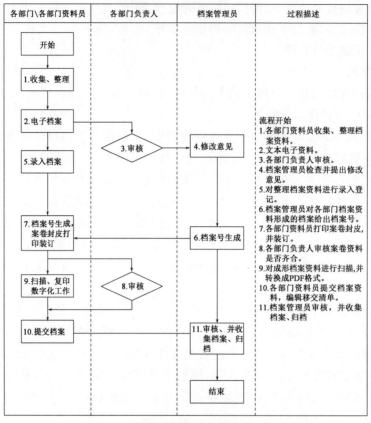

图 17-1 档案建档流程图

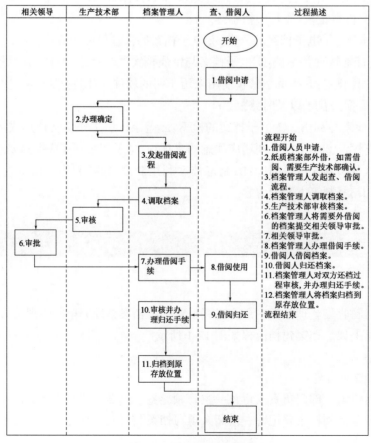

图 17-2 档案借阅流程图

(2)外单位人员查阅档案

查阅人持单位介绍信到单位档案室申请借阅档案审批单—本单位负责人签字审核—对于单位部门人员签字审核—部门负责人签字审核—分管副总签字批准—档案室分管副总签字批准—档案室负责人签字批准—档案室管理人员负责查找—查阅人填写借阅档案登记簿—查阅人填写档案利用效果登记表—档案室填写归还日期。

(3)鉴定销毁

档案销毁提出申请—档案室负责人签字审核—档案室分管副总签字审核—档案鉴定小组(由主管领导、部门主任、档案管理人员及相关部门业务人员共同组成)进行鉴定—档案管理人员及相关部门业务人员逐项登记—档案室负责人签字批准—档案室分管副总签字批准——把手签字批准—档案室及相关部门到指定地点2人以上监销—档案室及相关部门办理销毁清册—档案室归档。档案销毁流程如图17-3所示。

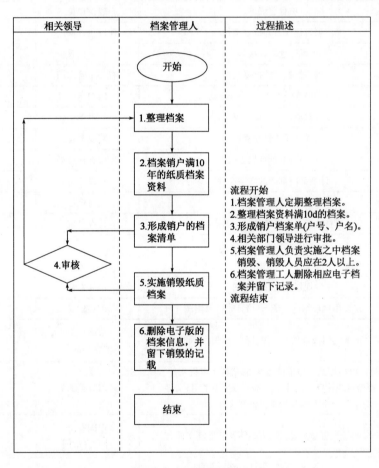

图17-3　档案销毁流程图

17.4　接口管理

档案接口管理工作主要是指建设单位、建设管理单位与参建单位之间、项目本身与政府档案行政主管单位及相关配合单位之间联系与交叉工作的接口管理,其可分为内部接口管理和外部接口管理。其中,内部接口管理工作涉及建设管理单位与建设单位间内部各专业间协调的工作;外部接口管理主要包含本项目与本地区档案行政主管部门及档案验收、接收部门的对接工作。

17.4.1 内部接口

档案内部接口管理包括项目内部不同阶段之间、不同部门之间、不同参建单位之间等接口的衔接和约束条件,明确接口界面、任务或任务组合的实施顺序。为了发挥建设单位与建设管理单位各自优势,将建设工作进行职责的划分,并在合同中明确约定,建设管理单位应按建设管理服务合同的约定,负责建设管理服务中约定的档案管理工作。同时,为建设单位具体承担的建设工程的具体实施工作提供建议,或者代建设单位编制工作方案,以备建设单位决策。内部工作界面划分见表17-2。

内部工作界面划分表　　　　　　　　表17-2

类别编号	工程资料名称	接口单位	收集部门
A类	基建文件		
A1	决策立项文件		
A1-1	项目建议书	建设单位	规划设计管理部
A1-2	项目建议书的批复文件	建设主管部门	规划设计管理部
A1-3	可行性研究报告	工程咨询单位	规划设计管理部
A1-4	可行性报告的批复文件	有关主管部门	规划设计管理部
A1-5	关于立项的会议纪要、领导批示	组织单位	规划设计管理部
A1-6	专家对项目的有关建议文件	建设单位	规划设计管理部
A1-7	项目评估研究资料	建设单位	规划设计管理部
A1-8	环境影响审批报告书	市生态环境局	规划设计管理部
A1-9	计划部门批准的立项文件	建设单位	规划设计管理部
A1-10	法定代表人授权书	建设单位	规划设计管理部
A1-11	项目负责人质量终身责任承诺书	建设单位	规划设计管理部
A2	建设用地、征地、拆迁文件		
A2-1	征占用地的批准文件和对使用国有土地的批准意见	政府有关部门	规划设计管理部
A2-2	规划意见书及附图	市规划局	规划设计管理部
A2-3	建设用地规划许可证、许可证附件及附图	市规划局	规划设计管理部
A2-4	土地使用报告预审文件、国有土地使用证	市国有土地管理部门	前期部
A2-5	其他文件:掘路占路审批文件、移伐树木审批文件、工程项目统计登记文件、向人防备案(施工图)文件、非政府投资项目备案文件	政府有关部门	前期部
A2-6	拆迁安置意见、协议、方案等及其批复文件	市国有土地管理部门	前期部
A3	勘察、测绘、设计文件		
A3-1	工程地质勘察报告	勘察单位	规划设计部
A3-2	水文地质勘察报告	勘察单位	规划设计部
A3-3	建筑用地钉桩通知单/测量交线、交桩通知书	市规划局	工程部
A3-4	验线通知单及合格文件	市规划局	工程部
A3-5	规划设计条件通知书及附图	市规划局	规划设计部
A3-6	审定设计方案通知书及附图	市规划局	规划设计部
A3-7	审定设计方案通知书要求,征求有关人防、环保、消防、交通、园林、市政、文物、通信、保密、河湖、教育等部门的审查意见和要求取得的有关协议	有关部门	前期部

续上表

类别编号	工程资料名称	接口单位	收集部门
A3-8	初步设计文件	设计单位	规划设计部
A3-9	施工图设计文件	设计单位	规划设计部
A3-10	初步设计审核文件	市规划局	规划设计部
A3-11	对设计文件的审查意见	设计咨询单位	规划设计部
A3-12	消防设计审核意见	市消防局	设备部
A3-13	施工图设计文件审查通知书及施工图审查报告	有关审图部门	规划设计部
A4	工程招投标及承包合同文件		
A4-1	招投标文件	建设、勘察单位	
A4-1-1	勘察招投标文件	建设、设计单位	合同部
A4-1-2	设计招投标文件	建设、拆迁单位	合同部
A4-1-3	拆迁招投标文件	建设、施工单位	合同部
A4-1-4	施工招投标文件	建设、监理单位	合同部
A4-1-5	监理招投标文件		合同部
A4-1-6	材料、设备招投标文件		合同部
A4-2	合同文件	建设、勘察单位	
A4-2-1	勘察合同	建设、设计单位	合同部
A4-2-2	设计合同	建设、拆迁单位	合同部
A4-2-3	拆迁合同	建设、施工单位	合同部
A4-2-4	施工合同	建设、监理单位	合同部
A4-2-5	监理合同	建设、中标单位	合同部
A4-2-6	材料、设备采购合同		合同部
A5	工程开工文件	市建委	
A5-1	年度施工任务批准文件	市规划局	工程部
A5-2	修改工程施工图通知书	市规划局	规划设计部
A5-3	建设工程规划许可证、附件及附图	市建委	规划设计部
A5-4	建设工程施工许可证或开工审批手续	质量监督机构	工程部
A5-5	工程质量监督手续	建设单位	安质部
A5-6	固定资产投资许可证	建设、发改委部门	合同部
A6	商务文件		
A6-1	工程投资估算文件	工程造价咨询单位	规划设计部
A6-2	工程设计概算	工程造价咨询单位	规划设计部
A6-3	施工图预算	工程造价咨询单位	合同部
A6-4	施工预算	施工单位	合同部
A6-5	工程结、决算	合同双方	合同部
A6-6	交付使用固定资产清单	建设单位	设备部、工程部
A6-7	建设工程概况	表 A6-7	工程部
A7	工程竣工验收及备案文件		
A7-1	建设工程竣工验收备案表	建设单位	安质部
A7-2	工程竣工验收报告	建设单位	安质部
A7-3	勘察、设计单位质量检查报告	相关单位	规划设计管理部

续上表

类别编号	工程资料名称	接口单位	收集部门
A7-4	由规划、公安消防、人防、环保、技术监督等部门出具的认可文件或准许使用文件	主管部门	规划设计部、设备部
A7-5	《工程质量保修书》	建设与施工单位	工程部
A7-6	建设工程规划竣工认可书	市规划局	规划设计部
A7-7	工程竣工档案预验收证明书	城建档案馆	档案室
A7-8	厂站、设备使用说明书	施工单位	设备部
A8	其他文件		
A8-1	合同约定由建设单位采购的材料、构配件和设备的质量证明文件及进场报验文件	建设单位	安质部、设备部
A8-2	工程竣工总结	建设单位	安质部
A8-3	工程未开工前的原貌、主要施工过程、竣工新貌照片	建设单位	工程室
A8-4	工程开工、施工、竣工的录音录像资料	建设单位	档案室
B类	监理资料	监理单位	档案室
C类	施工资料	施工单位	档案室
D类	竣工图	施工单位	档案室

17.4.2 外部接口

外部接口管理应处理协调城市轨道交通工程与档案行政主管部门及城乡建设档案馆等之间的有效衔接和约束条件,在符合相关法规和技术规程基础上,明确项目实施的外部条件和具体要求。建立以建设单位(项目管理单位)为核心的项目接口管理体系,组织制定系统的项目接口管理方案,明确各参建单位的接口管理权责分工和阶段目标,并协助建设单位将竣工档案移交至城乡建设档案馆。

17.5 档案验收

工程资料验收分为分部工程资料验收和单位(子单位)工程资料验收,并作为工程质量的一部分,应和同级别的工程实体质量验收同步进行。分部工程资料验收是以所含各分项工程验收为基础进行的。组成分部工程的各分项工程质量控制资料齐全完整,构成单位工程的各分部工程质量控制资料应完整,涉及安全、节能、环境保护和主要使用功能的分部工程检验资料应复查合格,这些检验资料与质量控制资料同等重要,资料复查要全面检查其完整性,不得有漏检缺项。

17.5.1 工程档案验收内容

基建文件:决策立项文件,建设用地、征地、拆迁文件,勘察、测绘、设计文件,招投标文件,工程开工文件,商务文件,工程竣工验收及备案文件,其他文件。
监理资料:建立管理资料,监理工作记录,竣工验收资料,其他资料。
施工资料:工程管理与验收资料,施工管理资料,施工技术资料,施工测量及监控量测记录,施工物资资料,施工试验记录,施工质量验收记录。

17.5.2 工程档案验收具备的条件

(1)主体工程及附属设施等已按设计要求建成,能满足运行使用要求。

(2)各参建单位已完成应归档文件材料的收集、整理、归档工作,完成工程建设全过程文件材料的收集、分类、整理和编目。

(3)工程档案内容真实、准确反映工程实际情况和建设全过程。

(4)工程档案的整理、立卷和著录符合《城市轨道交通工程档案整理标准》(CJJ/T 180—2012)的规定。

(5)竣工图绘制方法、图式及规格等符合专业技术要求,准确标有变更依据,图面整洁、竣工图章及签字手续完整。

(6)文件的形成、来源符合工程实际,单位或个人盖章的文件签章手续完备。

(7)文件材质、幅面、书写、绘图等应符合规范要求。

(8)工程声像档案拍摄内容真实、准确、清晰和完整,符合声像档案归档质量要求,并应有归档检测合格证明文件。

(9)工程电子文件应与相应的纸质或者其他载体形式的文件在内容、相关说明及描述上保持一致,符合电子文件归档质量要求。

(10)城市轨道交通工程具备验收条件后,应对工程档案分别进行预验收、验收,形成验收意见书。

(11)施工单位实现了对档案资料的集中统一管理,且按要求完成自检工作,并达到了验收标准。

(12)监理单位对施工单位提交的工程档案的整理情况与内在质量进行审核,已达到验收标准,并提交了专项审核意见。

(13)监理单位组织预验收检查中发现的问题(含运营单位提出的涉及运营安全和主要使用功能问题)和专家提出的问题已全部整改合格,有问题清单及整改报告(含照片)。监理单位提交了《单位工程质量评估报告》,并经总监理工程师和监理单位有关负责人签字并加盖公章。

(14)勘察、设计单位提交了《单位工程质量检查报告》,其应经该项目勘察、设计负责人和勘察、设计单位有关负责人审核签字并加盖公章。

(15)完成工程档案质量评价报告。

(16)完成工程档案验收自评报告。验收自评报告应包括下列内容:

①工程建设及工程档案管理概况;

②保证工程档案完整、准确、系统所采取的控制措施;

③工程文件材料的形成、收集、整理与竣工图的编制质量状况;

④对工程档案预验收中提出问题的整改情况;

⑤其他需要说明的问题。

17.5.3 工程档案验收程序

(1)监理单位、施工单位对本单位形成的工程资料的收集、整理等工作情况进行自检。

(2)监理单位对施工单位、监理单位形成的工程资料收集、归档工作质量进行检查验收。

(3)对符合条件的单位工程,在监理单位组织工程预验收时,同步完成档案专项验收,验收组对档案存在的问题提出整改意见,并出具结论性意见。

(4)存在问题整改完成后,由市城建档案馆下发《工程档案预验收证明书》。

(5)参建单位在收到《工程档案预验收证明书》后6个月内,向城建档案馆移交整理、立卷、编目的工程档案。工程档案验收程序如图17-4所示。

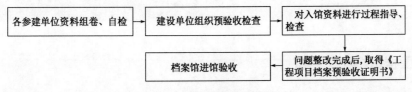

图17-4 工程档案验收程序图

17.5.4 档案的预验收前工作

(1)工程资料验收分为分部工程资料验收和单位(子单位)工程资料验收,并作为工程质量的一部分,应与同级别的工程实体质量验收同步进行。

(2)档案室应在工程竣工验收的年度内,根据工程验收和移交工作总体计划,编制工程资料验收工作计划。

(3)工程验收前,各施工单位项目技术负责人应对本单位形成的工程资料收集、整理、立卷等工作情况进行自检。自检合格后,提请监理单位进行检查验收。各施工总承包单位为工程资料验收和移交主体。

(4)监理单位应按照有关规定,对施工单位、监理单位自身形成的工程资料内容的完整性、准确性、真实有效性等进行严格检查验收,对工程资料的组卷、编制工作质量进行检查验收。

(5)建设单位相关部门在监理单位检查验收的基础上,对勘察单位、设计单位、监理单位、施工单位汇总的工程竣工资料进行检查验收。

(6)建设单位相关部门负责对检查出的问题的整改进行督促,不断改进工作,提高工作效率。

(7)建设单位相关部门依据检查验收结果并结合各标段实际情况,拟定总体工程档案验收计划并上报相应安质部,由安质部进行核定后上报建设单位相关部门批准执行。

(8)在工程检查验收阶段,建设单位对工程资料进行随机抽查或是随同检查。

(9)建设单位工程档案预验收前,建设、监理和施工单位应按照市《轨道交通土建工程资料管理规程》及《轨道交通质量验收标准导则》中的工程档案归档内容进行收集、整理、绘制竣工图,并按组卷要求初步立卷。

17.5.5 工程档案预验收工作

属于向城建档案馆报送工程档案的工程项目还应会同城建档案馆共同验收。建设工程全部完工,并具备《单位工程质量控制资料核查记录》及《单位工程安全和功能检查资料核查记录》,建设单位对各参建单位工程资料组织进行预验收前检查认定工程资料整体质量已经达到移交条件的基础上,统一协调,由建设单位将各单位自行验收的工程档案汇总后,按照工程档案登记表划分的工程档案接收范围,到市城建档案机构领取"工程档案预验收意见表",按要求填写。签章后提请市城建档案馆对工程档案进行查验。

17.5.6 工程档案验收

(1)工程档案预验收后,建设单位应督促工程档案编制单位对预验收中存在的问题进行整改,并将工程竣工验收阶段形成的应当归档的文件归入相应案卷,确保工程档案完整、准确、系统。

(2)工程档案编制完成后,由建设单位协助工程档案编制单位提交市城建档案馆进行最后验收。凡验收不合格的,档案退回工程档案编制单位重新整改。验收合格的,由市城建档案馆进行移交并办理移交手续(填写移交书、移交目录等)。移交时间最迟不得超过竣工后6个月。

(3)勘察、设计、施工、监理等单位向各档案接收单位移交档案时,应编制移交清单[档案移交(接收)登记簿],各单位签字盖章后方可交接。

17.6 档案移交

17.6.1 工程资料移交套数

通常情况下,工程资料应包含基建文件或前期文件、监理资料、施工资料、竣工图等四部分。在城市轨道交通工程建设中,基建文件或前期文件的形成与收集、整理、编制工作由建设单位完成。本书中提及的"各参建单位应移交建设单位的工程资料",仅是指监理资料、施工资料和竣工图部分。按照建设单位和各参建单位,即监理单位、施工单位、设备安装及(或)供货单位,签订的合同约定和工程资料分级管理的要求,各参建单位应向建设单位统一移交2套完整工程资料存档。2套工程资料的组卷内容和编制工作应该完全一致。

(1)首先,应保证向市城建档案馆移交一套完整工程资料的原件;其次,应向建设单位移交1套工程资料的原件(注:其中,外来物资资料在原件份数不够的情况下,可以提供清晰完整的复印件)。

(2)为保证地铁运营工作的正常开展,各系统设备工程资料(如通信、信号、AFC、安全门等工程)的随机文件及系统安装盘等原件,应统一移交建设单位存档。

17.6.2　工程文件移交范围及内容

在新建、扩建、改建的城市轨道交通工程建设过程中形成的具有保存价值、以各种载体储存的文件,包括工程准备阶段文件、监理文件、施工文件、竣工验收和备案文件、设备文件等均应归档。通常情况下,工程资料应包含基建文件或前期文件、监理资料、施工资料、竣工图等四部分。

归档文件载体类型应包括纸质材料、照片、底片、录像带及电子存储介质等。

建设管理单位应对勘察单位、设计单位、施工单位、监理单位提供的建设工程文件进行审核,在审核合格后方可接收。

参建单位向建设管理单位移交档案时,应编制"建设工程档案移交目录",参照《建设工程文件归档技术规程》《城市轨道交通工程竣工资料组卷移交实施细则》办理"资料记录移交书",双方签字、盖章后方可交接。

移交归档的文件(资料),应按《建设工程文件归档规范》(GB/T 50328—2014)、《建设工程文件归档技术规程》(XJJ 07—2016)、《轨道交通工程资料管理规程》《城市轨道交通工程竣工资料组卷移交实施细则》中的工程档案归档要求立卷归档。

监理单位应做好项目监理资料(B类)的编制、收集、整理、立卷工作,以保证工程监理资料的完整、准确并符合有关要求。

监理单位在工程竣工预验收合格后竣工验收前,应将《监理单位工程质量评估报告》和监理资料按规定立卷后移交建设单位,并办理《监理资料移交书》。

负责井点降水的施工单位,负责向建设单位、建设管理单位各移交一套资料。

沉降观测记录,以《沉降观测工作总结报告》的形式提交。

对与工程建设有关的重要活动、记载工程建设主要过程和现状、具有保存价值的各种载体的文件,均应收集齐全,整理立卷后归档。

17.6.3　工程资料移交时间

参建单位应在工程竣工验收合格后6个月内,将各自形成的工程电子、纸质、声像等文件立卷后移交。

17.6.4　归档文件的质量要求

1)归档纸质文件的质量要求
(1)归档的工程文件应为原件,应真实、准确、完整,与工程实际相符合。
(2)工程文件应字迹清楚,图样清晰,图表整洁,签字盖章手续完备。
(3)需归档保存的文件应采用能长期保存的韧力大、耐久性好的字迹材料打印、书写、绘制。
2)建设工程声像文件的质量要求
(1)照片、录音、录像等声像制品,应保证图像清晰,声音清楚,文字说明或内容准确。

(2)监理单位不需移交声像制品。

(3)施工及设备安装单位应按照单位工程形成工程建设施工、竣工阶段、重要活动、会议等留存照片资料。

(4)工程建设施工阶段应包含以下5项内容:工程开工前原貌;工程形象记录(地基与基础、主体结构、装饰装修、屋面等及市政配套、基础设施);工程建设施工过程中采用或引进的新技术、新工艺、新材料、新设备的应用情况;工程项目中主要的质量检查、验收活动内容;工程质量事故及分析处理情况(事故第一现场、事故指挥和处理措施、结果等重要活动)。

(5)工程建设竣工阶段应包含以下4项内容:①工程项目的竣工、验收仪式;②竣工后新貌,包括工程项目不同角度的重要布局、交通设施、夜景照明;③配套工程设施;④绿化、雕塑等环境工程。

(6)重要活动、会议照片资料内容:反映在工程项目建设中,上级领导、建设单位、施工单位、监理单位重要负责人及知名人士、专家、学者视察、考察、检查工作及相关的重要活动。

(7)电子文件的格式要求。

建设工程电子文件应采用开放式文件格式或通用格式进行存储。专用软件产生的非通用格式的电子文件应转换成通用格式。

文本(表格)文件:PDF、XML、TXT格式。

图像文件:JPEG、TIFF格式。

图形文件:DWG、PDF、SVG格式。

影像文件:MPEG2、MPEG4、AVI格式。

声音文件:MP3、WAV格式。

数据库文件:SQLDDL、DBF、MDB格式。

虚拟现实/3D图像文件:X3D、U3D格式。

地理信息数据文件:DXF、SHP格式。

建设工程电子文件应包含元数据,保证文件的完整性和有效性。元数据应符合《建设电子档案元数据标准》(CJJ/T 187—2012)的规定。

建设工程电子文件应采用电子签名等手段,确保其内容真实、可靠。

电子识别、捕获、存储、维护、利用和处置等管理和控制应采用城建档案信息管理平台,以在线或离线方式进行归档、移交和接收电子元数据。

离线归档的建设工程电子文件载体,应采用单片盒装一次性写入光盘,光盘不应有磨损、划伤。

存储移交电子档案的载体应经过检测,应无病毒、无数据读写故障,并应确保接收方能通过适当设备读出数据。

dwg格式的竣工图等图形文件转换为PDF格式时,应一张图纸对应一个电子文件,不宜一个电子文件对应多张图纸;PDF文件尺寸须与实际图形尺寸一致(全尺寸文件),其有效内容须扩充设定面积,以保证电子文件还原成纸质文件的清晰度。

17.6.5 工程资料移交完毕的证明文件

在整个工程项目建设阶段,监理单位、施工及设备安装单位需要分别完成乌鲁木齐市城乡建设档案馆工程档案预验收工作和建设单位工程资料的移交工作,不同的移交对象有不同的证明文件,分别为:

证明文件一:

(1)房建工程:《档案接收证明书》。

(2)市政工程:《工程项目档案预验收证明书》。

由城乡建设档案馆开具。开具条件:单位工程资料完成工程档案预验收工作。本证明文件一式四份,由市城乡建设档案馆、建设单位、建设管理单位、参建单位各自保留一份。

证明文件二:《档案移交接收登记簿》,由各监理单位、施工及设备安装单位按照规定格式填写后,统一由建设单位档案室收集,建设单位、建设管理单位按照《档案移交接收登记簿》与接收的档案核对无误后进行签字盖章。本证明文件一式四份,建设单位保留二份,建设管理单位、参建单位各自保留一份。

证明文件三:《竣工档案移交证明》,由建设单位开具并盖章。本证明文件一式三份,分别由建设单位、建设管理单位、参建单位各保留一份。

第18章

试运营筹备及试运营期间的管理

18.1 概述

城市轨道交通项目在竣工验收合格,并顺利完成不载客试运行的相关工作后,方能开通载客试运营。试运营是在城市轨道交通工程所有设施设备以及整体系统可用性、安全性和可靠性通过试运行检验,经过有关部门验收合格并审批通过后,在正式运营前所从事的载客运营活动。

18.2 试运营筹备阶段的管理

18.2.1 组织架构

试运营筹备工作的目的是通过统筹安排各项运营筹备任务,为顺利实现运营线路的开通提供可靠、坚实的基础。运营筹备工作主要包括新线工程介入以及建立新线运营所需的人、财、物、规章等基础条件,涉及范围广,工作周期长,各项工程相互制约和影响,组织协调复杂。

城市轨道交通试运营筹备的组织者必须根据所要完成的任务,确定由谁来完成任务以及如何管理和协调这些任务。而参与运营筹备任务的人员,则在一定的组织方式和运作指令的规约下,各司其职,相互协作,确保各项筹备工作全面、及时、高质量完成。

1)新线筹备组织架构

新线筹备组织是新线开通试运营前期需要成立的组织单位,专门负责新线运营筹备组织工作,确保预开通线路的顺利接管及试运营。应设置合理的组织结构、管理模式及人员配置,明确工作任务、职责以及与项目组外部组织相关的职能,并最终落实筹备项目小组成员全部到位。该阶段组织结构设置通常按专业划分工作小组,采用专业组的管理模式,由总负责人全权负责,不设置职能结构或只设置主要职能支持和协调小组。专业组的管理模式是最简单的一种组织形式,其特点是项目组有明确的目标、范围和工作量,并能够清晰分解给各专业组,以确保专业、技术集中优势的原则集中设置专业。组织内部的层次精简,信息传递快速,各业务间横向联系相对较少。该阶段的组织架构示例如图 18-1 所示。

2)试运营组织架构

当新线筹备组织逐渐成熟、新线投入正常试运营时,运营筹备组织必须在原有项目组的基础上变化演化,逐步发展成为正式的组织架构,以满足独立承担试运营业务运作需要。根据试运营管理需求,需要合理设计试运营管理形式、组织架构及其功能,明确内部部门职责及定位,明确相关业务流程。城市轨道交通试运营组织形式的选择大致分为三种:运营事业部、运营分公司和运营有限公司。

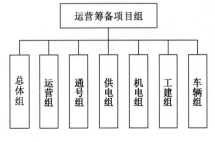

图 18-1 新线筹备组织架构示例图

运营事业部是企业内部组织管理的概念，不用办理法人或营业登记，不需要独立纳税。

运营分公司是总公司管辖的分支机构，是指总公司在其住所以外设立的和以自己的名义从事活动的机构。分公司不具有企业法人资格，可办理非法人的营业执照，其民事责任由总公司承担。

运营有限公司是子公司，是被总公司实际控制、支配的公司。运营单位以子公司管理模式运作时，独立核算、自负盈亏，具有独立法人资格，独立承担公司行为所带来的一切后果。

例如，乌鲁木齐地铁1号线的运营单位在试运营期间采取的是分公司的组织形式，如图18-2所示。

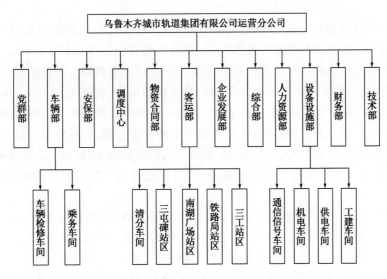

图18-2　乌鲁木齐地铁1号线运营单位组织架构图

18.2.2　人员筹备

1）人员招聘

人员招聘主要采用社会招聘、订单班招聘和应届毕业生招聘三种方式。

（1）社会招聘

主要招聘有足够相关工作经验和管理经验的管理人员，用于担任基层以上的管理职务；主要招聘技术过硬、有足够经验的专业技术人员，用于担任工程师及以上的技术岗位；招聘部分有相关工作经验的人员，作为生产岗位的补充，如工（班）长、调度、客车司机、工程车司机、值班员和各类高（中）级检修工等生产岗位。如果社会招聘的难度较大，可采取提前1~2年的时间招聘优秀的大学生送外培训的方式予以补充。

（2）订单招聘

订单委托培养是一种培养和招聘相结合的模式，根据各工种岗位的人员需求，向订单院校提供招生条件，并按公司的要求进行教学和管理，在学员毕业前一年或半年，与校方共同合作，根据具体要求组织现场实习、培训和考核验收。

（3）应届毕业生招聘

主要是指校园招聘，企业到高等院校举办应届毕业生招聘活动。通过开展现场招聘、校园宣讲、实习招募活动，录取选拔优秀的应届毕业生。

对于生产岗位员工，可采用订单招聘、应届毕业生招聘和社会招聘相结合的方式。

2）人员培训

轨道交通行业常见培训项目及实施方式可分为供货商培训、送外培训和自主培训三种，这三种培训项目是相辅相成的，需要根据企业的培训能力、发展阶段和具体情况综合运用。

(1) 供货商培训

在轨道交通运营线路开通前,设备安装调试阶段安排的接受供货商培训效果比较明显。在设备安装调试阶段,保证所有管理人员、技术人员、班组长提前接受供货商的技术培训。

(2) 送外培训

借助外地其他轨道交通运营单位的技术优势、设备优势、培训力量和管理经验,是使运营人员快速掌握运营管理经验、具备岗位相关技能的方法,尤其是技能人才的培训,可部分送往已运营多年且运营成熟的城市轨道交通企业进行培训。

(3) 自主培训

在供货商和送外培训期间,应重点发现、培养合适的人员,在前期培训的技术骨干中选拔出专兼职培训师,逐步建立健全培训体系。待条件具备之后,企业内部自行组织培训,由选拔的专兼职培训师进行授课,并且深入现场实地操作练习。自主培训主要分为管理类培训和生产类培训。

管理类培训是针对行政管理人员和技术管理人员实施的培训,对这部分人员的培训应尽量创造机会让其参与轨道交通工程的规划设计和安装调试,参加对应专业的设备技术文件的编制、谈判、设计联络和监造工作,接受设备供应商的操作培训,在工作中不断积累经验,加深对系统设备的理解。

生产类培训针对基层团队管理人员的培训,主要包括行车值班主任、站长、值班站长、工区长、班长组、各类调度、车队长等。主要侧重于对技术业务、班组管理技巧、规章制度、操作规程与手册、服务意识、应急应变等方面的培训。

例如,乌鲁木齐城市轨道集团运营分公司开展形式多样的培训,主要包括新员工入职培训、上岗取证培训、特殊工种培训及送外专项培训等。在乌鲁木齐轨道交通1号线北段运营筹备期间,组织轨道交通1号线运营人员,特别是电客车司机、调度员、行车值班员、检修类等重点岗位人员赴北京地铁、西安地铁开展为期3~6个月的跟岗培训,送培人次近1400余人,总时长1年6个月。此外,还组织骨干技术人员参加厂家培训、班组长培训、服务礼仪培训等。形式多样的培训,有效提高了员工队伍的业务知识、技术水平和综合素质,为乌鲁木齐轨道交通1号线开通试运营提供必要的人力保障。

18.2.3 物资筹备

物资筹备是通过计划、采购、库存三方面的科学管理,直到物资具备试运营条件。

(1) 物资筹备计划

做好试运营开通前物资采购计划。根据运营物资须在开通前3个月到货的原则,应结合采购周期,提前编制下发采购计划。应注意标注重要性和到货时间要求,以便采购操作时把控自如,重点安排和跟踪到货。可提前安排编制工(器)具定额,针对不同车间、工区、班组,提前编制明确对应的规格清单,对新线配置工(器)具一次性下达采购计划。对开通必备的重点物资重点关注,保证试运营顺利开通。

(2) 物资采购管理

新开首条线路情况下,运营物资需求量相对较小,可采取人工比价、竞争性谈判、邀请比价、直接谈判、邀请招标、公开招标等方式实施采购。在多线开通情况下,实施采购管理集成,利用不同物资采购方式在不同阶段的优势、特点,实现整体采购方式的最佳组合。采购部门应在遵守法律法规、运营单位规定的情况下,利用合理的操作方式,以提高采购效率。

运营物资筹备对供应商管理应全程跟踪,通过对供货全过程信息的了解,保证对供应商全面、合理评价,从而能够为供应商的公开招标、比价选拔提供全面的信息支持。

(3) 物资库存管理

对新线物资库存筹备管理主要做好四方面工作:一是做好新线物资仓库规划设计以及仓库接管完善工作,保证功能齐全;二是做好新线建设合同备件的验收移交工作;三是做好物资的入库验收和出库工作,要有清晰的验收和出入库流程,做好物资的保存与管理工作;四是要有完整的仓库物资管理、操作制度做工作指引。

新开通首条线路时,可在车辆段设置一个物资总库,为了便于生产用料,各车间可各设置一个分库,分库材料纳入总库管理。

18.2.4 规章制度筹备

(1)规章制度体系建立

在规章制度编制之前,首先应对规章制度体系进行合理的规划,对在运营筹备期间需要编制的文本进行合理的分类。运营规章制度体系并没有一成不变的模式,在实际编制中应从实际出发,使其具有可操作性和实用性,规章制度体系应完整、齐全,同时在过程中持续改进。规章制度体系可以分为两大类,即管理类制度、技术类制度。

管理类制度是针对需要统一协调的管理事项所制定的制度,运营单位的管理事项包括但不限于服务营销、物资、运输、安全、技术、人力、生产等方面。

技术类制度是针对需要统一协调的技术事项所制定的制度,城市轨道交通运营单位所涉及的技术类制度较多,包括线路、房建、供电、机电、售检票、行车组织、客运服务等,其相互之间内在的联系复杂。

(2)规章制度编制计划

规章制度体系建立之后,在运营筹备期组织规章制度编制时,应注意与相关法律法规、行业标准等保持一致,重点编制保证顺利接管和开通试运营的相关规章制度,所以首先要制订科学合理的编制计划。规章制度编制计划的内容应包含规章名称、适用范围、计划时间表、责任单位、负责人、配合部门、监督检查单位、检查时间等。计划编制过程中,应先组织有关部门进行讨论,并在时间上进行统筹安排,以利于更好发挥规章制度在组织生产过程中的指导作用,避免出现运作上的制度空白。讨论后最终形成切实可行的计划,在计划实施过程中,监督检查单位按照计划确定的检查时间监督其实施进度和完成情况。

(3)规章制度的编制

规章制度的编制是指对所需规章制度进行编写的过程,包括前期的资料收集、文件编写、讨论、报批、发布等过程。在整个运营筹备过程中,遵守外部法规要求的同时,制订出先进合理的规章制度,是轨道交通运营单位建立最佳秩序、获得最佳社会效益和经济效益的前提条件。为了充分总结吸收已有成果和成熟经验,保证规章制度的科学性、经济性和合理性,必须按程序制定规章制度。

①调查研究,收集资料。搞好调查研究是制定好规章制度的关键环节,而技术资料及其他有关资料则是起草规章制度的依据,资料充分与否直接影响规章制度的质量。一般应收集相关技术法规、相关标准、适用的国家法律法规等资料,以及各系统设备的性能、结构、特性,同时收集由其他单位向运营单位移交的设计资料、技术资料、设备资料、培训资料等。

②起草草案(征求意见稿)。起草单位对收集到的资料进行整理、分析、对比、优选,必要时进行试验验证,最后起草规章草案(征求意见稿)和编制说明。

③征求意见,形成送审稿。规章制度草案编制完成后,应向内部相关部门征求意见,必要时可送建设单位、设计单位核对,并对收到的意见分析研究,决定取舍后形成送审稿。在此期间,不同规章制度的编制小组也应加强沟通,协调规章制度草案之间的冲突,必要时可组织专题讨论。

④审核规章制度,形成报批稿。根据规章制度的复杂程度、涉及面大小,可采取会议审查或函审,报批稿在报批前应由有经验的工程技术人员、管理人员(也可组成专门的审核机构)进行审查。

⑤规章制度的批准、发布。规章制度由主管部门批准,并编号发布。

(4)规章制度的实施

规章制度发布后,编制部门需要及时组织适用人员进行必要的宣传、讲解和培训,必要时还可制作一些挂图张贴在使用地点,使相关人员熟悉、理解规章。各类规章制度的实施有其不同的特点,因此各部门应分别在各环节上组织实施有关规章制度。在规章制度实施后,应对其实施情况进行全面总结,特别是对存在问题采取的措施和取得的效果进行分析和评价,以便进一步完善规章制度。

18.2.5　参与工程建设

（1）参与审核设计文件

运营单位作为后期轨道交通设备设施的管理单位,即工程建设产品的用户,在初步设计、设计联络和施工图设计等阶段,组织各专业部门参加专业技术方案论证,认真研究初步设计初稿,提出运营需求或建议;参加专业设计专题会和重大的施工图变更会,重点掌握施工图设计的技术要求、系统功能及变更情况;针对设计文件提出建议,站在用户的角度,提出必须改进或完善的功能,避免设计考虑不周或接口问题,避免今后使用不便或形成安全隐患。

（2）参与设备调试和系统联调

设备调试与系统联调是对设备功能、系统联动和人机界面等的全面核查,可能会暴露出很多问题。运营人员作为人机界面的"人",是今后设备的主人,必须全面参与。运营单位各专业应全程参加综合联调项目的实施,发现问题及时提出;建设管理单位应积极采纳运营分公司意见建议,及时追踪整改落实。运营人员通过参与设备调试和系统联调,熟悉设备功能,提高操作技能和设备故障处理能力。

（3）参与工程预验收和竣工验收

工程预验收和竣工验收是对工程本体的质量和安全的集中核查,运营单位的相关专业人员需参与对应专业的验收。建设管理单位在验收工作开始前,应与运营单位进行充分沟通,提前发送验收相关方案,运营单位各专业部门对方案进行研究,提出运营意见并反馈建设管理单位进行调整。运营单位站在用户的角度,提出工程仍存在的功能缺陷和安全隐患,并将验收意见提交给建设单位,督促相关单位整改。

（4）进驻与临管

在工程建设后期,建设和运营单位的试运营准备融为一体,没有明显的界线。根据工程进度情况及工程节点,运营单位会同建设单位对车站、场段、轨行区等场所是否具备进驻条件进行研判。满足条件后运营单位的客运、调度、车辆、设备设施维修等专业人员要尽早进驻,必要时可分阶段进驻临管各车站、段场、区间等场所,从工程管理阶段平稳过渡到试运营管理阶段。

（5）加强设备质保期管理

在轨道交通验收合格、试运营开始后,各系统设备进入质保期管理。运营单位应提高工作的主动性,积极与建设单位协调,建立由建设单位牵头、运营单位管理、承包商实施的质保期管理体系,依靠承包商的力量,加强试运营期间的技术保障。

18.2.6　参与系统试运行

试运行是指在完成系统联合调试后,按照运营模式进行系统试运转和安全测试,不载客试运行的时间不少于3个月。在完成初步验收和三权移交后,通过试运行检验各岗位人员协作、组织及各类设备的运作情况、检测列车运行图参数准确性,以提高各岗位(工种)磨合度,为开通载客试运营做好准备。在试运行前,运营单位必须对设备设施的技术状况、人员配置和培训情况、规章制度情况等进行全面核查,满足试运行要求后方可开始。

（1）试运行目的

各专业熟悉新建线路、车辆、设备设施;检验线路、供电、机电、通信、信号系统设备及车辆运行稳定性、可靠性、安全性;检验各项规章制度的适用性和可操作性,检验员工操作水平、培训效果。

试运行可模拟新线开通后的真实运营环境,带动运营各行车岗位(工种)间联动,检查正常运营组织情况下,调度员、乘务员、车站人员、检修人员的组织协调能力、应急处置能力和相互间的磨合度。

检验列车运行图各项技术参数的准确性、稳定性,对列车区间运行时分、停站时分、折返时间、出入停车场(段)作业时间进行准确测定,使列车运行图技术参数科学合理。

(2) 试运行过程

试运行期间,应根据工程进度情况,从以工程优先过渡到试运行优先,逐渐增加上线列车数量、缩减列车运行间隔,可分阶段组织试运行工作。乌鲁木齐轨道交通1号线北段试运行过程见表18-1。

乌鲁木齐轨道交通1号线北段试运行过程表　　表 18-1

阶　　段	起 止 日 期	列车上线时间	行 车 区 间	上线车数（列）	列车间隔（min）
第一阶段	3.25—4.1	10:00—16:18	国际机场—铁路局	3	20
第二阶段	4.2—4.9	9:45—16:21	国际机场—铁路局	4	15
第三阶段	4.10—5.3	9:45—16:31	国际机场—铁路局	5	10
第四阶段	5.4—5.14	9:45—19:52	国际机场—八楼	5	15
第五阶段	5.14—5.22	8:00—22:00	国际机场—八楼	7	10

试运行期间,对各调度系统之间、调度与生产班组之间、人员与设备之间进行全面检验,发现问题必须及时解决。最后一阶段的试运行标准应与试运营完全一致,确保平稳过渡到开通试运营。

18.2.7　试运营基本条件评审

城市轨道交通试运营基本条件评审是在新建、改建、扩建城市轨道交通线路投入试运营前,对试运营的基础条件、限界、土建工程、车辆和车辆基地、运营设备系统、人员、试运营组织、应急演练和系统测试检验等方面的基本要求评审。

1) 试运营基本条件评审程序

试运营条件评审程序主要包括:建设单位向政府主管部门提出评审申请,政府主管部门委托第三方机构评审,第三方机构组织试运营条件评审并出具评审报告,建设和运营单位按评审意见实施整改,具备试运营条件后由政府批准开通试运营。城市轨道交通试运营评审流程如图18-3所示。

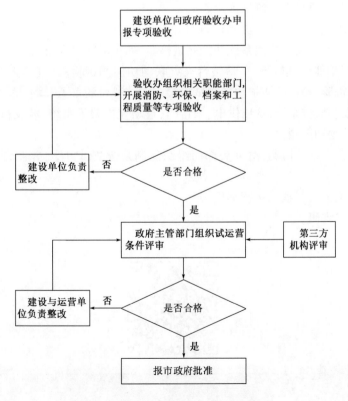

图 18-3　城市轨道交通试运营评审流程图

评审前,第三方评审机构与建设单位对接,评审机构通过查阅资料、现场考察掌握车站、区间、主变电所、车辆段和控制中心的整体情况,确定评审方案、评审流程和评审专家。评审时,专家进行测试检验、资料查阅和现场踏勘,根据专业知识和个人经验对线路全面检查,并形成相关意见。经过与建设单位、设计单位、施工单位、监理单位交流意见后确定专家组评审意见。评审后期,建设单位根据评审意见进行整改,整改结束后,由评审机构再次组织专家对整改情况进行落实复核。整改符合要求的,评审机构出具满足试运营基本条件的报告。

2)试运营基本条件评审内容

(1)现场检查及资料审阅

在试运营开通前,试评审工作要求对试运营准备的主要内容进行全面核查,看是否满足试运营的基本条件。核查的内容包括:完成各项建设工程验收,完成政府专项验收,完成"三权"移交,完成运营人员到岗和培训,完成备品备件与工器具到货,建立新线规章制度体系,完成各层级应急演练,完成试运营行车组织和客运组织方案,完成技术资料接收,建立各专业的维修管理模式等。试运营评审内容一般分专业组进行,见表18-2。

试运营评审内容分组表   表18-2

序号	专业分组	评审内容
1	总体组	运营单位资格、工程基本条件、主管部门批准文件、工程移交、试运行要求
2	土建组	线路、轨道、车站建筑、结构
3	设备一组	供电、车辆、通信、信号
4	设备二组	FAS、BAS、AFC系统、电扶梯、站台门
5	试运营准备组	人员基本条件、运营组织基本条件、应急演练

(2)系统测试

为验证试运营演练工作能否安全、有序、高效完成,实现全面锻炼员工队伍、充分实现人机磨合,在试运营基本条件评审时要进行系统测试评价。

试运营评审系统测试一般分为9类测试科目、24个测试项目。其中9个科目包括:车辆系统测试检验、信号系统测试检验、自动售检票系统功能测试检验、列车区间阻塞及火灾工况测试检验、车站供电系统400V"自投自复"功能测试检验、车站站台火灾联动功能测试检验、气体灭火系统联动测试检验、车站水消防系统测试检验、站台门防护功能测试检验。测试科目涵盖了车辆、信号、消防水系统、火灾自动报警系统、环境与设备监控系统、低压供电、站台门、自动售检票等系统,涉及行车安全、消防安全、人身安全、资金安全的关键功能测试。

系统测试准备工作应统筹协调,由牵头部门组织编制系统测试方案,并制订系统测试专家评审线路图。

3)乌鲁木齐轨道交通1号线试运营案例

该部分内容详见二维码。

扫码下载

18.3 试运营期间的管理

试运营管理是指运营单位实施的行车组织、客运组织与服务、设施设备运行与维护、车站与车辆基地管理、土建设施运行与维护、安全管理等工作。轨道交通的试运营管理是综合利用相关设施为旅客提供优质服务的保证。

18.3.1 试运营管理内容

城市轨道交通试运营管理的目的是为规范和引导轨道交通运行的各项工作，使城市轨道交通运营得以安全、高效、科学运作实施。城市轨道交通管理的内容包括行车组织、客运服务、票务管理、设备设施管理等。

1) 行车组织

行车组织管理按生产、组织、管理流程，可以分为运输计划的编制（客流计划与全日行车计划）、车辆配备计划、列车牵引计算、列车运行图的铺画、列车交路计划、运输能力计算、列车运行与行车调度指挥等内容。

在城市轨道交通试运营管理中，行车组织是最基本、最重要的环节之一，具有极其重要的地位和作用，通过列车运行组织，将客运服务和城市轨道交通设备联系在一起，完成城市轨道交通系统运营组织和管理的全过程。

2) 客运服务

客运组织工作是城市轨道交通运营生产的重要组成部分，客运服务质量直接反映轨道交通的运营管理水平。客运组织必须实行统一领导、分级管理的原则。客运组织的根本任务是通过合理布置客运相关设施、设备以及对客流采取有效的分流、引导措施来完成其大运量的客运任务。乘客经出入口通过导向标识进入站厅、购票或直接经检票口刷卡进入站台乘车，乘客抵达目的站下车后从站台走到站厅，验票后出站。

3) 票务管理

票务管理主要包括票制、票价的确定和自动售检票系统及其运用、管理。票务工作涉及多部门联合作业，同时更涉及不同岗位人员，日常票务工作内容复杂，车站人员需要通过人工售票、现金找零和现金清点等工作完成票卡出售，还要实现 AFC 系统计算机软件系统升级、维护管理、回收票卡、相关盘点工作。

4) 设备设施管理

一个完整的城市轨道交通的设备管理包括车站服务设施系统、通信及信号系统、AFC 系统、供电系统、环控系统、通风及排烟系统、防灾系统、给排水及消防系统、电扶梯系统等设备的操作运用和养护维修管理。作为设备的运用，一般可分为正常状态下的日常运用、非正常情况下（故障运行）的运用及紧急情况时的运用。

18.3.2 行车组织与调度指挥管理

城市轨道交通系统是一个庞大而复杂的系统，投资巨大，自动化程度要求高，系统结构复杂，包括结构建筑、机械、电机电器等传统技术设备；从技术层面涵盖计算机、自动化控制、通信信号等高新技术设备。从城市轨道交通运营的功能分为以下三大系统：

①列车运行系统，包括隧道、车站、线路、车辆、牵引供电、通信、信号、控制中心等。

②客运服务安全保障系统，包括车站照明、自动扶梯及电梯、自动售检票设备、广播、导向及乘客信息系统、消防、乘客监视、防灾报警系统、车站通风与噪声控制系统、车站站台门、车站空调服务设施等。

③检修保障系统:为保障行车安全、客运设备良好,保证乘客安全运输工作不间断进行而设置的检修设施及设备,如列车的停放、架车机、洗车机、车轮镟修机等设备。

城市轨道交通行车组织的基本任务就是采取各种技术管理手段保证城市轨道交通三大系统不同的专业设施、设备每天能够正常运行,从而实现城市轨道交通系统的运营目的,为广大市民提供安全、快速、准时、舒适、便利的运输服务,使乘客能便利地进站购票乘车、安全舒适地旅行、快速而准确地到达目的地。行车组织目的是组织列车安全、正点地按设定的列车运行图运行和为乘客提供优质的客运服务。

1)列车运行图

(1)列车运行图的含义

列车运行图是利用坐标原理表示列车运行时空关系的一种图解形式。列车运行图规定了列车占用区间的次序,即列车在车站出发、到达或通过的时间,区间运行时分,停站时分,是列车运行的综合计划。

(2)列车运行图的作用

列车运行图是组织列车运行的基础,同时列车运行图也是运行组织的一个综合性计划。

列车运行图是列车运行的基础。列车运行图规定了各次列车占用区间的顺序,在每个车站到达、出发或通过时刻,列车在区间运行时间,以及列车在车站的停站时间和在折返站折返所需要时间等。它能直观显示列车在时间和空间上的关系,列车在各区间的运行,以及在各车站停车或通过的状态。

列车运行图是一个综合性计划。城市轨道交通是由信号、车辆、通信、线路、机电等多个部门组成的技术密集型交通系统,它要利用多种技术设备,要求多个部门和工种的协调配合才能完成日常运输任务。因此,城市轨道交通企业通过列车运行图将整个运输生产活动联系成一个统一的整体,把与列车运行相关的部门组织起来,在保证合理与安全运营的前提下,按照列车运行图的需要制订各自的生产计划,并按照一定的程序进行工作,共同保证列车安全与正点运营。

(3)列车运行图编制原则

①在保证安全可靠的条件下,提高列车的旅行速度,缩小列车的运行时间。列车旅行速度是城市轨道交通系统的主要优势,在安全得到保证的前提下,通过提高列车旅行速度,可提高系统的运行效率和服务水平。

②尽量方便乘客。根据客流变化的规律,尽量考虑在满足运行技术要求的前提下选择较小的列车发车间隔,以减少乘客的候车时间。在安排低谷时段列车运行时,最大的列车运行图间隔不宜过大,以保持一定的服务水平。

③充分利用线路的能力和车辆的能力。以折返通过能力为例,折返设备通常是全线能力的限制因素,此时必须对折返线的折返作业时间进行精确计算,合理安排作业程序,尽可能安排平行作业。

④在保证运量需求的条件下,尽量降低运营列车数。在保证运量需求的条件下,可通过综合考虑高峰时段列车运行速度、折返作业时间、列车开行方式等要素,使上线列车数量达到最少,降低系统的车辆保有量与运营成本。

综上所述,首先,列车要实现安全、正点,必须按图行车;其次,编制一张经济合理的列车运行图,对于充分利用城市轨道交通设备的能力,满足各时期、各时段乘客运输的需要,使运能与运量很好地结合,既能方便乘客出行的需要,又能使企业获得最佳的经济效益,具有重要的意义。

2)行车组织原则

(1)基本原则

行车组织必须遵循安全生产的方针,在高度集中、统一指挥、逐级负责的原则指导下,重点考虑采用新型的运输方式,适应客流起伏规律,灵活组织行车密度,满足客流疏导的需求。

运营时刻表是行车组织工作的基础,凡与列车运行有关的各部门都必须根据运营时刻表的规定组织本部门的工作。

(2)安全、高效原则

城市轨道交通运营行车组织必须坚持安全、高效原则。行车组织工作是城市轨道交通运营组织的基础,是乘客服务的载体。安全是运营的生命线,在城市轨道交通运营安全管理中,行车安全的风险较高,历来是各运营单位安全管理的重点和难点。

行车组织方案的选择应充分体现安全、效率、服务的有机结合,确保行车安全要从行车组织方案着手:一是必须根据主要运营技术设备的功能来选择行车组织方案,特别是新线开通初期,在人员新、设备新、运作环境新的情况下,宜选择简单、有效的行车组织方案;二是结合操作人员的业务技能状况,选择与其相适应的行车组织方案;三是在发生设备故障或应急事件的情况下,需要调整原行车组织方案时,更要把安全放在首位。

安全与效率是评价运营单位运营管理水平的硬指标,也是衡量运营服务质量的要素。在确保运营安全的前提下,运营管理人员应致力于提高行车组织效率。对于有一定运营管理经验的运营单位而言,在选择行车组织方案时,需要找到安全与效率的平衡点,必要时还需要勇于突破,寻找有助于确保安全、提高运作效率、提升运营服务品质的运输组织方式。

(3)客流匹配原则

选择行车组织方案的另一决定因素是乘客运输的匹配度。客运服务需求不但是行车组织的着眼点,而且是乘客运输服务的落脚点,因此,行车组织方案应最大限度地满足客流运输的需求,为乘客提供安全、准点、快捷、便利的运输服务。

当行车组织已采用最大限度的方案仍不能满足客流的运输需求时,需要采取限流的方法进行客流组织与控制,以确保运营的安全有序,保障安全及行车组织效率。

随着城市轨道交通事业的发展,城市轨道交通在城市公共运输服务中将承担越来越重要的运输任务,尤其是在开通线路逐步增多、形成网络后,将面临越来越大的运输压力。因此,行车组织水平的提高是城市轨道交通运营单位共同面临的机遇和挑战。

(4)非正常情况下基本原则

①导向安全。在任何情况下,行车组织工作都必须把安全工作放在首位,要确保行车安全、设备安全及乘客生命财产的安全。在行车组织工作中,必须关注运营线路上人、车、物的安全问题,清楚掌握线路是否出清、进路是否有冲突、故障点恢复情况等,坚持安全第一的原则,杜绝各种危险事件的发生。

②先通后复。"先通车,后恢复"是为了最大限度地降低应急突发事件对行车组织的影响,保证一定限度内的地铁运营能力。在运营线路保证安全的情况下第一时间通车,然后再处理应急事件带来的影响,保证线路的正常运营,提高运营服务水平。

③快速全面。在进行行车组织时,要做到反应快、报告快、处置快,把握事故初发期的关键时间,将影响控制在最小范围。同时,要有全局观,不能只关注突发事件及设备故障,而忽略了其他影响因素。

④保证服务。行车组织工作必须要考虑对服务及乘客的影响,并将相关信息通过各种渠道告知乘客,最大限度地减少损失、降低影响,这要求传递信息的途径要迅速流畅。

3)行车组织方式

(1)行车组织方式

①单一交路行车组织方式:是指所有运营列车在两端终点站折返并循环运行的方式,适用于长度相对较短、客流分布比较均匀的线路行车组织方式。

②大小交路行车组织方式:是指部分列车线路在两端终点站和中途具备折返条件的车站折返,从而形成中间重合段相对密集的行车方式,适用于长度相对较长、客流高度集中在部分区段线路的行车组织方式。通过组织大小交路套跑的方式,可以把运输能力集中到大小交路重合段的上下行区域,有效提高大小交路重合段的运营服务水平。

实施大小交路运输组织方式需要信号系统、乘客信息显示系统、车站及列车广播系统的功能支持,需要与行车、客运组织相匹配,给乘客清晰的告示与指引;同时,由于至少增加 1~2 个折返点,致使行车组织、调度指挥工作难度倍增。

③不均衡运输行车组织方式:是指在交路不变的条件下,通过抽疏某一方向的部分列车或使部分运

营列车中途折返,局部增大另一个运行方向的列车数,调整运能分布的方向、时间(原有运能前移或后移)等不均衡运输的组织方式。这一组织方式科学、合理地分配有限运力,使其与客运量需求相匹配,达到缓解上下班高峰期尖峰大客流的效果,让运能得到充分利用。

在上下行方向客流不均衡现象明显的线路中,采用不均衡运输方式解决运量与运力的矛盾,优于实行大小交路的行车方案。

采用不均衡运输组织方式也有它的局限性:当某一线路只有一座车辆段时,要组织单向的超高峰,列车就不得不跑一个往返。列车在超高峰方向退出运营服务后,需跑一个单程才能返回车辆段,或列车提前出段;在非大客流的方向跑一个单程,折返后才能到大客流的方向形成超高峰运力,完成大客流的运输任务后退出运营服务,直接回车辆段。这样会导致非大客流方向的列车满载率很低或出现空车现象,造成运输能力浪费,不满足降低运营成本和节能降耗的要求。

④Y形交路行车组织方式是指某条运营线路上的运营列车交路形成一个Y字形结构的行车组织方式,适用于Y形线路,并根据该线路的组团交换情况、客流断面情况,合理设置匹配的行车方式。

⑤快慢车行车组织方式。为满足城市发展的需要,城市轨道交通建设的规划引导型线路体现了建设的前瞻性,部分城市已设计了长大线路,并辅以越行线,以提高旅客的可达性。为匹配这种线路,可采用快车、慢车并存的行车组织方式。所谓快车,就是在越行线超越慢车,从而达到大站快车的效果。

(2)行车方式的选择

一是行车方式要与客流规律相匹配,所谓与客流规律匹配;二是运输能力要符合高峰客流断面的需求;三是行车方式需要最大限度与组团客流交互。密切跟踪列车运行计划的执行情况和客流变化,必要时实施不均衡运输和大小交路运输,实现精细化管理。四是要有取舍。例如,如果在一般线路采取大小交路运输,需要在考虑满足重合段、大客流区段的同时,与其他衍生问题之间进行取舍,如清客车站的选择、非重合区段的运输能力是否满足客流需求等。

(3)线网条件下列车开行计划的匹配

①线网首末班车衔接。由于网络各线路首、末班车时刻各异,为满足网络可达性的要求,需要合理安排首、末车的时刻,并做好各线路间的衔接,最大限度地满足乘客出行的需求。一般情况下,首班车需要保证早晨从市郊前往市区的通勤客流的通达,即保证市郊往市内方向的首班车衔接;末班车需要保证在每天运营结束前能够将市中心客流输送至郊区。而从客流出行特点看,末班车的衔接尤为重要。

根据网络化运营服务的需求,线网首、末班车运行计划的编制一般考虑以下两种情况:

a.正常运营条件下,需指定线网中基准线路的首、末班车在基准站的上、下行发车时间,以此为基础推算全网各条线路的首、末班车发车时间。对于部分正在建设或规划的线路,为了避免因新线运行导致既有线路首、末班车时刻变动,给乘客带来不必要的麻烦,应尽量选择新开通线路去匹配已经运营的线路。

b.特殊运营情况下(如举办大型活动期间),应根据运营组织需要指定某条特殊线路的首、末班车在某站的发车时间,以此为基础推算线网中其他线路的首、末班车发车时间。

在线网中存在环线的条件下,一般可以环线作为基准线路,首班车考虑其他线路往环线方向换乘,末班车考虑环线往其他线路方向换乘。如线网中还没有环线,可以选择多条线路作为基准线路组,这些线路可以是两两相交恰好构成一个虚拟环线,也可以是彼此相交但不构成封闭环线。

②线网换乘线路之间的运能匹配。在城市轨道交通网络化运营逐渐形成后,编制各线路的运行计划时需要充分考虑各换乘线路间的运能匹配问题,而不能仅仅考虑本线路的运能是否满足运量需要。

例如,某市轨道交通10号线是城市骨干线路,而6号线则为连接大型住宅区的线路,潮汐现象非常明显,这两条线路在A站换乘。早高峰,10号线行车间隔为2min、双方向满载率均超过120%,而6号线行车间隔为4min、满载率仅为60%,且90%的乘客均在A站换乘到10号线。在该条件下,需要从线网协调的角度考虑,进一步增大6号线早高峰的行车间隔,减少换乘客流对10号线的冲击。

③线网换乘节点换乘时间匹配。在城市轨道交通网络化运营逐渐形成后,列车运行计划不能只考虑单线的运营情况,还应该考虑网络中不同线路的协调衔接,尤其是换乘站的衔接。由于一条线路往往具有两个以上换乘站,因此,线路之间不仅仅是两两制约,而是网络中多条线路相互制约。在研究换乘节点协调、优化方案时,要以全局最优为目标,综合考虑所有线路之间的协调衔接,对各换乘站的线路衔接进行统一筹划。

对于多线交会的换乘枢纽,受客流量、线路位置、站内结构设施等因素的限制,很难达到多条线路的同时协调,结合协调层次的递进结构,应先设定匹配原则,再进行不同方案的比选,以保障综合协调的整体效益。

线网换乘匹配一般可分为以下两种:一是指定线网中心线路的全网协调,以指定线路为基准协调线路,根据衔接关系递推获得线网所有车站的时刻;二是指定特定线路的分线协调,以特定线路为基准线路,逐步计算基准线路及与其有直接换乘关系的衔接线路之间的协调方案,协调顺序根据上述原则和运营服务需要来指定。

随着城市轨道交通线网规模的不断扩大,线网结构日趋复杂,使实际运营中很难实现全线网所有换乘站的完全协调。因此,需要针对不同时段的客流空间分布特征对整个线网的换乘协调划分不同优先级,优先满足高优先级的线路或方向,基于所制定的协调标准,按照分层协调优化的方法,实现城市轨道交通指定换乘站的衔接协调,再根据其时刻表推算至其他线路。

4)调度指挥

(1)调度指挥机构

城市轨道交通运营线路均需设运营控制中心(OCC),负责运营线路的行车、供电、消防、环控等系统的监督与控制工作。

①运营指挥中心的形式。

调度指挥机构主要有集中式、区域式、分散式三种设置形式。

所谓集中式,就是把整个城市轨道交通系统的运营指挥、控制集中到一处,对线网内所有线路的行车、供电、消防及环控、运营服务组织和信息收发等各环节进行集中控制,修建一座在规模上能满足城市近期路网规划要求的控制中心大楼。

所谓区域式,就是根据线网内主要行车设备(如车辆、信号等)及线路所在区域的不同,划分若干个运营调度指挥区域,区域运营控制中心对其管辖线路的行车、供电、消防及环控、运营服务组织和信息收发等各环节进行集中控制。

所谓分散式,就是为城市轨道交通各条线路独立建设运营控制中心,分别负责控制本线路的行车、供电、消防及环控、运营服务组织和信息收发等各环节,线网内各运营控制中心互相独立工作。

②运营指挥中心设置形式的选择。

对不同的OCC设置方案,需要从工程建设、运营管理两大方面进行分析和比较,了解其利弊,为安全可靠、经济合理的OCC设计积累指导性的意见。从工程建设上看,主要关注实施难易程度、投资等方面的利弊;从运营管理上看,主要关注安全风险、运营费用、线网互动性等方面的利弊。集中式OCC设置具有运营费用较低、线网互动性强、信息和资源高度共享等突出的优点,但由于安全风险大、建筑规模不易确定等明显的缺点,不推荐考虑;区域式OCC设置与城市轨道交通建设周期的结合较易达成一致,同时,线网不断优化已是全国城市轨道交通的发展趋势,综合考虑可作为首选方案;分散式OCC设置方式,建筑分散建设、设备重复设置、信息沟通环节多、协调节点多,明显弊大于利,一般不宜采用。

OCC的设置方式直接关系运营指挥调度的准确性、及时性和应急处理的时效性等,在城市轨道交通建设中,需要通过分析及比较得出推荐意见,最终结合运营单位选定的运营管理模式来实施。

(2)OCC运作管理要素

OCC调度员是城市轨道交通运营单位的核心岗位,代表运营单位的总经理指挥所管辖线路的行车组织、设备运作、乘客服务等运营核心业务。运营单位慎重选择OCC调度员的人事及薪酬管理模式,可为充分发挥OCC在运营管理中的作用奠定坚实基础。

对于新建设的OCC,必须按照运营单位的整体筹备计划,提前两年全面开展人、财、物、规章文本、各专业模块等的筹备工作。注重OCC调度员应知应会和基本调度技能的培养,熟悉本调度范围的"人、车、天、地、图、规",真正做到"三个了解",即了解设备、了解现场情况、了解运营需求,加强调度员调度经验的积累,提高调度员的调度技巧和应急应变能力。

在日常工作中,重点开展调度业务重温培训、事件或案例剖析、设备功能专项培训,采用桌面演练与组织实作、双盲演练等方式,提高调度的技能。用推行调度用语标准化、调度命令和操作指令格式化等方式,提高调度指挥的有效性和安全性。

借助计算机辅助技术,开发调度员日常生产所需的调度命令发布系统、施工管理系统、应急处置智能辅助系统、调度信息发布系统等,帮助调度员提高调度指挥效率,满足高强度调度压力下的运营指挥需求。

(3)线网调度指挥的职能

随着城市轨道交通运营线路的不断增加,一般情况下在形成3~4条线路的基本线网规模时,需要建立线网指挥中心,负责线网运营协调、运营故障及应急事件的处置、运营信息(包括应急信息)的收集和发布等主要工作。线网调度员主要负责日常运营状况的监督和协调、应急事件处置及配合开展应急管理等工作。

线网指挥中心代表运营单位总经理对线网运营行使监督、应急指挥和管理权。根据运营实际情况,制定线网协调方案,负责多条线路运营综合协调,履行线网运营统筹职能;下达临时生产任务,如临时运输任务、生产运作安排等;同时,监督各线路OCC调度组织执行情况,在应急情况下,需给予OCC调度技术支持、指导。

在运营线路出现较大设备故障、突发事件等影响运营服务时,负责组织启动相应应急预案,组织应急处置,包括应急指令的下达、应急信息的收发、应急资源的协调和调配、对外沟通协调等应急指挥工作。同时,代表运营单位对外协调、沟通,特别是与政府、公安、应急办等相关部门进行信息接口对接,联络政府相关职能部委等应急联动机构,为运营应急事件的处理提供援助。

负责运营单位日常应急管理工作,建立应急管理体系,组织编制总体应急预案、子预案,开展应急演练,整改存在的问题;组织开展应急物资管理,掌握应急物资的分布与基本用途。

线网指挥中心是运营信息的收发中心,负责收集各运营线路的运营信息、乘客服务信息、应急信息等,通过加工整合,对符合线网运营管理需求的信息按规定进行发布,及时向乘客、相关媒体及交通电台等发布运营服务信息,满足乘客的知情权。

5)运营质量技术分析

(1)运能与运量分析

通过客运量、断面客运量等指标,对运能与运量进行分析,判断高峰期运输能力是否匹配客流需要,峰期设置是否合理。

(2)运营质量分析

从影响运营质量程度的维度来看,可以从正点率、兑现率、5min以上晚点、救援、清客等各类对乘客服务有影响的运行指标表现情况进行分析。

从影响运营质量原因的维度来看,可以从信号、通信、车辆、供电、乘客、天气等原因进行分析。

(3)运行质量分析

由于城市轨道交通大多数实现自动化,因此,运行质量(效率)主要从列车在车站关好门到动车的时间、关键站(换乘站)停站时间、折返站停站时间及出入段场效率方面进行分析。

18.3.3 乘客服务管理

乘客至上是城市轨道交通运营单位的服务宗旨,提供人性化服务是服务宗旨的实践。要做到乘客至上及人性化服务,需以乘客需求为导向,密切关注乘客体验,通过规范服务质量监督、服务评价、服务投诉管理等,建立科学的服务管理体系,确保人员与设备服务的统一性和高效性,不断提升服务质量,为乘客创造安全、准点、快捷、舒适的乘车环境,提高乘客满意度。

城市轨道交通乘客服务主要是指运输企业为乘客提供的以乘客位移为中心的服务。

1)运营乘客服务管理理念

乘客是城市轨道交通运营单位所有决策和行动的着眼点,是城市轨道交通运营单位所有管理活动和因素(服务策略、服务系统、服务人员)的中心,城市轨道交通运营单位首先要解决好服务理念问题,这是做好服务的基础。

(1)乘客至上

对城市轨道交通运营企业来说,是乘客购买了城市轨道交通的服务,才有了城市轨道交通存在的价值。因此,乘客至上是城市轨道交通运营企业的服务宗旨。要做到乘客至上,就必须一切工作以乘客需求为导向,在服务内容、服务标准的制定上,在服务设施的完善上,充分关注乘客体验,加强关系沟通,建立起以乘客为导向的运营管理体系,不断提升服务水平,提高乘客满意度。

(2)服务是商品

现代城市轨道交通以搭建城市生活综合服务体系为目标,为乘客提供多元化、一站式的综合服务,乘客通过轨道交通就可方便地获取交通出行、购物消费、咨询、文化、旅游、休闲等一系列生活所需。服务是商品,从城市轨道交通提供服务的本质属性来说,城市轨道交通运营单位要将服务作为商品来经营,为乘客提供安全、便利的交通服务,才能得到乘客和社会的认可,才能得到相应的回报,城市轨道交通才能健康发展。

(3)乘客服务标准

推行标准化服务,保持乘客服务体验的一致性。精心设计每一项服务流程,从服装、言谈举止、工作程序等方面入手,制定标准化操作规范;关注乘客乘车感受,列车运行时开启通风设备,配备加热座椅的列车冬季会开启加热功能,为乘客提供舒适的服务。将无形的服务变成有形的规则和标准,通过对员工的培训,将标准和规范转化为员工的实际工作能力。

(4)人性化服务

要做好人性化服务,首先要了解服务对象的需求,有多种方法和途径了解服务对象的需求。完善服务设施,打造服务硬件基础。以乘客需求为导向,关注特殊乘客群体,不断完善服务硬件设施,使乘车环境更加舒适、方便。例如,站台门内侧铺设提示盲道、加装无障碍电梯,列车客室内设有老幼病残孕专座,为特殊人群提供特有服务。为加强乘客出行信息发布,确保乘客出行信息的准确性、时效性,运营单位会及时发布突发事件信息及乘客出行提示服务信息等。在运营故障发生后第一时间公布故障情况,满足乘客知情权,启动公交接驳预案,提供发放致歉信等人性化服务,满足乘客安抚权,弥补运营设备故障带来的负面影响。

2)人员服务标准

人员服务标准是城市轨道交通运营单位以提升乘客满意度为目标实施的一整套服务规范。要确保每个工作人员向乘客提供的服务规范化和标准化,必须从服务意识、服务用语、服务形体、服务着装等方面制定统一标准,并持之以恒地进行培训和评估,不断完善人员服务标准的规范性及可操作性,以此树立和提升地铁服务品牌形象。

(1)服务意识

服务意识是指城市轨道交通行业的一线服务工作人员坚持以人为本原则,以乘客需求为导向,能自觉克服各种困难,热情、耐心、细致、周到地为乘客提供主动式、个体式服务。主动式服务是指乘客未发出求助信号又需要工作人员提供帮助之际,工作人员能超前反应,为乘客提供服务。个体式服务是指工作人员能细致入微地对需要帮助的乘客提供个性化服务,如照顾身体不适的乘客等。

(2)服务用语

服务用语是指在客运服务中工作人员所使用的规范用语。工作人员在服务乘客的过程中必须使用文明用语,根据乘客的不同身份使用恰当的称呼用语。与乘客沟通交流时应停下手中工作,主动站立,并保持适当距离。乘客问讯时,应面向乘客,有问必答,语义明确、简明易懂、耐心解释,并适度点头回应,以示尊敬。车站、车厢进行广播时,语言规范、语句简练、吐字清晰、语速适中、音量适宜,语气不得急促、生硬。

(3)服务形体

服务形体是指城市轨道交通行业的一线服务工作人员在岗时需精神饱满,举止大方,行为端庄。服务形体包括工作人员的站姿、坐姿、行姿、蹲姿、指向、行为等,通过肢体语言向乘客传达良好的工作状态,用符合岗位角色的形体标准为乘客提供服务。

(4)服务着装

服务着装是指工作人员穿着工作制服的要求及规范及在此过程中的注意事项等。上岗应按规定着工装,并佩戴领带、领花、头花、肩章、臂章、工号牌、工作证等基本配饰。制服内的非制式服装不得外露,不得披衣、敞怀、挽袖、卷裤腿。工作人员须保持服装干净整洁,无褶皱、无残破、无污迹,衣扣拉链整齐。

城市轨道交通运营单位制定人员服务标准后,需长期通过不同形式的培训进行宣贯,并不定期对此标准的执行情况进行检查和评估,对操作性不强的标准进行不断完善及修订,确保为乘客提供标准化及统一的服务产品。

(5)服务态度

服务态度是指工作人员对乘客的一种行为倾向。与乘客目光接触时,微笑示意,微笑时表情自然、不僵硬。尊重乘客,不得以任何理由与乘客争吵。乘客违反有关地铁规定时,耐心劝导、顾全大局、态度平和、冷静处理。遇有特殊乘客,如老人、孕妇、聋哑人等时,根据特殊对象提供相应的特殊服务。

3)服务质量监督管理

质量管理是企业的生命,服务质量监督是运营管理的重要环节。服务质量监督有评价服务质量、反映服务需求、优化外部环境的作用。城市轨道交通为乘客提供位移服务,运营服务周而复始,无一日停歇,通过建立及完善服务质量监督体系,才能真正实现服务质量的有效管理和服务水平的不断提升。

试运营初期服务质量监督体系主要是指乘客通过地铁服务热线、乘客意见箱等方式对服务质量进行监督,并提出优化意见及建议。运营成熟之后可通过微博等网络媒体、服务督导员、服务质量调研等方式对服务质量进行监督。

(1)服务热线

服务热线是乌鲁木齐地铁集咨询、表扬、投诉、意见和建议等事项办理于一体的服务平台,为乘客提供电话语音服务。

(2)乘客意见箱

乘客意见卡是车站现场收集乘客意见的途径之一。乌鲁木齐地铁在车站内设置了乘客意见箱,便于收集乘客意见。

(3)微博等网络媒体

地铁公司可设置官方微博,乘客可随时互动。

(4)服务监督员

服务监督员是乘客代表,督导员主要在地铁线路进行服务督查,深入查找问题,广泛收集乘客意见,宣传自己所了解的地铁安全知识,成为乘客与地铁沟通的桥梁,有效促进地铁服务水平的持续提高。

(5)服务质量调研

通过手机App、官方网站、微信等网络平台,定期向乘客发起调研活动,可以委托第三方机构开展的满意度调研并纳入服务评价。

4)服务评价管理

服务评价体系是服务质量监督体系的延续,是服务指标量化管理的过程。量化服务管理指标与绩效考核挂钩,能够提高服务工作的积极性、主动性。

服务质量评价主要包括内部评价和外部评价两方面。
（1）内部评价
内部评价是指将关键的服务指标进行量化并赋予一定的权重,每月对指标进行评估,并分析各指标的变化趋势,以此检验服务规章的实施成效,了解城市轨道交通服务水平。
（2）外部评价
外部评价是指由第三方调研公司进行服务满意度测评,这是将无形的服务进行量化的过程,是衡量地铁运营单位提供的服务是否满足乘客需求的客观评价。
5）服务投诉管理
服务投诉是指乘客乘坐城市轨道交通时,对出行本身和企业服务无法达到其预期要求而产生的抱怨和不满行为。城市轨道交通企业需正确对待并妥善处理乘客投诉,以此不断提升服务质量。
（1）投诉分类
城市轨道交通运营服务的乘客投诉可根据其性质分为有责投诉和无责投诉。
在城市轨道交通运营服务中,由于人员服务、客运组织、乘客服务信息发布、票务事务等方面的不足或其他原因引起乘客投诉,造成一定程度负面影响或乘客利益受损,相关部门或人员负有责任的,称为有责乘客投诉。
无责投诉是指有责投诉以外的其他投诉。
（2）投诉的处理
乘客投诉后应秉持以下处理原则:投诉不申辩原则(不能出现辩解、推诿、顶撞的行为)、现场处理原则(保证投诉处理的时效性)、乘客满意原则及乘客投诉四不放过原则(投诉原因分析不清不放过、责任人未受到处理不放过、责任人和其他员工没有受到教育不放过、防范整改措施未落实不放过)、投诉回复及时性原则。
客服热线员接到乘客投诉来电后应立即受理并建立"乘客投诉处理单",相关部门在接到"乘客投诉处理单"后立即组织调查,在规定时间内给乘客满意的回复,并将处理结果反馈客服热线。乘客投诉若未能在规定时间内完成调查,客服热线必须主动向乘客说明,征得乘客谅解,并持续更进。

18.3.4 客流组织管理

客流组织管理分为日常客流组织及大客流情况下的客流组织。日常客流组织是指在日常情况下,车站通过合理布置 AFC 设备,配合楼梯扶梯方向,根据车站客流情况进行的人员组织、客流疏导、安全宣传,引导乘客自助完成购票—进站—乘车—出站等环节的客流组织工作。大客流组织是指车站在某一时段集中聚集的客流量超过车站正常客运设施或客运组织措施所能承担的客流量时的客流组织工作。
为确保客流组织安全、有序,管理部门需在日常客流组织及大客流情况下对客流组织加强管控;同时,为更好地提高客流管理水平,需加强客流组织分析、乘客导向标识管理等工作。
1）客流组织原则
客流组织遵循安全、有序、可控的基本原则。坚持高度集中、统一指挥、逐级负责,对地铁车站客流进行合理组织,对于发挥地铁运输潜力,提高车站员工工作效率,发挥地铁设备最大效能,提升地铁运营管理效益,维持地铁运输良好社会形象具有重要作用。
2）日常客流组织实施
城市轨道交通企业要根据各车站的客流特点及设备设施设置情况,制定日常客流组织方案,确保客流顺畅,尽量使进、出站客流不交叉,车站设备设施得到充分利用。车站日常客流组织主要由进站组织、出站组织、换乘组织三部分组成。
（1）进站组织
①组织引导乘客经出入口、楼梯、自动扶梯(或无障碍电梯)进入车站站厅非付费区。

②乘客到达车站站厅非付费区,在自动售票机购票后,检票通过进站闸机进入付费区,部分持一卡通的乘客可直接检票通过进站闸机进入付费区。

③经进站闸机验票进入站厅付费区后,通过楼梯、自动扶梯(或无障碍电梯)进入站台层候车。

④乘客到达站台,通过导向标识和乘客信息系统(Passenger Information System,PIS)屏选择乘车方向及了解列车到发时刻。

⑤列车进站停稳开门后,乘客须按先下后上的顺序乘车,站务人员要做好引导,防止乘客抢上抢下。

(2)出站组织

①乘客下车到达站台层,经楼梯、自动扶梯(或无障碍电梯)进入站厅层付费区。

②出站乘客通过出站闸机,进入站厅层非付费区。

③通过导向标识找到相应的出入口,经通道、出入口出站。

④对于无法正常通过出站闸机的乘客,及时引导其到乘客服务中心办理相关事宜后出站。

对于进站组织和出站组织,需密切关注乘客安全状况,结合车站实际客流状况,采用正常的组织方法,避免流向不同的乘客互相干扰。

(3)换乘组织

乘客到达换乘站下车后,直接根据换乘导向标识指引经楼梯、自动扶梯(或无障碍电梯)到达另一站台层或站厅层换乘候车。换乘方式可分为同站换乘、垂直换乘、站厅换乘。

3)大客流组织实施

在运输能力难以满足常态化及突发大客流量的现状下,在运能、设备资源有限的条件下,为了安全、有效应对高密度的大客流运输任务,保障客流组织始终处于有序、可控状态,大客流组织工作已成为城市轨道交通客运安全工作的重要内容之一。

(1)大客流控制

大客流控制是指车站遇到大客流或区段满载率已达到一定程度时,采取控制站内和控制区域内的乘客数量,确保本站客流组织有序的措施。大客流控制根据客流的规律性可分为常态化客流控制和突发大客流控制。

①常态化大客流控制。

常态化大客流主要包括节假日大客流、大型活动大客流及恶劣天气大客流等。

节假日大客流是指在大型节假日市民出行及游客旅游等造成全线各站客流大幅上升,客流高峰聚集在大型商圈及旅游景点附近的车站,客流趋向性明显。大型活动大客流是指由于在地铁沿线举行大型活动,在活动结束后大量乘客在短时间内涌入地铁站乘车,造成车站客流迅速上升。恶劣天气大客流是指由于炎热、暴雪、暴雨、沙尘暴等恶劣天气造成较多市民乘坐地铁或在车站躲避,致使车站客流大幅上升。城市轨道交通应总结节假日、大型活动、恶劣天气等客流规律,确定常态化大客流站点及时间段,在高峰期实施常态化客流控制,并通过多种信息发布渠道提前告知市民,以此让市民关注地铁各站的客流高峰时段,合理安排时间,提早出门,尽量避免在高峰出行。

城市轨道交通可通过分析客流数据、查找客流规律,在常态化大客流高峰时段内,在大客流站实施常态化客流控制措施,采取主动计划性控制取代被动应急性控制,掌握控制先机,确保大客流安全、有序、快速地离开车站,使客流得到有效控制。

②突发大客流控制。

突发大客流是指受地铁车站周边大型活动或地铁出现应急事件等情况影响,在短时间内车站客流集中增长,造成车站、列车拥挤。突发大客流控制是指为应对突发大客流,有效分流和引导短时间聚集的乘客,保障客流组织安全、有序所采取的客流控制措施。

因突发大客流往往具有突发性强、客流集聚量大的特点,对车站客流组织造成较大的压力,车站须快速反应、掌握情况,以有限的人力迅速采取有效的应对措施。若组织不力或措施不当,则会出现拥挤、踩踏等客流不安全事件。

城市轨道交通单位要根据本车站的地理位置、周边环境、AFC设备布局、客流特点和设备能力等情况，制订车站突发大客流应急预案，做到一站一预案，确保客流顺畅，尽量使进、出站客流不交叉，车站设备设施得到充分利用。

(2) 客流控制级别

车站在发生常态化和突发大客流冲击时，车站须采用三级客流控制：付费区采取措施控制进入站台客流控制(三级)、非付费区采取措施进入付费区客流控制(二级)、出入口外结合安检采取措施控制进站客流控制(一级)。车站值班站长负责一、二、三级客流控制的决策与实施。在实施三级客流控制之前及过程中，站务人员须做好乘客的宣传引导工作。OCC负责全线的客流控制，并根据情况及时报有关部门、驻站民警请求支援。

(3) 大客流组织要求

发生大客流时，可通过行车组织、车站客流组织、票务组织等实施。行车组织要求是指在节假日期间使用相应的节假日列车运行图，在保证足够上线电客车的前提下增加备用车的数量，调度中心应根据实际情况及时组织备用车上线投入运营。客流组织要求是指节假日之前，对车站设备设施进行全面、重点检查，保证设备设施的正常使用，并在节假日期间加强对客流的监视，做到及时引导、疏散乘客。票务组织要求是指节假日前做好预赋值单程票的制作、核收、保管，以及车站备用金的增加申领、兑零。

4) 客流统计分析

城市轨道交通客流统计分析内容应包括客流分布规律、客流的空间分布、客流的时间分布、客流强度和不均衡性分析、车站客流统计分析以及客运量统计分析。客流统计分析应坚持实事求是原则，恪守职业道德，做到"统一领导，分级负责，归口管理"。运能匹配性分析是指通过对断面客流、列车满载率进行分析，掌握客流与运能的匹配情况，为制订符合客流现状的运输计划和客流组织方案提供数据支持。从运营组织整体秩序角度考虑，定期修订车站客流组织方案，满足不同客流情况下的客运组织有序、有效进行。

随着城市化的不断深化，城市轨道交通的客流量持续攀升，在设备资源有限的条件下，运能与运量的矛盾将日益突出，从而加剧城市轨道交通的客流组织压力。持续开展客流组织分析工作，对客流组织的影响因素进行深入的剖析，据此调整各种方案，以提升运力，创造更加理想的地铁服务环境，为乘客提供安全、可靠、高效、优质的服务。这样能够一方面满足客流快速增长的需要，另一方面提高运能的经济效益和社会效益。

5) 乘客导向标识管理

城市轨道交通导向标识系统是一系列为辅助乘客定位及引导其到达目标位置而设置的视觉与听觉信息系统。其设置直接影响乘客在使用轨道交通设施完成进站、乘车、换乘、出站等一系列活动的行为过程。它不但关系到地铁运营效率，还影响乘客在城市轨道交通环境中的安全。城市轨道交通系统的车站多数建在地下，环境封闭，无自然采光的空间，会使人产生压抑感，装修特点也使人不易辨别方向。因此，为了能够组织好大量客流，使其能顺畅地完成各自的出行旅程，乘客导向体统在地铁车站(尤其是地下站)中就显得至关重要。

地铁车站中导向标识系统的作用主要有两个方面：一是为乘客提供清晰、连续的指引和信息，实现乘客的自助式服务；二是疏导和组织车站人流。乘客通过地铁车站清晰的导向标识系统，了解自己所处的位置和将要乘车的线路，在第一时间获得准确的信息，避免滞留在车站内引起拥塞。标识系统规划的合理性与科学性直接影响轨道交通运营的安全和效率。

(1) 导向标识系统的分类

导向标识按照设置位置可分为站内导向和站外导向等，按照功能可分为定位类、信息类、导引类等。

(2) 导向标识设置的原则

①导向标识的设置必须严格遵循"逃生、导向、辅助"的先后分级顺序。首先，在发生紧急情况时，

可以清晰地指示逃生路线,引导乘客顺利、安全地疏散和逃离;其次,在正常情况下,可以明确地指示进、出站的路线,引导乘客顺利进站,迅速出站;同时,兼顾引导乘客使用车站便民服务设施(如咨询、购票、卫生间)等辅助功能。

②导向标识的设置应能主动为使用者提供其所需的信息。地铁导向标识系统的设置应符合乘客不同交通行为的特征规律,并满足乘客选择目的地和乘车各阶段的信息需求。导向标识的设置应与站内空间环境的设计紧密配合,以确保标识系统设置的空间合理。

③安全原则。导向标识设置后不能有造成任何人体伤害的潜在危险;对环境中可能存在的、因行为不当诱发的不安全因素,必须设置与其相关的警示标识。

④醒目原则。导向标识应该设置在人们最容易看见的地方,体现所示信息主动推入人们视线的功能。要保证导向标识所处位置的高度合理、尺寸足够大,并与背景颜色有明显的对比度。

⑤便利原则。按照人员的正常流动,考察人们初到一个新环境或遇到紧急情况下所需要的信息种类,应以方便获取为原则设置导向标识。

⑥协调原则。导向标识载体的颜色、质地、设计风格等既区别于周围环境,又能与周围环境相融合。

(3)导向标识的管理

①新线的导向标识管理。

新线的导向标识管理工作包括新线导向标识设计图的设计、标识工程实施、现场实物审核及验收等。其中新线导向标识系统的设计需以国家标准为依据,结合车站的结构特点、客流流向、车站布局和客运配套设备设置情况进行,确保尽量满足乘客进站、换乘及出站的需求。设计图完成后,专业人员需对设计图进行审核,施工单位根据审核并确定后的施工图进行现场制作及安装。同时,要组织有关人员到新线车站现场进行实物导向审核,为后期验收工作做准备,确保导向标识的设置科学、合理、准确,没有误导,为乘客提供清晰的、指向唯一的指引。

在新线开通前,邀请非专业人士以乘客的角度参加车站导向标识纠错活动,考察导向标识设置的合理性、信息指引的准确性、视觉的清晰和美观度,并认真收集非专业人士意见,归类分析,适时开展整改工作,确保以最完善、人性化的导向标识系统迎接新线开通。

②既有线路的导向标识管理。

基于既有线路车站的导向标识已经过运营实践的检验,其管理应该与新线有所区别,要更细致、更周全;要组织不定期的导向标识核查工作,结合车站的建设结构、出行路径、车站布局、客运配套设备设置和乘客的意见,对现有车站导向标识进行二次评估,提出整改措施和优化建议,更好实现导向标识的功能,高水平满足乘客出行需求。

6)交通衔接管理

城市轨道交通作为城市的骨干交通设施,覆盖范围总是有限的,仅能提供准点、快捷的"站到站"式服务,对于相对一部分的乘客不能提供"门到门"式服务,往往会限制其运输能力的发挥;城市轨道交通客流在很大程度上还依赖于和其他交通方式的衔接,只有通过城市轨道交通一体化的合理衔接,才能扩大沿线站点的服务范围,促进城市一体化,充分发挥轨道交通一体化的整体效益。

我国大多数城市的交通总体发展战略基本上是以轨道交通系统为骨干、常规公交为主体搭建公共交通系统。如何解决好轨道交通与地面常规公交的衔接问题,促进轨道交通与其他交通方式的有机结合,充分整合资源,实现两者的互补和共同发展,对城市公共交通的发展至关重要。

(1)轨道交通与常规公交之间的换乘

常规公交的载客能力相对较小、人力成本高、准点率往往不高,但与城市轨道交通相比有较大的弹性,更改线路和站点比较容易。常规公交是为城市轨道交通提供接驳的最合适的方式。

轨道交通与常规公交及其他交通方式衔接时,一定要有清晰的线路信息,使换乘客流的方向明确,通道畅通,换乘便捷无误。由于轨道交通车站换乘地面公共汽车的客流,应通过人行天桥或地下通道直接到街道外的公共汽车站台,使人流与车流分别在不同层面上流动,互不干扰。所以,大型换乘枢纽站的建筑必须与周围的道路、广场等进行综合设计。

(2)轨道交通与小汽车、出租车之间的换乘

小汽车等个体交通与轨道交通之间的换乘是一种换乘形式,即通过乘小汽车、出租车等个体交通至停车场换乘轨道交通进入中心区。

(3)轨道交通与对外交通港站之间的换乘

对外交通港站往往是一座城市的门户,其一般建筑悠久,周围设施齐全,聚集的客流量较大,对其进一步进行空间开发受到各种条件的约束,城市轨道交通与地面铁路或机场衔接时,要充分考虑到这一特点进行总体规划。在既有火车站站前广场地下修建城市轨道交通车站,利用出入口通道与铁路车站衔接,是目前最普遍的做法。在新建火车站、机场中,将城市轨道交通车站一同考虑,形成综合交通建筑,方便乘客换乘。

(4)轨道交通与自行车之间的换乘

自行车在城市交通中仍起着十分重要的作用,随着城市轨道交通的建设,许多人缩短了自行车的出行距离,转而骑车至城市轨道交通车站后换乘城市轨道交通到达目的地。因此在轨道交通设计规划中必须对城市轨道交通与自行车之间的衔接换乘加以考虑。

18.3.5 票务组织管理

票务组织管理的主要任务是通过合适的运作模式和运作流程,运用信息化手段,实现"服务、安全、效率"的平衡与兼顾,保障优质的票务服务和地铁的收益安全。

1)车站票务运作

车站票务运作是地铁票务组织最基础的内容,完成向乘客提供售检票服务、现金票款处理及票务收益数据录入等工作,主要包括现金管理、车站车票管理、票务备品管理、票务乘客事务管理等内容。

(1)现金管理

车站存在现金流动,主要包括备用金和售票票款两部分,是车站在运作时的必要的现金准备,由车站负责现金的总体安全管理。备用金主要是指财务部门配给车站用于自动售票机找零、给乘客兑零或找零、与银行兑换硬币等用途的周转金;售票票款主要是指车站通过自动售票机、客服中心、人工售票处发售车票及为乘客办理车票事务时收取的现金。

①现金安全管理。

为保证安全,现金只能存放在车站现金安全区域,车站现金安全区域是指车站票务室、乘客服务中心(含临时乘客服务中心)、锁闭的自动售票机(Ticket Vending Machine,TVM)钱箱。车站票务室作为车站现金安全区域,须由客运综控员专岗负责,客运综控员离开时须把票务室门锁好,任何人进入车站票务室须由当班客运综控员陪同。运营时间内,任何非当班票务工作人员在未得到当班值班站长的许可,不得进入乘客服务中心。非运营时间内,未经许可,车站工作人员不得进入乘客服务中心开启、操作半自动售票机(Booking Office Machine,BOM),除非有特殊情况时,由值班站长或站长批准进入。

车站票务室和乘客服务中心的门 24h 处于锁闭状态;车站票务室和乘客服务中心摄像监控设备必须 24h 开启,录像资料未经批准不得删剪。

②备用金管理。

车站备用金分为站务员(票务)找零备用金、自动售票机找零备用金。车站票务备用金和售票票款必须严格按照"账实相符"的管理规定执行,严禁弄虚作假、虚报瞒报,备用金和售票票款必须专款专用,不得挪作他用。车站票务备用金必须放入现金保管箱或电子密码保管箱加锁进行保管。

(2)车站车票管理

地铁发行的车票有单程票、预赋值单程票、纪念票、应急纸票等。车站是车票出售、流通的中心。车

票由车票管理部门配送到车站后,需在车站票务室当场交接,确认封装完好、核对信息无误后,由车站负责车票的安全管理和发售。

①车票安全管理。车站将车票存放在车站票务室车票区,根据车票的性质、票种分开存放。车票在运送途中,一律放在上锁的运送车。保管车票时,注意防折曲、刻划、腐蚀、防水、重压和高温。车站定期对车票的库存情况进行盘点,按照实际数量填写记录表。

②车票发售。对于地铁公司发行的车票,单程票由自动售票机发售,乘客自助购买,福利票等其他车票由票务员进行发售。使用过程中出现问题由票务员负责处理。

(3) 票务备品管理

票务备品是指车站在票务工作中使用的工具、器具,包含硬币钱袋、手工扎钞纸、皮筋、捆钞机、保险柜、手推车、款包、纸币清点机、车票回收箱等。票务备品由客运综控员负责交接与保管,建立台账记录备品数量和状态,对备品使用情况进行跟踪管理。

(4) 票务乘客事务管理

乘客事物处理原则是及时响应,快速、灵活地处理,给现场乘客提供满意的服务。票务乘客事务管理分为日常票务乘客事务管理和应急情况票务乘客事务管理。

①日常票务乘客事务管理。

日常票务乘客事务管理是指车站的 AFC 设备在向乘客提供正常服务过程中,因乘客自身或其他特殊原因造成乘客无法正常进出闸机时引起的事务处理规定。

日常票务乘客事务管理主要有以下内容:持票乘客无法正常进出闸机和车站 BOM、TVM 或闸机在提供服务过程中,因乘客或其他特殊原因造成设备故障时引起的事务处理规定车票无法正常进出闸机的处理。车票无法正常进出闸机时,如进出次序错误、车票过期、车票余额不足、车票超时、车票超程、车票故障、无票乘车、退票等,由票务员在半自动售票机上分析后处理或补票处理。

②应急情况票务乘客事务管理。

应急情况是指车站票务设备能力不足或故障、地铁运营故障或安全紧急等情况。出现应急情况时票务事务管理原则是安全第一、快速疏散、车票事务事后办理,车站须尽量减少乘客受影响的时间,事务办理应尽量方便乘客。

针对不同的应急情况按处理原则制定处理流程如下:

票务设备能力不足或故障时的处理。安排人工售票,引导乘客通过边门进出站;单程票回收,储值车票在下次乘车前补收本次车程费。

地铁运营故障中止运营时的处理。引导乘客通过边门出站,单程票不回收,车站根据现场情况办理即时退票,或告知乘客可在事后到任意地铁车站持该票退票。

地铁发生安全紧急情况时的处理。车站内所有闸机将不对车票进行处理,同时闸机放行,乘客紧急疏散,单程票不回收,乘客事后可到任意车站办理单程票退款。

2) 车票管理

车票是交通运输企业提供给乘客搭乘地铁的凭证,是乘客与企业之间的契约,是保证优质乘客服务必不可少的要素。地铁公司发行和使用的车票共分为"一票通"票和"一卡通"卡两大类,"一票通"票包括单程票、出站票、福利票、定值纪念票、车站工作票等,"一卡通"卡包括城市一卡通、纪念卡、员工卡等。地铁运营单位需设置专门的车票管理部门,开展车票的采购、制作、库存、调配管理。

(1) 车票采购管理

车票管理部门根据车票使用情况及票库中车票的保有量,提前进行车票运作需求分析,制订车票采购计划。

编制车票采购计划时,主要考虑车票周转需求、生产储备需求、流失补充需求等要素,在满足车票管理运作需求的同时,要避免因采购量过多而导致的车票大量积压。

(2)车票制作管理

车票管理部门制订新票、预赋值单程票、普通单程票的生产计划,经审核后分批次生产,生产完成后检查确保下达量、变更量与系统数一致。

随着单程票卡重复使用次数增多,在车票表面残留的污垢和汗渍不断累加,其表面的洁净度不断下降。因此,地铁运营单位在车票制作环节需研究并考虑对单程票进行定期清洁,以保持票面洁净。

(3)车票库存管理

车票保管部门需划分车票安全存放区域,根据车票的性质、票种分开存放,指定专人设立台账保管。票卡室定期对车票的库存情况进行盘点(如有特殊情况,可根据实际情况执行),按照实际数量填写盘点清单,做到账实相符。保管车票时,注意防折曲、刻划、腐蚀、防水、重压和高温。

票库设置要根据生产需要和票库硬件条件统筹规划、合理布局。依据车票状态的不同划分区域,包括新票区、编码区、循环区、待销毁区、待注销区、赋值区、回收区等,绘出划定区域的仓库定置图,悬挂在票库醒目位置。将各区的位置按货架或储柜等编号,并将车票存放的货架号码进行登记,以方便了解车票的储存位置。

(4)车票调配

为满足运营需要,确保售票工作不间断,各车站票卡的保有总量应为本站最高日售票量的3倍,同时兼顾车站售票设备的总量,以提高终端设备服务率。车票库存量的安全阈值为车站单程票库存基数的±20%,即当车站票卡库存量大于基数的20%时,超出的应上缴,而当库存量小于基数的20%时,不足部分应及时补充。为了确保票卡库存量达到安全库存阈值范围,车票管理单位需实时掌握车站票卡库存变化信息的基础上,及时启动票卡调配工作。

3)票务清分

轨道交通清分综合中央计算机系统(简称清分系统)用于轨道交通各线路之间、与公交系统和其他相关系统之间的清算分账、车票交易数据的处理及统计分析,成熟的清分系统已应用在城市轨道交通运营行业中。

清分系统具有以下特点:

(1)支持多种智能支付卡系统的统一清算

提供AFC清分中心与各线路、城市一卡通、银行之间的清分服务。

(2)统一参数和指令运作管理

AFC系统各层级设备以统一参数和指令运作管理,票务运作参数、设备控制参数均由ICCS集中监控、管理及下发。

(3)统一管理全线网相关票务数据

在线采集并保存各线路中央计算机系统所上传的车票交易、客流和收益数据,并根据数据的类型和用途进行实时或批量处理。

(4)统一制票赋值和票库管理

票务清分为票务收益提供结算依据,生成各种收益统计报表,是票务管理的重要支撑。

18.3.6 施工组织管理

城市轨道交通运营单位在正常运营结束后,组织开展运营设施和设备的维护,除突发故障外,多数均需在车辆离开运营线路后进行。为确保运营设施设备的维护能在有限的时间和空间内及时、安全、有序、高效开展,实现运营设施设备正常运转,保证地铁运营安全、顺畅,必须对设施设备的维护(本节统称施工)进行严格、有序的组织管理,通过有效施工组织管理,加强计划管理,提升施工效率,为确保设施设备的运行质量提供有效保障。

1)施工管理概述

城市轨道交通技术设备较多,有线路设备、桥隧涵设施、供电设备、信号设备、通信设备、机电设备、车辆及检修设备、自动售检票(AFC)系统、车站设施、建筑设施、人防设施、综合监控系统(ISCS)、乘客信息系统(PIS)、广告灯箱设备等。运营单位由相应专业人员构成,这些多种专业的设备和相应专业的人员共同组成了城市轨道交通这个庞大的系统。为了让这个系统安全、稳定、可靠运作,必须做好设备设施的定期检修维护、设备的故障处理,车辆和设备的系统调试、维修,以确保行车设备处于良好的运营状态,保证城市轨道交通行车安全。为了实现统一管理,轨道交通行业将设备设施的定期检修维护、设备的故障处理,车辆和设备的系统调试、维修等,统称为施工管理。

城市轨道交通由于行车间隔时间短、列车密度大,在运营时间内无法像铁路那样在运行图上开"天窗"进行施工维修,因此城市轨道交通的施工通常利用运营结束后的非运营时间进行,并且必须于运营开始前规定的时间结束,预留一段时间作为运营前的检查和准备。

城市轨道交通每日运营时间长达17～20h,除去列车出入段(场)时间,实际能够用于检修施工的时间只有3～4h。因此,城市轨道交通的施工、检修、维护、调试作业,具有时间短、要求高、作业区段相对集中,绝大部分为夜间施工等特点,必须合理、有效组织施工时间和作业区段,要求施工单位密切配合,最大限度地利用较短的施工时间,良好完成施工任务,确保设备安全、可靠运行。

夜间施工是城市轨道交通系统生产活动的重要组成部分。由于检修工作都集中在同一个有限的时间、空间内,这样要求必须有严格的统一计划、统一指挥、统一组织、统一协调的管理手段及协调部门,处理好调度、车站、行车、检修等方面的关系,以确保设备检修和工程施工工作做到安全、优质、高效。既要按照批准的施工计划保证设备维修更换、调试作业、新线施工与设备更新改造等夜间施工任务顺利完成,又要保证次日运营生产能正常进行,所以施工组织必须按有关规定严格执行。

2)施工组织的前提条件

(1)具备设备检修计划

维修组织应根据设备检修计划开展,按照年度、月度的设备检修计划,各设备维护部门组织开展相应维修工作。

(2)确定维修模式

按维修组织的主体划分,维修模式包括自主维修、委外维修、合作型维修等。城市轨道交通运营单位在开展维修组织时,应结合针对不同设备采取的维修模式开展维修组织管理。

(3)制定施工方案

在进行部分大型维修施工作业或非常规性检修和维修作业时,需要先制定施工方案,以保障施工的顺利进行。一般而言,施工方案包括施工工程分析、工期策划、施工准备情况(人员、组织、材料、场地、运输)、主要技术方案(技术路线、措施、方案)、施工监测、质量保障措施、安全保障措施、风险识别和应对预案等。

(4)确定设备状态

一般情况下,维修是在故障率没有超过事先确定的指标之前,为了限制故障的产生而对设备采取的维修措施。维修可以根据使用时间、运行工作量(如车辆的运行里程等)、设备状态检测情况而定。如果系统的可靠性比较高,那么维修的周期可以相对延长;反之,则要相应缩短维修周期。

3)施工计划

(1)施工计划的分类

施工计划按地点和性质不同分为影响正线、辅助线行车的施工,车辆段内的施工,在车辆段、主变电站、控制中心范围内不影响行车的施工三类;按时间分为月计划、周计划、日补充计划、临时补修计划四类。根据实际运作需求,运营部门可将上述计划选择性合并,以更精简、高效安排施工组织。

(2)施工计划的编制及发布

施工计划编制及发布流程:各单位、部门申报计划→汇总施工计划→制定协调方案→召开施工协调会→按照规章、协调结果编制"施工行车通告"和"施工行车通告补充说明"→发各部门执行,各单位、部门申报日补充计划和临时补修计划→按照规章、"施工行车通告"和"施工行车通告补充说明"编制日补充计划和临时补修计划→发各部门执行。

4）施工组织实施

（1）施工的请销点

各类施工作业组织施工时必须执行请销点制度。其中，按照属地管理原则，施工作业单位须向属地管理人请销点，即正线类作业须经行调批准，车场施工作业经车场调度员批准（如影响正线行车须报行调批准），车站类不影响行车的作业经车站批准。

（2）施工的安全管理

在施工作业组织中，车站、车场人员负责做好查验施工作业人员和施工负责人的相关证件、确认施工条件、办理施工作业登记申请和请销点手续等工作。

凡进入线路施工的施工作业人员必须按要求穿荧光衣，并根据作业性质和作业要求使用其他安全防护用品。在作业过程中做好施工防护，尤其是施工区域与工程车、调试车相邻的作业，需考虑增设红闪灯等防护措施，防止人车冲突。

如果需要检修接触网（轨）或需接触网（轨）停电和配合挂地线的作业，必须采取停电或挂地线安全防护措施后，才可进行作业。

施工作业完毕，必须确保工清、场清，不影响设施和设备的正常使用及运营服务。

（3）故障维修的基本原则

当发生设施设备故障时，应向所辖设备的调度人员（或负责接收故障信息、安排处理故障的生产人员）报修，由调度人员根据相应故障处理流程组织维修人员进行故障修复工作。

现场维修人员在故障处理过程中需要其他专业人员配合的，可直接向所辖设备的调度（或负责接收故障信息、安排处理故障的生产人员）提出请求支援，由调度人员向配合单位调度人员提出请求，配合单位应全力协助提供支援。

若为重大故障，所辖设备的调度人员（或负责接收故障信息、安排处理故障的生产人员）应及时将相关故障信息（包括安排处理故障相关信息）通报所辖 OCC 值班主任，并视情况再向上级通报情况。

5）施工组织信息化

（1）施工管理的信息化

维修组织中的施工管理，从计划的申报到审批，从计划的下达到现场实施，都经过众多岗位的流转，在运营管理中，宜引入信息化手段，加强流程的流转速度及审批、执行时的严谨性。

施工管理系统是施工计划申报、审批及组织实施智能化、信息化计算机网络和软件的系统。施工管理系统设置了施工计划、请销点、停送电、拆挂地线等模块，在各模块中还设置了冲突检测功能，以作为相关岗位进行施工计划、请销点、停送电、拆挂地线审批的辅助工具。

（2）维修组织后台信息化

所谓维修组织后台，是指与维修组织相关的信息组成，如所有设备名称、位置、故障代码、状态监测、预防性维护、标准作业计划、消耗物料情况等。从维修精细化角度看，这些维修后台信息需要建立一套信息化系统，以更有效管理所有设备的维护和维修，并支持设备管理业务，支持计划性检修及相应标准作业计划的作业周期管理，支持作业检修工序、标准物料、工具、器具等信息的管理。

6）维修组织的优化

（1）夜间维修组织的优化

在城市轨道交通运营管理中，日益增长的客流对服务时间的需求与越来越紧张的夜间施工时间永远是一对矛盾。加上随着轨道交通网络的完善，城市轨道交通成为市民出行的必选项后，市民对城市轨道交通的依赖性越来越强，要求越来越高，带给维修施工的压力也越来越大。

因此，有必要对夜间维修的组织进行持续优化，可以从以下几个方面入手：

①从修程入手，充分结合设备状态维修。科学检视设备修程，客观评价设备运行质量，实时监测设

备运行状态,优化相关修程,减少作业量。

②实施作业整合,减少作业请点数量。对于能整合的维修作业尽量整合,最大限度利用人力、物力、时间资源。

③控制、优化工程车。在施工环节中,开行工程车与其他施工在计划安排上造成比较大的相互制约,因此,应尽量合并相关工程车开行的维修作业,确实需要开行的,在指定的日期、时间、范围内开行。

(2)维修组织资源的整合

在日常的维修组织中,维修组织的优化方向是将维修资源充分整合,快速而有效地响应乘客的需求。整合的其中一个方向是,对于部分在车站属于与乘客界面密切相关具备简易维修条件的设备,考虑采取车站属地维修原则进行整合。

①进行日常维修和维护时,明确车站人员是属地范围设施设备的所有者和使用者,强化车站"地主"理念,定时对设施设备的维修服务进行属地巡视检查,施工作业配合及支持。

例如,日常对车站消火栓巡视、车站建筑外表和装修的巡视等均可实施该方式。

②处理车站故障时,车站人员负责对乘客界面设备的操作和简单故障处理,第一时间响应乘客需求;在车站人员不能修复故障时,属地维修人员及时到场响应。

例如,发生车站环控工作站死机需要重启,自动售检票系统的闸机、自动售票机故障等,即可通过上述方式,由车站人员负责简单的故障处理,实现资源整合,快速响应乘客需求。

18.3.7 安全及应急管理

城市轨道交通运营安全管理是各级政府和广大市民高度重视和密切关注的焦点,提供安全快捷的服务是运营管理单位的核心使命。确保运营安全是城市轨道交通事业长远发展的根基。运营安全管理首先要抓小放大,提前预想,前移安全关口。运营人员必须提前介入并参与轨道交通新线的规划、设计、建设和调试过程,将运营的概念贯穿于轨道交通建造的全过程。新线路高水平、高质量建成和开通是运营安全的最根本保障;在运营过程中,也要充分认识到安全生产工作的特殊性、复杂性和重要性。在抓好安全基础的前提下,做好事故预防,提高抢险应急处置能力,是安全管理的核心任务。

1)行车安全管理

城市轨道交通是技术密集型的行业,包括信号、车辆、轨道、接触网等多个行车专业,而其运营是一个有规律性的动态运行过程,保障行车安全必须紧扣行车安全的关键岗位和关键设备以及相关的操作行为,做好人机联动。涉及行车的关键岗位有司机、调度、行车值班员;关键作业有列车驾驶、调度指挥、接发列车。

(1)列车驾驶安全管理

列车驾驶安全是整个轨道交通运营安全的关键环节之一。很多事故是由司机未确认进路安全、臆测行车、疲劳驾驶造成,司机驾驶安全是确保行在安全的最后一道关口。造成驾驶安全事件的原因有以下几种:驾驶员未确认进路正确(信号机显示、道岔开通位置)动车;误操作设备(或应急情况下操作不当)导致动车;未撤除防护,厂发车前未撤除铁鞋、门车,未确认车门、屏蔽门关好等情况下动车。

(2)调度指挥安全管理

行车调度工作实行高度集中统一指挥,以使各环节紧密配合,协调工作,保证列车安全、准点地运行。行车调度工作的好坏直接影响行车安全及运输质量。造成调度安全事件的原因主要有:错排进路;未确认线路出清发车应急情况下错发调度命令。以上任何一种错误指令都会直接导致列车冒进信号、挤岔、脱轨、追尾等严重行车事故。为此,必须做到中央行车调度与车站、司机有效联控,关键操作执行"双确认""复诵"制度,同时从技术上冗余配置通信系统,确保紧急情况下行车指挥的通畅。

(3)接发列车安全管理

接发列车安全事件的原因主要是发生信号设备故障,或车站行车人员人工办理接发列车进路时,因麻痹大意、违章违纪等原因错办行车手续,造成列车追尾、冲突、脱轨等严重后果。为确保接发列车安全,必须坚持落实以下关键措施:细化确认列车位置环节,接车时确认线路空闲及进路正确无误,办理行车手续时需"双确认";采用降级行车法期间故障区段内的列车安排人员添乘,执行"双确认";在未确认清楚列车位置前,严禁人工办路票动车。

2) 客运安全管理

对于城市轨道交通行业来说,客运安全主要是指乘客在使用城市轨道交通运营服务的过程中人身、财产等权益得到保障、不受侵害。对于运营单位实说,客运设备状态、人员服务水平、承运单位组织水平、外部环境等都是影响客运安全的要素。客运安全管理关键在于对象控制,根据乘客的不同特点进行分类,并针对不同类别的对象采取不同的引导、控制措施,确保不同的乘客群体乘坐城市轨道交通全过程安全。

据统计,扶梯摔伤是造成轨道交通客伤事件的最主要原因,其次是乘客抢上抢下、车门/屏蔽门开关造成客伤;另外,地面有水渍、油渍及下雨时未及时清理会造成乘客车站内摔伤。

(1) 扶梯客伤控制

自动扶梯具有方便、节省体力的特点,乘客较喜欢使用,但同时扶梯属于特种设备,在搭乘时如果没有注意安全,则很容易发生事故。由乘客未站稳扶好引发的客伤约占50%;由乘客携带大件行李搭乘扶梯引发的客伤约占30%;由第三方碰撞引发的客伤约占10%;其他因在自动扶梯上拾物品、推婴儿车、逆行、醉酒等也会导致客伤。

预防扶梯客伤的客运服务控制措施主要包括:在扶梯旁反复广播,提醒乘客握好扶手带,双脚站稳在梯级内,同时在高峰期,加派人员在长大扶梯处引导,提醒老人、小孩乘坐扶梯时需其他成年人陪同;对携带婴儿车、轮椅、手推车及大件行李物品的乘客引导其搭乘垂直电梯或走楼梯等。

(2) 大客流控制

在运营过程中,会出现可预见性的大客流,如大型商业活动、节假日等也会出现突发性的大客流,或设备故障列车不能开动等,造成客运量短时间内高度集中。在大客流情况下,若疏散不及时,处理不当,会带来群死群伤的安全隐患。为此,面对大客流时,一方面通过乘客信息显示系统、广播等反复宣传,引导客流,维持站内秩序;另一方面在客流达到一定量时,组织客流控制,必要时根据运营情况调用空车到客流量较大的车站投入运营,当地铁公司内部力量不够时,申请启动地面应急公交接驳。

(3) 站台、站内安全控制

乘客抢上抢下可能造成列车夹人、夹物的安全事件,因此站台安全对现场候车秩序控制等都提出了较高的要求。针对站台安全,需引导乘客"先下后上",在车门关闭时,防止抢上抢下;司机确认车门、屏蔽门关好且空隙安全后方可动车;在紧急情况下,及时按压"紧急停车按钮",确认停车后处置相关问题。

另外,由于城市轨道交通车站空间有限、指引不明、地面湿滑等情况容易造成乘客摔伤、碰伤,站内安全也是重点控制区域。为此,需要完善安全标识标志,制定有效引导客流的路径及广播指引;同时做好车站的环境卫生,避免地面异物、地面湿滑造成乘客摔伤。

3) 消防安全管理

消防安全是关系到企业财产、利益的大事,也和每位乘客、员工的生命安全、切身利益息息相关。国内各城市轨道交通单位的消防安全事故事件大部分火警都由员工及时发现并扑灭,需要调派专业消防队进行救援的情况并不多。但不可否认,水火带来的危害人人都懂,但在日常工作中却往往被忽视,存在侥幸心理。

(1) 火灾原因分析

引起火灾的原因主要有两类:人为因素和电气短路。人为因素包括乘客携带易燃易爆危险品即"三品"乘车、违章操作、施工作业动火(电焊等)、站内吸烟等。电气短路主要是指由于电气设备每天工作时间较长,因过热、过载、绝缘损坏等引发火灾。另外,由于城市轨道交通车站尤其是地下车站存在潮湿、高温、粉尘大、鼠害等因素而造成电气设备、线路绝缘性能下降,因电气设备短路引发火灾。

(2) 火灾事故预防

火灾预防需从管理和技术角度同时采取措施,设置安检系统,有效防止乘客携带易燃易爆物品进站乘车;同时在出入口、通道显眼位置张贴禁烟标志,并及时制止违规吸烟行为;车站装修、办公家具采用阻燃、难燃材料,严格控制动火作业(电焊、气焊),动火必须严格遵守规程,并做好各种防火措施。

为应对突发状况,员工需熟练掌握扑灭初期火灾、引导乘员疏散的技能,确保在发生火灾后,起火位置附近员工在 3min 内形成第一灭火力量;确保消防设备系统完好有效,火灾报警系统、水消防系统、气体灭火系统、防排烟系统、灭火器等消防设备设施处于有效状态,在发生火警后及时报警,将火灾扑灭在萌芽阶段;提高乘客使用消防器材的能力。

4) 综治保卫安全管理

综治保卫包括防止治安事件、设施被盗(破坏)、恐怖袭击。治安事件要有打架、破坏设备、酒后闹事等。设备被盗对城市轨道交通的正常运行带来影响,严重时甚至可能造成城市轨道交通财产和人身方面的重大损失。

综治保卫工作主要依靠保卫力量来加强技防,增加巡视。加强社会宣教,增强乘客的防范意识和自救能力;车辆段(场)围网处安装周界报警系统,外部人员侵入时,系统发出蜂鸣声警报并提示侵入人员的位置;投用视频监控系统,加强监控车站、列车的安全,加强安检,严防"三品"和管制品进站;配置防爆桶、爆炸检测装置及探测器,准确快速处理可疑物品;建立健全突发事件的先期应急处置方案,完善救援程序,建立应急救援组织,配备救援器材设备,定期组织演练,提高先期应急处置能力。发生突发事件时,报告政府相关部门请求支援。

5) 应急管理

(1) 事故预防

事故的发生都是因正常条件发生偏差而引起的,如果能事先确定某些特定条件及其潜在后果,就可利用相应手段减少事故的发生,或者减少事故对外界的影响,预防事故要比发生事故后再纠正容易得多。因此,在城市轨道交通新线设计、建设或旧线改造时,都应该设计必要的安全装置和设施,从而提高城市轨道交通运营系统的安全性。另外,事故预防工作也不可忽视操作规程、应急规程和管理策略的建立及其定期培训和维护。

(2) 应急预案

应急预案是应急管理过程中一个极其关键的环节。它是针对可能发生的事故,为迅速有效开展应急行动而预先所做的各种准备,包括:制定紧急状态下的反应与行动,以提高准备程度;确保系统在紧急情况下做到准备充分和通信通畅,从而保证决策和反应过程有条不紊;保证人员进行培训和演习,定期更新应急预案和重新评价其有效性。

(3) 应急救援系统

应急救援系统从功能上由应急指挥中心、事故现场指挥中心、后勤保障中心、媒体中心和信息管理中心等运作中心组成。要做到快速、有序、高效地处理应急事故,需要应急救援系统中相互之间的协调努力。

(4) 应急培训与演练

目的主要有:测试应急救援预案的充分程度;测试应急培训的有效性和队员的熟练性;测试现有应急装置和设备供应的充分性;确定训练的类型和频率;提高与现场外应急部门的协调能力;通过训练来识别和改正应急救援预案缺陷。

(5) 应急救援行动

一个完善的应急救援体系应能在事故和灾害发生时及时调动并合理利用应急资源(包括人力资源和物资设备资源)投入事故救援行动,针对事故、灾害的具体情况,选择适当的应急对策和行动方案,从而及时有效地进行应急救援行动,使伤害和损失降低到最低程度和最小范围,并在最短时间内控制事故。

(6)事故的恢复与善后

当救援工作开展后,从紧急情况恢复到正常状态需要时间、人员、资金和正确的指挥,这时恢复能力和预先估计将变得十分重要。通常情况下,重要的恢复活动包括事故现场清理、恢复期间的管理、事故调查、现场的警戒与安全、安全和应急系统的恢复、人员的救助。

6)应急管理案例

该部分内容详见二维码。

扫码下载

第19章

计划调度管理

计划调度管理是城市轨道交通建设项目管理的主要内容之一,是保证建设质量、控制和节约工程投资的必要手段。建设管理单位应依据国家相关标准和项目工程可行性研究报告批复意见,组织项目工程进度总体筹划并确定总工期。城市轨道交通建设项目的总工期确定后,为保证建设质量,一般不宜随意改变,尤其不宜缩短既定总工期。城市轨道交通工程应建立适合自身特点的进度计划管理体系,推行计划分级调度机制。各级计划应相互衔接,下级计划支撑上级计划工作细化。建设管理单位应根据工程实际情况制订进度管理制度,明确进度管理的责任部门、管理目标、工作流程等。

19.1 概述

工程建设计划调度工作主要从工程计划编制、实施、检查、调整等工作来实现。总体工程计划应体现项目全过程的建设管理,应按照项目管理的思路和程序进行筹划,从前期准备、勘察设计、招投标、土建工程、设备安装调试、试运营六个阶段,筹划勘察设计、监理、施工人员的投入,筹划设计、施工方案的比选与稳定、工程材料、设备资源及人力资源的投入。通过计划调度工作实现城市轨道交通建设项目的全过程管理,以达到满足合同工期要求,质量合格及安全施工要求,顺利实现各阶段目标计划。

基于工期倒排和各专业(工序)间逻辑关系构建的计划体系,保证了工程建设各阶段工期的合理性,使得线路不同站点(标段)和专业工程的推进速度更加均衡,避免因工程前阶段工期的累积延误对后阶段工期造成较大挤压,导致后期因抢工而增大安全、质量和重大里程碑节点工期风险。

在计划体系指引下,各站点(标段)和专业可采用技术和管理手段以及加大资源投入来缩小实际进度与计划目标的偏差,有效降低不同工程规模、地质条件、施工工法和工程边际条件等对工期的影响,从而从整体上降低施工成本,有效发挥投资效益,有利于安全、质量和文明施工管理效能的提升。

在计划体系指引下,对线路、标段进行进度考核评价时,不考虑客观原因对工程进度的影响,考核评价结果只反映实际进度与计划目标的偏差,使得偏差数据更加真实,较大程度地提高了作为不同层面进度控制决策依据的价值。计划体系统一了进度考核评价的尺度,使得同一线路内相同阶段(专业)的不同标段之间、不同线路对应阶段(专业)的进度考核评价客观、公正,具有较大的可比性,有利于参建单位激励机制的形成和考核评价结果的运用。

在计划体系指引下,由于线路的一级计划一次性发布,二级、三级计划均可提前编制(后续可调整),使得参建单位可以从整个建设周期的角度优化施工资源的配置,控制站点(标段)、线路的进度,统一的计划目标有利于各参建单位之间的协同配合。

19.2 计划编制的原则及分类

19.2.1 计划编制的原则

(1)系统性原则。对应于城市轨道交通建设的复杂性,所有的工作内容都必须纳入计划体系,并且需要在计划中体现各项工作在时间与空间的逻辑关系,以实现不同工作之间的有效衔接和协同,并实现资源的优化配置,这使得城市轨道交通计划管理具有明显的系统性特征。

(2)可行性原则。贯彻落实国家和地方政府对工程建设的各项政策,结合城市轨道交通工程特点,编制合理的、可实施的总体工程筹划。

(3)主导性原则。计划应该指导建设行为而不是反映建设行为,计划不是对建设行为的预测,反映在某一时刻能做到什么程度,而是要求在某一时刻做到什么程度。计划应主导建设行为而不是跟随建设行为。主导的实质内涵反映了计划对建设行为的控制特性。

(4)闭环控制原则。计划的编制实质上是为各项工作设定一个目标值,受各种因素的影响,在预定的时间点完成的实际值通常与此刻目标值会存在一定的偏差,此偏差值将反馈给系统作为纠偏的依据,目的是控制偏差在允许的范围,保障系统按计划运行。

(5)均衡性原则。由于城市轨道交通建设的阶段性特征,需要按照倒排工期的原则,以重大的里程碑目标来区隔各阶段的时间界限,每个阶段内可以增设工序转换或关键工程节点,加大目标节点的密度以降低重大里程碑目标被突破的风险,从而降低前一阶段工期延误对后一阶段工期挤压的累积效应。

(6)统筹性原则。统筹考虑、精心筹划、科学组织、局部服从整体,附属工程服从主体工程,关注细部节点。合理布置施工用地,尽量减少临时设施,节约施工用地,车站施工筹划应结合区间施工,统一考虑交通导改及临时用地。科学合理安排施工工序和施工顺序,合理安排冬、雨季施工,保证全年生产的均衡性和连续性。对于换乘车站,要合理考虑相关线路同步实施范围及施工方法,以免后期实施时对运营线路的影响。

(7)弹性原则。一般来说,城市轨道交通项目工期长且影响因素多,这就要求计划编制人员能根据统计经验,评估各种因素的影响程度和出现的可能性,并在目标设定时充分考虑实现目标的风险,从而在不影响重大节点和最终目标的前提下对目标的设定留有余地。

19.2.2 计划的分类

计划按阶段主要分为战略规划、工程筹划、工程招标策划、工程招标计划、工程实施性策划、工程设计计划、征地拆迁计划、前期工程计划、主体工程计划、站后工程计划及工程验收计划、工程结算计划等。

(1)战略规划。主要内容包括五年战略发展规划(包括滚动修编)及三年滚动经营计划,建设单位年度工作要点等长、中、短期战略规划文件,涵盖规划期内工程形象、工程投资、建设资金需求等指标,以及为实现规划目标采取的各项措施等。战略规划涵盖规划阶段的所有建设线路或项目。

(2)工程筹划。主要内容包括工程建设总工期和进度计划、主要施工方法和施工期间采取的措施、主要材料供应计划、设备系统联调及试运营计划、工程招标及采购等,工程筹划针对具体线路。

(3)工程招标策划。主要内容包括工程概况、招标内容、招标范围、甲供乙购清单、总工期及关键里程碑、标段划分、投资估算、商务条件、投标人资质条件等。招标策划一般针对一条线路按专业编制,比如前期工程、土建工程、安装装修工程、设备材料供货等。

(4)工程招标计划。主要指依据政府及建设单位工作计划、工程筹划等的相关要求,编制的年度及季度招标实施性计划。招标所确定的合同包括前期工程合同、土建工程合同、常规设备安装及装修工程合同、系统设备安装合同、设备材料采购合同及服务性合同等。

(5)工程实施性策划。指对项目开工至开通试运营的全面部署,内容包括但不限于工程重难点分析、次级施工单元划分、工程关键节点目标、各年度主要建设任务、征地拆迁计划、施工图设计计划、场段工程计划、土建洞通计划、轨道工程计划、甲供设备及材料招标到货计划、安装装修计划、设备系统调试计划及试运行计划等。

(6)工程设计计划。指依据招标计划、工程实施性策划以及配合现场施工进度,编制的年度或季度设计、评审及报建计划。

(7)征地拆迁计划。指依据工程总策划及前期工程、主体工程年度计划编制的各工点的征拆进度安排。由于征拆责任主体一般为非建设单位,加上其工作难度大,故时间上的不确定性非常大。正常情况下,在征拆范围稳定的前提下应全面开展相关工作。

(8)前期工程、土建工程及站后工程计划。指依据工程实施性策划编制的各工点、各专业的施工计划,包括形象进度和投资两个部分内容。其中前期工程计划按季度编制,土建工程、站后工程计划按年度编制。

(9)工程验收计划。指为了满足工程工序转换及开通试运营需要各标段、各专业的验收安排,包括初步验收计划、竣工验收计划及政府专项验收计划。

(10)工程结算计划。指依据验收总体计划编制的合同结算资料提交、合同结算资料内审及合同结算资料送审等专项计划。

19.2.3 总进度计划的编制

建设项目总计划应综合考虑立项批复、资金准备、建设要求提出总进度目标要求,然后细化到年度计划,总进度计划应包括以下内容。

(1)前期准备:应包括立项报告编制和审批、工程可行性报告编制和初步设计批复计划。
(2)勘察设计计划:应包括勘察设计、总体设计、初步设计、施工图设计等计划。
(3)征地拆迁计划:应包括规划、土地、拆迁、拆迁手续办理计划,主要是确定工程拆迁计划。
(4)施工前期准备工作:应包括施工手续办理、管线迁改、交通导改组织实施计划等。
(5)招投标计划:应根据总体计划要求,编制不同种类招投标计划,涵盖前期、设计、工程建设、设备采购等。
(6)土建工程计划:应根据征地拆迁计划和前期准备工作计划编制工程实施计划,涵盖车站和区间主体结构、附属设施、主变电站、控制中心、停车场等,并根据不同工序列出细部计划,便于控制关键节点和里程碑。
(7)铺轨工程计划:根据土建工程计划应列出铺轨基地建设、轨道施工计划。
(8)建筑装修计划:应包括车站风水电、装修安装、附属设施计划。
(9)设备采购及安装调试计划:应包括综合系统、火灾报警系统(FAS)、环境监控系统(BAS)、供电、信号、车辆和综合联调计划。
(10)试运行计划:应包括运营接管及人员配备计划、空载试运行计划、运营条件验收计划等。

进度计划的表达方式有文字说明、重要工期节点描述、工作量表、横道计划、网络计划等方法,内容应包括编制说明、进度计划表、资源需要量情况说明、对前一时间段工作完成情况的总结与分析,以及形象进度判定、存在问题、下一时间段工作计划及重点工作安排。

19.3 计划管理的架构及体系

19.3.1 计划管理的架构

我国各城市轨道交通建设单位因其管理架构不同,其计划管理体系存在一定的差异,但都有一个共同的特点,即建设单位一般设置专门计划管理机构,计划管理工作涵盖勘察设计、监理、施工单位以及供货、集成商等所有参建单位。

建设单位计划管理一般分为两个层次,即综合计划管理部门和建设计划管理部门。其中前者负责包括城市轨道交通建设在内的所有业务的计划管理,而后者则负责所有城市轨道交通线路建设的计划管理。如果建设管理部门再下设其他二级管理部门,那么计划管理将相应增加一个层次。

综合计划管理部门主要负责宏观或者战略层面的规划或计划,主要对接政府层面,对于城市轨道交通建设而言,如五年规划建设的时序,投资预算的安排,各线路的开通时间及运营、物业和资源开发等配套业务的规划等。公司年度工作计划大纲编制和考核是综合计划管理部门的主要职责之一,主要包含安全质量、投资、形象进度、验收、生态文明建设、设计管理、招标管理、征地拆迁、统计工作、风险内控、制度建设、综合管理、创新发展和管理提升等内容。在编制年度工作计划大纲时,综合计划管理部门与建设管理计划部门应进行充分沟通并达成共识。

建设管理计划部门依据公司五年规划、年度工作计划大纲以及各线路的工程实施性总策划,编制相关线路的年度计划。计划以实体工程为主线,以开通试运营为目标倒排,用重大里程碑节点将建设全过程分隔成几个阶段,确保每个阶段的合理工期。以实体工程的计划为依据,编制设计、招标、征地拆迁、前期工程、验收以及工程结算等工作计划。编制相关线路的年度计划时应与负责相关部门协商一致。如果建设管理部门下设其他二级工程管理部门,各线路年度计划的编制则应该由分管该线路的工程管理部门负责,其他相关二级管理部门配合。

19.3.2　计划调度体系

通常将计划分为三个层级,计划的编制自上而下逐级展开,下一级计划受控于上一级计划。计划的主导性原则决定了计划的编制必须摆脱对现场进度预测的惯性思维。所以,计划实质上是城市轨道交通建设全过程中为达成最终目的(开通),在不同的时间和空间应实现的重要或关键的目标值。

(1)一级计划。以城市轨道交通线路为对象,根据各专业的标准化工期指标和工程特点,以工程关键节点、工序转换节点和重大里程碑为目标节点,其对应的时间节点则依据各专业主要工序的合理工期以及与目标节点之间的逻辑关系,按照开通时间倒排形成。一级计划由建设单位计划管理部门编制,报建设单位批准发布,并作为建设单位层面对线路工程进度进行评价与管控的依据。一级计划一般按年度(分解到季度)编制。

一级计划应综合考虑施工主体、管理主体以及标段划分等因素,划分为土建工程、轨道工程、常规设备安装及装修工程、系统设备安装工程、车辆段及停车场工程等五个部分。

(2)二级计划。以单位工程为对象,主要体现站点、区间、场段及相关控制性工程层面的实施特性。其目标节点和时间节点原则上依据"一级计划"设置,考虑线路的特殊性时,二级计划可在一级计划的基础上增减部分目标节点或对部分时间节点进行微调。二级计划由建设计划管理部门编制,由综合计划管理部门审核报建设单位批准发布。作为建设管理部门对施工标段工程进度进行评价与管控的依据。二级计划一般按季度(分解到月度)编制。

(3)三级计划。以分部分项工程(工序)为对象,依据二级计划的进度要求,合理配置工、料、机等生产资源,体现指标日兑现率的特性。三级计划由施工单位编制,经现场监理审批,报现场建设单位代表备案,作为建设单位代表和监理对施工进度进行评价与管控的依据。三级计划是计划的控制特性作用于施工进度的最终体现。三级计划一般按月度(分解到周)编制。

19.3.3　建设管理单位职责

(1)负责制订进度计划管理的程序及流程。包括计划的编制、下达,组织计划执行情况的检查、统计、汇总、分析、考核、调整,以及计划管理成果文件的收集、汇总、备案。

(2)负责组织编制项目总体计划、年度、季度、月度计划和一级节点计划。

(3)负责组织编制规划设计计划、征地拆迁计划、招投标计划、前期专项工作计划、土建及装饰装修工程计划、甲供材料及设备供应计划、设备安装调试计划、验收计划、尾工计划、结算计划。

(4)负责对所有承包商的进度计划进行管理。

(5)计划实施过程中,负责监督、检查计划的执行情况,如遇计划超前或滞后较大时,应及时提出修改季度计划或年度计划、一级节点计划的建议。

19.3.4 计划调度管理原则

城市轨道交通工程沿线地质条件复杂、建设周期长、穿越城市主干道、周边环境干扰大,因此工程实施前应做好详细的工程计划才能取得事半功倍的效果。为此需从以下几个方面综合考虑城市轨道交通工程计划调度工作。

(1)以设计文件为基础,以初步设计稳定的线路走向、站位、车辆选型、线路配线、车站和区间土建施工工法,车辆段、控制中心、主变电站土建施工工法作为主体,结合当地的机械设备情况、国内同行业施工单位的平均管理水平作为编制工程计划的重要依据。

(2)必须为初步设计、施工图设计预留充足时间。经济、合理的施工工法是确保工程实施的关键,因此要为设计单位预留足够的方案设计、优化的时间,确保施工工法的选择能做到最优。

(3)必须为前期专项工作预留充足的时间。根据城市轨道交通工程沿线需要征地和拆迁的面积、需要迁改的管线、交通导改的工程量情况,综合考虑协调难度等各种制约因素,制订前期专项工程实施计划。合理可行的前期专项工程计划是整个工程计划的基础。

(4)充分考虑现场的实际情况。全面调查了解工程沿线的实际条件,为车站、区间竖井、盾构的始发(接收)井等确定施工场地。

(5)与土建工法相结合。土建施工标段划分、施工工期都受施工工法的制约。工法稳定是土建工程工期计划编制及调度的前提。

(6)认真做好轨道专业施工安排。轨道专业是承前启后的一道工序,前一道工序是土建工程移交工作面,后一道工序是其他设备施工单位进行设备运输、安装及调试。轨道工程与铺轨基地的设置关系很大,要从技术、工期、经济几方面来综合平衡,设置合理的铺轨基地。

(7)制订详细的设备专业安装、调试的施工安排。设备专业施工单位多,各专业在时间、空间上交叉施工,单体调试和综合联调交叉进行,因此要综合考虑各专业之间的先后施工顺序、施工周期、相互协调配合等因素。

(8)制订切合实际的开通标准及试运营的目标。开通标准应根据可以上线运营的车辆数量、设备专业设计功能实现情况进行综合考虑。

(9)充分考虑施工过程中各种不可预见因素导致的工期延误风险。如工程建设资金的到位不及时、征占地、房屋拆迁、管线改移、交通导改等前期专项工作滞后带来的工期风险,土建工程地质条件的不确定性带来工法变更的风险等均要在工程筹划时综合考虑。

19.4 管理流程

19.4.1 基本建设流程

根据我国城市轨道交通工程多年建设实践的历程,参考相关城市建设管理经验,依据《城市轨道交通建设项目管理规范》(GB 50722—2011),城市轨道交通工程项目建设流程参见2.3节图2-3。

工程建设计划管理工作主要从工程计划编制、实施、检查、调整等工作来实现。通过计划调度工作实现建设工程项目全过程的建设管理,以达到满足合同工期要求,质量合格及安全施工要求,顺利实现工程各阶段目标计划。综合计划管理流程(公司层面)如图19-1所示,项目中心计划管理工作流程(具体线路管理层面)如图19-2所示。

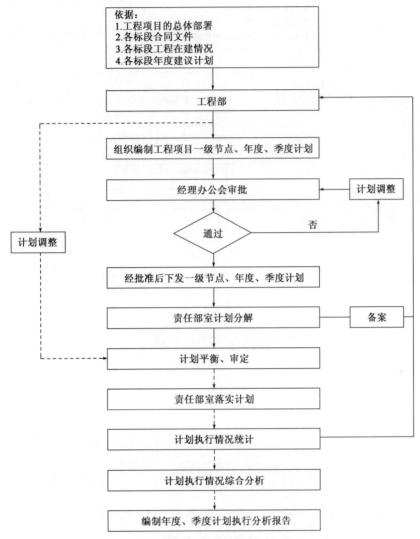

图19-1 综合计划管理流程图(公司层面)

工程建设计划调度管理主要从总体工程计划编制、实施、检查、调整等工作来实现。总体工程计划应体现项目全过程的建设管理,应按照项目管理的思路和程序进行筹划,从前期准备、勘察设计、招投标、土建工程、设备安装调试、试运营六个阶段,筹划勘察设计、监理、施工人员的投入,筹划设计方案的比选与稳定、专题研究项目的进展,筹划施工周转材料、设备资源的投入(围护桩钻机、大型钢支撑、土方开挖设备、大型模板及支撑体系脚手架、钢筋加工设备、盾构机、竖井提升设备、铺轨设备、设备调试及检测设备设施等),筹划工程材料资源的投入(钢材、水泥、防水材料、混凝土搅拌站)等。

通过总体工程筹划,形成项目总体计划,项目总体计划应涵盖项目前期计划(立项、可行性研究、规划意见、用地手续)、勘察设计招标计划、勘察计划(初勘、详勘)、设计进度计划(总体设计、初步设计、土建施工图设计、专项设计、项目综合设计、管线综合设计、装修概念设计、精装修设计、设备系统安装及调试图纸等)、土建施工及监理招标、设备安装调试单位招标计划、前期专项工作实施计划、土建工程施工计划、甲供物资招标及供应计划、装修计划、设备招标采购供应计划、设备安装及调试计划、车辆到货计划、外电源计划、外管线计划、系统联合调试计划、动车调试计划、开通试运行与试运营、工程收尾及尾工整改计划、工程竣工验收计划、工程结算计划、资金计划等,总体计划大纲见表19-1。在项目总体计划编制的基础上,应进一步按时间分解成年度计划、季度计划、月度计划,以便于检查、落实项目总体计划。

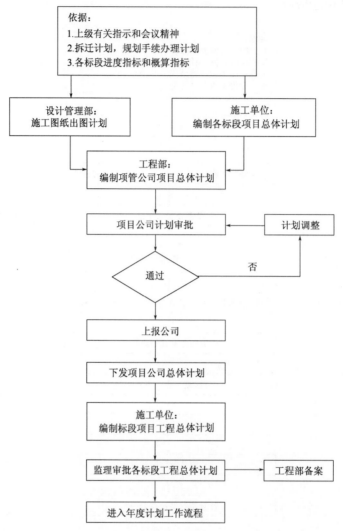

图19-2　项目中心计划管理工作流程图(具体线路管理层面)

总 体 计 划 大 纲　　　　　　　　　　表19-1

序号	阶段计划名称	本阶段应侧重编制的分项计划	子分项计划
1	项目启动阶段总体计划	规划设计	总体设计及评审计划
			初步设计及评审计划
			取得首批规划意见书工作计划
			取得首批临时用地许可证工作计划
		招投标	勘察、设计招标计划
			施工、监理招标计划
2	开工进场阶段总体计划	规划设计	第一批施工图设计计划
			规划审批的办理工作计划
		征地拆迁	首批站点征地拆迁计划
		招投标	甲供及甲控材料招标计划

续上表

序号	阶段计划名称	本阶段应侧重编制的分项计划	子分项计划
2	开工进场阶段总体计划	前期专项	首批站点园林迁移计划
			首批站点地上物拆迁计划
			首批站点交通导改计划
			首批站点管线改移计划
			首批站点施工临水、临电接入计划
3	工程实施阶段总体计划	规划设计	公共区精装修招标图设计计划
			精装修施工图设计计划
			车站二次结构施工图设计计划
			附属结构施工图设计计划
		征地拆迁	剩余征地拆迁难点完成计划
		前期专项	交通导改、园林迁移、管线改移的剩余难点完成计划
		土建工程	车站主体结构施工计划
			车站二次结构施工计划
			设备站房移交计划
			附属结构施工计划
			铺轨基地施工计划
			洞通计划
			各铺轨工作面移交计划
4	工程实施阶段总体计划	装修工程	公共区装修施工计划
		设备工程	各专业安装调试计划
			动车调试计划
		招标	装修材料招标计划
			设备系统订货招标计划
			设备系统各专业施工及监理招标
5	开通阶段总体计划	试运行	设备、设施的测试及调试计划
			试运行专家评审工作计划
		专项验收	政府专项验收计划(十三项)
		市政配套设施接驳	市政外管线、市政道路、停车换乘(P+R)停车场、站前广场接驳计划
6	工程收尾阶段总体计划	运营跟进保障	运营保障工作筹备及启动计划
			各专业运营保障方案编制及实施工作计划
		尾工建设	剩余尾工建设计划
		缺陷整改	缺陷修复、整改和验收计划
		各专业功能实现	设备系统剩余功能实现计划
		缓验项目实施	缓验项目验收计划
		结算	工程结算工作计划
		工程移交	工程移交计划

在城市轨道交通全面开工局面基本形成后,工程进入实质性开工阶段,为了促使在建工程按计划有序地推进,按要求实现线路通车目标,需进一步梳理出建设过程中征地拆迁节点、最晚开工工点(前期

专项工作制约)、全线区间洞通、车站结构封顶节点、启动车站设备安装节点、设备站房移交(明确移交标准)、铺轨基标测设、提供铺轨条件、短轨通、长轨通、开通必保出入口、风道、外电源发电、外管线接入、传输开通、无线开通、信号联锁、动车调试、运营进驻、运营临管、冷热滑、竣工验收以及开通试运行目标的关键线路(包括设计方案及图纸),根据关键线路制定一级节点工期计划。

在建设管理过程中,应采取公司级、部门级、现场甲代级三级调度机制,定期召开工程现场生产调度协调会,协调解决工程推进过程中存在的问题,跟踪、督促一级节点计划的执行,同时建立计划管理预警、消警机制。

(1)设计阶段,必要时采取设计单位集中办公的模式,通过定期召集设计例会,跟进设计计划的进展,研究并组织评审设计方案,协调解决设计接口。

(2)施工准备阶段,重点抓好施工单位进场条件的提供。

(3)土建施工阶段,重点抓好开工条件核查、风险管理(专项方案的落实)、安全管理与质量控制的同时,还要协调盾构始发与接收条件、矿山法施工竖井移交条件等。

(4)设备安装、装修阶段,应编制装修、设备安装阶段管理办法,重点协调装修与设备安装的接口、先后施工顺序、工作面移交时间及移交条件。

(5)运营进驻、临管前,重点调度运营进驻、临管条件的提供。

(6)空载试运行前,组织空载试运行条件的研判,重点关注设备系统各项设计功能的实现以及影响开通运营安全问题的及时解决。

(7)竣工验收阶段,重点组织好法律规定的各项政府验收、备案。

进度控制是一个动态编制和调整计划的过程,初始的进度计划和在项目实施过程中不断调整的计划,以及与进度控制有关的信息应尽可能对项目各参与单位透明,以便各单位为实现项目的进度目标协同工作。为使建设单位各工作部门和项目各参建单位方便快捷地获取进度信息,可利用项目信息门户作为基于互联网的信息处理平台辅助进度控制。

19.4.2 工程项目计划的编制

进度计划编制是基于对项目任务的科学分解,是在逻辑顺序、相互接口和资源条件等诸多因素的基础上作出的最优化的进度安排。

1)工程项目计划的构成

工程项目计划由项目总体计划、专项计划、一级节点计划、年度计划、半年度计划、季度计划和月度计划构成。

项目总体计划按工程项目进展的不同阶段进行修编,工程项目进展可分为项目启动阶段、开工进场阶段、工程实施阶段、大面完工及工程收尾五个阶段总体计划。

专项计划是按部门分工而形成的规划设计计划、招投标计划、前期专项工作计划、土建与设备工程、验收计划、尾工计划、结算计划等。

一级节点计划是在土建工程全面施工局面基本形成,工程进入实质性施工阶段,在梳理关键线路的基础上,制订的一级节点工期计划,是保证在建工程按计划有序地推进,实现投入使用目标的关键节点控制计划。

年度、半年度、季度和月度计划由形象进度计划和产值计划构成。

2)工程项目计划的表现形式

工程总体计划、专项计划宜采用文字描述和 Project 横道图相结合的形式。

一级节点计划均宜采用节点计划列表形式编制,采用文字描述,应涵盖部分后续关键节点。

年度、半年度、季度、月度计划均由形象进度计划和投资计划组成,投资计划为与当期形象进度对应的投资额,采用文字描述、图表的形式。

3）进度计划报告的编写

进度计划报告是工程项目进度执行情况的综合描述。

（1）报告的起止时期，当地气象及晴雨天数统计。

（2）施工计划的原定目标及实际完成情况。

（3）报告计划期内现场的主要大事记（如停水、停电、发生事故的概况和处理情况，收到建设单位、监理工程师、设计单位等指令及主要内容）。

（4）实际施工进度图。

（5）工程变更，价格调整、索赔及工程款收支情况。

（6）进度偏差的状况和导致偏差的原因分析。

（7）解决问题的措施。

（8）计划调整意见和建议。

4）项目进度计划的审核

建设单位除审核施工单位进度报告内容外，还需审查以下内容。

（1）项目总进度目标和其分解目标的内在联系合理性，能否满足施工合同工期的要求。

（2）项目计划内容是否全面，有无遗漏项目。

（3）项目施工程序和作业顺序安排是否合理，是否需要调整，如何调整。

（4）施工各类资源计划是否与进度计划实施的时间要求相一致，有无脱节，施工的均衡性如何。

（5）总包方和分包方、各专业之间，在施工时间和位置的安排上是否合理，有无相互干扰，主要矛盾是什么。

（6）项目施工进度计划的重点和难点是否突出，对风险因素的影响是否有防范对策和应急预案。

（7）项目施工进度计划是否能保证工程施工质量和安全的需要。

19.4.3 计划的执行

1）进度计划的审批

项目总体计划、一级节点计划以及年度、半年度、季度计划经建设单位总经理办公会或专题会审核后，下发建设单位各部门及参建单位执行。

月度计划由建设单位主管生产副总经理审核后下发执行。

2）进度计划执行的检查、分析

建设单位应定期或不定期对计划的执行情况进行检查，对计划的执行情况进行分析、评价，并在计划调度会上进行通报。每年末根据年度计划的完成情况进行综合分析、评价。

各参建单位定期对计划执行情况进行检查、分析，将工程实际形象进度与计划进行对比分析，实施动态控制；对月度、季度、半年度、年度计划执行情况的汇总、分析，要侧重于计划完成情况、未完成计划的原因分析、对后续计划的影响和拟采取的纠正措施；对一级节点计划执行情况检查、分析，要侧重对后续的关联一级节点计划的实现进行预测分析和评估，必要时提前发布预警。

3）进度计划的调整

为贯彻各级工程项目计划执行过程中的严肃性，计划编制时建设单位应本着认真负责的态度，合理编制项目总体计划、一级节点计划、半年度计划、年度计划、季度计划及月度计划等各级计划。计划任务一旦明确，就必须严格执行，采取必要的措施确保计划任务的完成。

一级节点计划、年度计划原则上不予调整。特殊条件下需要调整或增加的，参建单位应结合计划执行情况，及时提出一级节点计划调整建议，经建设单位批复后方可下达执行。季度计划、月度计划不予调整。

19.4.4　计划的控制

1) 进度控制的组织措施

组织是目标能否实现的决定性因素,为实现项目进度目标,应充分重视健全项目管理的组织体系。在项目管理结构中应有专门的工作部门或符合进度控制岗位资格的专人负责进度控制工作,明确其工作任务、管理职能及责任分工。

进度控制的主要环节包括进度目标的分析和论证,编制进度计划、定期跟踪进度计划的执行情况、采取纠偏措施以及调整进度计划。

2) 进度控制的管理措施

用工程网络计划的方法编制进度计划必须严谨地分析和考虑工作之间的逻辑关系,通过工程网络的计算可发现关键工作和关键线路,也可知道非关键工作可使用的时差,工程网络计划的方法有利于实现进度控制的科学化。

为实现进度目标,除进度控制外,还应注意分析工程进度的风险,并在分析的基础上采取风险管理措施,以减少进度失控的风险量。

3) 进度控制的经济措施

建设工程项目进度计划的经济措施涉及资金需求计划、资金供应的条件和经济激励措施等。为确保进度目标的实现,应编制进度计划相应的资源需求计划(资源进度计划),包括奖金需求计划和其他资源(人力和物力)需求计划,以反映工程施工的各时段所需要的资源。通过资源需求的分析,可发现编制的进度计划实现的可能性,若资源条件不具备,则应调整进度计划。资金需求计划也是工程融资的重要依据。

4) 进度控制的技术措施

建设工程项目进度控制的技术措施涉及对实现进度目标有利的设计技术和施工技术的选用。不同的设计理念、设计技术路线、设计方案会对工程进度产生不同的影响,在设计工作的前期,特别是设计方案评审和选用时,应对设计技术与工程进度的关系进行分析比较。工程进度受阻时,应分析是否存在设计技术的影响因素,为实现进度目标有无设计变更的可能性。

施工方案对工程进度有直接的影响,在决策其选用时,不仅应分析技术的先进性和经济合理性,还应考虑其对进度的影响。在工程进度受阻时,应分析是否存在施工技术的影响因素,为实现进度目标有无改变施工技术、施工方法和施工机械的可能性。

19.5　典型案例

该部分内容详见二维码。

扫码下载

第 20 章
招投标采购与合同投资管理

20.1 概述

在城市轨道交通工程建设中,应严格按照国家和所在城市区域的有关法律、行政法规的规定,制订管理办法,对招投标工作进行管理,应遵循公平、公开、公正、诚实信用、科学择优的原则选择各参建单位。哪些项目需要通过公开招标方式产生承包人,应总体依据初步设计批复的概算中的要求来执行。一般情况下需要通过招标产生承包人的项目包括土建类有勘察、设计、土建施工、土建监理、工程测量、第三方监测、第三方检测、空洞普查等;设备类可分为设备采购、设备安装、设备监造等,涉及的主要项目有车辆、信号、通信、轨道、AFC、综合监控、供电、主要机电、人防、安防、安全门等。施工准备项目如金额比较大,在时间和条件允许的情况下,建议尽量通过公开招标产生实施单位,如各类管线改迁、交通导改、园林绿化等。每个项目应确定政府监管部门,通常情况下,施工类及机电等项目由当地招标投标办公室负责。涉及国际采购的,主管部门一般为市商务局、发改委、省商务厅和省发改委以及相应的上级主管部门。

合同管理是指从合同文件编制、合同签订、合同生效开始,直至合同失效为止整个过程中的全程合同动态管理,主要包括合同签订前的文件编制、合同谈判、合同澄清工作;合同签订、生效及合同宣贯工作;合同执行过程中的补充或变更工作;合同的解除或终止。轨道交通项目建设周期长、涉及面广、参与单位多,因此,建立一个完整的、能够覆盖项目建设全过程和所有内容的分类明确、层次清楚的合同管理体系是合同管理的重点。

投资管理是指从项目前期研究阶段开始,直至项目竣工结算为止整个过程中的全程动态管理,主要包括项目前期研究阶段投资管理、初步设计阶段投资管理、招标阶段投资管理、施工阶段投资管理、竣工结算阶段投资管理。项目投资管理应遵循决策科学、程序规范、资金可控和责任明确的原则和要求。

城市轨道交通项目是一项投资金额特别巨大的市政基础工程,项目投资管理的好坏、投资管理水平的高低,直接影响着项目的顺利实施。在实现项目设计功能及技术标准的前提下,挖掘项目投资节约潜力、实现合理的功能价格比、提高项目的经济效益,是项目投资管理的重点。

借鉴国内其他城市轨道交通建设过程中的投资管理经验,建立、健全符合自身管理要求和管理水平的项目投资管理责任体系,明确各参建单位投资管理分工和权责关系,将项目投资管理的目标具体分解落实到项目的各阶段和各责任主体,实现全过程投资监控,总结经验,指导城市轨道交通投资管理工作是项目投资管理的难点。

20.2 管理内容

20.2.1 招投标管理

1)招投标工作组织机构

为高质高效地完成城市轨道交通工程招投标工作,应成立招投标工作组织机构,下设招投标工作领导小组、内部监督组和工作组。领导小组由建设单位主要领导、招标工作分管领导组成。领导小组负责审批招标计划,审批招标范围及招标方式,审批标段划分方案,审批招标公告、资格预审文件、招标文件和补充招标文件,确定招标控制价,听取评标结果的报告,协调处理与招投标工作相关的其他事宜(包括质疑、投诉、法律纠纷等)。内部监督组由招标监督工作分管领导组成,在领导小组的领导下,对轨道交通招标工作进行监督,与市政府监督部门工作对接等。工作组由招标工作分管领导、招标工作主管部门及主要配合部门(招标项目的主管/履约部门)人员、招标代理公司相关人员组成。工作组在领导小组和内部监督组的领导、监督和协调下,具体组织开展招投标工作。

2)招标项目计划编制

招标项目是指按国家、地区相关法律法规要求,或招投标工作领导小组确定的需要招标的项目。主要招标项目包括勘察设计类、土建施工类、设备采购安装类及工程保险、招标代理等。

每年12月份,招标工作主要配合部门提出下一年度招标需求,招标工作组根据招标需求编制下一年度招标计划,上报招标工作领导小组决策。确定招标计划后,工作组制定招标项目的实施工作计划,作为开展招标工作的依据。招标项目计划在实施过程中,可根据实际情况做出相应调整。

3)招标项目启动

每个招标项目开始启动时,招标工作组根据项目自身的规模、资质要求、时间节点等特点有针对性地制订详细的单项招标工作计划(招标方案),上报招标工作领导小组或高层联席会决策。确定后,工作组启动招标项目,经领导小组研究讨论会决,确定招标代理公司后,业主进行委托,签订委托合同。

4)招标项目主要内容

(1)采用资格预审还是资格后审。

(2)投标人的资格条件,主要是资质要求、业绩条件、人员要求、财务要求、信誉要求和其他要求等。

(3)标段划分建议。

(4)资格预审文件提交时间、评审时间、招标发售时间、评标时间等确定。

(5)是否采用联合体投标。

(6)是否设置最高投标限价。

(7)其他须汇报的内容。

上述这些内容上报招标工作领导小组或高层联席会决定。

5)招标项目标段划分

招标项目标段划分方案由招标工作主要配合部门提出。主要配合部门应综合考虑线路长度、工法、工期、专业、采购期限、合同额、工程管理需要、潜在投标人数量等因素合理划分标段,标段划分确定的时间应满足招标周期要求。标段划分方案上报招标工作领导小组或高层联席会决策。

(1)设计标段划分

①尽量划分大标段,引入设计实力强的设计单位。

②本着有利于设计管理,对线路不稳定的区段尽量划分一个设计标段。

③全线的设计标段划分尽量均匀,其工作量与设计费用尽量接近。

④对施工工法或建筑结构有特殊要求的区段(对设计单位有特殊要求)尽量划分为一个标段,方便在招标设计单位时有针对性要求。

⑤对于设计相对独立的、涉及专业多、技术接口比较复杂的可以单独设一个标段(如,车辆段、停车场等)。

⑥设备设计标段少,金额大,便于有实力的设计院参加当地地铁建设,保证设计质量,带动当地城市轨道交通的技术发展。

⑦供电系统、机电系统与综合监控系统之间接口众多,协调工作繁杂,不利于技术管理,合为一个设计标段后,能有效利用设计院内部管理与协调机制,有实力的设计院就能确保整个设备系统的设计质量

与水平。

⑧如总体院希望再得到某设备设计标段,则可以将轨道设计交予总体院。轨道设计与土建设计关系密切,由总体院负责比较恰当。

⑨对供电系统、机电系统与综合监控设计院的选择,应选择设计实力强、管理能力强的设计院。

(2)土建标段划分

土建施工招标是土建类招标工作的重中之重。其标段划分应考虑方方面面,工程地质水文地质、环境风险、工程重难点、管理跨度等。施工标段应该充分考虑以下原则。

①各标段的单位工程数量基本相当(两站一区间或一站两区间),投资相对均衡。

②相邻盾构区间锁定在同一标段。

③车站和临近大断面暗挖区间在同一标段。

④特殊敏感地段划分在一个标段,统一城市轨道交通施工形象。

施工监理标段应根据当地监理公司力量及外地监理公司情况,综合考虑。建议以施工标段为基准,2~3个施工标段为一个监理标段为宜,所监理的土建施工标段临近。

(3)设备类标段划分

①车辆系统划分为整车标段和列车牵引标段。

②独立完整的系统设备划分为单独标段如信号系统、通信系统等。

③专业性强、安全等级高的电缆划为单独标段。

④全线设备需统一型号,以减少接口调试难度的原则划为单独标段。

⑤将车辆工艺与维护用车辆划分为独立标段。

⑥供电、机电、轨道划分为安装带部分设备采购标段。

⑦弱电安装划分一个标段。

⑧信号安装划分一个标段。

⑨机电、轨道划分为多个施工标段。

6)招标备案手续办理

合同管理部门组织招标代理公司按照国家有关法律、行政法规的规定办理招标备案手续。

7)资格预审公告或招标公告发布

合同部牵头,招标工作主要配合部门配合,根据工程具体情况合理制定投标申请人的合格条件。招标代理公司发布资格预审公告或招标公告。资格预审公告、招标公告应符合国家、地区相关规定。

8)资格预审

资格预审主要包括编制和发售资格预审文件、资格预审评审两部分。

(1)编制和发售资格预审文件

招标工作组根据已确定的招标主要内容,编制资格预审文件。

①主要配合部门负责工程概况、工期等技术部分内容;合同部会同主要配合部门初步确定投标人合格条件、业绩等商务部分,同时负责资格预审文件的合成并组织部门间讨论修订。

②资格预审文件讨论修订完成后,招标工作组负责向招标领导小组汇报。根据项目情况,可分多个阶段向招标工作专题会汇报,之后向招标领导小组或高层联席会(如需要)汇报。

③结合会议或招标领导小组意见,合同部负责再次组织资格预审文件修订,必要时进行二次汇报。

④资格预审文件定稿后,合同部组织招标代理公司按照招标公告规定的时间、地点发售资格预审文件。资格预审文件自发售之日起至截止发售之日止,应符合国家、地区相关规定。资格预审文件发售前,应履行内部审批手续。

(2)资格预审评审

①评审专家根据项目情况,按规定在地方评标专家库中抽取,或主要配合部门提出合适专家库名单,报市招标办批准,由市交易中心抽取。

②资格预审评审根据项目情况选择市交易中心市场内或场外进行。场外进行评审的，招标工作内部监督组应与市相关监督部门联络，主动接受监督。

③招标工作组负责将评审结果向招标工作领导小组汇报。

9) 招标文件编制和答疑

招标文件编制和答疑主要包括编制招标文件和现场踏勘、招标文件答疑两部分。

(1) 编制招标文件

招标工作组负责编制招标文件。

①招标工作主要配合部门负责编制招标文件中的技术部分。

②合同部负责编制招标文件中的商务部分和经济部分，负责招标文件的合成并组织部门间的讨论修订。

③招标文件讨论修订完成后，招标工作组先向招标工作专题会汇报，后向招标领导小组或高层联席会(如需要)汇报。

④结合会议或招标领导小组意见(如有)，合同部负责再次组织招标文件修订，必要时进行二次汇报。

⑤招标文件定稿后，合同部组织招标代理公司按照招标公告规定的时间、地点发售招标文件。招标文件自发售之日起至截止发售之日止，应符合国家、地区相关规定。招标文件发售前，应履行内部审批手续。

(2) 现场踏勘、招标答疑

招标工作组负责招标项目的现场踏勘(如有)和招标答疑工作。

①根据项目情况，合同部会同招标工作主要配合部门组织项目的现场踏勘和招标答疑会。

②招标工作主要配合部门负责对技术部分的问题进行答疑；合同部负责对商务部分和经济部分的问题进行答疑，负责招标答疑的合成(编写补充招标文件)并组织部门间的讨论修订。

③补充招标文件讨论修订完成后，招标工作组先向招标工作专题会汇报，后向招标领导小组或高层联席会(如需要)汇报。

④结合会议或招标领导小组意见(如有)，合同部负责再次组织补充招标文件修订，必要时进行二次汇报。

⑤补充招标文件定稿后，合同部组织招标代理公司按照招标公告规定的时间、地点发售补充招标文件。补充招标文件自发售之日起至截止发售之日止，应符合国家、地区相关规定。补充招标文件发售前，应履行内部审批手续。

10) 工程量清单和招标控制价编制

工程量清单和招标控制价编制主要包括编制工程量清单(如有)、编制招标控制价(如有)两部分。

(1) 编制工程量清单

招标工作组负责编制工程量清单。

①根据项目需要，合同部组织招标工作主要配合部门、招标代理公司编制工程量清单并组织部门间的讨论修订。

②工程量清单讨论修订完成后，招标工作组先向招标工作专题会汇报，后向招标领导小组或高层联席会(如需要)汇报。

③结合会议或招标领导小组意见(如有)，合同部负责再次组织工程量清单修订，必要时进行二次汇报。

④工程量清单确定后，与招标文件或补充招标文件合并发售。

(2) 编制招标控制价

招标工作组负责编制招标控制价。

①根据项目需要，合同部组织招标工作主要配合部门、招标代理公司编制招标控制价并组织部门间

的讨论修订。

②招标控制价讨论修订完成后,招标工作组先向招标工作专题会汇报,后向招标领导小组或高层联席会(如需要)汇报。如招标控制价编制工作较复杂时(如土建施工项目),可分段汇报。

③结合会议或招标领导小组意见(如有),合同部负责再次组织招标控制价修订,必要时进行二次汇报。

④招标控制价确定后,与招标补充文件合并发布。

11)开标、评比

招标工作组按招标文件约定,负责组织招标项目的开标、评标工作。

①根据项目需要,合同部组织招标工作招标代理公司编制开评标方案(必要时)。

②开评标方案编制完成后,招标工作组先向招标工作专题会汇报,后向招标领导小组或高层联席会(如需要)汇报。

③开评标方案审核通过后,招标工作组做好开标评标的相关工作。

12)合同谈判、中标通知书发放

根据项目需要,中标通知书发放前,主要配合部门组织拟中标单位进行合同谈判工作,相关部门参加,谈判结果达成一致后,经招标领导小组同意,发放中标通知书。

13)召开合同签订前澄清会

公示期结束后,招标工作组组织召开合同签订前澄清会。澄清会的主要内容如下:

(1)中标单位介绍本单位针对中标项目的人员、材料、机械设备投入情况及保证措施。

(2)中标单位项目经理介绍本人对中标项目的认识和管理思路。

(3)中标单位介绍本单位对中标项目安全生产、质量管理、进度控制、环境保护等方面计划采取的保障措施。

(4)建设单位对中标单位所中标项目的介绍和重难点提示。

14)合同签订和宣贯

合同签订和宣贯包括编制合同文件、合同签订及宣贯两部分。

(1)编制合同文件

①根据项目需要,合同部组织招标工作主要配合部门、招标代理公司编制合同文件并组织部门间的讨论修订。

②合同文件讨论修订完成后,招标工作组先向招标工作专题会汇报,之后向招标领导小组或高层联席会(如需要)汇报。

③结合会议或招标领导小组意见(如有),合同部负责再次组织合同文件修订,必要时进行二次汇报。

④合同文件确定后,招标工作组组织合同签订。

(2)合同签订及宣贯

招标工作组负责合同签订和宣贯工作(如需要)。合同部组织招标代理公司、中标单位完成合同签订、合同备案工作。合同部根据项目需要,组织合同宣贯工作。

15)招投标资料管理

合同部组织招标代理公司根据相关要求对招投标过程的资料进行整理,需要归档的,及时移交档案部门归档。

20.2.2 合同管理

1)合同管理的目标

城市轨道交通工程项目合同管理直接为项目总目标和企业总目标服务,保证它们的顺利实现。所以,合同管理不仅是工程项目管理的一部分,而且又是企业管理的一部分。其目标包括以下内容。

(1)保证项目三大目标的实现,即保证整个工程在预定的成本(投资)、预定的工期范围内完成,达到预定的质量和功能要求。

(2)一个成功的合同,还要在工程结束时使双方都感到满意,合同争执较少,合同各方面能互相协调。业主对工程、对承包商、对双方的合作感到满意,而承包商不但取得了利润,而且赢得了信誉,建立了双方友好合作关系。工程问题的解决公平合理,符合惯例。这是企业经营管理和发展战略对合同管理的要求。

2)合同管理的特点

城市轨道交通工程项目合同作为规范工程管理和建设协作关系的规范文件,除具备一般合同管理的特征外,还具有不同于其他合同管理的特点。

(1)合同管理周期长。由于城市轨道交通工程项目是一个渐进的过程,工程持续时间长,这使得相关的合同管理,特别是工程承包合同周期较长,所以合同管理必须在长时间内,连续、不间断地领取标书,直到合同完成并失效为止。

(2)合同价格高。由于工程价值量大,合同价格高,使合同管理对工程经济效益影响很大。

(3)合同变更频繁。通常一个稍大的工程,合同实施中的变更可多达几百项。合同实施必须按变化了的情况不断地调整,这要求合同管理是动态的,必须加强合同控制和变更管理工作。

(4)合同管理工作复杂。合同管理是高度准确、严密和精细的管理工作。

(5)合同实施风险大。由于合同实施的周期长,涉及面广,项目在实施过程中受外界环境如经济条件、社会条件、法律条件和自然条件的影响,业主和承包商具有各自不同的风险。业主的风险主要来自项目决策阶段和项目实施阶段,而承包商的风险则来自政治风险、经济风险、技术风险、商务及公共关系风险和管理风险。

3)合同管理的内容

合同管理的主要工作内容有合同的签订管理、合同台账管理、合同履约管理等。

(1)合同签订管理

合同签订管理是指项目合同签订需求的提出、合同单位的选择、合同的谈判、合同签订及归档等一系列工作。

根据工程进展需要,项目的主管部门在征得主管领导同意后,提出合同签订需求,明确合同签订的原因、合同签订时限及潜在的符合要求的合同单位。合同部汇总情况向合同主管领导汇报,必要时在经理办公会汇报,进行研究分析,会议审核同意后,提请决策。

当项目潜在的合同单位在1家以上时,需要进行招标或比选谈判后方可确定。项目的主管部门准备合同技术部分的谈判内容,合同部门准备商务部分的谈判内容(重点是权利与义务、合同费用、支付等)。合同部组织主管部门与潜在单位的比选谈判,将比选结果在经理办公会上报告,研究确定合同单位后,合同部按合同签订程序签订委托合同。

(2)合同台账管理

为规范合同归档管理,保证合同资料的完整性,便于查询、统计分析、信息共享,建立统一完整的合同台账是非常必要的。合同部是合同台账归口管理部门,工程建设的全部合同归集到合同部进行签订、分发、归档。台账主要内容应包括合同名称、合同额、合同单位、签订时间、合同已支付金额及比率,与概算对比等信息。每个合同应在其所属概算章节下编制,以反映概算的执行情况,单个合同的费用跨章节时,应对合同额进行拆分或以某个章节为主计列。对于每个合同,应及时将相关内容登记台账,台账的合同支付数据定期与财务部门进行核对。条件具备时,应建立合同信息管理系统,提高合同信息的使用效率,提高项目的管理水平。

(3)合同履约管理

合同履约评价是合同部重要工作之一,其管理原则是"谁主管、谁履约",即由合同主管部门负责具体履约管理,合同部负责履约信息归集,动态管理。当出现合同履约差,不能满足工作要求时,须及时与主管部门沟通,向主管领导汇报,必要时向办公会上通报。当涉及合同处罚或奖励的,会同主管部门提请主管同意后进行办理。对土建施工、土建监理等主要参建单位,制订相应的履约管理办法。合同履约评价的目的是满足现场管理的要求,统一履约行为,提高履约管理水平,确保工程项目安全、质量、进度、文明施工及投资控制等管理目标的实现。

合同履约评价以日常管理和季度履约检查相结合的方式进行。合同履约评价以"三注重""三结合"为考评原则。"三注重"即注重实际、注重全面、注重全过程。"三结合"即内业资料与现场实际相结合、专项检查与综合检查相结合、过程状态与最终结果相结合。

每季度末月25日前,由合同主管部门对本部门所主管合同的承包单位进行履约评价,得出该单位本季度的履约评价得分。每半年或每年末月25日前,由合同主管部门对本部门所主管合同的承包的季度履约评价得分进行汇总得出该单位的半年或年度综合得分。

每半年或每年度,建设管理单位对各承包单位进行一次履约评价的奖惩总结,根据各单位的综合成绩进行排名,并对排名靠前的单位进行表彰,对综合得分没有达到相应规定的单位给予惩罚。合同主管部门提出履约评价奖罚建议,经总经理办公会决策。各承包单位的履约评价成绩可与该单位后续投标工作挂钩,以提高各承包单位履约积极性。

20.2.3 投资控制管理

合同部是工程投资的归口管理部门,投资控制人人有责,贯穿项目建设全过程。从投资控制的阶段来看,分为可研阶段、设计阶段、招标阶段、实施阶段(包括施工准备阶段)、竣工结算阶段,每个阶段对投资控制都有重要影响。轨道交通工程具有前期工作难、涉及专业多、施工难度大、投资额巨大、社会关注高等特点,对投资控制带来很大的挑战。轨道交通工程投资控制以委托协议约定的范围为基础,遵循权责一致的原则,其总目标是:工程建设投资做到"合理确定"和"有效控制",提高工程概算与竣工结算的匹配度,工程结算总金额不超过发展改革委批准的初步设计概算。工程建设的每个合同的签订、变更、支付和结算等各环节做到合法、合规、合约。

1)投资目标分解

合同部牵头组织各部门对投资目标进行分解,讨论修订后,向经理办公会或投资目标分解工作专题会汇报,审核通过后报高层联席会审核决策。投资目标分解确定后,作为轨道工程项目投资控制的依据和指导性文件。

投资目标分解基本原则上是各部门(各单位)"既要管事,更要管钱",以所管理的合同为基准,要求结算金额不超出批准的对应概算额(或不超出对应概算额的一定比例),对超出概算的要进行解释说明。分解后的成果文件可用表20-1 某市轨道交通线路各部门投资控制目标分解汇总表编制体现。

某市轨道交通线路各部门投资控制目标分解汇总　　　　表20-1

单位:万元

序号	分管部门	概算金额 A	初次分解 $B=0.90 \cdot A$	剩余概算累计 $C=A-B$	实际工程进展和投资情况			是否超概算 $F-B$	备注	职责分工内容
					实际投资 D	预估剩余投资 E	预估总投资 $F=D+E$			
1										
2										
3										
	合计									

2）可研阶段投资控制

可研阶段的投资控制的效果，对后继几个阶段的投资控制将会产生重要影响。可研阶段是投资控制的重点环节，建设标准、资源共享、用地控制、国产化率等因素一旦确定，投资水平基本确定。可研估算是可研文件的一部分，作为业主单位，作为合同部门，在这个阶段主要是对可研估算进行审核。

首先是对工程费用指标的合理性进行分析，对比其他轨道交通的可研指标，结合当地实际，对不合理指标提出修正意见。其次是对于前期工程费用评估，根据提供资料判断拆迁、征地、管线改移的数量及单价的合理性。其他费用的项目审核主要是对取费比例是否合理，贷款利率水平及还款年限等进行审核。

3）设计阶段投资控制

设计阶段主要是完成工程方案设计和初步设计图纸，编制工程概算。编制初步设计概算是设计阶段一项重要的工作。概算编制质量直接影响后续几个阶段的造价管理，它是投资控制的源头，应完整反映设计范围内工程项目建设全过程所需的费用，符合项目建设、工程造价构成和工程造价管理的要求。

设计概算编制基本要求：所编制的概算必须达到规定要求和深度，不重、不漏，相关资料、依据有效齐全；概算做到相对准确，可信，提高概算与结算的匹配度；实事求是，科学合理地确定工程概算总额。合同部门主要从以下几个方面对设计概算进行管理。

（1）概算编制要求及原则

概算项目须设置规范、计算数据准确、不高估冒算、盲目抬高概算。不可随意更改定额消耗量，不可乱套乱用定额，执行总体单位编列的分项工程取费文件。遵照"谁编制谁负责"的原则，总体院、各工点院对各自概算编制的质量、进度负责。结合工程实际情况和定额现状，各工点在编制概算时力求项目设置齐全。对工程造价影响较小的辅助、附属、小型的房屋建筑工程和构筑物工程，可套用类似工程技术经济指标。

审核概算要按建设部发布的《轨道交通工程设计概预算编制办法》（建标〔2006〕279号）的要求编制，要落实了可行性研究报告评审会专家评审意见以及总体设计评审会专家咨询意见等。价格信息的基期要合理。

（2）概算编制费用投资构成

第一部分工程费用包括建筑工程费、安装工程费、设备工器具费。

第二部分工程建设其他费用。

第三部分预备费包括基本预备费和价差预备费。

第四部分专项费用包括车辆购置费、建设期贷款利息和铺底流动资金。

（3）总概算编制单元划分

①车站。

每一个地铁车站为一个总概算编制单元，包括车站相关的土建、装饰、导向标识，站内外附属设施（包括站前广场、环保绿化、隔离设施及其他配套建筑）和应列入车站的其他工程。

不包括物业开发的费用及其他系统设备安装工程（若存在物业开发，则其费用要单列）。不包括车站设备及安装工程，但包括设备系统预留孔洞及预埋件工程等。

换乘车站如果要同步设计施工但不属于本线的工程按一个概算单元单独编制，独立成册，随车站概算一同报送。本线概算编制说明中不含该部分工程的投资额。

②区间。

每相邻两个车站之间的区间为一个总概算编制单元，每个出入段线分别为一个总概算编制单元。每个单元包括区间正线、折返线、停车线、渡线、存车线及其他土建工程，以及环保绿化、隔离设施等，还要包括设备系统预留孔洞及预埋件工程。同一段区间内有不同的施工工法应按概算章节表分别编制后汇总。

③轨道工程。

全线轨道工程为一个总概算编制单元,包括正线、辅助线(折返线、存车线及渡线)、车辆段(停车场)及综合基地库内外线、出入段线和线路有关工程、铺轨基地。

④通信系统。

全线通信系统分专用通信系统(含正线、车辆基地及控制中心系统工程、OA系统等)、警用系统、民用通信三部分,汇总为一个总概算单元。

⑤信号系统。

全线信号系统(含正线、车辆基地、控制中心)为一个总概算编制单元。

⑥主变电站。

全线主变电站分别编制后汇总(含相应的高压电源线路),包括主变电站的土建、建筑设备、变电设备安装工程、电源线路。共一个总概算单元。

主变电站、控制中心及车辆基地、停车场动力照明,室内工程概算单独编制列入相应房屋建筑设备中,室外工程按规定编制列入相应章节细目。随相应主体工程土建概算报送。

⑦供电系统。

供电系统为一个概算编制单元,包括牵引降压混合变电所、降压变电所、跟随所、环网电缆、接触网、杂散电流防护、电力监控系统、车站UPS电源系统整合、再生储能系统、综合接地及供电车间等工程。

⑧动力照明系统。

全线车站及区间的动力照明系统为一个概算编制单元。概算分车站、区间分别计列,其中车站部分按每个车站单独编制。

⑨通风空调与采暖系统。

通风空调与采暖系统作为一个概算编制单元,按每个车站和区间分别编制。

主变电站、控制中心及车辆基地通风空调与采暖工程,室内工程概算单独编制列入相应房屋建筑设备中,室外工程按规定编制列入相应章节细目。随相应主体工程土建概算报送。

⑩给排水及水消防。

给排水及消防系统与气体灭火系统为一个概算编制单元,按车站给排水及水消防系统、区间排水及水消防系统、气体灭火系统分别编制,其中车站给排水及水消防工程按每个车站单独编制。

主变电站、控制中心及车辆基地给排水及水消防工程与气体灭火系统,室内工程概算单独编制列入相应房屋建筑设备中,室外工程按规定编制列入相应章节细目。随相应主体工程土建概算报送。

⑪环境与设备监控系统(BAS)。

环境与设备监控系统为一个概算编制单元,分车站、区间、车辆段与综合基地分别计列。

⑫火灾自动报警系统(FAS)。

火灾自动报警系统为一个概算编制单元,分车站、区间、停车场、车辆段与综合基地、主变电所分别计列。

⑬综合监控系统。

全线综合监控系统为一个概算编制单元,包括车站、运营控制中心、停车场、车辆段与综合基地分别计列。

⑭自动扶梯及电梯。

全线车站自动扶梯、电梯及楼梯升降机等为一个总概算编制单元。不含OCC、车辆基地等房屋电梯工程。该部分列入其相应的室内建筑设备概算中。

⑮自动售检票系统(AFC)。

全线自动售检票系统为一个总概算编制单元。

⑯屏蔽门、安全门、防淹门。

全线车站屏蔽门、安全门、防淹门为一个总概算编制单元。

⑰安防与门禁。

全线安防与门禁为一个总概算编制单元。

⑱运营控制指挥中心。

全线运营控制指挥中心,为一个总概算编制单元。包括控制中心房屋土建结构(控制中心若建于车站上部时,以站厅层顶板以上为分界面)、建筑、装饰、给水、排水及水消防、动力照明、通风空调、电梯、气体灭火、BAS、FAS 以及室外广场、道路、围墙等工程费用。

⑲车辆段及综合基地、停车场。

车辆段及停车场分别为一个总概算编制单元,包括站场路基工程、桥隧工程、生产及办公用房、低压配电及照明、通风空调与供热、电梯、车辆检修工艺设备、给排水及消防、环保隔离设施、道路、围墙、绿化、其他生产运营设施等建筑、设备及安装工程等。

⑳人防工程。

人防工程分平时人防、战时人防,以车站和区间为单元分别编制。

(4)单项概算单元划分一般原则

①一般按照"轨道交通工程初步设计概算章节表"划分深度作为基本编制单元。

②深度不足时,按照工程自然地理分布、自然技术单元等原则划分编制,最终要满足设计概算专家审查深度。如牵引变电所或降压变电所,应分类型按一座为单元编制,屏蔽门、安全门分别以站为单位编制等。

③一次设计施工的换乘车站及联络线等不属于或不全部属于本线的工程单独作为一个单元编制。

④主变电站、控制中心、停车场及车辆基地的生产办公房屋,对应的水、暖、电、气、电梯等建筑设备安装分别编制单项概算,汇入相应的房屋建筑设备工程,不计入系统总概算。

⑤系统调试费单独列出,设备费中含有软件及测试费、仪器仪表、备品备件必须单独列出。

⑥系统专业单项估算一般按正线(含出入段线)、车辆基地、停车场、控制中心几个大的单元划分编制,无法分割的可按系统为单位编制。

⑦地上、地下施工工资标准、定额调整、工程构成方面有差异,分别作为一个单元编制。

(5)概算费用的确定

①采用定额。

《城市轨道交通工程概算定额》(建标〔2011〕99 号)(以下简称"轨道交通概算定额");《城市轨道交通工程预算定额》(建标〔2008〕193 号)(以下简称"轨道交通预算定额")等当地相关定额。

②工程建设其他费用计算标准。

建设用地费、房屋拆迁补偿费、树木迁移及绿化赔偿、商业补偿等根据所在地实际调查情况计列费用。各类保护应按实际需求估列。对勘察设计费、招标代理费等应按国家收费标准计取。

③标准不明且必须发生项目概算指标处理。

对于那些费用标准不明确,实际又必须发生的项目,可根据历史经验数据,估列概算指标列入概算中。

(6)概算确定及报出

初步概算总体单位编制完成,且经合同部门和相关配合审查后,由合同部门向高层联席会上汇报,结合会议意见进行修改定稿后方可报出。

4)招标阶段投资控制

招标阶段的投资控制重点在控制价的编制和变更条款、风险条款等与投资管理有关条款进行的合理约定等。

(1)控制价编制

城市轨道交通控制价表现为标底和控制价两种方式,但其编制方法基本相同,均应根据招标文件和设计图纸,依据地方计价办法和造价规定,参照地方市政(城市轨道交通)定额、建筑定额和全国统一市政定额,结合城市轨道交通市场供求状况,综合考虑概算、工期安排和质量要求等因素合理确定。

招标控制价是在招标文件中公布,投标人报价不能超出控制价,超出即废标,这对投标人报价有很强的"风向标"作用。投标人的报价大多"追"着控制价走,投标人因报价原因废标的可能性也几乎没有。因此,控制价编制的高低,是否合理,决定着招标阶段、实施阶段造价控制管理,其影响深远,意义重大。此阶段管理的重点包括以下几方面。

①精心编制工程量清单,组价时要严格按清单规费要求进行,如在措施费用的计算中,要根据轨道交通可行的施工方案来计算措施费用,特别是在以"项"为单位计价的措施费用计算中,如以"项"包干的各类注浆项目、土体加固项目、通过既有线等风险源项目,一定要通过具体的分析和计算来确定,否则就会给工程结算造成纠纷隐患。

②合理选用定额,合理确定工料机单价和综合单价。控制价编制两项目最主要的工作是选用合适的定额和确定工料机单价,这两项目工作做得好坏,直接影响控制价质量。编制时应确定定额的选用顺序,没有定额的项目其单价确定一定结合市场行情慎重确定。工料机单价的确定应根据招标文件要求合理确定,多采用政府主管部门颁布的价格信息,市场询价部分应至少咨询三家以上,反复比选后确定。最终编制完成的综合单价水平应与市场平均水平相符。

③对特殊材料的价格和特殊施工方案的项目造价确定要做充分调研,慎重定价。

(2)清标

开标后的技术澄清、商务澄清和经济澄清是轨道交通项目在招投标阶段造价控制的最后手段,即在评标期间对投标文件进行清标,由评标委员会采信使用。经过清标和澄清环节,投标报价偏差基本得到解决,新的报价结果应是投标人真实意愿的表达,能够大幅减少双方的认识差距,有利于中标后据此开展造价控制工作。轨道交通土建工程量大,设置的清单项目多,对于经济澄清工作是一项要求细致,非常烦琐的工作,需要对照控制价水平逐个去平衡,尽最大努力消除不平衡的报价,如果有问题的清单细目,没有找到或忽略了,会对后续阶段造价控制带来影响。

(3)合同条款约定

招标文件是工程实施全过程的纲领性文件,是整个工程项目造价控制的关键。招标文件合同条款约定不完善,不严密,都可能是日后产生合同纠纷和索赔的诱因。价款约定方式是影响投标报价与合同价款的重要因素。按照财政部和建设部《建设工程价款结算暂行办法》的规定,工程价款的约定方式分为固定总价、固定单价和可调价格三种,分别适用于不同的工程类型。在实践中,价款约定方式以固定单价和固定总价居多,可调价格应用较少。所以要在合同条款中合理地划分招标人与中标人之间的风险。单纯地考虑一方的利益,把工程实施过程中可能存在的风险全部转嫁到对方身上是不妥的。工程的实施是合同双方合作双赢的过程,承包人只有在合同中能够得到合理的利润时,才能够按期保质的完成工程施工,招标人则通过合同的履约,合理地使用资金,有效地控制工程造价,保证工程又好又快建成。否则,无法保证项目的顺利实施。

5)施工阶段投资控制

施工阶段工程造价的控制是通过控制承包人的行为来实现相应的控制目标。通过招标阶段后,甲乙双方通过合同的形式确立合同单价,按图施工,正常核算工程数量,正常计量支付工程款即可,造价控制难度相对较少,但由于城市轨道交通项目在实施过程中有很大的不确定性,其施工造价控制难度也较大,特别是施工准备造价控制,更是难点。

(1)施工准备工作投资控制

施工准备内容包括:征地拆迁、临电接口、建(构)筑物保护、管线保护、管线拆除、管线改移、临时用地及地上物拆迁、交通疏解、商业补偿、临水引入等工程或事务。这是投资控制的一个难点,有些项目无明确的费用标准。热力、电力等项目产权方以安全为由,往往使用其内部材料单价,价格高,这些单位处于强势地位,无工期压力,在费用确定过程中往往是一言堂,谈判余地少,业主往往无力控制,概算往往超支。基于这些情况,在具体工作中,需要争取政府各部门的大力支持,通过行政干预和支持,最大化地做好投资管理工作。

(2)资金需求计划

施工阶段控制资金使用计划对工程造价具有重要影响,通过编制资金使用计划,使工程造价的控制有所依据,并为资金的筹集与协调打下基础。通过资金使用计划的科学编制,可以对工程项目的资金使用和进度控制有所预测,消除不必要的资金浪费和进度失控,使现有资金充分发挥作用。

合同部负责统一汇总各部室资金需求计划,领导签字同意后,报财务部门。设计部、工程部、安全质量部、设备部等有资金需求时,合同管理部门负责收集汇总所主责管理合同的资金需求计划。各部室应对资金需求计划的准确性负责。

每月下旬,要求各履约主责部门,根据合同单位完成情况,申报下月资金需求计划,最大化防止少报,多报,做到实际支付与申报计划基本匹配。

资金需求计划的编制应以是否满足合同付款条件、工程投资计划和实际需要为依据,每个合同为一个编制单元。

建设管理单位定期(每季度)对合同单位的建设资金进行检查,检查结果纳入季度履约评价中。

(3)计量支付

根据工程进度和施工图纸出图情况,组织合同人员、会同咨询(如有)、监理、承包人做好图纸核算工作。每月下旬,会同工程部门进行计量和支付,提请计划财务部门及时支付,确定工程所需资金。制订"土建施工计量支付管理办法""设备工程计量支付管理办法"等管理制度进行管理。

(4)变更洽商

城市轨道交通项目,特别是地下部分,尽管在设计时考虑到各种因素,也进行细致方案比较,但由于在地下,各种制约因素太多,有的不仅是技术因素,还有更多的人为因素,施工方案和工法具有很大的不确定性,有些问题在设计阶段是无法考虑到的,只有实施时才能得出最终方案,所以变更洽商难以避免。合理确定变更洽商部分造价是一项重要的日常投资管理工作。

变更洽商应履行相应程序,在此基础上,才能对变更洽商费用进行确定,其确定必须按合同约定的条款严格控制,严格程序审批,为此制订《工程设计变更洽商管理办法》等管理办法,对此进行投资控制全面管理。

(5)支付台账管理

支付台账全面反映合同支付情况,需要专人负责,可参照表20-2范例编制。

某城市轨道交通线路合同签订、支付台账 表20-2

截至: 年 月 日 单位:元

序号	合同编号	合同名称	乙方(丙方)单位	合同金额	合同类型	签订日期	本月支付	累计支付	结算金额	余款	合同主要工作内容描述	备注

6)结算阶段投资控制

竣工结算是指以建设线路为一个结算工作单位,以每一个合同为基本工作单元,对每个合同进行结算的工作。是控制和确定工程造价的重要工作之一。

(1)成立结算领导小组、工作小组

成立轨道交通竣工结算工作组织机构,下设竣工结算工作领导小组和工作组。

领导小组负责审批结算工作计划,审核结算方式,听取结算成果的报告,组织、协调、配合竣工结算审计工作,会同审计部门协商至政府结算审计结束时仍在继续施工或仍无法实施的尾工项目的结算处理方式,协调处理与结算工作相关的其他事宜。

工作组在领导小组领导下具体开展竣工结算工作。工作组是组织完成项目竣工结算和配合审计工作的主体,对所分管合同结算工作负责。

工作组需根据实际情况定期或不定期组织会议研究解决结算和配合结算审计中存在的问题,并将结算中涉及争议较大的共性和个性问题、索赔问题和其他重要事宜、结算审计配合中的重要事宜、审计报告列出的问题等向领导小组汇报。

(2)分阶段结算

鉴于轨道交通工程线路较长,各标段、各专业施工完成时间先后有别,建议采取分阶段结算的方式,本着"完工一个,结算一个"的原则,分阶段、分批次的组织结算工作。

(3)结算问题处理

对于共性问题,工作组汇总后一并提出解决建议,报领导小组决策,必要时报请审计组讨论确定。

对于个性问题,工作组采取一事一议的方式提出解决建议,报领导小组决策,必要时报审计组讨论确定。

(4)结算报告编制、审核及报出

结算报表编制完成,且经工作组审查后,由工作组向领导小组汇报,结合意见进行修改定稿后方可报出。

(5)结算资料管理

工作组应组织承包人将结算资料(含施工图、竣工图)按要求整理归类,装订成册,并归档。上述工作中,属监理工作和责任的,应监督监理单位按要求完成。

(6)配合审计工作

确定配合审计工作联系人名单,按审计要求,按时提交结算资料。

组织结算咨询单位(若有)、承包人与审计进行沟通,核对审计核减项目。在合同管理部协调下,回复审计质疑问题。

编制结算总结报告,总结结算和配合审计过程的经验和体会,分析相关造价指标。根据审计最终结果,办理最终支付。

根据工程决算进度,配合财务部门做好项目的财务决算工作。

(7)结算需注意事项

对于工程建设其他费用的合同,如前期拆改移、空洞普查等,在工程建设过程中,已按合同约定履行完各自义务,双方无任何争议,在合同履行完成后及时办理完结算手续(包括签署定案表)。

对建设过程中已结算的合同,应妥善保存结算资料,竣工结算时统一汇总成册。

结算中涉及诸如上盖开发等轨道交通投资的项目,应严格遵循合同,做好投资分割等相关工作;涉及合建、合作开发的项目,应尽量同步结算。

7)全过程造价咨询及管理

城市轨道交通工程投资巨大,工程规模大、专业工程多、专业复杂,周期长,在建设过程中,特别是在工程实施阶段,聘请有城市轨道交通造价咨询经验协助业主和建设管理方进行投资控制是国内各城市一个普通的做法。《建设工程工程量清单计价规范》(GB 50500—2013)及相关法律法规均建议采用全过程造价咨询单位。

(1)造价咨询服务的主要内容

①前期工作的预算审核。

前期工作泛指征地拆迁、各种管线拆改移(保护)、园林绿化、交通导改、临水临电等。一般来说,前期工作受产权单位的影响较大,工作内容及管理都较复杂,采用招标方式可能性不大,故交由咨询公司就上述工作的预算进行审核,向业主提交审核报告,作为与产权单位谈判和签订合同的依据。聘用造价咨询公司从事此项工作,对建设单位加快进度、控制投资、规避责任风险都有一定的作用。

②施工图核算。

城市轨道交通按国家清单规范计价,采用的是清单招标。施工图到达后,核定确认图纸数量,量价结合形成真正的工程造价是工程管理中的重要工作,也是一项工作量大又需十分细致的工作,从事此项工作必须是造价专业人员且须满足计量支付时间、质量的要求。

③中间计量支付审核。

造价咨询单位对承包人上报、监理复核的月度计量支付、设计变更、工程洽商、索赔、工料机价差调整等造价管理工作时进行初审,出具审核意见,报业主审核支付。

④工程结算。

在工程结算阶段,在业主组织下,编制结算办法和审核办法、统一结算资料样式,组织各承包人按结算要求提供资料,对竣工结算进行审查,与承包人进行谈判、配合政府审计等工作。

(2) 费用标准

造价咨询服务费用标准参考国家收费办法和市场行情协商确定。

(3) 造价咨询单位产生方式

造价咨询单位可以通过公开招标方式产生,也可以采用内部比选方式,选定服务好、水平高的单位。根据实践经验和国内大多数城市的做法,通过比选方式更易选取优秀的单位。

(4) 造价咨询单位履约管理

对造价咨询单位的定期履约管理是一项非常必要的工作。对表现好的单位可以适当增加咨询工作量,对履约差的单位,要减少咨询工作量,并要求整改,情况严重的,应中止咨询合同。

咨询单位履约管理通常由合同部门负责,相关部门参加,集体评议方式进行。周期一般为半年一次。内容包括半年工作情况,工作质量与工作效率,评价结果分为优秀、合格与不合格三个级别,对评价结果为优秀与合格的单位,其委托协议书继续有效。对评定为优秀的,可适当增加业务量。对不合格的单位,次年度自动终止委托合同,双方进行服务费用结算。

此外,在全过程管理中,应积极与政府相关部门协商,争取最大的工作支持。在造价管理中出现的问题及时与其沟通,把问题解决在过程之中。

20.2.4 采购管理

20.2.4.1 土建甲控物资管理

1) 甲控物资的种类

根据城市轨道交通工程建设地点及环境的不同,土建工程甲控物资的种类也不尽相同,一般情况下甲控物资的种类应包括防水材料(或为甲供)、钢材、水泥、商品混凝土及盾构管片等。

2) 甲控物资参评单录的形成

城市轨道交通工程甲控物资合格分供方名录的形成采取参建单位推荐、生产厂家自荐的方式进行公开征集。在土建施工、监理招标文件中明确要求参建单位应在招标文件中,根据工程建设的实际需要,通过调查、检验等方式,推荐满足合同要求、质量稳定、规模适当、管理科学、品牌优良、信誉良好的甲控物资生产厂家。根据工程进展需求情况,建设单位对甲控材料的种类及相关要求在一定范围内进行公示,便于生产企业进行自荐,企业自荐、参建单位推荐,应按建设单位的要求填报物资合格供方推荐(自荐)表,见表20-3。

3) 甲控物资合格分供方应具备的基本条件

(1) 在中华人民共和国境内注册,具有独立法人资格,具备生产能力且符合国家有关规定,具有国家行政主管部门核发的产品生产销售资质,能提供甲控物资相应产品和服务、信誉良好的产品供货商,且应具备相关甲控物资的销售业绩,在设备、人员、质量保证等方面均能满足征集人的要求,并能提供充足、有效的证明材料。

物资合格供方推荐(自荐)表　　　　　　　　　　　　　　表20-3

工程项目		工程阶段	
材料名称		被推荐单位名单	
被推荐单位情况简介:			
推荐(自荐)意见:			
推荐(自荐)单位(或推荐人):			
推荐□ 自荐□		签字:	日期: 年 月 日

说明:请在推荐□、自荐□一栏中打√确定。

(2) 具有完善的质量管理体系。

(3) 具有为轨道交通工程建设提供长期的售后服务能力。

(4) 具有良好的履约信誉,无违约或不恰当履约引起的合同中止、纠纷、争议、仲裁和诉讼记录,且无行贿犯罪记录。

(5) 具有相关产品生产许可证。

(6) 具有相关产品国家权威机构的有效检验报告。

4) 甲控物资资格评审的依据

(1) 严格执行国家和地方政府颁布的有关法律法规。

(2) 资格审查文件、申请书、提交的样品及申请人对评审委员会质疑的澄清文件以及建设单位制定的相关评审办法。

(3) 实行独立评审制,任何人不得干预、影响评委独立评审及打分。

5) 评审机构

评审机构是由建设单位负责组建的各类甲控物资的评审委员会,评审委员会成员由建设单位代表和有关专家构成,专家人数为5人以上,其中技术方面的专家不少于总数的三分之二,负责完成评审工作。评审委员会的专家按照国家有关法规和管理条例,并结合各类甲控物资评选的特点选定。

6) 评审委员会的职责

(1) 根据评审办法,对"资格审查文件"进行评审,完成评审工作。

(2) 对申请人进行资格审查文件中各个条款的评审。

(3) 负责确定提请申请人需澄清及核实的内容。

(4) 编写评审报告,向建设单位报告评审意见,并确定候选合格供货商。

7) 评审步骤

(1) 资格审查文件相关条款的审查。

(2) 确定候选合格供货商。

(3) 完成评审报告。

8) 资格评审报告包含的内容

(1) 评委签到表。

(2) 评审记录过程。

(3) 评审结果及评委签字确认。

(4) 资审情况书面报告。

(5) 供货商候选人排序表。

(6) 推荐合格供货商名单。

9) 主要评审内容

(1) 甲控防水材料

①评审原则。

a. 甲控防水材料合格分供方评审只接受制造商资格审查申请,不接受贸易代理公司资格审查申请。

b. 甲控防水材料合格分供方采用审查包的形式,每种防水材料作为一个审查包,申请人可同时参与多个审查包的审查,且可以同时成为多个审查包的合格材料分供方。

c. 合格分供方管理工作坚持"过程严控、动态管理、末位淘汰"的原则,每次资格审查合格分供方名录有效期为一年,年底通过履约考核,淘汰各审查包合格分供方最末位两名厂家,同时通过新一轮的资格审查,补充新的合格分供方。

d. 资格评审严格采取回避制度,凡与申请人有利害关系的人不得进入相关评审工作,评审委员会名单在评审结果未确定之前应严格保密。

e. 资格审查工作将邀请市纪委(监察局)、市检察院、市建委纪检监察室、市审计部门的相关人员参与全过程监督。

f. 防水材料资格评审结果将在一定范围内公示。

②资格评审办法。

a. 强制性条款的审查。申请人递交的资格审查文件资料必须具有表20-4、表20-5中的资料,如果其中一项不通过,则资格审查视为不通过。只有通过了强制性条款审查的申请人资料才可进入附加性条款的评审,否则将被淘汰。资格审查评审委员会审查时,对有疑问或不清楚的资料须申请人进行澄清,申请人不得通过修正或撤销其资格审查文件中不符合要求的偏差或保留从而使其申请资料成为实质上响应的文件。强制性审查的合格标准表,见表20-4。

强制性审查的合格标准表 表20-4

序号	评审项目内容	合格标准	备注
1	资格审查申请书	须有法定代表人或其授权代表签名(章),并加盖公章	
2	法定代表人资格证明书及法定代表人授权书	须有法定代表人资格证明书,如果不是法定代表人亲自签署资格审查文件,则须提交有法定代表人签字(章)并加盖公章的法定代表人授权书	原件
3	企业法人营业执照及经营范围	提供当年经工商局年审的企业独立法人营业执照,涵盖与本次采购产品相应的经营范围	原件
4	企业法人税务登记证	提供税务局颁发的有效法人税务登记证	
5	质量管理体系	提供有效的质量管理体系认证	原件
6	产品生产许可证	提供该项产品生产许可证。(如申请多个审查包材料须对应提供多个证件)	原件
7	该产品的检验报告	提供近2年国家权威机构出具且有效的该产品的检验报告,且其中的数据必须满足用户需求书要求的标准。(如申请多个审查包材料须对应提供多个报告)	原件
8	注册资本金	注册资本金不低于人民币1000万元	
9	履约情况	未有因申请人违约或不恰当履约引起的合同中止、纠纷、争议、仲裁和诉讼记录	
10	行贿犯罪记录或欺诈行为	未有因行贿犯罪记录或欺诈行为而被政府或建设单位宣布取消投标资格的	
11	重大质量安全事故	近两年产品未有重大质量安全事故记录证明或说明	
12	轨道交通工程防水材料供货承诺书	签署供货承诺书,严格按照其内容履行相关责任	

b. 附加条款评审。评审委员会对通过强制性条款审查的申请人进行附加条款的评审,即按附加条款的评分标准进行打分,评分采用百分制计分办法,按得分由高到低进行名次排序,排序靠前的供货商为合格供货商。附加条款评分标准见表20-5。

附加条款评分标准表 表 20-5

序号	评议项目		评议要点	得分	小计
1	审查近几年工程项目防水工程销售业绩、营业额	近5年城市轨道交通项目防水工程供货业绩	近5年完成城市轨道交通项目防水工程业绩有1项得2分,每增加1项得1分,达到满分为止	12	22
		近3年在当地项目防水工程供货业绩	近3年完成当地项目防水工程业绩每有1项得0.5分,达到满分为止	2	
		近5年城市轨道交通项目防水工程销售额	销售额度最高得满分,与之相比每少5%减0.25分,减完为止	8	
2	产品技术参数及质量	产品技术参数	产品主要性能能够最大限度满足资审文件中的相关要求的得满分,其余酌情减分	12	21
		产品适用性	产品主要性能对轨道交通工程的适用性说明,如产品的防穿刺性、韧性、良好搭接性等	3	
			产品对当地水质中硫酸根离子的耐腐蚀性说明	3	
			产品主要性能适用当地气候特点的说明	3	
3	保证措施	质量保证措施	产品质量能够最大限度满足资审文件中的相关要求,要点突出明确、应对措施科学、完善合理得满分,其余酌情减分,减完为止	8	18
		供货及服务保证措施	产品供货能够最大限度满足资审文件中的相关要求,售后服务措施完善、合理,对产品出现的质量问题能够及时解决得满分,其余酌情减分,减完为止	8	
			在当地有分公司得分	2	
4	生产能力		生产设备的规格、数量、新旧程度等各项指标均能最大限度的满足本工程供货要求的得满分,其余酌情减分	12	12
5	产品检测能力		企业具有完备的产品质量检测设备和充足的检测人员,检测能力最优的得满分,其余酌情减分	10	10
6	财务状况	注册资本金	注册资本金为1000万元得0分,每增加1000万元得0.25分,达到满分为止	3	3
7	诉讼及不良行为记录(诉讼、不良行为记录、恶意投诉)	诉讼	无诉讼记录得2分,有诉讼记录不得分;	2	8
		不良行为记录	无不良行为记录得2分,有不良行为不得分	2	
		环境管理体系认证	能够提供有效的ISO 14001环境管理体系认证证明得2分,不能提供该体系认证证明0分	2	
		职业健康安全管理体系认证	能够提供有效的ISO18001职业健康安全管理体系认证证明得2分,不能提供该体系认证证明得0分	2	
8	企业市场信誉及产品品牌知名度	企业市场信誉	国家颁发的证书得3分;省级颁发的证书得2分;一般得1分。	3	6
		产品品牌知名度	国家颁发的证书得3分;省级颁发的证书得2分;一般得1分	3	
	合计			100	100

注:本表第1项在评审时申请人须提供工程业绩证明原件(合同或中标通知书),且装入资审文件中的业绩证明复印件须与原件一一对应,且此业绩须是所申请的审查包材料的相关业绩。

(2)甲控水泥、钢材

①评审原则。

a.钢材:仅接受生产厂家,不针对经销商、代理商。

b.水泥:仅接受产品品牌,不针对经销商、代理商。

c.资格评审严格采取回避制度,凡与申请人有利害关系的人不得进入相关评审工作,评审委员会名单在评审结果未确定之前应严格保密。

②资格评审办法。

a.水泥、钢材的评选工作主要从厂家的规模、注册资金、生产能力、人员设备的配备、技术力量等各个方面进行评分。

b.钢材分供方调查情况表中评审项目分为"基本项目、主控项目、加减分项目"3项,其中基本项目中包括"运距、注册资本"两项,主控项目中包括"产品情况、产能"两项。

c.水泥分供方调查情况表中评审项目分为"基本项目、主控项目、加减分项目"3项,其中基本项目中包括"注册资金、管理人员情况"两项,主控项目中包括"生产能力、是否生产低碱水泥、在当地市建委备案情况"三项。

d.钢材分供方情况调查,见表20-6。

钢材分供方情况调查表(评审项目3项) 表20-6

序号	分供方单位名称	企业地址	基本项目(3分)		主控项目(12分)		加减分项目(±2分)
			运距(1分)	注册资本(2分)	产品情况(调查情况以线材、棒材为主)(8分)	产能(4分)	评价、获奖情况、负面信息

评审打分规则:

每个生产厂家的评审项目分为"基本项目(3分)、主控项目(12分)、加减分项目(±2分)"3项,总分为15±2分,其中基本项目中包括"运距(1分)、注册资本(2分)"两项,主控项目中包括"产品情况(8分)、产能(4分)"两项。

打分标准:

"基本项目"中"运距"3000km以上"0分",3000km以下"1分";"注册资本"1亿元以下"0分",1亿~10亿元"1分",10亿元(含)以上"2分"。

主控项目中"产品情况"主要线材(包括$\phi 6.5$、$\phi 8$、$\phi 10$、$\phi 12$、$\phi 14$、$\phi 16$、$\phi 18$、$\phi 20$、$\phi 22$、$\phi 25$、$\phi 28$、$\phi 32$共12种)每少一种扣"0.5分",生产抗震钢筋的厂家加"2分";"产能"100万吨以下"0分",100万~200万吨"1分",200万~300万吨"2分",300万~500万吨"3分",500万吨以上"4分"。

"加减分项目"中生产厂家在当地信誉良好、评价值高得"1~2分",在当地有质量问题、其他负面信息扣"1~2分"。

e.水泥分供方情况调查,见表20-7。

水泥分供方情况调查表(评审项目3项) 表20-7

水泥品牌	生产企业名称	基本项目(3分)		主控项目(10分)			加减分项目(±2分)
		注册资金(1分)	管理人员情况(2分)	生产能力(8分)	是否生产低碱水泥(1分)	在当地市建委备案情况(1分)	评价、获奖情况、负面信息

评审打分规则:

每个产品品牌的评审项目分为"基本项目(3分)、主控项目(10分)、加减分项目(±2分)"3项,总分为13±2分,其中基本项目中包括"注册资金(1分)、管理人员情况(2分)"两项,主控项目中包括

"产品能力(8分)、是否生产低碱水泥(1分)、在当地市建委备案情况(1分)"三项。

打分标准:

"基本项目"中"注册资金"5亿元以下"0分",5亿元以上"1分";"管理人员情况"满足"高级5名、中级15名"中任一项得1分,两项都满足得2分。

主控项目中"生产能力"年产量100万吨以下"5分",100万~300万吨"7分",300万吨以上"8分";能够生产低碱水泥得"1分";完成在当地市建委备案的产品品牌得"1分"。

"加减分项目"中生产厂家在当地市信誉良好、评价值高得"1~2分",在当地市有质量问题、其他负面信息扣"1~2分"。

(3)甲控商品混凝土

①评审原则。

a.合格分供方的评审根据工程进展、施工需要采取"分批次、分阶段评审"的原则。

b.合格分供方管理工作坚持"过程严控、动态管理"的原则。

②搅拌站申报混凝土合格分供方应具备的条件。

a.搅拌站注册资本金1000万元人民币以上。

b.资质等级:预拌混凝土专业三级(含)及以上(当地市住建委颁发证书)。

c.必须通过质量管理体系(ISO9001)认证、环境管理体系(ISO14001)认证和职业健康安全管理体系(ISO18001)认证的搅拌站。

d.搅拌站总工程师、试验室主任应具有相关专业中级(含)以上职称,从事本行业5年以上。

e.混凝土搅拌机:具有设计生产能力不小于$180m^3/h$的搅拌机组两套以上,且单站年生产能力在60万m^3以上(至少一套机组保证地铁工程专供使用)。

f.车辆:单站应配备混凝土搅拌运输车25台以上,泵车5台以上(2台臂长36m以上)。

g.具有独立的试验室,应满足预拌混凝土试验要求。

h.砂、石、水泥、掺合料、外加剂能够同时单独计量。

i.用于城市轨道交通工程的砂石料仓必须具有封闭设施,达到防雨、防尘、防晒及防冻等目的。

j.配合比的设定值与实际值及计量误差必须具备每盘自动备份功能,并能随时打印任意一盘的计量状况,确保混凝土质量的可追溯性。

k.混凝土送货小票应通过控制台即时打印,防止人为错误发生。

l.具有使用聚羧酸高性能外加剂的应用经验,并提供相关工程应用业绩,同时具有生产高性能预拌混凝土及C60(含C60)以上预拌混凝土的生产经验。

m.为了防止外加剂之间的冲突反应,搅拌站要建立独立的刷洗车系统和废水回收水池,严禁混合水再次用于拌制混凝土。

n.搅拌站必须至少具有一套独立生产系统,指定用于供应城市轨道交通工程所需的聚羧酸混凝土。

o.搅拌站要具备聚羧酸外加剂的储存条件,聚羧酸外加剂应用塑料桶或不锈钢槽车运输及储存。冬季使用的聚羧酸外加剂应具有防冻性能,保证不结晶,不影响正常使用。

③资格评审办法。

a.资质审查:进入预拌混凝土合格分供方评审范围的搅拌站必须具备建设单位对其资质、技术力量、主要生产设施及试验室设备等的相关要求。

b.考察:对搅拌站进行质保系统、生产系统、原材料、试验室和安全环保的实地考察,进行合格分供方资格评价,评价结果纳入综合评审。

c.考试:对搅拌站技术负责人和试验室主任进行专业技术笔试,通过笔试考察对混凝土、原材料及相关标准的专业技能,综合评审参考笔试成绩。

d.面试:由专家对搅拌站总工及主管生产经理进行答辩,通过答辩考察该搅拌站的生产、质保及综合供应实力,形成专家意见和评价,评价结果纳入综合评审。

e. 材料合格分供方评审小组召开评审专题会,对搅拌站资质审查、考察、考试和答辩的结果进行综合评审,编制合格分供方评审报告。

④合格分供方名录的产生。

a. 对预拌混凝土站现场实地考察、笔试、面试综合得分:≥90分评为优;≥80分且<90分评为良;≥60分且<80分评为合格;<60分为不合格。在成绩高于60分的预拌混凝土站中,依据成绩名次择优录取。

b. 材料合格分供方评审小组将评审报告报材料分供方管理领导小组审批通过后,公布预拌混凝土合格分供方名录。

(4)盾构管片合格分供方的评审

①评审原则。

a. 只接受制造商资格审查申请,不接受贸易代理公司资格审查申请。

b. 合格分供方的评审根据工程进展、施工需要采取"分批次、分阶段评审"的原则。

c. 合格分供方管理工作坚持"过程严控、动态管理"的原则。

②盾构管片合格分供方厂家应具备条件。

a. 具有混凝土预制构件专业二级资质。

b. 具有足够的管片生产及存放的场地。

扫码下载

③评审办法。

a. 通过施工单位推荐、盾构管片生产厂家自荐,甲控物资参评单位长名单,建设单位负责向长名单中所有生产厂家致函,邀请各厂家参与轨道交通工程盾构管片甲控物资合格分供方的评选工作,各参与单位应按建设要求上报"盾构管片生产厂综合考察表"(附表20-1可扫描二维码下载)及各类资格审查要求的文件。

b. 由甲控物资评审委员会通过对资质的审核评价、现场考察,对所有参与甲控盾构管片合格分供方评审的厂家进行打分、评价,确定合格分供方候选人。

10)合格分供方管理

(1)建设管理单位职责

①制订材料合格分供方管理的方案、办法、程序。

②按照制定的评审方案,组织甲控物资合格分供方的评审工作。

(2)合格分供方职责

①根据施工单位提供的材料需求计划,及时供应符合设计和规范要求的材料。

②保证施工现场的材料供应,及时解决现场出现的相关问题。

③接受政府行政主管部门、建设单位、监理及施工单位的履约管理。

(3)施工单位职责

①根据建设单位下发的合格分供方名录选择分供方,并与分供方签订供需合同。

②根据施工进度情况,及时向合格分供方提交材料需求计划。

③负责合格分供方材料进场质量验收、检测、见证等工作,对材料质量负责。

④参加建设单位组织的对合格分供方的履约检查和管理。

(4)监理单位职责

①监督、审查施工单位对合格分供方的选择、材料的供应、质量、使用等工作。

②参加建设单位组织的对合格分供方的履约检查。

11)材料供应管理

(1)施工单位的材料供应管理职责

①施工单位根据施工进度,及时向分供方提供材料需求计划,计划应包括材料种类、数量、到货时间和地点等。施工单位与分供方做好供应的交流沟通,保证材料及时供应。

②材料进场后施工单位应按照国家、地方、行业、企业有关验收规范和设计文件的技术要求进行验收。不合格的材料不得办理验收手续,并及时清除出场,不得用于施工工程。

③施工单位对进入施工现场的分供方人员、设备进行现场管理、安全管理,要求分供方应遵守施工现场的各项规章制度及国家有关规定。

(2)监理单位的材料供应管理职责

①监督施工单位根据施工进度及时向分供方提供材料需求计划,督促分供方按照计划及时供应材料。

②对进场材料按照国家、地方、行业、企业有关验收规范和设计文件的技术要求进行现场取样复试,严格履行见证取样送检制度,严把进场材料质量检验、检测、见证关。

③监督施工单位对进入施工现场的分供方人员、设备进行现场安全管理。

(3)分供方的供应管理职责

①根据施工单位提交的材料需求计划、材料规格及质量标准,及时供应符合质量要求的材料。分供方应根据自身情况,设置仓储库房,以保证材料及时供应。

②材料第一次进场时必须派专人针对材料特性进行技术交底工作,且有完善的书面技术交底记录。派专人对施工现场进行全面的技术支持,为施工单位操作人员提供技术培训,直至该人员能够清楚如何操作为止。及时解决施工过程中出现的有关质量、技术等问题。如施工单位在使用时其材料损耗超过合理的材料使用损耗量,分供方有义务对使用单位进行技术指导。

③分供方在材料进场时,需向施工单位、监理单位提供产品合格证、技术说明书、质量检测报告、产品备案资料、材料性能说明、保管注意事项、技术交底、发料单等相关文件。对进场材料的数量、质量由分供方、施工单位、监理单位共同确认。

④分供方在签订合同后,应制订材料的生产供应保证方案、材料质量保证方案、材料供应应急预案等,包括但不限于以下方面:

a. 编制质量保证方案,保证供应材料的质量。

b. 编制应对各种紧急突发事件的供应保证应急预案,保证材料的供应。

c. 编制标准材、异型材加工生产计划,满足施工质量及进度需求。

⑤分供方对进入现场的供货人员进行安全教育,注意人身安全。如因分供方原因,在施工现场发生安全事故,责任由分供方自行承担。

12)合格分供方履约管理

(1)建设单位定期组织监理、施工单位对合格分供方的履约情况进行评价。依据评价结果对合格分供方采取相应处理措施,定期将考评结果进行全线通报。

(2)建设单位安质部不定期检查合格分供方供应情况,对供应过程中存在的问题进行评价。依据检查情况,对合格分供方进行动态管理,实行"一票否决制、末位淘汰制",定期更新合格分供方名单。

(3)因分供方供货不及时、配合不力、产品质量等问题,建设单位组织调查确认后,报建设单位主管领导审核同意后下文将其清除出合格分供方名单。施工单位可通过法律手段追究分供方由于材料供应不及时、材料质量问题造成的经济损失。"甲控物资合格分供方履约评分表"(附表20-2)可扫描二维码下载。

20.2.4.2 设备采购管理

1)标段划分方案

综合考虑城市轨道交通特点、各城市成熟做法、地域特点、线路规模、潜在投标人能力及投资来源等因素,组织多次讨论,最终确认设备系统标段划分见表20-8。

设备系统标段划分 表20-8

序号	标段名称	包含内容	备注
一、设备集成(供货)标段(不含安装)			
1	列车牵引	列车电动客车的牵引系统	
2	整车	列车电动客车整车,含制动系统	
3	段场工艺设备	车辆段和停车场的车辆检修工艺设备	不含其他设备系统的工艺设备和大型工艺设备
4	不落轮镟床	不落轮镟床及其配套设备	
5	电动客车外皮清洗机	电动客车洗车机及其配套设备	
6	车辆走行部动态监测	车辆走行部动态监测设备及其配套设施	
7	地坑式架车机	地坑式架车机及其配套设施	
8	内燃机车及维护维修车辆	内燃机车、轨道平板车	
9	维护维修车辆	钢轨打磨车、网轨检测车、隧道清洗车	
10	信号系统集成	全线信号系统的供货	
11	AFC系统集成	全线AFC系统的供货	
12	通信系统集成	含全线专用通信、公安通信等全部通信设备的供货	民用通信根据确定的建设方式另行确定
13	综合监控集成	含全线综合监控、BAS、电力监控系统(PSCADA)的供货	
14	安防系统集成	含全线安检、门禁系统	具体标段划分方式视具体情况另行确定
15	FAS系统甲供设备	车站、区间、区间所、车辆段(含备用、维修、培训中心)、停车场,控制中心、主变电所FAS系统设备,车站、区间跟随所、车辆段、停车场气体灭火设备,区间疏散指示设备	
16	安全门设备	正线的安全门设备供货	
17	钢轨及道岔采购	全线的钢轨、道岔的采购	
18	直流牵引供电设备	直流开关柜及保护装置、钢轨电流限制装置、负极柜	
19	40.5kV交流开关柜	正线和车辆段、停车场、主变电所、控制中心的40.5kV交流开关柜及保护装置	
20	UPS电源整合	全线的UPS电源	
21	整流机组及牵引变压器(含配电变压器)	全线的整流机组及牵引变压器(含配电变压器)	
22	35kV交流电缆		
23	1500V直流电力电缆		
24	供电制动能量利用装置	全线的供电制动能量利用装置	
25	400V开关柜(含电气火灾监控系统)	正线车站及区间的400V开关柜(含电气火灾监控系统)	
26	环控电控柜	正线车站及区间跟随所的环控电控柜	
27	各类风阀	包括正线车站及区间的各类风阀,包括电动组合风阀、电动及手动风量调节阀、70℃电动及手动防烟防火阀、280℃排烟防火阀	

续上表

序号	标段名称	包含内容	备注
28	各类风机及消音器	包括正线车站及区间TVF事故风机、射流风机、送风机、排风机及排烟风机。消声器包括结构片式消声器、管道式消声器	
29	各类水泵	正线车站及区间各类水泵,包括全自动密闭式污水提升装置、消防泵、稳压泵、气压罐、立式排水泵、潜污泵	
二、设备供货标段(含安装)			
30	自动扶梯标段1	含某站的自动电扶梯的供货带安装	
31	自动扶梯标段2	含某站的自动电扶梯的供货带安装	
32	无机房电梯标段	正线车站无机房电梯的供货带安装	
三、设备安装类标段(含设备安装及部分设备、材料)			
33	供电施工标	正线、停车场、车辆段的供电系统(变电所、环网、接触网、杂散电流、供电车间、变电所综合自动化)、综合监控施工,以及部分设备、材料采购,以及供电车间工艺设备采购	
34	弱电施工	含通信、AFC、导向、安防的施工安装	
35	信号施工	信号的施工安装	
36	FAS施工1标	含某站范围内车站及区间、南门主变电所、停车场的FAS系统的施工安装,含车站、停车场气体灭火系统和区间疏散指示系统的施工	
37	FAS施工2标	含某站范围内车站及区间、主变电所、车辆段(含备用、维修、培训中心)、控制中心FAS的施工安装,含车站、区间跟随所、车辆段气体灭火系统和区间疏散指示系统的施工	
38	机电安装1标	含正线某站范围内车站及区间的暖通空调、给排水及消防(不含气体灭火及市政给排水)、低压动力照明(不含区间疏散指示标识)的安装及部分设备采购、BAS系统(含停车场和主变电所)的安装及部分设备采购,正线全部车站安全门的安装。停车场内的机电专业工艺设备的采购和安装。含全线EPS的供货。含全线直接蒸发冷却机组的采购。含甲供设备集成管理服务	金额内没含停车场内的机电专业工艺设备的采购和安装
39	机电安装2标	含正线某站范围内车站及区间的暖通空调、给排水及消防(不含气体灭火及市政给排水)、低压动力照明(不含区间疏散指示标识)的安装及部分设备采购、BAS系统的安装及部分设备采购	
40	机电安装3标	含正线某站范围内车站及区间的暖通空调、给排水及消防(不含气体灭火及市政给排水)、低压动力照明(不含区间疏散指示标识)的安装及部分设备采购、BAS系统(含车辆段和植物园主变电所)的安装及部分设备采购。车辆段内的机电专业工艺设备的采购和安装	金额内没含车辆段内的机电专业工艺设备的采购和安装
41	轨道安装1标	含某站和停车场的轨道施工;含正线的铁垫板弹条、聚酯垫板和钢弹簧浮置板;含辅助材料采购;含疏散平台	
42	轨道安装2标	含某站和车辆段的轨道施工;含正线某的铁垫板弹条、聚酯垫板和钢弹簧浮置板;含辅助材料采购;含疏散平台;含全线动车调试;含工务小型机具采购	

续上表

序号	标段名称	包含内容	备注
43	主变电站施工	主变电站的施工,含设备供货	
44	人防总承包	人防系统的供货及安装	
四、监理监造类			
45	车辆监造	电动客车及其牵引系统监造;内燃机车及各类工程车辆的监造	
46	弱电监理	含通信、信号、AFC、导向、安防的供货及施工监理,车辆段和停车场大型车辆工艺设备的供货和安装监理	
47	供电、综合监控和工艺监理	含供电系统的供货和施工监理,综合监控的供货监理	
48	机电安装监理	含正线机电系统安装监理,包括正线车站及区间的风、水、电安装,电扶梯(监造)、安全门、BAS系统、FAS系统的供货及施工;含车辆段和停车场的BAS系统、FAS系统、机电工艺设备的供货及施工	
49	轨道监理	全线轨道的供货及施工监理	
50	人防监理	正线人防系统的施工监理	
51	主变电站监理	主变电站的施工监理	
五、第三方			
52	第三方检测1标	消防检测	
53	第三方检测2标	防排烟性能检测	
54	第三方检测3标	人防检测	
55	人防图纸审查	审查人防图纸	
56	防雷图纸审查	审查防雷图纸	

2)国产化、进口免税管理

结合国内的城市轨道交通建设形势,以及当地实际情况,设备工程需要考虑从国内和国际市场中选择厂商。

选择国外设备供货商,需要配备较多较强的技术人员进行管理、协调,将来运营后的维护维修管理工作相对复杂,影响时间长、成本高。针对上述现状,建议在城市轨道交通工程的设备工程建设中,重视设备系统的国产化,积极稳妥地推进设备系统国产化,在不降低建设标准的前提下,提高各种设备系统的国产化率。同时,通过市场化竞争选用技术成熟的设备,确保安全、质量,降低建设及运营成本。

(1)总则

①国产化工作:为贯彻执行国家对城市轨道交通项目国产化的要求,从初步设计阶段开始,以确保全部轨道车辆和机电设备的平均国产化率不低于75%为目标,通过公开招标选择合格的设备供应商,并在设备供货过程中监督国产化的执行情况,在整线设备供应基本完成后核定国产化率,编制国产化工作报告,上报国家发改委和财政部。

②国产化率:衡量城市轨道交通建设工程线路全部车辆和机电设备国产化程度的计算数值。一般以建设项目当期内的全部轨道车辆和机电设备价格作为国产化率的计算基数,进口机电设备和零部件以进口到岸价格为计算依据。具体计算公式为:

$$(项目全部车辆和机电设备价格 - 进口机电设备和零部件价格)/项目内全部车辆和机电设备价格 \times 100\%$$

注:针对不同专业系统,计算公式中各计算要素的含义略有不同。

(2)国产化工作实施过程(图20-1)

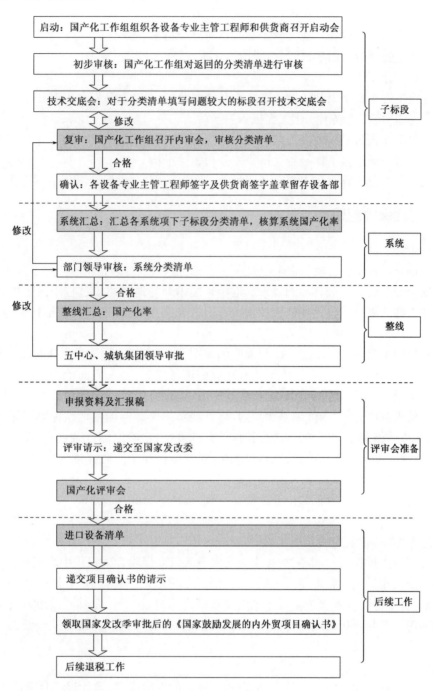

图20-1　国产化工作流程图

①招标、合同签订及实施阶段的国产化管理。

a. 招标调研阶段,对各系统设备进行原产地、生产情况等方面的调研。

b. 编制用户需求书阶段,在充分满足设备国产化率要求的前提下,确定设备的技术标准。

c. 合同签订及实施阶段,合同中应明确各系统设备及关键零部件的原产地。合同执行过程中,如有设备变更,特别是原产地的变更,及时做好记录并备案。

②国产化率核算。

a. 设备部、合同部相关负责人员及受托单位(如有)组成国产化工作组,负责开展整线国产化率核算工作。

b. 国产化工作组制订国产化率核算的工作计划。
c. 国产化工作组组织各设备专业供货商填制分类清单。
d. 国产化工作组组织各设备专业主管工程师核对分类清单。
e. 国产化工作组整理分类清单,核定整线国产化率。
③形成国产化工作报告。
a. 各设备专业主管工程师编制各设备系统概况说明及国产化实施情况资料。
b. 国产化工作组整理、形成国产化工作报告。
④上报国产化工作报告。
a. 国产化工作组将国产化工作报告上报集团公司领导审核。
b. 集团公司将国产化工作报告上报至各级发改委和财政部门,并配合开展后续工作。

20.2.5 工程保险管理

1）工程保险概述

由于城市轨道交通投资大,建设周期长,地下工程部分风险特殊、原因复杂、损失频率高、金额大,因此对建设期的安全管理提出了极其高的要求。近年来国内外的地铁建设过程中风险事故频频发生,财产损失与人员伤亡案件屡见不鲜。地铁事故发生不但造成巨大的经济损失,也给社会稳定与城市形象带来不良影响。

保险是最有效的风险转移手段之一。目前我国大型土木、安装工程建设正在发生深刻的变化,一方面投资主体向多元化转变,促进了我国大型工程建设的迅猛发展,另一方面工程风险事故时有发生,地下工程风险损失记录尤其触目惊心,这就迫使各投资方、建设方以及工程承包商在市场经济规则下,必须实行工程风险管理制度,最大限度地减少风险、降低经济损失。但国内地铁保险市场承保能力有限、业界结盟,从而形成价格和条件壁垒,加之地铁保险条款复杂,出险原因复杂,一旦设计不当,必然导致赔偿争议。因此,地铁保险需要系统设计、规模购买、过程监控和全寿命管理,这些工作按照市场操作惯例应由具备专业技能的保险经纪人来提供与完成。

建筑工程一切险和第三人责任险由业主统一办理。

2）保险经纪人确定

（1）轨道交通采用保险经纪人的必要性

保险经纪人是基于投保人的利益,为投保人与保险人订立保险合同提供中介服务,并依法收取佣金的机构。保险经纪人作为风险管理专家和顾问,凭借其专业知识,丰富的从业经验,能够协助业主管理风险、采购保险并提供保险全程服务。近年来大型基础设施建设项目,尤其是城市轨道交通项目,项目业主聘请保险经纪人参与项目的风险与保险管理已经成为一种惯例。聘请保险经纪人,可以为项目业主带来如下几个方面的好处。

①量身定做。

保险经纪人可以根据项目的风险特点,同时根据业主的保险需求,设计最符合项目实际情况的保险方案。

②法律保障。

保险经纪人为自己投保职业责任保险,对行为承担过错赔偿责任,确保项目业主的利益不受损失。

③规模效益。

保险经纪人通过规模购买效应,能够为项目争取到最全面的保险保障、最优质的服务和最合理的价格。

④全方位的保险服务。

保险经纪人会为项目业主配备由各方面专业人士组成的专家团队,确保提供最专业、最优质的服务。

⑤减少业主工作量。

项目日常保险管理,不仅技术性强而且事务性工作繁杂,将相关保险事宜交由保险经纪人操作可以减少很多工作量。

(2)保险经纪人产生方式

保险经纪人可采用公开招标或竞争性比选的方式产生。

3)保险公司确定及承保

城市轨道交通工程项目保险金额巨大,国内保险公司受限于其承保能力有限,加之近年来工程事故频发,保险市场对于此类项目承保态度谨慎,一家保险公司无法单独承接项目的保险保障,须通过保险公司间的共保实现项目承保,并须合理妥善安排再保险。保险经纪人选定后,将根据项目及业主需求,结合本地保险市场实际情况,协助业主采用竞争性谈判或者招标的方式进行保险安排,选择多家保险公司组成共保体共同为项目提供保障及服务。国内轨道交通工程保险共保体一般由3～5家保险公司组成,比如北京地铁基本采用3家(广州地铁近来基本采用4家组成共保体)。鉴于城市轨道交通工程项目自身的风险特点以及目前的保险市场环境,其保险安排历来都被视为难度高、专业性强的操作工作,需要由代表业主利益并熟悉保险市场的保险经纪人提供专业服务。

业主为城市轨道交通工程投保工程保险后,出现保险责任范围内的损失时,可以从保险公司处获得补偿。保险公司针对城市轨道交通工程保险的赔偿范围包括物质损失和第三者责任两个部分赔偿,其中在物质损失部分,保险公司主要负责赔偿在项目工地范围内,属于业主或其负有责任的永久性工程、临时工程、辅助工程和与此有关的设备、材料和车辆系统等,因自然灾害及意外事故导致的损失,包括因此而产生的施救费用、清除残骸费用及其他费用项目;而在第三者责任部分中,保险公司主要负责赔偿因发生与保险工程直接相关的意外事故引起工地内及邻近区域的第三者人身伤亡、财产损失,包括经保险公司事先书面同意而支付的法律费用。

城市轨道交通工程保险的保险金额一般根据工程概算表中"第一部分:工程费用"确定暂定保险金额,暂定保险费由暂定保险金额乘以保险费率计算得出。保险费率高低受保险标的性质及其风险程度、巨灾的可能性及最大可能损失程度、承保责任范围的大小等多种因素影响。根据经验,目前城市轨道交通工程保险国内市场的承保费率在0.5%～0.8%之间。当工程结束时,保险公司将对城市轨道交通工程保险的保险金额按照工程结算书中的工程造价进行调整,并依据最终调整后的保险金额对保费做相应调整,当调整后的保费超过一定幅度时实行多退少补。

4)保险索赔

发生保险事故后,在保险经纪人的统一协调下,保险公司、受益人共同处理索赔事宜。

20.3 勘察总包合同管理

合同管理的目标是在保证业主和勘察单位合同中所承诺的权利和义务得到实现的前提下,保质、按期地完成合同任务。勘察总体合同管理的工作内容主要包括熟悉合同管理的法律依据和合同文件,掌握合同实施过程中业主和勘察单位的各自责任、合同的变更管理、合同的违法管理和合同的索赔管理。其中,合同索赔管理是合同管理的中心,是约束双方执行合同的最有力措施。

20.3.1 法律依据、合同文件

(1)法律依据有《中华人民共和国合同法》和《建设工程勘察设计合同条例》等。

(2)与勘察单位有关的合同文件,如中标通知书、投标书、合同、技术规范、工程量清单、构成合同的其他文件等。

20.3.2 勘察合同的主要内容

1) 工程概况和勘察任务基本要求

在勘察合同中,通常首先要对所委托勘察的工程基本情况和勘察任务进行说明,要说明的内容包括:

(1) 工程名称。即建设工程项目的名称。

(2) 工程地点。工程坐落的位置和包括的地点等。

(3) 工程立项批准文件号、日期。我国目前的基本建设程序主要包括项目建议书、可行性研究报告、立项审批、规划审批、勘察、设计、施工、验收和交付等阶段,各阶段有先后顺序关系。承接勘察任务或签订勘察合同时,工程的立项批准文件是必须条件,并需要在勘察协议中注明其批准文号和日期。

(4) 工程勘察任务委托文号、日期。工程勘察任务书是勘察工程发包人所发布的,刊载有勘察工程概况、勘察目的和要求、勘察点布置要求、工程结构体系和承载力的要求、建筑物布置范围、勘察活动的时间要求等文件,它是潜在勘察人进行投标或发包人与候选勘察人商谈勘察合同的基本依据。在勘察合同中要注明勘察任务书的文号和日期,以构成勘察合同管理的一个重要依据。

(5) 工程规模、特征。

(6) 工程勘察任务与技术要求。这里主要是明确本合同所要完成的具体的勘察任务,包括查明建筑范围内岩土层的成因、类型、深度、分布和工程特性,查明地下水位的变化情况,水质状况对建筑物的影响情况,查明对建筑物不利的埋藏物;判定地基土对建筑材料的腐蚀性,提出整治的措施和建议等。有些工程包括多个单体工程,且业主方出于竞争或工期需要,将工程分成两个或两个以上的合同标段委托勘察,则应在合同中注明本合同所承揽的标段。技术要求则是规定本合同的勘察活动应该符合的勘察技术规范、标准、规程或条例等,或者直接规定本合同的勘察活动应达到的技术要求。在勘察合同中,通常发包人向勘察人提供一份"工程勘察布孔图",或者直接在合同中规定勘察点布置间距。

(7) 承接方式。说明勘察人以什么承包方式执行本合同的勘察任务,如全包方式、半包方式(包人工及机械设备,材料和临时设施由发包人提供)等。半包方式可通过合同附件方式详细规定发包人为勘察人的工作人员提供的必需的生产和生活条件的设施标准或生活食宿标准,以及应由发包人提供的材料名称、规格和数量等。

(8) 预计的勘察工作量。说明暂估的勘察点的数量、勘察孔深度等勘察工作量。结算时,合同价款可根据实际工作量进行计算。

2) 发包人应提供的资料和勘察人应提交的勘察成果

(1) 发包人应提供的有关资料文件

规定发包人应及时向勘察人提供相关的文件资料,并对其准确性、可靠性负责。在合同中通常要具体说明资料的名称、份数、内容要求及提供的时间。视勘察任务的需要,要求发包人提供的资料可能差异较大,《建设工程勘察合同(一)(示范文本)》(GF—2000-0203)示范文本中列出的应由发包人提供的文件资料包括以下内容。

① 工程批准文件(复印件),以及用地(附红线范围)、施工、勘察许可等批件(复印件)。

② 工程勘察任务委托书、技术要求和工作范围的地形图、建筑总平面布置图。

③ 勘察工作范围已有的技术资料及工程所需的坐标与高程资料。

④ 提供勘察工作范围地下已有埋藏的资料(如电力、电信电缆、各种管道、人防设施、洞室等)及具体位置分布图。

(2) 勘察人应提交的勘察成果报告

勘察人应按时向发包人提交勘察成果资料并对其质量负责。在合同中要注明勘察成果资料的名称、需要的份数、对内容的详细要求及应提交的时间。

(3) 相关的其他规定

一些应由发包人提供的资料文件，发包人也可委托勘察人收集，但应向勘察人支付相应的费用，可在本合同中予以专门注明或者双方另行订立提供资料文件的合同。另外，双方在合同中约定了互相提供资料的份数，如果对方要求增加份数，则应另行支付费用，可在合同中约定额外每份资料的收费标准。

3) 工期、收费标准及付费方式

(1) 约定工期

勘察合同中一般以具体日期的形式，明确约定勘察开工以及开工到提交勘察成果资料的时间。由于发包人或勘察人的原因导致未能按期开工或提交成果资料时，应在合同中规定相应的违约责任条款。勘察工作有效期限以发包人下达的开工通知书或合同规定的时间为准，如遇特殊情况（设计变更、工作量变化、不可抗力影响以及非勘察人原因造成的停工、窝工等）时，工期应顺延。《建设工程勘察合同（二）（示范文本）》（GF—2000-0204）还专门约定如发包人对工程内容与技术要求提出变更，则发包人应在合同约定的天数之前向承包人发出书面变更通知，否则承包人有权拒绝变更承包人接到通知后在合同约定的天数内，提出变更方案的文件资料，发包人收到该文件资料之日起应在合同约定的天数内予以确认，如不确认或不提出修改意见的，变更文件资料自送达之日起到合同约定的天数后自行生效，由此延误的工期应顺延。

(2) 收费标准

工程勘察收费是指勘察人根据发包人的委托，收集已有资料、现场踏勘、制定勘察纲要，进行测绘、勘探、取样、试验、测试、检测、监测等勘察作业，以及编制工程勘察文件和岩土工程设计文件等收取的费用。

实行政府指导价的工程勘察收费，是以工程勘察收费基准价为基础，发包人和勘察人可以根据建设项目的实际情况在上下 20% 的浮动幅度内协商确定工程勘察收费合同额。另外，工程勘察收费可以体现优质优价的原则，凡在工程勘察设计中采用新技术、新工艺、新设备、新材料，有利于提高建设项目经济效益、环境效益和社会效益的，发包人和勘察人可以在上浮 25% 的幅度内协商确定收费额。

(3) 付费方式

①《建设工程勘察合同（一）（示范文本）》（GF—2000-0203）和《建设工程勘察合同（二）（示范文本）》（GF—2000-0204）均约定，在合同生效后 3 天内，发包人应向勘察人支付勘察费的 20% 作为定金。在合同履行后，定金可抵作勘察费。

②对于后续勘察费的支付，《建设工程勘察合同（一）（示范文本）》（GF—2000-0203）约定，在勘察工作外业结束后，按双方在合同中约定的比例（以预算勘察费用为基数）支付勘察费，而在提交勘察成果资料后 10 天内，发包人应一次付清剩余的全部勘察费。而对于勘察规模大、工期长的大型勘察工程，双方还可约定，在勘察工作过程中，当实际勘察进度达到合同所约定的工程进度百分比时，发包人向勘察人支付约定比例（以预算勘察费为基数）的工程进度款。

③对于后续勘察费的支付，《建设工程勘察合同（二）（示范文本）》（GF—2000-0204）约定可按具体的时间或实际工程进度，以合同规定的比例（以合同总额为基数）分多次支付工程进度款。

④因发包人对工程内容与技术要求提出变更时，除顺延延误的工期外，因变更导致勘察人的经济支出和损失应由发包人承担，并在合同中约定变更后的工程勘察费用的调整方法或标准。

4) 双方的合同责任

(1) 发包人的责任

①发包人委托任务时，必须以书面形式向勘察人明确勘察任务及技术要求，并按合同的规定向勘察人提供其他的资料文件，并对其完整性、正确性及时限性负责。发包人提供上述资料、文件超过规定期限 15 天以内，承包人按合同规定交付报告、成果、文件的时间顺延，规定期限超过 15 天以上时，承包人有权重新确定交付报告、成果、文件的时间。

②发包人应向承包人提供工作现场地下已有埋藏物（如电力、电信电缆、各种管道、人防设施、洞室等）的资料及其具体位置分布图，若因未提供上述资料、图纸，或提供的资料图纸不可靠，或者地下埋藏

物不清,致使勘察人在勘察工作过程中发生人身伤害或造成经济损失时,由发包人承担民事责任。

③发包人应及时为勘察人提供并解决勘查现场的工作条件和出现的问题,并承担其费用。这些工作条件和可能出现的问题主要有落实土地征用、办理好现场使用许可、青苗树木赔偿、拆除地上地下障碍物、处理施工扰民及影响施工正常进行的有关问题、平整施工现场、修好通行道路、接通电源水源、挖好排水沟渠等。

④若勘查现场需要看守,特别是在有毒、有害等危险现场作业时,发包人应派人负责安全保卫工作,按国家有关规定,对从事危险作业的现场人员进行保健防护,并承担费用。

⑤工程勘察前,若发包人负责提供材料的,应根据勘察人提出的工程用料计划,按时提供各种材料及其产品合格证明,并承担费用和运到现场,派人与勘察人的人员一起验收。

⑥勘察过程中的任何变更,经办理正式变更手续后,发包人应按实际发生的工作量支付勘察费。

⑦为勘察人的工作人员提供必要的生产、生活条件,并承担费用,如不能提供时,应一次性付给勘察人临时设施费,并应在合同约定临时设施费用的数额及支付时间。

⑧由于发包人原因造成勘察人停工、窝工,除工期顺延外,发包人应支付停工、窝工费;发包人若要求在合同规定时间内提前完工(或提交勘察成果资料)时,发包人应按每提前一天向勘察人支付加班费,并在合同中约定每天加班费的数额。

⑨发包人应保护勘察人的投标书、勘察方案、报告书、文件、资料图纸、数据、特殊工艺(方法)、专利技术和合理化建议,未经勘察人同意,发包人不得复制、不得泄露、不得擅自修改、传送或向第三人转让或用于本合同外的项目。如发生上述情况,发包人应负法律责任,勘察人有权索赔。

⑩发包人应对工作现场周围建筑物、构筑物、古树名木和地下管道、线路的保护负责,对勘察人提出书面具体保护要求(措施),并承担费用。

(2)勘察人的责任

①勘察人应按国家技术规范、标准、规程和发包人的任务委托书及技术要求进行工程勘察,按合同规定的内容、时间、数量向发包人交付报告、成果、文件,并对其质量负责。

②勘察人提供的勘察成果资料出现遗漏、错误或其他质量不合格问题,勘察人应无偿给予补充、完善使其达到质量合格;若勘察人无力补充、完善,需另委托其他单位时,勘察人应承担全部勘察费用。

③在工程勘察前,勘察人提出勘察纲要或勘察组织设计,并派人与发包人的人员一起验收发包人提供的材料。

④勘察过程中,勘察人根据工程的岩土工程条件(或工作现场地形地貌、地质和水文地质条件)及技术规范要求,向发包人提出增减工作量或修改勘察工作的意见,并办理正式变更手续。

⑤勘察人不得向第三人扩散、转让由发包人提供的技术资料、文件,并承担其有关资料保密义务。发生上述情况,承包人应负法律责任,发包人有权索赔。

⑥现场工作的勘察人的人员应遵守国家及当地有关部门对工作现场的有关管理规定及发包人的安全保卫及其他有关的规章制度,做好工作现场保卫和环卫工作,并按发包人提出的保护要求(措施),保护好工作现场周围的建筑物、构筑物、古树、名木和地下管线(管道)、文物等。

(3)双方的违约责任

①由于发包人提供的资料、文件错误、不准确,造成工期延误或返工时,除工期顺延外,发包人应向承包人支付停工费或返工费(金额按预算的平均工日产值计算)。造成质量、安全事故时,由发包人承担法律责任和经济责任。

②由于发包人未给勘察人提供必要的工作生活条件而造成停工、窝工或频繁进出场地,发包人除应付给勘察人停工、窝工费(金额按预算的平均工日产值计算),工期按实际工日顺延外,还应付给勘察人频繁进出场费和调遣费。

③由于勘察方原因造成勘察成果资料质量不合格,不能满足技术要求时,其返工勘察费用由勘察人承担。因勘察质量造成重大经济损失或工程事故时,勘察人除应负法律责任和免收直接受损失部分的

勘察费外,并根据损失程度向发包人支付赔偿金。赔偿金通常按实际损失的比例来计算,双方在合同中约定赔偿金的比例。

④在合同履行期间,由于工程停建而终止合同或发包人要求解除合同时,勘察人未开始工作的,不退还发包人已付的定金;已进行工作的,完成的工作量在50%以内时,发包人应支付勘察人勘察费的50%费用;完成的工作量超过50%时,发包人应支付勘察人勘察费的100%费用。

⑤发包人不按时支付勘察费或进度款,承包人在约定支付时间10天后,向发包人发出书面催款的通知,发包人收到通知后仍不按要求付款,承包人有权停工,工期顺延,发包人还应承担滞纳金。滞纳金从应支付之日起计算,合同中可约定具体的滞纳金比例(以应支付勘察工程费为基数)。在《建设工程勘察合同(一)(示范文本)》(GF—2000-0203)中,滞纳金称为逾期违约金,并规定违约金按天计算,每延误一日,发包人应偿付勘察人以应支付而未支付的勘察费为基数计算的1‰的违约金。

⑥由于勘察方原因而延误工期或未按规定时间交付报告、成果、文件,每延误一天,勘察人应减收以勘察费为基数计算的1‰的违约金。

⑦本合同签订后,发包人不履行合同时,无权要求返还定金;承包人不履行合同时,应双倍返还定金。

5)其他规定

(1)材料设备供应

针对岩土工程设计、治理、监测等勘察活动材料设备供应的特点,发包人、承包人应对各自负责供应的材料设备负责,提供产品合格证明,并经发包人、承包人代表共同验收认可,如有与设计和规范要求不符的产品,应重新采购符合要求的产品,并经发包人、承包人代表重新验收认定,各自承担发生的费用。若造成停工、窝工的,原因是承包人的,则责任自负;原因是发包人的,则应向承包人支付停工、窝工费。承包人需使用代用材料时,须经发包人代表批准方可使用,增减的费用由发包人、承包人商定。

(2)报告、成果、文件检查验收

①由发包人负责组织对承包人交付的报告、成果、文件进行检查验收。

②发包人收到承包人交付的报告、成果、文件后应在约定的天数内检查验收完毕,并出具检查验收证明,以示承包人已完成义务,逾期未检查验收的,视为接受承包人的报告、成果、文件。

③隐蔽工程工序质量检查,由承包人自检后,书面通知发包人检查;发包人接到通知后,当天组织质检,经检验合格,发包人、承包人签字后方能进行下一道工序。检验不合格,承包人在限定时间内修补后重新检验,直至合格。若发包人接通知后24h内仍未能到现场检验,承包人可以顺延工程工期,发包人应赔偿停工、窝工的损失。

④工程完工,承包人向发包人提交岩土治理工程的原始记录、竣工图及报告文件,发包人应在合同规定的天数内组织验收,如有不符合规定要求及存在质量问题,承包人应采取有效补救措施。

⑤工程未经验收,发包人提前使用和擅自动用,由此发生的质量、安全问题,由发包人承担责任,并以发包人开始使用日期为完工日期。

⑥完工工程经验收符合合同要求和质量标准,自验收之日起在合同规定的天数内,承包人向发包人移交完毕,如发包人不能按时接管,致使已验收工程发生损失,应由发包人承担;如承包人不能按时交付,应按逾期完工处理,发包人不得因此而拒付工程款。

(3)合同争议的解决

通常约定当勘察合同发生争议时,发包人、勘察人应该本着友好合作的精神及时协商解决合同争议。同时,双方应在合同中约定,当双方协商不成时,是向合同中约定的仲裁委员会提请仲裁,还是依法向人民法院起诉。

(4)合同的生效与鉴证

勘察合同自发包人、勘察人(承包人)签字盖章后生效,同时应按规定到省级建设行政主管部门规定的审查部门备案,发包人、勘察人(承包人)认为必要时,到项目所在地工商行政管理部门申请鉴证。发包人、勘察人(承包人)履行完勘察合同规定的义务后,勘察合同终止。

20.3.3 合同各方主体责任

1)业主的责任

(1)批准或认可工点的勘察工作计划和工程量,开具本合同勘察工作所需的证明文件,以便乙方开展工作。

(2)提供勘察工作开展所必需的批准勘察文书、技术要求、钻孔布置图、地形图、管线资料和测量资料等。

(3)对工期、质量、人员、设备和仪器进行监督检查,对不符合勘察技术要求的工作,有权要求责任方进行自费返工。

(4)有权根据设计工作的需要调整工作内容和工作计划,乙方不得对此有异议,因此而发生的费用按合同规定确定。

(5)根据本合同规定按时付款。

(6)组织对勘察成果的审查验收。

(7)维护知识产权,不得向与轨道交通工程无关的第三方提供技术成果的数据秘密。

2)勘察单位的责任

(1)按投标书承诺的工程技术人员组建项目部,编制勘察预算和勘察方案,并按照勘察方案进行工作。

(2)开钻前办理有关施工许可证,如道路开挖许可证、珠江封航及青苗赔偿协议等。对孔位应进行管线探测,若损坏地下管线应承担全部责任。

(3)从合同签订之日起接受业主和总体单位的所有指令和监督,并遵守业主制定的相关管理规定。

(4)按照国家现行的标准、规范、规程以及技术要求进行工作,按规定的进度交付成果资料,留给总体单位审核的时间不少于3个工作日。

(5)在工作过程中,如因场地条件、钻探情况和设计方案的变更,需增减工作量或改变勘察手段,应及时报请总体单位进行审核,并取得业主批准后,方可办理变更手续。

(6)对钻探、物探的质量和试验数据的准确性负完全责任并承担由此所造成的全部损失。

(7)在市区的道路和街道上施工,乙方必须采取措施确保过路行人、车辆的安全,对自身的人员、设施及施工现场的安全负责,保持环境卫生。处理好与沿线单位和个人的关系、确保野外钻探按期进行。

(8)按时提交勘察报告,负责文整、打印、复印、装订和装箱等工作。资料装订规格必须符合档案归档要求。

(9)应按总体单位要求,采取有效措施及时提供中间资料,以满足设计工作的需要。

(10)配合工程设计和施工的需要,提供相应的技术服务,如勘察成果的解释、现场实际问题的处理、基坑验收和施工过程的回访等,并应随叫随到。

(11)乙方应按业主要求把所有的岩芯保留到勘察报告完成,勘察报告完成后应保留一定数量的钻探岩芯。每个工点必须保留2个钻孔的完整岩芯;每个工点内不同地质单元均需保留钻孔岩芯;每500m长度区间内必须保留1个孔的岩芯;有特殊地质现象(断层、破碎带、溶洞等)的钻孔岩芯必须保留。岩芯保留期限至移交土建施工。

20.3.4 信息管理

(1)收发文本应该统一设置,按收发文日期顺序登记填写。

(2)收发文必须有签字手续。收文由收文人及保管人签字,发文由发往单位的有关人员签字。

(3)收发文本以目录表形式登记,包括信息名称、信息提供者、提供时间、信息交换者和信息的形式等内容。

(4)明确文件的处理流程,收文原件或发文底稿必须归档。收发文处理流程,如图20-2和图20-3所示。

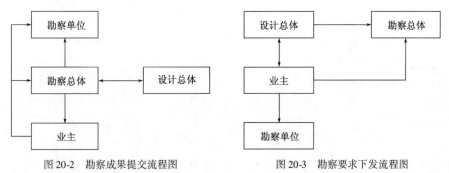

图20-2 勘察成果提交流程图　　　　图20-3 勘察要求下发流程图

20.4 设计总包合同管理

设计总包合同管理的内容是负责组织总体总包合同(补充合同)的签订,协助业主提出划分分项招标合同界面,合理确定招标项目并提出工点设计费建议和设计费控制办法;通过合同条文明确业主、总体总包单位和工点设计单位的各自职责;负责进行合同执行情况的跟踪,及时掌握各设计单位履行合同的情况并向业主汇报;负责建立轨道交通项目合同管理台账(如合同签订台账、合同终止台账等),并进行台账管理;制定相应的合同管理的办法及细则,定期召开合同管理工作会,及时向业主通报各设计单位执行合同的情况,对执行合同较好或存在偏差及其他不良的设计单位,向业主提出处理意见;根据"轨道交通项目设计计划"的执行情况,组织各工点或系统设计单位进行设计费的请款。

20.4.1 合同管理程序

合同管理程序涉及合同管理工作流程、合同签订流程以及设计费支付流程等内容,具体如图20-4、图20-5所示。

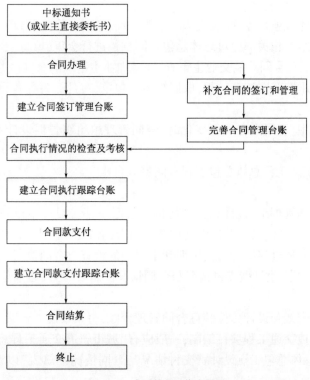

图20-4 合同管理工作流程图

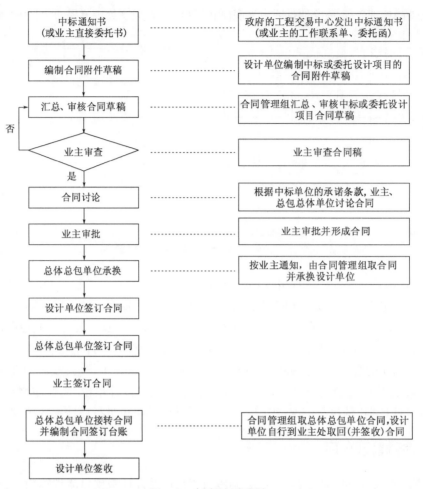

图 20-5　合同签订流程图

1）合同（补充合同）签订的管理

（1）工程项目设计总体或项目经理（负责人）接到中标通知书（委托书）后，根据合同范本完善合同文件（草稿）；合同管理组组织相关部门对总体总包合同草稿进行会审，填写"合同草稿会审表"，送法定代表人审批；合同管理组汇总合同草稿交业主审查，并参加业主组织的合同谈判。

（2）合同管理组负责跟踪合同签订过程，取回总体总包单位合同，督促各设计单位自行到业主处取回（并签收）合同。

（3）在合同执行过程中，合同内容发生变化时，合同管理组组织督促设计单位办理补充合同，其流程和前四项同。

（4）建立"城市轨道交通工程总体总包工程合同签订台账"。

2）合同执行的管理

（1）合同管理组在计划管理组、设计总体的协助下及时掌握各设计单位履行合同的情况并做好备案；通过"轨道交通工程总体总包工点设计费支付情况与合同情况汇总表"对合同执行情况进行控制。

（2）与计划管理组一齐通过巡检、例会、定期和不定期的检查对合同执行情况进行检查督促，以"城市轨道交通工程总体总包工点设计费支付情况与合同情况汇总表"形式通报总体组和业主。

3）合同台账的管理

（1）合同管理组建立全线各设计单位签订合同管理台账，每条线设一台账。

（2）合同台账应按轨道交通工程项目编制，一般应有"城市轨道交通工程总体总包工程合同签订台账""城市轨道交通工程总体总包工点设计费支付情况与合同情况汇总表"以及"城市轨道交通工程总体总包合同终止台账"。

(3)定期向业主汇报"城市轨道交通工程总体总包工点设计费支付情况与合同情况汇总表"内容,遇到执行困难或违约情况时,应向上一级领导汇报。

(4)台账按合同执行进度进行更新,合同终止后应剔除,同时登记在合同终止汇总台账上,对已终止合同作简要总结,并知会总体或项目经理(负责人)。

(5)台账定期按线路编册存档。

(6)工点设计费支付情况与合同执行情况流程图,如图20-6所示。

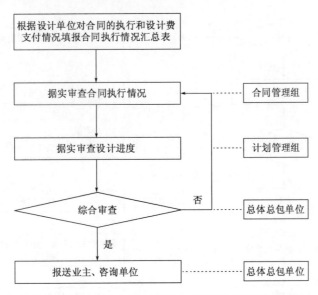

图20-6　工点设计费支付情况与合同执行情况汇总流程图

4)设计费支付的管理

(1)合同管理组专人负责设计费支付管理工作,以"城市轨道交通工程总体总包设计计划"为依据,按对应合同有关计划额编制"城市轨道交通工程总体总包年度设计费使用计划",计划须经总体或项目经理(负责人)审核后上报业主。

(2)各设计单位根据合同及工程设计进度情况填写"城市轨道交通工程总体总包设计合同付款申请表",合同管理组据此汇总审核并编制"城市轨道交通工程总体总包月度支付计划",待咨询和业主审批发出通知后,合同管理组建立设计费支付管理台账。

(3)在总体、计划管理组的协助下,合同管理组根据各设计单位合同执行完毕的资料,审批设计费结算申请,在设计费结算完毕后,编制合同终止台账,并按线路编制成册归档。设计费支付工作流程,如图20-7所示。

20.4.2　设计合同的主要内容

1)设计依据

(1)项目批准文件

项目批准文件指政府有关部门批准的建设项目成立的项目建议书、可行性研究报告或者其他准予立项文件。项目批准文件确定了该工程项目建设的总原则、总要求,是编制设计文件的主要依据。在编制建设工程设计文件中,不得擅自改变或者违背项目批准文件确定的总原则、总要求,如果确需调整变更时,必须报原审批部门重新批准。项目批准文件由发包人负责提供给建设工程设计人,变更项目批准也由发包人负责,对此双方应当在设计合同中予以约定。

(2)城市规划

根据《中华人民共和国城市规划法》的规定,新建、扩建和改建建筑物、构筑物、道路、管线和其他工程设施,必须提出申请,由城市规划行政部门根据城市规划提出的规划设计要求,核发建设工程规划许可证件。编制建设工程设计文件应当以这些要求和许可证作为依据,使建设项目符合所在地的城市规划的要求。编制建设工程设计文件所需的城市规划资料,以及有关许可证一般由发包人负责申领,提供给建设工程设计人。如需设计人提供代办及相应服务的,应当在合同中专门约定。

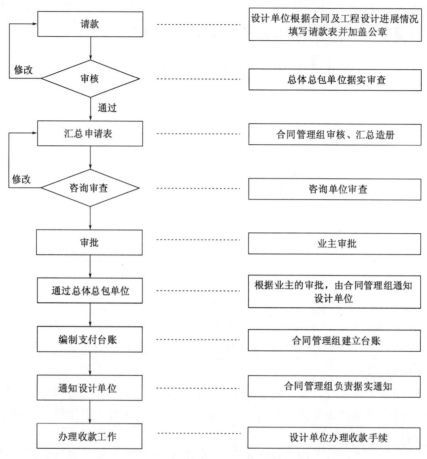

图20-7　设计费支付工作流程图

(3) 工程建设强制性标准

我国工程建设标准体制将工程建设标准分为强制性标准和推荐性标准两类。前者是指工程建设标准中直接涉及人民生命财产安全、人身健康、环境保护和其他公众利益,以及提供经济效益和社会效益等方面的要求,在建设工程勘察、设计中必须严格执行的强制性条款。工程建设强制性标准是编制建设工程设计文件最重要的依据。《建设工程质量管理条例》第19条规定,"勘察、设计单位必须按照工程建设强制性标准勘察、设计,并对其勘察、设计的质量负责",同时对违反工程建设强制性标准行为规定了相应的罚则。

(4) 国家规定的建设工程设计深度要求

建设工程设计文件编制深度的规定包括设计文件的内容、要求、格式等具体规定,它既是编制设计文件的依据和标准,也是衡量设计文件质量的依据和标准。国家规定的建设工程设计文件的深度要求,由国务院各有关部门组织制订,城市轨道交通建设项目的建设工程设计执行本专业设计编制深度规定。设计合同中可约定按国家规定的建设工程设计深度的规定执行。发包人对编制建设工程设计文件编制深度有特殊要求的,也可以在合同中专门约定。

2) 合同所涉及的设计项目内容

合同中确定的设计项目的内容,一般包括设计项目的名称、规模、设计的阶段、投资及设计费等。通常,在设计合同中以表格形式明确列出设计项目内容。

(1)方案设计内容

方案设计内容包括:对建设项目进行总体部署和安排,使设计构思和设计意图具体化;细化总平面布局、功能分区、总体布置、空间组合、交通组织等;细化总用地面积、总建筑面积等各项技术经济指标。方案设计的内容与深度应当满足编制初步设计和总概算的需要。

(2)初步设计内容

建筑工程的初步设计内容是对方案设计的深化,专业建设工程的初步设计内容是对批准的可行性研究报告的深化。初步设计要具体阐明设计原则,细化设计方案,解决关键技术问题,计算各种技术经济指标,编制总概算。初步设计的内容和深度要满足设计方案比选、主要设备材料订货、征用土地、控制投资、编制施工图、编制施工组织设计、进行施工准备和生产准备等的要求。对于初步设计批准后就要进行施工招标的工作,初步设计文件还应当满足编制施工招标文件的需要。

(3)施工图设计内容

施工图设计内容是按照初步设计确定的具体设计原则、设计方案和主要设备订货情况进行编制,要求绘制出各部分的施工详图和设备、管线安装图,施工图文件编制的内容和深度应当满足设备材料的安排和非标准设备制作、编制施工图预算和进行施工等要求。

3)发包人提供资料和设计人提交设计文件

发包人提供的资料是设计人开展设计工作的依据之一,发包人提交资料的时间直接影响设计人的工作进度。因此,在合同中双方应该根据设计进度的要求,明确规定发包人提供资料的清单及应该提交的日期。发包人提供资料的清单可用表格的形式(表20-9)在合同中予以规定。

发包人提供资料表　　　　　　表20-9

序号	资料及文件名称	份　数	提　交　日　期	有　关　事　宜

在建设项目确立以后,工程设计就成为工程建设最关键的环节,建设工程设计文件是设备材料采购、非标准设备制作和施工的主要依据,设计文件提交的时间将决定项目实施后续工作的开展,决定项目整体工期的长短。因此,在设计合同中应按照项目整个建设进度的安排、合理的设计周期及各专业设计之间的逻辑关系等规定,分批或分类提交。通常,在设计合同中可用表格的形式(表20-10)对设计人提交的设计文件予以约定。

设计人提供设计文件表　　　　　　表20-10

序号	资料及文件名称	份　数	提　交　日　期	提　交　地　点	有　关　事　宜

4)设计费用与支付

(1)设计取费标准

工程设计收费是指设计人根据发包人的委托,提供编制建设项目初步设计文件、施工图设计文件、非标准设备设计文件、施工图预算文件、竣工图文件等服务所收取的费用。发包人与设计人在签订设计合同时,应按相关规定和标准在合同中约定工程设计收费合同额。

(2)设计费支付

合同生效后3天内,发包人支付设计费总额的20%作为定金。合同履行后,定金抵作设计费。

在设计人提交合同约定的设计文件(通常是技术设计阶段完成后)后3天内,发包人支付设计费总额的30%;之后,发包人应按设计人所完成的施工图工作量比例,分期分批向设计人支付总设计费的50%,施工图完成后,发包人结清设计费,不留尾款。

(3) 设计费调整

设计合同中所约定的设计费合同额通常为估算设计费。在专业建设工程设计合同中,双方在初步设计审批后,按批准的初步设计概算重新核算设计费。工程建设期间如遇概算调整,则设计费也应做相应调整。在民用建设工程设计合同中,视合同所完成的设计阶段,实际设计费按初步设计概算或施工图设计概算核定,多退少补。当实际设计费与估算设计费出现差额时,双方另行签订补充协议。

5) 双方的合同责任

(1) 发包人责任

①发包人应在合同规定的时间内向设计人提交合同约定中应由发包人提供的资料及文件,并对其完整性、正确性及时限负责,发包人不得要求设计人违反国家有关标准进行设计。发包人提交上述资料及文件超过规定期限15天以上,设计人按合同规定交付设计文件的时间顺延超过规定期限15天以上时,设计人员有权重新确定提交设计文件的时间。

②发包人变更委托设计项目、规模、条件或因提交的资料错误,或所提交资料做较大修改,以致造成设计人设计需返工时,双方除需另行协商签订补充协议(或另订合同)、重新明确有关条款外,发包人应按设计人所耗工作量向设计人增付设计费或支付返工费。在未签合同前发包人已同意,设计人为发包人所做的各项设计工作,应按收费标准,相应支付设计费。

③发包人要求设计人比合同规定时间提前交付设计资料及文件时,在不严重背离合理设计周期的情况下,如果设计人能够做到,发包人应根据设计人提前投入的工作量,向设计人支付赶工费。

④发包人应为设计人派赴现场处理有关设计问题的工作人员,提供必要的工作、生活及交通等方面的便利条件及必要的劳动保护装备。

⑤设计文件中选用的国家标准图、部标准图及地方标准图由发包人负责提供。

⑥承担本项目外国专家来设计人办公室工作的接待费(包括传真、电话、复印、办公等费用)。

⑦发包人应保护设计人的投标书、设计方案、文件、资料图纸、数据、计算软件和专利技术。未经设计人同意,发包人对设计人交付的设计资料及文件不得擅自修改、复制或向第三人转让或用于本合同外的项目,如发生以上情况,发包人应负法律责任,设计人有权向发包人提出索赔。

(2) 设计人责任

①设计人应按国家规定和合同约定的技术规范、标准、规程以及发包人的设计要求进行工程设计,按合同约定的内容、时间、地点及份数向发包人交付设计文件,并对提交的设计文件的质量负责。

②设计人应保证与发包人在合同中所约定的设计合理使用年限。《建设工程质量管理条例》第21条规定:"设计文件应当符合国家规定的设计深度要求,注明合理使用年限。"

③设计人交付设计资料及文件后,按规定参加有关的设计审查,并根据审查结论负责对不超出原定范围的内容做必要调整补充。设计人按合同规定时限交付设计资料及文件后一年内若项目开始施工,设计人负责向发包人及施工单位进行设计交底、处理有关设计问题和参加竣工验收。若在一年内项目尚未开始施工,设计人仍负责上述工作,但应按所需工作量向发包人适当收取咨询服务费,收费额由双方商定。

④若工程设计含有境外设计部分,设计人应负责对外商的设计资料进行审查,并负责该合同项目的设计联络工作。

⑤设计人应保护发包人的知识产权,不得向第三人泄露、转让发包人提交的产品图纸等技术经济资料。如发生以上情况并给发包人造成经济损失,发包人有权向设计人索赔。

(3) 双方违约责任

①发包人必须按合同规定支付定金,收到定金作为设计人设计开工的标志。未收到定金,设计人有权推迟设计工作的开工时间,且交付文件的时间顺延。

②在合同履行期间,发包人要求终止或解除合同,设计人未开始设计工作的,不退还发包人已付的

定金;已开始设计工作的,发包人应根据设计人已进行的实际工作量,不足一半时,按该阶段设计费的一半支付,超过一半时,按该阶段设计费的全部支付。

③发包人应按合同规定的金额和时间向设计人支付设计费,每逾期支付一天,应承担支付金额千分之二的逾期违约金。逾期超过30天以上时,设计人有权暂停履行下阶段工作,并书面通知发包人。发包人的上级或设计审批部门对设计文件不审批或合同项目停建或缓建,发包人均应按上一条的规定支付设计费。

④设计人对设计资料及文件出现的遗漏或错误负责修改或补充。由于设计人员错误造成工程质量事故损失,设计人除负责采取补救措施外,应免收直接受损失部分的设计费。损失严重的,设计人应根据损失的程度向发包人支付赔偿金。赔偿金按实际损失的比例来计算,双方应在合同中约定赔偿金的比例。

⑤由于设计人自身原因,延误了按合同规定的设计资料及设计文件的交付时间,每延误一天,减收该项目应收设计费的千分之二。

⑥合同生效后,设计人要求终止或解除合同,设计人应双倍返还发包人已支付的定金。

6)其他约定

(1)超出工程设计收费标准咨询服务范围的约定

①发包人要求设计人派专人留驻施工现场进行配合与解决有关问题时,双方应另行签订补充协议或技术咨询服务合同。

②设计人为本合同项目所采用的国家或地方标准图,由发包人自费向有关出版部门购买。发包人要求设计人提交的设计资料及文件份数超过《工程勘察 工程设计收费标准》(SITSI/CH 002—1996)规定的份数,发包人应向设计人另付超过规定份数部分的工本费。《工程勘察 工程设计收费标准》(SITSI/CH 002—1996)中规定为设计人提供设计文件的标准份数为:初步设计、总体设计分别为10份,施工图设计、非标准设备设计、施工图预算、竣工图分别为8份。

③对工程设计资料及文件中的建筑材料、建筑构配件和设备,应当注明其规格、型号、性能等技术指标,但设计人不得指定生产厂或供应商。发包人需要设计人的设计人员配合加工订货时,所需费用由发包人承担。

④发包人委托设计人配合引进项目的设计任务,从询价、对外谈判、国内外技术考察直至建成投产的各个阶段,应吸收承担有关设计任务的设计人员参加。出国费用,除制装费外,其他费用由发包人支付。

⑤发包人委托设计人承担合同规定内容之外的工作服务,另行支付费用。

(2)合同效力的约定

①工程设计合同经发包人与设计人双方签字盖章后即生效。

②设计合同生效后,按规定应到项目所在地省级建设行政主管部门规定的审查部门备案,双方认为必要时,到工商行政管理部门申请鉴证。双方履行完合同规定的义务后,本合同即行终止。

③设计人为本合同项目的服务至施工安装结束为止。

④由于不可抗力因素致使合同无法履行时,双方应及时协商解决。

⑤双方认可的来往传真、电报、会议纪要等,均为合同的组成部分,与双方签订的协议书具有同等法律效力。

⑥未尽事宜,经双方协商一致,签订补充协议,补充协议与本合同具有同等效力。

(3)合同争议的解决

通常约定当设计合同发生争议时,发包人、设计人应该本着友好合作的精神及时协商解决合同争议。同时,双方应在合同中约定,当双方协商不成时,是向合同中约定的仲裁委员会提请仲裁,还是依法向人民法院起诉。

20.4.3 合同管理的重点及对策

合同管理是总体总包管理中的一个重要部分,通过合同文本来确定业主、总体总包单位、工点设计单位的权利和义务,通过请款的规定来保证轨道交通项目的顺利进行,与计划管理工作相辅相成通过合同来明确各专业、各工点之间的接口,保证项目不存在设计的遗漏和混乱。合同管理大致有以下一些重难点及应采用的对策。

（1）合同的签订需要经过双方或者三方的认可,在合同的签订之前需经过合同谈判,因此,合同管理组要组织好协调沟通工作。为提高合同的签订效率,合同管理组可根据轨道交通的共性制定一些合同范本。

（2）城市轨道交通项目在实施过程中可能会发生变化,而这些变化却是在原合同范围以外,这时就需要补充合同。对于业主下达的超出合同规定的重大设计方案,与业主签订补充合同或补充协议,并与相应的工点设计单位签订相应的补充合同或补充协议;对于零散的合同外工作,与业主商定处理办法,并组织各工点设计单位认真做好工作量的计算及用工的统计,总体总包单位统一与业主清算。

（3）城市轨道交通项目是一个复杂的系统,涉及的工点设计单位较多,合同的数量及类型也繁多。为便于管理,合同管理组宜分线或分设计单位建立合同管理台账(含签订合同管理台账、终止合同管理台账)。

（4）设计费的付款是分段进行的,因此与项目的进度有着密切的联系。合同管理组应该根据计划管理组提供的项目进度资料组织工点设计单位付款,并编制设计费支付计划或付款计划。

（5）合同管理组宜建立"各工点设计费支付情况与合同情况汇总表",以便清晰地记录合同的执行情况。

20.5 施工合同管理

施工合同是指建筑安装工程承包合同,它是建设工程项目的主要合同,是具有法人资格的发包方（业主或总承包单位等）和承包方（施工单位或分包单位）为完成商定的建筑安装工程,明确双方权利、义务关系签订的合同。施工合同是控制工程建设质量、进度、投资的主要凭据。因此,要求承发包双方签订施工合同须具备相应资质条件和履行合同的能力,发包人对合同范围内工程的建设必须具备组织协调能力。承包方必须具备有关部门核定的资质等级并持有营业执照、有能力完成所承包的工程建设任务。

由于施工合同具有合同标的特殊性、合同履行期限的长期性、合同内容的多样性与复杂性、合同管理的严格性（包括对合同的签订、合同的履行管理、对合同主体的管理）等特点,因此,对施工合同的签订、履行与管理应更为谨慎、严格与负责。

20.5.1 施工合同的签订

建设工程项目施工合同按计价方式不同,可分为单价合同、总价合同、成本加酬金合同。按合同所涉及的施工内容可分为土木工程施工合同、设备安装施工合同、管道线路敷设施工合同等。按承包单位的数量不同可分为总承包施工合同、分承包施工合同。无论施工合同的种类如何划分,编制与签订施工合同所遵循的程序是基本相同的。

1）编制施工合同应具备的条件

（1）初步设计已经批准。

（2）工程项目已经列入年度建设计划。

（3）有能够满足施工需要的设计文件和有关技术资料。

(4) 建设资金和主要建筑材料设备来源已经落实。

(5) 招投标工程,中标通知书已经下达。

除此之外,承发包双方签订施工合同,必须具备相应资质条件和履行施工合同的能力。承办人员签订合同,应取得法定代表人的授权委托书。

2) 签订施工合同应遵守的原则

(1) 遵守国家的法律、法规和国家计划原则。签订施工合同,必须遵守国家的法律、法规,也应遵守国家的建设计划和其他计划(如贷款计划等)。

(2) 平等互利、协商一致的原则。签订施工合同的当事人双方,都具有平等的法律地位,任何一方都不得强迫对方接受不平等的合同条件。合同的内容应当是互利的,不能单纯损害一方的利益。协商一致则要求施工合同必须是双方协商一致达成的协议,并且应当是当事人双方真实意思的表示。

(3) 明确合同当事人的权利义务。签订书面合同一方面可以弥补中标通知书过于简单的缺陷,另一方面可以将招标文件和投标文件中规定的有关实质性内容(包括对招标文件和投标文件所作的澄清、修改等内容)进一步明晰化和条理化,并以合同形式统一固定下来,有利于明确双方的权利义务关系,督促合同的执行。

应注意的是,招标人与中标人双方签订的书面合同,仅仅是将招标文件和投标文件的规定、条件和条款以书面合同的形式固定下来,招标文件和投标文件是该合同的依据。因此,订立书面合同,不得要求投标人承担招标文件以外的任务或修改投标文件的实质性内容,更不能背离合同实质性的内容另外签订协议,否则因该合同(协议)违背了招标投标的宗旨,合同(协议)应为无效。

3) 施工合同的签订

建设工程施工合同作为合同的一种,其签订也是经过要约和承诺两个阶段,发包方应通过招标投标的方式选择施工承包方。

中标通知书发出后,中标的承包方应当与发包方及时签订施工合同,对双方的责任、义务、权益等合同内容作出进一步的文字明确。依照《工程建设施工招标投标管理办法》有关规定,中标通知书发出30天内,中标的承包方应与发包方依据招标文件、投标书等签订施工合同。投标书中已确定的合同条款在签订时不得更改,合同价应与中标价相一致。如果中标的承包方拒绝与发包方签订合同,则发包方有权不再返回其投标保证金,建设行政主管部门或有关机构还可给予一定的行政处罚。

20.5.2 工程承包合同

1) 承包合同类型

工程承包是指承包商接受业主的委托完成全部或部分工程,并收取相应的报酬,业主和承包商的权利义务由工程承包合同约定。

一般来说,业主都要求承包商在质量优良的同时,尽可能降低造价、缩短工期。为满足这些条件,产生了各种各样的合同形式,我们以承包价格的确定方式对工程承包合同进行分类。据现行《建设工程施工合同(示范文本)》(GF—1999-0201),承包价格的确定分为3种方式:固定价格合同、可调价合同和成本加酬金合同。

(1) 固定价格合同

根据风险范围的不同,固定价格合同分为固定总价合同和固定单价合同。

①固定总价合同。指承包商以约定的固定合同金额,根据工程设计和相关规范来完成合同规定工作的一种合同。当设计和规范发生变更时,相应的合同金额也发生变更。采用固定总价合同的方式,要求工程的设计、规范在招标时就非常明确,足以估算其合同金额。如果有不明确的部分,投标人就可能因为存在风险而不得不提高不可预见费,从而增加报价。

固定总价合同对承包人来说有利有弊,如果能降低成本则有可能盈利;如果误解了业主招标时设计、规范的要求,遗漏了部分承包范围,则有亏损的风险。固定总价合同对于业主来说同样有利有弊,在签订合同的同时就确定了工程造价,便于资金筹措,但前提是必须在招标时就明确工程的设计、规范,需要有充足的准备时间,所以工期比较长。

②固定单价合同。这种方式是把工程细分为单位单项工程子目,业主在招标前估算出每个单位单项工程子目的数量,投标人只需要估算每个单位单项工程子目的价格,实际支付是实际发生的工程量乘以每个单位单项工程子目的价格。

这种方式对于业主来说,招标时不用固定总价合同那样必须提供详细的设计、规范,但需要提供足够的技术资料给投标人,以推断工程的性质和技术难度。一般情况下,价格随着工程量的变化而波动,当实际工程量与估算工程量相差超过10%或15%时,可能需要改变施工方法,引起单价较大幅度的变化,调整价格由业主和承包商协商确定。

承包商在估算单价时,应特别注意业主提供的工程量是依据什么计量规则计算出来的。同一个工程依据不同的工程量计量规则,不仅估算数量会相差很大,而且包含的工作内容也会相差很远,必须引起承包人的足够重视,否则合同签订后会存在较大的风险。

(2) 可调价格合同

可调价格合同是指在约定的合同价格基础上,如果出现物价涨落,合同价格可以相应调整,一般适用于物价不稳定的国家或地区。

我国大部分省市确定合同价格的依据是当地的定额,与定额相配套的有各种各样的调价方式,如月或季度的调价系数,竣工期调价系数,材料信息或市场价与招标文件规定的基期价的差额等。物价比较平稳时,一般来说调价系数也比较小,可以在合同价格中预计风险系数的方式,把可调价合同转变为固定价格合同。

(3) 成本加酬金合同

这是约定业主支付工程必要的成本和酬金的承包合同方式,适用于设计、规范不充分但又急于开工,既不能确定总价也不能确定单价的情况。一般来说,成本包括材料、设备、劳务费、施工机械费、临时设施费和税金等完成工作所需要的成本。酬金包括管理费和利润。根据酬金的确定方式不同,成本加酬金合同还可以分为成本加百分比合同、成本加固定费用合同和最高成本限额加奖惩合同。

2) 工程承包合同条件示范文本

工程承包合同约定合同当事人的权利义务,根据合同条件、工程规范、图纸等,确定合同当事人工作的范围和内容、价款支付等合同履行的方式。

由于工程的特殊性和复杂性,如果每个工程承包合同都需要起草合同文件,不仅起草和谈判的时间很长,而且还很难保证合同的严密性和科学。所以,每个国家和地区都出现了标准合同条件,同类工程可以用同一种标准的合同条件,针对每个工程的具体情况再补充约定。

一般工程承包合同由协议书、标准合同条件、专用合同条件组成。合同条件是把合同条款标准化,因此,为了反映每个工程的特殊性,可以在专用条件中对标准条件的一部分进行修改、补充或删减。协议书要内容简要,包括约定构成工程承包合同的文件明细表,并设置业主和承包商的署名栏。

根据工程的种类,工程承包合同分为建筑工程合同、土木工程合同、机电工程(电气、机械设备、加工设备)合同、加工设备工程合同;根据投资来源,工程承包合同分为政府工程合同和民间工程合同;根据工程范围,工程承包合同分为交钥匙合同、半交钥匙合同、阶段承包合同、专项承包合同;根据合同金额的确定方法,工程承包合同分为总价合同、单价合同、成本加酬金合同;根据承包商的地位,工程承包合同又可分为总承包合同、分承包合同、直接承包合同等。

20.5.3 施工合同的履行

1) 施工合同的履行

施工合同的履行,是指施工合同当事人双方根据合同规定的各项条款,实现各自的权利,履行各自义务的行为。施工合同一旦生效,对双方当事人具有法律约束力,双方当事人必须严格履行。

施工合同的履行应遵守全面履行原则和实际履行原则。施工合同的全面履行要求合同当事人双方必须按照施工合同规定的全部条款履行。包括履行的方式、地点、期限,合同的价款,工程建设的数量和质量,都应当按照施工合同的规定履行。

施工合同的实际履行则要求合同当事人双方必须依据施工合同规定的标的履行。因为工程建设具有不可替代性、较强的计划性、建设标准的强制性,这一原则在工程建设中显得尤为重要。合同当事人不能以支付违约金来替代合同的履行。例如工程项目必须符合国家强制性标准的规定,施工承包方不能以支付违约金代替履行,必须对工程进行返工或修理,使其达到国家强制性标准的规定。

施工阶段是合同双方履行各自义务与责任的重要阶段,业主和承包商都应履行各自的义务与责任。

(1)业主的义务与责任

①发包方及时向承包方提供所需的指令、批准、图纸并履行其他约定的义务。

②按协议条款约定的时间和要求一次或分阶段完成办理土地征用、房屋拆迁以及水、电、通信、道路等施工准备工作。

③向承包方提供施工场地所需的工程地质、水文地质和地下管网资料,并保证资料数据真实准确。

④办理施工所需的各种证件、批件、施工临时用地、道路占用及铁路专线的申报批准手续。

⑤以书面形式将水准点、坐标控制点等交给承包方,并进行现场交验。

⑥协调处理施工现场周围地下管线和邻近建筑物、构筑物的保护,并承担有关费用。

⑦组织承包方、设计单位进行图纸会审与技术交底。

⑧按工程进度支付工程款。

业主不按合同约定完成以上工作造成延误,应承担由此造成的经济支出,赔偿承包方有关损失,工期相应顺延。

(2)承包方的义务与责任

①在其资格证书允许的范围内,按发包方要求完成施工组织设计并经业主代表或监理工程师批准后使用。

②向业主代表或监理工程师提供年、季、月、周工程进度计划和相应进度统计报表、工程事故报告。

③按工程需要提供和维修施工使用的照明、围栏、值班看守警卫等。

④按协议条款约定、向业主代表或监理工程师提供施工现场办公和生活的房屋及设施,发生的费用由业主负责。

⑤遵守地方政府和有关部门对施工场地交通和施工噪声等管理规定,经业主同意应办理有关手续,除因承包方责任罚款外应由业主承担有关费用。

⑥按协议条款约定负责对已完工程的成品保护工作,并对其间所发生的工程损坏进行维修,业主提前使用后发生损坏的修理费用自负。

⑦保证施工现场清洁符合有关规定,交工前清理现场达到合同文件的要求,承担违反有关规定造成的损失和罚款。

⑧按合同协议条款约定,有权按进度获得工程价款,若与业主签订提前竣工协议,有权获得奖励或提前竣工收益的分享。

⑨对发生的不可预见事件而引起合同中断或延期履行,承包方有权提出解除施工合同或提出赔偿要求。

施工合同的工程竣工、验收和竣工决算是施工合同履行最终的三项基本内容,工程竣工验收必须在全部履行施工合同约定的期限条款、数量条款和质量条款的前提下进行。因此,承包方必须同时严格遵守合同约定的时间、数量、质量等条款。

工程竣工后,则应组织竣工工程验收。竣工工程应当根据施工合同规定的施工及验收规范和质量评定标准,由业主组织验收。验收合格后由当事人双方签署工程验收证明;验收不合格,在双方当事人协商期限内,由承包方负责返工修理,直至合格为止。承包方只承担由于本身原因造成的返工修理费用。

竣工结算应根据施工合同规定在工程竣工验收后一定期限内按照经办银行的结算办法进行。在工程价款未全部结算拨付前，承包方不能交付工程，即可对工程实施留置。在全部结算并拨付完合同规定的工程款后在合同规定的期限内承包方向业主交付工程。

2）业主施工合同管理

施工合同管理，是指各级工商行政管理机关、建设行政主管机关、金融机构以及工程发包单位、社会监理单位、承包企业依照法律、行政法规、规章制度，采取法律的、行政的手段，对施工合同及履行进行组织、指导、协调及监督，保护施工合同当事人的合法权益，解决施工合同纠纷，防止并制裁违法行为，保证施工合同实施的一系列活动。

这些管理划分为以下两个层次：第一层次为国家机关及金融机构对施工合同的管理；第二层次则为建设工程施工合同当事人及监理单位等对施工合同的管理。业主和监理单位对施工合同的管理包括施工合同的签订管理、履行管理和档案管理等三个方面。

(1) 施工合同的签订管理

在业主具备了与承包方签订施工合同的情况下，发包方或者监理单位可以对承包方的资格、信誉和履约能力进行预审。对承包方的预审，招标工程可以通过招标预审进行，非招标工程可以通过社会调查进行。

业主和监理工程师还应做好施工合同的谈判签订管理，使用施工合同示范文本时，要依据《合同条件》逐条与承包方进行谈判。经过谈判后，双方对施工合同内容取得完全一致意见后，即可正式签订施工合同文件，经双方签字、盖章后，施工合同即正式签订完毕。

(2) 施工合同的履行管理

业主和监理工程师在合同履行中，应当严格按照施工合同的规定履行应尽的义务。施工合同内规定应由业主负责的工作，都是合同履行的基础，是为承包方开工、施工创造的先决条件，业主必须严格履行。

在履行管理中，业主、甲方代表、监理工程师应维护自己的权利，履行自己的职责，对承包方的施工活动进行监督、检查。业主对施工合同履行的管理主要是通过甲方代表或监理工程师进行的。在合同履行中进行以下管理工作。

①工期管理方面。按合同规定要求承包方在开工前提出包括分月、分阶段进度施工的总进度计划，并加以审核；按照分月、分阶段进度计划进行实际检查；对影响进度计划的因素进行分析，属于业主的原因，应及时主动解决；属于承包方的原因，应督促其迅速解决；在同意承包方修改进度计划时，审批承包方修改的进度计划；确认竣工日期的延误等。

②质量管理方面。检验工程使用的材料、设备质量；检验工程使用的半成品及构件质量；按合同规定的规范、规程监督检验施工质量；按合同规定的程序验收隐蔽工程和需要中间验收工程的质量；验收单项竣工工程和全部竣工工程的质量等。

③费用管理方面。严格进行合同约定的价款管理；当出现合同约定的情况时，对合同价款进行调整；对预付工程款进行管理；对工程量进行核实确认，进行工程款的结算和支付；对变更价款进行确定；对施工中涉及的其他费用管理，如专利技术等涉及的费用；办理竣工结算；对保修金进行管理等。

④安全管理方面。如安全施工方面的费用等。

(3) 施工合同的档案管理

业主和监理工程师应做好施工合同的档案管理工作，工程项目全部竣工之后，应将全部合同文件加以系统整理，建档保管。在合同的履行过程中，对合同文件，包括有关的签证、记录、协议、补充合同、备忘录、图件、电报、电传等应做好系统分类、认真管理。

20.6 监理合同的管理

20.6.1 监理合同的文本结构

监理委托合同示范文本由标准合同、合同标准条件和合同专用条件三部分组成。

1）标准合同

标准合同是一个标准化的合同法律文件，业主和监理单位就合同专用条件中的各条款经过协商达成一致后，只需将该文件中的委托监理工程的概况、执行监理业务的起止时间和正副本份数等空白栏目具体填写，并经合同双方签字盖章后，监理委托合同即发生法律效力。

该合同中工程概况栏目下需填写的内容包括工程名称、工程地点、工程规模、总投资、监理范围。除此之外，还包括以下几部分文件。

（1）监理委托函或中标函。
（2）工程建设监理合同标准条件。
（3）工程建设监理合同专用条件。
（4）在实施过程中共同签署的补充与修正文件。

2）合同标准条件

标准条件是指只要属于工程建设监理范畴之内的委托合同，不论工程建设项目的行业性质如何，工程项目的实施地点在哪一地域，该标准条件均可适用。标准条件中明确规定了合同正常履行过程中业主和监理单位的权利、义务和职责，合同履行过程中规范化的管理程序，以及合同履行过程中遇到非正常情况时的责任界限和应遵循的处理程序。

标准条件共分为 11 小节，46 条。内容包括：词语定义、适用语言和法规；监理单位的义务；业主的义务；监理单位的权利；业主的权利；监理单位的责任；业主的责任；合同生效、变更与终止；监理酬金；其他；争议的解决等。

标准条件作为通用性的范本，各条款内容规定得明确、具体，双方在签订合同时不需要做任何改动或补充内容，业主和监理单位都应当遵守。

3）合同专用条件

由于标准条件适用于所有类型工程项目建设的监理委托合同，其规定的责任条件和管理程序属于共性因素，而某一具体委托的监理任务又会受到项目的专业特点、工程所在地域的条件以及业主委托的监理工作范围不同而具有各自的独特性，因此示范文本中要求合同当事人双方经过协商一致后，针对工程项目的个性、所处的自然和社会环境具体编写专用条件。

标准条件和专用条件起着互为补充说明的作用，专用条件内的条款顺序号应与被补充、修正或说明的标准条件条款序号一致，即两部分内容中相同序号的条款共同组成一个内容完备说明某一问题的条款。若标准条件内的条款已是一个完备的条款时，专用条款内可不再列此序号，因此专用条件内的条款只是按序号大小排列。

20.6.2 监理合同专用条款的主要内容

专用条件中的条款是针对具体工程项目委托的监理任务而具体协商议定，下面仅就其中的某些条款内容在议定时应注意的问题作简要说明。

1）执行监理业务适用的法规和依据

监理单位执行监理任务除了必须严格履行监理合同外，还必须遵守国家的法律和行政法规。作为开展监理工作的依据文件，也应根据委托任务的特点明确写入专用条件内不可遗漏。依据文件通常包括以下内容。

(1)上级主管部门对本项工程的有关指示文件或批件。

(2)业主与第三方所签订的承包合同。

(3)批准的可行性研究报告或设计文件。

(4)现行的工程质量评定标准及施工验收规范。

(5)工程造价管理制度。

2)监理工作

监理单位受业主委托负责工程项目建设的全过程或某一阶段的监理服务工作。按照标准条件的规定,工作内容可分为正常的监理工作、附加监理工作和额外监理工作三类。

3)执行监理业务的时间

合同内注明的起止时间,是在签约时双方按开展正常监理工作所预计的时间,监理单位的报价和业主接受的合同价格也是以此为基础,但合同履行过程中往往会因附加工作和额外工作而延长预定的监理工作时间。

标准条件内规定,因第三方违反合同规定的质量要求和完工(交图、交货)时限,以及不可抗力导致监理合同不能全部或部分履行,监理单位均不承担责任,因此监理合同的有效期不一定等于签约时注明的时间间隔。如果因工程建设进度的推迟或延误而超过约定的日期,双方应进一步约定相应延长的合同期。

4)业主应提供的必要方便条件

为开展正常的监理业务,业主应在可能的范围内提供外部和内部的方便条件,而这些条件均应详细写入专用条件内。

(1)业主应当负责工程建设的所有外部关系的协调,为监理工作提供外部条件。

(2)向监理单位提供与工程有关的所需工程资料。

(3)为监理单位提供必要的信息服务,以利于监理工作的顺利进行。

(4)为开展监理工作提供必要的物质条件。

(5)为监理单位提供必要的人员服务。

5)监理酬金

(1)正常监理工作的酬金

监理单位的正常监理工作酬金,即为业主在监理中标函中注明的取费方式和金额。在专用条件内应写明计算方法、各阶段应支付的时间和金额。

(2)附加监理工作酬金

专用条件内对附加监理工作应写明附加监理工作酬金的计算方法和影响事件发生后多少天内支付。

附加监理工作一般是指以下两类情况:

第一类为业主未能按专用条件内的约定提供监理设施或人员服务,监理单位为了监理业务的正常开展不得不采取相应措施予以解决,因此而导致的所有额外费用均应由业主给予完全补偿。

第二类是指由于业主和第三方的原因使监理工作受到阻碍或延误,导致增加了工作量或持续时间。

(3)额外监理工作酬金

额外监理工作是指因非监理单位原因导致终止执行监理业务的善后工作,或暂停执行监理业务时的暂停日后的善后工作和恢复监理业务前的准备工作。

(4)奖金

双方在监理合同的专用条件内写明,由于监理单位的优质服务而使得工程监理项目的施工工期提前或因工程质量优良而给业主带来经济效益时,可给予监理单位一定奖励的计算方法,以及监理单位所提出的合理化建议可节约投资的奖励办法。后一种情况,奖励办法可参照国家颁布的合理化建议奖励规定。

6）业主方的违约责任

业主应当履行监理合同约定的各项义务，如有违反则要承担相应违约责任，赔偿监理单位所造成的经济损失。承担违约责任的形式包括以下几方面。

（1）以增加附加工作或额外工作的形式延长监理合同有效期并给予相应的经济补偿，一般指以下几种情况。

①业主未能完成外部协调工作而影响了正常监理工作的进行。

②业主未能按时向监理单位提供有关的工程资料。

③业主未能在专用条件约定的时间内，对监理单位书面提交要求作出决定的有关事宜及时作出书面答复而影响监理工作的正常进行。

④业主未能按专用条件的约定提供开展监理工作所需的设施或服务人员，而导致监理单位发生额外的支出。

⑤因业主方的原因而导致监理工作的暂停或被迫终止等情况。

（2）补偿拖欠支付酬金的利息。

如果业主在规定的支付期限内未支付监理酬金，自规定之日起，应当向监理单位补偿应支付酬金部分的利息。利息额按规定支付期限最后一日银行贷款利率乘以拖欠酬金时间计算。

（3）承担因其违约行为而导致监理单位单方面终止合同的后果。

标准条件内规定，监理单位在发生两种情况时可以单方面要求终止监理合同。

第一种情况是属于业主应承担的合同风险责任而导致暂停执行监理业务的时间超过半年。

第二种则是指业主严重拖欠监理酬金支付的违约行为。

7）监理单位的违约责任

监理单位的合同义务和职责是运用自己的知识和技能协调、监督、管理委托范围内工程项目的实施，以及提供技术咨询服务，他们应公正地处理实施过程中所遇到的各种问题，保证工程项目按预定目的实现。监理单位的违约行为大致包括以下几个方面。

（1）派驻现场的监理人员不符合合同中的约定

监理单位在签署监理合同后，首先应向业主报送委派的总监理工程师及监理机构的主要成员名单和派驻现场的时间计划。在合同履行过程中不得擅自更改计划。

（2）赔偿业主损失

执行监理业务过程中，如果监理机构未取得业主的同意而擅自越权发布指令导致较大幅度地提高工程造价或延长工期，以及因其严重失职行为而给工程项目的建设带来损害时，应承担违约赔偿责任。

（3）业主单方面终止合同

监理单位严重违约而使监理合同无法继续履行下去时，业主有权单方面决定终止合同。这些情况一般如下。

①监理单位派驻现场的人员资质严重不合格或人数短缺而使监理工作不能正常进行。

②监理单位因其严重过失行为给业主带来重大损失，已不具备完成合同义务的能力。

③事前未在合同内约定，事后又未征得业主的同意，而将主要工程部位的监理工作分包给不具备资质的单位执行监理业务。

④私自转让监理合同。

⑤监理单位参加与合同规定的业主利益相冲突活动，而严重损害了业主利益。

⑥未经业主同意，监理单位及职员接受被监理方的贿赂。

8）合同争议的解决

标准条件内规定的解决合同争议的方式与《中华人民共和国合同法》一致，即因违反或终止合同而引起的对损失和损害的赔偿，业主与监理单位之间首先应当协商解决，如未能达成一致，可提交主管部门协调，仍未达成一致时，根据双方约定提交仲裁机构仲裁或向人民法院起诉。

对于发生合同争议后,通过协商和第三方调解后仍不能解决时,最终的解决方式应在专用条件内注明。

20.6.3 监理合同的管理

监理委托合同签订后,业主除了为监理单位提供合同内约定的外部协调、物质和人员服务外,委托监理工作范围内的项目建设活动就交予监理单位具体负责协调、管理、监督,业主仅对重大问题的决策作出决定,对超越监理授权范围的事项给予指示,对三大目标进行较为宏观的控制。为了保证工程项目建设的顺利实施,业主应依据监理委托合同对监理机构履行合同的行为给予监督和检查。

1) 开工前业主方的责任和义务

(1) 负责完成工程开工前所需的外部协调关系,满足开展正常监理工作的外部条件。

(2) 向监理单位提供专用条件内约定的资料、设施和人员服务。

(3) 授权一名熟悉本工程情况,能迅速作出决定的常驻代表,负责与监理单位建立工作联系。如果需要更换常驻代表时,要提前通知监理单位。

(4) 审核并批准监理单位报送的总监理工程师及其监理机构主要成员名单。

监理单位聘请的技术顾问或业主方提供的职员和服务人员不能作为监理班子的成员。合作监理单位必须是持有相应监理资质等级证书的监理单位。

(5) 审查监理单位报送的监理规划,对其中不满意之处提出修改意见,并最终批准监理规划。

(6) 将授予监理单位的监理权利,以及监理机构主要成员的职能分工,及时书面通知已选定的第三方,并在与第三方签订合同中予以明确。

2) 合同正常履行过程中的管理

(1) 负责满足工程正常进行和开展监理工作所需外部环境条件的协调工作。

(2) 选择可靠的承包商负责实施工程项目的建设或承担某一部分工作。业主有选定工程总设计单位和总承包单位,并与其签订合同的权利,监理单位在选择过程中只有建议权,并负责配合招标工作。但业主不与分包单位发生直接关系,而将总包单位选择的设计分包单位和施工分包单位的确认或否定权授予监理单位。

(3) 及时将自己对工程项目实施的某些意图或想法通知监理单位并与其协商,由监理单位在协调管理过程中贯彻实施。

(4) 对监理单位提交的各种要求作出决定的事宜及时给予书面回答,不应因其延误而耽搁工程的进展。

(5) 落实筹措资金的到位,按时支付承包商的工程进度款和监理酬金,以保证各个合同的顺利履行。

在工程承包合同约定的工程价格范围内,监理单位有对工程款支付的审核和签认权,以及结算工程款的复核确认权和否定权。未经监理机构签字确认,业主不应给承包单位支付工程款。

(6) 参加协调会议。

业主应定期与监理单位举行协调会议,交流信息及交换各自对工程进展中所发生问题的看法或建议,也可就某一问题召开临时会议,业主能及时与监理单位沟通是保障监理工作正常开展的有效措施。会议内容包括对风险的预测,应采取的防范措施,以及特殊事件发生后的处理方法等。

(7) 文档管理工作。

业主的项目管理机构应建立各种文件、报表的管理系统,用计算机进行档案管理,及时发现工程实施过程中可能发生的各类风险,以便及时采取有效措施减小风险损失或预防风险事件的发生。

3) 对监理单位授权范围之外事件的决策

按照合同标准条件中的规定,业主的决策权表现在以下几个方面。

(1) 业主有对工程规模、设计标准、规划设计、生产工艺设计和设计使用功能要求的认定权,监理单位只有建议权。

（2）对工程结构设计和其他专业设计中的技术问题,监理单位可以按照安全优化的原则自主向设计单位提出建议,并向业主提出书面报告。业主对工程设计变更拥有审定权。

（3）监理单位对施工组织设计和技术方案,按照保质量、保工期和降低成本的原则,可以自主向承建商提出建议,并向业主书面报告。如果由于拟提出的建议会提高工程造价、延长工期,应当事先取得业主同意。

（4）监理单位有对参与建设有关单位进行组织协调的主持权,但重要协调事项应事先向业主报告。

（5）监理单位须报经业主同意,才能发布开工令、停工令和复工令。

（6）监理机构在业主授权下,可对任何第三方合同规定的义务提出变更。但如果这种变更会严重影响工程费用,或质量、进度,则须事先经过业主批准。

（7）有权单方面中止监理合同。

业主提出中止合同的原因可能基于以下三个方面的考虑。

①监理单位严重违约使得监理合同已无法顺利实施。

②项目实施过程中发生了不可抗力事件,导致双方无法再履行合同义务。

③由于国家政策的调整,工程项目停建或缓建。

4）督促监理单位履行合同义务

（1）对监理机构的人员进行控制。

①对业主批准的总监理工程师人选监理单位不得随意更换。

②监理机构参与监理工作的人员必须按进驻计划批准的人员按时、按量执行监理任务。

③有权要求监理单位更换不称职的监理人员等。

（2）通过监理机构提供的监理工作月报,监督工程的进展情况和检查监理机构的工作质量,并对其不满意之处及时提出处理意见。在确有必要时,业主还有权要求监理机构就其监理业务范围内的有关事项提交专项报告。

（3）追加或减小对监理机构的授权范围。

为了保证工程项目建设过程中的协调、监督、管理工作高效有序地进行,业主应授予总监理工程师独立自主作出决定的一定权限范围。

业主对总监理工程师的授权权限可根据工程项目的特点、工程进展的实际情况,以及总监理工程师的管理水平和能力,随时扩大授权范围或减少授权。但在授予权限以及变更授权范围时,均应相应通知被监理单位。

20.7 物资、设备采购合同管理

工程项目物资、设备采购合同,是指具有平等民事主体的法人及其他经济组织相互之间为实现建设物资买卖,通过平等协商明确相互权利义务的协议。依照协议,卖方(供货单位)将建设物资交付给买方(采购单位),买方接受该项建设物资并支付价款。

建设工程项目物资采购合同属于购销合同,除具有购销合同的一般特点外,又有其自身特点,如应依据工程承包合同订立,合同以转移财物和支付价款为基本内容,标购物品种繁多量大且供货条件与质量要求复杂,合同的卖方必须以实物的方式履行合同。因此,物资、设备采购合同的签订与履行显得尤为重要。

20.7.1 物资、设备采购合同的签订

1）材料采购合同的签订

（1）签订方式

①公开招标。由招标单位通过新闻媒介公开发布招标广告,采用公开招标方式进行大宗材料的采

购。通过投标报价、开标、确定中标单位,签订合同。

②询价、报价、签订合同。采购单位向供货单位发出询价函,要求他们在规定的期限内作出报价,并对报价进行比较,选定报价合理的厂商作为供货单位与其签订合同。

③直接定购。由材料采购方直接向材料生产厂商或经销公司报价,生产厂商或经销公司接受报价,签订合同。

(2)签订内容

①双方当事人的名称、地址、代理人的姓名与职务,法定代表人的姓名与授权委托书等。

②材料的名称、品种、型号与规格等、应符合采购单的规定。

③明确技术标准和质量要求。

④材料数量与计量方法的规定。

⑤材料的包装要求。

⑥材料的交付方式与交货期限。

⑦材料的价格与付费方式。

⑧违约责任及其他有关的特殊条款。

2)设备采购合同的签订

设备采购合同是指以工程项目所需设备为标的,明确当事人相互权利义务关系的协议。

设备采购合同的内容主要可分为两部分:第一部分是合同开头部分、包括项目名称、合同号、签约日期、签约地点、双方当事人名称等条款。第二部分为本文,即合同的主要内容,包括合同文件、合同范围和条件、货物及数量、合同金额、付款条件、交货时间、交货地点及合同生效等条款。其中合同文件包括合同条款、投标格式和投标人提交的投标报价表、要求一览表、技术规范、履约保证金、规格响应表、买方授权通知书等。货物及数量、交货时间和交货地点等均要求在一览表中明确,合同金额指合同的总价,分项价格在投标报价表中确定,合同生效条款规定本合同经双方授权部分为合同约尾,即合同的结尾部分,包括双方的名称、签字盖章及签字时间、地点等。

3)成套设备供应合同的签订

成套设备供应合同与建设材料供应合同一样都是购销合同,但它本身具有特殊性。首先,设备成套供应合同的需方必须是已经列入国家基本建设计划的业主单位。其次,设备成套供应合同的供方一般是国家为工程建设服务而专门组织的设备成套供应公司。

设备成套公司根据项目业主的要求,可分别采取下列三种承包供应合同。

(1)委托承包。设备成套公司根据发包单位按设计委托的成套设备清单进行承包供应,收取一定的成套业务费。少数要求供应时间紧、供应难度较大的设备,或按机组、系统、生产线组织设备以及需要进行技术咨询、开展现场服务的,可适当增加费率,具体由承发包双方确定。

(2)按设备费包干。根据发包单位提出的设备清单及双方核定的设备预算总价,由设备成套公司承包供应。

(3)招标投标。发包单位对需要的成套设备进行招标,设备成套公司参加投标,按照中标结果承包供应。

中标单位在接到中标通知书后,应在规定的时间内由招标单位组织与设备需方签订合同,并且招标文件和投标文件均为合同的组成部分,随合同一起生效。如果投标单位中标后拒签合同,按违约处理,招标单位和设备需方可将投标保证金予以没收,也可要求中标单位赔偿经济损失,赔偿额不超过中标金额的2%。如果设备需方在中标通知发出后拒签合同,应承担赔偿损失责任,赔偿额为中标金的2%。

合同生效后,招标单位可向中标单位收取少量服务费。服务费一般不超过中标设备金额的1.5%。

除上述各种方式外,设备成套公司还可以根据业主的要求以及自身的能力,联合科研单位、设计单位、制造厂家和设备安装企业等,从工艺、产品设计到现场设备安装调试实行设备成套总承包。

成套设备供应合同条款一般包括:产品的名称、品种、型号、规格、等级、技术标准或技术性能指标;

数量和计量单位;包装标准及包装物的供应与回收规定;交货单位、交货方法、运输方式、到货地点、接(提)货单位;交(提)货期限;验收方法;产品价格结算方式;开户银行、账户名称、账号;结算单位;违约责任;其他事项。

除上述内容外,还应注意成套设备价格的确定、成套设备数量及需配置的辅机、附件配件、成套设备所应达到技术标准和技术性能指标、交货单位、现场服务及保修的规定等。

20.7.2 物资、设备采购合同的履行

1) 材料采购合同的履行

(1) 按约定的标的履行。供货方交付的货物必须与合同规定的名称、品种、货号相一致,不得擅自以其他货物、违约金或赔偿金的方式代替履行合同。

(2) 按合同规定的期限、地点交付货物。提前交付货物,采购方可拒绝接受;逾期交付,供货方应承担逾期交付的责任,采购方若不再需要,应在接到供货方交货通知后15天内通知供货方。

(3) 按合同规定的数量和质量交付货物。对交付货物的数量与质量应当场检验,必要时还须作化学或物理试验,检验内在质量,检验的结果作为验收的依据,由双方当事人签字。

(4) 按约定的价格与结算条款履行合同义务。

(5) 明确双方违约的责任。

2) 设备采购合同的履行与管理

(1) 交付货物

供货方应按合同规定,按时、按质、按量地履行供货义务和服务工作,及时解决有关设备的技术质量、缺损件等问题。

(2) 验收

供货方交货采购方应及时进行验收,依据合同规定,对设备的质量及数量进行核实检验,如有异议,应及时与供货方协商解决。

(3) 结算

采购方对供货方交付的货物检验未发现问题,应按合同的规定及时付款;如果发现问题,在供货方及时处理达到合同要求后,也应及时履行付款义务。

(4) 违约责任

在合同履行过程中,任何一方都不应借故延迟履约或拒绝履行合同义务,否则应追究违约当事人的法律责任。

① 由于供货方交付的设备不符合合同的标的要求,成交的设备未达到质量技术要求,或数量、交货日期等与合同规定不符时,供货方应承担违约责任。

② 由于供货方中途解除合同,采购方可采取合理的补救措施,并要求供货方赔偿损失。

③ 采购方在验收货物后,不能按期付款,应按有关规定支付违约金。

④ 采购方中途退货,供货方可采取合理的补救措施,并要求采购方赔偿损失。

3) 成套设备供应合同的履行与管理

成套设备公司承包的设备因自身的原因未能按承包合同规定的质量、数量、时间供应而影响项目工程建设进度的,成套设备公司要承担经济责任。在项目建设过程中,成套设备公司对承包项目应派驻现场服务组或驻厂员负责现场成套技术服务,现场服务的主要职责包括以下几方面。

① 组织机械工业有关企业到现场进行技术服务,处理有关设备方面的问题。

② 了解、掌握工程建设进度和设备到货、安装进度,协助联系设备的交、到货进度等工作。

③ 参与大型、专用、关键设备的开箱验收,配合业主单位或安装单位进行处理设备在接运过程中发现的设备质量和缺损件等问题,并按《工业产品质量责任条例》明确产品质量责任。

④ 及时向主管部门报告重大设备质量,出现项目现场不能解决的其他问题或双方存在较大意见分

歧时,施工单位或用户坚持处理的,应及时写出备忘录备案。

⑤参加工程的竣工验收,处理工程验收中发现的有关设备问题。

⑥关心和了解生产企业派往现场的技术服务人员的工作情况和表现,建议有关部门或生产企业予以表扬和批评。

⑦做好现场服务工作日志,及时记录日常服务工作情况、现场发生的设备质量问题和处理结果,定期向有关单位报送报表、汇报工作情况,做好现场服务工作总结。

20.8 技术合同的管理

技术合同是当事人就技术开发、转让、许可咨询或者服务订立的确立相互之间权利义务关系的合同,是技术开发合同、技术转让合同、技术咨询合同和技术服务合同的总称。技术合同是合同法中的有名合同,它区别于其他合同的特征是其标的是技术或者与技术有关的行为,同时技术合同也是双务合同和有偿合同。城市轨道交通工程建设是一种涉及多种技术和高难技术的活动,所以技术合同是其工程建设中常见的一种合同。本节主要介绍技术咨询合同和技术服务合同。

20.8.1 技术咨询合同

技术咨询合同是当事人一方以技术知识为对方就特定技术项目提供可行性论证、技术预测、专题技术调查、分析评价报告等所订立的合同。技术咨询合同实际是完成技术咨询工作并交付工作成果的技术性承揽合同。上述定义强调了技术咨询必须是对特定的技术项目提供咨询,从而对技术咨询合同的基本法律特征和范围进行了高度概括。

(1)技术咨询合同的主要特征

①技术咨询是为特定的技术项目的科学决策提供咨询意见的智力服务和软科学研究活动的课题;是科研人员综合运用科学技术、专业知识、经验和信息手段进行的分析、论证、评价和预测工作成果是为科技决策所提供的咨询报告和意见中完成的技术性服务工作。这是技术咨询合同的本质特征。

②技术咨询的范围,可以包括宏观的科技决策和微观的技术方案选择,这也是技术咨询合同标的范围或界限。

③技术咨询合同标的特征表现为技术咨询合同履行的结果,即供委托人选择的咨询报告,具有不确定性。这种不确定性表现在两个方面:一是履行技术咨询合同的目的在于为科学研究、技术开发、成果推广、技术改造、工程建设、科技管理等特定技术项目提供可行性论证等软科学研究成果,供委托人决策时参考,并不要求受托人必须提供行之有效的技术成果或技术方案;二是受托人向委托人提交的咨询报告和意见可以是一种,也可以是数种,究竟选择哪一种,由委托人择优自由选择。

④技术咨询合同有其特殊的风险责任承担原则,即除合同另有约定外,技术咨询合同的受托人对委托人按照咨询报告和意见做出决策并付诸实施所发生的损失不承担责任。这一特殊的风险责任承担原则是技术开发合同、技术转让合同和技术服务合同所不具有的,这一特征是由技术咨询合同的本质特征及技术咨询合同标的物具有不确定性的特征派生出来的。

(2)技术咨询合同的适用范围

《全国法院知识产权审判工作会议关于审理技术合同纠纷案件若干问题的纪要》第70条指出:"合同法第356条第一款所称的特定技术项目,包括有关科学技术与经济、社会协调发展的软科学研究项目和促进科技进步和管理现代化,提高经济效益和社会效益的技术项目以及其他专业性技术项目。"

①有关科学技术、社会协调发展的软科学研究项目。主要包括科技发展战略研究技术政策和技术选择的研究科技发展规划的研究。

②促进科学进步和管理现代化,提高经济效益和社会效益的技术咨询项目。主要包括以下内容。

a.对重大工程项目、研究开发项目、技术改造和成果推广等可行性分析论证。

b. 对技术成果、重大工程和特定技术系统的技术评估。

c. 对特定技术领域、行业、专业和技术转移的预测。

d. 就专项技术进行技术调查,包括技术、社会和经济领域,但必须是属于特定技术项目并且进行技术性调查,非技术性的一般社会调查的经济项目调查不属于技术咨询合同的范畴。

③为技术成果和专业性技术项目提供咨询,主要包括以下内容。

a. 对技术产品和工艺一个方面或几个方面所进行的调查与分析,包括某项产品的技术原理、结构、物理性能、化学成分、材料、功能、用途以及成本、价格、质量、市场竞争能力、产品寿命、工艺原理、工艺方法、工艺流程以及工艺装备等。

b. 技术方案的比较,即新技术、新产品、新工艺、新材料及其系统的开发,引进和推广应用等技术方案的比较和优选。

c. 专用设施、设备的对策研究,即对在用的设施、设备是否经济、是否安全的问题等进行技术分析和安全对策咨询。

(3) 技术咨询合同与技术开发合同的区别

技术开发合同以当事人尚未掌握的新的技术方案为目标,是科学技术的创新和探索,完成的是可供实施的技术成果。而技术咨询合同是为科技决策服务而订立的合同,是反复运用所掌握和储备的科学知识和技术手段提供决策服务,是社会化的科学劳动,完成的工作成果是可供参考选择的建议和意见。

但在实践中有时会存在这样的情况,即新产品研制单位委托某专业研究机构就其新产品的设计方案进行可行性论证,研究机构在进行这部分咨询中常常对原设计方案加以修改,直至提出新的设计方案。这时,当事人之间可能会发生权利归属争议,委托人一般认为合同关系是咨询,成果是自己独立开发的,当然归己所有;而咨询方则认为,虽然形式是咨询或开始时是咨询,但实质上演变为咨询方参与了新的设计,是双方共同的创新性研究。因此,在这种情况下可主张双方关系应视为合作开发,成果归双方共同所有。对于这个情况,双方可事先在合同中加以约定,或者另行订立合同,将技术咨询关系转化为合作开发关系。

20.8.2 技术服务合同

技术服务合同是当事人一方以技术知识为对方解决特定技术问题所订立的合同,不包括承揽合同和建设工程合同。在技术服务合同中,要求为自己解决特定技术问题的一方为委托人,以技术知识为委托人提供服务的一方为受托人。

(1) 技术服务合同特征

①订立技术服务合同的目的是解决特定技术问题,其所称技术服务不是为一般的生产经营活动提供的服务,也不能理解为所有与技术开发、转让和咨询有关的活动的总和,而是解决特定技术问题的活动。技术服务合同所要解决的技术问题有几个特点。

a. 专业性,需要运用科学技术知识解决具有一定难度的专业性技术问题。

b. 广泛性,它不限于特定的领域和类型,不受技术类型和难易程度的限制。

c. 效益性,即解决这些技术问题的目的,是为了提高经济效益和社会效益。

d. 相对性,技术服务所要解决的技术问题,只是在一定期限一定地区具有技术难度的问题。

②技术服务合同的标的是智力劳动。在技术服务合同的履行中,受托人通过提供技术知识密集的智力劳动,为委托人进行一定的专业技术工作,所以该技术服务所运用的技术一般说来没有专有权,没有严格的保密性。

③技术服务的过程伴随着专业技术知识的传递。技术服务合同的受托人在完成一个专业技术工作的同时,要向委托人传授解决有关技术问题的知识、经验和手段。

(2) 技术服务合同的范围

下列专业技术项目有明确技术问题和解决难度的可以认定为属于技术服务合同的范围。

①设计服务。包括改进现有产品结构的专用工具、模具及工装的设计;有特殊技术要求的非标准专用设备的设计;引进设备和其他先进设备仪器的测绘和关键零部件及国产化配套件的设计。

②工艺服务。包括工艺流程的改进;有特殊技术要求的工艺编制;新产品试制中的工艺技术指导。

③测试分析服务。包括新产品、新材料性能的测试分析,非标准化的测试分析,有特殊技术要求的技术成果的测试分析。

④计算机技术应用服务。计算机系统软件编制和辅助设计等智力密集型的服务列入技术服务的范围。

⑤新型或者复杂生产线的调试。需要运用专业技术知识解决特定技术问题的仪器装备,生产线调试,符合技术服务的定义,可以列入技术服务合同范畴。

⑥特定技术项目的信息加工、分析和检索。该项服务属于特定科技信息服务。

⑦当事人一方委托另一方对指定的专业技术人员进行特定项目的技术指导和业务训练服务。但就职工培训、文化学习和按行业、单位计划进行职工业余教育的除外。

⑧当事人一方以知识、技术、经验和信息为另一方与第三方订立技术合同进行联系、介绍、组织工业化开发并对履行合同提供技术中介服务的项目。

⑨就下列项目订立的合同,其履行确需进行相应专业技术工作并有较大解决难度的,可以认定为属于技术服务合同标的范围,包括为特殊产品制定技术标准、为重大事故进行定性定量技术分析、为重大科技成果进行定性定址技术鉴定或者技术评价。但上述三项内容属于一般经营业务范围的情况除外。

下列合同不属于技术服务合同范围。

①对现有产品、工艺无改进设计的合同。

②工模量具及工装的设计沿用标准或定型设计的合同。

③没有特殊要求的一般通用设备的设计的合同。

④对引进的设备、仪器的关键零部件及国产化配套件的设计沿用已有的设计,没有解决特定的技术问题的合同。

⑤没有特殊技术要求的工艺性审查和工艺文件编制,仅就描绘技术图纸、复印、翻译技术文件资料所订立的合同。

⑥以对原有产品工艺技术没有改进的工艺服务为标的合同。

⑦采用常规手段,从事标准化计量分析测试服务的合同。

⑧属于简单劳动的计算机数据录入、数据存储和取用等一类的劳务合同。

⑨生产销售性的试车、开机、检修一类的运用常规手段按例行程序就可以完成的工作合同。

⑩无须运用一定的专业技术知识即可完成,而且也不传授、传递一定专业技术知识的简单的科技信息服务合同。

20.8.3 技术合同的主要内容

1) 项目名称

项目名称是指各类技术合同所涉及的技术合同标的项目的全称。技术合同的项目名称应反映合同的技术特征和法律特征,应使用规范表述并与合同内容相符。

2) 标的内容、范围和要求

技术合同标的内容、范围和要求等是当事人双方权利和义务的主要依据。按标的性质划分技术合同的类型。标的范围是从定量的角度去界定技术合同标的,明确技术合同包括哪些标的,以及标的物的合理数量,界定履行合同应提交的全部成果。具体来说,技术咨询合同标的是对特定技术项目进行分析、论证、评价、预测和调查等决策服务项目,应载明咨询项目的内容、咨询报告和意见的要求技术服务合同的标的是为解决特定技术问题,提高经济效益和社会效益的专业服务项目,应载明服务项目的内容、工作成果和实施效果。

3）履行的计划、进度、期限、地点和方式

履行技术合同的计划和进度应包含在合同中。合同履行的期限包括合同签订日期、完成日期和合同有效期限。合同履行方式是指当事人以什么样的手段完成、实现技术合同标的所要求的技术指标和经济指标。技术咨询合同履行方式可以是顾问方向委托方提交可行性论证、技术预测、专题技术调研及分析评价报告等方式完成。技术服务合同履行方式可以是工艺产品结构的设计、新产品、新材料性能的测试分析、新型或者复杂生产线的调试、非标准化的测试分析以及利用新技术和经验为特定项目服务等方式完成。

4）技术情报和资料的保密

合同内容涉及国家安全和重大利益需要保密的，应在合同中载明国家秘密事项的范围、密级和保密期限以及各方承担保密义务的责任。当事人可约定对技术合同中所涉及仅为少数专家掌握，并使拥有者在竞争中获得优势的技术情报、资料、数据、信息和其他技术秘密承担保密义务。当事人可以根据所订立的技术合同的种类、所涉及技术的先进程度，生命周期以及其中竞争中的优势等因素，商定技术保密的范围、时间以及对方承担的责任。当事人还可约定，无论本合同是否变更、解除或终止，合同保密条款不受其影响而继续有效，各方均应继续承担保密条款的约定。

5）风险责任的承担

技术合同往往会有经过当事人的主观努力仍无法排除的技术困难使合同难以履行，这就是技术合同的风险，法律对一些存在风险的合同规定了风险责任，以减少当事人的相应责任。风险责任由当事人在合同中约定，具体应载明合同的风险责任由谁负担，约定由双方分担的，载明各方分担的份额或者比例。

6）技术成果的归属和分享

技术合同中应载明履行技术合同中一方为另一方提供的技术成果和双方所完成的技术成果，其权利的归属，如何使用和转让，以及由此产生的利益怎样分配。

7）验收标准和方式

一般需要载明技术合同的验收项目、技术经济指标、验收时所采取的评价、鉴定和其他考核办法，合同验收标准可以是技术合同标的所约定的各项内容，也可以是当事人双方约定的国家标准、行业标准、企业标准或者是双方当事人约定的其他验收标准。技术合同的验收方式，可以采用技术鉴定会，专家技术评估，同时也不排除委托方、受让方单方认可即视为验收通过。但是，不管采用任何一种验收方式，最后应由验收方出具验收证明及文件，作为合同验收通过的依据。

8）价款、报酬或者使用费及其支付方式

技术合同标的价款、报酬或者使用费没有统一的现成标准，必须综合市场需要、成本经济效益、同类技术状况、风险大小以及供求关系等多种因素协商确定。技术合同的价款或者报酬、使用费往往是通过不同的支付方式来计算的。技术合同价款、报酬或者使用费的支付方式由当事人约定，可以采取一次总算、一次总付或者一次总算、分期支付，也可以采取提成支付或者提成支付附加预付入门费的方式。约定提成支付的，可以按照产品价格、实施专利和使用技术秘密后新增的产值、利润或者产品销售额的一定比例提成，也可以按照约定的其他方式计算。提成支付的比例可以采取固定比例、逐年递增比例或者逐年递减比例。约定提成支付的，当事人应当在合同中约定查阅有关会计账目的办法。

9）违约金或者损失赔偿额的计算方法

违约金或者损失赔偿额是指当事人出现不履行技术合同或者履行合同义务不符合合同的约定条件的行为，当事人应就其违约行为向对方支付一定数额的违约金或者由于违约给对方造成经济损失而支付一定数额的损失赔偿金。当事人应当在违约或者损失赔偿额的计算方法中约定，如果在合同有效期内当事人一方或双方违反合同条款中某一款，根据违约情况不同，规定违约方向另一方支付一定数额的违约金，也可以约定因一方违约而给另一方造成一定经济损失而支付损失赔偿额。当事人如果在合同中约定了违约金的,违约金就视为违反技术合同的损失赔偿额。违反合同的一方支付违约金以后,一般可不再计算和赔偿损失。合同特别约定一方违约给另一方造成的损失超过违约金时,应当补偿违约金不足的部分。当事人在合同中约定违约金不得超过合同价款、报酬或者使用费。

10) 争议的解决办法

技术合同当事人应当在合同中约定合同履行中一旦出现争议或者纠纷的解决办法。技术合同争议,一般由当事人双方协商或者调解解决。合同中规定了仲裁条款或者事后达成仲裁协议的,可以按照合同约定,向仲裁机构申请仲裁。合同中没有约定仲裁条款,事后双方又没有达成仲裁协议的,可以向人民法院起诉。

11) 名词和术语的解释

技术合同专业性很强,为避免对关键词和术语的理解发生歧义引起争议,可对定义不特定的词语和概念作特定的界定,以免引起误解或留下漏洞,也可以对冗长的表述约定简称,使合同更为简洁。

20.8.4 技术咨询合同当事人的权利义务和责任

1) 委托人的权利和义务

(1) 委托人的权利

技术咨询合同中,委托人权利包括:①委托人有接受受托人符合合同约定条件的科学研究项目或者技术项目的权利。②受托人在接到委托人提供的技术资料和数据之日起两个月内,不进行调查论证的,委托人有权解除合同。③受托人提供的咨询报告和意见,在合同中没有约定保密条件的,委托人有引用、发表和向第三者提供的权利。

(2) 委托人的义务

技术咨询合同中,委托人义务包括:①阐明咨询的问题,并按照合同的约定向受托人提供有关技术背景资料及有关材料、数据。②为受托人进行调查论证提供必要的工作条件,补充有关技术资料的数据,必要时还应依合同约定为受托人进行现场调查、测试、分析等工作提供方便。③按期接受受托人的工作成果,并支付约定的报酬。④在接到受托人关于所提供的技术资料和数据存在错误和缺陷的通知后,委托人有进行补充、修改,保证咨询报告和意见符合合同约定条件的义务。⑤按照合同约定的保密范围和期限,承担保密的义务。

2) 受托人的权利和义务

(1) 受托人的权利

在技术咨询合同中,受托人的权利包括:①有权接受委托人按照合同约定支付的价款或报酬。②受托人发现委托人提供的技术资料、数据有明显错误和缺陷的,有权及时通知委托人。③委托人提供的技术资料和意见,在合同中没有约定保密期限的,受托人有引用、发表和向第三者提供的权利。④委托人逾期两个月不提供或不补充有关技术资料、数据和工作条件,导致受托人无法开展工作的,受托人有权解除合同。

(2) 受托人的义务

在技术咨询合同中,受托人的义务包括:①利用自己的技术知识,按照合同约定,按期完成咨询报告或者解答委托人提出的问题。②提出的咨询报告必须达到合同约定的要求。③承担工作过程中的费用,《全国法院知识产权审判会议关于审理技术合同纠纷案件若干问题的纪要》第71条指出:"除当事人另有约定的以外,技术咨询合同受托人进行调查研究、分析论证、试验测定等所需费用,由受托人自己负担"。④按照合同约定的保密范围和期限,承担保密义务。

3) 违反技术咨询合同的责任

(1) 委托人违反合同的责任

①委托人未按合同约定提供背景材料、技术资料和数据,造成合同履行迟延和中止,影响工作进度

和质量的,受托人不承担责任,委托人应如数向受托人支付报酬。由此造成受托人旷日待工、蒙受损失的,受托人依据《合同法》的规定,有权要求委托人及时采取补救措施和赔偿损失。

②委托人应对其提交的技术背景材料、技术资料和数据负责,如果委托人所提供的数据、资料有严重缺陷,影响工作进度和质量的,应当如数支付报酬,给受托人造成损失的,应当支付违约金或赔偿损失。对于委托人提供的资料和数据中的明显错误,受托人有权要求委托人补充、修改,如委托人拒绝修改或补充,导致受托人所作的咨询报告和意见存在缺陷的,受托人不承担责任。

③委托人未按期支付报酬的,应当补交报酬,并支付违约金或赔偿损失。

④委托人未按期接受受托人的工作成果,受托人因此而造成的损失由委托人承担。

⑤未按合同约定履行保密义务的,应支付违约金或赔偿损失。

(2)受托人违反合同的责任

①受托人不提交咨询报告和意见,不仅不得收取报酬,而且应支付违约金或赔偿损失,即合同约定违约金的,支付违约金;合同没有约定违约金的,应赔偿由此给委托人造成的损失。

②受托人在合同约定提交咨询报告和意见的期限内,未能完成工作成果,造成迟延交付,应承担迟延履行合同的责任,向委托人支付违约金。但咨询报告和意见符合合同约定条件的,委托人仍应支付报酬。如果受托人迟延两个月以上仍未提交咨询报告和意见的,视为受托人未提交咨询报告和意见。

③受托人在接到委托人提供的背景材料、技术资料和数据后,不进行分析、论证、评价等履行合同的工作时,委托人有权要求其履行并采取适当补救措施,包括加快进度,弥补迟延履行损失等。受托人在接到委托人提供的有关资料和数据之日起两个月内,不进行调查论证的,委托人有权单方解除合同,受托人应当返还已收取的报酬,并承担因合同解除使委托人所受到的损失。

④受托人所提交的咨询报告和意见,经依合同约定组织的专家评估或成果鉴定,认为不符合合同约定的验收条件的,受托人应承担相应的民事责任。对于咨询报告和意见的基本部分或主要部分符合合同要求,但也存在明显缺陷的,可责令受托人采取补救措施,已收取全部报酬的,应返还部分报酬。受托人进行追加调研工作的费用自理,咨询报告和意见有一定学术价值和决策参考价值,但其基本部分或者主要部分达不到合同约定的条件的,受托人尚未收取报酬的,应当免收报酬,已经收取报酬的,应当如数返还。但是,如果受托人有能力根据鉴定和评价意见经过追加或重新进行调查研究或咨询工作,委托人同意受托人要求的,有关报酬的支付可由当事人另行约定。咨询报告和意见学术水平低劣,没有参考价值,甚至其分析、评价、论证、调查、预测的结论完全错误,不能成立的,则受托人不仅应当免收报酬,还应当支付违约金或赔偿委托人的损失。

⑤受托人违反合同约定保密义务的,应当支付违约金或赔偿损失。

20.8.5 技术服务合同当事人的权利义务与责任

1)委托人的权利与义务

(1)委托人的权利

在技术服务合同中,委托人的权利包括:①有权按合同约定的期限接受受托人完成的全部工作成果。②有权要求受托人传授合同约定的服务项目解决的技术问题的知识、经验、方法。③受托人逾期两个月不交付工作成果,有权解除合同、拒付报酬、追回提供的资料、数据、文件和索要违约金或者赔偿因此而造成的损失。

(2)委托人的义务

在技术服务合同中,委托人的义务包括:①按照合同的约定为受托人提供工作条件,完成合同约定的配合事项。一般来说,委托人配合事项至少应当包括技术问题的内容、目标;有关的数据、图纸和其他资料;已经进行的试验和努力;设备的特征、性能等资料;人员的组织、安排;有关技术调查的安排;样品、样机;试验、测试场地;必要的材料、经费;有关的计划和安排的资料等。②对受托人提出的有关资料、数据、样品、材料及场地等的问题,应按合同约定期限及时答复。③按期接受受托人的工作成果,支付约定的报酬。合同当事人应当在合同中约定服务成果的内容、要求、提交方式和时间,委托人应按照合同约定时间和要求验收工作成果,向受托人支付约定的报酬。

2)受托人的权利义务

(1)受托人的权利

在技术服务合同中,受托人的权利包括:①有权接受委托人提供的技术资料、技术数据、相关材料及有助于技术服务顺利开展的其他工作条件。②有权按合同约定支付报酬的方式、时间、地点接受委托人支付的报酬。③在委托人逾期两个月不接受技术服务工作成果时解除合同,并要求委托人支付违约金或者赔偿损失。④在委托人逾期六个月不接受工作成果时,有权处分工作成果,并从处分的收益中扣除应得的报酬和委托人应支付的费用(违约金、保管费、损失费等)。

(2)受托人的义务

在技术服务合同中,受托人的义务主要是按照合同约定完成服务项目,解决技术问题,保证工作质量,并传授解决技术问题的知识,具体包括:①依合同约定的期限、质量和数量完成技术辅助工作。②未经委托人同意,不得擅自改动合同中注明的技术指标和要求。③在合同中有保密条款时,不得将有关技术资料、数据、样品或其他工作成果擅自引用、发表或提供给第三人。④发现委托人提供的技术资料、数据、样品、材料或工作条件不符合合同约定时,应在约定期限内通知委托人改进或者更换。⑤应对委托人交给的技术资料、样品等妥善保管,在合同履行过程中如发现继续工作对材料、样品等有损害危险时,应中止工作并及时通知委托人。⑥技术服务过程的费用通常由受托人自己负担。

3)违反技术服务合同的责任

(1)委托人的违约责任

①委托人不履行合同义务或者履行合同义务不符合约定,包括未按合同约定向委托人提供工作条件、完成配合事项或提供工作条件,或者完成配合事项时不符合合同约定的,如未提供有关技术资料、数据、样品等,或者提供的技术资料、数据、样品存在严重缺陷等。如果因为委托人的上述行为,影响了工作进度和质量,就应当承担违约责任。

②委托人不接受或者逾期接受工作成果,除了应当按照规定支付报酬外,还应当以支付违约金的形式承担违约责任,受托人还可要求委托人支付保管费。受托人也可以按照相关规定,将工作成果提存或者拍卖、变卖后提存价款。

(2)受托人的违约责任

①受托人未按照合同约定完成服务工作的,包括在约定的期间内未做完该项技术工作,或者虽已完成工作但不符合约定的质量要求。按相关法规规定,不论何种情况,受托人都应当按照约定承担违约责任,如免收报酬或者减少报酬,支付违约金,或者赔偿损失等。

②受托人发现委托人提供的资料、数据、样品、材料、场地等工作条件不符合约定而又没有及时通知委托人的,视为其认可委托人提供的技术资料、数据等工作条件符合约定的条件,并由受托人承担相应的责任。

③受托人在履约期间,发现继续工作对材料、样品或者设备等有损坏危险时,未中止工作或者不及时通知委托人并且未采取适当措施的,因此发生的危险后果由受托人承担相应的责任。

20.9　工程合同索赔管理

20.9.1　工程索赔产生的原因

索赔产生的原因是发生了索赔事件,产生索赔事件的原因如下。

1) 业主的原因

(1) 未按合同规定或未及时提供设计文件、图纸,未及时下达指令、答复请示等,使工程延期。

(2) 未按合同规定的日期交付施工场地、行驶道路、提供水电、提供应由业主提供的材料和设备工程,使承包人不能及时开工,或造成工程中断。

(3) 未按合同规定暗示支付工程款,业主已处于破产状态,或不能再继续履行合同。

(4) 下达了错误的指令,提供错误的信息。

(5) 在工程施工及保修期间,由于非承包人原因造成未完成或已完成工程的损坏。

2) 监理单位的原因

(1) 监理单位到达现场前,未按合同规定进行通知承包人,致使给工程施工造成不利影响。

(2) 发出的指令、通知有误,影响了施工的正常进行或对施工造成了不利影响。

(3) 未按合同规定及时提供必须由监理单位履行的义务,对施工造成不利影响。

(4) 监理单位对施工组织进行不合理干预,或超越其职权的不合理干预,影响施工正常进行而造成施工不利影响。

3) 合同文件的原因

(1) 合同文件的缺陷。由于合同文件本身存在缺陷,如条文不全、不具体、错误,合同条款之间存在矛盾等。这种缺陷也可能存在于技术文件和图纸中,或在招标文件中未有说明,给承包人造成费用增加、工期延长。

(2) 合同变更引起的索赔。合同变更的形式很多,一般包括以下内容。

①业主对项目有新的要求,如提高或降低建筑标准,增加或减少工作量等。

②在施工过程中发现设计错误,必须对设计图纸进行修改。

③施工现场的施工条件与原来的勘察条件不一致。

④新的施工技术的出现,有必要改变原设计、实施新方案。

⑤政府管理部门对项目有新的规定,如调整规划的要求等。

上述情况导致合同变更,需经双方协商同意,根据实际情况,如果确实对合同当事人一方增加费用或延长工期,在取得一致意见后实施,但并非合同变更必然导致索赔。

4) 不可抗力事件的原因

《土木工程施工合同条件》(FIDIC 合同条件)将不可抗力定义为:不可抗力系指某种异常事件或情况,一方无法控制的,该方在签订合同前,不能对之进行合理准备的,发生后,该方不能合理避免或克服的,不能主要归因他方的。

不可抗力可以包括但不限于以下各种异常事件或情况。

(1) 战争、敌对行动、入侵、外敌行为。

(2) 叛乱、恐怖主义、革命、暴动、军事政变或篡夺政权或内战。

(3) 承包商人员和承包商的其他雇员以外的人员的骚动、喧闹、混乱、罢工或停工。

(4) 战争军火、爆炸物资、电离辐射或放射性污染,但可能因承包商使用此类军火、炸药、辐射或放射性引起的除外。

(5) 自然灾害,如地震、飓风、台风或火山活动。

不可抗力事件的风险承担应当在合同中约定,承包人可以向保险公司投保。在很多情况下,由于不可抗力时间给承包人造成的损失应由业主方承担。

20.9.2 业主向承包商的索赔

由于承包商不履行或不完全履行合同约定的义务,或者由于承包商的行为使业主受到损失,业主可向承包商提出如下索赔。

1) 工期延误索赔

业主在确定误期损害赔偿时,一般要考虑业主盈利损失、由于工程拖期而引起的业主贷款利息增加、工程拖期带来的业主附加监理费、由于工程拖期不能按时交付使用,继续租用原建筑物或租用其他建筑物的租赁费等。

至于误期损害赔偿的计算方法,在每个合同文件中均有具体规定。一般按每延误一天赔偿一定的款额计算,累计赔偿额一般不超过合同总额的 5%~10%。

2) 质量不满足合同要求索赔

当承包商的施工质量不符合合同要求时,或使用的设备和材料不符合合同规定,或在缺陷责任期未满以前未完成应该负责修补的工程时,业主有权向承包商追究责任,要求赔偿所受的经济损失。如果承包商在规定的期限内未完成缺陷修补工作,业主有权雇佣他人来完成工作,发生的成本和利润由承包商负担。如果承包商自费修复,则业主可索赔重新检验费。

3) 承包商不履行的保险费用索赔

如果承包商未能按照合同条款制定项目投保,并保证保险有效,业主可以投保并保证有效,业主所支付的必要的保险费可在应付给承包商的款项中扣回。

4) 对超额利润的索赔

如果工程量增加很多,使承包商预期的收入增大,因工程量增加承包商并不增加任何固定成本,合同价应由双方讨论调整,收回部分超额利润。由于法规的变化导致承包商在工程实施中降低了成本,产生了超额利润,应重新调整合同价格,收回部分超额利润。

5) 对指定分包商的付款索赔

在承包商未能提供已向指定分包商付款的合同证明时,业主可以直接按照监理单位的证明书,将承包商未付给指定分包商的所有款项(扣除保留金)付给该分包商,并从应付给承包商的任何款项中如数扣回。

6) 业主合理终止合同或承包商不正当地放弃工程的索赔

如果业主合理地终止承包合同,或者承包商不合理放弃工程,则业主有权从承包商手中收回由新的承包商完成工程所需的工程款与原合同未付部分的差额。

20.9.3 承包商的索赔

(1) 承包商提出索赔要求

索赔事件发生后,承包商应在索赔事件发生后的 28 天内向监理工程师(或业主的工程师)递送正式的索赔报告。索赔报告的内容应包括事件发生的原因、对其权益影响的证据资料、索赔的依据、此项索赔要求补偿的款项、工期展延天数的详细计算等有关材料。

如果索赔事件的影响持续存在,28 天内还不能算出索赔额和工期展延天数时,承包商应按监理工程师合理要求的时间间隔(一般为 28 天),定期陆续报出每一个时间段内的索赔证据资料和索赔要求。在该项索赔事件的影响结束后的 28 天内,报出最终详细报告,提出索赔论证资料和累计索赔额。

(2) 业主审查索赔处理

当监理工程师确定的索赔超过其权限范围,必须报请业主批准。业主首先根据事件发生的原因、责任范围、合同条款审核承包商的索赔申请和监理工程师的处理报告,再依据项目的目标,特别是投资目标、竣工投产日期要求,以及承包商在施工中的缺陷或违反合同规定的情况等,决定是否同意监理工程师的处理意见。

索赔报告经业主同意后,监理工程师即可签发有关证书。

承包商的索赔程序如图 20-8 所示。

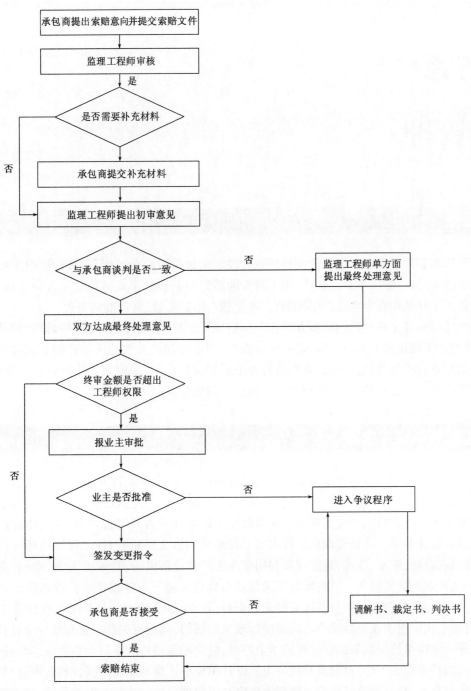

图 20-8 承包商的索赔程序图

第21章

质量管理

21.1 概述

建设工程质量管理贯穿于建设工程项目决策阶段和实施阶段的全过程,牵涉到建设工程施工质量保证体系的建立和运行、施工质量的预控、施工过程的质量控制和施工质量验收各方面各环节的工作。只有认真把住每个环节按质量要求严格控制它,才能建造出高质量、高水准的工程。

建设工程质量管理是在明确的质量方针和目标指导下,通过对具体作业技术和管理活动的计划和实施过程,致力于实现预期的质量目标,是一种过程性、纠正性和把关性的质量控制。只有严格对建设工程施工全过程进行质量管理,包括建立和运行施工质量保证体系,采取施工质量预控,实施施工过程质量控制和严把施工质量验收,才能实现建设工程施工的质量目标。

21.2 工程质量管理内容

城市轨道交通建设项目各参建单位应完善质量管理体系,设立专职管理部门或专职人员,确保项目质量管理体系有效,应根据质量管理职责设置质量控制点,确定重点控制对象,对关键部位或薄弱环节,应提出针对性措施予以解决。建设管理单位在取得施工许可证或者开工报告前,应到建设行政主管部门办理工程质量监督手续。建设管理单位提供的工程地质和水文地质资料、工程周边环境资料应满足设计要求。勘察、设计、施工、监理、建筑材料与构配件生产和设备供应、监测、质量检测单位必须具备相应的资质,相关专业人员和管理人员的配置应满足城市轨道交通工程建设要求。城市轨道交通工程各参建单位应及时收集、整理建设项目各环节的文件资料,建立、健全建设项目档案。在建设工程竣工验收后,建设管理单位应组织相关参建单位向建设行政主管部门、其他有关部门移交建设项目档案和竣工验收备案文件。勘察单位应加强勘察过程的质量控制,健全勘察报告的审核会签制度,参与图纸会审和做好勘察报告的技术交底工作,对勘察质量负责。设计单位应依据地质勘察报告和合同进行设计,参加设计交底和配合服务,对设计质量负责。监理单位应对工程项目质量进行全面的监督、检查坚持事前控制的原则,对工程项目施工全过程实施质量控制,对监理质量负责。当发生质量事故时,应报告建设管理单位,督促施工单位及时采取措施,控制影响范围和影响程度。施工单位应建立完善质量安全保证体系,严格按照设计图纸施工,对施工质量负责。建筑材料与构配件生产和设备供应单位应提供满足要求的合格产品。监测、质量检测单位应对监测、检测报告的真实性和准确性负责。

21.2.1 质量方针与目标

(1)质量方针:百年大计、质量第一。
(2)质量目标:
①杜绝设计、施工质量较大及以上等级事故。

②主体工程质量零缺陷,单位工程一次验收合格率100%。
③竣工文件做到真实可靠,规范齐全,交接验收合格。
④工程竣工验收一次合格率100%。

21.2.2 参建各方的质量管理职责和体系

工程质量管理要建立施工质量保证体系,目标自上而下层层分解,明确到各部门、各岗位,以确保质量管理目标落到实处。

1)参建单位的质量管理职责

(1)建设单位

①建设单位应当将工程发包给具有相应资质等级的单位。建设单位不得将建设工程肢解发包。

②建设单位应当依法对工程建设项目的勘察、设计、施工、监理、货物的采购进行招标。

③建设单位必须向有关的勘察、设计、施工、监理等单位提供与工程有关的原始资料。原始资料必须真实、准确、齐全。

④建设单位不得迫使承包单位以低于成本的价格竞标,不得任意压缩工期。建设单位不得明示或暗示设计单位或施工单位违反工程建设强制性标准,降低工程质量。

⑤建设单位应当将施工图设计文件报送施工图设计审查机构审查,报县级以上人民政府建设行政主管部门或其他有关部门备案。

⑥实行监理的建设工程,建设单位应当委托具有相应资质等级的监理单位进行监理,也可以委托具有工程监理相应资质等级,并与本工程的施工承包单位没有隶属关系或其他利害关系的该工程的设计单位进行监理。

⑦建设单位在领取施工许可证或开工报告前,应当按照国家有关规定办理工程质量监督手续。

⑧按照合同约定,由建设单位采购建筑材料、建筑构配件和设备应符合设计文件和合同要求。建设单位不得明示或暗示施工单位使用不合格的建筑材料、建筑构配件和设备。

⑨涉及建筑主体的装修工程,建设单位应当在施工前委托原设计单位或具有相应资质等级的设计单位提出设计方案,没有设计方案的,不得施工。

⑩建设单位收到竣工报告后,应当组织设计、施工、工程监理等有关单位进行竣工验收。

⑪建设单位应当严格按照国家有关档案管理的规定,及时收集、整理项目各环节的文件资料,建立健全项目档案,并在工程竣工验收后,及时向建设管理部门或其他有关部门移交项目档案。

(2)监理单位

①审查施工单位报审的施工方案,符合要求后予以签认。

②对工程施工质量进行巡视、旁站和平行检验。

③组织验收分部工程,组织审查单位工程质量检验资料。审查承包单位竣工申请,组织监理人员进行竣工预验收,参与工程项目的竣工验收,签署"竣工移交证书"。

④审查施工单位提交的单位工程竣工验收报审表及竣工资料,组织工程竣工预验收。存在问题的,应要求施工单位及时整改,合格的,及时签认单位工程竣工验收报审表。

⑤参加由建设单位组织的竣工验收,对验收中提出的整改问题,督促施工单位及时整改。工程质量符合要求的,在工程竣工验收报告中签署意见。

⑥主持编写工程质量评估报告,并经工程监理单位技术负责人审核签字后报建设单位。

(3)施工单位

①结合项目的实际情况,建立健全质量管理体系,配齐所需资源,落实质量责任制。

②全面履行项目工程的质量管理职责,对工程质量终身负责。

③贯彻"百年大计,质量为本"的方针,组织推进创优工程活动。

④组织制定质量计划、目标及质量保证措施,制定和实施预防措施和纠正措施。

⑤落实项目工程质量计划,加强施工过程的控制。
⑥严格项目工程的施工技术和质量检验管理,对不合格品的评审和处理。
⑦推广应用新技术,加强文件和资料的控制,组织建立质量记录。

2)质量管理体系

(1)建设单位质量管理体系

①管理体系。

主任:总经理。

副主任:主管副总经理(总工程师)。

委员:各部门负责人及成员。

②总经理质量管理职责。

负责全面工作,对工程施工、工程监理的全过程进行监督和管理。

③主管副总经理(总工程师)质量管理职责。

a. 负责公司所有工程项目的全面技术管理工作。

b. 参与审定项目的方案设计、初步设计和施工图设计,并对设计中存在的技术问题提出修改意见。

c. 参与招标文书中技术要求的审定工作。

d. 参与单项工程的地质勘测和设计管理工作(包括地勘、设计、图纸会审等)。

e. 负责检查图纸会审纪要内容的落实情况。

f. 及时处理施工现场的有关技术性问题,负责对工程重大变更提出决策性意见。

g. 全面负责工程质量管理,严格工序控制,组织竣工验收。

④各部门质量管理职责。

a. 质量安全部。

在公司领导下做好工程建设过程质量管理工作。

严格按照国家的施工规范、规程、标准、规定,对工程实行质量监督和技术管理。

深入施工现场,遵照有关施工规范,负责工程技术管理及对工程质量监督。重点负责监督检查施工单位是否按施工图纸要求和工程规范要求进行施工,严格检查工程质量,把好工程质量关。

组织开展定期或不定期的质量检查工作,每季度末对施工单位和监理单位质量履约情况进行总结和评价。

参与或组织质量事故调查处理。

b. 建设单位代表。

组织施工图纸会审,并督促整理好会审纪要,尽量把图纸中存在问题消除在开工前或分部工程施工前。

配合做好工程的"三通一平"工作,组织对建筑物定位、放样及核样工作。

检查和监督所负责工程项目的质量工作。

参加工地例会和相关协调会议,积极协调参建各方的关系,监督各方严格按施工规范、设计图纸、施工合同、招投标文件相关管理制度进行施工。

及时了解和掌握工程施工情况,及时协调解决施工过程中出现的问题,对较大问题提出参考意见并上报。

参与隐蔽工程、分部工程、分项工程验收,组织在建工程全面检查和组织整体工程验收。

(2)监理单位质量管理体系

①管理体系要求。

以工程承包合同约定的工程质量标准为控制目标,督促检查承包人严格按现行技术标准、施工规范以及经批准的设计文件施工。不发生重大质量事故,严格控制和减少一般质量事故。工程的施工质量达到合格标准。

②总监理工程师质量管理职责。

a. 组织专业监理工程师审查施工单位报审的施工方案,符合要求后予以签认。

b. 安排监理人员对工程施工质量进行巡视、旁站和平行检验。

c. 组织验收分部工程,组织审查单位工程质量检验资料。审查承包单位竣工申请,组织监理人员进行竣工预验收,参与工程项目的竣工验收,签署《竣工移交证书》。

d. 审查施工单位提交的单位工程竣工验收报审表及竣工资料,组织工程竣工预验收。存在问题的,应要求施工单位及时整改;合格的,及时签认单位工程竣工验收报审表。

e. 参加由建设单位组织的竣工验收,对验收中提出的整改问题,督促施工单位及时整改。工程质量符合要求的,在工程竣工验收报告中签署意见。

f. 主持编写工程质量评估报告,并经工程监理单位技术负责人审核签字后报建设单位。

(3)各专业监理工程师质量管理职责

①测量工程师职责。

检查、复核施工单位报送的施工控制测量成果及保护措施,签署意见。

施工控制测量成果及保护措施的检查、复核,应包括下列内容。

a. 施工单位测量人员的资格证书及测量设备检定证书。

b. 施工平面控制网、高程控制网和临时水准点的测量成果及控制桩的保护措施。

②材料、试验检测工程师质量职责。

a. 在总监理工程师的领导下,负责本监理合同段所有的材料控制和工地试验室监理工作,保证工程使用的材料和半成品、成品符合规定质量。检查施工单位为工程提供服务的试验室,审查施工单位定期提交影响工程质量的计量设备的检查和检定报告。

b. 审查施工单位报送的新材料、新工艺、新技术、新设备的质量认证材料和相关验收标准的适用性,必要时,应要求施工单位组织专题论证。负责试验监理的管理工作,所有试验结果报告及其他有关资料,都建立详细档案。

③现场专业监理工程师质量职责。

a. 负责编制监理规划中本专业部分及本专业监理实施细则。

b. 按专业分工并与其他专业配合对工程进行巡视、旁站、平行检验或见证取样,负责本专业检验批、分项工程验收及隐蔽工程验收,并对本专业的分部工程验收提出验收意见。

c. 负责审核施工组织设计施工方案中的本专业部分。

d. 负责审核承包单位提交的涉及本专业的计划、方案、申请、变更,并向总监理工程师提出报告。

e. 负责核查本专业进场材料、设备、构配件的原始凭证、检测报告等质量证明文件及其实物的质量情况。根据实际情况认为有必要时对材料、设备、构配件进行检验。

f. 组织、指导、检查和监督本专业监理员的工作。

3)施工单位质量管理体系

(1)管理体系要求

贯彻质量方针,确保工程质量目标的实现,建立质量管理体系,设置现场工程质量控制机构,配备足够的有经验的技术人员、质检人员、管理人员和操作人员,按照由上到下的顺序进行工程质量管理,明确施工过程中的质量控制程序。

(2)项目经理质量管理职责

①根据合同要求,结合项目的实际情况,建立健全组织机构,配齐所需资源,落实质量责任制。

②全面履行项目工程的质量管理职责,对本项目工程质量终身负责。

③贯彻"百年大计,质量为本"的方针,组织推进创优工程活动。

（3）其他主要管理人员质量管理职责

①项目总工程师。

a. 在项目经理领导下,组织制定本项目的质量计划、目标及质量保证措施。

b. 落实项目工程质量计划,加强施工过程的控制,对因技术管理原因造成的质量事故负责。

c. 严格项目工程的施工技术和质量检验管理,严把"图纸、测量、试验"关,并对其工程质量负责。

d. 监督检查采购物资的检验和实验设备的控制,主持不合格品的评审和处理。

e. 推广应用统计技术,加强文件和资料的控制,组织建立质量记录。

f. 制定和实施预防措施和纠正措施。

g. 主持编制项目施工组织设计、专项技术方案和质量保证措施。

h. 组织推广和应用"四新"技术,主持关键工序和人员培训,编写有关成果报告和施工技术总结。

②质检工程师。

a. 具体负责质检部日常检查工作。

b. 制定项目质量计划,并协调项目领导组织实施。

c. 收集、保管质量档案,参与质量体系文件和资料的控制,及时反馈各种质量信息,协调领导分析质量状况。

d. 经常深入现场,掌握质量动态,对不合格产品及时制止,提出纠正和预防措施,进行监督实施,并做好质量记录。

e. 组织开展质量培训工作。

21.2.3 施工准备阶段质量管理

1）质量监督交底

质监站实施质量监督前下发质量监督告知书,其主要内容如下。

（1）质量监督管理内容

①工程质量责任主体和质量检测等单位执行法律法规和工程建设强制性标准的情况。

②涉及工程主体结构安全和主要使用功能的工程实体质量。

③工程质量责任主体和质量检测等单位的工程质量行为。

④主要建筑材料、建筑构配件的质量。

⑤重要分部工程和工程竣工验收的监督。

⑥组织或参与工程质量事故的调查或处理。

⑦依法对违法违规行为的实施处罚。

⑧其他需要监督的内容。

（2）质量监督管理措施

①发现一般项目质量问题,责令责任单位改正。

②对主控项目存在的质量问题,签发质量问题整改通知单。

③发现涉及工程结构安全和使用功能的严重质量问题,签发局部停工整改通知单。

④发现违反法律、法规和强制性标准条文的行为,予以行政处罚。

（3）质量问题（事故）的报告

（4）公开办事制度

2）质量监督备案

（1）建设单位准备工作

①工程立项批文、建设用地规划许可证、建设规划许可证。

②经设计审核批准的施工图纸及有关标准图集。

③工程投标书及施工图预算书、施工中标通知书、施工承包合同。

④建筑施工许可证。
⑤工程地质勘察报告、施工用地下管网资料及其他保护性埋设物分布图。
(2)监理单位准备工作
①监理中标通知书。
②监理委托合同。
③监理单位资质证书、营业执照。
④总监任命书、监理组织机构、人员分工及岗位证书复印件。
⑤监理规划、监理旁站计划、质量监理方案、监理平行检测计划、见证取样和送检计划、监理资料台账建立。
(3)施工单位准备工作
①施工单位资质证书、营业执照、安全生产许可证。
②现场管理机构的组成人员名单(项目经理、五大员)及证书、质量保证体系、技术管理体系及相关制度。
③施工人员资格证书、上岗证书及特殊工种上岗证书(电工、登高作业人员证书、电焊工、塔吊司机、塔吊指挥人员、垂直运输司机、桩基施工操作人员等,附人员名单,提供复印件核对原件注意有效期)。
④施工组织设计(方案)。
(4)备案工作程序
①建设管理单位安全质量部告知施工、监理单位需要准备备案所需资料的名称、分数及样式(原件、复印件等),具体如下:
a. 建筑工程质量监督注册登记表。
b. 施工图审查合格书副本。
c. 施工监理中标通知书。
d. 施工监理合同副本。
e. 建筑五方责任主体项目负责人的"法定代表人授权书"。
f. 建筑五方责任主体项目负责人的"工程质量终身制责任书"。
g. 建筑工程五方责任主体项目负责人信息表。
②各施工单位经与当地省市质量监督站主管部门人员联系前去办理备案。
③结果:形成备案完成时间、单位、内容的记录。
3)监理单位的进场核查
(1)核查内容
①监理单位营业执照、企业资质、总监理工程师资质。
②各专业监理工程师资质、到位数量。
③现场监理组织机构、质量管理体系、监理工作职责、监理内部工作管理制度等。
④监理人员对施工图纸审核、熟悉情况及记录。
⑤监理大纲、监理细则和监理工作方案及工作流程等编制。
⑥合同约定监理应配备的测量、试验及检测设备设施数量、检定等情况。
(2)核查程序
①监理单位总监理工程师汇报监理履约总体情况。
②介绍各专业监理人员到位及职责与分工。
③监理大纲和监理细则编制依据、特点,内部管理制度、责任制度建立等情况。
④分专业对监理设备设施、内业资料等进行逐项检查。
⑤对检查情况进行讲评并提出整改要求及建议。
⑥结果:形成核查合格或不合格并责令限期整改等记录。

4）开工质量工作核查

(1) 核查内容

开工条件核查的主要内容包括质量生产保障条件、质量管理组织机构、教育培训、空洞探查、分包管理、危险性较大分部分项工程专家论证情况、施工方案和控制措施落实等。

(2) 核查程序

新开工单位工程条件核查前,质量检查共分三个阶段,施工单位自查阶段、监理单位复查阶段、建设单位核查阶段。

①施工单位自查。

施工单位在计划开工前两周组织进行自检自查,对检查存在的问题进行整改完成后(必须留存自查整改资料),向监理单位提交开工申请报告,报监理单位复查。

②监理单位复查。

监理单位在接到施工单位的复查申请后,应在2个工作日内由总监理工程师组织复查,对检查中存在的问题进行记录,并要求整改。待施工单位整改完成后向建设单位提交开工核查报告(附复查纪录、施工单位的开工申请报告等相关资料)。

③建设单位组织核查。

建设单位接到监理单位的开工核查报告后,首先对报告附件进行资料核查,确认资料齐全后,在3个工作日内安排现场核查,对核查结果进行记录汇总,填写结论性意见,并对存在问题提出整改要求。

21.2.4 施工阶段质量管理

(1) 检查依据

①国家、当地省市、现行的法律、法规、规范、规程和标准。

②施工合同、设计文件。

(2) 检查范围内容

监理单位合同范围内所负责监理的工程项目质量状态。施工单位合同范围内总承包单位所负责的质量管理和施工现场质量状态。检查内容如下。

①监理单位。

a. 国家、当地省市现行的法律、法规、规范、规程和标准中所规定的质量监理责任履行情况。

b. 工程监理合同(含补充协议)和工程项目施工责任保证书中规定的质量监理责任履行情况。

c. 监理单位履约考核评价实施细则中规定的质量内容。

d. 其他应列入检查的内容。

②施工单位。

a. 国家、当地省市现行的法律、法规、规范和标准的执行情况。

b. 工程施工合同(含补充协议)和工程项目施工责任保证书中规定的施工单位质量责任履行情况。

c. 施工单位质量履约考核评价实施细则中有关内容。

d. 其他应列入检查的内容。

(3) 检查形式

①定期检查。

②专项检查。

③不定期检查。

④对举报问题的核查。

(4) 检查程序

①定期检查、节日检查、开、停、复工检查、活动检查、专项检查需提前下发通知,明确检查的时间、内

容、方式及要求。日常检查不通知。

②检查前听取监理施工质量情况汇报,日常检查不听取汇报。

③现场工程实体质量检查、工地试验室检查、工程材料外观质量、相关设备设施质量检查、工程质量资料检查。

④对检查情况进行讲评。

⑤结果:形成整改、停工、复工等检查记录和整改记录单。

(5)检查情况处理

根据情况把各类检查结果计入履约评价中质量日常履约考核分值。

21.2.5 施工过程质量控制

1)质量管理制度

(1)开工条件核查管理制度。

(2)工程质量首件验收制度。

(3)重要部位和环节施工前条件验收制度。

(4)工程施工过程质量验收管理制度。

(5)工程安全质量检查实施细则。

2)质量监控重点

(1)过程验收人员资格要求

①施工单位人员(含专业分包单位):项目经理、项目总工和施工单位技术质量部门负责人。

②监理单位:总监理工程师、专业监理工程师。

③设计单位:项目负责人。

④勘察单位:项目负责人。

⑤建设单位:项目管理单位安全质量部长、质量工程师、建设单位方代表。

(2)过程验收的组织

①检验批应由专业监理工程师组织施工单位项目专业质量检查员、专业工长等进行验收。

②分项工程应由专业监理工程师组织施工单位项目专业技术负责人等进行验收。

③分部工程应由总监理工程师组织施工单位项目负责人和项目技术负责人等进行验收。勘察、设计单位项目负责人和施工单位技术、质量部门负责人应参加地基与基础分部工程的验收。设计单位项目负责人和施工单位技术、质量部门负责人应参加主体结构、节能分部工程的验收。

④单位工程中的分包工程完工后,分包单位应对所承包的工程项目进行自检,并应按相关标准规定的程序进行验收,验收时,总包单位应派人参加。分包单位应将所分包工程的质量控制资料整理完整,并移交给总包单位。

⑤单位工程完工后,施工单位应组织有关人员进行自检。总监理工程师应组织各专业监理工程师对工程质量进行竣工预验收。存在施工质量问题时,应由施工单位整改。整改完毕后,由施工单位向建设单位提交工程竣工报告,申请工程竣工验收。

⑥建设单位收到工程竣工报告后,应由建设单位项目负责人组织监理、施工、设计、勘察等单位项目负责人进行单位工程验收。

(3)过程验收的程序

①人员资格审查:首先各方介绍参与质量验收的人员是否符合规定的资格,提请监督单位对参加验收人员资格审查,是否同意继续进行下步工作。

②施工单位介绍验收申请,明确验收项目及内容,介绍分项、分部、单位(子单位)工程的划分,说明有无缓验、甩验项目及原因。

③总监理工程师介绍验收分组及各小组的抽样频率和样本,施工单位对应验收分组准备(人员和

工具)进行配合检查。

④各检查小组汇总检查结果。

⑤勘察、设计汇报检查情况。

⑥总监根据验收情况对工程项目的整体质量做出客观评价,明确验收的结论,参加验收各方对工程质量验收意见不一致时,可请工程质量监督机构协调处理。

⑦监督单位对验收工作进行点评。

⑧监理单位下发预验收缺陷通知单,通知单的主要内容应包括:缺陷部位、存在的问题、整改负责人、整改完成时间、复查负责人。

⑨施工单位对验收缺陷通知单中提出的问题,立即组织认真整改,整改合格后书面向监理单位上报整改情况。

⑩结果:由总监办组织相关验收组人员对施工单位整改情况进行过程监督,并逐项复查,逐条销号,并形成复查记录和复查报告。

(4)过程验收的条件

①分部(子分部)工程验收的条件。

a.完成本分部(子分部)工程包含的各分项工程内容。

b.本分部(子分部)工程所包含分项工程的质量均已验收合格。

c.施工单位在本分部(子分部)工程完工后对工程质量进行自检,确认符合设计文件及合同约定内容,工程质量符合有关法律、法规和建设工程强制性标准。

d.有检测机构出具的相关部位结构实体检测合格报告。

e.有完整的工程档案资料,并且自检合格。

f.有分部(子分部)工程自检质量问题清单和整改复查报告。

g.施工单位提出本分部(子分部)工程验收申请,验收申请应经项目负责人和施工单位技术质量负责人审核签字。

②单位(子单位)工程过程验收的条件。

a.完成本单位(子单位)工程包含的各分部(子分部)工程内容。

b.本单位(子单位)工程包含的各分部(子分部)工程的质量均已验收合格。

c.施工单位在本单位(子单位)工程完工后,由施工单位相关部门组织对工程质量进行自检,确认工程符合设计文件及合同约定内容,质量符合有关法律、法规和建设工程强制性标准。

d.有检测机构出具的合格检测报告或专项验收自检合格文件资料(包括节能、站内环境检测、无障碍设施验收、预留套管及孔洞的封堵等专项验收合格)。

e.有完整的工程档案资料,并且自检合格,有单位(子单位)工程质量自检报告(问题清单和整改计划、整改报告)。

f.施工单位提出验收申请、竣工测量报告,验收申请应经项目负责人和施工单位(集团)技术质量负责人审核签字。

g.监理单位对该单位(子单位)工程组织进行了初步验收,具有完整的监理资料,监理单位提交了工程质量评估报告。工程质量评估报告应经总监理工程师和监理单位有关负责人审核签字盖章。

h.勘察、设计单位对勘察、设计文件及施工过程中由设计单位签署的设计变更通知书的执行情况进行了检查,并提出质量检查报告。

(5)过程验收工作主要内容

①分部(子分部)工程验收。

a.内业资料验收内容:

检查监理单位分部(子分部)工程验收工作方案。

检查施工单位对单位(子单位)、分部(子分部)、分项工程划分。

检查施工单位自查(验)整改报告。
抽样检查资料是否真实、齐全、有效。
b. 外业验收主要内容：
抽样检查实体工程(实测实量)质量。
全数检查工程外观质量。
②单位(子单位)工程过程验收。
a. 内业资料验收内容：
检查监理单位工程验收工作方案。
检查施工单位自查(验)整改报告。
检查施工单位竣工验收申请报告、竣工测量报告。
检查监理单位质量评估报告。
检查参建各方质量控制资料的完整性。
检查施工单位档案资料归档、竣工图编制的完整、合规性。
检查监理单位归档资料的完整、合规性。
检查结构安全、功能检测报告等。
b. 外业验收主要内容：
抽样检查实体工程(实测实量)质量。
抽样检查实体工程安全、使用功能。
全数检查工程外观质量。
(6)内业资料检查评价要求
①通常情况按以下3个层次进行判定：
a. 资料项目齐全、规范。
b. 工程资料内容真实、准确。
c. 工程资料数据完整、可靠。
d. 工程资料具有可追溯性,满足工程资料管理规程等相关要求,否则,不能判为完整。
②分部工程质量控制资料核查表填写时,符合要求的资料,核查人在核查意见栏填写"符合要求",并签名确认。全部检查合格后,监理单位填写"质量控制资料齐全、有效"的结论,监理单位、施工单位负责人均应签字。
③安全和主要使用功能核查及抽查的检测项目,要核查抽测项目是否齐全,检测方法、程序和检测结果是否符合标准规定和设计要求。当项目符合要求时,监理单位核查、抽查人可在抽查意见栏中用打"√"的方法标注,或填写"符合要求"。当个别项目的抽测结果达不到标准规定和设计要求时,应当由施工单位进行返工处理。当所有项目都符合要求时,监理单位填写"混凝土实体强度(砂浆强度)报告、钢筋保护层厚度检测、结构净空检测记录、防水效果检查记录等齐全有效"的结论,并由施工单位项目负责人、监理单位总监理工程师签字。
(7)工程外观检查评价要求
①观感质量验收由总监理工程师组织监理单位、施工单位项目负责人等进行现场检查。检查范围要覆盖单位工程的每个分部工程。检查完毕后,以总监理工程师为主导共同确定质量评价,被评为"差"的项目应进行返修。每个检查项目质量状况的描述、质量评定的"合格"或"差"(用打"√"的方法标注,另栏用"/"划掉)检查结论均由监理单位填写。当各项目均评定为"合格"时,在单位工程观感质量检查记录表上填写"验收合格"检查结论。监理单位总监理工程师、施工单位项目负责人签字。
②观感质量检查合格后,统计检查项目和符合要求项数填入单位工程质量验收记录表,监理单位填写"合格"结论。

(8)实测实量评价要求

①现浇混凝土结构不应有影响结构性能和使用功能的尺寸偏差,对超过尺寸允许偏差且影响结构性能和安全、使用功能的部位,应由施工单位提出技术处理方案,并经设计、监理单位认可后进行处理。对经处理的部位,应重新检查验收。

②结构尺寸控制有如下三种情况。

a. 必须控制在允许偏差限值之内而不能有超差的项目,如涉及限界的结构外形等。

b. 给定允许偏差值的项目,如结构或构件的截面几何尺寸允许偏差、与设计中心线允许偏差、平整度等,要求合格点率应在80%及以上,且不合格点的偏差值不能大于允许偏差值的1.5倍。

c. 要求大于或小于某一数值的项目,即给定了一个最低或最高值,而在一个方向不控制,要求80%及以上测点的数据在允许偏差范围内。

(9)综合验收结论

应规范使用术语,可参考填写"经对本单位工程综合验收,各分项分部工程符合设计要求,施工质量均满足有关质量验收规范和标准的要求,单位工程验收合格"。若子单位工程,可填写"经对本子单位工程综合验收,各分项分部工程符合设计要求,施工质量均满足有关质量验收规范和标准,本子单位工程验收合格"。本条意见由参加验收各方确定,由建设单位填写,主要对工程质量是否符合设计和规范要求及总体质量水平做出评价。

21.2.6 质量创优管理

工程质量创优是施工单位自愿、自觉、自发的行为,建设单位是施工单位质量创优活动的指导者,监理等参建单位是施工单位质量创优的积极参与、协助和支持者。

1)成立质量创优组织领导机构

组长:总经理。

副组长:副总经理(总工程师)。

组员:相关部门负责人。

成员单位:施工、监理单位;第三方监测、检测等单位。

领导小组下设:创优工作领导小组设日常工作办公室,设在安全质量部,部长兼任办公室主任。

2)创优领导小组职责

(1)领导小组职责

①提出工程质量标准和目标要求。

②积极支持鼓励并组织施工单位开展工程质量创优活动。

③组织制定全线质量创优规划。

④决策质量创优过程中的重大事项。

(2)部门职责

①认真编制工程质量创优规划和各阶段具体实施计划及目标。

②积极联系当地质量管理部门和相关协会组织,提出工程质量创优申请,争取各相关部门与单位的支持、帮助与指导。

③在认真执行国家、地方质量创优相关规范、标准的基础上,研究确定创优质量标准。

④制定工程质量过程控制、创优保证实施措施。

⑤牵头组织迎接地方、行业和国家质量创优管理机构与协会专家,对创优工程进行检查指导。

⑥负责组织质量创优工作专题会议,分析创优工作形势、指出工作中存在的问题、提出整改要求。

⑦定期向"质量创优工作领导小组"汇报创优工作进展、存在的主要问题和需要领导提供支持、帮助以及协调的相关问题与事项。

⑧组织协调地方、行业及国家优质工程奖的申报工作。

⑨负责组织创优单位对质量创优工作进行总结,向"质量创优工作领导小组"提交质量创优工作总结报告。

(3)创优规划及各阶段实施计划

①创优目标:分部、分项工程一次验收合格率100%,创市级、省级、国家级相关奖项。
②创优工作策划。
③创优标准。
④各阶段创优计划与目标分解。
⑤创优具体措施。

3)优质工程申报程序

(1)向工程所在地质量管理协会取得联系,提出项目工程质量创优申请。
(2)熟悉了解工程所在地质量创优的办法、规定、细则申报条件等相关要求。
(3)针对工程实际,研究制定质量创优规划、阶段实施计划与目标。
(4)以通知或专题会议形式,向施工单位提出全线质量创优要求,请各参建单位自愿提出工程质量创优申请。
(5)经与相关协会协商确定工程创优单元(标段、单位工程等)。

21.2.7 设备专业质量关键控制点

1)站段设备专业质量控制关注点
(1)施工方案与技术措施。
(2)质量管理体系与措施。
(3)安全管理体系与措施。
(4)环保管理体系与措施。
(5)工程进度计划与措施。
(6)资源配备计划。
(7)施工设备及施工经验。
(8)维保方案及培训措施。

2)系统设备专业质量控制关注点
(1)系统安全性要求。
(2)系统可靠性要求。
(3)系统可扩展性要求。
(4)系统开放性要求。
(5)接口要求。
(6)系统软件要求。
(7)项目风险控制要求。
(8)系统安全风险控制要求。

21.2.8 设计联络管理

设计联络是设备合同签订后,对合同范围内设备系统具体技术方案的细化和确认工作。其范围包括生产设计文件(包括图纸和试验大纲、试验报告、变更设计、验收大纲、验收报告等)、接口文件、用户需求、用户界面的确认以及对合同技术文件的细化和补充。目的是完成设备的系统设计和详细设计,形成设备生产、试验、安装调试和验收等工作所需要的技术文件(含图纸),不仅为系统承包商的系统详细设计、样品的生产、软件编程和开发扫清障碍,同时也为设计施工图纸及设备(系统)制造提供依据,确保系统工程的顺利实施。

1）建设单位管理职责

（1）负责对招标及合同中设计联络内容的要求进行审核。

（2）负责对设计联络大纲、技术文件、接口文件及设计联络会议纪要等文件进行审核。

（3）负责向甲供设备供货单位提供基础资料,明确用户需求和功能要求。

（4）负责组织相关单位,制定设计联络计划、议题等。

（5）负责督促供货方组织实施设计联络。

（6）负责督促设计单位参加设计联络工作,对设计联络文件进行审核,并落实设计联络成果。

（7）负责组织设计单位针对设计联络阶段突破初步设计原则和概算的相关内容进行分析说明。

2）设计联络内容要求

（1）招标文件中设计联络内容要求

①设计联络次数、所在地、时间（工作日）、招标方参加人数。

②费用参考标准及费用报价要求。

③投标人参加设计联络人员要求。

④每次设计联络的内容。

⑤互相提供资料内容。

⑥招标人权利。

⑦投标人责任。

⑧投标文件要求。

⑨其他补充要求。

（2）合同文件内设计联络内容要求

①设计联络次数、所在地、时间（工作日）、合同双方参加人数。

②标准、费用及费用计算方法。

③投标人参加设计联络人员。

④每次设计联络的内容。

⑤合同双方互相提供资料内容及时间。

⑥建设单位权利。

⑦供货方承诺。

⑧其他补充要求。

（3）设计联络大纲内容要求

①本次设计联络目标。

②设计联络地点、时间。

③主持人。

④参加单位及人员。

⑤设计联络具体日程安排。

⑥设计联络前相关各方需要互提资料内容和时间。

⑦设计联络具体确认和讨论内容。

⑧其他补充内容。

21.2.9　出厂验收管理

为了使设备系统出厂验收工作的管理规范化和制度化,促使设备制造商严格执行产品技术标准,提高设备质量水平,保障生产顺利进行,根据轨道交通行业惯例和设备验收实际需求对设备出厂验收进行管控。设备出厂验收以合同、补充协议、设计联络会议纪要等为依据。如合同及技术协议约定不明确,则按国家标准、行业标准执行,如无国家标准、行业标准,按照企业标准执行。

1) 设备出厂验收参加人员

(1) 建设单位。

(2) 设计院。

(3) 设备监造/监理。

(4) 建设单位特邀专家(有必要的项目)。

(5) 设备集成商/制造商。

(6) 设备安装商。

(7) 参加会议的人数如无特殊情况一般依据设备合同文件约定进行,有特殊情况时,事先书面协商确定。

2) 设备出厂验收应具备条件

(1) 设备出厂试验报告、产品合格证、设备出厂验收大纲已全部整理完毕并经监理审查合格。

(2) 按照合同要求,全部合同设备或单项产品全部制造、预装完毕。

3) 设备出厂验收组织工作

(1) 设备出厂验收的筹备和组织工作由设备制造商负责,建设单位设备管理部负责督促工作。

(2) 设备制造商向参会人员免费提供技术文件、工作设施等。

(3) 设备出厂验收的费用(包括交通、食宿等)由设备制造商负责。

(4) 设备制造商编写设备出厂验收报告,应详细记录设备出厂验收的内容及达成的共识,内容包括讨论的问题、外观检查情况、检测内容与重要数据、试验情况及有关参数的测定和得出的结论,由参与验收的各方代表签字认可后生效。

4) 设备出厂验收会的内容

(1) 听取设备制造商制造情况的介绍。

(2) 听取现场监造工程师对设备监造情况的介绍(有必要的项目)。

(3) 审查确认设备制造商递交的本批次设备生产过程中的质量管理文件、图纸、资料等。

(4) 检查、审核设计联络会议纪要所列事项落实执行情况。

(5) 审查确定设备制造过程中重要试验、检测方案与注意事项执行情况。

(6) 设备外观检查。

(7) 对重要尺寸进行检测、核对。

(8) 完成各项试验工作及重要数据检测工作。

(9) 试运转检查(对有此项要求的设备)。

(10) 出厂验收报告确定设备验收是否合格,明确整改内容(如有)。

(11) 其他需要研究和讨论的重要事项。

21.2.10 现场安装首件首站定标管理

在先开工的试验段车站作为机电安装装修分部分项工程的样板站,请有丰富地铁施工经验、实力雄厚的中标承包商提前进场,按照施工图纸和技术要求的标准,进行分部分项样板站的安装装修工作,经设计、监理、建设单位确认同意后,在全线进行推广实施,对设备系统的现场安装质量的提升有很大帮助。

全线各标段施工单位按照样板站的标准要求完成首件后需报监理验收确认合格后方可进行全部工序的施工,以确保全线施工质量的整体水平。

样板段的工程范围包含通风空调系统、给水与排水、排污系统、低压配电照明系统、消防水系统、装修工程等。

1) 空调专业

(1) 法兰制作、风管成型、法兰与风管拼接、风管拼接、漏光检查、风管保温、风阀、风口及其连接、支吊架制作安装。

(2)要求样板段的长度不少于排烟风管20m、空调送风管20m、空调冷冻水管20m(含不锈钢波纹管)。

(3)空调设备包括设备基础、设备支架、设备安装等。

2)给排水及消防专业

(1)消防管道:区间管道支架材质应根据现场实际情况加工,加工完成后必须经监理确认后,方可批量加工,表面全部采用热浸锌工艺处理;车站管道支架采用热浸锌型钢根据现场情况加工制作。

(2)污、废水泵:水泵基础、水泵的安装、弯头、三通、阀门等,每标段要求各做一套。

3)电气专业(含FAS、BAS专业)

(1)车站直线段及曲线段电缆桥架样板安装(20m)

每段桥架之间用跨接线进行连接,其中主桥架不低于$6mm^2$,次桥架不低于$4mm^2$;桥架本身材质要求满足招标文件,曲线段转弯处桥架的制作方法;安装桥架所用支吊架材质应满足招标文件要求,支架采用热浸锌处理的支架,且所有支吊架用扁钢进行接地连接,支吊架应采用金属膨胀螺栓固定于结构上。

(2)区间配电钢管样板安装(20m)

区间照明的配电钢管其管材应满足招标文件要求,钢管丝接、接地线。跨接等工艺应满足招标文件要求,跨接等工艺应满足招标文件要求,跨接等工艺应满足招标文件要求,钢管在支架上固定应牢固可靠。区间配管的分线盒必须采用防水分线盒,分线盒四周应采取防水措施。

(3)车站明敷配电镀锌钢管样板安装(20m)

镀锌钢管材质满足招标文件要求,所有钢管采用丝接,丝接两端的钢管采用不少于$2.5mm^2$的接地线进行跨接。明敷钢管当敷设于立面主体结构上时必须采用离壁管卡进行固定。当钢管数量较多需采用支吊架固定式,支吊架的制作、安装工艺应同桥架的支吊架工艺,至少做一个分线盒。

(4)装修专业样板段

砖砌体、离壁墙、乳胶漆、环氧树脂地面、防火封堵、防火玻璃、陶瓷砖、防静电架空地板等施工,在上述工序全面铺开施工前,承包商务必先实施样板,样板施工完毕经建设单位、监理、设计现场验收确认后方能实施。

(5)管线综合共用支吊架样板

实施一段综合管线支吊架,要求支吊架满足经设计、建设单位及监理认可的综合管线施工图的要求。

(6)实施流程

样板段实施前,由施工单位申报样板段方案(可分批实施),经监理、建设单位批准后实施。

拟定实施计划→提交样板方案→审查样板方案→各专业资料互提→公共区装修深化设计→地盘单位综合共用支吊架设计→监理组织各专业审查样板图纸→设计、建设单位审查图纸→组织材料→施工→建设单位组织预验收→设计或施工缺陷整改→质量验收→推广实施。

21.2.11 预验收、竣工验收

建设单位是轨道交通工程验收工作的主体,运营单位全程参与验收工作。

预验收是指由轨道交通新建线路建设工程监理单位(以下简称监理单位)受轨道交通新建线路建设单位委托,组织对轨道交通工程建设项目完成情况、工程质量、安装调试情况进行检查验收。

竣工验收是指在预验收基础上,由建设单位组织对轨道交通工程进行全面检查和验收。轨道交通工程预验收完成后,方可进行试运行。竣工验收合格的,方可进行(载客)试运营。

验收的主要依据:

(1)国家和省、市有关法律、法规。

(2)国家和省、市有关建设标准、设计规范、工程施工质量验收标准。

(3)经批准的项目建议书、可行性研究报告。
(4)经批准的初步设计文件(含批准的修改初步设计)。
(5)审核合格的施工图(包括经批准的变更设计文件)。
(6)建设单位与集成商、供货商、安装单位等承包商签订的合同。
(7)市建委发布的相关技术条件和规范等。
(8)其他相关具有法律效力的文件。

设备各阶段验收前应当具备以下基本条件。

1)预验收

(1)设备设施工程按照设计和合同约定的要求完工。
(2)城市轨道交通新建线路各工程施工单位(以下简称施工单位)已按照有关规范、标准对工程质量和系统功能进行自检,确认工程质量符合有关法律、法规和工程建设强制性标准,符合设计文件及合同要求。
(3)施工单位按照有关规定和标准,归集完备各类工程技术文件。

2)竣工验收

(1)设备预验收完成。
(2)城市轨道交通工程已按设计和合同约定的各项要求全部完工。
(3)施工单位已提交工程竣工报告书。
(4)监理单位已提交工程质量评估报告书。
(5)轨道交通新建线路各有关设计单位(以下简称设计单位)已提交工程质量检查报告书。
(6)技术和施工管理档案(包括建设单位提供轨道交通工程施工、安装过程中分部、分项工程的验收资料,工程使用的主要设备的出厂合格证和设备、配件的进场试验报告、系统调试和测试报告等)完整。
(7)施工单位已签署工程质量保修书。

3)职责分工

建设单位负责组织设计、施工、监理、运营等有关单位进行轨道交通工程验收,组织制定验收计划及方案。负责组织验收各阶段问题的整改,督促设计、施工、监理、安装调试单位落实整改措施。

运营单位负责记录、统计轨道交通工程运行情况,并及时将运行状况和问题整改情况反馈至建设单位,配合建设单位完成整改工作。

第三方评估单位负责对试运行成效进行评估,会同政府相关部门解决设备验收期间存在的问题。

市政府相关部门作为验收监督工作实施的主体,负责监督检查轨道交通工程验收的组织形式、验收范围、验收程序、执行标准的情况,并协调解决轨道交通工程验收期间存在的问题。

4)验收程序

(1)预验收阶段工作程序
①施工单位向监理单位提交预验收申请。
②监理单位制定预验收工作方案报建设单位。
③建设单位于预验收开始5个工作日前将预验收工作方案报市政府相关部门。
④监理单位组织施工单位、设计单位,并邀请运营单位及有关专家开展预验收,排查轨道交通工程安装、调试及竣工资料中存在的问题。
⑤问题整改完毕,并经建设单位、运营单位确认后,监理单位编制《工程质量评估报告》,由总监和监理单位技术负责人审核签字盖章后提交建设单位。
⑥建设单位将预验收情况和整改情况及时报市政府相关部门。

(2)竣工验收阶段程序
①施工单位向建设单位提出竣工验收申请。

②建设单位制定竣工验收方案并于竣工验收开始 5 个工作日前将竣工验收工作方案报市政府相关部门。

③市政府相关部门于竣工验收开始 5 个工作日前就竣工验收方案向建设单位提出书面意见。

④建设单位组织设计、施工、监理、运营单位和设备安装调试方以及有关方面专家成立验收小组（以下简称验收小组），统筹推进竣工阶段验收工作。

⑤设计、施工、监理单位以及安装调试单位向验收小组分别汇报工程合同履约情况和在工程建设各个环节执行法律、法规和工程建设强制性标准的情况。

⑥验收小组检查工程建设参与各方提供的竣工资料，检查工程实体质量，对轨道交通工程的使用功能进行抽查、试验。

⑦验收小组对竣工验收情况进行汇总讨论，形成竣工验收意见。

⑧建设单位于验收完成 3 个工作日内将设备系统竣工验收报告报市政府相关部门申报备案。

⑨设备系统竣工验收报告应包括工程概况，建设单位执行基本建设程序情况，对设计、施工、监理等方面的评价，轨道交通工程预验收和竣工验收的时间、程序、内容、组织形式以及验收意见，轨道交通工程预验收和竣工验收中发现问题的整改情况和整改计划等内容。

(3) 验收问题处理

①对轨道交通工程验收过程中发现的问题，建设单位应会同运营单位共同制定整改项目清单和整改计划并组织实施。涉及影响运营安全的问题，应于开通试运营前完成，并重新确定时间组织验收；涉及特殊原因遗留的问题，应由当地省市政府相关部门确认后，由建设单位组织整改，并按照本办法另行组织验收。所有整改项目需在正式运营前完成。

②建设单位应会同运营单位，每季度将整改完成情况上报市政府相关部门，市政府相关部门定期对运营设备、设施的整改完成情况进行监督检查。

21.3 质量事故的报告与处理

1) 质量事故分级

(1) 质量问题：质量较差、造成直接经济损失（包括修复费用）在 20 万元以下。

(2) 一般质量事故：质量低劣或达不到质量标准，需要加固修补，直接经济损失（包括修复费用）在 20 万～300 万元之间的事故。一般质量事故分三个等级。

一级一般质量事故，直接经济损失在 150 万～300 万元之间。

二级一般质量事故，直接经济损失在 50 万～150 万元之间。

三级一般质量事故，直接经济损失在 20 万～50 万元之间。

(3) 重大质量事故：由于责任过失造成工程坍塌、报废和造成人员伤亡或者重大经济损失。根据《关于做好房屋建筑和市政基础设施工程质量事故报告和调查处理工作的通知》（建质〔2010〕111号），工程质量事故造成的人员伤亡或者直接经济损失，工程质量事故分为以下 4 个等级。

①特别重大事故，是指造成 30 人以上死亡，或者 100 人以上重伤，或者 1 亿元以上直接经济损失的事故。

②重大事故，是指造成 10 人以上 30 人以下死亡，或者 50 人以上 100 人以下重伤，或者 5000 万元以上 1 亿元以下直接经济损失的事故。

③较大事故，是指造成 3 人以上 10 人以下死亡，或者 10 人以上 50 人以下重伤，或者 1000 万元以上 5000 万元以下直接经济损失的事故。

④一般事故，是指造成 3 人以下死亡，或者 10 人以下重伤，或者 100 万元以上 1000 万元以下直接经济损失的事故。

本等级划分所称的"以上"包括本数，所称的"以下"不包括本数。

2) 质量事故处理流程

(1) 工程质量问题的处理程序

当发现工程质量问题,监理单位应按照以下程序进行处理,建设单位方应同时积极配合。

①当发生工程质量问题时,监理单位应首先判断其严重程度。对可以通过返修或返工弥补的质量问题可以签发"监理通知",责成施工单位写出质量问题调查报告,提出处理方案,填写"监理通知回复单"报监理单位审核后,批复施工单位处理,必要时建设单位方要会同设计单位对处理结果进行重新认证验收。

②对需要加固补强的质量问题或质量问题的存在影响下道工序和分项工程的质量时,总监理工程师应签发"工程暂停令",指令施工单位停止有质量问题部位和其有关部位及下道工序的施工。必要时,应要求施工单位采取防护措施,责成施工单位写出质量问题调查报告,并会同建设单位方和设计单位提出处理方案,并对处理结果进行重新验收。

③施工单位接到"监理通知"后,在监理单位的组织参与下,尽快进行质量问题调查并完成报告编写。建设单位方应注意报告中的如下内容。

a. 与质量问题相关的工程情况。

b. 质量问题发生的时间、地点、部位、性质、现状及发展变化等详细情况。

c. 调查中的有关数据和资料。

d. 原因分析与判断。

e. 是否需要采取临时防护措施。

f. 质量问题处理补救的建议方案。

g. 涉及有关人员和责任及预防该质量问题重复出现的措施。

④在原因分析的基础上,监理单位认真审核签认质量问题处理方案。在征得设计单位和建设单位方的同意后,方能针对经确认不需要进行专门处理的质量问题,保证其不构成对工程安全的危害。

⑤责令施工单位按既定的处理方案实施处理并跟踪检查。

⑥质量问题处理完毕,总监理工程师应组织有关人员对处理的结果进行严格的检查、鉴定和验收,写出质量问题处理报告,交由建设单位方和监理单位进行存档。

监理单位编写的质量问题处理报告应包括如下内容。

a. 基本处理过程描述。

b. 调查与核查情况。

c. 原因分析结果。

d. 处理的依据。

e. 审核认可的质量问题处理方案。

f. 实施处理中的有关原始数据、验收记录、资料。

g. 对处理结果的检查、鉴定和验收结论。

h. 质量问题处理结论。

(2) 工程质量事故处理程序

质量事故处理与安全事故处理程序基本相同,本章节只做简单论述。

①事故报告。

a. 事故发生后,事故现场有关人员立即向工程建设单位负责人报告。

b. 工程建设单位负责人接到报告后,应于1h内向事故发生地县级以上人民政府住建主管部门及有关部门报告。

c. 按照应急预案采取相应措施。

d. 情况紧急时,事故现场有关人员可直接向事故发生地县级以上人民政府住建主管部门报告。

②事故调查。

事故调查报告的主要内容:事故项目和各参建单位概况;事故发生经过和事故救援情况;事故造成的人员伤亡和直接经济损失;事故项目有关质量检测报告和技术分析报告;事故发生的原因和事故性质;事故责任的认定和事故责任者的处理的建议;事故防范和整改措施;事故的原因分析;制订事故处理的技术方案;事故处理(事故处理的内容);事故处理的鉴定验收;提交事故处理报告。

21.4 第三方检测质量管理

根据住建部于2000年下发的《房屋建筑工程和市政基础设施工程实行见证取样和送检的规定》(建质〔2000〕211号)和住建部2005年下发的《建设工程质量检测管理办法》(建设部令第141号令)中相关规定由工程项目建设单位委托具有相应资质的检测机构进行检测。

21.4.1 第三方检测单位招标工作

1)确定第三方检测单位工作内容

根据工程实际情况,结合《建设工程质量检测管理办法》相关要求,确定工程第三方检测单位的检测范围、检测项目。

2)确定第三方检测频率

通过研究文件、调查其他城市检测模式等手段,确定了第三方单位见证检测频率、专项检测抽检频率均为30%。

3)确定工程施工单位自检试验单位控制模式

施工单位自检试验检测机构的管理模式可分为两种,第一种是施工单位自主在建设行政主管部门审查合格的检测机构中招标选择,建设单位不做控制;第二种模式为建设单位通过一定的评审手段,确定工程合格检测单位范围,由施工单位在合格范围内选取自检试验单位。

4)确定第三方检测单位标段划分方案

通过招标确定第三方检测单位,并对标段进行划分,负责工程的实验检测。

(1)可按专项检测标段、见证试验标段两类招标。

(2)各标段检测工作量大体均衡。

5)编制招标文件

由合同部牵头组织招标文件的编制工作,招标代理机构负责合同条款的编制工作,安全质量部负责技术条款部分的编制工作。

6)公开招标

合同部门负责组织公开招标,确定第三方检测单位。

21.4.2 第三方检测单位人员变更管理

1)变更审批原则

(1)项目负责人、技术负责人无特殊原因一般不予变更。

(2)第三方检测人员变更应符合以下条件。

①人员变更理由充分。

②拟更换人员的资质条件,包括工作经历、学历、职称不低于被更换人员。

2)第三方检测单位人员变更审批程序

(1)项目负责人、技术负责人变更应由第三方检测单位书面向建设单位提出正式变更申请,建设单位安全质量部负责进行拟更换人员的资质审查,并应及时将审查结果上报主管领导,最终经高层联席会决策是否同意进行更换。

(2)其他人员变更,需经建设方代表签署意见后,由建设单位安全质量部进行审批。

21.4.3　第三方检测单位管理职责

(1)第三方检测单位须按照国家、地方、行业的有关技术规范、标准、规定实施检测工作,对检测工作全面负责。如遇规范、标准、规定对同一问题的处理出现相互矛盾的情况时,应通知建设单位,经批准后方可进行下步工作。

(2)合同签订后检测工作实施前,工程质量检测单位应根据工程情况向建设单位提交"工程质量检测工作细则"备案,并受其约束。

(3)第三方检测单位收到建设单位提供的文件及资料后,应仔细审查,妥善保管,严格保密,不得泄露或转让。发现错误以书面形式通知资料发放人。

(4)第三方检测单位应按合同中技术标准和工作要求向相关单位提供检测情况及检测报告,以满足工程施工的质量要求。并对其完整性、正确性负责,必要时进行专题汇报。

(5)在合同履行期间,工程质量检测人员资格应符合合同规定,并保持稳定。负责工程质量检测的主要负责人员不得擅自更换。

(6)工程质量检测单位须对所有检测方法的正确性、稳定性和完备性承担全部责任,对工作人员的失误、疏忽、玩忽职守承担全部责任。

(7)根据建设单位工作需要及时提供真实的原始数据和中间数据。

(8)负责检测样品的采集。

(9)工程质量检测报告应及时报送建设、监理及施工单位,份数满足工程需要。当检测报告出现不合格项目时,检测单位应在24h内向建设、监理及施工单位报告。

(10)配合建设单位进行履约检查。

21.4.4　第三方检测单位履约管理

检测单位应按照合同规定的检测内容、检测频率独立进行试验检测工作,安全质量部负责编制工程质量检测履约评价办法,并依据办法组织每季度对第三方检测单位的履约评价工作。对检测单位的日常检查、季度检查及集中检查考核,履约考核的评定等级结论分为三个等级,分别是优良、合格及不合格。

建设单位在工程建设过程中,可根据工程质量检测工作开展情况,对检测单位的人员配备情况、仪器配置情况、内业资料整理情况、日常检测工作的合规情况、标准规范的配备情况等方面进行检查,督促第三方检测单位对发现的问题尽快进行整改,并将检查情况纳入第三方检测单位的季度履约评价。

21.4.5　第三方检测单位验工计价

安全质量部负责根据实际情况以及施工单位、第三方检测单位提供的检测报告,审核第三方检测单位每期验工计价的工程量,配合合同部门完成第三方检测单位的验工计价工作。

21.5　监理质量管理

工程建设监理是监理单位接受建设单位的委托和授权,根据国家批准的工程项目建设文件、有关工程建设法规和工程建设监理合同以及工程建设合同所进行的旨在实现项目投资的针对施工现场的监督管理活动,监理的工作对轨道交通建设项目的质量方面起着关键的作用,作为建设单位应从监理招标工作开始,至工程建设结束的全过程,充分重视监理在轨道交通建设过程中的作用,加强对监理单位的管理工作,促进其管理工作规范化、标准化,充分发挥监理在工程建设中的作用,保证工程建设安全、质量、投资、进度、文明施工和使用功能目标的全面实现。

21.5.1 土建监理管理

1) 监理管理基本规定

(1) 各土建监理单位(以下简称"监理单位")必须在服务现场独立设置总监理工程师办公室,在各施工合同段设立驻地监理办公室,总监理工程师作为监理单位的合法代表在服务现场开展工作。

(2) 建设单位安全质量部是监理管理的主责部门,各总监办的日常管理工作由安全质量部负责。各驻地监理办公室的管理工作由各标段建设方代表负责。

2) 监理人员管理

(1) 理单位中标后,因工作安排、其他原因需要对监理人员进行更换,拟更换的监理人员应当具备同等资历并得到建设单位的同意,扣款标准将遵照监理合同相关条款,未经建设单位同意,监理单位不得自行更换监理人员。

(2) 监理单位的进场人员不能履行监理合同时,建设单位要求更换的,监理单位必须以同等资历和经验的人员进行更换。进场监理人员必须能够适应监理合同规定的监理服务工作,主要监理人员的资质应在监理规划中详细描述并得到建设单位的认可。

(3) 合同签订后,监理单位应在规定的日期内,将总监理工程师法人委托书、监理组织机构、职责分工、监理规划报建设单位安全质量部审查备案。提供总监、总监代表、驻地监理工程师、安全监理工程师、专业监理工程师的手书签字字迹原件和相关注册、资质职称证书原件审查,复印件存档。其中,各驻地办监理人员随工程进展陆续进场,人员数量和资质在满足合同及地方相关"建设工程监理工作规程"的前提下以建设方代表的要求为准。

(4) 工程实施过程中,总监办新进场人员及调换人员需上报安全质量部审查、批准后方可从事监理工作。各驻地办新进场人员及调换人员需先报建设方代表审查、批准后,再报安全质量部备案后方可从事监理工作。总监办擅自聘用未经建设单位同意的人员从事监理工作、签认监理资料,一经发现,建设单位即可从监理服务费中一次性扣除一定的违约金,扣款标准将遵照监理合同或相关管理办法中的条款。

(5) 各监理单位须根据安全质量部审查或备案的结果,建立人员动态台账,对人员变动及时进行更新,人员台账每周、每月与"监理周报""监理月报"一起报建设单位安全质量部备查。

(6) 为确保监理合同的正常实施,担任本工程的总监理工程师不能兼任其他工程项目工作。发现总监理工程师在其他项目兼职的,建设单位将对监理单位进行经济处罚,并要求该总监立即停止兼职。

(7) 总监理工程师、总监代表离岗 1 天的,需报请建设方代表批准同意后,报建设单位安全质量部备案,3 天以内的,需报请安全质量部批准、备案;总监理工程师离岗 3 天以上的(含 3 天),需报请建设单位主管领导同意。其他监理人员离岗 5 天以内的,需报请建设方代表批准同意后,报安全质量部备案;离岗 5 天以上的(含 5 天),需报请安全质量部批准、备案。任何监理人员临时离岗时,监理单位都应协调安排资历相当的监理人员临时补充岗位。

(8) 建设单位应在日常管理中对上岗的监理人员综合能力进行评估,针对多次出现监理履职不到位或业务水平不能胜任现场监理工作的,可按照合同要求,要求监理单位更换监理人员,被更换的监理人员不得继续在本市轨道交通工程范围内从事监理工作。

(9) 监理单位在基本完成监理服务后,应有组织地进行监理人员退场,应提出人员退场书面申请,建设方代表同意后报建设单位安全质量部备案,未经建设单位同意,监理单位人员不得擅自离场。

3) 监理对施工单位人员的管理

(1) 监理单位按照建设单位相关管理办法编制本合同段范围内含请、销假等制度。

(2) 参与建设单位组织的对施工单位的进场人员和人员进场计划的澄清与核准。

(3) 按照建设单位制订的履约管理办法相关要求,负责对施工单位主要管理人员的日常考勤、人员更换审核、人员进场计划调整审核等管理工作。

(4) 负责审核施工单位主要管理人员退场计划。

(5) 施工单位的项目经理每月带班生产时间进行考核记录,并及时上报建设单位。

4) 监理单位的质量管理

(1) 各总监办必须建立质量管理体系、监理实施细则,督促并检查施工单位建立、完善质量管理体系和质量控制目标,检查施工单位质量管理人员到位情况。

(2) 各总监办必须制定旁站监理方案,送甲方代表和施工单位各一份,旁站监理方案应明确旁站监理的范围、内容、程序和职责等,并应于监理过程中做好旁站记录,监理旁站记录作为监理工作考核的重要内容,应与工程进度同步,并随时归档备查。

(3) 监理工程师应认真审查施工单位编制的试验计划,对其严格把关,提出监理意见,并依据施工单位编制的试验计划编制完成具有针对性的见证取样试验计划。过程中严格执行进场材料及半成品的试验、检验相关规定。

(4) 各分包商及供应商由总监办确认,收集相关的资质证明材料。

(5) 各驻地办应依据设计文件和施工方案,按照验收规范规定的检验项目、频率、工序对工程质量进行实测实量验收。

(6) 发生重大工程质量事故或发现重大工程质量隐患时,总监理工程师除履行必要的监理程序外,应立即向甲方代表和安全质量部报告,并督促施工单位向行政主管部门报告。

5) 监理单位的信息及资料管理

(1) 总监办应建立健全监理档案管理体系,遵循有关规程、标准的要求,及时进行监理资料的收集、分类、整理、编制、组卷、归档及移交。

(2) 监理单位对施工单位的施工资料应进行全过程、全方位跟踪管理,按相关规定、要求,对施工资料的编制、组卷进行日常监督、检查、指导,并形成监督、检查记录,对存在的问题应做到及时发现及时督促整改,并配合做好施工单位的工程竣工档案验收、移交工作。

(3) 各总监办须建立工程物资、设备、施工试验、监理质量检验(包括见证试验)、监理旁站记录、分项、分部工程验收台账以及工程量、月付款报审台账。

(4) 各总监办在监理工作过程中产生的各种文件、指令、记录或资料,要认真做好收发登记和统计分析,并建立台账。

(5) 总监办应配合建设单位做好对参建单位的信息传达、贯彻工作,并做好与建设单位的书面信息汇报工作。

(6) 监理周报应报建设单位安全质量部。

(7) 监理月报在每月定期报送建设单位安全质量部,月报的内容须满足监理规程和建设单位的要求。

(8) 监理工作总结报告由总监理工程师组织编制,并每半年报建设单位安全质量部。

(9) 为达到工程创优目标,各总监办应制作符合相关要求的工程施工影像资料。

(10) 所有向建设单位报送的资料须同时提供电子版文件。

6) 监理单位的旁站管理

(1) 以下项目应当实施现场旁站监理

① 土方回填:有承载力要求的土方换填或回填。

② 混凝土浇(灌)筑:围护结构混凝土浇(灌)筑、基础混凝土浇筑、结构混凝土浇筑。

③ 预应力张拉。

④ 注浆:锚索注浆、小导管超前注浆、地面加固注浆、回填注浆、防水注浆、预应力孔道注浆。

⑤ 防水:防水细部构造(变形缝、施工缝、后浇带、阴阳角处理)。

⑥ 盾构:始发及接收加固区地层加固、盾构开仓作业、盾构隧道联络通道开口。

⑦暗挖:开马头门、小断面变大断面的渐变段开挖支护作业、大断面隧道的首段临时支撑拆除。

⑧其他:装配式结构安装、钢结构梁和柱安装、网架结构安装、索膜安装、钢支撑轴力施加、深度超过16米的人工挖孔桩作业、临时用电的系统接地极的打设、综合接地的接地极打设、土钉墙土钉的安装和注浆。

(2)现场旁站监理主要内容

①检查施工单位质检员、试验员、安全员等管理人员到岗情况,检查特殊工种人员持证上岗情况,检查施工机械、建筑材料、模板支撑系统、脚手架等准备与加固等情况。

②进场建筑材料、半成品、建筑构配件、设备和商品混凝土,核查质量检验报告等质量状况,并监督施工单位根据相关规范及建设单位的相关管理办法的要求进行检验。

③核查现场安全和应急措施是否到位,核查施工环境是否对工程安全质量产生不利影响。

④检查已验收工序(钢筋、防水层等)的质量是否有人为因素影响,发生了不符合规范和设计要求的情况。

⑤检查隐蔽项目的隐蔽施工过程,重点检查隐蔽项目的成品质量。

⑥项目施工过程中执行设计和施工方案以及工程建设强制性标准等情况。

⑦应用新技术、新工艺、新材料及临近或下穿特级环境风险工程地段的作业等。

21.5.2 设备监理与监造管理

1)设备监理、监造工作职责划分

设备监理、监造主要包含车辆监造和工艺监理、弱电监理、供电监理、轨道监理、机电监理、人防监理、主变电站监理,其职责分工如下。

(1)车辆监造、工艺监理

主要负责对车辆国产部分设备的生产过程、组装过程的设备监造以及进口设备的安装监造服务,派驻人员在生产现场对车辆的质量、制造及交货进度和款项的支付进行全过程监造工作。

(2)弱电监理

负责通信、信号、自动售检票、办公自动化、安防等专业设备的检验、出厂及设备材料试验、供货管理、现场检验及安装、调试、预验收、综合联调、竣工资料移交、试运行等阶段的监理工作。

(3)供电、综合监控

负责供电、综合监控系统(含变电所综合自动化、环境与设备监控系统)等设备及材料供货和设备安装、管线预埋、管路敷设过程工艺及调试、预验收、综合联调、竣工资料移交、试运行等阶段的监理工作。

(4)轨道监理

负责轨道工程及疏散平台设备、材料(含甲供材料)生产阶段、施工准备阶段、施工阶段、保修阶段直至缺陷责任期的全过程监理服务。提供生产监造、设备、材料试验(样品试验、工厂检验、出厂检验)、开工准备、供货管理、到货检验、安装管理、安装调试、预验收、综合联调、竣工资料移交、试运行等阶段的监理工作。

(5)机电监理

负责动力照明、通风空调、给排水、FAS、BAS、电扶梯、安全门等设备的生产、检验、出厂及设备材料试验、供货管理、现场检验及安装、调试、预验收、综合联调、竣工资料移交、试运行等阶段的监理工作。

(6)人防监理

负责人防工程的生产、供货现场检验及安装、调试、预验收、综合联调、竣工资料移交、试运行等阶段的监理工作。

(7)主变电站监理

负责外部电源线路及配套设施工程、电源侧间隔改造、扩建(含配合保护整定设计)、变电站综合自动化、光电缆通信、主变电站至地铁车站的35kV电缆廊道、地调对主变电站的电力远动、主变电站的测量、施工、现场检验及安装、调试、预验收、综合联调、竣工资料移交、试运行等阶段的监理工作。

2) 设备监理、监造管理内容

设备监理、监造管理的内容主要包括监理人员管理、安全管理、质量管理、进度管理、投资及合同管理、监理信息及资料管理等工作。

(1) 监理人员管理

①采取监理人员备案制度,合同签订后,将总监理工程师法人委托书、监理组织机构、职责分工报建设单位审查备案,监理方提供总监、总监代表、驻地监理工程师、安全监理工程师、专业监理工程师的手书签字字迹原件和相关注册、资质职称证书原件审查,复印件存档。其中,各驻地办监理人员随工程进展陆续进场,人员数量和资质应满足合同和现场进度要求。工程实施过程中,监理单位新进场人员及调换人员需报建设单位审查、批准后方可从事监理工作。

②各监理单位须根据建设单位审查或备案的结果,建立人员动态台账,对人员变动及时进行更新,人员台账每月作为监理月报附件报建设单位备案。

设备监理单位人员因事(如生病、公差及外出开会等)需请假的需向项目设备管理部报告,经批准方可休假。任何人员临时离岗时,监理单位都必须安排资历相当的人员补充岗位。总监理工程师请假,需填写"总监理工程师请假单",总监理工程师代表请假,需填写"总监理工程师代表请假单",驻地组长、总监办专业工程师请假,需填写"驻地组长及总监办专业工程师请假单",一般监理工程师请假,需填写"一般监理工程师请假单",并附相关请假证明(若有)。由建设单位批准并备案。

(2) 监理质量管理

①各总监办必须建立质量管理体系,督促并检查施工单位、集成单位、供货单位建立、完善质量管理体系和质量控制目标,检查质量管理人员到位情况。

②各总监办必须制定旁站监理方案,交建设单位主管工程师和施工单位各一份,旁站监理方案应明确旁站监理的范围、内容、程序和职责等,并做好旁站记录,监理旁站记录作为监理工作考核的重要内容,应与工程进度同步,并随时归档备查。

③监理工程师应认真审查施工单位编制的试验计划,对其严格把关,提出监理意见,并依据施工单位编制的试验计划编制完成具有针对性的见证取样试验计划。

④各驻地办应依据设计文件和施工方案,按照验收规范规定的检验项目、频率、工序对工程质量进行实测实量验收,并对分部(分项)工程严格执行《工程质量首件验收制度》。

⑤发生重大工程质量事故或发现重大工程质量隐患时,总监理工程师除履行必要的监理程序外,应立即向建设单位主管工程师报告,并督促施工单位向行政主管部门报告。

3) 工程建设各阶段对监理工作的要求

(1) 系统及设备制造供货阶段

①协助建设单位组织设计单位和合格厂商进行技术交流、技术考察等,对厂商的资质、生产能力、技术水平、检测手段等提出相应的报告。了解设备制造工厂贯标情况和复检时效,了解设备制造工厂相关质检网络分布情况和质检制度情况,考查设备制造工厂生产工人、质检人员所使用的测量器具和仪器仪表,出具质保体系审查报告。

②在系统专用设备生产过程和出厂过程中,协助建设单位进行全面质量和进度监控,包括样机试制计划、非标及关键部件厂内实验、设备在生产过程中的抽查、督促生产进度、出厂托运包装,确认设备发运计划等。对承包商的设备检验规范书、检验计划、检验结果、生产制造计划进行审核评议并报建设单位。

③重点设备应招标人要求派遣监理服务人员到设备生产工厂和试验室对合同设备及主要部件的制造、组装、试验及系统调试等生产过程进行监理,参加验收、移交工作、履行签字手续,对设备主要部件的生产过程、关键工序进行监理,并出具生产过程监理报告。

④协助建设单位对通过订购获得的操作系统、数据库系统、软件开发工具、中间件等计算机系统平台软件和计算机及外围设备等硬件以及网络设备实施适用性、维护性、安全性审查,技术文档的核查,结果报建设单位。

⑤参与为本项目定制开发的应用软件及专用设备的采购、定制过程,协助建设单位进行技术文档审查、安全性核查,提出知识产权保护建议,结果报建设单位。

⑥设备到达施工现场后,根据需要进行设备到货检查,监督开箱质量,组织建设单位、承包商进行设备交接验收,并办理交接手续,做好与安装单位的设备交接工作。协助建设单位做好设备临时存储,监督从储存到安装现场的运输及现场的二次搬运等。做好重点设备管理部分部件(到货)审查及验收工作,出具检验、审查、验收报告。

⑦在系统及设备制造、到货不同时期,对生产进度监督,向建设单位提交分阶段监理工作报告,审查主要部件工序生产进度表,按进度表分月、季、年度实现设备制造进度目标,检查、监督相关配套分包厂商、国外采购部分配件到厂进度,按合同检查设备的生产进度,一旦发现影响生产进度的现象应立即提出建议并以书面形式报告招标人。

⑧负责设备的到货验收、现场试验、交接、最终验收,备品、备件交货验收、交接,专用工具交货验收、交接,图纸、技术文件等资料验收、交接,以上验收、交接文件由监理方签字。

⑨负责在全部设备制造和到货工作结束后,向建设单位提交总结报告。

(2)系统及设备安装阶段

①掌握工程的有关资料、技术参数,审查设计单位和承包商的施工图。组织施工图技术交底会议,对存在的问题向设计单位和承包商提出书面建议和意见。总监理工程师应对设计交底会议进行签认。

②负责审查系统各专业之间安装,及与土建等其他外部系统接口关系,负责接口技术协调,并与土建等监理密切配合,统一协调处理施工中出现的各类技术问题。形成以上接口工作的报告并向建设单位备案。

③负责审查施工组织计划、施工进度计划、施工质量保证体系、施工方案、单机调试方案、单机调试结果、重大技术措施、安全管理措施、文明施工措施以及进场施工人员素质、机具等,对存在的问题提出修改意见,直到承包商达到项目管理要求,并将审查结果报送建设单位。

④对管线预埋、线缆敷设(含网络综合布线)、电缆井砌筑等设备安装进行全程跟踪监理,对隐蔽部位、关键工序,实行旁站监理,对计算机网络设备随机携带的配件、检验证明及相关资料要妥善保存,并填写相关表格,作为监理资料存档。对于隐蔽工程应及时进行验收。管线预埋、线缆敷设、设备安装各阶段工程没有监理工程师的验收签字不得进行下道工序施工。

⑤负责对在施工中采用的工程材料、构配件、设备等的质量是否符合设计要求进行审查。对材质证明、产品合格证、各种检验报告是否齐全、是否满足技术要求等方面进行监督。对不符合要求的应责令承包商更正直至满足要求。

⑥编制系统分级控制点,对施工全过程的各个工序、采用工艺等进行审核确认,落实质保措施。

⑦监督工程全过程的成品保护。

⑧提交管线预埋、线缆敷设、设备安装各阶段监理小结,及时向建设单位汇报设备安装施工进展情况。

(3)系统测试阶段

①在系统设备安装、施工、单机调试等项工作完成的基础上,负责审查全线系统联调计划,并报建设单位审批。督促系统参建单位(包括设计单位、系统承包商、设备供货厂商、安装承包商等)做好系统联调准备工作,保证系统具备综合联调条件。

②负责组织并全程参与系统联调、系统预验收。同时负责编写预验收方案(各验收方案包括出验收证书)。

③组织各阶段系统测试总结会议。

④参加建设单位组织的全系统综合联调验收,并在此基础上提出系统质量评估报告、监理工作小结、系统综合联调总结、将完整系统调试的监理资料以及相关文件,报送建设单位。

(4)系统联调阶段

在系统联调过程中,系统出现问题后,由监理主持各方参加问题分析会,对发生的原因、性质和责任进行判断,并提出相应的处理意见报送建设单位,并负责督促承包商及时整改,为继续系统联调创造条件,直到满足设计和运营要求。

(5)系统试运行阶段

①协助建设单位协调各单位做好试运行工作。

②协助建设单位确认、审查系统试运行计划。

③全程参与系统试运行,检查系统及终端设备运行的可靠性、稳定性。在系统试运行时记录系统运行的异常现象,对系统和设备故障、问题要及时分析原因并落实责任,审核承包商提出的系统试运行期间异常情况整改方案,监督承包商及时整改,直到满足设计和运营要求。

④系统试运行完毕后,提出系统质量评估报告、监理工作小结、系统试运行总结、将完整系统试运行监理资料以及相关文件,报送建设单位。

⑤协助建设单位开展施工供货合同约定的对运营单位相关培训工作,并监督培训质量。

(6)系统验收阶段

①协助建设单位制定系统验收大纲。

②在承包商提交报验申请后开始验收工作。组织并参加验收及竣工备案工作。协助建设单位审查承包商的验收申请,审核承包商提交的验收测试方案,协助建设单位和承包商进行验收测试并记录相应的验收测试结果,对验收中出现的问题会同建设单位和承包商确定整改进度并督促承包商整改,直到问题得到彻底解决。

③负责审查各设备系统运营操作规程和安全规程。

(7)组织设备系统工程实体的交接工作。

①督促检查承包商及时完成竣工图的绘制工作,使其达到工程竣工文件的标准。并负责检查承包商竣工资料的整理与编制等所有工程竣工验收、备案工作。

②总监理工程师负责审查全部竣工资料,签认各类合格证书(系统调试、试运行、工程预验收、竣工移交证书、工程质量保证期终止证书、最终支付证书等)、移交证书、质保期终止证书等。

③向建设单位提交系统验收总结报告。

(8)缺陷责任期

在缺陷责任期,负责对工程质量缺陷进行检查和记录,对工程质量缺陷原因进行调查分析并确定责任归属,对承包商修复部分的工程质量进行验收,合格后予以签认。对非承包商造成的工程缺陷、应核实修复工程的费用和签署工程款支付证书,并报建设单位。

第22章

安全风险管理

22.1 概述

《中华人民共和国安全生产法》确立了"安全第一、预防为主、综合治理"的安全生产工作"十二字方针",明确了安全生产的重要地位、主体任务和实现安全生产的根本途径。"安全第一"要求从事生产经营活动必须把安全放在首位,不能以牺牲人的生命、健康为代价换取发展和效益。"预防为主"要求把安全生产工作的重心放在预防上,强化隐患排查治理,"打非治违",从源头上控制、预防和减少生产安全事故。"综合治理"要求运用行政、经济、法治、科技等多种手段,充分发挥社会、职工、舆论监督各个方面的作用,抓好安全生产工作。

城市轨道交通工程建设过程中普遍存在施工空间较小,空气流通较差、各专业交叉作业较多等制约地铁施工安全的因素,因此作为建设单位,做好城市轨道交通建设过程中的安全管理工作尤为重要。工程建设单位应认真贯彻落实国家、地方的安全生产方针、政策、法律、法规、标准,按照基本建设"三同时"(即:"生产经营单位新建、改建、扩建工程项目的安全设施,必须与主体工程同时设计、同时施工、同时投入生产和使用")原则组织工程参建单位的安全管理工作,"三同时"中的安全设施的设计方案在设计管理中体现,本章主要介绍施工阶段的安全管理工作,主要可分为安全管理、风险管理和应急管理三部分内容。

22.2 安全管理

城市轨道交通工程建设安全管理的方针是安全第一、预防为主、综合治理,安全管理的目标是杜绝结构坍塌、杜绝群死群伤、杜绝影响周边建(构)筑物结构稳定,减少一般生产安全事故。安全生产施工管理目标自上而下层层分解,明确到各部门、各岗位,以确保安全管理目标落到实处。

22.2.1 参建单位安全管理职责及其体系

1)参建单位的安全管理职责
(1)建设单位
①贯彻、执行国家、行政建设主管部门有关安全生产的法律和规定。
②督促检查建立、健全整个建设工程项目的安全生产的组织机构和管理制度。
③参与并协助政府有关部门对生产过程中重大事故的处理及一般事故的审批决定。
④审查和审批施工单位施工组织设计中的安全生产的保证计划和技术措施。
⑤向上级及时汇报有关安全生产、事故发生情况。
(2)监理单位
①依据国家、省(自治区、直辖市)、市有关安全生产的法律和规定,结合标段工程实际,分解安全生

产、文明施工目标,并督促执行。

②做好安全生产的宣传教育和归口管理工作。

③在施工准备阶段,审查施工组织设计、专项安全技术方案或技术措施,对承包商施工组织设计中的安全生产方案进行审查,对其科学性、合理性、可行性提出意见,并监督落实。

④在施工过程中依据安全生产方案中的安全保证措施进行重点控制,审查承包商在采用新技术、新工艺中的安全性、可靠性。

⑤调查研究各标段生产中存在的安全问题及安全隐患,对承包商提出整改措施。

⑥参与有关部门组织的安全生产等检查,及时发现施工现场的各种安全隐患,并监督整改,参与重大伤亡事故的调查处理。

⑦组织各种形式的安全检查及达标工作,定期总结表彰安全生产工作。

⑧执行其他安全生产方面的职责与权限。

(3)施工单位

①贯彻执行国家安全生产、劳动保护方面的方针、政策和法规,建设单位在安全生产中的指示和决定。

②项目经理部必须建立安全生产领导小组,各班组设安全员,各作业点应有安全监督岗。工程项目经理部建立具体的安全责任制,并将安全生产责任制层层落实。

③组织工程项目施工的安全教育和技术培训考核。对管理人员和施工操作人员,按其各自的安全职责范围进行教育,并建立安全生产奖惩制度,认真落实。

④编制和呈报安全生产保证计划、安全技术方案和安全措施,并认真贯彻落实。

⑤确保必需的安全投入,购置必备的劳动保护用品、安全设备及设施,完全满足安全生产的需要。

⑥积极做好安全生产检查,发现事故隐患,要及时整改。

⑦按规定做好事故的报告,调查和处理工作。

⑧建立、健全各种安全生产资料台账。

⑨执行建设单位和监理所提出的其他安全生产方面的要求。

2)参建各方的安全管理体系

(1)建设单位安全管理体系

建设单位在工程建设开始前应建立健全安全管理体系,成立安全管理工作领导小组,设置独立的安全管理部门,配置足够的专职安全管理人员,明确各领导、部门安全管理职责。建设管理单位应成立"安全质量管理委员会"(以下简称"安质委")。

①安质委。

主任:总经理。

副主任:常务副总经理(或主管安全质量副总经理)。

成员:各部室负责人等。

②安全管理体系(图22-1)。

③安质委安全管理职责。

a. 提出工程安全目标、安全方针。

b. 认真贯彻落实安全生产方针、政策、法律、法规、标准,及时传达、落实上级对安全工作的指示,按照基本建设"三同时"和安全生产"五同时"(即指在"三同时"制度和在处理安全与生产的关系上,应坚持"同时计划、同时布置、同时检查、同时总结、同时评比"的"五同时")的原则组织工程建设。

c. 按照有关规定组织建立安全监督管理机构,配备专职安全、管理人员,建立健全并督促落实建设单位工程建设安全生产责任制,组织制定并督促落实建设单位工程建设安全管理规章制度。

d. 确定年度工程建设安全工作目标,并根据目标完成情况做出奖惩决定。

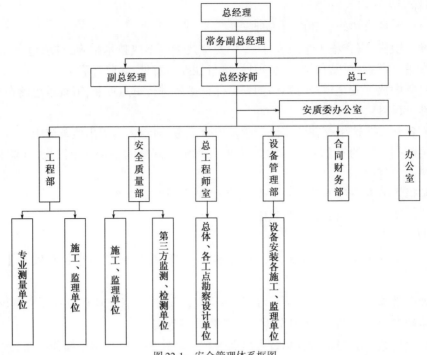

图 22-1 安全管理体系框图

(2)部门安全管理职责

依据安全管理体系要求,对领导层及各部室安全管理职责进行细化如下。

①总经理的安全管理职责。

a. 认真贯彻落实安全生产方针、政策、法律、法规、标准,及时传达、落实上级对安全工作的指示,按照基本建设"三同时"和安全生产"五同时"的原则组织工程建设。

b. 按照有关规定组织建立安全监督管理机构,配备专职安全、管理人员。建立健全并督促落实工程建设安全生产责任制。组织制定并督促落实中心工程建设安全管理规章制度。

c. 主持安质委会议,定期听取关于安全管理工作的汇报,分析研究安全生产形势,对安全工作有关事项做出决策。

d. 确定年度工程建设安全工作目标,并根据目标完成情况做出奖惩决定。

e. 督促、检查工程建设安全工作,及时消除安全隐患,对本单位无力解决的重大安全隐患,及时向上级单位及有关部门提出报告。

f. 组织制订和实施城市轨道交通工程施工突发事故应急预案,并督促相关部门组织落实。

g. 及时、如实报告安全事故,按照"四不放过"原则,组织安全事故的调查、处理、上报。

②常务副总经理安全管理职责。

a. 认真贯彻落实安全生产方针、政策、法律、法规、标准,及时传达、落实上级对安全工作的指示,按照基本建设"三同时"和安全生产"五同时"的原则组织工程建设。

b. 协助总经理做好分工范围内的安全管理工作,对分工范围内的安全管理工作负主要管理领导责任。

c. 负责配备专职安全管理人员。

d. 负责做好自身的消防安全、交通安全、治安保卫、卫生防疫等工作。

e. 负责按照核定的标准采购和发放劳动保护用品。

③主管安全质量副总经理安全管理职责。

a. 认真贯彻落实安全生产方针、政策、法律、法规、标准,及时传达、落实上级对安全工作的指示,协助总经理做好日常的工程建设安全工作,按照基本建设"三同时"和安全生产"五同时"原则组织工程建设,对工程建设安全工作负分管领导责任。

b. 主持制订并督促落实工程建设安全管理规章制度。

c. 主持制订工程建设安全工作目标责任制考核、奖惩办法,并组织考核工作。

d. 定期主持召开安全工作会议,听取安全工作情况汇报,分析安全形势,研究解决安全工作中存在的主要问题,研究部署下一阶段安全工作。

e. 组织开展安全宣传教育活动。

f. 组织对安全工作进行检查,督促消除安全隐患。

g. 定期向总经理办公会报告安全工作情况。

h. 主持制订工程施工突发事故应急预案。

i. 协助总经理组织对工程施工突发事故的调查处理工作。

④总工程师安全管理职责。

a. 认真贯彻落实安全生产方针、政策、法律、法规、标准,及时传达、落实上级对安全工作的指示,按照基本建设"三同时"和安全生产"五同时"原则组织工程建设,对工程建设安全工作负技术领导责任。

b. 主持制订并组织落实工程建设技术规程、标准和管理制度,适应工程建设安全管理的需要。

c. 组织工程建设重大安全技术方案的论证和审查。

d. 组织对科研项目中应用新材料、新技术、新工艺、新设备进行安全性评价工作。

e. 参加工程建设安全检查,按照分工组织消除安全隐患。

f. 参加工程施工突发事故应急救援工作,按照分工组织应急救援。

g. 按照分工参与事故的调查处理工作。

⑤安全质量部安全管理职责。

全面负责建设管理单位的安全管理工作,对土建施工单位、监理单位、第三方监测、检测单位、物资供应及其他参建单位的安全质量管理工作进行监督和指导。

a. 建设管理单位安全管理。

负责建设管理单位及相关参建单位安全管理的综合监督管理,负责建设管理单位安全管理体系建设,编制、完善各项安全管理制度、办法。督促相关参建单位安全管理体系建设,并监督体系运行的有效性。

执行公司安全教育培训制度,提报年度安全教育培训计划,组织相关人员进行安全培训,建立员工培训档案,负责组织并积极开展建设管理单位安全宣传教育活动。

负责定期和不定期组织建设管理单位安全工作专题会议,分析安全管理形势,及时提出加强安全管理工作的对策、意见和建议。

负责编制建设管理单位施工突发事故应急预案,并组织培训和演练。

组织并参与工程施工突发事故的调查分析和处理工作。

负责建设管理单位安全管理信息工作。

负责迎接、配合上级单位、相关部门对轨道交通工程的各类安全检查。

b. 建设管理方安全责任落实。

认真贯彻落实安全生产方针、政策、法律、法规、标准及工程建设安全工作各项管理制度,及时传达、落实上级对安全工作的指示。

负责编制建设管理单位安全管理规章制度。

负责编制建设管理单位工程施工突发事故应急预案。

负责迎接、配合上级单位、相关部门对建设管理单位、轨道建通工程的各类安全检查。

负责收集监理单位上报的相关安全信息(监理周报)、施工单位的应急物资储备等信息。

c. 履约管理和监督管理。

负责监督检查建设管理单位各部门履行建设管理方安全责任情况,针对存在的问题督促有关部门进行整改。

参与建设管理单位对参建单位的履约考核。

负责督促施工单位建立安全培训制度,并督促施工单位按制度落实对其职工、现场施工人员的各类安全教育。

负责组织定期和不定期的安全检查,在重大节日、重要社会活动、重要施工阶段,对重点部位进行重点检查,对检查出的安全隐患,责成监理单位督促相关单位进行整改。检查、处理及整改情况应当记录在案。

负责监督、督促落实施工现场安全措施费使用情况。

负责第三方监测管理工作,督促监理单位监督施工单位的施工监测。

负责组织施工阶段风险工程的识别、分级调整以及专项方案实施等管理工作,负责对风险工程进行动态管理。

⑥总工室安全管理职责。

全面负责建设管理单位科研、企业(技术)标准方面的安全管理工作。

a. 建设管理单位安全管理。

负责编制和修订建设管理单位各种技术规程、标准和技术管理。

组织工程建设重要安全技术标准的论证工作。

参与事故抢险工作。

参与重大安全活动。

b. 建设管理方安全责任落实。

认真贯彻落实安全生产方针、政策、法律、法规、标准及中心工程建设安全工作各项管理制度,及时传达、落实上级对安全工作的指示,按照基本建设"三同时"和安全生产"五同时"的原则组织相关工作。

负责组织对建设管理单位科研项目中应用新材料、新技术、新工艺、新设备进行安全性审查。

负责组织向勘察、设计、施工、监理、安全监测等单位提供工程周边环境资料,实现资料真实、准确、完整,满足工程勘察、设计、施工、监理、安全监测、测量等单位的需要。当施工单位提出工程周边环境实际状况与上述资料不一致时,应及时组织补充完善。

在施工图设计审查时,对设计是否满足安全要求组织复查。

负责组织勘察、设计单位将施工图设计文件(含详勘文件)报送经认定具有资质的施工图审查机构进行强制性审查。

负责组织设计阶段风险工程的识别、分级以及特殊工程环境的现状评估、专项设计等工作。

c. 履约管理和监督管理。

参与建设管理单位对参建单位的履约考核。

⑦设备部安全管理职责。

负责建设管理单位运营设备、设施方面的安全管理工作,对设备进场安装、调试至开通试运营期间设备系统的安全管理工作进行监督和指导。

a. 建设管理单位安全管理。

负责制订设备系统管理制度,并督促各参建单位的安全管理制度的落实。

负责分工范围内设备专业的竣工验收工作,对工程竣工验收中发现的涉及设备专业的安全问题负责组织进行处理。

参与事故抢险工作。

参与重大安全活动。

b. 建设管理方安全责任落实。

认真贯彻落实安全生产方针、政策、法律、法规、标准及公司工程建设安全工作各项管理制度,及时传达、落实上级对安全工作的指示,按照基本建设"三同时"和安全生产"五同时"的原则组织设备专业的各项工作。

依据职责分工,在分管的设备专业施工图设计审查时,对设计是否满足安全要求组织复查。

负责组织制订设备系统的需求及采用的技术,确保设备符合设计文件和工程安全要求。

负责组织设备采购招标技术文件的编制,并在文件中对设备的安全性能提出明确要求。

组织对设备专业重大设计变更审查时,要对安全保障条件进行审查。

负责办理建设项目消防验收相关工作。

c. 履约管理和监督管理。

参与建设管理单位对参建单位的履约考核。

⑧工程部安全管理职责。

负责进行前期工作的协调,落实土建工程实施阶段的安全管理工作,督促施工单位配合建设单位进行各项前期协调工作。

a. 建设管理单位安全管理。

协调永久用电的委托、设计方案及实施组织工作,永临结合的临时用电的委托、方案审批及实施工作,按有关规定进行资质审查,并在签订合同时明确安全责任,加强施工过程安全监管。

b. 建设管理方安全责任落实。

认真贯彻落实安全生产方针、政策、法律、法规、标准及建设管理单位工程建设安全工作各项管理制度。

及时传达、落实上级对安全工作的指示,按照基本建设"三同时"和安全生产"五同时"的原则开展工作。

有两个以上施工单位在同一施工场地进行施工时,负责做好组织协调工作,组织各方签订安全管理协议,明确各方安全职责和应当采取的安全控制措施,并要求施工单位指定专职安全管理人员进行安全检查与协调。

在装修、设备安装、调试、行车临管等期间,负责对施工现场进行统一协调、管理。

在施工前组织勘察、设计单位向施工、监理、监测等单位进行勘察、设计文件交底,重点说明勘察、设计文件中涉及工程安全的内容。

在施工前配合建设单位组织地下管线及地下构筑物的产权人或管理单位向施工单位进行现场确认,并形成文字记录。

配合建设单位前期处完成施工场地的移交工作。

c. 履约管理和监督管理。

参与建设管理单位对参建单位的履约考核。

⑨合同财务部安全管理职责。

全面负责建设管理单位招标、合同、预算方面的安全管理工作,对参建单位在合同、预算方面的安全管理工作进行监督管理。

a. 建设管理单位安全管理。

参与事故抢险工作。

参与重大安全活动。

b. 建设管理方安全责任落实。

认真贯彻落实安全生产方针、政策、法律、法规、标准及公司工程建设安全工作各项管理制度,及时传达、落实上级对安全工作的指示,按照基本建设"三同时"和安全生产"五同时"的原则组织有关工作。

负责依照法定程序和方式,发布招标公告,提供载有招标工程的主要技术要求、主要的合同条款、评标的标准和方法以及开标、评标、定标的程序等内容的招标文件。

依法通过招标选择有资质和安全保证能力的勘察、设计、监理、施工、第三方监测、第三方检测、第三方测量、设备材料等承包商与供应商,并对其业绩进行审查。不得将建设工程肢解发包。

负责组织编制招标文件,明确合同双方的安全责任,要求投标人建立安全生产组织机构和保证体系,制定安全保障措施。

负责在招标阶段组织对投标人、项目负责人、安全负责人的安全资质审核。

在其组织编制的评标办法中,将投标人的安全保证措施作为技术标评审的重要内容。

负责向设计、施工、监理等单位提供建设方不对其提出不符合建设工程安全生产法律、法规和强制性标准规定的要求以及不压缩合同约定工期的承诺,并保证合同工期合理。

负责在编制工程量清单时,单列安全措施费用,并在施工合同中予以明确。

c.履约管理和监督管理。

参与建设管理单位对参建单位的履约考核。

⑩办公室安全管理职责。

a.建设管理单位安全管理。

严格按照公司事故报告程序负责向上级机关报告事故信息。

负责编制群体事件应急处理预案,并负责组织响应。

负责编制建设管理单位安全值班制度,并负责组织落实。

负责做好建设管理单位自身的消防安全、交通安全、治安保卫、卫生防疫等工作。

负责按照核定的标准采购和发放建设管理单位劳动保护用品。

参与事故抢险工作。

参与重大安全活动。

b.建设管理方安全责任落实。

认真贯彻落实安全生产方针、政策、法律、法规、标准及建设管理单位工程建设安全工作各项管理制度,及时传达、落实上级对安全工作的指示。

c.履约管理和监督管理。

参与建设管理单位对参建单位的履约考核。

3)监理单位安全管理体系

各监理单位应建立、健全安全监理管理体系,建立完善的安全监理管理组织机构、规章制度,明确职责,编制完善、可行的安全监理方案、安全监理实施细则(含安全风险),检查指导驻地办的工作、定期组织安全监理例会、组织审核批准施工单位各项应急预案及开工条件核查等、协助事故调查。各监理单位的安全生产监理工作实行总监理工程师负责制。

(1)总监理工程师安全管理职责

①建立、健全总监办安全生产监督管理责任制,对项目的安全生产监督管理工作进行综合管理并全面负责。结合工程的特点,确定具体安全监理人员,明确其工作职责。

②主持编制项目的安全监理计划,审批安全监理实施细则。

③主持安全监理工作会议,签发总监办的安全监理文件与指令。

④负责组织审核批准施工单位的《施工组织设计方案》及专项安全施工方案使之符合安全施工的要求。

⑤组织审核批准施工单位各项应急预案、开工条件核查等,协助建设单位、建设管理单位及施工单位开展事故调查工作。

⑥协调建设单位落实安全生产技术措施费用。

⑦完善总监办安全生产内部管理制度。在健全审查核验制度、检查验收制度和督促整改制度基础上,完善工地例会制度及资料归档制度。

⑧工程竣工后,组织将有关安全生产的技术文件、验收记录、监理规划、监理细则、监理日志、监理月报和监理会议纪要等立卷归档。

(2)专业监理工程师安全管理职责

①在总监理工程师领导下,参与项目监理机构对施工现场的安全管理工作。

②服从总监理工程师有关安全生产的工作安排,参与安全监理方案,安全监理实施细则的编制。

③负责对本专业监理范围内施工现场安全生产检查,负责对安全专项施工方案实施情况的定期巡视检查,发现安全隐患应及时签发整改通知单,要求施工单位排除,并报告总监理工程师。如因工作失责而发生监理责任的安全事故,则应承担相应的监理责任。

④协助专职安全监理工程师认真把安全监理规划、安全监理实施细则中对施工现场安全生产管理的要求落实到日常监理工作中去。

⑤参与审查施工组织设计中的安全技术措施、危险性较大分部、分项工程专项施工方案和事故的应急救援预案是否符合工程建设强制性标准。

⑥掌握施工现场安全生产动态信息。协助专职安全监理工程师解决现场安全生产中存在的问题。

⑦定期组织安全监理例会。

⑧负责向总监理工程师汇报本专业监理工作范围内安全生产状况。

⑨提供与本工作职责有关的安全监理信息和资料。

4)施工单位安全管理体系

施工单位是轨道交通工程施工阶段现场安全管理责任主体。施工单位必须建立以项目经理为责任人的安全管理体系,建立健全安全生产责任制、各工种安全技术操作规程、安全生产管理目标及事故预防、应急救援预案等各项管理制度,做到有章可循。

存在专业分包或劳务分包的,施工总承包单位应制定总包单位安全管理职责、总包对分包单位安全管理制度、特殊工种管理制度等。

(1)项目经理安全管理职责

①对承包项目工程生产经营中的安全生产负全面领导责任。

②在施工生产全过程中,贯彻落实安全生产方针、政策、法规和各项规章制度,结合项目情况,制定本项目各项安全管理办法,并监督其实施。

③根据工程特点,确定安全工作的管理体制和人员,明确各类人员的安全责任和考核指标,支持和指导安全管理人员的工作,严格执行安全考核指标和安全奖惩办法。

④健全和完善用工管理手续,严格用工制度与管理,认真组织好队组上岗教育,加强劳动保护工作,要对施工队组的健康和安全负责。

⑤组织落实施工组织设计中安全技术管理、各项措施,严格执行安全技术审批制度,组织并监督项目工程施工中安全技术交底制度和设备、设施验收制度和实施。

⑥领导和组织施工现场定期的安全生产检查,发现施工生产中的不安全问题,组织制定整改措施并及时解决。对上级提出的安全和管理方面的问题,要定时、定人、定措施予以解决。

⑦发生事故,应及时做好现场的保护、抢救工作,并按程序上报,组织配合事故的调查,认真落实相关防范措施,吸取事故教训。

(2)项目副经理安全管理职责

对工程项目的安全生产、文明施工和环境保护工作负直接责任,协助项目经理贯彻安全、环保等法律法规和各项规章制度。

(3)项目总工程师安全管理职责

对工程项目的安全和环保工作负技术责任,贯彻落实国家安全生产、文明施工和环境保护方针、政策,严格执行安全环保技术规程、规范、标准以及相关安全环保技术文件。

(4)项目安全总监安全管理职责

对项目的安全生产工作进行监督检查,督促落实,负有监督领导责任。严格执行国家、地方政府有关安全的法律、法令、法规,施工企业及各上级单位的安全管理制度和规定。对项目辨识出的重大职业健康安全因素重点控制。组织调查处理项目施工过程中发生的安全事故,统计事故造成的损失等。

22.2.2 施工准备阶段安全管理工作

1) 安全监督交底

施工单位进场施工前,建设单位安全质量部应及时完成与安全监督管理部门的接洽工作,安全质量部根据相关要求协助组织安全监督交底工作。

2) 安全监督备案

(1) 建设单位准备工作

①依法完成施工、监理招标工作并下发中标通知书。

②签订施工、监理合同。

③协助办理工程施工许可证。

④向安全监督部门提供危险性较大的分部分项工程清单、超过一定规模的危险性较大的分部分项工程清单。

⑤建设单位应当在施工前组织地下管线产权单位或管理单位向施工单位进行现场交底,并形成文字记录,由各方签字并盖章。

(2) 监理单位准备工作

①外地企业完成进当地备案工作。

②安全监理规划及安全监理实施细则编制、审批完成。

③需准备的资料。

a. 企业法人身份证复印件,正反面复印加盖公章、受控章。

b. 企业营业执照、资质证明复印件,加盖公章。

c. 项目监理组织机构委派证明(电气、土建、安全等监理分工证明,并附相关资格证明)。组织机构委派证明原件加盖公章、受控章,人员相关证件复印件加盖公章、受控章。

d. 进当地备案册(当地外企业提供)复印件,加盖公章、受控章。

e. 安全监理规划及安全监理实施细则复印件,加盖公章、受控章。

f. 安全管理机构成员及备查表、企业安全管理机构。

g. 总监理工程师法人授权委托书(安全监督机构要求格式)原件,加盖公章、受控章。

h. 总监理工程师监理公司任命书原件,加盖公章、受控章。

i. 总监理工程师注册监理工程师证、安全监理证件复印件,加盖公章。

j. 总监理工程师身份证复印件,正反面复印加盖公章、受控章。

k. 安全监理工程师公司委派书原件。

l. 安全监理工程师上岗证复印件,加盖公司公章。

m. 安全监理工程师安全监理证件,加盖公司公章。

n. 安全监理工程师身份证复印件,正反面复印,加盖公章、受控章。

(3) 施工单位准备工作

①编制工程概况说明、施工安全控制节点、进度计划、工程工艺、工法说明。

②完成安全防护用品、用具进场备案、检测工作(安全帽、安全带等)。

③外地企业完成进当地备案工作。

④需准备的资料。

a. 企业法人身份证复印件,正反面复印加盖公章、受控章。

b. 企业营业执照、资质证明复印件,加盖公章。

c. 企业生产许可证复印件,加盖公章、受控章。

d. 进当地备案册(当地外企业提供)复印件,加盖公章、受控章。

e.分包单位报审及相关资料,双方加盖公章复印件加盖公章、受控章。

f.安全管理机构成员及备查表、企业(安全管理机构)。

g.项目经理法人委托书原件,加盖公章、受控章。

h.项目经理的施工企业任命书原件,加盖公章、受控章。

i.项目经理建造师证复印件加盖公章、受控章。

j.项目经理安全考核合格证(B证)复印件加盖公章、受控章。

k.项目经理身份证复印件,正反面复印加盖公章、受控章。

(4)备案工作程序

①监理单位备案程序。

a.参加建设单位组织的安全监督交底。

b.根据监督部门的要求完善相关工作及内业资料。

c.将安全监督备案所需资料装订成册,一式三份(监督部门、建设单位、监理单位各一份),上报建设单位安全质量部审核。

d.由建设单位安全质量部统一上报安全监督部门,完成安全监督备案。

②施工单位备案程序。

a.参加建设单位组织的安全监督交底。

b.根据监督部门的要求完善相关工作及内业资料,入场的安全防护用具在安全监督部门认可的检测机构进行检测,并取得合格报告。首次进当地施工的企业应尽快办理安全管理人员的安全员上岗证书。

c.将安全监督备案所需资料装订成册,一式三份(监督部门、建设单位、施工单位各一份),上报建设单位安全质量部审核。

d.由建设单位安全质量部统一上报安全监督部门,完成安全监督备案。

3)开工安全工作核查

为落实城市轨道交通工程安全生产保障条件,提高工程管理水平,规范建设工程各参建单位行为,严格执行各项法律法规和标准,认真履行合同约定,确保高起点、高标准开工需要组织进行开工安全工作核查。工程开工包括土建施工标段开工、设备安装施工标段开工。土建施工标段开工指土建施工标段内车站、区间单位工程首次开始施工。车辆段、停车场单位工程首次开始施工。设备安装施工标段开工指站段设备或系统设备施工标段内车站、区间、车辆段、停车场的各设备系统首次开始施工安装。

项目管理单位负责所辖土建及设备安装施工标段单位工程首次开始施工条件核查工作。土建工程开工条件核查主责部门为安全质量部,项目管理单位负责的设备安装工程各设备系统开工条件核查主责为设备部。开工核查资料备案工作由主责部门负责。主责部门牵头对土建及设备安装各施工、监理单位开工前应完成的各项工作进行监督、检查,配合部门为项目管理单位设计管理部、工程部、设备部、合同部、前期部。各参建单位按相关法律法规、合同约定、建设单位相关规定完成本单位负责的有关开工所需准备工作。单位工程开工前的开工条件核查采用检查表法,将检查表中所列各项的要点逐一进行对照,对不符合情况进行记录,相关核查表格可扫描二维码下载查看。

扫码下载

(1)主要核查内容

①建设单位:施工场地、施工区域内管线、建(构)筑物、水文地质资料、图纸等移交手续,安全措施费用拨付手续等建设单位应完成的工作。

②监理单位:管理体系及机构人员设置、监理规划、监理实施细则及专项方案编制,风险监测和隐患排查系统制度编制、人员配置。

③土建施工单位:管理体系及人员配置、安全生产教育培训、安全资金的使用情况、场地移交、图纸

及施工区域基础资料移交、空洞探查、临建、分包管理、危险性较大分部分项工程专家论证情况、机械管理、临时用电、安全防护、消防保卫、施工方案和应急预案、安全风险识别、控制措施落实,安全风险监控系统、隐患排查建设情况及文明绿色施工等。

④设备安装施工单位:组织机构、管理制度、分包管理、作业人员、教育培训、场地、资料等移交手续、隐患排查、图纸、施组、专项方案和应急预案、交底、工程试验、工程测量、机械管理、施工用电管理、主要原材料、半成品、安全防护、消防保卫、文明施工、安全专项资金、工程档案等。

(2)核查程序

开工条件核查流程如图22-2所示。

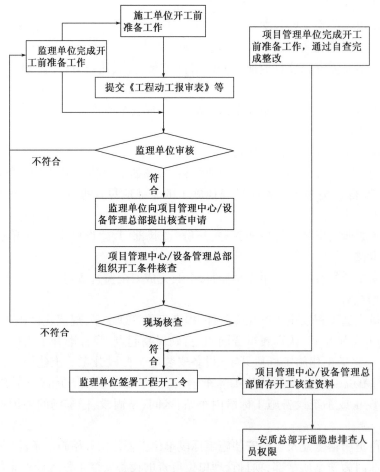

图22-2 开工条件核查流程图

①新开工工程核查共分三个阶段:施工单位完成开工前准备工作,并向监理单位书面提交工程开工报审表;监理单位组织开工前检查,合格后向项目管理单位书面提交检查报告及土建施工单位工程开工条件核查表-设备施工单位工程开工条件核查表,并在工程开工报审表签署监理单位意见;项目管理单位组织自查并对监理单位提交资料进行核查,核查通过后在工程开工报审表及监理单位工程开工条件核查表签署核查意见,监理单位根据核查意见签署工程开工令。

②施工单位应完成的开工前准备工作。

a. 土建、设备安装施工单位按相关法律法规、合同约定、建设管理单位相关规定办理工程开工所需场地、资料、图纸等移交手续。与公安、消防、管线产权单位等相关单位对接,并明确联系人。

b. 土建、设备安装施工单位完成管理体系建设、人员配备、方案和预案编制、风险监控和隐患排查体系宣贯、分包单位管理、人员录入和教育,施工现场及生活区安全防护、消防保卫、临时用电等各项开工前准备工作,留存工程影响范围内建构筑物、道路、桥梁、管线等施工前状态影像资料。

c. 土建、设备安装施工单位组织开工前准备工作自查,对检查存在的问题进行整改完成后,向监理单位书面提交开工申请报告,报监理单位复查。

③监理单位应完成的开工前准备工作。

a. 监理单位按相关法律法规、合同约定、公司相关规定完成体系建设、人员配置、风险监控和隐患排查体系宣贯等自身开工前准备工作。

b. 指导、监督施工单位完成开工前各项准备工作。

c. 在接到施工单位的开工申请后,在2个工作日内由项目总监组织检查,对检查中存在的问题进行记录,并要求施工单位进行整改。

d. 施工单位整改完成后,由监理单位在工程开工报审表签署监理单位意见并向项目管理单位提交开工核查申请。并附监理单位开工前准备工作自查报告复查、施工单位开工前准备工作检查报告、施工单位的开工申请报告等相关资料。

④项目管理单位应完成的开工前准备工作。

a. 工程开工前,项目管理单位应完成设计交底、场地移交、规划及开工手续办理、工程资料移交、第一次工地会议、测量交桩、安全文明施工措施费拨付等工作,并组织自查,填报建设单位工程开工条件核查表。

b. 项目管理单位接到监理单位的开工核查申请后,由主责部门于5个工作日内对报告附件进行资料核查,确认资料齐全后,组织工程、安质、风控、前期等部门进行现场核查,并要求对存在的问题进行整改。对核查结果进行记录汇总,并在工程开工报审表填写结论性意见,向监理单位反馈。

⑤监理单位根据项目管理单位反馈核查通过的意见,并确认核查中发现问题全部整改完毕后,签发工程开工令。监理单位在签发开工令的同时,向项目管理单位提交开通隐患排查系统申请,项目管理单位核实后开通隐患排查系统。

⑥项目管理单位主责部门建立开工核查台账,每月底更新。

22.2.3 安全培训

1)安全培训制度

建设、监理、施工等工程参建单位在工程开工前应根据相关要求制定完善本单位的安全培训制度,并在施工过程中严格按照制度对参建人员进行安全培训。

(1)施工单位应组织对所有管理范围内的员工,进行岗前三级安全教育。安全教育后应组织对学员进行严格的考核,考核合格者方可上岗。

(2)施工单位应组织所有的员工进行应急救援预案的培训。

(3)监理单位应对施工单位的三级安全教育、安全技术交底、专项安全培训等安全教育活动进行旁站监理,并形成旁站记录。

2)安全培训内容

(1)国家、当地政府安全方针、政策和有关安全的法律、法规、规章、标准及规范性文件。

(2)城市轨道交通工程建设安全管理基本知识、安全技术、安全专业知识。

(3)重大危险源管理、重大事故防范、应急管理和救援组织以及事故调查处理的有关规定。

(4)职业危害及其预防措施。

(5)国内外先进的安全管理经验。

(6)典型事故和应急救援案例分析。

(7)相关强制性标准、技术规程和操作规程。

(8)事故调查、处理、分析技术及事故案例剖析。

(9)抢险、救援及人员救护等专业知识。

(10)应急预案编制以及应急处置的内容和要求。

（11）其他相关知识。

3）建设单位安全培训工作

（1）建设单位应对本单位参与城市轨道交通建设的所有职工进行安全教育，并留有记录。

（2）在城市轨道交通工程建设各个阶段，建设单位应及时收集国家、地方相关文件，并及时对各参建单位进行宣贯。

（3）建设单位可在城市轨道交通工程建设过程中，根据工程进展及实际情况，组织业内专家对参建单位安全管理人员进行较为专业的安全培训工作。

4）施工单位安全培训工作

（1）施工单位应建立健全安全培训制度。

（2）施工单位应对施工现场所有参建人员进行各类安全教育，进行安全考核，考核不合格不得进场施工。

（3）各项安全教育应留存记录。

（4）施工单位对参建人员的安全教育应至少含以下几种。

①三级教育。

②消防教育。

③班前教育。

④节假日安全教育。

⑤各工序安全技术交底。

⑥防汛、维稳、烟花爆竹等方面的专项安全教育。

⑦应急预案、应急处置培训。

22.2.4 安全检查

1）检查依据

（1）国家和当地现行的法律、法规、规范、规程和标准。

（2）施工合同、设计文件。

（3）建设单位安全管理有关规定。

2）检查范围、内容

（1）检查范围

①监理单位：监理单位派出的项目监理部及其所负责监理的工程项目安全状态。

②施工单位：施工单位及其所管理的分包单位安全管理和施工现场安全状态。

（2）检查内容

①监理单位：

a.国家和当地现行的法律、法规、规范、规程和标准中所规定的安全监理责任履行情况。

b.工程监理合同（含补充协议）和工程项目施工安全责任保证书中规定的安全监理责任履行情况。

c.《关于落实建设工程安全生产监理责任的若干意见》中规定的安全监理工作要求。

d.监理单位安全履约考核评价实施细则中规定内容。

e.其他应列入检查的内容。

②施工单位：

a.国家和当地省市现行的法律、法规、规范和标准的执行情况。

b.工程施工合同（含补充协议）和工程项目施工安全责任保证书中规定的施工单位安全责任履行情况。

c.施工单位安全履约考核评价实施细则中有关内容。

d.其他应列入检查的内容。

3）检查形式

建设、监理、施工应建立安全检查制度,采取多种方式进行安全检查,安全检查主要形式有以下几种。

(1) 定期检查

每月(每季度、半年)组织一次对所负责工程项目的全面检查。

(2) 专项检查

①季节性检查:针对防火、防暑、防汛、防疫、冬季施工等专项工作,在相应季节组织的检查。

②节日前安全检查:重大节日及重大活动之前组织的检查。

③对普遍存在的问题组织的专项检查。

(3) 不定期检查

日常组织的检(抽)查。

(4) 对举报问题的核查

建设单位在接到安全质量问题举报后对被举报情况进行的核查。

4）检查程序

(1) 建设组织的定期检查和专项检查,应在检查前向被检查监理、施工单位通知检查时间、检查组成员、被检查单位和检查内容。

一般性(例行)检查,检查单位不通知被检查单位。

(2) 检查人员应详细记录检查中发现的问题和隐患,检查结束后应及时向被检查单位及相关责任单位告知检查情况,并要求被检查单位及相关责任单位在检查记录表上签字确认。

(3) 检查中发现重大问题或重大安全事故隐患应立即向检查组织单位、部门领导报告。

(4) 建设单位接到重大安全隐患举报电话、邮件后,应在3个工作日内到被举报单位核实情况。

(5) 举报情况核查过程应有被举报单位及相关单位人员参加,核查结果应在核查结束后3个工作日内向举报人、被举报单位、个人及相关单位公布核查结果。

5）检查情况处理

(1) 检查组必须对检查中发现的问题或隐患进行处理,处理可采取以下形式。

①立即整改。

②下达限期整改通知单。

③下达局部停工整改通知单。

④下达全面停工整改通知单。

(2) 检查组发现以下危险情况应立即向建设单位领导报告,并根据可能引发的后果直接下达暂停施工指令。

①作业可能危及人员安全或公众环境安全时。

②违章指挥、违章操作。

③施工方案未经批准擅自施工或严重违反施工方案施工。

④对存在的重大安全事故隐患未进行有效处理而继续作业。

⑤高危作业无有效安全措施。

⑥其他重大情况。

(3) 各类检查结果根据情况计入履约评价中安全日常履约考核分值。

22.2.5 安全活动

1）安全会议

(1) 安全周例会

①会议的组织。

由建设单位主管安全的副总经理或安全质量部部长每周定期组织召开的全线安全例会。

②参会人员。

建设单位主管安全的副总经理、安全质量部门负责人、各土建施工标段甲方代表、第三方监测单位项目负责人、各监理单位总监理工程师及安全监理工程师。

③会议流程。

a. 会议主持人宣布会议开始。

b. 第三方监测单位用PPT的形式汇报本周巡视过程中各土建施工标段存在的问题及处理情况。

c. 各监理单位采用PPT的形式汇报所监理土建施工标段的安全管理情况,内容应至少包括本周的安全管理重点、本周存在的安全问题、安全隐患及整改情况、下周安全管控重点等内容。

d. 建设单位相关领导、相关部门对各土建施工标段存在的各类问题提出处理意见及要求。

e. 建设单位各部门对各参建单位提出相关要求。

f. 建设单位相关领导做总结、指示。

g. 形成正式会议纪要并下发各会议参加单位。

（2）安全月例会

①会议的组织。

由建设单位主要领导每月定期组织召开的全线安全例会。

②参会人员。

建设单位主管安全的副总经理、安全质量部门负责人、各土建施工标段甲方代表、第三方监测单位项目负责人、各监理单位总监理工程师及安全监理工程师、各施工单位项目经理及项目技术负责人。

③会议流程。

a. 会议主持人宣布会议开始。

b. 第三方监测单位用PPT的形式汇报本月巡视过程中各土建施工标段存在的问题及处理情况,介绍本月土建施工过程中存在的突出重点问题及重大安全隐患,会上通报发现重大问题的土建施工标段。

c. 各施工单位采用PPT的形式各土建施工标段本月的安全管理情况,内容应至少包括本月的安全管理重点、本月存在的安全问题、安全隐患及整改情况(若有突出问题应重点汇报)、下月安全管控重点等内容。

d. 相关监理单位对施工单位提出的安全管理情况进行补充说明。

e. 建设单位相关领导、相关部门对各土建施工标段存在的安全问题提出处理意见及要求。

f. 建设单位各部门对各参建单位提出相关要求。

g. 建设单位相关领导做总结、指示。

h. 形成正式会议纪要并下发各会议参加单位。

（3）安全专题会

①会议的组织。

a. 由建设单位主管安全副总经理或安全质量部门负责人组织召开的专项会议。

b. 需召开专项安全会议的情况:在全国建筑领域发生较重大或较敏感安全事故后;在全国城市轨道交通工程建设领域发生较重大或较敏感安全事故后;施工过程中某个土建施工标段发生突出的安全事故或发现重大安全隐患时;国家、地方新颁布、实行安全方面的法律法规或规范性文件时;其他需召开的情况。

②参会人员。

建设单位主管安全的副总经理、安全质量部门负责人、相关土建施工标段甲方代表、第三方监测单位项目负责人、相关监理单位总监理工程师及安全监理工程师、相关施工单位项目经理及项目技术负责人。

③会议基本流程。

a. 会议主持人宣布会议开始。

b. 相关单位或专家进行会议主题的相关汇报工作。

c. 相关参建单位负责人及建设单位相关部门提出针对会议主题的相关意见。

d. 建设单位相关领导做总结、指示,对专项工作进行部署。

e. 形成正式会议纪要并下发各会议参加单位。

(4)年度安全总结会议

①会议的组织。

由建设单位主要领导或主管安全的分管领导于每年度年底组织召开的全线安全总结会议。

②参会人员。

建设单位主管安全的副总经理、安全质量部门负责人、各土建施工标段甲方代表、第三方监测单位项目负责人、各监理单位总监理工程师及安全监理工程师、各施工单位项目经理及项目技术负责人。

③会议流程。

a. 会议主持人宣布会议开始。

b. 第三方监测单位用PPT的形式汇报本年度全线安全管理基本情况,本年度出现的重大安全问题、重大安全隐患及处理情况,根据第三方安全巡视工作的情况,对全线的本年度的安全情况进行总体评价、总结。

c. 各施工单位对本年度安全生产情况进行总结报告。

d. 各土建监理单位对所监理的土建施工标段进行本年度的安全监理总结,并对土建施工标段的安全管理工作进行评价。

e. 建设单位安全管理部门对全线的安全管理工作进行简要点评。

f. 建设单位相关领导做总结、指示,对下全线一年度安全工作进行部署。

g. 形成正式会议纪要并下发各会议参加单位。

2)安全月活动

(1)活动目的及意义

响应国家安全月活动号召,加强城市轨道交通工程建设安全管理工作。

(2)活动部署

①建设单位编制"安全生产月活动方案",并下发各参建单位,在5月底适时召开"安全生产月活动动员会",对"安全生产月"活动内容、安排进行部署、动员。

②要求各施工、监理单位根据建设单位编制的"安全月活动实施方案",编制各自单位的"安全生产月活动方案",并组织参建人员召开"安全生产月活动"动员大会,提高思想认识,准确传达建设单位对于"安全生产月"活动的各项要求,并将相关责任明确到人,确保安全生产月活动落实到位。

③各施工单位利用板报、专栏、图片、广播等方式,开展以宣传施工安全知识为主要内容的教育培训活动。适时开展人场人员施工安全知识问答活动,营造安全生产月活动氛围。

④各参建单位通过举办学习班、培训班等形式,对三类人员、特种作业人员等进行培训和考核,从而提高安全生产意识和安全生产管理水平,各施工单位应加强对一线工人的安全生产教育培训,增强从业人员的安全知识、安全意识、安全技能和安全防范意识。

(3)活动实施(基本流程)

①自查自纠、应急演练阶段

a. 各参建单位应成立安全生产自查自纠组织机构,结合现场实际情况开展安全生产自查和隐患排查治理工作,围绕建筑施工、火灾防患排查等各个方面,对施工现场可能存在的安全隐患进行全面的排查,并应留存检查记录、影像资料。

b. 各施工、监理单位对自查过程中发现的一般安全隐患,要立即进行整改。对重大安全质量隐患要集中人力、精力、时间进行解决,有效整改。整改要明确内容、目标及时限、措施、负责人等方面,并留存相关检查资料。

②专项活动开展阶段

各参建单位根据安全生产月活动主题及安全生产月活动方案开展安全专项活动。

③活动总结阶段

各参建单位将安全活动月的开展情况进行总结,并上报监理、建设单位,建设单位可根据各单位上报的活动总结以及现场实际情况对各施工、监理单位"安全生产月"活动开展情况进行检查,可选出安全月活动组织出色的土建施工标段组织全线参建单位进行观摩、学习。

3)安全观摩活动

(1)观摩活动的意义

在城市轨道交通建设过程中,组织全线相关参建单位对安全管理工作、安全标准化施工做得出色的单位进行观摩学习,以达到样板引路的效果,提高全线各参建单位安全管理工作的整体水平。

(2)观摩活动的项目

①围挡观摩。

②临建标准化观摩。

③安全防护观摩。

④消防管理观摩。

⑤机械管理观摩。

⑥临时用电管理观摩。

⑦文明施工观摩。

⑧安全内业管理观摩。

⑨安全月活动观摩。

⑩演练活动观摩。

⑪各施工工法相关的安全观摩。

⑫其他专项观摩活动。

(3)活动的组织

①活动组织人员。

安全观摩活动由建设单位安全管理部门负责组织。

②参加人员。

建设单位安全管理部门相关人员、监理单位安全监理工程师、施工单位项目经理及安全副经理。

③基本组织流程。

a. 主持人宣布召开会议。

b. 观摩标段介绍现场安全管理较为出色方面的情况、管理经验及管理思路。

c. 观摩标段监理单位对观摩项目进行简单评价。

d. 参加观摩的人员进行现场观摩,观摩标段相关负责人在现场进行讲解。

e. 回会议室进行简短的工作经验交流,由各参建单位参加观摩的人员与观摩标段以问答、讨论的方式进行交流,提升全线安全管理人员的管理水平。

4)施工现场安全验收工作

(1)关键部位及工序施工前条件验收

为进加强轨道交通工程施工现场安全质量预控管理,落实住房和城乡建设部《关于印发〈城市轨道交通工程安全质量管理暂行办法〉的通知》(建质〔2010〕5号)中关于"对工程重要部位和环节进行施工前条件验收"的工作要求,规范轨道工程重要部位和环节施工前条件验收行为,有效避免或减少安全质量事故,城市轨道交通工程建设管理单位应制订《重要部位和环节施工前条件验收办法》。其中,重要部位和环节施工前条件验收是指影响轨道交通建设工程安全质量的重要部位和环节施工前,施工单位应对技术、环境、人员、设备等相关条件是否满足工程质量和安全生产要求进行自控自检,监理单位应组织建设、设计、施工、第三方监测等单位对相关条件进行验收,以加强施工现场安全质量预控管理。

(2)安全达标(安全监督站组织)

当地安全监督站组织分阶段的安全达标活动。

(3)临时用电验收

由监理单位主管安全或主管临时用电的专业监理工程师组织施工单位相关管理人员进行的施工现场临时用电布设的验收。

22.2.6 安全目标考核与奖惩

1)安全协议书的签订

为确保城市轨道交通工程项目的施工安全,依照国家、行业、当地有关法律、法规,建设单位、监理单位、施工单位在签订施工、监理合同时,同时签订安全协议书。

2)年度安全管理目标责任书

在城市轨道交通工程建设过程中,根据国家、地方的政策、形式的变化,地方建设行政主管部门每年度安全工作的不同要求以及工程建设总体安全目标的分解,建设单位每年度应与参建的施工监理单位签订年度安全目标责任书。

3)安全目标考核

建设单位与参建施工、监理单位签订安全协议书及年度安全管理目标责任书后,应于每年度年底对各单位进行年度安全管理目标的考核,并根据相关法规、合同内容、安全协议内容对施工、监理单位进行奖惩。

4)安全工作奖惩

通过日常检查、季度履约检查等手段,对各参建单位的安全管理工作进行奖惩。

22.2.7 安全信息管理

1)建设单位安全信息

(1)安全工作周报。

(2)安全工作月报。

(3)安全培训情况。

(4)安全工作会议、文件、纪要等贯彻落实情况。

(5)事故分析、查处情况。

(6)其他应报告的安全事项。

2)监理单位安全信息

(1)安全监理日志。

(2)安全巡视记录。

(3)视频巡视记录。

(4)安全检查记录。

(5)监理周报。

(6)监理月报。

(7)工程事故相关信息。

(8)防汛、烟花爆竹、安全月活动等专项安全信息。

3)施工单位安全信息

(1)安全培训记录、安全考核记录。

(2)安全交底记录。
(3)安全自检检查记录。
(4)安全隐患整改记录。
(5)监督机构、建设单位、监理单位等相关单位的检查记录单、整改记录。
(6)安全日志。
(7)安全例会会议纪要。
(8)安全巡视记录。
(9)工程事故相关信息。
(10)防汛、烟花爆竹、安全月活动等专项安全信息。

22.2.8 消防安全管理

在城市轨道交通工程建设中,始终贯彻"预防为主,防消结合"的消防工作方针,牢记"隐患险于明火,预防胜于救灾,责任重于泰山",认真执行《中华人民共和国消防法》《机关、团体、企业、事业单位消防安全管理规定》(公安部令第61号)及其他有关法规,将消防工作纳入工程建设管理计划。使防火工作与生产任务紧密结合,有效地落实防火措施,严防各类火灾事故发生。

1)消防工作重点及措施

消防工作目标:杜绝火灾事故,避免火警事故。保证措施如下。

(1)建立防火责任制,签订防火责任书,使防火工作层层负责,责任落实到人。
(2)开展日常消防检查工作。
(3)建立多层次的义务消防队组织,义务消防人员必须经过培训。
(4)对所有施工人员进行消防安全教育和培训,进行实际的消防设施演练,使施工人员熟悉并掌握消防设施的性能和使用方法。进行地下施工的消防紧急疏散、抢救和灭火的消防演练。

2)工作制度

(1)适时在安全例会上总结前一阶段消防工作的情况,布置下一阶段的消防工作。
(2)根据不同季节和工程进度,制订消防方案。
(3)对发生火灾后包括报警、灭火疏散、抢运物资抢救伤员等项工作,应详细分工,明确职责,使灭火工作忙而不乱,把损失减小到最低程度。
(4)建立并执行消防检查制度。对检查中所发现的消防事故隐患问题和违章现象,开出"隐患问题通知单",施工单位在收到"隐患问题通知单"后,应根据具体情况定时间、定人、定措施予以解决,监理单位、建设单位有关部门应监督落实问题的解决情况。
(5)若发现重大安全隐患问题,检查人员有权下达停工指令,待隐患问题排除,并经检查批准后方可施工。
(6)现场要设立明显的防火宣传标志。

22.2.9 安全事故的报告与处理

1)安全事故分级

根据《安全生产事故报告和调查处理条例》(国务院令第493号)规定安全事故分为四级。

(1)特别重大事故,是指造成30人以上死亡,或者100人以上重伤,或者1亿元以上直接经济损失的事故。
(2)重大事故,是指造成10人以上30人以下死亡,或者50人以上100人以下重伤,或者5000万元以上1亿元以下直接经济损失的事故。
(3)较大事故,是指造成3人以上10人以下死亡,或者10人以上50人以下重伤,或者1000万元以上 5000 万元以下直接经济损失的事故。

(4) 一般事故,是指造成 3 人以下死亡,或者 10 人以下重伤,或者 100 万元以上 1000 万元以下直接经济损失的事故。

说明:本等级划分所称的"以上"包括本数,所称的"以下"不包括本数,重伤中包含急性工业中毒。

2) 安全事故处理程序

(1) 事故报告阶段

事故发生后,事故单位有关人员在 1h 内向县级以上安监部门和负有安全生产监督管理职责的有关部门报告(以下简称"主管部门"),安监部门或主管部门接到报告后会赶赴事故现场,组织事故救援,做好事故现场保护工作。2h 以内同时向同级人民政府和上级安监部门或上级主管部门报告,报告内容如下。

①事故发生单位概况。

②事故发生的时间、地点以及事故现场情况。

③事故的简要经过。

④事故已经造成或者可能造成的伤亡人数(包括下落不明的人数)和初步估计的直接经济损失。

⑤已经采取的措施。

⑥其他应当报告的情况。同时通知公安、劳动保障、工会、人民检察院等相关部门。

自事故发生之日起 30 日内,事故造成的伤亡人数发生变化的,应当及时补报。事故单位发生迟报、漏报、谎报和瞒报行为,经查证属实的,应立即上报事故情况。

(2) 事故调查阶段

事故调查由人民政府或人民政府授权、委托的有关部门组织进行,事故调查组由人民政府、安监、主管部门、监察、公安、工会等部门的有关人员组成,并应当邀请人民检察院派员参加,视情况也可以聘请有关专家参与。调查组成员如与调查的事故有直接利害关系的必须回避,调查组组长由市政府指定。事故调查的主要任务包括以下内容。

①查明事故发生的经过、原因、人员伤亡情况及直接经济损失。

②认定事故的性质和事故责任。

③提出对事故责任者的处理建议。

④总结事故教训,提出防范和整改措施。

⑤提出事故调查报告。

(3) 事故处理阶段

事故处理的任务,主要是根据事故调查的结论,对照国家有关法律、法规,对事故责任人进行处理,落实防范重复事故发生的措施,贯彻"四不放过"原则的要求。

国家对发生事故后的"四不放过"处理原则,其具体内容如下。

①事故原因未查清不放过。

②责任人员未受到处理不放过。

③事故责任人和周围群众没有受到教育不放过。

④事故制定的切实可行的整改措施未落实不放过。

(4) 事故结案阶段

按照政府批复的事故调查报告,有关机关和事故发生单位应当及时将处理结果报调查组牵头单位,事故调查组及时予以结案,出具结案通知书。事故结案应归档的资料包括以下内容。

①职工伤亡事故登记表。

②事故调查报告及批复。

③现场调查记录、图纸、照片。

④技术鉴定或试验报告。

⑤物证、人证材料。
⑥直接和间接经济损失材料。
⑦医疗部门对伤亡人员的诊断书。
⑧发生事故的工艺条件、操作情况和设计资料。
⑨处理结果和受处分人员的检查材料。
⑩有关事故通报、简报及文件。

22.3 风险管理

城市轨道交通工程土建风险管控是全过程的管理工作，因此建设单位应该在建设规划阶段就启动建立安全风险管理体系，为勘察、设计、施工等阶段的安全风险管理奠定基础。

建设单位需要编制适用于自己建设管理模式的安全风险管理体系文件，结合自己建设管理模式，重点对建设单位的组织架构、安全风险管理组织架构、建设单位以及轨道交通相关参建单位的职责进行规定。

22.3.1 风险管理体系

城市轨道交通工程建设安全风险管理实行两层管理，即决策、管理层和实施层。施工阶段安全风险管理各层管理部门及主要依托单位，如图22-3所示。

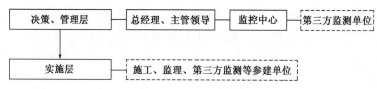

图22-3 施工阶段安全风险管理组织机构图

现场实施层为与建设单位签订合同、参与工程建设任务的各相关单位，包括勘察、设计（含总体设计和工点设计）、监理、施工等建设主体责任单位，以及环境调查、勘察咨询、设计咨询、检测评估、第三方监测等单位。

该体系是贯穿城市轨道交通工程建设全过程，涵盖了各参建主体和安全风险管理关键环节（建设、勘察、设计、施工、监理、监测等），建立了建设单位和现场两级风险管理模式、建立了工程自身和周边环境的风险工程分级标准与调级原则，建立了三类（监测、巡视、综合）三级（黄、橙、红）预警、响应及处置体系，强化了环境调查、专项设计、风险评估、地下水控制、预警响应等专项工作，规范了各关键环节技术预审论证或验收的过程预控程序，以及建立了依托勘察设计、第三方监测等第三方力量加强工程建设安全风险管理的模式等。

安全风险预警、响应及消警实施分级管理，即由建设单位（依托第三方监测单位）和项目实施单位（施工、监理单位），共同并各负其责进行安全风险预警、响应和消警。参建各方职责具体如下。

1）建设单位

（1）指导、监督和检查施工单位、监理单位、第三方监测单位的预警、响应及消警工作。

（2）依据工程风险状况发布综合预警。

（3）参与预警事务的分析和论证，监督施工单位对相关措施的落实。

（4）督促施工单位对满足消警条件的工点提出消警，参与相应等级的消警分析会及消警申请的审批。

2）第三方监测单位

（1）为建设单位对工程安全风险的预警、响应及消警管理工作提供技术支持，为施工单位、监理单位提供安全风险管理的技术指导。

(2) 第三方监测单位是工程安全风险的预警责任主体,依据风险状况发布监测预警、巡视预警,提出综合预警建议。

(3) 建立安全风险管理台账(含预警、响应及消警的动态管理台账),并定期报建设单位。

(4) 参与预警现场分析会、专家论证会,并依据监测数据和巡视信息提供咨询意见,参与消警现场分析会、协助建设单位进行消警审批。

(5) 跟踪施工单位、监理单位的预警、响应及消警工作情况。

3) 施工单位

(1) 建立安全风险管理台账(含预警、响应及消警的动态管理台账),并定期上报第三方监测单位、监理单位,依据风险状况,对所负责标段工程发布巡视预警,向建设单位提出综合预警建议。

(2) 分析出现预警工程部位(或点位)的监测数据,发现异常及时处置并向监理单位、第三方监测单位、建设单位反馈。

(3) 依据预警情况及时参加现场分析会或专家论证会,并及时落实会议纪要所要求的针对性处置措施。

(4) 对符合消警条件的工程,编制消警建议报告,并提出消警申请。

4) 监理单位

(1) 建立安全风险管理台账(含预警、响应及消警的动态管理台账)。

(2) 依据风险状况发布巡视预警,向建设单位提出综合预警建议。

(3) 根据预警情况及时召集相关单位召开现场分析会或专家论证会,主持研究风险处置方案,并监督相关单位落实。

(4) 检查施工监测点的布置和保护情况,结合第三方监测单位反映的现场测点情况,对现场被遮挡或破坏的测点,及时要求施工单位恢复或重新补设。

(5) 对比、分析施工监测和第三方监测数据和巡视信息,并形成对比分析报告,发现异常情况时,及时向施工单位、第三方监测单位、建设单位反馈,并督促相关责任单位采取相关的措施。

(6) 依据预警情况组织消警现场分析会,审查施工单位上报的消警申请。

5) 设计单位

(1) 依据相关规范、评估报告及类似工程经验,结合设计计算和工程实际情况确定监测控制指标,必要时根据工程状况、信息反馈情况调整监测控制指标。

(2) 参与预警工程现场分析会或专家论证会,必要时进行变更设计。

(3) 参与消警分析会。

6) 勘察单位

(1) 根据建设单位要求参与预警工程的分析与响应。

(2) 对比分析勘察资料与现场揭露的实际工程地质、水文地质情况。

(3) 针对现场可能存在的不良地质情况,提出相关建议。

(4) 必要时依据工程需要进行补充或专项勘察。

勘察与环境调查、总体设计阶段、初步设计阶段、施工图设计阶段、施工阶段、工后阶段,每个阶段具体安全风险管理总体工作内容及流程如图22-4所示。

22.3.2 风险评估

1) 安全风险因素

城市轨道交通工程建设安全风险因素贯穿全过程,土建施工阶段风险因素颇多,是风险管控的重点阶段。

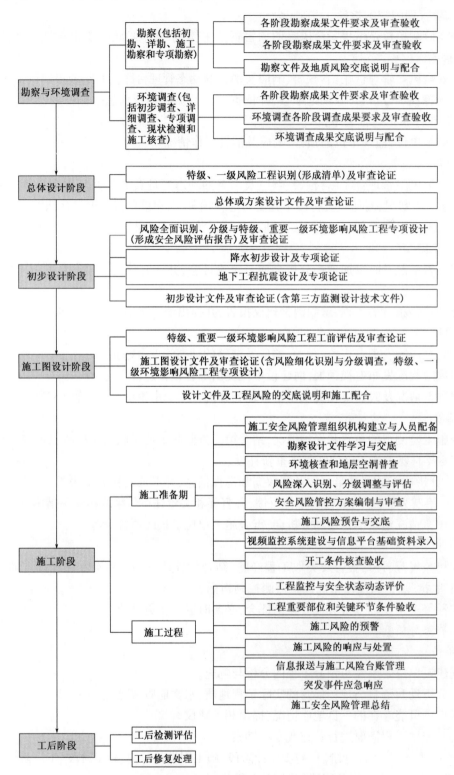

图 22-4 建设全过程安全风险管理总体工作内容及流程图

(1) 规划及可研阶段因素

线路选择不合理的风险;重大不良地质或复杂地质条件、复杂周边环境条件对工程建设的影响风险;不同规划方案的风险比选。

(2) 勘察因素

勘察成果报告不准确或不完整,如没有对地质风险进行识别和评价;对一些不良地质或特殊地质问题(如地层断裂带、卵漂石地层)没有开展专项勘察工作;设计方案变更或施工方案变更出现新的地质问题时,没有开展相应的勘察工作等。

(3)环境调查因素

环境调查资料不真实、不准确、不完整、不能满足勘察设计或施工深度和工作需求;环境调查纲要编制不全面,调查成果报告不严谨;调查成果验收把控不严。

(4)设计因素

自身或环境风险分级不准确,采取的专项设计不合理;风险评估需求不全面;对于工程水文条件的地质,没有采取降水专项设计;施工图监测设计不合理,没有给出监测项目控制指标,预警标准等。

(5)工前评估

未开展特级、一级风险工程工前检测评估;评估报告未评审或评审把控不严。

(6)工前空洞普查

未开展工前空洞普查,地层中可能存在空洞或疏松部位。

(7)施工准备阶段

施工单位未对环境调查资料、地质勘查资料开展工前核查;没有相关的突发事故应急预案、安全专项施工方案、施工监测方案等或方案没有进行专家评审,开工核查施工现场及内业资料准备不充分;条件验收项目准备不充分即进行施工等。

(8)施工阶段

施工阶段城市轨道交通工程安全风险因素可扫描二维码查看。

扫码下载

(9)工后评估因素

土建工程施工完成,周边环境变形稳定后,对于施工过程中发生过监测预警的特、一级风险工程未开展工后检测评估即投入使用。

2)施工准备期安全风险评估

无论采用何种施工方法,施工准备期均应通过地质、环境核查和补充调查,识别易出现安全风险的部位和引起安全风险事件的安全风险因素,并评价安全风险事件发生的可能性和严重程度。各工法从以下四个方面进行评估。

(1)地质、环境核查与评估

对地质与环境安全风险因素进行识别、核查和评估,对地质条件复杂、环境条件复杂的工程安全风险部位进行识别与评估。

(2)设计安全性核查

对设计安全风险因素和受力条件复杂的安全风险部位进行识别,对结构、施工工法工艺等的可靠性进行分析,核查设计方案的安全性。

(3)施工方案安全性评估

对施工工艺及设备中的安全风险因素进行识别,对地质因素、环境因素、施工工艺及设备因素之间的相互作用、相互影响和施工工艺参数的合理性进行分析,评估施工方案的安全性。

(4)施工组织合理性评估

对施工组织管理中的安全风险因素进行识别,对施工组织设计的有效性、合理性进行分析,评估施工组织的合理性。

3)施工准备期安全风险评估管理

(1)评估职责

①施工单位在设计交底后应进行地质、环境核查与评估,并组织专家进行设计安全性核查,指出存在的主要问题,提出处理措施建议,填写施工单位安全风险评估表。

②监理单位应结合专项安全施工组织设计评审对施工方案的安全性和施工组织合理性进行评估,指出存在的主要问题,提出处理措施建议,填写监理单位安全风险评估表。

(2)评估管理流程

①地质、环境核查与评估表和设计安全性核查表应由施工单位项目总工签字,经监理单位项目总监补充、审核、签认后,由施工单位报送建设单位。

②建设单位将施工单位报送的地质、环境核查与评估表和设计安全性核查表,反馈给岩土工程勘察与环境调查、设计单位,并组织设计答疑。

③设计单位负责对施工单位的地质、环境核查与评估表和设计安全性核查表中涉及的问题进行答疑,当现场实际条件与原设计条件有重大出入时,由设计单位负责变更设计。

④当特、一级和有特殊要求(指产权单位或建设单位有评估要求)的其他等级环境风险工程地质、环境条件发生重大改变时,工点设计单位或专业评估单位应根据地质、环境核查成果及变更设计文件对前期特殊工程环境评估报告进行修改、补充或完善,并报送工程各管理部门和参建单位。

⑤施工单位根据施工图设计及变更设计文件编制专项安全施工组织设计,组织专家进行评审,经企业技术负责人签字后报监理单位审核。

⑥监理单位在审核专项安全施工组织设计时,填写施工方案安全性评估表和施工组织合理性评估表,项目总监签字,施工单位根据监理单位审核意见完善修改专项安全施工组织设计。

⑦监理单位按照"安全风险技术管理体系"的要求组织专项安全施工组织设计评审,重点针对地质、环境核查与评估、设计安全性核查、施工方案安全性评估、施工组织合理性评估四个方面的内容进行评审,并形成评审意见,施工单位根据评审意见完善修改专项安全施工组织设计,经企业技术负责人签字并报监理单位审核后方可实施。

4)明挖工程风险识别与评估

(1)明挖法地质、环境条件核查与评估:对地质、环境条件进行核查和补充调查,并对地下水难以控制等地质条件复杂、紧邻地下污水管线等环境条件复杂的部位进行识别。

(2)明挖法设计安全性核查:核查基坑支护体系、降水方法、监测措施和环境保护措施,支护结构及环境控制指标等,核查设计的安全性,并对受力条件复杂的部位进行重点识别和分析,核查设计的安全性。

(3)明挖法施工方案安全性评估:在周边地质与环境条件核查的基础上,评估地质及环境条件对围护结构、支(锚)结构、地下水控制、土方开挖等施工方案的影响,并预测施工方案对周边环境可能产生的影响,对成孔、成桩和注浆设备的适应性及开挖、支护施工步骤和参数的可行性进行论证。

(4)明挖法施工组织合理性评估:评估明挖法施工组织设计的合理性、针对性,主要包括施工部署、施工准备、安全风险管理体系建立等方面。

5)暗挖工程风险识别与评估

(1)矿山法地质、环境核查与评估:对地质、环境条件进行核查和补充调查,并对不良地层、拱顶地层、地下水、空洞、邻近建构筑物、地下管线等以及易出现风险部位进行安全风险识别。

(2)矿山法设计安全性核查:在地质、环境、易出现安全风险部位核查的基础上,结合施工图预审,对矿山法设计文件的安全性进行核查。

(3)矿山法施工方案安全性评估:在地质、环境条件核查的基础上,进行地质、环境与施工工艺及设备适应性评估。

(4)矿山法施工组织合理性评估:对矿山法施工单位的组织管理进行评估,包括施工部署、施工准备、安全风险管理体系。

6)盾构工程风险识别与评估

(1)盾构区间隧道组段划分:主要对地质、环境条件进行安全风险评估并对隧道穿越的地层进行综合安全风险组段划分。

(2)盾构法设计安全性核查:主要对盾构始发/到达端头加固设计的合理性及可实施性、区间联络通道和/或泵房等区间构筑物的位置、加固设计合理性及可实施性进行核查和评价,区间联络通道暗挖部分将在矿山法中进行核查。

(3)盾构及其重要配套设备适应性评估:主要根据隧道穿越的地层情况对盾构及其重要配套设备进行评估,包括可能的换刀地点选择、换刀方案等。

(4)盾构法施工组织合理性评估:主要对盾构施工组织设计进行评估,包括施工组织、专项方案、应急预案、人员队伍和环境适应性等方面。

7)施工过程安全风险评估

明挖(盖挖)、暗挖、盾构工程施工过程风险评估与监控

(1)开展现场周边环境风险工程和围护结构的施工监测和第三方监测、巡视、信息反馈及风险评估工作,定期组织第三方监测单位汇报施工现场安全风险状态情况。

(2)加强监测、巡视信息反馈的及时性,平台基础资料的收集上传。

(3)做到预控预警,突出施工过程风险控制。

(4)对于不同的预警级别做到分级分层响应,资料交圈。

(5)加强预警工点监测、巡视,督促施工单位处置措施的落实,预警响应的及时性。

(6)加强预警工点消警管理。

(7)现场巡视可参考明挖法施工风险因素,设计资料、施工方案等。

形成的资料:预警通知单、预警响应处置会议纪要和报告、整改通知单、消警通知单及报告等。

8)工后评估

(1)主要内容

工后阶段主要有工后评估与工后恢复设计两部分。

①由项目参加各方提出工后评估需求,建设单位按工前评估的流程进行管理。

②工后恢复设计单位根据原设计、施工资料及工后评估报告等进行恢复设计,方案报建设单位审核,技术委员会及专家审查,相关领导及部门决策后形成工后恢复设计文件。

(2)管理要点

①管理目标。

通过工后风险跟踪评估和工程修复处理,避免或减少土建工程竣工后对工程环境正常使用期间的安全风险。

②管理依据。

a.施工监测数据。

b.安全风险技术管理体系。

c.工后阶段相关各方的审查论证意见。

d.相关法规、规范、指南等指导性文件。

③管理职责。

a.施工单位负责工程修复处理的实施。

b.设计单位(工点设计单位、总体设计单位)负责工后恢复设计、参加工后评估和工程修复施工处理方案的评审。

c.监理单位负责工程修复处理的方案审查、实施过程的监督和检查。

d.评估单位负责工后检测和评估工作。

e.总工室负责工后评估和工后恢复设计的组织实施和监督检查,并参与工后评估、工后恢复设计和工程修复处理方案的评审。

④管理程序。

先进行工后评估,如图22-5所示,然后根据工后评估结果对应做工后恢复设计,工后恢复设计的管理工作流程如图22-6所示。

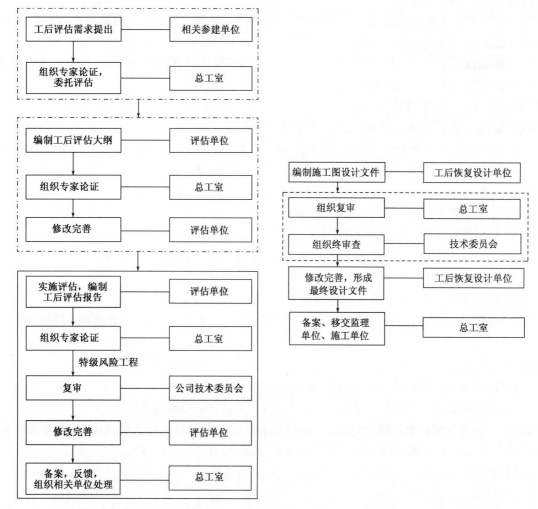

图 22-5 工后评估的管理工作流程图　　图 22-6 工后恢复设计的管理工作流程图

22.3.3 安全风险监控系统管理

1）监控中心建设

为规范城市轨道交通工程施工现场风险管理，并借助计算机信息网络技术手段实现施工现场风险管控的信息化，强化监管手段，提高建设单位主管部门宏观调控的科学性、动态性、准确性，根据建设单位对现场风险管控情况把控的需求，建立一套具有统一、完整性的工程监控系统是非常有必要的。城市轨道交通建设监控系统主要提供的功能及建设目标如下。

（1）通过对现场视频监控录像的实时监控，方便后台指挥及监控中心及时发现问题并纠正，具有监控录像存储功能方便后期进行调看。

（2）施工监测数据的共享并可以通过互联网实时查询。

（3）现场施工盾构机数据的上传及存储，方便所有具有权限的用户查看及使用。

监控中心构成由施工工点、联通托管机房、监控中心和数据传输通道四个部分组成，系统结构如图 22-7 所示。

①施工工点。

施工工点采集施工现场的视频监控数据和盾构数据信息，并将采集的信息上传至联通托管机房的服务器。

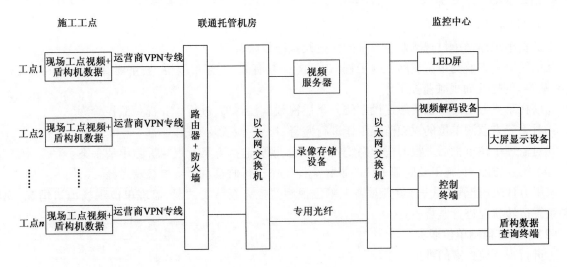

图 22-7 监控系统结构图

②联通托管机房。

联通托管机房设备主要由路由器、防火墙、以太网交换机、视频服务器和网络存储设备组成。

③监控中心。

监控中心设备主要由 UPS 电源设备、以太网交换机、LED 屏、46 寸（1 寸≈3.33cm）大屏显示设备（2×3）、6 路视频解码设备、控制终端等组成。

④数据传输通道。

各施工工点至联通托管机房之间的数据通道采用租用运营商 VPN 通道的方式实现，由各施工工点解决。

为保证地铁施工现场视频和盾构机数据的安全性，托管机房至监控中心之间的数据通道采用租用运营商光纤的方式实现。

2）平台监控系统管理

（1）建设单位职责

①督促施工、监理、第三方监测单位分阶段上传监控系统平台相关的资料。

②根据相关参建单位反映的监控系统问题，及时与平台软件研发单位沟通解决。

③汇集相关参建单位的功能需求建议，适时向系统开发单位提出新的功能需求。

（2）第三方监测单位职责

①第三方监测工点单位要及时收集平台所需的基础资料，并及时录入平台。

②日常上传监控系统监测成果报表、巡视报告、日报、周报、月报、年报等信息。

③通过监控平台及时发布监测、巡视预警，并及时督促施工、监理等相关单位进行响应。

④督促施工、监理单位分阶段及时上传相关的信息。

（3）监理单位职责

①工前及时上传监理单位的相关风险核查审核报表。

②日常上传监控系统巡视报告、日报、周报、月报等信息。

③对平台的预警及时进行响应。

（4）施工单位职责

①工前及时上传施工单位的相关风险核查报表。

②日常上传监控系统施工监测成果表、巡视报告、日报、周报、月报、年报等信息。

③对平台的预警及时进行响应。

3) 视频监控系统管理

(1) 建设单位职责

①负责组织建设单位视频监控系统的建设及系统权限管理。

②依托第三方监测单位实施风险工程(包括上穿既有线,下穿市政桥梁、重要管线、城市主干路、房屋、河湖等)的作业面视频监控工作。

③依托第三方监测单位实施建设单位公司层视频监控管理,进行24h视频监控管理。

④对第三方监测单位的视频监控工作进行监督、指导、检查及考核。

⑤对监理单位审批后上报的视频系统安装计划、视频监控方案及视频拆除申请备案。

⑥对第三方监测、施工及监理单位的视频监控工作进行监督、指导、检查及考核。

⑦甲方代表(建管方代表)负责对施工单位视频监控方案落实情况、监理单位现场值班情况、现场视频系统运转状况进行监督检查。

(2) 第三方监测单位职责

①进行视频监控室的维护工作。

②对所辖线路管理范围内风险工程进行24h值班视频监控,并填写视频值班记录表,对通过监控获取的违章作业情况及时通知监理单位进行处置。

③对所辖标段现场视频设备的运行状态进行巡视并反馈。

④根据工程进展情况,督促施工单位及时将视频监控系统接入监控室。

⑤协助公司对施工、监理单位视频监控工作进行监督、指导、检查及考核工作。

(3) 监理单位职责

①进行现场视频监控室及前端摄像头的验收工作。

②负责本标段视频监控24h值班工作并做好值班记录,对通过监控获取的违章作业情况进行处置。

③定期对现场监控设备状态组织检查,督促施工单位对视频监控系统维护及前端摄像头移位并检查验收。

④对施工单位上报的前端摄像头安装计划、视频监控方案及视频拆除申请进行审批。

(4) 施工单位职责

①按照合同文件规定的技术要求,负责所辖标段视频监控室及前端摄像头、视频数据接入建设单位监控室等建设工作。同时根据现场进展及时完成现场监控系统的建设,并提请监理单位组织验收。

②根据工程进度,对前端摄像头及时移动跟进,确保有效监控,并提请监理单位组织验收。

③编制视频系统安装计划、视频监控方案及视频拆除申请,并上报监理单位审批。

④组织对监理及施工单位视频监控人员进行视频设备及软件使用的培训。

⑤对本标段监控设备及监控室进行维护,并保证设备图像清晰,运转正常。

22.3.4 隐患排查系统管理

为加强地铁工程施工现场安全、质量隐患管理,并借助计算机信息网络技术手段实现施工现场安全、质量隐患管控的信息化,强化监管手段,提高建设单位主管部门宏观调控的及时性、动态性、准确性,根据建设单位对现场隐患管控情况把控的需求,建立一套统一、完整的工程隐患排查系统非常有必要。各参建单位管理职责如下。

1) 建设单位职责

(1) 安质部工作职责

①负责组织轨道交通工程的安全质量隐患排查与治理工作。

②督促隐患排查与治理工作任务的落实,掌握安全质量隐患状态,对监理单位、施工单位进行监督、指导和考核。

③开展安全质量隐患排查与治理工作。对本部门排查上报的安全质量隐患,根据实际需要,签发相应"整改通知单",并督促监理单位、施工单位整改落实,进行复查、验收、消除与备案。

④参加本单位主持召开的安全质量隐患排查与治理工作专题会议,汇报隐患排查与治理工作情况。

⑤主持召开安全质量隐患排查与治理工作专题会议,分析安全质量隐患状态,定期编制隐患排查与治理工作报告。

(2)工程部工作职责

开展安全质量隐患排查与治理工作。对本部门排查上报的安全质量隐患,根据实际需要,签发相应"整改通知单",并督促监理单位、施工单位整改落实,进行复查、验收、消除与备案。

(3)甲方代表工作职责

①定期开展安全质量隐患排查,对发现的安全质量隐患,根据实际需要,签发相应"整改通知单",并督促监理单位、施工单位整改落实。

②对施工单位、监理单位隐患排查情况及整改落实情况进行抽查。

③对未履行安全质量隐患排查责任或履责不到位的施工单位、监理单位,及时指正并提出处罚建议。

2)监理单位职责

(1)全面负责本监理标段的隐患排查与治理工作,全面掌控工程的安全质量隐患状态。

(2)保证安全质量隐患排查与治理工作所需要的人员、设备及相关费用。

(3)接受建设管理单位的监督、检查和考核,全程监督施工单位的隐患排查与治理工作,对施工单位安全质量隐患排查与治理工作情况进行考核,并将考核情况纳入履约考评工作。

(4)总监理工程师对本监理标段的安全质量隐患排查与治理工作负总责,检查施工单位的安全质量隐患排查与治理情况,督促责任单位及时整改,消除安全质量隐患。

(5)对发现隐患,按照规定予以响应、督查、消除与备案。

(6)对本单位排查发现的安全质量隐患,根据实际需要,签发相应的"监理通知单"或"工作联系单",并督促施工单位整改落实,进行复查、验收、消除与备案。

(7)参加建设管理单位主持召开的安全质量隐患排查与治理工作专题会议,汇报所管辖标段范围内建设工程隐患排查与治理的工作情况,定期编制隐患排查与治理工作报告。

(8)提供所管辖标段监理组织机构及联系方式、监理规划、监理细则等相关资料,根据需要报建设管理单位安质部备案。

3)施工单位职责

(1)施工单位是安全质量隐患排查与治理工作主责单位,接受建设管理单位与监理单位的监督、指导、检查和考核,对存在的隐患积极整改,全面落实隐患治理工作。

(2)施工单位工程指挥部(集团公司)对本地区轨道交通工程安全质量隐患排查与治理工作负领导责任,每月要组织一次以上的安全质量隐患排查,并由标段报送排查及治理相关记录。

(3)保证安全质量隐患排查与治理工作所需要的人员、设备及相关费用。

(4)项目经理对本合同标段的安全质量隐患排查与治理工作负总责,安全副经理(安全总监)主管安全隐患排查与治理工作,总工程师负责质量隐患排查与治理工作,督促责任部门及时整改。

(5)对参建各方排查出的一级、二级、三级、四级隐患予以响应。并按规定对隐患进行消除、复查、验收与备案。

(6)对建设单位下发的"整改通知单"、监理单位下发的"监理通知单""工作联系单",进行整改落实,报请监理单位复查。

(7)参加建设管理单位主持召开的安全质量隐患排查与治理工作专题会议,汇报本合同标段范围内建设工程隐患排查与治理的工作情况,定期编制隐患排查与治理工作报告。

(8)提供本合同标段隐患排查与治理工作所需的组织机构及联系方式、施工方案、专家论证方案以及勘察、环境调查与设计等相关资料,根据需要报建设管理单位安质部备案。

22.3.5 第三方监测管理

综合考虑建设行政主管部门检查条款、建设单位的管理工作等,特引入第三方监测总体咨询单位。主要目的为:保证第三方监测单位、施工单位在统一的技术标准要求下作业,并监督第三方监测单位统一化作业情况;为发包人和建管方专业化管理提供咨询服务;达到发包人和建管方对各标段第三方监测单位统一管理的要求。

1）建设单位管理工作

（1）招标工作

安质部具体配合合同部门完成第三方监测招标工作,主要完成第三方监测标段划分及第三方监测招标文件的技术要求部分。城市轨道交通工程第三方监测标段划分原则综合考虑风险工程量、监测工作量、线路长度、综合施工计划等。

（2）第三方监测单位招标合同澄清

安质部参与合同部组织的第三方监测单位合同澄清工作,按照合同部要求提供相关资料。

（3）风险管控相关会议

安质部定期组织以下几个有关风险的会议。

①每周定期组织第三方监测、监理单位召开安全质量风险综合例会。

②每周定期组织第三方监测单位召开风险管控周例会。

③每月组织第三方监测、监理、施工单位召开安全、质量、风险月度综合例会。

（4）第三方监测单位履约

第三方监测单位的履约可按照《第三方监测管理办法》执行。

（5）第三方监测单位验工计价

监测部分可按照安全风险监控系统计量统计功能统计的监测工作量进行验工计价;巡视、总体咨询费用等可按照项目包干的形式,按一定比例分批次拨付第三方监测单位;专家巡视费按实际发生次数和合同单价定期拨付。

2）第三方监测单位工作

（1）第三方监测总体单位工作

①开工前准备工作。

a. 编制《地铁施工监控量测实施细则》,适时组织施工、监理单位、第三方监测工点单位开展地铁监测技术和监控系统培训工作,统一全线监测技术作业标准要求。

b. 编制总体咨询服务方案,报建设单位审批。

c. 建档建制,统一第三方监测工点单位和施工、监理单位风险管控相关文件格式要求。

d. 统一第三方监测工点单位监测方案的编制格式。

e. 制定全线监测点标识、埋设、保护相关的技术要求。

f. 统一全线第三方监测、监理及施工单位信息报送内容及格式,协助监控中心汇总编制监控中心的日小结、周报、月报、年报等全线信息,并负责上报发包人和建管方领导层。

g. 审核《城市轨道交通工程安全风险管理体系》,适时开展培训工作。

h. 对各标段第三方监测单位人员进行统一培训,包括人员组织、仪器设备、第三方监测工作内容及工作流程、第三方监测管理办法、安全风险信息报送管理办法、第三方监测成果形式。

i. 建立并统一全线第三方监测单位安全风险管理台账。

j. 参与审核施工监测方案等。

②施工阶段。

a. 施工阶段针对第三方监测工点单位上报的监控信息或反馈的信息,及时向建设单位提出风险评估和处置措施意见。

b. 针对工点单位的预警,第三方监测总体单位要及时跟踪响应,提出风险评估和处理意见。

c. 汇总全线的监控信息(主要指日常的汇报资料、日小结、周报、月报等)上报监控中心。

d. 对第三方监测工点单位的计量支付进行审核。

e. 专家巡视:根据全线施工现场风险状况可以自行提出(或建设单位要求)组织专家巡视活动,得到建设单位批准后,可按照当地建设单位或安全监督站等单位的要求编制专家巡视活动方案、专家巡视会议纪要、专家巡视报告等,并及时通过监控系统发送给相关参建单位。

f. 监测工作:总体咨询单位具体不参与现场监测工作,但应对施工、监理、第三方监测工点单位提出的有关现场监测问题要及时给予指导、答复或处理。

g. 巡视工作:根据工点单位日常巡视发现的重大风险问题、预警工点等适时开展巡视工作。

h. 日常工作:日常不定期对第三方监测工点单位的内业资料进行检查,对发现的问题及时督促其整改。

i. 定期参加安全质量风险综合例会、安全风险管控周例会,对第三方监测工点单位的汇报信息给出合理的风险评估建议,指导第三方监测工点单位开展下一步的工作计划。

j. 对全线监测红色预警、巡视预警、综合预警进行跟踪响应,提出咨询意见,直至风险消警。

k. 统一制订全线第三方监测阶段报告内容及格式,督促各第三方监测单位及时编制以上报告并负责审核,上报监控中心。

l. 与监控系统开发单位签订监控系统维护合同,开展相关的维护费用的支付工作。对施工、监理、第三方监测工点单位发现的监控系统问题,及时向系统开发单位反映,解决相应的问题。

③工后阶段。

统一制订全线第三方监测总结报告内容及格式,督促各第三方监测单位及时编制总结报告并负责审核,上报监控中心。

(2)第三方监测工点单位工作

①开工前准备工作。

a. 建立各类风险管控台账,建章建制,相关档案资料的建立可按照《城市轨道交通工程质量安全检查指南(试行)》和建设单位的要求执行。

b. 开通监控系统平台,上传相关的工程资料,督促施工、监理单位上传工前资料、各类核查报告等。

c. 编制施工监测方案并组织专家评审,报建设单位审批备案。

d. 参与条件验收工作。

e. 参与施工单位组织的各类安全专项施工方案的评审工作。

f. 开展施工单位组织的监测点验收工作。

②施工阶段。

a. 监测工作。

日常开展在施工点的监测工作,监测成果及时上传监控系统。

对于出现的监测预警,及时下发监测预警通知单,收集施工单位的响应文件,开展阶段消警工作。

监测原始数据和成果报表的归档整理工作。

监测基准点的复核工作,相关报告的归档整理工作。

b. 日常工作。

日常主要开展现场监测、巡视、信息上报、咨询服务等工作。

参加安全质量风险综合例会、风险周例会、突发事故专题会等。

针对重点风险工程编制阶段报告。

c. 巡视工作。

日常开展在施工点的巡视工作,巡视成果及时上传监控系统。

对于出现的巡视预警,及时督促相关单位进行响应,并加强现场的巡视工作。

对巡视发现的问题,及时向总体单位反映。

对于一般巡视问题,可及时通过监控中心向监理单位下发整改通知单。

d. 监控系统管理。

完善监控系统基础资料的上传工作。

③工后阶段。

编写监测总结报告。

22.3.6 预警分类及判别

预警分为监测预警、巡视预警和综合预警三类,各类预警按严重程度由小到大分为三级,即黄色预警、橙色预警、红色预警。具体分类、分级标准可参照国家及地区相应的法律法规、政策性文件编制。综合预警的评价宜通过现场核查、会商和专家论证等确定,其分级标准参考表22-1进行判定。

综合预警分级判定参考表　　　　　　　　　表22-1

预警级别	判定条件		
	监测预警	巡视预警	风险状况评价
黄色	橙色或红色	黄色	存在风险隐患
橙色	橙色或红色	橙色	存在风险隐患,且出现危险征兆
红色	橙色或红色	红色	风险不可控或出现严重危险征兆

注:1. 综合预警的判定应同时具备监测预警、巡视预警、风险状况评价3列中的状态。
　　2. 监测数据缺失或无巡视预警的情况下,但工程出现危险征兆也应发布综合预警,其预警等级建设单位依据风险状况及专业经验直接判定。

22.3.7 预警发布

巡视预警由施工、监理、第三方监测等单位独立发布,一方发布预警后,在预警期内其他单位不得针对同一工程部位发布同类别的预警。监测预警由建设单位依据设计单位或评估单位给出的控制值确定的预警标准与第三方监测单位的上传数据进行比对后发布。

综合预警由建设单位依据风险工程第三方监测单位监测数据、现场巡视信息及风险状况评价,同时参考相关方提出的综合预警建议,经综合判定后发布。

巡视预警和综合预警均通过信息平台发布,发布时,发布单位应明确发布预警的具体工程部位、现场风险状况、初步原因分析、可能诱发的风险事件、处置建议等,并附相关工程部位的现场照片。

出现风险事件后,不得对发生风险事件的工程部位发布巡视预警或综合预警,但若风险事件可能引发次生灾害、临近部位可能导致风险状况时,可发布相应的预警。

巡视预警、综合预警经现场确认后,预警发布单位在发布预警前应及时以电话方式通知相关单位,并及时经系统发布。巡视预警、综合预警信息的具体发布时间与方式按照相关规定执行。

22.3.8 预警响应

相关各方应对已发布预警的工程部位及工程周边环境加强监测和巡视,施工单位应对预警部位及时采取必要措施,避免风险事件的发生。

各级风险工程发布预警后应按表22-2进行响应,同时各相关方应将预警、响应及消警信息反馈到当期的日报、周报、月报中,并及时通过信息平台等途径发布。

各级风险工程发布预警后响应要求 表22-2

风险工程等级	监测预警 黄	监测预警 橙	监测预警 红	巡视预警 黄	巡视预警 橙	巡视预警 红	综合预警 黄	综合预警 橙	综合预警 红	现场分析会组织单位	现场分析会时间要求	参会人员
特级以下	✓	✓		✓						监理单位组织施工、第三方监测单位分析预警原因,制定对策,并及时落实		
			✓		✓	✓				监理	当日内	见表22-3
							✓			监理	当日内	见表22-3
								✓		监理	当日内	见表22-3
									✓	监理	第一时间	见表22-3
特级	✓	✓								监理	当日内	见表22-4
			✓	✓						监理	当日内	见表22-4
					✓	✓	✓			监理	第一时间	见表22-4
									✓	监理	第一时间	见表22-4

特级以下风险工程预警响应人员 表22-3

预警种类	预警级别	施工单位	监理单位	第三方监测单位	设计单位	勘察单位	建设单位
监测预警	黄色	现场处置			—	—	—
	橙色	现场处置			—	—	—
	红色	项目总工、工区负责人	驻地监理	区段负责人(或工法负责人)	设计代表	—	主管部门、建设方代表
巡视预警	黄色	现场处置			—	—	—
	橙色	项目总工、工区负责人	驻地监理	区段负责人(或工法负责人)	—	—	主管部门、建设方代表
	红色	项目经理、项目总工	驻地监理	项目负责人	—	—	主管部门、建设方代表
综合预警	黄色	项目经理、项目总工	总监	项目负责人	设计代表	—	主管部门、建设方代表
	橙色	项目经理、项目总工	总监	项目负责人	设计代表	—	主管领导
	红色	项目经理、项目总工	总监	项目负责人	专业负责人	专业负责人	主要领导

注:1. 表中仅填写了应参加响应的部分负责人,其他须参加人员由各单位负责人,根据本单位的组织分工,确定具体参加人员。
2. 现场处置:根据现场情况灵活掌握,确保消除风险隐患。

特级风险工程预警响应人员 表22-4

预警种类	预警级别	施工单位	监理单位	第三方监测单位	设计单位	勘察单位	建设单位
监测预警	黄色	项目总工	驻地监理	负责人	设计代表	—	主管部门、建设方代表
	橙色	项目总工	驻地监理	负责人	设计代表	—	主管部门、建设方代表
	红色	项目经理、项目总工	总监	项目负责人	设计代表	—	主管部门、建设方代表
巡视预警	黄色	项目经理、项目总工	驻地监理	负责人	—	—	主管部门、建设方代表
	橙色	项目经理、项目总工	驻地监理	负责人	—	—	主管部门、建设方代表
	红色	项目经理、项目总工	总监	项目负责人	—	—	主管部门、建设方代表
综合预警	黄色	项目经理、项目总工	总监	项目负责人	专业负责人	工点负责人	主管部门、建设方代表
	橙色	项目经理、项目总工	总监	项目负责人	专业负责人	工点负责人	主管领导
	红色	集团(片区)领导、项目经理、项目总工	监理公司领导、总监	第三方监测单位领导、项目负责人	项目负责人	项目负责人	主要领导

注:表中仅填写了应参加响应的部分负责人,其他须参加人员由各单位负责人,根据本单位的组织分工,确定具体参加人员。

现场分析会应核实分析以下内容。
(1)核实预警信息。
(2)分析预警原因,包含技术因素、环境因素、管理因素。
(3)判断风险工程的安全状态。
(4)确定具体的工程处置方案。

最终由会议组织单位编写会议纪要,并保留参会人员签到表,会议现场照片,以作为后期消警申请的资料。

预警发布后,施工单位落实现场分析会商定的处置措施,监理单位督促,并与第三方监测单位跟踪处置效果。

22.3.9 消警

工程实施过程中,通过相关技术措施与手段,达到消除工程隐患且具备解除预警条件的,可进行消警。工程消警分为监测预警消警、巡视预警消警、综合预警消警三类。消警应同时具备以下两个条件:①导致发布预警的因素已得到妥善处置。②周边环境、地铁自身结构处于安全状态。

1)监测预警消警

监测预警消警分为两类:一类为系统自动消警(黄色、橙色、红色预警),另一类为人工消警(即阶段消警)。

(1)监测预警的阶段消警条件

①明挖法。

单层结构:主体结构封顶。

双层或多层结构:负一层底板施工完成。

②盖挖法。

盖挖顺作:负一层底板施工完成。

盖挖逆作:主体结构施工完成。

③矿山法。

a. 区间及其附属结构。

标准断面(台阶法开挖):初期支护完成后,地表沉降收敛,且连续14天平均沉降速率<0.1mm/d。

标准断面(设临时支撑或临时仰拱):二次衬砌施工完成后,地表沉降收敛,且连续14天平均沉降速率<0.1mm/d。

大断面多导洞施工:二次衬砌施工完成后,地表沉降收敛,且连续14天平均沉降速率<0.1mm/d。

b. 车站主体。

柱洞法:二次衬砌扣拱结束,地表沉降收敛,且连续14天平均沉降速率<0.1mm/d。

多导洞工法[交叉中隔墙法(CRD)、双侧壁导坑等]:二次衬砌施工结束,地表沉降收敛,且连续14天平均沉降速率<0.1mm/d。

c. 车站附属结构。

结合断面尺寸及施工方法,参照上述矿山法中的"区间及其附属结构""车站主体"的消警条件执行。

④盾构法。

区间:盾构通过后,地表沉降收敛,且连续14天平均沉降速率<0.1mm/d。

区间联络通道:参照矿山法的"区间及其附属结构"的消警条件执行。

⑤特殊工法。

根据工法特点及结构分析确定消警条件。监测预警的阶段消警由施工单位编写监测阶段消警申请,报监理单位、第三方监测单位审查后,并经建设单位批准后实施。具体要求如下:

a. 预警消警后,相应工程尚未完工,施工单位及第三方监测单位仍应按监测方案进行监测和巡视,直至工程完工且变形稳定。

b. 涉及产权单位的建(构)筑物阶段监测预警消警后,各单位应继续关注监测数据的变化,确保风险工程的安全。

c. 阶段消警后,若后续施工导致监测项目发生监测数据异常,应再次预警。再次预警可由第三方监测或施工单位通知监理单位,并报建设单位重新预警。

2）巡视预警消警

巡视预警的消警由施工单位编写消警申请,根据不同风险及预警等级,履行以下的审查程序。

(1) 特级以下风险工程消警:单项黄色、橙色、红色预警消警由建设单位批准后实施。

(2) 特级风险工程消警:单项黄色、橙色预警由建设单位批准后实施;单项红色应经建设单位主管领导批准后实施,并由建设单位备案。

(3) 消警单位需将消警申请、会议纪要及现场整改后照片等资料上传系统后,执行相关消警操作。

3）综合预警消警

综合预警的消警由施工单位编写消警申请,报监理单位审查,由监理单位召集并主持消警分析会。各等级综合预警的消警,在监理单位初审后,须严格执行以下程序。

(1) 特级以下风险工程消警:综合黄色预警由建设单位主管部门批准后实施;综合橙色预警由建设单位主管领导批准后实施;综合红色预警由建设单位主要领导批准后实施并备案。

(2) 特级风险工程综合预警的消警:建设单位主要领导批准后实施并备案。

4）消警流程

消警流程如图 22-8 所示。

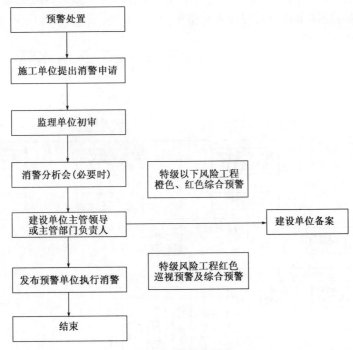

图 22-8 消警流程图

22.4 应急管理

应急总体要求是构建结构完整、功能全面、反应灵敏、协调有序、指挥有力的应急体系,着重强调与政府、专业机构间的沟通协作,完善快速反应机制和应急联动机制,提高整体应急处置能力,完善应急预案、建设应急队伍、储备应急物资、进行应急演练。应急原则是坚持"预防为主,快速反应,统一指挥,统筹协调,科学救援,处置高效"的原则。

22.4.1 应急体系建设与管理

建设单位应建立健全轨道交通建设应急管理体系,组成应急指挥部,负责全线应急工作的指挥,同时成立全线应急组织机构,明确建设、监理、施工等参建单位各主管领导、各部门的应急管理职责以及发生突发事件后的响应流程。建设单位应急管理体系应与区域各领域应急管理体系相呼应,同时应对施工现场应急体系具有管理和领导作用。

1)区域应急联动机制

(1)成立市级城市轨道交通应急管理体系

建设管理单位承担轨道交通工程的建设管理任务后,积极与建设单位、地方政府建设行政主管部门,成立城市轨道交通应急管理体系,组织建立地方城市轨道交通应急抢险大队,同时配备足够的抢险人员、器械、车辆等,并将轨道工程项目应急管理纳入整个区域应急管理体系,形成统一指挥、资源共享、协调一致,确保应急快速有效。

(2)与地方相关产权单位(水、电、气、路、消防以及医疗等单位)建立应急信息互通、互相协作关系,充分利用社会资源加强应急能力。

2)建设单位应急体系

建设单位应建立健全轨道交通建设应急管理体系如图 22-9 所示,组成应急指挥部,负责全线应急工作的指挥,同时成立全线应急组织机构,明确建设、监理、施工等参建单位各主管领导、各部门的应急管理职责以及发生突发事件后的响应流程。建设单位应急管理体系应与区域各领域应急管理体系相呼应,同时应对施工现场应急体系具有管理和领导作用。

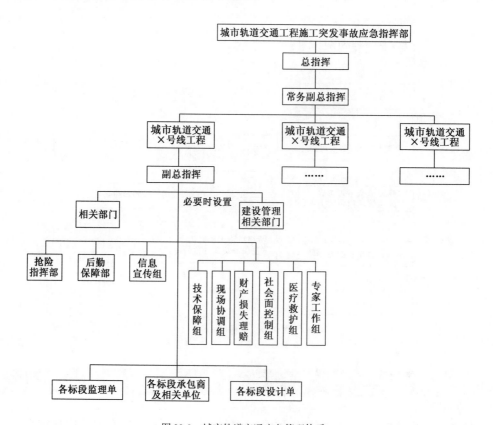

图 22-9 城市轨道交通应急管理体系

3）施工现场应急体系

施工单位是应急工作的主体,应在进场后建立施工现场应急体系,成立应急组织机构,按照应急预案配置各个抢险工作组,并长期在施工现场配置兼职应急救援队伍。

22.4.2 应急预测预警制度

1）预警级别

依据轨道交通工程施工安全隐患可能造成的危害程度、发展趋势和紧迫性等因素,由低到高划分为蓝色、黄色、橙色、红色四个预警级别。

2）预防措施

(1)建设单位定期组织施工单位开展施工安全隐患排查,督促施工单位对存在的问题及时整改。

(2)建设单位组织督促各施工、监理、第三方监测单位利用好工程建设安全风险技术管理体系,不断完善监测手段,加强对异常监测数据的分析研究。

(3)建设单位建立会商机制,适时组织专家及有关单位进行会商,加强对预测、预警信息的分析和信息沟通交流。

(4)各施工单位要和相关单位建立健全沟通、配合机制。

3）预警发布与解除

(1)预警分为局部和全局两种形式。局部预警系指各标段范围内的预警,全局预警系指全线范围内的预警。

(2)局部预警:由建设单位安全质量部发布和解除,并在安全质量部备案。

(3)全局预警:由建设单位安全质量部提出建议,经应急指挥部总指挥或副指挥批准,由安全质量部发布和解除。

橙色、红色预警报市级建筑工程应急指挥部办公室备案。

(4)各级别气象类预警由建设单位安全质量部发布和解除。

(5)预警信息发布后,信息发布单位要密切关注事态进展情况,适时调整预警级别,并将调整结果及时通报相关部门。

22.4.3 应急响应

1）基本响应

城市轨道交通工程施工突发事故一旦发生,事故发生地相关单位必须立即将事故信息报告安全生产监督站和质量监督站,同时向建设单位报告,并通过建设单位向当地市应急办报告。事故单位还应同时通知事故危及或可能危及到的相关产权部门、单位。同时,应立即启动施工现场应急预案,抢救伤员,保护现场,设置警戒标志,防止次生、衍生事故发生,实施先期抢险救援工作。必要时,由建设单位调动相邻标段应急抢险力量参加抢险救援工作。当应急事故处置工作基本完成,次生、衍生和事故危害被基本消除,由现场抢险指挥部总指挥宣布响应结束。

2）一般城市轨道工程施工突发事故响应

根据风险管理体系,将一般轨道工程施工突发事故(Ⅳ级)由低到高划分的五个级别分别进行响应。

(1)发生E级事故,影响范围小,由事故发生地施工单位组织进行抢险救援,监理单位参加救援工作,甲方驻地代表做好相关协调工作。

(2)发生D级事故后,事故发生地施工单位及现场监理单位组织先期抢险救援工作,建设单位相关部门负责人赶赴现场做好组织、协调工作。

(3)发生C级事故后,相关部门主要负责人及时赶赴现场,根据需要组建现场指挥部,组织协调相关单位开展抢险救援工作。

(4)发生 B 级或 A 级事故后,建设单位安全质量部立即向建设单位应急指挥部领导报告,并启动应急预案。建设单位应急指挥部和相关部门负责人及时赶到现场。根据需要组建现场指挥部,组织协调相关单位开展抢险救援工作。必要时,报请市级应急指挥机构。做好媒体应对工作,正确引导社会舆论。

(5)相关单位积极配合现场指挥部,做好事故处置及相关工作。

(6)必要时,建设单位合同财务部及时赶赴现场,组建财产理赔组,进行财产理赔工作。

(7)现场存在工程风险时,现场指挥部通知事故发生地相邻标段抢险分队赶赴现场进行抢险救援。

3)较大城市轨道交通工程施工突发事故响应(Ⅲ级)

在一般城市轨道交通工程施工突发事故响应的基础上,事故发生地相关施工单位集团领导立即赶赴现场。建设单位应急指挥部副总指挥、办公室相关人员赶赴现场。成立现场指挥部,立即开展一线抢险救援工作。

现场存在工程风险时,同时通知事故发生地相邻标段抢险分队直接投入抢险救援工作。

4)重大、特别重大城市轨道交通工程施工突发事故响应(Ⅱ级、Ⅰ级)

在较大城市轨道交通工程施工突发事故响应的基础上,建设单位应急总指挥立即赶赴现场,组织先期抢险救援工作。待市建筑工程应急指挥机构相关领导到场后,配合其工作。

5)响应结束

当应急事故处置工作基本完成,次生、衍生和事故危害被基本消除,由现场抢险指挥部总指挥宣布响应结束。

22.4.4 应急后期处置

(1)善后赔偿,由建设单位督促事故相关单位积极做好事故伤亡人员家属的接待、安抚、赔偿等工作。

(2)保险赔付,建设单位合同财务部牵头组织保险理赔工作。

22.4.5 事故信息报告

1)事故信息报告原则

事故信息的报告应当及时、准确和完整,信息的处置应当遵循快速高效、协同配合、分级负责的原则。

2)事故信息报告程序

(1)一般安全事故报告程序

①施工现场安全事故发生后,事故现场有关人员应当立即报告项目负责人。

②项目负责人接到安全事故报告后,应当立即报告工程所在地建设工程安全监督机构,同时上报建设单位安全管理部门、监理单位,施工单位企业安全管理部门。

③企业主管部门和劳动部门接到死亡、重大死亡事故报告后,应当立即逐级上报,死亡事故报至市、省(自治区、直辖市)。

④发生人身伤亡事故的施工单位应当保护事故现场,并迅速采取必要措施抢救人员和财产,防止事故扩大。

(2)重大安全事故的报告程序

①重大事故发生后,事故发生单位必须以最快方式,将事故的简要情况向上级主管部门和事故发生地的市建设行政主管部门及检察、劳动(如有人身伤亡)部门报告,事故发生单位属于国务院部委的,应同时向国务院有关主管部门报告。向政府职能部门上报的同时应将事故情况上报建设单位、监理单位。

②事故发生地的市级建设行政主管部门接到报告后,应当立即向当地人民政府和省、自治区、直辖市建设行政主管部门报告。省、自治区、直辖市建设行政主管部门接到报告后,应当立即向人民政府和建设部报告。

③重大事故发生后,事故发生单位应当在24h内写出书面报告,按程序和部门逐级上报。

(3)施工信息报告内容

①事故发生的时间、地点、工程项目、企业名称。

②事故发生的简要经过、伤亡人数和直接经济损失的初步估计。

③事故发生原因的初步判断。

④事故发生后采取的措施及事故控制情况。

⑤事故报告单位。

22.4.6 应急预案

从预案类别上分为自然灾害、事故灾难、公共卫生事件和社会安全事件,每类再根据企业实际情况进行详细划分,形成层次。每一层次分为总体综合预案、专项预案和现场处置预案。建设单位应当编制本单位综合应急预案,并按照影响工程周边环境事故类别编制工程项目应急预案。施工单位应当编制所承担工程项目的综合应急预案,并按工程事故、影响周边环境事故类别编制工程项目专项应急预案,同时制定事故现场处置方案。

1)应急预案种类

(1)综合应急预案

综合应急预案是对城市轨道交通建设工程质量安全事故应对工作的总体安排。主要规定工作原则、组织机构、预案体系、事故分级、监测预警、应急处置、应急保障、培训、演练和评估等,是应对城市轨道交通建设工程各类质量安全事故的综合性文件。

(2)工程项目应急预案

工程项目应急预案是指针对某一类型或某几种类型城市轨道交通建设工程质量安全事故而预先定制的工作方案。主要规定应急响应责任人、风险防范和监测、信息报告、预警响应、应急处置、人员疏散和路线、可调用或可请求援助的应急资源情况以及实施步骤等,体现自救互救、信息报告和先期处置特点。

(3)现场处置方案

现场处置方案是指针对某一特定城市轨道交通建设工程事故现场处置工作而预先制定的方案。主要规定现场应急处置程序、技术措施及实施步骤。侧重于细化企业先期处置,明确并落实生产现场带班人员、班组长和调度人员直接处置权和指挥权,严格遵守安全规程,科学组织有效施救,确保救援人员安全,并强化救援现场管理。现场处置方案是工程项目应急预案的技术支持文件。

2)建设单位应急预案

建设单位应当编制本单位综合应急预案、并按照影响工程周边环境事故类别编制工程项目应急预案。

3)施工单位应急预案

施工单位应当编制所承担工程项目的综合应急预案,并按工程事故、影响周边环境事故类别编制工程项目应急预案,同时制定事故现场处置方案。

施工单位应根据实际情况编制专项应急预案,应至少包括以下内容。

(1)防基坑坍塌事故应急预案。

(2)防隧道涌水(透水)、涌砂事故应急预案。

(3)防触电事故应急预案。

(4)防设备倾覆事故应急预案。

(5)防人身伤亡事故应急预案。
(6)防食物中毒和窒息事故应急预案。
(7)防火灾事故应急预案。
(8)防车辆伤害事故应急预案。
(9)防机械伤害事故应急预案。
(10)防起重伤害事故应急预案。
(11)防物体打击事故应急预案。
(12)人员疏散应急预案。
(13)防汛应急预案。
(14)防淹溺事故应急预案。
(15)防灼烫应急预案。
(16)防管线破坏事故应急预案。
(17)防周边建(构)筑物及房屋开裂事故应急预案。
(18)防高处坠落事故应急预案。
(19)防压力容器爆炸(锅炉爆炸)事故应急预案。
(20)防冒顶片帮事故应急预案。
(21)防瓦斯爆炸事故应急预案。
(22)防火药(烟花)爆炸事故应急预案。
(23)防危险化学品泄漏事故应急预案。

22.4.7 应急演练

应急演练过程中要注重演练场景的仿真程度，做到指挥机构、救援队伍、通信指挥、交通疏导、医疗救护、治安管理等协同配合，确保演练安全。演练工作结束后，牵头部门要总结经验，查找不足，进行演练评估，适时修订完善预案相关内容，不断增强预案的实用性和可操作性。

1)应急演练的基本要求

应急预案编制单位应当建立应急演练制度、根据实际情况采取实战演练等方式，组织开展联动性强、形式多样、节约高效的应急演练。施工单位应当制定应急预案演练计划，结合实际情况定期组织预案演练。建设单位、施工单位应当有针对性地经常组织开展应急演练，每年至少组织一次。同时，施工单位应定期开展应急预案和相关知识的培训，每年至少组织一次，并留存培训记录。应急预案培训应覆盖预案所涉及的相关单位和人员。

2)应急演练组织

(1)演练目的

①评估演练单位应急准备状态，发现并修改应急预案和执行程序中的缺陷和不足。

②评估演练单位重大事故应急能力，识别资源需求，澄清相关单位和人员的应急职责，改善应急救援中的协调问题。

③检验应急响应人员对应急预案、执行程序的了解程度和实际操作技能，进一步培训和提高应急响应人员的业务素质和能力。

④提高参与人员安全意识。

(2)演练基本程序

①编制、审批演练方案。

②确定演练时间及参与演练人员。

③演练活动部署。

④拟出现应急情况发生。

⑤事故情况上报负责人。
⑥负责人启动应急预案。
⑦现场各个抢险组进行应急处置。
⑧抢险工作结束。
⑨应急处置情况汇报。
⑩编制演练总结。
(3)演练总结要求
①演练的目的。
②演练的预期目标。
③演练基本情况介绍。
④演练组织实施情况。
⑤演练取得的成效。
⑥演练存在的不足。
⑦演练活动照片。

第23章

环保与文明施工标准化管理

随着社会经济的发展,城市化进程的加快,城市人口的增加,城市交通问题越来越突出。城市轨道交通工程的建设对改善区域交通状况,减少交通的滞留与阻塞,促进沿线地区经济发展和社会稳定起到重要的作用,越来越多的城市开始修建轨道交通工程。但轨道交通工程建设过程中会对项目周边环境带来一些不利影响,包括施工期带来的大气、废水和噪声、振动等污染以及生态破坏、水土流失,运营期的废水、噪声和振动等污染。参建各方在施工期间、运营期间应通过采取有效的防治措施,避免或减缓可能带来的不利影响,能够促进项目实现社会、经济和环境效益的协调统一。

城市轨道交通工程建设存在施工区域地质复杂、一线作业人员流动性大、工程风险高等因素,必须加大安全生产管理。深入开展施工现场安全文明施工标准化建设是提高安全生产的根本保障,是推动改变施工现场环境、减少扬尘污染、净化城市空气,使工程管理向科学化、标准化转变,是彰显"以人为本,构建和谐社会"的现代化管理理念,是实现可持续发展的强劲动力。

环保文明施工标准化管理目标是杜绝重大环境污染事故发生,创建文明施工工地,污水、废气、噪声、扬尘、废弃物等污染物排放符合国家和地方有关规定。建设、监理、施工应建立环保文明施工检查制度,采取多种方式进行环保与文明施工检查,检查主要形式有定期检查、专项检查、不定期检查、对举报问题的核查等多种形式。

本章结合某轨道交通工程环境影响报告书中有关施工过程中可能对周边环境产生的不利影响,介绍了在施工期间采取的积极有效的施工方案、文明施工措施、管理制度等内容。

23.1 环境影响

23.1.1 生态环境影响

1)工程建设对植被影响

轨道交通地面工程占地对植被的破坏主要表现在车站进出口、风亭占用的城市道路绿化带以及施工场地临时占用的道路中央的绿化带,以及车辆段占用部分农田植被。

2)取弃土场

轨道交通建设过程中会不可避免地遇到挖方、填方施工。在工程施工过程中应进行合理的施工组织和土石方综合调配,停车场、综合基地、车辆段的填方尽量利用地下隧道施工产生的土方,减少弃方数量。剩余土石方应该严格按照相关部门要求运至指定的弃土场,不能随意弃置。

3)水土流失影响

城市轨道交通工程建设过程中,由于地表换填、深基坑开挖等行为,易产生水土流失。在施工期应采取合适的施工方案和施工措施,减少水土流失。

4）对文物的影响

轨道交通工程车站进出口、隧道区间风亭等地面建筑可能对文物景观造成一定视觉影响,应通过对车站进出口、隧道区间风亭的景观美化处理,减小不良影响。

23.1.2 施工期噪声影响

城市轨道交通工程施工过程中,基坑开挖初期及结构施工期施工机械作业噪声对周边环境影响较大。在施工期应采取合适的施工方案和施工措施,选取合适的施工机械,减少施工期噪声对周边环境的影响。

23.1.3 大气影响

施工扬尘主要发生在明挖车站、车辆段、综合基地、停车场和道路运输环节,如果不采取有效防治的扬尘对策影响较为严重。

23.1.4 水环境影响

施工过程中产生的污(废)水主要有泥浆废水、施工降水和施工营地生活污水等,根据水质情况可分为含油废水、生活污水、高浊度泥浆水等。

如果施工期缺乏完善的排水措施,导致施工期废污水处理和排放不当,会引起市政排水管堵塞,在含水层施工还可能污染地下水水质,因此应加强施工废水管理。

23.1.5 固体废弃物影响

施工过程中产生的固体废弃物主要为建筑垃圾和生活垃圾。施工期应加强对固体废弃物的处理,减少对环境的影响。

23.2 环境保护措施

城市轨道交通工程在建设工程中应严格执行环境保护设施与主体工程同时设计、同时施工、同时投入使用的环境保护"三同时"原则,采取针对性的有效措施,积极减少工程建设对周边环境的影响。施工阶段应加强环保宣传教育、完善环保管理体系、制定强制性的环保措施、实行环保监理制度等一系列措施,使环保设计和要求在施工中得以切实落实,最大限度地减少对沿线环境的影响。

23.2.1 施工期生态环境保护措施

(1)合理规划使用永久占地范围内的土地,临时工程尽可能利用永久占地,减少临时占地对生态环境的影响。在施工期间严格按设计和有关部门批复,尽量少占绿地,尽可能减少由于轨道工程建设对沿线城市绿地系统的影响。对拟建项目临时占用绿地,建设单位在认真履行各项报批手续的基础上,严格按批准的用地范围进行施工组织,对占用的绿地进行必要的恢复补偿,尽快恢复其生态功能。

(2)严格按照设计要求设置弃土场(取土场)、料场等,严格控制用地范围,用地边界处设明显标志和围栏。

(3)弃土场(取土场)、料场表土集中堆放在场地边缘地带,并遮盖保存,施工结束后回填,以保护原有地表的自然状况,及时洒水和进行生态恢复与重建。做好取弃土场周围的工程措施、水土保持绿化设计,尤其是植被覆盖,尽量减少整个施工期间因风蚀和水蚀而可能产生的水土流失。不在大风和大雨天气挖填土方。

(4)施工单位不得随意砍伐施工区的林木,必须爱护一草一木,施工过程中砍伐的林木,按照规定迁移或补种,可移植的应注意保护,以免损伤。对车辆段与综合基地、停车场等地上工程进行绿化补偿,以降低工程对区域绿地的破坏程度。

23.2.2 施工期噪声防治措施

(1)采用先进的施工方法。
(2)合理安排施工机械作业时间。
(3)尽量选用低噪声的机械设备和工法。
(4)合理布局施工设备。
(5)合理制定车辆运输方案。
(6)施工承包明确噪声控制。
(7)采取工程降噪措施。
①竖井采取全封闭措施。
②施工现场的电锯、电刨、搅拌机、固定式混凝土输送泵、大型空气压缩机等强噪声设备应搭设封闭式机棚,并尽可能设置在远离居民区的一侧,以减少噪声污染。
③进行夜间施工作业的,应采取措施,最大限度减少施工噪声,可采用隔音布、低噪声振捣棒等方法。
④对人为的施工噪声应有管理制度和降噪措施,并进行严格控制。承担夜间材料运输的车辆,进入施工现场严禁鸣笛,装卸材料应做到轻拿轻放,最大限度地减少噪声扰民。

23.2.3 施工期大气污染防治措施

轨道交通工程扬尘污染主要是指施工现场工程施工、土石方工程、物料运输及堆放、道路保洁、裸露场地、施工垃圾的清运、堆放、存储等各类轨道交通工程建设活动产生的细小颗粒漂浮物对大气环境造成的不良影响。

(1)制订科学的施工计划。
(2)施工场地防护措施。
施工现场严格落实施工工地扬尘污染防治"五个百分之百"要求。
①施工工地周边百分之百围挡。
②物料堆放百分之百覆盖。
③出入车辆百分之百冲洗。
④施工现场地面百分之百硬化。
⑤拆迁工地百分之百湿法作业。
(3)施工期运输过程扬尘污染防治措施。
①砂石料仓、竖井提升系统采取全封闭措施。
②施工现场出入口处设置车辆清洗设备,车辆冲洗干净后,方可驶出工地。
③严格执行当地关于运输渣土、建筑垃圾等运输规定,对可能产生扬尘污染的车辆,实行密闭化管理。
(4)制订施工期大气污染防治措施,健全环境管理体系,环境管理纳入施工质量管理体系,落实目标责任制。

23.2.4 施工期地表水水环境保护措施

(1)做好施工排水方案:要求施工、监理等参建单位,严格执行当地省市的建筑施工管理要求,严禁施工废水乱排、乱放。设置好排水设施,制定汛季排水方案,避免排水不畅,防止污染道路、堵塞下水道等事故发生。

(2)施工降水经沉淀处理后排入城市市政管网,在施工场地内需构筑集水沉砂池,以收集高浊度泥浆水,经过沉砂处理后排入市政管网。

(3)食堂含油污水应经隔油池处理后方可纳入现有的污水处理管网,厕所设置化粪池,生活污水排入城市市政管网,严禁排入周边地表水水体。

(4)施工降水应加强综合利用,可排入市政雨水管网或用于施工场地绿化、洗车、洒水等。

(5)施工机械维修点应设在硬化地面,防止机械维修、清洗污水对地下水、土壤的污染。加强施工机械的检修,严格施工管理,避免施工机械的跑、冒、漏、滴油,可有效地减少施工机械废水对环境的污染。

(6)加强环境管理和环保意识宣传,提高施工人员环保意识,施工现场设置专用油漆油料库,库房地面墙面做防渗漏处理,储存、使用、保管专人负责,防止跑、冒、滴、漏污染土壤和水体,对施工过程中使用的有毒、有害、危险化学品要妥善保管,避免泄露污染土壤和水体。

23.2.5 施工期固体废弃物防治措施

(1)施工现场设立专门的废弃物临时贮存场地,废弃物应分类存放,对有可能造成二次污染的废弃物必须单独贮存,设置安全防范措施且有醒目标识。

(2)废弃物的运输确保不散落、不混放,运到政府批准的单位或场所进行处理、消纳。

(3)对可回收的废弃物做到再回收利用。

(4)施工中的渣土要尽可能成为再次利用的资源。属于弃渣的建设污泥必须进行适当的处理及处置。

23.2.6 其他管理措施

(1)生活区必须设置单独的充电间,用于手机、手电筒等小型用电器具的充电,充电间应使用条形码扫描储物柜,并安装安保摄像头。

(2)施工现场的袋装水泥、砂石料必须设置全封闭库房存放,砂石料库房进、出料口采用电动卷帘门进行封闭。

(3)现场搅拌机房、空压机房必须全封闭,应对其结构进行验算,能抵御最大风力及积雪等外力因素。

(4)竖井施工防护棚必须采用拼装式彩钢板全封闭,防护棚四周应设置采光窗、通风装置满足施工采光、通风要求,防护棚钢结构骨架应进行专项设计、验算,应能抵御最大风力及积雪等外力因素。

(5)喷射混凝土作业、暗挖初期支护作业、搅拌机房等应采取有效防尘措施,配备防尘设备,控制粉尘排放量。

(6)施工现场严禁采用明火取暖、保温。

(7)在工程建设过程中,发现文物迹象,立即局部或全部停工,采取保护措施,及时通知文物主管部门处理后,再恢复施工。

(8)夜间施工光源如铲车、汽车灯光及施工照明灯不直接对照居民房,并采取有效措施避免直接照射。

(9)对施工机械进行全面的检查和维修保养,保证设备始终处于良好状态,避免噪音、泄漏和废油、废弃物造成的污染,杜绝重大安全隐患的存在。

23.3 文明施工标准化管理

23.3.1 组织管理措施

参建单位在工程建设开始前应建立健全环保文明施工标准化管理体系,设置环保文明施工标准化管理部门,配置足够的管理人员,明确各领导、部门管理职责,参建各方各司其职。

1)建立健全文明施工管理体系

(1)建设单位职责及其管理体系

①在工程建设开始前应建立健全文明施工管理体系,设置文明施工管理部门,配置足够的管理人员,明确各领导、部门安全管理职责。

②建设单位在编制工程概算、预算时,应当确定工程安全防护和文明施工措施所需费用,并在招标文件或者工程承发包合同中予以单列。

③建设单位在建设工程招标或者直接发包时,应当在招标文件或者工程承发包合同中明确设计、施工、监理等单位有关安全生产和文明施工的要求和措施。

④建设单位应会同设计、施工单位和市政、防汛、公用、邮电、电力及其他有关部门,对可能造成周围建筑物、构筑物、防汛设施、地下管线损坏或堵塞的建设工程工地,制定相应的技术措施,保证施工的安全进行。

建设单位管理体系:主任;总经理;副主任;主管副总经理;成员单位:各部门负责人及成员。

(2)监理单位职责及其管理体系

各监理单位应建立健全文明施工监理管理体系,建立完善的监理管理组织机构、规章制度,明确职责,编制完善、可行的监理方案、监理实施细则(含安全风险),检查指导驻地办的工作。各监理单位的文明施工监理工作实行总监理工程师负责制。监理单位具体职责如下:

①监理单位应建立文明施工监理管理体系,建立完善的监理管理组织机构、规章制度,明确职责。

②编制完善、可行的监理方案、监理实施细则(含安全风险)。

③督促施工单位落实文明施工措施,审核文明施工措施费用的使用情况。

④发现施工单位有违反文明施工要求行为的,监理单位应当要求施工单位整改;施工单位拒不整改的,监理单位应当向建设单位和相关行政主管部门或者其委托的监督机构报告。

(3)施工单位职责及其管理体系

施工单位是轨道交通工程施工阶段的现场文明施工管理责任主体。施工单位要搞好文明施工必须建立管理保证体系。施工单位要建立健全文明施工生产责任制、各工种操作规程、管理目标及事故预防、应急救援预案等各项管理制度,做到有章可循。并建立以项目经理为责任人的项目经理部管理组织机构。施工现场应成立以主管领导为组长,各级管理人员为成员的施工现场文明施工管理组织。施工现场分包单位应服从总包单位的统一管理,接受总包单位的监督检查,并负责本单位的文明施工工作。施工单位具体职责如下。

①施工单位必须建立文明施工管理保证体系,健全生产责任制。

②完善技术和操作管理规程,编制文明施工专项方案,确保防汛设施和地下管线的畅通、安全。

③建设工程工地应严格按防汛要求,设置连续、通畅的排水设施和其他应急设施,防止泥浆、污水、废水外流或堵塞下水道和排水河道。

④采取各种措施,降低施工过程中产生的噪声。

⑤利用各种防护设施,防止施工中产生的废弃物、杂物飘散。

⑥运用其他有效方式,减少施工对市容、绿化和环境的不良影响。

⑦施工单位应当配备文明施工管理人员,负责落实施工现场的文明施工措施。施工单位应当按照有关行政管理部门的规定定期进行施工现场文明施工检查,并作书面记录。

2)健全管理规章制度

(1)个人岗位责任制。

(2)经济责任制。

(3)检查制度。

(4)奖惩制度。

(5)持证上岗制度。

(6)会议制度。

(7)各项专业管理制度。

3)健全完善资料管理

(1)国家、地方、行业及企业内部有关文明施工的标准、规定、法律、法规等。

(2)施工组织设计(方案)中应有对文明施工、环境卫生、材料节约等管理要求,并有施工各阶段施工现场文明施工方案。

4)加强教育培训工作

采用多种生动活泼的形式加强教育培训工作。专业管理人员要熟悉掌握文明施工标准。

5)积极推广应用新技术

包括新工艺、新设备和现代化管理方法,提高文明施工、标准化作业程度。

23.3.2 文明施工现场管理措施

1)施工围挡

(1)开展围挡标准化管理

为配合当地省市国家卫生城市和全国文明城市的创建活动,向全市人民展示轨道交通建设的高标准、高起点的形象与风采,要把施工围挡打造成轨道交通工程文明施工和标准化建设的亮点。

(2)围挡标准化管理工作需考虑的主要因素

施工围挡标准化建设工作重点需考虑围挡的时效、功能性、结构和外观装饰等因素。

①围挡的时效。

a.永久围挡:使用3个月以上,适用于固定的办公、生活场所,暗挖车站、暗挖区间、盾构区间竖井场地,明挖基坑、车站出入口等施工持续时间较长的施工场地。高度不低于2.5m,两立柱间围挡板上口平齐。

b.临时围挡:使用3个月以内,适用于管线改移、交通导改、临时施工等的持续时间短临时性围挡。高度不低于1.22m。

c.车辆段、停车场围墙:结合设计的永久围墙形式,永临结合。

②围挡的功能性要求。

a.安全性:稳固耐用。具有抵抗风、雨、雪等自然灾害能力。

b.坚固性:杆件牢固、通用、防锈耐腐、不易破损,经简单维修能够重复使用。

c.灵便性:装拆简单、便于维护和运输。

d.美观性:特色突出、简洁美观。

e.经济性:经济实用、物美价廉,单次及总成本(周转)最低。

③围挡的结构和外观装饰因素。

a.施工围挡方案结构重点考虑因素:基础、矮墙、立柱、面板、连接等细部方案。

b.施工围挡外观装饰部分考虑因素:矮墙外装饰,立柱外装饰、六牌一图、企业宣传、广告功能、警示、地方特色。

（3）施工围挡管理原则

①建设单位主要负责确定围挡形式、结构及颜色。对涉及围挡结构的安全因素由施工单位自行设计、施工。

②施工区永久围挡要按确定的围挡制作方案实施,确保形式统一。

③办公生活区永久围挡可结合各企业文化,对形式不做强制性要求,可以自行设计。

④建设单位从所有施工、监理单位提交的临时围挡方案中推荐四种方案,施工单位可参考四种方案自行制作、采购;也可自行设计采购,但形式需到建设单位报备,确保临时围挡满足短期、稳定、便于摆放、现场不零乱等要求。

⑤围挡材料不控制。施工单位自行采购材料制作围挡,并负责满足围挡安全性等功能要求。

（4）围挡工作组织形式

建设单位充分发挥投标单位积极性,组织开展围挡专项工作。首先在招标文件中明确要求土建施工投标单位编制围挡方案,待招标结果出来后,组织了拟中标单位开展围挡方案深化、优化工作,并指定施工单位制作围挡实体模型等工作,具体如下：

①在招标文件中提出了围挡的功能性、结构和外装饰等要求,明确要求投标单位编制施工围挡方案。

②向拟中标监理、施工单位印发了《关于开展轨道交通某号线工程施工围挡方案评选工作的通知》,要求拟中标施工单位结合围挡方案参考资料、标段所处位置、招标文件中对施工围挡的要求,认真编制了具体的围挡实施方案。

③对拟中标施工单位编制的施工围挡实施方案进行了评选打分。同时将监理、施工单位分组,结合施工单位汇报方案进行优化,初步编制形成5套备选方案。

④对备选的5套方案进行了讨论比选,并搜集、整理全国各城市轨道交通建设的围挡形式。

⑤拟定了4套永久围挡和临时围挡推荐方案,分别选取四家施工单位制作围挡实体模型。

⑥结合各方意见,最终确定施工围挡制作方案。

（5）永久围挡主要结构

①围挡板:采用 6m×2m(长×高)厚度≥5cm 的彩钢夹芯平板。

②立柱:采用 10cm×10cm 方钢立柱,明暗结合的立柱结构形式。埋入地下的立柱端部采用 30cm×30cm 钢板加肋垂直焊接,确保稳固。明柱采用整根方钢,不得出现接长焊缝。立柱基础采用混凝土浇筑,埋入地下深度应通过计算确定,满足围挡安全、稳定的要求。

③矮墙:采用砖砌体,宽 240mm,高 50cm,矮墙下部每间距 3m 设置 100mm×50mm(长×高)泄水孔,墙面用砂浆抹面、压光。矮墙临街段顶面宽度不应超过 10cm,待围挡板安装后,矮墙顶面用砂浆抹成斜坡面。

矮墙基础应满足稳定性要求,结构形式、材质、配筋等要求应通过计算确定。

④围挡板与立柱连接形式:围挡板与立柱的连接应充分考虑拆装方便、重复使用、平整耐用等性能要求,宜采用框架。例如在矮墙上固定槽钢,围挡板下端插入槽钢内;围挡板上端压顶梁采用方钢与槽钢组合,压顶梁接长位置应设在围挡明柱背后。围挡板压顶梁和立柱连接处用"U"形扣卡固定,且"U"形扣向内,螺栓不得外露。凡结合处要讲究工艺,力求精致、美观。

⑤施工区围挡大门采用"大门+侧小门"的结构形式,不做门头横梁,大门两侧围挡采用"倒八字"形式。办公、生活区大门不做统一要求,各单位可根据企业需求、结合企业形象识别系统(CIS),自行设计、施工。施工现场大门两侧门垛宜采用钢结构或混凝土浇筑,不采用砖砌筑。

（6）永久围挡外装饰

①围挡板外装饰图案内容应以当地快速发展、优美风景为宣传主调,画面要求生动活泼、简洁美观。各单位可结合本项目所处地域位置、企业实际等自行设计,经建管方审核后实施。

②每段围挡板(6m)范围内临街矮墙均匀涂刷两段黄黑相间的警示色带,每段警示色带长 1m,矮墙

其余部位均匀涂刷灰色涂料。

③每根明柱顶端安装球形照明灯,并根据现场实际安装摄像头、警示灯。

(7)临时围挡

管线改移、交通导改等所需临时围挡应满足牢固、装拆简便、多次使用等要求,优先采用市场成品,禁止使用"脚手管+波形板"等过于简易的临时围挡形式,并需到建设管理单位报备。

2)临时设施管理

(1)临建房屋建设要求

①各参建单位施工现场建设的临建房屋必须满足国家、当地省市相关要求。

②临建房屋所使用材料必须为阻燃材料,且应有资质符合相关规定的检测单位出具的阻燃检测报告。

③临建房屋高度不得超过三层,临建房屋设置的楼梯必须为全封闭,屋顶应采用人字坡顶,不得采用平顶;临建房屋颜色应统一,屋顶采用蓝色、墙面采用灰白色。

④生活区食堂、锅炉房等生产性用房应设置在平房内;会议室、文体活动室等人员密集场所必须设置在1层。

⑤临建一层院内、走廊不得使用普通地板砖,可使用混凝土地面或防滑地板砖等防滑材料。

⑥生活区宿舍内照明统一使用36V安全电压,施工人员宿舍内不得设置插座。宿舍内可采用空调取暖或集中供暖,禁止使用电炉子、煤炉、明火取暖。

⑦生活区必须设置单独的充电间,用于手机、手电筒等小型用电器具的充电。

⑧因冬季气温较低,要充分考虑临建房屋材料的保温功能。

(2)临时用电管理

①根据施工需要计算用电负荷,确定变压器的容量,保证生产生活用电需要。

②使用三级配电二级保护,三级配电指总配电箱、分配电箱、开关箱,二级保护指总配电箱和分配电箱内必须分别装置漏电保护器,实行最少两级保护。

③供配电线路施行三相五线制专用保护零线(TN-S系统)。

④总配电箱设在总配电室内,总配电室空间必须满足专业规定。

⑤大型机械、木工、钢筋加工场及各作业层照明用电必须设置分配电箱。

⑥所有用电机具必须设置开关箱,施行"一机一闸一漏一箱"。

⑦总配电箱至分配电箱之间的电缆必须埋地敷设连接,而分配电箱至开关箱之间用电缆连接。

⑧施工用电必须有专职电工负责使用维修,非专业人员严禁动用供配电系统,保证用电安全。

(3)临时用水管理

①根据现场实际情况计算每日用水量,以此确定水源的供应量。

②管道必须铺设在冰冻层以下,否则采取管道保温措施,给水管道、排污管道之间保持规定距离。

③管道必须按施工总平面图整齐铺设,接口严密,防止跑、冒、滴、漏和常流水现象。

④生产、生活用水的水质必须符合标准,必要时进行水质化验。

⑤对污水的排水管道进行经常性维修,保持正常使用。

⑥教育全体职工节约用水,严禁浪费水资源。

3)料具管理

(1)施工现场内各种料具应按施工平面布置图的指定位置存放,并分规格码放整齐、牢固,砂石和其他散料应成堆,界限分明,不得混杂。

(2)施工现场内各种材料,依据材料性能妥善保管,采取必要的防雨、防潮、防冻、防火、防损坏等措施,贵重物品、易燃、易爆和有毒物品应及时入库,专库专管,加设明显标志,并建立严格的领、退料手续。

(3)砂、石和其他散料应随用随清,不留料底。水泥库内外散落灰必须及时清扫、水泥袋认真打包、回收。施工现场剩余料具和容器要及时回收,堆放整齐,并及时清退。

(4)运输砂浆和混凝土过程中,做到不漏、不洒、不污染城市道路。运输道路和作业面落地灰要及时清理。砂浆、混凝土倒运时,应用容器或铺垫板。浇筑混凝土时,应采取防散落措施。工人操作要做到活完、料净、脚下清。

(5)施工现场内的施工垃圾,应及时分拣、有使用价值的应回收,废料及时清运出场。

4)施工设备管理

(1)各种机械设备的操作人员必须经相应部门组织的安全技术操作规程培训,考试合格后持证上岗。

(2)机械操作人员只要离开机械设备,必须按规定将机械平稳停于安全位置,并将驾驶室锁好,把电器设备的控制箱拉闸。

(3)严禁在行走机械的前方或后方休息,行走前应检查周围情况,确认无障碍时操作。

(4)推土机、装载机以低速行驶,作业范围内不得有人员停留。

(5)搅拌机必须搭设防砸、防雨操作棚,使用前应固定,不得用轮胎代替支撑。移动时,必须先切断电源。启动装置,离合器,保险链,防护罩应齐全完好,安全可靠。从搅拌机停止使用到搅拌机料斗升起时,必须挂好上料斗的保险链。维修,保养,清理时必须切断电源,并设专人监护。

(6)传送带工作前要有警铃,操作员和工人要保持警惕和注意力集中,危险地区要有人看守。

(7)各种机械设备严格按操作规程进行,严禁非定岗司机动用机械设备。

(8)机械安装时基础必须稳固,吊装机械臂下不准站人,操作时,机械臂距架空线要符合安全规定。

(9)各种机械设备视其工作性质、性能的不同搭设防尘、防雨、防砸、防噪音工棚等装置,机械设备附近设标志牌、规则牌。

(10)运输车辆服从指挥,信号齐全,不超速,过岔口,遇障碍物时减速行驶,制动器齐全,功能良好。

(11)各种机械有专人负责维修、保养,并经常对机械的关键部位进行检查,预防机械故障及机械伤害的发生。

(12)塔吊基础符合规范标准,有验收报告单。四限位、两保险齐全有效。吊索具使用合格产品,达到报废标准及时更换。吊运大件时不得用吊钩,必须使用卡环。群塔作业时另遵相关规定。

(13)变电室(配电房)。

室外变压器设围栏,悬挂禁止示牌,内设操作平台。室内空压设备隔离室设置高度不低于1.7m的遮栏。空压室内备有安全用具和灭火器材。

(14)接零、接地。

保护接零使用多股铜线,与设备或端头板连接牢固,接触良好,工作零线与保护零线分开。保护零线截面积不小于相线的1/2。

(15)防雷。

高度在20m以上的架子及机具等高大设施均设防雷装置。

(16)闸箱。

箱体坚固、有门有锁、闸具与设备相匹配,符合图示及安全标准,接线无露铜、露铝,设零端子板,一机一闸。所有箱闸均按标准搭设防雨、防砸棚,定负责人。

5)个人防护

(1)安全帽

①进入施工现场人员必须戴有产品检验合格证的安全帽,并系紧下颚带。

②定期检查安全帽,发现帽体开裂、下凹、裂缝和磨损时及时更换。

(2)安全带

使用有产品检验合格证的安全带。高空、临边作业人员按规范使用安全带。

(3)其他

①防面部伤害:电焊、气焊工作业时使用护目镜、面罩按《职业眼面部防护 焊接防护 第1部分:焊接防护具》(GB/T 3609.1—2008)规定选择使用。

②防触电:电气作业和操作手持电动工具人员戴橡胶手套或带胶底的绝缘鞋靴。
③防尘、防毒:从事粉尘较大、油漆作业的人员佩带自吸过滤式口罩。
④防灼伤:电焊、气焊作业时使用防护手套,穿高帮鞋。
⑤防滑跌:施工现场禁止穿硬底、高跟、易滑、带钉类的鞋靴。

6)安全标识管理

安全标志牌应设置在醒目和施工现场危险部位与安全警示相对应的地方,使施工人员及相关人员注意并了解其内容。遇有触电危险场所,应使用绝缘材料的标志牌。并应及时对变形、污损的安全标志牌进行整修和更换。

7)科学规划工作区域

施工现场应科学规划作业区、生活区和办公区,各类临时用房应选址合理,做到作业区与生活区、办公区分离。

施工现场内,办公区、生活区等临时设施的地面,材料堆放场、加工场、仓库等地面以及外脚手架的基础、机动车道,应实行硬化处理,其他地面可铺炉渣或石子。施工单位可根据环境和土质在施工现场空地实施适当的绿化

23.3.3 文明施工检查

1)检查依据

(1)国家和当地现行的法律、法规、规范、规程和标准。

(2)施工合同、设计文件。

(3)建设单位文明施工管理有关规定。

2)检查范围、内容

(1)检查范围

①监理单位。

监理单位派出的项目监理部及其所负责监理的工程项目文明施工管理状态。

②施工单位。

施工单位及其所管理的分包单位文明施工管理和施工现场状态。

(2)检查内容

①监理单位。

a.国家和当地现行的法律、法规、规范、规程和标准中所规定的监理责任履行情况。

b.工程监理合同(含补充协议)中规定的监理责任履行情况。

c.监理单位履约考核评价实施细则中规定内容。

d.其他应列入检查的内容。

②施工单位。

a.国家和当地省市现行的法律、法规、规范和标准的执行情况。

b.工程施工合同(含补充协议)中规定的施工单位责任履行情况。

c.施工单位履约考核评价实施细则中有关内容。

d.其他应列入检查的内容。

3)检查形式

(1)定期检查

建设单位每季度组织一次对所负责工程项目的全面检查,检查由建设管理单位组织,有关部门和人员参加。

(2)专项检查

①开展扬尘污染防治专项检查、场容场貌专项检查等。

②节日前安全检查:重大节日及重大活动之前由建设管理单位组织的检查。
③建设单位针对普遍存在的问题组织的专项检查。

(3)不定期检查

建设管理单位日常组织的检(抽)查。

(4)对举报问题的核查

建设管理单位及建设管理单位在接到文明施工隐患举报后对被举报情况进行的核查。

4)检查程序

(1)建设组织的定期检查和专项检查,应在检查前向被检查监理、施工单位通知检查时间、检查组成员、被检查单位和检查内容。

一般性(例行)检查,检查单位不通知被检查单位。

(2)检查人员应详细记录检查中发现的问题和隐患,检查结束后应及时向被检查单位及相关责任单位告知检查情况,并要求被检查单位及相关责任单位在检查记录表上签字确认。

(3)检查中发现重大问题或重大安全事故隐患应立即向检查组织单位、部门领导报告。

(4)建设管理单位和建设管理单位接到重大安全隐患举报电话、邮件后,应在3个工作日内到被举报单位核实情况。

举报情况核查过程应有被举报单位及相关单位人员参加,核查结果应在核查结束后3个工作日内向举报人、被举报单位、个人及相关单位公布核查结果。

(5)建设管理单位安全质量部每月向建设管理单位及中心领导、相关部门和监理、施工单位通报当月安全检查和整改复查情况。

5)检查情况处理

(1)检查组必须对检查中发现的问题或隐患进行处理,处理可采取以下形式。
①立即整改。
②下达限期整改通知单。
③下达局部停工整改通知单。
④下达全面停工整改通知单。

(2)各类检查结果根据情况计入履约评价中安全日常履约考核分值。

23.4 典型案例

文明施工标准化管理具体要求和案例可扫描二维码下载《城市轨道交通工程安全文明施工标准图册》,也可以参考《城市轨道交通建设工程绿色文明施工标准化管理图册》(丁树奎、张树森、刘天正、乐贵平等著)。

扫码下载

参 考 文 献

[1] 胡鹰,等.地铁站后工程技术与管理实务[M].北京:人民交通出版社股份有限公司,2017.
[2] 张川.城市轨道交通建设现场管理指南[M].北京:中国铁道出版社,2016.
[3] 刘纯洁.城市轨道交通工程建设单位现场管理操作手册[M].上海:同济大学出版社,2017。
[4] 何霖.城市轨道交通运营筹备与组织[M].2版.北京:中国劳动社会保障出版社,2013.
[5] 北京市交通委员会.城市轨道交通工程质量验收标准 第2部分 设备安装工程:DB11/T 311.2—2008[S].出版者不详.
[6] 北京城建设计研究总院有限责任公司,中国地铁工程咨询有限责任公司.地铁设计规范:GB 50157—2013[S].北京:中国建筑工业出版社,2014.
[7] 住房和城乡建设部.室外给水设计标准:GB 50013—2018[S].北京:中国计划出版社,2019.
[8] 住房和城乡建设部.建筑给水排水设计标准:GB 50015—2019[S].北京:中国计划出版社,2019.
[9] 中国疾病预防控制中心环境与健康相关产品安全所,等.生活饮用水卫生标准:GB 5749—2006[S].北京:中国标准出版社,2007.
[10] 北京市环境保护科学研究院.污水综合排放标准:GB 8978—1996[S].北京:中国标准出版社,1998.
[11] 公安部天津消防研究所.气体灭火系统设计规范:GB 50370—2005[S].北京:中国标准出版社,2006.
[12] 北京市地铁运营有限公司,等.城市轨道交通照明:GB/T 16275—2008[S].北京:中国标准出版社,2009.
[13] 住房和城乡建设部.建筑照明设计标准:GB 50034—2013[S].北京:中国建筑工业出版社,2014.
[14] 公安部上海消防研究所.建筑防排烟技术规程 DGJ 08 1988—2006[S].出版者不详.
[15] 中国建筑科学研究院.民用建筑供暖通风与空气调节设计规范 附条文说明:GB 50736—2012[S].北京:中国建筑工业出版社,2012.
[16] 中国建筑科学研究院.通风与空调工程施工规范:GB 50738—2011[S].北京:中国建筑工业出版社,2012.
[17] 中国中元兴华工程公司消防给水及消火栓系统技术规范:GB 50974—2014[S].北京:中国计划出版社,2014.
[18] 住房和城乡建设部.建筑工程施工质量验收统一标准:GB 50300—2013[S].北京:中国建筑工业出版社,2014.
[19] 住房和城乡建设部.地下铁道工程施工质量验收标准:GB/T 50299—2018[S].北京:中国建筑工业出版社,2019.
[20] 住房和城乡建设部.通风与空调工程施工质量验收规范:GB 50243—2016[S].北京:中国计划出版社,2017.
[21] 住房和城乡建设部.自动喷水灭火系统施工及验收规范:GB 50261—2017[S].北京:中国计划出版社,2018.
[22] 北京市政建设集团有限责任公司.给水排水管道工程施工及验收规范:GB 50268—2008[S].北京:中国建筑工业出版社,2009.
[23] 沈阳市城乡建设委员会,等建筑给水排水及采暖工程施工质量验收规范:GB 50242—2002[S].北京:中国标准出版社,2004.
[24] 住房和城乡建设部.建筑电气工程施工质量验收规范:GB 50303—2015[S].北京:中国建筑工业出版社,2016.

［25］北京城建设计研究总院有限责任公司.城市轨道交通工程项目建设标准:建标 104-2008［S］.北京:中国计划出版社,2008.

［26］住房和城乡建设部地铁与轻轨研究中心.城市轨道交通技术规范:GB 50490—2009［S］.北京:中国建筑工业出版社,2009.

［27］国家铁路局.铁路轨道设计规范:TB 10082—2017［S］.北京:中国铁道出版社,2017.

［28］铁道科学研究院铁道建筑研究所,等.无缝线路铺设及养护维修方法:TB/T 2098—2007［S］.北京:中国铁道出版社,2008.

［29］住房和城乡建设部.地铁杂散电流腐蚀防护技术标准:CJJ/T 49—2020［S］.北京:中国建筑工业出版社,2020.

［30］住房和城乡建设部.城市轨道交通工程测量规范:GB/T 50308—2017［S］.北京:中国建筑工业出版社,2018.

［31］中国有色金属工业西安勘察设计研究院,等.工程测量规范:GB 50026—2007［S］.北京:中国计划出版社,2008.

［32］国家铁路局.铁路轨道工程施工质量验收标准:TB 10413—2018［S］.北京:中国铁道出版社,2019.

［33］国家铁路局.铁路混凝土工程施工质量验收标准:TB 10424—2018［S］.北京:中国铁道出版社,2019.

［34］住房和城乡建设部.砌体结构工程施工质量验收规范:GB 50203—2011［S］.北京:中国建筑工业出版社,2012.

［35］住房和城乡建设部.砌体结构设计规范:GB 50003—2011［S］.北京:中国计划出版社,2012.

［36］中国建筑科学研究院.建筑抗震设计规范:GB 50011—2010［S］.北京:中国建筑工业出版社,2010.

［37］住房和城乡建设部.建筑装饰装修工程质量验收标准:GB 50210—2018［S］.北京:中国建筑工业出版社,2018.

［38］江苏省建设工程集团有限公司,等.建筑地面工程施工质量验收规范:GB 50209—2010［S］.北京:中国计划出版社,2010.

［39］天津市建工工程总承包有限公司,等.建筑施工安全检查标准:JGJ59—2011［S］.北京:中国建筑工业出版社,2012.

［40］沈阳建筑大学.施工现场临时用电安全技术规范:JGJ46—2005［S］.北京:中国建筑工业出版社,2005.

［41］住房和城乡建设部.城市轨道交通工程档案整理标准:CJJ/T180—2012［S］.北京:中国建筑工业出版社,2012.

［42］住房和城乡建设部.建设工程文件归档规范:GB/T 50328—2014［S］.北京:中国建筑工业出版社,2015.

［43］住房和城乡建设部.建筑内部装修设计防火规范:GB 50222—2017［S］.北京:中国计划出版社,2017.

［44］住房和城乡建设部建.城市轨道交通建设项目管理规范》GB 50722—2011［S］.北京:中国建筑工业出版社,2012.

［45］北京城建勘测设计研究院有限责任公司,等.城市轨道交通岩土工程勘察规范:GB 50307—2012［S］.北京:中国计划出版社,2012.

［46］住房和城乡建设部建.城市地下管线探测技术规程:CJJ 61—2017［S］.北京:中国建筑工业出版社,2018.